현대한국학연구소 학술총서 12

고종황제와 한말의병

오영섭

선인

고종황제와 한말의병

초판 1쇄 발행 2007년 3월 15일

지은이   오영섭
펴낸이   윤관백
편 집   김은정
표 지   허진영
교정교열 김은혜 · 이수정
펴낸곳
인 쇄   선경그라픽스
제 본   과성제책
등록   제5-77호(1998.11.4)
주소   서울시 마포구 마포동 324-1 꽃마루 B/D 1층
전화   02)718-6252 / 6257   팩스 02)718-6253
E-mail   sunin72@chol.com
Homepage www.suninbook.com

정가 · 30,000원
ISBN 978-89-5933-076-8   93900

· 저자와 협의에 의해 인지 생략.
· 잘못된 책은 바꿔 드립니다.

고종황제와 한말의병

간 행 사

　연세대 현대한국학연구소는 1997년 3월 설립 이래 지금까지 두 가지 사업을 집중적으로 펼쳐왔다. 하나는 "우남이승만문서"의 정리와 편찬 및 출판 사업을 비롯하여 한국 근현대사 관련 자료집과 연구서를 출판한 것이다. 다른 하나는 연세대의 한국학 연구전통을 계승하여 한국학의 세계화와 국제화를 위한 세미나와 출판 사업을 펼친 것이다. 이러한 사업들을 통해 현대한국학연구소는 짧은 기간에 국내 굴지의 인문학 연구소로 발돋움하여 국내외 학자들과 관련기관들로부터 각별한 주목을 받고 있다.

　이번에 현대한국학연구소에서 『고종황제와 한말의병』이라는 학술서를 펴내는 오영섭 연구교수는 연구소에 상근하며 간사 업무와 편집출판 업무를 맡아 왔다. 한국 근현대사 전공자인 오박사는 그동안 "우남이승만문서"가 이화장에서 연세대로 이관될 때에 인수목록 작성작업을 도맡아 주었다. 또 연구소의 "우남이승만문서" 관련사업을 대표하는 『우남이승만문서』 동문편 및 電文篇의 편집과 출판에 중추적 역할을 담당하였다. 현재 오박사는 연구소의 2007년도 주력사업 중의 하나인 『우남이승만문서』 서문편 출판작업의 실무를 총괄하고 있다. 이 외에도 오박사는 연구소가 이제까지 펴낸 모든 간행물들의 편집·출판과 교정·교열 작업을 전담하였다.

　이 책은 오박사가 자신의 박사학위논문에서 간략히 선보인 고종황제의 구국운동과 한말 의병운동과의 관련문제를 심도 있게 다룬 연구서이다. 기왕에 한국근대 민족운동사 연구자들은 한말기에 외세의 침략에 대항하여 일어난 항일의병운동이 전적으로 재야의 애국세력에 의해서만 이루어졌다고 주장하여 왔다. 그러나 오박사는 그 시기 중앙과 지방에서 활동하던 고종과 그 측근들의 정치활동과 구국운동에 관련된 방대한 자료들을 다년간 깊이 분석한 결과, 그들이 국권과 왕권을 수호하기 위해 재야의 의병세력과 연대하여 항일운동을 전개했다는 사실을 실증적으로 규명하였다. 한마디로 오박사는 중앙과 지방에 있는 고종과 그 측근들이 재야의 민중세력과 연대하여 항일의병운동을 조직적·연합적으로 펼쳤음을 처음으로 밝혀냈던 것이다.

현대한국학연구소는 오박사가 한국근대 민족운동사 연구수준을 향상시키는 이러한 의미 있는 학술서를 연구소를 통해 출판하게 됨을 그지 없이 기쁘게 생각한다. 이 책의 출판을 계기로 오박사의 학문과 인생에 좋은 일들이 이어지기를 기원하며, 겸하여 오박사가 지난 10년 동안 우리 연구소를 위해 성실히 근무해 온 노고에 충심으로 치하를 드린다.

2007년 3월
현대한국학연구소 소장
김혁래

책을 펴내며

한말에 일제의 침략을 막기 위한 국권회복운동은 다양한 방식으로 나타났다. 이 가운데 일본군과 친일세력을 타도하고자 전국 각지에서 무장 봉기한 의병운동은 국권회복운동의 여러 방략 가운데 가장 강렬한 것이었다. 이러한 의병운동은 국가와 민족의 멸망 위기 속에서 생사와 명리와 성패를 돌아보지 않고 외세에 대항한 무장독립운동이었다. 따라서 의병운동은 한국민족운동사의 원형이요, 독립운동사의 前史이다.

한말 의병운동에 대해 관심을 갖기 시작한 것은 19세기 후반부터 20세기 초엽까지 한국의 최대 재야세력인 화서학파의 사상과 활동을 주제로 박사학위논문을 준비하면서부터이다. 그런데 화서학파가 국내외 각지에서 주도한 의병운동을 정리하기 위한 선행작업의 일환으로서 관련분야의 주요 논문들을 읽어나가면서 곤란한 문제에 직면하게 되었다. 그것은 이제까지의 의병운동 연구가 일정지역을 중심으로 활동한 의병장들의 창의이념과 무장활동을 중시하는 민족주의적 연구경향과 평민층의 사회경제적 지향과 반제·반봉건 활동을 중시하는 민중주의적 연구경향으로 뚜렷이 갈라져 있었기 때문이다.

한말 의병운동에 대한 한국 근현대 사학계의 두 가지 연구경향은 의병운동을 바라보는 기본시각의 차이로 말미암아 합치점을 찾지 못하고 평행선을 달리고 있다. 그럼에도 양자의 연구경향은 크게 두 가지 면에서 공통점이 있다. 하나는 의병운동을 양반유림·해산군인·포군·농민 등으로 구성된 재야세력만의 자발적인 항일민족운동으로 파악하고 있다는 점이다. 다른 하나는 북한학계의 목적론적 연구성과를 무비판적으로 받아들여 을사조약 후 신돌석의 출현과 함께 의병운동이 유생의병장 중심에서 평민의병장 주도로 변화·발전되어 나갔다고 주장한 점이다. 이러한 두 가지 점에서 양자의 연구경향은 그 입론의 차이에도 불구하고 지극히 민족주의적이며 민중중심적인 역사해석의 전형을 보여주고 있다.

이에 대해 저자는 양자의 연구경향이 역사적 진실의 일부만을 반영하고 있을지도 모른다는 생각에서 어느 쪽이 더 타당성이 높은가를 직접 확인해 보고 싶었다. 나아가 양자의 연구경향을 통합할 수 있는 적합한 패러다임은 없는가라는 생각을 품게 되었다. 그러나 이러한 바람이나 생각을 논리와 근거가 수반된 학술적 이론체계로 발전시키기에는 의병운동의 해석변수가 너무나 복잡하고 많은 편이었다. 다시 말해 여러 집단들이 다양한 의도를 가지고 모여 엮어낸 민족운동의 일양태인 의병운동을 일원적·체계적으로 설명할 수 있는 완벽한 패러다임은 사실 존재하기 어려울 것이라는 판단이 들었다. 그럼에도 불구하고 하나의 사회현상으로서의 의병운동이 지니고 있는 구조라든가 매커니즘을 학문적으로 밝혀낼 수는 없을까 하는 것이 그 당시의 문제의식이었다.

이러한 문제의식을 견지하는 가운데 한말 의병운동을 선도해 나간 화서학파 유생들이 남긴 의병자료들을 허심탄회하게 읽어나갔다. 그 과정에서 한 가지 놀라운 사실을 발견하게 되었다. 그것은 재야세력만이 아니라 고종세력(고종과 그 측근들)도 의병운동에 큰 영향을 미쳤다는 사실이었다. 한말 민족운동에 관심 있는 연구자라면 누구나 한번쯤은 읽어봤을 이정규의 「종의록」에는 고종세력이 의병운동의 태동에 상당한 영향을 미쳤을 뿐만 아니라 그들이 직접 의병부대에 참여하여 활동했음을 입증하는 자료들이 실려 있었다. 나아가 의병부대 내에서 동도서기파인 고종세력이 위정척사세력인 화서학파와 갈등관계를 보인 사실들이 자세히 나와 있었다. 저자는 이러한 측면들이야말로 한말 의병운동의 구조적 특질을 밝혀줄 수 있는 결정적인 열쇠라고 판단하였다. 그런데 참으로 아쉽게도 기존의 두 가지 연구경향에 입각해 쓰여진 논문이나 저서들에는 이러한 사실들이 완전히 간과되거나 무시되고 있었다.

저자는 「종의록」을 몇 번이고 반복해 읽으면서 거기에 나타난 고종세력의 의병운동 가담양상이 제천의병만의 특수한 현상이 아니라 한말 의병운동의 일반적인 모습일 것이라는 가설을 세웠다. 이러한 가설을 입증하기 위해 의병장들의 활약상이 담겨있는 창의록류의 문건들과 일제측이 남긴 의병진압 자료들을 섭렵해 나갔다. 그리하여 지역과 부대에 따라 봉기양상과 활동방식에 다소 차이가 있기는 하지만, 한말 대규모 연합의진의 결성과 활동은 모두 고종세력과 재야세력의 연대에 의해 이루어졌다는 결론에 도달하게 되었다. 다시 말해 개항 이후 안으로 타오르고 있던 재야세력의 항일열기와 국가 멸망의 위기 속에서 국권과 군주권을 수호하려는 고종세력의 구국의지가 서로 맞물려 의병운동으로 승화되었으며, 이때 양자가 연대관계를 맺게 되는 데에는 고종의 밀지나 밀지에 준하는 창의 당부와 권고가 직접적 영향을 미쳤다는 점을 많은 원사료를 통해 확인했던 것이다. 이에 따라 한말 의병운동에 가담한 고종세력의 구국활동, 그리고 유생의병장과 평민세력의 항일활동을 종합할 수 있는 새로운 패러다임을 만들어야 한다는 필요성을 절감하였다. 그러한 결과로서 "한말 의병운동은 재야세력의 자발적인 민족운동이다"라는 기왕의 통설에서 벗어나 "한말 의병운동은 고종세력과 재야세력이 연대하여 조직적으로 전개한 반일민족운동이다"라는 새로운 의병관을 제기하기에 이르렀다.

이 책은 기왕에 발표한 의병관련 논문들 가운데 이상의 문제의식을 학술적으로 풀어낸 논문들을 골라서 엮은 것이다. 한말 의병운동이 고종세력과 재야세력의 연대에 의해 전개되었다고 하는 저자의 의병관은 15년 전부터 최근까지 기존에 간행된 자료를 통해서 혹은 새로 발굴된 자료를 통해서 거듭 수정과 보완 과정을 거치면서 정립된 것이다. 따라서 초창기에 썼던 논문들은 사료인용이나 문장논리 면에서 미흡한 구석이 한두 가지가 아니라서 이번에 책을 내기에 앞서 대폭적인 수정·보완 작업을 가하였다. 특히 제1부와 제2부의 논문들은 책의 체제와 논지에 맞추기 위해 기존의 절을 삭제하고 새로운 절을 써서 넣기도 하였다. 그럼에도 불구하고 논지전개상 불가피하게 중복되는 부분이 몇 군데 발생한 점에 대해서는 아쉬움을 금할 길 없다. 앞으로 고종황제와 그 주변 인사들의 의병운동을 종합적으로 정리하는 자리에서 그러한 문제점을 보완해 나가려 한다.

힘들기는 하지만 정신적 기쁨을 안겨주는 학문에 입문하여 나름의 체계를 갖추기 위해 노력하는 과정에서 여러 선생님들에게 분수에 넘치는 가르침을 받았다. 故 이기백 선생님은 각별한 기대를 표해 주시며 저자를 한국사 연구로 이끌어 주셨고, 수많은 역사적 사실들을 관통하는 인과관계나 일반적 법칙을 추출하는 것이 역사가의 사명임을 일깨워 주셨다. 故 최영희 선생님은 한국사를 연구함에 있어 지방사와 족보의 중요성을 누누이 강조해 주셨다. 유영익 선생님은 "한국에는 학자는 많지만 학설은 드물다"며 독창적 학설의 중요성을 강조해 주셨고, 근현대사에 대한 기본지식이 부족하고 글쓰기에 서투른 저자를 위해 자상한 가르침을 내려 주셨다. 이 책이 여러 선생님들의 가르침의 결과이기는 하지만, 그러한 가르침을 제대로 반영하지 못한 것은 아닌가 하여 두렵기가 그지없다.

현대한국학연구소의 김혁래 소장님과 함재학 부소장님은 이 책에 수록된 원고들을 정리하도록 연구비를 제공해 주셨을 뿐만 아니라 연구소의 학술총서로 출판하도록 주선해 주셨다. 도서출판 선인의 윤관백 사장님과 김은정 과장님은 난삽한 원고를 번듯한 책으로 만들어 주셨다. 이분들께 깊이 감사드린다. 마지막으로 이 책에서 저자 나름의 새로운 의병관을 제기하는데 참고할 수 있는 기초적인 연구성과를 쌓아주신 여러 선배 학자들과 동학들의 공로도 잊을 수 없다.

2007년 3월 9일
오 영 섭

차 례

간행사 ………………………………………………………………… 5
책을 펴내며 …………………………………………………………… 7

제1부　한말 의병운동에 대한 새로운 이해

Ⅰ. 기존 연구의 문제점과 새로운 패러다임 / 17
Ⅱ. 고종세력과 재야세력의 연대 / 23
Ⅲ. 한말 의병운동의 연합성 / 30
Ⅳ. 고종세력의 항일의병전략 / 36
Ⅴ. 평민의병장의 근왕적 측면 / 43
Ⅵ. 병사층의 지향과 의병군자금 문제 / 49
Ⅶ. 한말 의병운동 연구의 향후과제 / 55

제2부　한말 의병운동의 근왕적 성격

제1장　고종의 밀지가 한말 의병운동에 미친 영향

Ⅰ. 머리말 / 65
Ⅱ. 고종세력의 정의와 그들의 재야세력 추동양상 / 67
Ⅲ. 고종의 항일방략과 의병운동과의 관계 / 77
Ⅳ. 재야세력의 밀지 인식과 밀지의 내용 / 82
Ⅴ. 밀지를 통한 고종세력과 재야세력의 연대사례 / 91
　1. 전기의병운동기: 동학의병·을미의병 / 91
　2. 후기의병운동기: 민종식·최익현·허위·유인석의병 등 / 95
　3. 1910년대: 조선독립의군부·민단조합·훔치교 등 / 101
Ⅵ. 맺음말: 밀지의 기능과 그 소지자의 역할 / 104
〈부록〉 밀지 원문 / 112

제2장 전기의병운동에 미친 고종세력의 역할

　Ⅰ. 머리말 / 117
　Ⅱ. 을미사변 후 고종세력의 국왕파천전략 / 118
　Ⅲ. 을미 연합의병장의 근왕적 측면 / 130
　　1. 문석봉의 유성의병 / 130
　　2. 이소응의 춘천의병 / 135
　　3. 김하락의 이천의병 / 141
　　4. 유인석의 제천의병 / 145
　　5. 민용호의 강릉의병 / 155
　　6. 노응규의 진주의병 / 159
　Ⅳ. 맺음말 / 161

제3장 후기의병운동에 미친 고종세력의 역할

　Ⅰ. 머리말 / 165
　Ⅱ. 고종의 국권수호운동과 반일의병운동과의 관계 / 166
　　1. 고종의 항일활동과 일제의 궁금숙청 / 166
　　2. 고종세력의 면면·성향과 別入侍 / 171
　Ⅲ. 고종세력의 창의활동과 재야세력과의 연대사례 / 183
　　1. 제1단계: 황무지개척권 요구~을사조약 체결 / 184
　　2. 제2단계: 을사조약 체결~고종 퇴위 / 191
　　3. 제3단계: 고종 퇴위~남한대토벌작전 / 205
　Ⅳ. 맺음말 / 214

제3부 한말 고종세력과 연합의병장의 관계

제1장 여흥민씨척족과 한말 의병운동과의 연관관계

　Ⅰ. 고종치세기 여흥민씨척족의 활동상 / 221
　Ⅱ. 전기의병운동에 가담한 여흥민씨척족 / 227

Ⅲ. 후기의병운동에 가담한 여흥민씨척족 / 238
Ⅳ. 여흥민씨척족의 의병운동에 나타난 특징과 성격 / 255

제2장　고종 측근 심상훈과 충청지역 의병장들과의 연대양상

Ⅰ. 머리말 / 259
Ⅱ. 심상훈의 가문배경과 근왕적 정치활동 / 261
Ⅲ. 전기의병기 유인석 의병장과 심상훈의 연대 / 271
Ⅳ. 후기의병기 원용팔·정운경·이강년 의병장과 심상훈의 연대 / 280
Ⅴ. 맺음말 / 292

제3장　한말 13도창의대장 이인영의 의병활동

Ⅰ. 머리말 / 297
Ⅱ. 가문 및 학문 배경 / 298
Ⅲ. 강원지역에서의 을미의병활동 / 300
Ⅳ. 경기-강원지역에서의 정미의병활동 / 306
　1. 관동창의군의 결성과 활동 / 307
　2. 13도창의대진소의 편제와 서울진공작전 / 315
　3. 창의 목적 및 순국 과정 / 322
Ⅴ. 맺음말 / 326

제4부　한말 의병운동의 사상적 맥락

제1장　한말 위정척사의 본향 조종암

Ⅰ. 머리말 / 331
Ⅱ. 조종암의 위치와 명칭이 지닌 의미 / 333
Ⅲ. 조종암 건립의 주도인물 / 339
Ⅳ. 刻字·記實碑 현황 / 342
Ⅴ. 건립 이후 조종암의 위상과 변천 / 344
Ⅵ. 조종암과 화서학파와의 관계 / 351
Ⅶ. 맺음말 / 362

제 2 장 한말 연합의병장 유인석의 의병사상

　Ⅰ. 머리말 / 365
　Ⅱ. 『宇宙問答』의 저술 동기 / 368
　Ⅲ. 중국중심의 동양평화론과 국제질서재편론 / 375
　Ⅳ. 동·서양 문명의 장기 비교 / 383
　Ⅴ. 서양의 사상과 제도 비판 / 389
　Ⅵ. 서양문화의 부분적 수용 방안 / 401
　Ⅶ. 맺음말 / 408

제 5 부 현행 교과서의 의병운동 서술방식과 한말 의병자료의 검토

제 1 장 현행 근현대사 교과서의 의병운동 서술방식과 그 개선점

　Ⅰ. 머리말 / 415
　Ⅱ. 의병운동 서술방침과 서술상의 보완점 / 416
　Ⅲ. 의병운동의 시기별 기점문제와 독립군 전환 문제 / 425
　Ⅳ. 평민의병장 문제와 평민층의 의병참여 동기 / 430
　Ⅴ. 맺음말 / 440

제 2 장 한말 의병자료의 현황과 활용 방안

　Ⅰ. 머리말 / 445
　Ⅱ. 의병측 자료 / 446
　Ⅲ. 반의병측 자료 : 관변측 자료 / 일제측 자료 / 465
　Ⅳ. 제3자측 자료 / 479
　Ⅴ. 의병자료의 특징과 성격 / 485
　Ⅵ. 맺음말 : 의병자료의 활용 방안 / 491

참고문헌 ··· 499
찾아보기 ··· 515

제1부
한말 의병운동에 대한
　　새로운 이해

한말 의병운동에 대한 새로운 이해

I. 기존 연구의 문제점과 새로운 패러다임

1894년 6월 일본군의 경복궁 강제점령부터 1905년 11월 불법적인 을사조약과 1907년 7월 고종퇴위・정미조약・군대해산을 거쳐 1910년 8월 한일병합에 이르기까지 일제의 대한침략은 예정된 수순을 밟아갔다. 이에 한국의 애국세력들은 국가와 민족을 수호하기 위해 중앙과 지방에서 대거 궐기하여 일제에 대항하였다. 당시 일제의 침략을 막기 위한 국권회복운동은 다양한 방식으로 나타났는데, 그중에서 일본군과 친일세력을 타도하고자 전국 각지에서 무장 봉기한 의병운동은 한말 국권회복운동의 여러 방략 중에서 가장 강렬한 것이었다.

한말 의병운동은 국가와 민족의 멸망 위기 속에서 생사와 명리와 성패를 돌아보지 않고 외세에 대항한 애국세력들의 항일무장투쟁이었다. 이 운동은 교육과 산업 및 국혼의 진작을 강조한 애국계몽운동의 타협주의노선과 달리 반제국주의 투쟁의 선명성을 내외에 과시하였다. 또한 이 운동은 1910년대 이후 중국과 러시아 각지를 무대로 전개된 한국 독립운동의 인적 자원을 마련해 주었다. 나아가 이 운동은 일제의 모진 탄압에도 불구하고 한민족이 장기간 끈질기게 독립운동을 펼칠 수 있는 정신적 원천을 제공해 주었다. 그러므로 한말 의병운동은 한국 민족운동사의 원형이요, 독립운동사의 前史라고 평할 수 있다.

현재 한말 의병운동 연구자들은 의병운동의 참여세력에 대해 대동소이한 주장을 내놓고 있다. 연구자에 따라 의병운동의 지향과 성격에 대해 약간의 견해차가 있기는 하지만, 그리고 양자의 경향을 넘나들며 절충적 입장을 보인 연구자도 있지만, 대체로 그들은 의병운동을 다층적인 재야세력의 애국활동과 반제운동의 결과라고 보고 있다. 다시 말해 양반유생·전직관료·해산군인·이서층·지방병·포군·민군·농민층·승병·상인층·보부상·동학군·활빈당·화적 등 신분과 직역이 각기 다른 여러 세력으로 구성된 재야의 양반층과 평민층이 일제 침략과 친일세력의 매국행위에 분개하여 의병을 일으켰다고 주장한 점에서 양자는 의견의 일치를 보였다. 이러한 해석은 한말 의병운동을 양반세력과 평민층으로 이루어진 재야세력만의 자발적인 항일민족운동으로 파악하고 있다는 점에서 공통성을 지니고 있다.

한말 의병운동의 참여세력에 대한 선학들의 연구성과는 의병항쟁의 주도세력을 어느 집단으로 잡을 것인가 하는 문제를 둘러싸고 의병장 중심의 민족주의적 연구경향[1]과 평민층 중심의 민중주의적 연구경향[2]으로 구분된다. 대체로 전자는 양반유생층과 전직관료와 해산군관의 활약을 중시한 견해이

---

[1] 의병장 중심의 연구경향을 대표하는 연구성과로는 박은식,『한국독립운동지혈사』, 상해 : 유신사, 1920 ; 김의환,『한국근대사연구논집』, 성진문화사, 1972 ; ＿＿＿,『의병항쟁사』, 박영사, 1974 ; ＿＿＿,『항일의병장열전』, 정음사, 1975 ; 박성수,『독립운동사연구』, 창작과비평사, 1980 ; 국방부 전사편찬연구소,『의병항쟁사』, 1984 ; 김호성,『한말 의병운동사 연구』, 고려원, 1987 ; 조동걸,『한말 의병 전쟁』, 한국독립운동사연구소, 1989 ; 윤병석,『한말 의병장 열전』, 한국독립운동사연구소, 1991 ; 유한철,『유인석 의병 연구』, 국민대학교 국사학과 박사학위논문, 1996 ; 김상기,『한말 의병 연구』, 일조각, 1997 ; 구완회,『한말의 제천의병』, 집문당, 1997 ; 박민영,『대한제국기 의병연구』, 한울, 1998 ; 김희곤,『신돌석, 백년 만의 귀향』, 푸른역사, 2001 ; 홍영기,『대한제국기 호남의병 연구』, 일조각, 2004 ; 구완회,『한말 제천의병 연구』, 선인, 2005.

[2] 평민층 중심의 연구경향을 대표하는 연구성과로는 뒤바보(桂奉瑀),「의병전」,『(상해판) 독립신문』, 1920 ; 김광수,「조선 인민의 반일 의병 투쟁」,『력사과학』, 1960년 6호 ; 오길보,「19세기말－20세기초 반일의병투쟁의 성격」,『력사과학』, 1966년 6호 ; 강재언,「반일의병운동의 역사적 전개」,『한국근대사연구』, 동경 : 일본평론사, 1970 ; 김도형,「한말 의병전쟁의 민중적 성격」,『한국민족주의론』Ⅲ, 창작과비평사, 1985 ; 오길보,『조선근대반일의병운동사』, 평양 : 과학백과사전종합출판사, 1988 ; 홍순권,『한말 호남지역 의병운동사 연구』, 서울대학교출판부, 1994 ; 이상찬,『1896년 의병운동의 정치적 성격』, 서울대학교 국사학과 박사학위논문, 1996 ; 김순덕,『경기지방 의병운동 연구(1904-1911)』, 한양대학교 사학과 박사학위논문, 2003.

며, 후자는 포군과 농민과 동학군의 활약을 중시한 견해이다. 다시 전자는 특정 지역을 무대로 일정 기간 활동한 의병장들의 항일활동과 의병사상에 대한 지역적 사례연구에 치중하고 있다. 이에 반해 후자는 의병에 참여했던 평민층의 사회경제적 지향과 반제·반봉건 활동에 대한 전반적인 성격 분석을 위주로 하고 있다.

의병장 중심의 연구경향과 평민층 중심의 연구경향은 박은식의 의병관과 뒤바보(桂奉瑀)의 의병관을 계승한 측면이 있다. 일찍이 박은식은, 의병은 자발적으로 봉기하여 일제에 대항한 민군인데 이들 중에는 유림학파와 해산군인이 다수를 이루고 있다고 하였다. 아울러 그는 의병을 조정의 명령이나 징발을 기다리지 않고 스스로 일어나 종군한 민군이라고 보았다.[3] 이에 반해 뒤바보는 의진을 지휘한 소수의 지도부보다는 다수의 무명 병사들이 더 가치 있는 존재라는 주장을 피력하였다.[4] 두 사람의 연구경향은 의병운동에 대한 전문적인 연구가 시작된 1950년대부터 현재에 이르기까지 연구자들에게 많은 영향을 미쳤다. 이에 따라 전자 계열의 학자들은 지도부를 구성한 유생층과 해산군관의 활동을 중시한 반면, 후자 계열의 학자들은 병사층을 형성한 포군과 소작농민층과 동학군 등 이른바 민중층의 활동에 초점을 맞추었다.

양자의 연구경향은 군대해산 이후에 평민출신의 의병장이 의병운동을 실질적으로 주도해 나갔다고 주장한 점에서 공통점을 지니고 있다. 이를테면 사실상 양반급 향리의 후손임에도 불구하고 남북한 학계의 의병연구자들이 대표적인 '평민출신' 민중의병장으로 잘못 알고 있는 신돌석의 출현 이후에 그러한 경향이 분명해졌다는 것이다. 이는 한말 의병운동의 주도세력이 민족적·애국적·체제유지적인 성향을 보였던 유림층에서 반봉건적·반일

---

3 박은식 저, 남만성 역, 『한국독립운동지혈사』 상, 서문당, 1975, 47~48쪽. 박은식의 의병관은 『한국민족문화대백과사전』 「의병」 항목의 서두에 그대로 실릴 정도로 의병연구자들에게 큰 영향을 미쳤다.
4 한국민족운동사연구회 편, 『의병전쟁연구(상)』, 지식산업사, 1990, 39쪽.

적·체제변혁적인 의지를 지닌 평민층으로 바뀌었음을 중시하려는 해석이다. 북한학계의 유물사가들이 처음 제기했고 뒤이어 일본학계와 남한학계의 근대사 연구자들이 북한학계의 주장을 무비판적으로 받아들여 정립한 신돌석 이후 평민의병장의 대거출현설은, 이론과 사실의 합치여부와 상관없이 민중층의 역사참여 확대를 강조하는 현금 한국사학계의 연구풍토와 맞물려 통설이 되어가고 있다.5

한말 의병운동에 대한 민족주의적(혹은 국수주의적) 연구경향과 그에 대한 보완책으로 등장한 민중주의적 연구경향은 연구방법론의 분명한 차이에도 불구하고 모두 아래로부터의 의병운동의 이론체계를 정립한 것이다. 이 중에서 일정 지역에서 활동한 의병장 내지 의병진의 활약에 비중을 두는 전자는 지역과 문중과 호국단체의 이해관계에서 자유롭지 못한 모습을 보여주고 있다. 이에 반해 근대이행기에 평민층이 반제·반봉건의 민족·민중운동을 주도했음을 입증하기 위한 현실적 목적에서 한말 의병을 연구한 후자는 의병운동 당시 다소 용병의 성향을 보여 주도세력으로 인정받기 힘든 평민층에 기대는 모습을 보여주고 있다. 이처럼 대조적 연구경향에 따라 생산된 기존의 연구성과들은 의병운동의 개략적인 모습을 파악하는 데 크게 도움을 주고 있다. 그럼에도 그것들이 의병운동의 전체상을 파악함에 있어서 일정한 문제점과 보완점을 지니고 있음은 부인할 수 없는 사실이다.

한말 의병운동을 재야세력만의 자발적인 항일민족운동으로 파악하고 있는 기존의 연구경향은 의병운동의 순수성과 이념성과 反帝性을 강조하려는 것이다. 이는 의병연구자 개개인들과 의병 후손들 및 한말의병 관련 단체들의 현재적 입장과 긴밀한 연관을 맺고 있는 문제이다. 다시 말해 기존의 연구경향은 자기 조상의 의병활동에서 자긍심을 찾으려는 의병 후손들의 명예심, 자기존립의 근거를 한말의병의 애국정신에서 추구하는 의병관련 단체들

---

5 이러한 견해는 1970~1980년대 근대사 전공자들이 많이 읽었고 운동권 학생들의 의식화 교재로 사용되기도 했던 강재언의 「반일의병운동의 역사적 전개」 이래 학계의 정설로 굳어져 가고 있다.

의 당파성, 1970년대 이래 의병운동 연구에 매진했던 의병전공자들의 일면적 연구자세, 1970~1980년대 반제・반독재 의식에 따라 민주화투쟁에 가담했던 한국근대사 연구자들의 개인적 체험 등이 복합적으로 반영되어 형성된 것이다. 따라서 기존의 연구경향에 나타난 문제점들을 보완・수정하고 역사적 진실에 부합하는 새로운 의병관을 정립하는 문제가 여전히 모든 의병연구자들에게 부과된 과제라고 하겠다.

기왕에 선학들이 정립한 아래로부터의 의병운동 연구경향은 다음과 같은 연구과제를 남겼다고 생각한다. 첫째, 의병운동을 한국의 근대시기에 벌어진 반제・반봉건 민족운동으로 간주함으로써 의병운동이 조선 후기 이래의 유교적 통치체제나 사상체계 및 향촌사회의 운영원리와 불가분의 관계를 맺고 전개될 수밖에 없었다는 점을 주목하지 못하였다. 둘째, 의병운동의 발발・전개・지향・특질에 직접적 영향을 미친 고종세력(고종과 그 측근들)과 재야세력(유림의병장, 해산군인・포군층, 농민층 등)의 연대문제나 고종세력의 수하들이 의병진에 직접 가담하여 활약한 실상을 간과하였다. 셋째, 의병운동이 재야세력의 단순한 애국활동에 그친 것이 아니라 고종세력의 황제파천운동・조선중립화운동・대외청원활동의 연장선상에서 펼쳐진 정치적 민족운동의 성격을 포함한 사실을 밝혀내지 못하였다. 넷째, 의병운동에 가담한 다양한 집단과 계층의 참여동기・노선차이・이해관계 등 대내적인 지향성의 문제를 아울러 설명하는 균형적・통합적 시각을 제시하지 못한 감이 있다. 다섯째, 의병운동에 가담한 여러 세력 중에 유림세력이나 해산군관은 투철한 애국성과 사상성을 보였던 반면, 해산군인・포군・농민 등 평민층은 대개 생존권 확보를 위한 경제적 동기에 따라 의병에 참여했음을 주목하지 못하였다. 여섯째, 소규모 부대로 부호배나 친일파를 상대로 화적과 다름없는 활동을 벌인 수많은 무장집단들을 모두 의병으로 간주함으로써 의병운동의 성과나 규모를 확대 해석했을 뿐 아니라 한말 의병의 개념과 범위와 성격에 혼란을 일으키고 있다. 일곱째, 지역적 사례연구에 치중함으로써 의병운동의 일반적 양상과 성격, 운동의 구조적 특성, 향후 의병운동에 끼친 영향 등을 제대로 밝혀내지 못했다. 여덟째, 불과 20년 동안에 향촌사회를 무대로 벌어진 의병운동의 성격변화를 과대평가함으로써 의병운동의 연속성과 공통성의 측면을 찾아내지 못했다. 이러한 여러 이유들로 인해 기왕의 연구에는 시기적 연속성과 유기적 상관성이 내포된 의병운동의 역동성과 구체상이 제대로 부각되지 못했을 뿐 아니라 의병운동의 구조와 특질에 대한 면밀한 분석이 결여되어 있다.

이러한 문제인식에 입각하여 한말 의병운동을 조감할 경우, 한 가지 주목할 만한 사실은 고종세력과 재야세력의 연대문제이다. 한국근대 민족운동사에서 고종세력과 재야세력의 연대관계는 한국사의 두드러진 특징 중에 하나인 장구한 중앙집권적 통치체제의 역사적 경험에 기반을 두고 있다. 구체적으로 한말기의 동학농민운동·전기의병운동·후기의병전쟁, 1910년대의 복벽운동과 파리장서운동 등은 모두 고종세력과 재야세력의 연대에 의해 이루어진 것이었다. 이는 유교적 통치이념을 따르는 중앙집권적 왕조국가인 대한제국과 같은 나라에서 재야세력의 무장활동이 원활히 추진되려면 고종세력의 정치적·경제적·사상적 후원이 필요했음을 의미한다. 다시 말해 재야세력의 항일활동이 고종세력의 지원과 협조를 통하여 정통성과 적법성을 확보한 다음에야 비로소 그 운동의 강렬성·연합성·전국성·지속성이 담보되었던 것이다. 이러한 점에서 한국근대 민족운동사에서 고종세력이 재야세력의 활동에 어떻게 간여하였고, 또 어떠한 영향을 미쳤는가를 깊이 파헤치는 작업은 한국근대사의 특질을 구명하는 문제와 직결되어 있다고 말할 수 있다.

여기서는 한말 의병운동을 재야세력만의 자발적·독자적인 반일민족운동으로 파악하는 기왕의 통설에 이의를 제기하려 한다. 그리고 그에 대한 대안으로서 "한말 의병운동은 고종세력과 재야세력이 외세구축이라는 대의명분으로 굳게 뭉쳐 조직적으로 전개한 항일민족운동이다"라는 새로운 의병관을 제시하려 한다. 이를테면 한말 국가와 민족의 위난기에 역사의 전면에 분출되기 시작한 고종세력의 항일의지와 개항 이래 속에서 타오르고 있던 재야세력의 항일열기가 맞물려 한말 의병운동으로 승화되었음을 강조하려는 것이다. 이제 선학들이 이룩한 재야세력 중심의 전통적 의병관에 입각한 많은 연구성과에 대해서는 일단 제쳐두기로 하고, 그 대신 새로운 패러다임에 따라 의병운동을 연구할 때 주목해야만 하는 몇 가지 중요한 문제들을 중심으로 논의를 전개하려 한다. 다만 저자의 새로운 의병관에는 1~20명의 소규모 부대로 친일파와 요호층을 찾아다니며 반일성 토색활동을 벌임으로써 의병인지 화적인지 분간이 어려운 소규모 무장부대들은 포함되지 않는다는 사실을 미리 밝혀두고자 한다.6

II. 고종세력과 재야세력의 연대

한말 의병의 참여세력 문제에 국한하여 논급할 경우, 기왕의 연구는 의병장 중심의 민족주의적 연구경향, 평민층 중심의 민중주의적 연구경향, 양자를 아우르려는 절충적 연구경향으로 갈라진다. 이러한 연구경향들은 의병운동에 참여한 여러 세력들 가운데 재야세력에 해당하는 양반·평민 의병장과 평민 병사층만을 주목했을 뿐이다. 또한 기왕의 연구는 다양한 재야세력들이 외세침략에 대응하여 자발적·독자적으로 창의하여 일정지역을 무대로 반제·반봉건 활동을 펼쳤다고 주장하였다. 이러한 주장은 재야세력과 연대한 고종세력의 인적·물적 지원활동이나 그들의 의병진 내에서의 활약상을 적절히 반영하지 못하고 있다.

한국의 재야신민들은 고종퇴위 이후 서구의 계몽사상이 본격적인 영향을 미치기 전까지는 유교사상의 충군애국론을 지식인의 신조로 삼았다. 또한 1908년경까지는 전제군주제의 정점에 위치한 국왕 고종이 측근의 많은 신

---

6 이러한 새로운 의병관을 반영하고 있는 가장 자세하면서도 실증적인 연구성과로는 오영섭, 「을미의병운동의 정치·사회적 배경」, 『국사관논총』 65, 1995, 227~278쪽 ; _____, 「한말 의병운동의 발발과 전개에 미친 고종황제의 역할」, 『동방학지』 128, 2004, 57~128쪽 참조.

하들을 통해 여전히 재야에 막강한 영향력을 행사하고 있었다. 이로 인해 1910년대 중반 이후 민족주의와 사회주의 등의 근대사상이 한민족의 민족운동의 기본이념으로 자리잡기 전까지, 의병운동과 복벽운동을 비롯한 한국 근대 근왕적 민족운동의 여러 조류들은 고종 및 그 주변세력과 긴밀한 연계 하에 추진될 수밖에 없었다. 환언하면 한국사의 두드러진 특징 중의 하나인 강고한 중앙집권적 통치체제의 역사적 경험이 한말 의병운동의 전개와 발전에 상당한 영향을 미쳤음을 유념해야 한다. 아래에서 논급할 고종세력과 재야세력의 연대문제도 이러한 역사적 경험에 기반을 두고 있음을 주목할 필요가 있다.

1894년 6월 일제의 경복궁 강제점령 직후 그리고 1904년 2월 한일의정서의 체결 직후에 고종세력과 재야세력은 각기 중앙과 지방에서 거의 동시에 창의를 모색하였다. 당시 양대 세력은 일본군과 친일파의 구축을 목표로 내걸고 의병진을 구성하기 위해 분주히 움직였다. 그들의 창의노력은 전기의병운동기에는 을미사변과 단발령을 거치면서 표면화되었고, 후기의병운동기에는 일제의 황무지개척권 요구 반대운동과 을사조약을 거치면서 구체화되었다. 이때 중앙의 고종세력과 재야의 유력가·부요층·武勇家들은 충군애국의 대의명분에 입각하여 연대관계를 맺었다. 아울러 이들은 일제의 단계적 침략에 따라 점차 고조되어 가던 일반 인민들의 항일열기를 적극 수렴하여 의병을 일으켰다. 이처럼 한말 의병운동은 국가 멸망의 위기상황 속에서 국권과 군권과 생존권을 사수하려는 고종세력과 재야세력의 연대에 의해 이루어졌던 것이다.

그러면 국망기에 하층민의 항일열기를 수렴하여 의병운동으로 승화시킨 고종세력과 재야세력은 어떠한 과정을 거쳐 연대관계를 맺었는가? 명성왕후시해사건 후부터 경술국치 전까지 중앙과 지방 각지에서 재야세력과 연계하여 국권수호운동을 전개한 고종세력은 상당히 많았다. 이들은 국권과 군권 및 기득권을 수호하고자 반일운동에 종사한 강렬한 근왕 성향의 정치세력이었다. 이들은 재야세력과 연대하여 의병운동·계몽운동·상소운동·의열투쟁 등 다각도의 항일운동을 통해 일제의 대한침략을 막고자 분투하였다. 고종세력의 정점에 위치한 고종을 제외할 경우, 이들은 한국측 자료에는 근시·별입시, 일본측 자료에는 궁중파·궁정파·총신, 영·미측 자료에는 Royalist·Loyalist로 나온다.

그러면 고종세력의 범위는 어떠한가. 바꾸어 말하면, 특정 인사를 고종세력이라고 부를 수 있는 기준은 무엇인가. 그러한 기준으로는 첫째, 대한제국과 고종 내외를 적극 옹위하는 집단, 둘째, 고종의 군주권을 지지하며 이를 위협하는 세력을 극력 배척하는 집단, 셋째, 지방에 동족 집단과 鄕第 등 일정한 세력기반을 지닌 채 중앙정계에서 활약하는 집단, 넷째, 궁내부에 소속되어 궁중을 무시로 출입하며 고종의 대내외 정책을 수행하는 집단, 다섯째, 고종 내외의 반일·친구미 외교노선을 충실히 따르는 집단 등을 들고자 한다. 한마디로 말해, 고종세력은 동도서기적 정치노선과 반일·친구미적 외교노선을 따르고 있었으며, 대한제국의 국권과 고종의 군주권과 자신들의 기득권을 지키려는 지배적인 정치세력이었다.7

이상의 잠정적 기준에 따라 분류할 경우, 1894~1896년의 전기의병운동기에 활약한 고종세력으로는 高宗과 명성황후, 閔泳煥·閔泳駿·閔致憲·閔泳綺·閔丙奭 등 민씨척족의 거물들, 金炳始·宋近洙·申應朝·李容直·崔益鉉 등 저명한 노론계 보수대신, 李範晉·李允用·李完用·李根永 등 친로친미 성향의 정동파, 沈相薰·李世鎭·洪秉晉·嚴尙宮·李春永·閔義植·李範允 등 고종과 명성왕후의 측근(근시) 및 그들의 수하 등을 들 수 있다. 이들은 갑오경장부터 아관파천까지 고종과 명성왕후의 왕권회복운동, 춘생문사건, 을미의병운동, 아관파천 등의 반일운동에 직·간접적으로 간여한 중앙의 정치세력이었다.8

---

7 오영섭, 「한말 의병운동의 근왕적 성격-밀지를 중심으로-」, 『한국민족운동사연구』 15, 1997, 48쪽.
8 전기의병운동에 간여한 고종세력에 대해서는 오영섭, 「을미의병운동의 정치·사회적 배경」, 제2·3장 참조.

1904~1914년간의 후기의병기에 의병을 후원한 고종세력은 적어도 수십 명에 달한다.9 이들은 고종황제와 엄비, 의친왕 이강·李容泰·李容直·李容元·李範晉 등 전주이씨 출신의 고위층, 閔宗植·閔景植·閔丙漢·閔衡植·閔泳達·閔應植·閔泳喆·閔炯植 등 일부 반일 성향의 고위급 민씨척족, 沈相薰·申箕善·鄭煥直·姜錫鎬·李相天·李鳳來·李裕寅·金升旼·姜昌熙·元禹常·元用常·李紹榮·趙南斗·趙南升·朱錫冕·李會榮·韓圭卨·許蔿·崔秉周·李敏和·申尙宮 등 고종의 저명한 측근이나 별입시 등을 들 수 있다. 이들은 을사조약 전후, 군대해산 및 고종양위 전후의 시기에 재야세력과 연대하여 의병봉기를 추진하였다.10

 고종세력은 고종의 군주권과 동도서기적 사회체제를 지지하는 중앙정계의 근왕세력이었다. 후기의병기에 이들은 외교노선면에서 대략 강석호·김승민·민경식·이범진·민영환·심상훈으로 대표되는 반일·친구미파와 허위·이상천·정환직·이유인으로 대표되는 반외세 자주파로 구분된다. 극소수 인사를 제외하면,11 이들은 갑오경장 후부터 경술국치 후까지 일제에 추종하지 않고 강력한 반일운동을 펼쳤던 충의세력이었다. 이들은 을미사변과 단발령의 발발, 한일의정서 및 을사조약의 체결, 고종퇴위 및 군대해산을 전후한 시기에 직접 재야세력과 연대하거나 혹은 측근의 밀사들을 재야로 파견하여 의병을 일으켰다. 아울러 이들 가운데 상당수는 고종의 국권수호방략에 따라 항일의병운동과 청원외교활동과 애국계몽운동을 동시에 추진하였고, 1905~1909년간 '義兵干連' 내지 '치안방해' 혐의로 일본헌병

---

9 일례로 1906년 5월 이후 서울에서 항일운동자에 대한 검거열풍이 불었을 때 민종식의 홍주의병과 기타 항일운동 후원혐의로 일본헌병대에 체포된 고종의 측근들과 그들의 수하들이 무려 100여 명에 달했다. 『대한매일신보』, 1906년 10월 24일, 12월 19일 ; 『만세보』, 1906년 10월 25일.
10 후기의병운동에 간여한 고종세력의 면면에 대해서는 오영섭, 「한말 의병운동의 발발과 전개에 미친 고종황제의 역할」, 제3장 참조.
11 閔泳徽(자작)·閔炯植(남작)·李容泰(남작)·閔宗植 등은 경술국치 후 일제에 대한 타협노선으로 돌아섰다.

대에 체포되어 엄한 문초를 받고 몇 달간 수감생활을 하기도 하였다.

한말 의병운동에 간여한 수많은 고종세력은 대개 고종의 別入侍라는 비공식 직함을 지닌 인물들이었다. 원래 별입시는 개화기 고종의 개화정책과 측근정치의 부산물로서 고종의 수족과 같은 존재들이었다. 개항 후 고종은 개화정책에 필요한 재원을 확보하기 위하여 관직매매·광산개발·어염전매·홍삼매매·차관도입 등등 각양의 방법을 동원하였다. 당시 궁궐 내외에서 이와 관련된 사업을 관장하는 4~500여 명의 인사들을 별입시라고 불렀다. 서울과 지방 각지에 거주를 두고 있는 별입시들은 고관으로부터 노비나 상인에 이르기까지 다양한 계층이 망라되어 있었다.[12] 이 외에도 고종이 외국과 통상조약을 체결하고 사절단과 외교관을 파견하는 등 대외개방정책을 활발히 추진할 때에 동원된 외교밀사나 통역관들도 대부분 별입시의 성격을 지닌 인사들이었다. 하여튼 1880년대부터 고종 퇴위 직후까지 별입시는 국왕과 왕비를 보좌한다는 명목하에 무시로 궁중을 드나들며 고종의 국권수호운동에 적잖은 영향을 미쳤다.

의병운동이 전국으로 확산된 후기의병기에 별입시는 고종의 항일운동을 적극 보좌하였다.[13] 당대의 대표적인 별입시 가운데 李容翊·玄尙健·李學均·閔泳喆·李寅榮 등은 고종의 조선중립화정책 및 대외청원활동을 일선에서 수행하였다. 또 강석호·강창희·김승민·김연식·민경민·민병한·閔炯植·신기선·심상훈·원용상·이민화·이범진·이봉래·이상천·이소영·이용태·이유인·이정래·정환직·주석면·최병주·한규설·허위·홍재봉 등은 지방의 유력자·명망가·武勇家와 연계하여 의병운동을 후원하였다.[14] 이들은 거의가 2품(판서급) 이상의 고위직을 역임한 고종의 명망 있

---

12 황현 저, 김종익 옮김, 『오하기문』, 역사비평사, 1994, 43쪽.
13 러일전쟁 직후 일제가 별입시의 궁궐출입을 금지한 상황 속에서 "별입시의 명목으로 간간이 황제를 진알하는" 이기 무려 112명에 달했다고 한다. 『皇城新聞』, 1904년 3월 4일.
14 별입시들의 이력과 활동상에 대해서는 오영섭, 「한말 의병운동의 발발과 전개에 미친 고종황제의 역할」, 78~81쪽.

는 측근들이었다. 이들 총신 별입시들은 고종의 지시나 자신들의 독자 의지에 따라 재야세력과 연대관계를 맺을 때에 하위급 별입시 내지 문객들을 밀사로 동원하였다.15

외세 침략에 대항하여 고종세력은 자신들이 직접 재야로 낙향하거나 휘하의 문객이나 수하들을 재야로 보내 재야세력과 연대하여 거의를 추진하였다. 당시 고종세력의 밀사들은 고종이 총신 별입시에게 내려준 밀지, 총신 별입시가 임의로 제조한 고종의 밀지, 고종이나 총신 별입시가 재야에 내리는 특별 당부나 권고를 받아가지고 경향 각지를 돌아다니며 재야세력의 거의를 독려했던 것으로 파악된다. 고종세력의 밀사들은 ① 고종 명의의 밀지나 당부나 권고를 재야세력에 전달하여 그들에게 거의의 정당성을 부여해 주었고,16 ② 전국 각지를 유력하며 거의촉구 활동을 폈으며, ③ 직접 군사를 모집하여 의병장에 올라 항일전을 치르기도 하였고, ④ 대규모 연합의진의 전략·전술과 재정 조달을 책임지는 총독장·모사장·참모장·중군장·참모·종사 등직을 맡았다. 따라서 한말 의병운동은 재야세력만의 자발적·독자적 항일민족운동이 아니라 중앙의 고종세력과 긴밀한 연계하에 조직적·연합적으로 추진된 항일민족운동이었다.

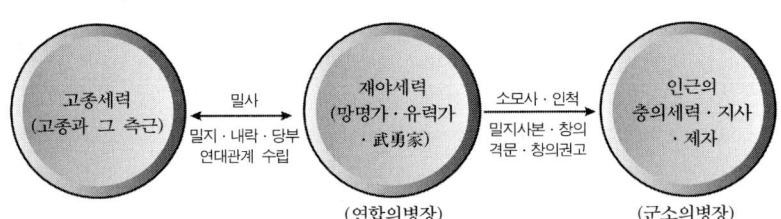

한말 의병운동의 확산과정

---

15 별입시와 한말 의병운동의 관계에 대해서는 오영섭, 「한말 의병운동의 발발과 전개에 미친 고종황제의 역할」, 63~67, 82~85쪽.
16 고종세력의 수하나 문객들이 소지한 밀지의 내용에 대해서는 오영섭, 「한말 의병운동의 근왕적 성격」, 68~72, 87~93쪽.

고종세력의 창의활동의 결과 전기의병기에는 文錫鳳·鄭寅義·柳麟錫·盧應奎·李昭應·閔龍鎬·金河洛·崔文煥·奇宇萬·許蔿·李麟榮 등 유명한 의병장들이 고종세력과 연대하여 활동하였다. 이로 인해 鄭喬는 아관파천 직후 정동파 내각이 의병해산령을 발포하자 "이보다 앞서 각처 의진은 모두 밀칙(밀지)을 받고 일어났다"고 설파하였던 것이다.[17] 또한 후기의병기에는 元容八·鄭雲慶·李康秊·高光洵·金東臣·沈南一·安圭洪·奇參衍·蔡應彦·李範允·安重根·申乭石·柳麟錫·柳弘錫·崔益鉉·金道鉉·鄭煥直·鄭鏞基·朴箕燮·盧應奎·安重根·閔宗植·李麟榮·盧炳大·許蔿·李殷瓚·金顯峻·李紹榮·車晟忠 등 기라성 같은 항일의병장들이 고종세력의 창의독려 및 창의후원 활동의 결과로서 일어났다. 전후기 의병운동을 대표하는 이들 항일의병장들은 향촌에 내려온 고종세력이나 그들의 밀사로부터 고종의 밀지나 혹은 밀지에 준하는 내락과 당부를 받은 다음에 비로소 거의하였다.

요컨대 한말 의병운동은 재야세력만의 자발적·독자적인 반일민족운동이 아니라 고종세력과 재야세력이 연합하여 조직적으로 전개한 반일민족운동이었다. 기존의 연구경향들은 공히 유림층(혁신유림·척사유림)·해산군인·포군·농민·보부상·임노동층 등으로 구성된 재야세력만이 의병운동을 전개했다고 주장하였다. 그러나 한말 의병운동의 태동과 전개에는 재야세력뿐만 아니라 조선국가(대한제국)의 권력주체인 고종세력(고종과 그 측근)도 직접적 영향을 미쳤다. 바꾸어 말하면 갑오경장 후부터 경술국치 전까지 전국 각지에서 의리심과 애국심과 항일의식에 따라 거의를 준비 중이던 수많은 우국지사들이 중앙의 구국세력인 고종세력과 연대하여 창의하였던 것이다. 이런 점에서 한말 의병운동은 기존 연구자들의 주장처럼 재야세력만의 자발적인 민족운동이 아니라 고종세력과 재야세력의 합작품이었다고 말할 수 있다.

---

17 정교, 『대한계년사』 상, 국사편찬위원회, 1957, 139쪽.

III. 한말 의병운동의 연합성

일반적으로 한말 의병운동은 갑오변란·변복령·을미사변·단발령·아관파천을 계기로 일어난 1894~1896년간의 전기의병운동과 한일의정서·을사조약·군대해산·고종퇴위·경술국치 전후에 봉기한 1904~1014년간의 후기의병운동을 포괄하는 말이다.18 양차의 의병운동기에 한국의 충의세력들은 고려시대의 몽고침략과 조선시대의 임진왜란 때에 두드러진 활약을 보였던 구국의병의 애국정신을 계승하여 일본군과 친일파를 상대로 치열하게 항쟁하였다. 특히, 후기의병기에 한민족은 고종세력과 재야유림이 주축을 이루었던 전기의병기의 신분적·사상적 한계를 극복하고 고종세력·재야유림·향리층·농민층이 대거 망라된 각계각층의 민중이 대거 참여하여 거족적인 항일무쟁투쟁을 벌였다.

일제의 대한침략이 격화됨에 따라 중앙과 지방에서 거의 동시에 봉기를 준비 중이던 고종세력과 재야세력은 극적인 연대관계를 맺게 되었다. 그들은 지위·신분·사상·지역·학통의 차이를 극복하고 친일파와 일본군을 물리치고 국가와 국왕과 강토를 구해야 한다는 전통적인 유교적 충군애국론에 공감하여 연대하였다. 그들의 항일논리에 만국공법의 수용, 동양평화론의 주창, 일본과 서양 국가의 존재 인정 등이 엿보이는 것처럼, 그들은 위정척사사상에서 벗어나 다소간 근대적인 국가의식을 품고 있었다. 그러나 냉정히 말해 그들의 의식과 활동에는 아직 유교적 민족주의가 강하게 영향을 미치고 있었다. 이때 강렬하면서도 이기적인 고종세력의 구국의지는 소박하면서도 생존권 확보를 중시하는 재야세력의 반외세 의식과 자연스럽게 결합

---

18 이 책에서 저자는 한말 의병운동을 크게 전기의병운동(1894~1896)과 후기의병운동(1904~1915)으로 구분하여 서술하였다. 이때 후기의병운동은 제1기 발단기(1904.6~1905.11)-제2기 확산기(1905.11~1907.7)-제3기 고양기(1907.7~1909.10)-제4기 퇴조 및 전환기(1909.10~1915.7)로 세분하여 이해하였다.

되어 한말 의병운동으로 승화되었다.

한말 의병운동 당시 전국 각지에서 우후죽순처럼 일어난 항일의병은 적게는 20명 내외로부터 많게는 1만 명에 이르기까지 다양한 군세를 이루었다. 이들 가운데 1~20명 정도의 소규모 부대로 각지에 출몰하며 부호층·친일파·개화관료를 상대로 반일성 토색활동을 벌인 이른바 假義와 대규모 연합의병이 해체된 후 잔여군사들이 게릴라성 반일활동을 전개한 소규모 의병들을 제외할 경우, 대부분의 의병들은 적어도 수백 명 이상의 부대로 구성된 연합의진에 소속되어 의병장·중군장·선봉장·부대장의 지휘를 받았다. 환언하면 다양한 집단으로 구성된 한말 의병은 사회·경제적 배경, 개인적 이해관계 등을 극복하고 특정 의병장 휘하에서 일원적인 통제를 받았던 것이다. 그러므로 한말 의병운동의 가장 두드러진 특징 가운데 하나는 바로 연합적 성격이라고 말할 수 있다.

한말의 연합의병은 크게 지도부와 병사층으로 이루어져 있었다. 이때 지도부에는 고종세력(전주이씨 왕족·일부 민씨척족·친구미적 근왕파·전현직 보수관료·고종의 근시 내지 별입시)·재야유림(척사·혁신 유림)·전현직 관료·해산군관·이서층 등이, 병사층에는 해산군인·포군·동학군·농민·상인·임노동자·보부상·승군 등이 가담하였다. 이 중 지도부의 고종세력과 유림세력과 일부 해산군관들이 의병운동을 실질적으로 주도한 주축세력이었고, 병사층의 포군과 농민은 고종세력과 유림세력과 해산군관들의 지휘를 받아가며 의병운동의 원활한 전개를 위한 밑거름의 역할을 수행하였다.

한말 의병운동에 참여한 다양한 세력들은 충군애국이라는 대의명분에 따라 중층적인 연합성을 이루었다. 먼저, 고종세력과 재야세력 간에, 지도부와 병사층 간에 대연합을 이루고 있었다. 그리고 이러한 대연합의 근저에는 다시 계층간 사상배경과 이해관계에 따라 고종세력과 재야유림, 관료층·유림세력과 평민세력, 고종세력과 포군세력, 유생의병장과 평민의병장, 연합의병장과 군소의병장, 전직관료·전직무관과 해산군인·포군, 포군장과 일반

포군·민군 사이에 소연합을 이루고 있었다. 이처럼 한말 연합의병은 지역·신분·지위·학통·빈부가 각기 다른 여러 세력이 모여 중층적 연합성을 이룬 조직상·편제상의 특성을 보였다. 이때 각 세력 간의 중층적인 연합성의 강약 여부는 무기의 우수성, 병사들의 숙련도, 지도부의 통솔력과 함께 의진 활동의 성패를 좌우할 만한 중요한 문제였다. 왜냐하면 의병운동의 주도세력 가운데 하나인 유림세력이 창의 전에 이미 패배를 자인했던 것처럼 한말 의병운동은 성패보다는 의리심과 애국심을 중시한 항일구국운동이었기 때문이다.

그러면 배경이 아주 다른 수백 명의 병사들을 특정 의병장의 휘하에 집결시켜 대규모 연합의병을 탄생시킨 동인 내지 매개체는 무엇인가? 한말 의병의 거의이념으로는 위정척사의식·반개화의식·반제의식(항일의식)·반봉건의식 등을 들 수 있다. 이러한 사상논리는 한말 의병의 무장활동을 촉발시킨 주요 요인들 가운데 하나였다. 그러나 이것들은 한말 의병의 거의단계부터 활동단계까지의 여러 과정에서 부차적 영향을 미쳤을 뿐이라고 생각한다. 일부 척사·혁신유림, 포군영수와 해산군관을 제외할 경우, 비교적 사상성이 박약했던 것으로 파악되는 고종세력과 일반 평민들이 과연 자신들의 생명을 담보로 하는 무장활동에 자진해서 적극적으로 동참했을 것인가 하는 소박한 의문이 들기 때문이다. 이 점에서 외세침략기에 고종세력과 재야세력이 품고 있던 원초적 형태의 반개화·반일의식을 역사의 전면에 분출시켰을 뿐더러, 그들을 특정 의병장 휘하에 집결시킨 촉매제나 원동력이 과연 무엇이었는가를 곰곰이 따져봐야 한다.

상기 질문에 대한 해결책으로서 국망기에 재야세력과 고종세력이 고종 명의의 밀지(밀칙·의대조·애통조) 및 특별 당부나 권고를 통하여 신분·지위의 차이를 극복하고 연대관계를 맺게 되었다는 사실을 주목할 필요가 있다. 당시 고종세력의 밀사들이 재야의 명망가와 유력자와 무용가들에게 전달한 밀지나 특별 당부는 충군애국의 유교사상을 철저히 신봉하는 재야세력의 반외세·반개화 의식을 직접적인 무장활동으로 승화시켰다. 이로써 재야세력이 숭앙해 마지않는 고종의 권위를 상징하는 밀지나 특별 당부 및 권고, 그러한 밀지나 당부 및 권고를 재야에 전달한 고종세력과 그들의 문객들은 한말 의병의 봉기와 연합을 가능케 만든 매개체의 역할을 수행했을 뿐만 아니라 한말 의병이 조직화·대규모화·장기화·전국화하는 데 직접적 영향을 미쳤다.[19]

한말 의병운동 때에 고종세력이 재야에 전포한 밀지의 사본들은 몇 점이 남아 있다. 문집과 창의록이나 일제측의 자료들을 살펴보면, 한말 의병운동을 대표할 만한 연합의병장들은 거의 모두 고종의 밀지나 혹은 밀지에 준하는 내락을 고종세력에게 직접 받은 후에 창의의 깃발을 들었다. 당시 의병장들은 밀지나 내락을 받은 후 짧게는 3~6개월, 길게는 1년 이상이 지나서 거병하였다. 이는 그들이 인근을 돌며 동조자를 규합하고, 자기 측근을 보내 명망 있는 인사를 초청하여 의진의 지도부를 구성하고, 군사활동에 필요한 포군과 민군 및 병기를 확보하고, 그리고 무엇보다도 중요한 포군과 민군의 급료와 군량비를 마련하는 데 상당한 시일이 필요했기 때문이었다.

그런데 한 가지 주목할 문제는 재야의 항일의병장들이 고종의 신물인 밀지를 매우 중시했다는 점이다. 예컨대 명망 높은 전직관료인 李南珪는 최익현에게 보낸 편지에서 "의대 속에 감춘 밀조만이 온 나라의 신민들이 우러러 바라는 바이다"고 하였고,[20] 을사조약 후 金福漢과 같이 상경하여 조약 반대 및 토역 상소를 올린 林翰周는 "속히 애통조를 내려 충의지사를 소모하고, 또 13도관찰사로 하여금 각기 관하 土民을 선발하여 종군케 하라"고

---

19 일정지역에서 활약한 의병장 가운데 최초로 봉기한 의병장의 경우 고종세력으로부터 고종의 권위를 상징하는 밀지나 혹은 밀지에 준하는 내락이나 당부를 받았는가의 여부, 뒤늦게 봉기한 의병장의 경우 밀지의 최초 수령자가 인근 각지에 전포한 사본 밀지와 창의 격문을 받았는가 혹은 그에 영향 받아 일어났는가의 여부, 연합의병 해체 후 수십 명 단위로 분산되어 게릴라성 항일활동을 벌인 소규모 의병의 경우 밀지를 최초로 받은 의병장의 정통성을 승계하거나 내세웠는가의 여부 등이 충군애국을 모토로 활동한 의병과 반일성 화적활동을 일삼은 '假義'를 구분하는 주요 기준점이다.
20 李南珪, 『修堂集』, 권3, 「答崔贊政益鉉」(1906).

했으며,21 한말 의병의 총수 유인석은 을사조약 직후에 전국에 발송한 통고서에서 "(온 신민이) 임금의 마음을 받들어 국가를 살리고 자신을 간수하는 계책을 강구해야 한다"고 하였고,22 근왕주의적 계몽운동가 겸 아나키스트로서 고종황제와 관계가 깊었던 李會榮의 행적을 가장 잘 알고 있는 아나키스트 李丁奎는 1913년경 이회영이 일시 귀국하여 항일운동을 벌일 때에 "지방 부호를 움직이려면 가장 좋은 방법이 궁중에 연락하여 高皇帝의 밀지를 받는 것이었다"고 말하였다.23 또한 일본의 침략야욕을 간파한 임병찬이 1904년 봄에 閔泳韶·李容稙 등 고종세력에게 창의에 필요한 밀지를 내려달라고 요청했는데, 고종세력은 시기상조를 이유로 응하지 않다가 1906년 3월에 가서야 비로소 그에게 밀지를 주어 거의하게 하였다.24 심지어 정미의병장 盧炳大는 을사조약 후 거의할 목적으로 단신으로 상경하여 직접 고종세력을 찾아가서 밀지를 요청하였고,25 을사조약 후 밀지로 받은 의병장의 권고를 받고 일어난 을미의병장 노응규와 후기 호남의병장 李錫庸은 儒者로서 밀지를 받지 않고 일어났다는 이유로 주변으로부터 비난을 받기도 하였다.26 이를 보면 재야세력은 고종세력에게서 밀지나 거의에 대한 내락을 받아야만 의병장으로서 정통성을 확보할 수 있었던 것이다.

한말 의병장이 받은 밀지 가운데 전기의병운동을 대표하는 밀지는 1895년 (음)12월 15일자 밀지이며,27 후기의병운동을 대표할 만한 밀지는 1905

---

21 林翰周,「洪陽紀事」,『독립운동사자료집』2, 288쪽.
22 柳麟錫,『毅菴集』, 권25,「通告一國縉紳士林書」(1905.11.25).
23 李丁奎,「友堂 李會榮 先生 略傳」,『又觀文存』, 三和印刷, 1974, 36쪽.
24 林炳瓚,『遯軒遺稿』, 권1,「上閔輔國泳韶書」; 宋相燾,『騎驢隨筆』,「林炳瓚」, 국사편찬위원회, 1971, 106~107쪽 ; 林炳瓚,「遯軒問答記」,『독립운동사자료집』2, 114~115쪽.
25 宋相燾,『騎驢隨筆』,「盧炳大」, 130쪽.
26 송상도,『騎驢隨筆』,「李錫庸」, 137쪽. 최익현의 영향으로 일어난 全海山은 광주관찰사에게 보낸 글에서 자신이 고종의 詔書가 없이 거의했음을 몹시 송구하게 생각하였다. 전수용,「全海山陣中日記」,『독립운동사자료집』2, 375쪽.
27 李正奎 編,「倡義見聞錄」,『독립운동사자료집』1, 647쪽 ; 閔龍鎬 저, 李泰吉·閔驥植 역,『復齋集』, 昭文出版印刷社, 1988, 216쪽.

년 (음)11월 22일자 밀지이다. 전자는 김하락·유인석·이소응·최문환·徐相烈·기우만·허위 등 유명한 을미의병장들이 소지했던 것이며, 후자는 전라도 의병장 최익현에게 내려진 것이다. 특히, 閔景植·閔丙漢·李正來·閔衡植 등 고종의 측근들의 성명이 말미에 부기되어 있는 후자는 최익현에 의하여 호남 각지의 무용가와 명망가들에게 전달된 것이다. 이 중 후자를 훑어보면 밀지의 형식과 내용을 대략 파악할 수가 있다.

> 아아. 애통하다. 나의 죄악이 크고 가득하여 하늘도 돕지 않고 많은 백성은 도탄에 빠졌다. 이로 인해 강한 이웃이 틈을 노리고 역신이 정권을 농단하고 있다. 4천년 예의의 나라가 나의 대에 와서 하루아침에 犬羊의 지역이 되고 말았다. 내가 무슨 낯으로 聖廟를 뵈옵는단 말이냐. 나의 실낱같은 목숨은 아까울 것이 없지만 오직 종묘·사직과 만백성을 생각하여 이에 애통의 밀조를 내려 전 참정 崔益鉉으로 도체찰사를 삼아 7도에 보내노라.
> 호서는 忠義軍으로, 호남은 壯義軍으로, 영남은 奮義軍으로, 관서는 勇義軍으로, 관동은 强義軍으로, 해서는 扈義軍으로, 관북은 熊義軍으로 삼아 각기 의기를 세우고, 良家의 재주 있는 자제들을 모두 소모관으로 삼으라. 각 군중의 인장은 모두 스스로 새겨서 사용하고, 관찰사나 군수로서 명령에 복종하지 않는 자가 있으면 보고에 앞서 먼저 파직 처분을 내려서 그들의 마음을 단일하게 만들라. 경기 1도는 짐이 그 군사와 더불어 사직을 위해 순사할 것이다. 옥새를 찍은 편지를 비밀히 내리는 것이니 이를 참작하라.
> 乙巳 11월 22일 밤 畿輔에서 발급함.[28]

고종의 절대적 권위를 상징하는 이러한 밀지는, ① 고종세력과 재야세력을 충군애국론으로 연결시켜 주는 매개물의 역할을 수행했고, ② 가부장적 유교이념이 지배하는 군주제 국가에서 재야세력에게 무단 거병에 대한 합법적 명분을 제공해 주었으며, ③ 밀지를 처음 받은 의병장이 사본 밀지나 창의격문을 인근 각지에 발송하여 창의를 독려함으로써 의병운동의 전국화를 가능케 하였고, ④ 병사소모, 군량확보, 군수마련을 위해 필수적인 신물의 기능을 수행했고, ⑤ 재야의 무용가에게 의병장으로서의 권위를 부여해 주

---

28 吳駿善, 「沈南一實記」, 『독립운동사자료집』 2, 927쪽.

었고, ⑥ 밀지를 수령한 의병장이 밀지의 권위에 힘입어 인근 각지의 대소 의진을 통할함으로써 대규모 연합의병의 출현을 가능케 하였고, ⑦ 다양한 의병참여세력에게 지위·지역·학통·당색·신분의 차이를 극복하고 국왕과 국가를 위해 함께 분투해야 한다는 사상적 일체감을 지니게 하였다.

IV. 고종세력의 항일의병전략

한말 의병운동 당시 고종세력은 재야세력의 창의를 적극적으로 후원하고 독려하였다. 그리하여 지방 각지에서 수많은 항일의병장들이 고종세력과 연대하여 활동하였다. 나아가 고종세력의 밀사들이 의진의 직임을 맡아 직접 의병활동에 가담하기도 하였다. 이때 고종세력이 정략적 동기와 개인적 사욕 때문에 재야세력을 봉기시켜 그들을 일본군의 총알받이로 내몰았다고 보는 것은 너무나 단순한 해석이다. 고종세력이 전투력과 조직력과 자금력이 빈약한 재야의 충의세력을 봉기시키려 각별한 노력을 기울였던 것은 그들 나름의 항일전략을 구사하고 있었기 때문이었다. 강렬한 구국의지의 소유자들인 고종세력은 상비군이 부족한 대한제국의 사회현실을 타개하고 그들의 최종목표인 국권회복을 달성하기 위해 지방의병과의 연대활동에 주력하였다.

고종세력은 청국과 러시아를 격파한 신흥 강국 일본의 강대한 무력을 간파하고 있었다. 더욱이 그들은 동학농민운동 때 근대식 연발총으로 무장한 2천여 명의 '동학당정토군'이 구식 화승총으로 무장한 10여만 명의 동학농민군을 무난히 진압한 사실을 직접 목도하였다. 따라서 일본군의 무력을 익히 알고 있는 고종세력이 무기와 훈련이 빈약한 수백 명의 재야의병을 지방 각지에서 모집하여 의병진을 결성시킨 근본의도가 과연 무엇이었는가를 깊이 따져봐야 한다.[29] 이러한 점을 감안할 때, 고종세력은 자신들이 추진하고

---

[29] 일례로 을미의병 중에 가장 성대한 군세를 자랑한 제천의병은 300명의 화승총 부대가 일본군 정규군 6명을 당해내지 못했을 정도로 무력면에서 상대가 되지 못하였다. 박정

있는 항일방략을 성사시키는 데 필요한 유리한 분위기를 지방에서 조성하려는 聲東擊西戰略에 따라 재야의병과 연대관계를 맺게 되었을 것이라는 해석이 자연스럽게 나온다.

고종세력이 성동격서전략을 구사했음을 보여주는 좋은 사례로써 고종 측근 심상훈과 이범진의 경우를 들 수 있다. 한말에 의병활동이 가장 성했던 제천 출신의 심상훈은 재정·군사 방면의 고위직을 장기간 차지한 고종의 측근중의 측근이었다. 그는 전기의병기의 유인석 의병장, 후기의병기의 원용팔·정운경·이강년 의병장의 활동을 이면에서 적극 지도하고 후원하였다.30 일제측의 공사관기록에 의하면 아관파천의 주역 이범진은 을미 춘천 의병장 이소응을 적극 후원하였다. 을사조약 후에 그는 러시아 수도 페테르부르크에서 극동 블라디보스톡의 이범윤과 서신을 교환하며 의병의 결성을 독려하였다. 그것이 여의치 않자 그는 자기 아들과 장인에게 1만 루블의 군자금을 주어 직접 연해주로 가서 의병을 결성하게 하였다.31

이처럼 심상훈과 이범진은 한말 의병운동에 깊숙이 간여한 인물들이었다. 이때 국제정세에 해박한 두 사람이 냉정히 말해서 오합지졸이나 다름없는 수백 명의 의병을 모아 서울로 진격시키려 갖은 노력을 쏟은 것은 그들이 성동격서전략을 구사하고 있었기 때문이다. 그렇지 않다면 그들이 정치적 야심을 채우기 위해 수백 명의 인민을 동원하여 일본군에게 제물로 바치려 했다는 결론이 나오는데, 두말할 것도 없이 이러한 결론은 심상훈과 이범진의 애국성과 근왕성을 간과한 것임과 동시에 당시의 역사적 상황에서 부합하는 논리적 타당성이나 합리성이 결여된 것이다.

일본군과 친일파를 구축하고 왕권(황권)과 국권을 수호하기 위해 고종세

수, 「하사안공을미창의사실」, 『독립운동사자료집 : 의병항쟁사자료집』 1, 1971, 371쪽.
30 심상훈의 아들 중에 심이섭은 을미 제천의병에 직접 가담하였고, 러시아 유학에서 돌아온 심장섭은 1905년 가을에 서울에서 內命(고종의 지시)에 따라 제천의병을 후원하였다. 『일본외교문서』, 제38권 제1책, #850, 「충주방면 소위폭도창궐…건」(1905.10.15), 948쪽.
31 『이범진의 생애와 항일독립운동』, 「이범진 공사에 관한 러시아 외교자료」, 슈뻬이에르공사→로바노프외무장관(1896.1.30), 외교통상부, 2003, 207~210쪽.

력은 다양한 항일구국방략을 동원하였다. 이러한 항일방략은 외침의 강도가 약했던 전기의병기에는 국권회복보다 왕권회복을 중시했던 반면, 국가존망이 결판난 후기의병기에는 왕권회복보다 국권회복을 최우선의 목표로 삼고 있었다. 아쉽게도 실패로 끝난 고종세력의 항일방략의 핵심은 균세외교와 의병운동이었고, 대한제국 멸망 직후인 1910년대까지도 지속된 것은 파천운동과 의병운동이었다. 그런데 한 가지 주목할 것은 고종세력이 수행한 핵심적 항일방략들은 일정한 시차를 두고 각개로 전개된 것이 아니라 상호 긴밀한 연관 속에 거의 동시에 펼쳐졌다는 점이다. 이때 표리일체의 관계를 가진 외교투쟁으로서의 균세정책과 무장투쟁으로서의 의병전쟁은 고종세력의 항일방략의 핵심을 이루고 있었다.

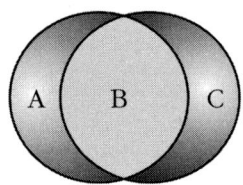

A. 재야세력: 의병운동, 의열투쟁
B. 고종세력: 청원운동, 파천운동, 의병운동, 계몽운동, 의열투쟁
C. 재야세력: 계몽운동, 상소운동

한말 고종세력과 재야세력의 구국운동 패러다임

국망기에 지방 각지에서 대규모 항일의병을 봉기시켜 일본군과 친일파를 구축하려 했던 고종세력의 항일의병전략의 궁극목표는 두 가지였을 것이다. 하나는 만국공법의 균세론에 따라 구미열강 상대의 국권수호외교를 성사시키기 위함이었을 것이다.[32] 다른 하나는 구미공사관으로 파천하거나 국내외 모처로 망명하기 위함이었을 것이다. 이러한 두 가지 항일전략을 달성하기 위해 고종과 그 측근들은 전국 각지에 밀사를 파견하여 의병을 봉기시킨 후

---

[32] 고종의 만국공법에 입각한 균세외교에 대해서는 강상규, 「고종의 대외관에 관한 연구」, 서울대학교 외교학과 석사학위논문, 1994 ; 오영섭, 「개항 후 만국공법 인식의 추이」, 『동방학지』 124, 2004.

그들로 하여금 동시다발적인 치열한 전투를 전개하게 하였다. 이때 다양한 재야세력 가운데 의병장을 비롯한 일부 인사들만이 고종세력의 항일전략을 주지한 상태에서 활동했을 뿐이며, 하층민을 포함한 나머지 대부분의 의병세력들은 고종세력의 항일전략과 상관없이 생존권 확보 차원에서 의병활동에 참여했던 것으로 보인다.

먼저, 전자의 만국공법의 균세론에 입각한 국권수호외교와 항일의병운동과의 관련성을 일제는 아주 예리하게 파악하고 있었다.

> 민종식은 1905년 11월 체결된 일한신협약에 반대하여 지방에서 폭도를 일으켜 한국 전토를 소요의 불바다로 만들어 열국의 간섭을 불러일으켜 일본의 굴레에서 벗어날 것을 획책했다.[33]
> 폭도 중 거괴 沈南一·姜武景·安桂[圭]洪·林昌模 등의 일당에 이르러는 약간 그 趣를 달리하여 엄히 부하의 비행을 계획하고 약탈을 금하여 오로지 韓民을 선동하여 폭동의 영속과 도당의 강대만을 힘쓴다. 이리하여 그 목적하는 바는 이 폭동의 영속·항구는 실로 일본의 대한정책의 실패를 가져오게 하고, 통감정치가 그릇됨을 분명히 알게 하여 마침내는 열국으로 하여금 이를 용훼케 해서 한국의 독립을 安固하게 할 수 있다는 망상을 품고 있다.[34]

즉 일제는 한국의 항일의병장들이 서구 열강으로 하여금 일본의 대한침략을 저지케 하려는 의도에서 한국 각지에서 의병을 일으켜 치열한 항일전을 치르고 있다고 판단하였다.

다음, 고종파천운동(고종망명운동)은 일제의 병탄정책과 고종의 항일운동의 성패를 가름하는 문제였다. 일찍이 을미사변 후 친러파의 거두 이범진은 고종의 지시에 따라 러시아공사 베베르와 함께 고종의 러시아공사관으로의 파천을 주도하였다.[35] 동시에 이범진은 그 전략의 성사를 위한 성동격서전

---

33 『독립운동사자료집』 3, 「조선폭도토벌지」, 673~674쪽.
34 『한국독립운동사』 1, 국사편찬위원회, 1968, 806쪽.
35 『이범진의 생애와 항일독립운동』, 「이범진 공사에 관한 러시아 외교자료」, 슈뻬이에르공사→로바노프외무장관(1896.1.30), 142~143쪽.

략의 일환으로서 국왕의 밀지를 지닌 밀사를 각지에 보내 재야세력의 거의를 고무·격려하였다.36

> 이번 사변(아관파천)은 러시아공사관의 후원에 의해 정동파인 즉 이범진 등의 음모에서 나온 것은 명료한 사실입니다. 애당초 이범진 등이 먼저 춘천 폭도를 誘起해서 비밀리에 이들과 기맥을 통하여 크게 일을 벌이려는 경향을 나타냈습니다.37
> 각처에서 봉기한 폭도들은 원래 이범진 등이 춘천의 폭민을 선동한 데서 시작되어 새로 각처에서 만연된 것이며, 그들이 부르짖는 것은 모두 국모를 위한 복수 또는 단발령에 대한 반항 등에서 일어났고 나아가서는 일본인 배척에까지 이른 것 외에 다른 것이 없습니다. 그리고 이범진 등은 이 틈을 타서 모계를 써서 그들의 목적을 달성할 수 있었습니다.38

당시에 민간에 나돌던 서울은 춘천의병이, 인천은 충청도의병이, 부산은 경상도 및 강원 남부 의병이, 원산항은 영동의병이 내습하기로 사전에 결정되어 있었다는 풍설은 의병운동과 파천운동의 상관성을 여실히 보여준다.39 한마디로 을미의병운동은 고종세력의 은밀한 반일활동과 지방유림과 하층 인민의 강렬한 반일활동이 서로 맞물려 역사의 전면에 표출된 것이었다. 그리고 재야세력의 의병운동과 고종세력의 항일전략이 긴밀한 연관하에 동시에 전개된 것은 후기의병운동 때에도 마찬가지였다. 오히려 후기의병기에 고종세력은 전기의병기의 의병전략을 다시 확대하여 원용한 것으로 판단된다.

러일전쟁 발발 전후에 고종세력은 대외적으로 전시중립을 선포하고 대내적으로 황제의 파천을 위해 분주히 움직였다. 1904~1910년간 고종은 불란서공사관이나 러시아공사관으로의 파천과 중국과 러시아로의 망명을 원하고 있었다. 러일전쟁 발발 전후에 내관 姜錫鎬는 춘천으로, 별입시 吉永洙는

---

36 오영섭, 「을미의병운동의 정치·사회적 배경」, 238~251쪽.
37 『주한일본공사관기록』 9, 「친로파 이범진 등의 음모에 대한 보고」, 143~144쪽.
38 『주한일본공사관기록』 9, 「신정부의 현황보고」, 154쪽.
39 『주한일본공사관기록』 10, 「강원도 춘천부 폭도 봉기건」, 232쪽. 오길보, 『조선근대반일운동사』, 평양 : 과학백과사전종합출판사, 1988, 43쪽.

평양으로, 李根澤은 러시아공사관으로, 李容翊과 玄尙健은 불란서공사관으로, 李載純은 러시아나 불란서 공사관으로의 파천을 주장하였다.[40] 또한 고종은 1898~1910년간에 크고 작은 변란이 일어날 때마다 항상 러시아공사에게 러시아공사관으로의 파천과 러시아로의 망명을 타진하고 있었다.[41] 이러한 고종파천운동은 후기의병기에 궁내부대신 沈相薰의 밀사 金顯峻의 의병활동을 이면에서 지원한 안동의 명망가 李相龍(相羲)이 동지 李圭洪에게 "접때 興州(順興의 金敎林·李康秊) 일행의 뜻과 같이 과연 御駕가 대궐 밖으로 출동했는가"라고 물었던 데서 알 수 있듯이[42] 고종 측근들과 의병지도부 간에 모종의 교감하에 추진되고 있었다.

고종파천운동과 관련하여 한말 대규모 의병진의 기본전략인 서울진공작전도 고종파천운동의 구도속에서 벌어지고 있었음을 유념할 필요가 있다.[43] 양차의 의병운동기에 고종세력과 연대한 연합의병장들은 대부분 서울로 진공하여 일본군과 친일파를 몰아내자는 목표를 내걸었다. 그러나 그들은 일본의 무력을 뼈저리게 체험했을 뿐더러 거사 이전에 이미 패배를 예상하고 있었을 만큼 현실적이었다. 그렇기 때문에 그들이 내세운 도성탈환전은 표면적인 목표였을 가능성이 높다. 다시 말해 연합의병장들은 일본군을 서울 외곽으로 끌어내 궁성 수비를 약화시키고, 그런 사이에 고종의 파천이나 이어를 성사시키려는 성동격서전략을 지방민들이 후원해 주기를 원하고 있었다.[44] 게다가 후기의병기에 춘천·제천·해주·속리산·지리산 등 지방 요

---

40 『일본외교문서』, 37-1, #349, 「京城中立…皇帝播遷…件」, 319~320쪽, #519, 「韓帝의 露國公使館播遷說 情報件」, 440~441쪽, #533, 「韓帝佛國公使館播遷說…件」, 448쪽, #540, 「露國公使…來報件」, 454쪽 ; 幣元坦, 『日露間之韓國』, 100~101쪽.
41 박종효 편역, 『러시아 국립문서보관소 소장 한국 관련 문서 요약집』, 한국국제교류재단, 2002, 32~33, 101, 105, 279, 388~389, 405~406, 733쪽.
42 李相龍, 『石州遺稿後集』, 「與洗心軒」六.
43 한말 13도창의군의 결성과 활동에 대해서는 신용하, 「전국 '13도창의대진소'의 연합의병운동」, 『한국근대민족운동사연구』, 일조각, 1988.
44 의병활동 중에 경상도의 鄭煥直·申乭石, 전라도의 安圭洪 등이 위로부터 "속히 (군대를 몰아) 올라오라"는 전갈을 받았던 것도 고종세력이 그러한 두 가지 전략을 추진하고 있었

충지에서 봉기한 의병들은 13도창의군과 같은 대규모 연합 의병부대의 후미를 보호하기 위해 주변의 일본군수비대를 붙잡아두는 지연전략을 구사했던 것으로 보이는데, 이러한 지연전략을 고종파천운동의 구도속에서 이해하는 새로운 시각이 요구된다.45

전·후기 의병운동기에 고종세력과 연합의병장들은 하층 인민들의 피어린 혈전을 배경 삼아 외국공사들과 구미 열강들의 반일·반전 여론을 환기시켜 일본의 대한침략을 저지하거나, 아니면 구미공사관이나 국내·국외의 모처로 고종의 파천을 단행하려 했던 것으로 보인다. 따라서 각개적·분산적·고립적인 것처럼 보이는 한말 대규모 연합의병의 항일활동은 고종세력의 연합적·입체적·전략적인 구상에 따라 추진되었던 셈이다. 한마디로 국망기에 고종세력이 역점을 두고 추진한 중앙에서의 국권수호외교 및 고종파천운동과 지방에서의 항일의병운동은 고종의 항일전략의 중핵인 동시에 표리일체의 관계를 맺고 있었다.46

요컨대 고종세력의 항일구국전략의 궁극적 목표는 국권수호외교나 국왕파천운동을 성사시키는 것이었다. 고종세력은 일본군과 친일파를 한반도에서 구축하기 위해 밀지나 마패를 지닌 밀사를 지방 각지에 보내 재야세력의 거의를 촉구했다. 그들은 재야에서 봉기한 항일의병이 인근에 주둔 중인 일본군수비대에게 패할 것임을 분명히 알고 있었다. 그럼에도 그들은 지방의 병의 치열한 항일전을 배경 삼아 열강 상대의 청원외교나 고종의 파천을 성사시킴으로써 일제의 대한침략을 막아내려는 그들 나름의 항일전략을 실행

음을 방증해 준다.

45 이런 점에서 한말기에 각지에서 봉기한 대규모 연합의진들의 분립적·개별적 의병활동을 조선 후기 이래의 도성방어전략이나 국방전략과 연관시켜 파악할 필요가 있다고 생각한다.

46 동학농민운동 때 평양의 淸軍을 남하시키고 三南의 동학농민을 북상시켜 중앙의 일본군과 친일개화파를 토멸하려던 대원군파의 南北挾擊戰略도 같은 맥락에서 이해할 수 있다. 李相佰, 「東學黨과 大院君」, 『역사학보』 17·18합집, 1962 ; Lew Young Ick, "Korean-Japanese Politics behind the Kabo-Ulmi Reform Movement 1894 to 1895," *The Journal of Korean Studies* 3, 1981.

하였다. 이를테면 고종세력은 지방의병이 항일활동을 벌이는 기회를 이용하여 중앙에서 고종파천운동이나 균세외교정책을 성사시키려는 성동격서전략을 구사하고 있었다.

V. 평민의병장의 근왕적 측면

기왕의 연구에 의하면, 군대해산 이후에 평민출신의 민중의병장이 대거 출현함으로써 의병운동의 주도층이 양반층에서 평민층으로 변화되었다고 한다. 해방 후 북한학계의 유물사가들이 뚜렷한 근거도 없이 처음 제기한 군대해산 이후 평민의병장의 대거출현설은 이후 일본학계와 남한학계에 적잖은 영향을 미쳤다. 그리하여 남한의 연구자 중에는 일제측의 자료를 분석하여 농민·군인 등 다수의 평민들이 의병장에 올랐다는 결론을 도출해 내기도 하였다.[47] 이러한 분석결과는 한국근대사 개설서나 고등학교 근현대사 교과서에 그대로 실릴 정도로 큰 영향을 미쳤다. 그런데 그때 분석대상으로 이용된 일제측 자료는 의병운동이 퇴조하고 화적계의 부대장들이 크게 활동하던 1908년 10월 이후에 생산된 것들이었다. 따라서 그 자료들만을 가지고서는 한말 의병장의 신분·직업을 정확히 파악하기에는 문제가 있다고 하겠다.

일제측 자료에 수록된 의병장들을 통계 처리하여 도출한 후기의병기 평민의병장의 대거출현설은 역사적 실상을 제대로 반영한 것으로 볼 수가 없다. 왜냐하면, ① 수백 명 이상의 군사를 거느린 대규모 연합의병의 의병장과 그 휘하의 의병장(중군장·선봉장·후군장·소모장·유격장 등)을 동급의 의병장으로 기록하였고, ② 연합의병장의 피체·전사로 연합의병이 해체된 후 1~30명의 군사로 게릴라 활동 중인 부대장을 연합의병장이나 1~200명 정도의 군사를 지닌 중급의 의병장들과 동급으로 처리하였고, ③ 고종세

---

47 박성수, 『한국독립운동사』, 창작과비평사, 1980, 223~224쪽.

력과 연대하여 창의하거나 고종세력이 후원하는 연합의병장의 막하에 있다가 독립하여 소규모 부대의 부대장으로 활동한 의병장들이 적지 않았다는 사실을 고려하지 많았고, ④ 1908년 중반 이후 국가멸망의 징후가 분명해진 극심한 혼란기에 1~20명 정도의 군사로써 의병인지 화적인지 실체가 불분명한 반봉건·반일성 토색활동을 벌인 부대장들을 모두 의병장으로 간주하였고, ⑤ 일제의 효과적인 탄압작전 이후 등장한 소규모 게릴라 부대장들은 평민층의 신분상승 욕구나 반제의식이 확대된 결과로서 나타난 것이라기보다는 의병운동의 해체과정 내지는 독립군으로의 전환과정에서 나타난 필연적인 결과임을 간과했으며, ⑥ 신분과 이력이 불명하여 통계에서 다루지 못한 의병장이 많았을 뿐 아니라 일본측이 자국의 기준에 따라 평민으로 분류한 경우에도 사실상 평민이 아니라 주경야독하는 양반인 경우가 많았다는 점 등을 간과하였기 때문이다.

　이러한 문제의식을 유념할 경우에 한말 의병운동 당시 평민의병장에 대한 이해에 새로운 전기를 마련한 필요가 있을 것이다. 이를테면, 국망기에 대표적 평민의병장들이 평민 신분에 속했다고 하더라도 그들이 의병장에 오르는 과정과 그들이 벌인 의병활동의 모든 과정이 반드시 평민적인 것은 결코 아니었다. 차라리 고종세력이 평민의병장의 창의와 활동에 미친 영향을 깊이 따져보는 것이 평민의병장의 실체를 제대로 파악하는 데 유익할 것이다. 그런데 평민의병장들은 거의 대부분 창의록류의 문건을 남기지 않았기 때문에 그들의 이력이나 활동상을 깊이 파헤치는 데에는 한계가 있다. 여기서는 편의상 한말 평민의병장으로 널리 알려진 申乭石·安圭洪·洪範道·蔡應彦 4인과 고종세력과의 관계만을 간략히 논급해 보겠다. 이로써 평민의병장 이해에 새로운 단서를 제공하고자 한다.

　첫째, 한국근대사 연구자들이 평민출신이라고 알고 있는 신돌석(申泰鎬)은 사실 평민이 아니라 중인층인 향리의 후예였다.[48] 그는 부친의 재력을

---

48 신돌석에 대해서는 김정미, 「한말 경상도 영해 지방의 의병전쟁」, 『大邱史學』 42, 1991.

바탕으로 이웃마을의 진성이씨가 설립한 양반서당에서 양반들과 같이 수학한 양반급 향리였다.[49] 그의 부친 申淅柱는 아들이 의병활동에 착수하자 처음에는 쌀 100섬을 가져왔다가 종내에는 전재산을 내놓았다고 한다.[50] 이러한 사실들은 신돌석 가문이 영해지방에서 일정한 영향력을 지니고 있었음을 의미한다. 남다른 호협성과 무용성 외에도, 바로 이러한 든든한 가문배경이 신돌석의 의병활동의 기반이 되었음은 물론이다.

신돌석은 1906년 4월 6일 영해에서 100여 명의 군사로 일어나 1908년 10월까지 영해·양양·평해지역을 중심으로 활약했다. 그런데 신돌석의 창의는 고종세력의 구국의지와 영해지역 재야세력의 항일열기가 맞물려 나타난 결과였다. 즉, 신돌석은 고종세력인 정용기-정환직 부자와 金顯峻-李相龍의 양면적인 후원과 지도에 힘입어 거의했던 것이다. 을사조약 후 어전에서 밀지를 받은 정환직은 아들 정용기에게 거의를 당부했고, 1906년 1월 귀향한 정용기는 측근 정순기를 통하여 인근의 우국지사인 신돌석에게 거의를 독려하였다. 1905년 8월 대궐에 들어가 고종의 밀지를 받은 김현준은 경상도로 내려가 이상룡·李圭洪 등과 거의를 도모했고, 안동의 명망가 이상룡은 주변의 무용가인 신돌석의 거의를 후원하였다.[51] 따라서 신돌석의진은 밀지를 소지한 연합의병장과 재야유력자의 독려와 후원을 받고 뒤늦게 일어난 의진이었다. 또한 혼인 시에 양반의관을 갖추었다 하여 양반들에게 모진 수모를 당했던 신돌석의 의진에 신분과 관력이 신돌석을 능가하는 인사들이 다수 참여한 것도,[52] 기왕의 주장처럼 영해지방에서 신분차별이 해소된 결과라기보다는 오히려 신돌석이 고종세력의 대리인인 정용기나 이상룡에게

---

49 李炳國, 「挽申舜卿」, 『敬山文集』.
50 김희곤, 『신돌석 : 백년만의 귀향』, 푸른역사, 2001, 34쪽.
51 李圭洪, 「洗心軒日記」, 乙巳-己酉年條 ; 李濬衡, 「先府君遺事」, 『石洲遺稿後集』. 이상룡은 1909년 2월 안동경찰서에 끌려가 의병과의 연결을 호되게 추궁당하였다.
52 신돌석의진에는 1901년 내부주사를 지낸 白南壽를 비롯하여 務安박씨·載寧이씨·大興 백씨 등 영해지방의 양반들이 다수 참여하였다. 김정미, 「한말 경상도 영해지방의 의병전쟁」, 49~52쪽.

서 의병장의 자격을 인정받은 인물이기 때문이었다. 따라서 앞으로는 신돌석의 평민성·호용성과 고종세력의 근왕성을 동시에 고려해야만 여전히 신화에 휩싸여 있는 신돌석의 의병활동을 사실 그대로 밝혀낼 수 있을 것이다.

둘째, 일제가 호남지방의 '폭도 거괴' 가운데 전해산·심남일과 함께 첫째가는 인물로 꼽은 전남 보성의 安圭洪(안담살이)은 양반가에서 품팔이를 해가며 모친을 모신 한미한 신분 출신의 평민이었다. 그는 을사조약의 체결을 개탄하며 거의를 도모하다가 주변의 머슴꾼들을 규합하여 1908년 2월 의병을 일으켰다.[53] 그런데 안규홍의병의 결성과 활동은 보성의 유력자이자 우국지사인 安極과 朴南鉉의 적극적인 지원에 의해 이루어졌다. 당시 복내면의 참봉 안극과 미력면의 참판 박남현은 무용이 뛰어난 안규홍을 적극 후원하여 거의시키고 배후에서 군수품을 제공하였다. 특히, 안극은 고종의 밀지를 받은 다음에 평소 도적방비를 위해 양성하고 고용한 가병 100여 명을 안규홍에게 주었고, 자가의 토지까지 팔아서 안규홍의병의 군수품에 충당하였다. 그래서 안극은 '숨은 의병'이라는 평을 받았다.[54] 이때 안규홍은 후원자를 보호하기 위해 안극의 강학소인 일송정에 불을 지르고, 안극의 가택을 습격하여 그를 포박하고 군수전을 탈취하며 거짓 협박을 가했다고 한다.[55]

안극은 전남관찰사를 지낸 다음 고종의 대외청원외교에 진력한 고종의 별입시 閔泳喆과 친한 사이이며 의병장 민긍호와 죽마고우의 사이였다.[56] 그는 부인이 여흥민씨 閔胄顯의 손녀였던 관계로 여흥민씨와 깊은 인연을 맺고 있었다.[57] 그가 1905년 10월 상경하여 민영철을 만났을 때에 민영철은

---

53 홍영기, 『대한제국시대 호남의병 연구』, 서강대학교 사학과 박사학위논문, 1993, 129~132쪽.
54 전라남도사편찬위원회 편, 『전라남도사』, 1956, 812쪽 ;『보성군향토사』, 호남문화, 1974, 59, 278~283쪽.
55 『전라남도사』, 812쪽 ;『보성군향토사』, 278~283쪽. 또한 장흥의 嚴萬五, 고흥의 宣亨洙, 보성의 李元淑·李鎰 등이 안규홍에게 군수품과 군자금을 제공하였다.
56 安極, 『晦隱集』, 권1, 「閔雲沙壽序」, 旣切竹馬之交 又勤帛鷹之托.
57 安極, 『晦隱集』, 권4, 「行狀」.

자신의 보검을 내보이며 사용할 곳이 없음을 한탄했는데,[58] 사실상 이때 양인은 거의에 대한 공감대를 형성한 것이나 다름없었다. 이후 민영철은 고종의 지시에 따라 국내외에서 대외청원활동을 활발히 전개하였고, 안극은 안규홍의병에 대한 후원을 통하여 항일활동을 펼쳤다. 박남현은 1904년 8월에 황실호위를 모토로 설립된 충의사의 회원인데, 충의사는 허위·이상룡 등 항일의병장들이 여럿 가담한 항일단체였다.

안규홍의병에는 서울에서 내려온 吳周一과 최익현의 영향으로 거의한 廉在輔가 있었다. 오주일은 서울에서 수십 명을 거느리고 보성으로 내려와 안규홍이 창의한 직후에 합류하였다. 그런데 안규홍의병의 전략과 전술은 대부분 병법에 해박한 오주일의 지도에서 나왔다고 한다.[59] 이를 보면 오주일은 고종세력이 군사학에 정통한 인사에게 자금과 군사를 주어서 특별히 파견한 인사로 보인다. 오주일이 데려온 많은 청년들의 군수품 비용이나 상당한 고용비는 보성의 부호나 서울의 고종세력만이 감당할 수 있기 때문이다. 염주보는 1906년에 고종의 밀지를 받고 일어난 최익현을 곡성에서 만나 거의를 맹세한 다음 최익현의병의 격문을 사방에 전달하였고, 1908년 봄에 안규홍을 主將으로 추대하고 자신은 副將이 되었다.[60]

셋째, 홍범도는 1907년 11월경 차도선과 함께 관북지역의 삼수·갑산·북청 일대를 무대로 활동한 평민의병장이다.[61] 관북지방의 의병운동은 군대해산 후 개성진위대 병사 출신의 尹東涉이 군인 27명을 거느리고 함남 영흥 황천면에 이르러 의병을 조직하면서부터 시작되었다.[62] 이때 차도선이 윤동섭의진에 일시 참여했다는 기록으로 미루어 차도선·홍범도의진은 서울에

---

58 安極, 『晦隱集』, 권1, 「哀閔松西泳喆台疾逝于中國」. 을미의병운동 때에 민영환은 문석봉에게 자신의 보검을 내주며 거의를 당부했는데, 문석봉은 이를 소중히 간직하고 있다가 임종 때에 관에 넣어달라고 말했다. 文永井, 「家狀」, 『義山遺稿』, 권4.
59 안규홍, 「담산실기」, 『독립운동사자료집』 3, 325, 329, 338~349쪽.
60 『보성군향토사』, 279~280쪽.
61 신용하, 「홍범도 의병부대의 항일무장투쟁」, 『한국민족운동사연구』 1, 1986.
62 한국정신문화연구원 편, 『한국독립운동사자료집 : 홍범도편』, 「리인섭의 편지」, 1995, 36쪽.

서 내려온 윤동섭의 활동에 자극받아 일어난 의병이었다. 당시 일본측은 관북의병이 일어나기 직전에 강원·경남관찰사를 지낸 별입시 朱錫冕(회령인)이 강원·함경도 지역을 왕래하며 의병봉기를 부추긴 혐의가 있다고 파악하였다.63

그런데 1908년 3월 12일(음2/10) 차도선·홍범도의병이 임강현의 대노야 앞으로 보낸 무기요청 서한의 말미에는 차도선·홍범도의병의 근왕적 성격을 알려주는 비밀이 담겨있었다. 즉, 거기에는 "의진. 모사장 朴忠保·도대장 車道善·부대장 洪凡道·우대장 梁鳳翊·좌대장 太陽旭" 등 의진의 직임과 임원의 성명이 부기되어 있었다.64 이때 의병장 차도선·홍범도보다 상위 서열에 위치한 모사장 박충보는 현존 의병자료에 나오지 않는 미지의 인물인데, 그 직책으로 보아 북청의병의 전략과 전술을 통괄하는 요직을 차지하고 있었다. 아마 그는 金顯峻(영남-충북)·金斗星(연해주)·劉秉淇(호남)의 경우처럼 고종세력의 밀사로서 관북지방의 의병을 이면에서 지도하고 후원하는 중대한 역할을 맡았던 것으로 보인다.

넷째, 평안도 성천의 소농출신 의병장 채응언의 사례는 고종세력으로부터 밀지를 받은 연합의병장의 권위를 승습하여 의병장에 오른 경우이다. 일반적으로 고종세력과 연대한 의병장들의 창의양상은 대략 두 가지로 구분된다. 하나는 고종세력이나 그들의 밀사들로부터 밀지나 당부를 직접 전달받고 향촌에서 창의하는 경우이다. 다른 하나는 고종세력으로부터 밀지나 당부를 받고 창의한 연합의병장들의 소모활동에 응하여 연합의진에 투신했다가 연합의병장들이 전사·피체된 다음 그들의 권위를 승습하여 창의하는 경우이다. 이때 한말 최초의 항일의병장으로 잠정 분류되는 文錫鳳은 전자의 전형에 해당하는 인물이며, 한말 최후의 의병장인 채응언은 후자에 속하는

---

63 최영희, 「한말 관인의 경력일반」, 『사학연구』 21, 1969, 411쪽. 주석면은 별입시 閔景植의 문객이자 고종 측근인 李容翊과 결의형제 사이였다.
64 『독립운동사자료집 별집 1』, 독립운동사편찬위원회, 1974, 1083쪽 ; 『통감부문서』 5, 「청국에 거사협조 요청 서한」, 199쪽.

인물이다. 이를테면 채응언은 1907년 봄 고종의 밀지를 받고 창의한 유인석에게서 의병장의 권위와 문부를 하사받고 의병장에 오른 徐泰順이 황해도 곡산군에서 순국한 다음에 서태순의 뒤를 이어 의병장에 올랐다. 그는 서태순이 유인석에게 받은 모든 권위를 이어받아 1909년에 의병장에 올라 활동하다가 1915년에 피체되었다.[65]

이상에서 살펴본 것처럼, 한말 의병운동 당시 대표적인 평민의병장들은 고종세력과 밀접한 연계하에 활동하였다. 평민의병장을 대표하는 신돌석·안규홍·홍범도·채응언 등은 모두 고종세력으로부터 지도나 후원을 받았다. 신돌석은 고종 측근인 정환직-정용기 라인과 김현준-이상룡 라인을 통해 이중으로 고종세력의 영향을 받았다. 안규홍은 민영철-안극·박남현 라인을 통해 고종세력의 지도와 후원을 받았다. 홍범도는 경성인으로 추정되는 박충보로부터 전략과 전술을 지도받았다. 채응언은 밀지를 수령한 의병장으로부터 문부를 하사받은 의병장이 전사하자 그의 권위를 계승하여 의병장에 올랐다. 이러한 대표적인 사례들에 비추어 문헌으로 확인 불가능한 수많은 평민의병장들이 위의 인사들과 비슷한 방식으로 의병활동을 전개했을 것이다. 따라서 개별 의병장의 신분상의 평민성만을 가지고 그들의 의병운동의 성격을 평민적인 것으로 단정하는 것은 매우 단선적인 역사해석이다. 차라리 고종세력의 근왕성과 평민의병장의 평민성을 아울러 고려하는 것이 한말 의병운동의 실체를 제대로 파악하는 첩경이라고 생각한다.

VI. 병사층의 지향과 의병군자금 문제

한말 의병의 다양한 참여세력들은 외세배격이 선결과제라는 민족적 위기의식에 공감하여 연대관계를 맺었다. 이때 다양한 의병세력을 대표하는 고종세력과 유림집단과 평민세력은 그들의 사회경제적 배경의 차이에 따라 그리고 개인적 이해관계에 따라 각기 다른 지향을 보였다. 즉 충군애국을 대

---
[65] 『독립운동사자료집 별집 1』, 224~225쪽.

의명분으로 내세운 그들의 표면적 연대관계의 이면에 깔린 궁극적 지향점이 반드시 일치하는 것은 아니었던 것이다. 대체로 고종세력에게는 친일파를 척결하고 신정부를 수립하려는 정치적 동기가, 유림층과 해산군관에게는 강력한 의리심과 애국심에 입각하여 일본세력을 물리치려는 사상적 동기가, 평민층에게는 의병에 참여하여 급료를 받으려는 경제적 동기가 보다 강하게 작용하였다. 따라서 저명한 항일의병장, 일부 척사·혁신 유림, 전직 군관 등 비교적 사상성과 애국성이 투철했던 우국지사들을 제외하면, 상당수의 의병세력들은 다소간 권력욕과 공명심과 생존투쟁을 위해 의병활동에 동참했다고 판단된다.66

한말 의병운동의 실질적 무력기반은 포군과 해산군인들이었다. 이들은 전·후기 의병운동기에 친일개화파와 일제의 군대해산 조치에 따라 실직상태에 있다가 고종세력과 유림세력의 소모에 응하여 의병에 참여하게 되었다.67 이들 가운데 일반 포군은 대체로 '포군명부'나 '포수안'에 등록되어 지방 관아와 포군지도부의 통제를 받았고, 이들을 관리하는 포군지도부는 한말 의병운동 시에 고종세력의 집중적인 포섭대상이 되었다. 그리고 기왕의 연구와 달리 해산군인들이 후기의병기뿐만 아니라 전기의병기에도 포군과 함께 병사층의 주축세력을 구성했다는 사실은 특기할 만하다. 이 외에도 각지의 유력자들이 비적 방비를 위해 별도로 양성한 사병이나 家兵도 포군이나 해산군인과 같은 역할을 수행하였다.

한말 의병운동 때에 병사층(해산군인 포함)은 일정한 의식의 정향이 없이 자신들의 전투능력의 대가만 주어지면 그 보수에 따라 행동하는 용병적 성향을 나타냈다.68 물론 고종세력과 유림의병장의 애국정신에 감화되어 혹은

---

66 이러한 문제인식에 착목한 연구로는 오영섭, 『화서학파의 사상과 민족운동―그들의 위정척사론과 의병운동을 중심으로―』, 한림대학교 사학과 박사학위논문, 1997 ; 이상찬, 「갑오개혁과 1896년 의병의 관계」, 『역사연구』 5, 역사학연구소, 1977.
67 1895년 윤5월과 7월의 지방병 해산조치와 1907년 8월 군대해산, 9월 '총포급화약류단속법'의 제정은 해산군인들의 의병참여를 촉진하는 계기가 되었다.
68 조동걸, 「독립운동의 한국민족주의상의 위치(상)」, 『한국민족운동사연구』 1, 지식산업사,

일제의 대한침략을 규탄하는 의분심에 따라 일부 포군이나 해산군인들이 보수에 상관없이 자발적으로 의진에 가담하여 활동한 경우도 있었다. 그러나 병사층의 의병참여는 자발적 참여보다는 의병지도부의 강제성 소모와 징발에 의한 경우가 많았으며, 그렇지 않으면 다액의 급료를 받기 위해 의진에 투신하는 경우가 대부분이었다. 따라서 엄밀히 말해 이른바 한말의병의 순국정신이란 평민 병사층의 민중성이나 반제의식을 가리키는 것이 아니라 전사・옥사한 항일의병장들과 척사・혁신유림 및 해산군관들의 충군애국론에 기반한 의리심을 가리키는 것으로 이해해야 한다.

한말 의병운동 당시 병사층이 자신들의 무장활동의 대가로써 일정한 급료를 받았던 사실은 일반적 현상이었다. 전기의병기에 병사층은 정부가 의병운동 직전과 직후에 도적 방비를 위해 설치한 별포군들보다 상당히 많은 급료로 받았다. 1894년 9월경 경무청 구식포졸의 급료가 쌀 반가마였고, 12월경에 설치된 入直兵丁의 삭료가 1인당 9냥이었고, 중앙군대인 제1훈련대의 급여가 1인당 9냥에 上白米 6말이었다.[69] 또 1896년 3~6월경 각기 청도군수와 경주군수가 비도 방비를 위해 설치한 별포군들은 월 10냥 정도를 삭료로 지급받았다.[70] 따라서 중앙정부와 지방정부가 설치한 포졸들과 포군들은 한 달에 대략 10냥 정도의 급료를 받았다.

이에 반해 을미의병 가운데 노응규의 진주의병의 경우 일반 포군은 1인당 월 27~28냥 정도를, 요해처를 방수하는 포군은 월 54냥 정도를 받았다.[71] 청송의병의 포군은 매월 45냥 정도를 받았으며,[72] 민용호의 강릉의병은 아마

1986, 18쪽.
69 『공문편안 요약』 1, 서울대학교 규장각, 1999, 112, 119, 132쪽.
70 『공문편안 요약』 1, 416, 647쪽 ; 『공문편안 요약』 2, 24, 250쪽.
71 진주의병장 노응규는 보통 포군들에게 한 달에 엽전 2관문(20냥)과 쌀 6말을 급료로 지급했고, 또 요해처를 지키는 포군에게는 하루에 1냥 8전씩을 지급하였다. 『주한일본공사관기록』 8, 국사편찬위원회, 1993, 249·250, 265쪽.
72 權大雄, 「1896년 靑松義陣의 조직과 활동」, 『한국근현대사연구』 9, 1998, 59~60쪽. 청송의진의 포군은 매일 1냥 5전을 받았다.

민군으로 추정되는 사람들에게 한 달에 약 18냥을 지급한다고 선전하였다.[73] 유인석의 제천의병의 경우 민방위부대인 민군이 일률적으로 10냥을 지급받은 것으로 보아[74] 고액의 생명수당을 받는 포군들은 민군보다 적어도 3배 이상의 높은 급료를 받았음에 틀림없다. 따라서 일률적으로 비교하기는 어렵지만 을미의병에 참여한 포군들은 1895년 군대해산 이전 및 아관파천 후 지방 각지에 배치된 별포군들에 비해 대략 3배 이상의 높은 급료를 받았다는 결론이 나온다.

후기의병기에도 병사층은 무장활동의 대가로써 일정한 급료를 받았다. 호남의병장 가운데 최익현은 포수들에게 하루에 40전 즉 한 달에 12냥 정도를 급료로 지급하였고,[75] 심남일은 병사들에게 1일 엽전 100문 즉 한 달에 30냥의 급료를 지급하였다.[76] 전해산도 "(도주한 군사들에게) 이미 지급한 돈만 전후로 40냥이다"고 하였다.[77] 이런 사례들로 미루어 호남의병에 가담한 병사층이 의병활동의 대가로써 급료를 받은 것은 일반적 사실이었음을 알 수 있다. 또한 황해도의 李鎭龍은 병사들에게 직임에 따라 6원부터 12원까지의 급료를 차등 있게 지급하였다.[78] 그리고 맥켄지가 원주에서 만난 제천의병 6명 가운데 3명은 '품팔이꾼'이었으며, 의병장은 각지의 부호가 희사한 군수전으로 병사들을 모았다고 하였다.[79] 또한 허위는 군사를 모집하기 위해 고종의 측근인 鄭煥直에게서 2만 냥을 받아 우선적으로 떠도는 군인들

---

73 강릉의병의 포군들은 매일 쌀 두되와 엽전 30문을 받았다. 강릉의병장 민용호는 비용절감을 위해 武士廳을 폐지하려 했으나 武士들이 모두 떠나지 않았기 때문에 그들의 동의 하에 급료를 30% 삭감하였고, 砲領將에게 포군급료의 50% 삭감을 제시하여 40%를 깎았다. 민용호 저, 이태길·민원식 역, 『국역 복재집』, 278~279쪽 ; 『주한일본공사관기록』 8, 「江原道 新坪場에 集合한 暴民의 情況」, 227쪽.

74 장익환, 「일기」, 112~113쪽.

75 홍영기, 『대한제국기 호남의병 연구』, 일조각, 2004, 177쪽.

76 『한국독립운동사 자료』 12, 662~663쪽.

77 全垂鏞, 「全海山陣中日記」, 『독립운동사자료집』 2, 503쪽.

78 『한국독립운동사 자료』 15, 569쪽.

79 F. A. 맥켄지 저, 이광린 역, 『한국의 독립운동』, 일조각, 1969, 116~117쪽.

의 생계유지비로 지급하였다.[80] 이 외에도 현존하는 창의록에 의하면 많은 의병장들이 의병활동에 돌입하기 전에 가장 먼저 착수한 일은 병사들을 모으고 군수품을 마련할 자금을 모으는 것이었다.

그런데 병사층의 급료수령 문제는 그들의 생존권 문제와 직결된 것이었다. 을미의병 당시 충주관찰사 김규식이 재정군핍을 이유로 성을 지키는 포군 150명 중에 50명만 남기고 나머지를 퇴출시키려 하자 머리 깎은 포군 100명이 그날로 성밖의 유인석의진에 투항하여 충주성공격에 가담한 일도 있었다.[81] 아울러 을미 청송의병들의 발언을 보면, 병사층의 의병참여 동기가 경제적인 동기에 있었음을 확인시켜 주고 있다.

> 본 읍이 창의 초에 군인의 급료로 매월 1냥 5전을 준 것은 軍心을 수습하고 병정을 모집할 계책이었다. 그러나 이제 군대의 수가 10哨(1초∶10명)나 되니 용도가 날로 궁색해져 부득이 각 영에서 하나같이 급료를 감하여 군료를 1냥으로 정하였다. 하루는 100여 명의 포군이 일제히 나아가 호소하기를, "소인 등이 부모와 처자를 버리고 의진을 쫓은 것이 오늘로 한 달이 넘었는데, 약간의 日料에서 남는 것으로 부모를 봉양하고 처자를 양육할 계획이었습니다. 이제 이처럼 급료를 감하여 소인들의 가속들이 굶어죽게 생겼으니 소인 등은 義擧에 따를 수 없습니다"하고, 곧 행장을 꾸려 강을 건너 백사장에 結陣하였다. 그 때문에 군문 집사에게 분부하여 그들을 타일러 돌아오게 하니, 또 解陣하여 곧장 靑雲으로 올라가 집사에게 총을 쏘겠다는 말까지 하였다. 그 죄상을 추궁하면 창끝을 돌릴 병정이 다수 있을 것 같으니, 가령 서둘러 경계할 일이 있을 때에 어찌 한 사람의 병정인들 우리를 따르려 하겠는가.[82]

의병군자금 문제와 관련하여 고종세력이나 재야의병장이 창의를 모색할 때 가장 먼저 착수한 일은 포군의 급료와 군수비를 마련하는 것이었다. 전기의병기에는 부호들이 희사한 자금과 관청에서 탈취한 공화를 군자금으로

---

80 한국학문헌연구소 편, 『국역 허위전집』, 아세아문화사, 1985, 91쪽.
81 鄭英源, 「披榛記草」, 필사본, 72쪽.
82 김희곤·권대웅 편, 「赤猿日記」, 『한말의병일기』, 국가보훈처, 2003, 322~323쪽.

사용하였다. 이에 반해 후기의병기에는 고종세력의 군자금과 친일적 부호·관료·관청의 재산을 탈취하여 군자금으로 이용하였다.83 이때 고종세력의 군자금은 일정 지역의 재야세력으로 하여금 의병부대를 모집·구성하도록 하는 데 큰 기여를 했지만, 그러나 그것은 장기간 무장군사활동을 지속하기에는 턱없이 부족한 액수였다. 그들이 내놓은 거액의 자금은 의병운동 발발 직전과 직후에 이미 병사모집비, 군수품 마련비, 병사급료 등으로 소진되어 버렸다.84 그렇기 때문에 의병진이 구성되어 본격적 군사활동에 돌입한 다음에는 무엇보다도 군사들의 급료와 군수비를 마련하는 것이 가장 중요하고도 시급한 문제로 부상하였다.

요컨대 한말 의병진이 결성될 때 평시보다 적어도 2~3배 이상 지급하는 고액의 급료가 병사층을 의진으로 불러들이는 주요 요인 가운데 하나였다. 이처럼 한말 의병운동은 병사들에게 들어가는 막대한 액수의 급료와 군수비를 먼저 확보해야만 의진의 결성과 활동이 가능한 고비용체제로 짜여져 있었다. 그렇기 때문에 의병운동 당시 수많은 의진들은 병사층의 급료와 군수비 마련을 위해 친일적 관군과 일본군에 대한 공격보다도 지방관아 및 친일파·요호가·벌열가에 난입하여 그들로부터 군자금을 탈취하는 데 주력하였다. 이러한 측면들은 한말 의병운동의 민중적 내지 반봉건적 성격문제를 해명하는 열쇠가 된다고 생각한다.

---

83 후기의병기에 의병장 閔宗植·申乭石·金道鉉·鄭鏞基·林炳瓚·梁漢奎 등은 가산을 쏟아 군자금을 마련하기도 하였다.
84 1908년 겨울 1만여 명의 군세를 자랑했던 13도창의군의 군수비와 1909년 2월경 경기 북부의 이은찬·윤인순·정용대부대와 강화의 池洪一부대가 소지했던 550여 정의 최신식 서양무기 구입비 등은 고종의 내탕금이나 고종 측근들의 특별지원금이 아니고서는 불가능하다. 『통감부문서』 6, 「暴徒首領 李殷瓚…等 武裝出現 件」, 16~17쪽 ; 『한국독립운동사 자료 12』, 409, 625~626쪽.

VII. 한말 의병운동 연구의 향후과제

여기서 선보인 한말 의병운동에 대한 새로운 패러다임에 반영된 기본관점은 두 가지이다. 하나는 한국사의 두드러진 특징 가운데 하나인 장구한 중앙집권적 통치체제의 역사적 경험이 국망기의 민족운동사에 어떠한 영향을 미쳤는가 하는 것이다. 다른 하나는 40년 동안 국가를 다스리며 국가의 인적·물적 자원을 장악한 전제군주와 그의 측근들이 자신들과 왕조의 명운을 위협하는 외침에 대항하여 다각도로 구국운동을 벌였을 것이라는 점은 상식에 속한다는 점이다. 이제 위에서 논급한 내용을 토대로 한말 의병운동의 향후과제라고 생각되는 몇 가지 문제들에 대한 의견을 간략히 제시하는 것으로 결론을 대신하려 한다.

첫째, "한말 의병운동은 재야세력의 자발적인 반일민족운동이다"라고 하는 기왕의 통설에서 벗어나 "한말 의병운동은 고종세력과 재야세력이 연대하여 조직적으로 전개한 반일민족운동이다"라는 새로운 의병관에 주목할 필요가 있다. 다시 말해 한말 의병운동은 단순히 재야세력만의 항일운동이 아니라 사상과 지향과 이해관계가 각기 다른 고종세력과 재야세력의 연대에 의한 반일운동이었다. 이때 이제까지 의병연구자들이 주목하지 못한 중앙 정치집단인 고종세력은 군주중심의 정치체제로써 자주국가의 기틀을 확립하고 외세의 압력에 대처해 나가야 한다는 판단하에 동도서기적 정치노선을 따르고 있었고,[85] 또 외세침략을 저지하고 국권을 수호하기 위해 청원운동·파천운동·의병운동·계몽운동 등 다양한 항일방략을 구사하고 있었다. 이런 점에서 고종세력이 열강들의 제국주의적 속성과 조선문제를 둘러싼 국제정세를 제대로 파악하지 못했다는 일각의 비판과는 별개로, 그들이 조선의 취약한 국력을 극복하고 국권과 군권을 수호하기 위한 애국적 동기에서 재야세력과 연대하여 항일운동을 펼쳤던 사실은 깊이 연구해야 한다.

---

85 이태진, 「고종시대사 흐름의 재조명」, 『고종시대의 재조명』, 태학사, 2000.

요컨대 우리 한민족이 국가와 민족을 구하기 위해 국민 상하가 합심 궐기하여 일제에 대항했다는 사실을 부각시켜 설명하기 위해서는 아래로부터의 재야세력의 의병운동과 위로부터의 고종세력의 의병운동이 합류하여 한말 의병운동으로 승화되었음을 새롭게 조명할 필요가 있다.[86]

둘째, 한말 의병운동을 연구할 때에 현재주의적 연구방법론보다 조선국가의 역사적 특수성을 감안한 역사주의적 접근방법론을 택할 필요가 있다. 기존의 연구성과들은 일제 초기부터 1980년대까지 민족주의와 사회주의 등 근대사상에 입각하여 독립운동과 반제민주화운동을 펼쳤던 역사적 경험을 의병운동 연구에 원용한 결과로써 나타난 것들이다. 그것들은 의병운동이 재야세력의 자발적인 항일의식과 반제·반봉건의식에 따라 태동되었다고 보았고, 이는 필연적으로 의병운동을 재야세력만의 자발적인 민족운동으로 파악하도록 하는 데 직접적 영향을 미쳤던 것이다. 그러나 한말 의병운동의 발생양태나 전개양상은 조선 후기 이래의 유교적 왕조국가의 통치원리나 통치이념 및 향촌사회의 운영원리와 불가분의 관계를 맺고 있었다. 이를테면, 고종세력이 밀지나 마패나 권고를 재야세력에 전달하여 그들과 연대하거나 그들을 동원하는 방식, 재야세력이 고종세력의 권위와 후원에 힘입어 정통성과 합법성을 확보하는 모습, 재야세력이 의병진을 결성한 다음 고종세력이 하사한 신물을 받들어 모시는 모습, 재야세력이 유교의 충군애국론에 입각하여 위난에 빠진 고종을 구하기 위해 진력하는 모습, 균세외교를 성사시키기 위해 의병운동을 추동한 고종세력의 성동격서전략, 조선 후기 이래의 군사전략을 그대로 답습한 재야세력의 의병편제와 의병전술 등은 한말 의병

---

[86] 기존의 연구에서는 한말에 의병운동세력과 계몽운동세력의 상보적인 연계관계의 기점을 1907년 이후로 잡고 있다. 신용하, 「한말 의병운동의 기점에 대한 신고찰」, 『한국근대민족운동사연구』, 일조각, 1988. 그러나 을미의병운동 당시 동도서기세력인 고종세력과 위정척사세력인 재야세력이 연대하여 의병운동을 펼쳤고, 을사조약 전후에 고종세력이 의병운동과 계몽운동과 청원운동 등을 동시에 펼쳤던 사실을 감안해야 한다. 이렇게 보면, 의병운동세력과 계몽운동세력의 연대시점은 이르게는 1895년 을미사변 이후로, 늦게는 을사조약 전후로 잡아야 한다고 판단한다.

운동을 당대의 역사적 상황과 조건 속에서 파악해야 한다는 점을 시사해 주고 있다. 따라서 향후의 의병운동 연구자들은 의병운동의 전통성과 근대성의 측면을 아우르는 통합적인 연구시각을 개발해야 한다.

셋째, 고종세력의 정점에 위치한 고종은 한말 의병운동을 이면에서 실질적으로 지도하고 후원한 인물이었다. 기존의 연구에서는 한말 의병운동 당시 유림층과 평민층의 자발성과 순수성만을 강조하느라 의병운동의 발발과 전개에 미친 고종의 영향력을 애써 무시해 왔다. 그러나 수많은 原자료에 나오는 것처럼, 고종은 갑오경장 후부터 경술국치 전후까지 외세의 침략이 점차 거세지는 상황 속에서 국가의 명운과 자신의 지위를 지키기 위해 일제의 협박과 감시에 대항해 가며 혼신의 노력을 쏟았다. 당시 고종이 구사한 각종의 반일활동은, ① 구미 열강과 공사관 및 국제회의에 밀사를 파견하여 구원을 청하고, ② 구미 열강을 끌어들여 일제를 견제하려는 조선중립화정책을 실행하고, ③ 밀사들을 동원하여 주한 외국공사관이나 해외로의 망명을 타진하고, ④ 조야의 충의지사에게 일본과 친일파를 규탄하는 상소를 올리게 하고, ⑤ 선각적 지식인들에게 단체를 조직하여 반일운동과 계몽운동을 벌이게 하고, ⑥ 전국 각지의 명망가와 武勇家들에게 밀사를 파견하여 의병을 일으키게 하는 것 등이었다. 이처럼 유교적 전제군주 고종이 음양으로 영향력을 발휘하는 동안에 벌어진 근왕적 민족운동의 주요 흐름들은 고종의 구국의지와 밀접한 연관을 맺을 수밖에 없었다. 당시 고종의 다양한 항일방략들은 유기적 상태에서 거의 동시에 추진됐는데, 그중에서 청원외교와 파천운동과 의병운동은 고종의 항일방략의 핵심을 이루고 있었다. 따라서 의병운동에 대한 연구수준을 한 단계 높이기 위해서는 고종의 반일활동을 심도 있게 추적해야 한다.

넷째, 기존의 연구에서는 재야의병의 결성과정과 전투양상 및 창의이념을 밝히는 데 주력했기 때문에 의병운동의 물적 토대인 의병군자금 문제를 깊이 있게 논의하지 못했다. 대규모의 의진을 장기간 원활히 유지해 나가려면, 무기·탄약·군량·피복 등의 군수품은 물론 가장 많은 비용이 들어가는 의병의 고용비('朔料')와 전상자에 대한 보상·치료금에 충당할 막대한 군자금이 필요하다. 냉정히 말해 재야의 애국적 부호들이 구국의 열의로 의진에 희사한 군자금은 의병활동에 별다른 도움을 주지 못했던 만큼, 과연 누가 다액의 군자금을 제공했는가 하는 점을 구명할 필요가 있다. 대체로 대규모 연합의진의 의병장들은 전기의병기에 公貨를 탈취하거나 부호들에게 염출하는 방식으로 군수전을 마련하였다. 그러나 후기의병기에 민종식·정환직·이범윤 의병장의 사례에서 보듯이 봉기 전에 이미 중앙으로부터 다액의 군자금을 전달받았던 것으로 파악된다. 게다가 한말 의병운동 시에 청국에서 밀수입한 최신식 무기로 무장한 李殷瓚·尹仁淳·鄭用大·池洪一 등 경기북부와 강화도에서 활동한 500여 명의 의병들이 소지한 신무기와 탄약 구입비 및 병사들의 급료는 일제 통치하에서 확보하기 어려운 거액인데, 과연 그러한 자금을 누가 제공했는가 하는 점을 깊이 따져 봐야 한다. 결국 이들이 받은 군자금은 고종의 내탕금이나 고종 측근의 지원금일 가능성이 높은데, 이때 내탕금이나 지원금이 어떤 경로로 의진에 전달되었는가 하는 것을 밝히는 것은 한말 의병운동의 근왕적 특질을 구명하는 작업과 긴밀한 연관이 있는 문제이다.

　다섯째, 이제까지는 의병운동의 배경이나 성격을 구명함에 있어 의병운동의 반외세 항쟁이나 독립운동의 측면만을 부조적으로 강조해 왔다. 그러나 앞으로는 의병운동의 정치적·경제적·사상적 측면들을 종합적으로 고려하여 의병운동에 가담한 여러 세력들의 참여동기를 냉정히 분석할 필요가 있다. 다시 말해 다양한 의병세력들의 대외적 지향성과 대내적 지향성 가운데 그간 소홀히 다루어진 대내적 지향성에 대한 연구를 보다 강화해야 한다. 예컨대, 정치적 측면에 초점을 맞출 경우, 고종세력은 침략세력을 구축하고 고종의 군주권을 수호하고 신내각을 발족하기 위한 정치적 목적에서 재야세력과 연대하여 의병운동을 전개했음을 알 수 있다. 경제적 측면에 초점을 맞출 경우, 재야세력은 일본세력과 친일세력 및 지주세력의 침탈에 항거하려는 경제투쟁의 일환으로서, 그리고 당장 시급한 생계비를 벌기 위한 생계

대책의 일환으로서 의병운동에 가담했음을 알 수 있다. 사상적 측면에 초점을 맞출 경우, 고종세력은 동도서기론에 입각한 점진적 개혁노선을 지지하며 친일세력으로부터 국가를 수호하기 위해 의병에 가담했던 반면, 재야세력 중에 유림세력과 해산군관은 유교적 사회체제를 수호하거나 조선국가를 지키려는 애국적인 동기에서 의병운동에 가담했음을 알 수 있다. 이처럼 다양한 의병세력들은 외세구축이라고 하는 공통적인 대의명분에 공감하여 쉽게 계급연합을 이룰 수 있었다. 그러나 그렇다고 하더라도 그들의 대내적 지향성은 신분·계층에 따라, 사회경제적 처지에 따라, 개인적 입장에 따라 각기 다를 수밖에 없었던 것이다.

여섯째, 기왕에 의병연구자들은 실증적 방법론에 따라 특정 지역을 중심으로 활약한 의병장들의 활동을 시간순으로 재구성하는 일종의 사례연구에 치중해 왔다. 이런 방식의 기초연구는 새로운 자료의 발굴을 통해 향후에도 지속해 나가야 하는 의미 있는 작업이다. 왜냐하면 특정 지역과 특정 의병장에 대한 사례연구들이 충분히 축적되어야만, 의병운동을 지역별·주제별·특징별·성격별로 갈래지어 설명할 수 있기 때문이다. 그렇지만 앞으로는 이러한 작업과 아울러, 1894년부터 1915년경까지 전국 각지에서 전개된 의병운동을 면밀하게 상호 비교·검토하여 의병의 봉기형태, 전투방식, 참여계층, 軍資마련방식, 활동양상, 조직구성, 대외이념 등의 성격이나 특성을 추출하는 작업도 병행해 나가야 하리라고 본다. 이렇게 해야만 한말 의병운동의 전체적인 모습을 그려낼 수 있을 것이다.

일곱째, 기왕의 연구에서는 의진의 조직과 인적 구성을 분석함에 있어 의병장 이하 의진의 직임을 단순히 나열하는 수준에 그치고 말았다. 이로 말미암아 의진의 지도부 내에서 신분·계층 간에 역동적으로 전개된 의병권력을 차지하기 위한 갈등양상과 거기에 나타난 의병운동의 정치적·경제적·사회적 지향성을 제대로 밝혀내지 못하였다. 그러나 앞으로는 의진의 중요 직임을 맡은 개개인의 인적 사항을 의병측의 문집과 창의록, 의병참여자의 족보, 조선왕조의 연대기 자료, 일제측 토벌지, 각국 공사관·영사관 문서 등을 통해 다각도로 분석해 내야 한다. 이렇게 해야만 의병운동의 참여세력을 심도 있게 밝혀낼 수 있을 것이며, 나아가 그들이 의병운동에 가담하게 되는 궁극적인 동기를 밝혀낼 수 있을 것이다.

여덟째, 한말 의병운동을 파악함에 있어 간과할 수 없는 중요한 문제 가운데 하나는 의병의 적대세력인 친일적 관군 및 일본군의 기록을 무조건 폄하하는 편향적·국수적 자세를 버려야 한다는 것이다. 물론 의병을 탄압하고 토벌한 세력들의 기록이 반민족적이며 악의적인 논조를 취한 경향이 있으며, 또 사실 기술에 있어 오류가 많은 것도 분명한 사실이다. 그러한 점을 감안하더라도 반의병측의 자료에는 과장과 미화 및 오류가 다소 섞인 의병측 기록에서 찾아볼 수 없는 귀중한 사실들이 적지 않게 실려 있다. 특히, 의병운동의 구조적 특질을 파악함에 있어 일제측 자료는 결정적으로 중요한 의미를 지닌다. 따라서 균형 잡힌 의병사를 서술하기 위해서는 양자의 기록을 허심탄회하게 읽고 비교·평가·분석하는 작업이 필요하다.

아홉째, 한말 의병운동을 일방적으로 찬양하는 무비판적인 연구경향에서 벗어나 의병운동의 한계점까지도 심도 있게 논의하는 단계로 접어들어야 한다. 의병운동은 중층적인 연합성을 지닌 보수적인 항일무장투쟁이었던 만큼, 그러한 연합성이 초래하는 조직상·투쟁상의 한계점, 보수성이 초래하는 반개혁적인 한계점, 그리고 빈약한 무장력이 초래한 투쟁역량의 한계점을 동시에 언급해야 한다. 일례로 을미의병기에 의병세력은 평민세력인 동학군과 일부 애국적인 개화지식인을 가차 없이 처형했는데, 이러한 처사는 그들의 순수한 구국의지를 희석시킨 부정적 측면이 아닐 수 없다. 따라서 을미의병의 활동을 일방적으로 찬양하는 것은 동시기에 발생한 동학세력과 개화세력의 개혁운동을 애써 무시해 버리는 몰역사적인 결과를 초래하게 된다. 그리고 현재 의병연구자들은 1908년 이후에 1~20명의 무리로 요호층과 친일파를 대상으로 토색활동을 벌여 의병인지 화적인지 구분하기 어려운 소규모 무장부대들을 모두 의병으로 간주함으로써 의병참여세력의 외연과 성격을 넓게 잡고 있는데, 이러한 해석은 의병운동의 실상이나 성격을 파악하는 데 별다른 도움이 되지 못한다고 생각한다. 요컨대, 지역이나 문중이나 호국단체나 평민(민중)의 이해관계를 떠나 의병전쟁의 순기능적 측면과 역기능적 측면을 사실에 근거하여 엄밀히 논급해야만 의병운동사의 연구수준을 한 단계 끌어올릴 수 있을 것이다.

(「한말 의병운동에 대한 새로운 이해」, 『군사』 52, 국방부 군사편찬연구소, 2004)

제2부
한말 의병운동의 근왕적 성격

제1장   고종의 밀지가 한말 의병운동에 미친 영향

I. 머리말

　1894년 가을 동학농민군의 재봉기로 시작되어 1910년대 중반경까지 지속된 한말 의병운동은 국권과 군권과 영토를 수호하고 외세의 침략을 저지하기 위한 거족적 차원의 대일항전이었다. 이 운동은 한민족의 투쟁역량의 미숙, 일제의 효과적인 토벌작전, 의병의 빈약한 무력 등으로 인해 실패하고 말았다. 그러나 이 운동은 이후 한민족이 중국과 러시아 등지에서 독립운동을 펼칠 때 토대로 작용했을 뿐더러 근대적인 자주적 민족의식을 형성하는 데 원동력이 되었다. 이러한 점에서 한말 의병운동은 한국근대 민족운동사상 커다란 의의를 지니고 있다.
　지금까지 한말 의병운동에 대한 연구는 전기의병운동과 후기의병운동을 막론하고 지역적인 사례연구를 중심으로 활발히 진행되어 왔다. 이러한 연구는 의병운동의 발발배경, 전개상황, 주도세력, 역사적 의의 등을 파악할 때에 유익한 도움을 주고 있다. 그럼에도 불구하고 기왕의 연구들은 의병항쟁의 성격을 구명함에 있어 대단히 중요한 문제라고 판단되는 다음과 같은 점들을 깊이 다루지 못하였다.
　첫째, 기왕의 연구자들은 충애사상을 지닌 양반 유생층과 평민 병사층으로 구성된 한국 민중이 자발적으로 거의하여 일제의 대한침략, 개화파의 개화정책, 친일파와 일진회의 매국행위에 저항했다고 하였다. 이로 인해 당시 중앙정계에서 청국·러시아·미국세력과 연계하여 은밀히 반일활동을 전개한 고종세력이 의병운동과 어떠한 연관을 맺고 있는가 하는 점을 상술하지 못한 감이 있다. 둘째, 일정 지역을 중심으로 활약한 의병장에 대한 사례연구를 중심으로 의병운동을 천착하였다. 이로 인해 의병봉기의 일반적 형태, 성격과 특성, 이후 의병운동에 미친 영향 등을 제대로 그려내지 못한 감이 있다. 셋째, 전기의병기와 후기의병기의 참여세력, 거의동기, 거의성격 등을 설명할 때 단계별 성격변화를 부각시켜 의병운동의 변모·발전상을 강조함과 동시에 후기의병운동을 봉기단계에서부터 해체단계('전환기')에 이르기까지 지나치게 시기별로 세분하여 서술하였다. 이로 인해 불과 20년이라는 짧은 기간 동안에 펼쳐진 의병운동의 성격변화를 과대평가했을 뿐 아니라 의병운동의 연속성과 공통성을 사상해 버린 결과를 가져왔다. 이러한 이유들 때문에 기왕의 연구에는 의병운동의 운동 내적인 역동성이 충분히 드러나지 못했다고 생각한다.

이러한 문제인식에 입각하여 한말 의병운동을 조감할 경우 주목할 만한 문제 가운데 하나가 고종의 밀지 문제이다.[1] 밀지는 보통 밀지·밀칙·밀조·칙령·의대조·애통조 등으로 불린 문건이다.[2] 밀지는 국왕이 창의를 촉구하는 극히 간략한 의사('擧義')를 비단조각에 직접 써서 측신에게 은밀히 하사한 것이거나, 측신들이 국왕의 뜻을 받들어 작성하여 밀사를 동원하

---

1 밀지와 의병운동과의 관련을 중시한 연구로는 오영섭, 「을미의병운동의 정치·사회적 배경」,『국사관논총』65, 1995 ; _____,『화서학파의 보수적 민족주의 연구―그들의 위정척사론과 의병운동을 중심으로―』, 한림대학교 사학과 박사학위논문, 1997.2 ; _____, 「한말 의병운동의 발발과 전개에 미친 고종황제의 역할」,『동방학지』128, 2004. 이 외에 밀지와 의병운동과의 관련성을 일부나마 논급한 연구로는 이구용, 「한말 의병에 대한 정부측의 수습책」, 강원대학교『논문집』9, 1975 ; 권영배, 「산남의진(1906~1908)의 조직과 활동」,『역사교육논집』16, 1991 ; 정제우, 「한말 황해도지역 의병의 항전」,『한국독립운동사연구』7, 1993.
2 고종이나 그 측근의 밀사들이 재야세력에 구두로 전달한 창의 '분부'나 '권고', 을미 회덕의병장 문석봉이 죽기 전까지 자랑스럽게 간직하다가 사망 시에 함께 묻어달라고 유언한 민영환의 보검, 을미 제천의병의 중군장 이춘영이 차고 있던 육혈포, 을사조약 후 고종이 내시 강석호를 통해 민종식에게 하사한 마패, 1908년 연해주에서 유인석·이범윤·안중근 등이 의병을 소모할 때 지니고 있던 마패 등도 밀지와 동일한 기능을 발휘한 것으로 파악된다.

여 재야에 발송한 것이거나, 개인적인 정략적 동기에서 국왕의 명의를 칭탁하여 임의로 작성한 다음 재야의 명망 있는 이들에게 보낸 것이다. 그간 의병운동 연구자들이 전혀 간과하거나 도외시한 밀지는 고종세력이 재야세력과 연계를 맺을 때나 재야세력에게 거의를 촉구할 때 밀사 내지 대리자('門客')를 통해 재야의 명망 있는 인사들에게 전달한 것이다.

의병측과 일본측 및 관군측의 기록 등 현존하는 1차 자료를 통해서 볼 때, 한말 의병운동 당시 대규모 연합의진의 의병장들은 거의 모두 의병활동 전에 혹은 의병활동 직후에 중앙으로부터 밀지를 받았다. 또 밀지를 받은 의병장들이 호응세력을 널리 모으기 위해 모사하여 각지에 살포한 사본 밀지를 전달받은 후 뒤늦게 거의에 동참한 인사들도 많았다. 게다가 밀지를 위조한 후 밀지가 지닌 권위를 이용하여 강제로 병사를 모집한 다음 토색질을 일삼은 사례도 보인다. 따라서 밀지야말로 한말 의병운동의 봉기양상, 참여세력, 근왕적 성격, 구조적 특성 등의 문제를 파악할 때 대단히 중요한 문건이라고 판단된다.

여기에서 저자는 한말 의병운동과 밀지와의 관련문제를 집중적으로 살펴보려 한다. 이 작업을 통하여 그간 한말 의병운동을 재야세력이 주도했다고 하는 기왕의 통설에 이의를 제기하는 한편, 고종세력이 밀지를 통해 의병운동에 직·간접적으로 참여했음을 밝힘으로써 한말 의병운동을 새롭게 이해하는 데 일조하고자 한다. 다만 고종과 그 측근들의 밀사들이 재야세력에게 전달한 창의 당부나 권고도 밀지와 동일한 기능을 발휘했기 때문에 밀지와 밀사 문제를 동시에 다루는 것이 좋겠지만, 여기서는 서술 편의상 논의의 초점을 밀지에 맞추었음을 미리 언급해 둔다.

II. 고종세력의 정의와 그들의 재야세력 추동양상

현재 통용되고 있는 한말 의병운동에 대한 통설은 "한말 의병운동은 자발적으로 봉기한 양반 유생과 평민 병사층의 주도로 이루어진 반일민족운동이다"라는 것이다. 저자는 현행의 통설은 수많은 의병관련 원사료에 비추어 부분적으로만 타당하며, 따라서 보완 내지 수정의 여지가 많다고 생각한다. 여기서는 그러한 통설에 대한 대안을 제시하기 위한 작업의 일환으로서 한말 의병운동 당시 중앙과 지방에서 재야세력의 활동을 후원하거나 혹은 직접 의병활동에 참여했던 고종세력에 대해 주목하려 한다.

여기에서 새로이 제기하는 고종세력이라는 용어는 갑오경장 직후부터 경술국치 직후까지 국권·군권·기득권을 수호하기 위해 재야세력과 연계하여 반일의병활동을 펼쳤던 강렬한 반일 성향을 지닌 일군의 중앙 정치세력을 의미하는 말이다. 이들은 일본측 자료에는 궁정파·궁중파·총신으로, 영미측 자료에는 왕당파(Royalist · Loyalist)로 나온다. 이들 근왕집단을 구성하고 있는 고종과 그 측근세력들을 범칭하여 고종세력이라고 부르려 한다. 일찍이 맥켄지(Frederick A. McKenzie)는 이들의 활동과 성격을 아래와 같이 언급하였다.

> 왕당파는 처음부터 일본인들의 가장 강력한 적이었다. 이들은 애국심과 전통, 그리고 개인적인 이해관계가 한데 얽혀 저항의식을 강화시켰다. 관리들 중에는 그들의 이익이 위협을 받는 사람도 있었고, 이미 잘려버린 부수입 때문에 한탄하는 사람도 있었으며, 또 일본인들에게 자리를 내주기 위해 관직을 빼앗긴 사람들도 있었던 만큼, 황제와 정부에 대해서는 은근히 압력을 가하는 이민족을 보고, 그들의 대부분이 분노를 느끼게 된 것은 조금도 이상한 일이 아니었다. 그래서 황제도 친히 반대운동을 전개하였다.……황제는 직접 앞에 나서지 않고도 불만의 풍조를 조장할 수 있는 온갖 방법을 알고 있었다.……그는 적극적인 활동을 은밀히 지원하면서도 백성이 그가 분부한 바를 행동화했다가 일본측의 추궁을 받게 되면 자기는 모르는 일이라고 부인하기 일쑤였다.[3]

즉 맥켄지는 일본의 대한침략으로 전직관료를 포함한 많은 기득권층이 불이익을 당하는 가운데 그들의 대표자격인 고종이 이면에서 의병운동을 포

---

[3] F.A. 맥켄지 저, 이광린 역, 『한국의 독립운동』, 일조각, 1969, 84쪽.

함한 온갖 반일운동을 주도했으며, 그러한 사실이 탄로날 경우에 고종은 자신은 모르는 일이라며 보신하기에 급급했다고 지적하였다. 이는 고종세력의 정점에 위치한 고종과 한말 의병운동과의 관련성을 시사함과 동시에 의병운동을 후원한 고종세력의 정치적 성격을 제대로 파악한 발언으로서 주목을 요하는 대목이다.

그러면 고종세력의 범위는 어떠한가. 바꾸어 말하면, 특정 인사를 고종세력이라고 부를 수 있는 기준은 무엇인가. 그러한 기준을 거론해 보면, 첫째, 대한제국과 고종을 적극 옹위하는 집단, 둘째, 고종 중심의 전제군주제를 지지하며 이를 위협하는 세력을 극력 배척하는 집단, 셋째, 서울에 거주하는 종친 외에, 동족 집단과 鄕第 등 지방에 일정한 세력기반을 지닌 채 중앙정계에서 활약하는 집단, 넷째, 갑오경장의 개혁조치로 권부로 등장한 궁내부에 소속되어 궁중을 무시로 출입하며 고종의 대내정책을 수행하는 집단, 다섯째, 고종의 반일·친구미적 외교노선을 충실히 따르는 別入侍 내지 근시집단 등을 들고자 한다. 한마디로 말해 고종세력은 동도서기적 정치노선과 반일·친구미적 외교노선을 따르고 있었으며, 대한제국의 국권과 고종의 전제군주권과 자신들의 기득권을 지키려는 지배적인 정치세력이었다.

그러면 고종세력의 성격은 어떠한가. 고종세력은 기본적으로 정략적·정파적 성격을 지닌 중앙 정치세력이었다. 다시 말해 그들은 궁중 내에서 친일세력을 구축하고 국권과 군권과 기득권을 옹위하기 위해 재야세력과 연계를 맺고자 노력하였다. 그렇기 때문에 을미의병운동과 아관파천의 경우에서 극명하게 엿볼 수 있는 것처럼, 그들은 자기들이 의도하는 외세 타도와 신내각 수립이라는 정치적 목표가 달성될 경우 재야세력에게 해산을 권함과 동시에 해산을 거부하는 부대에 대해 관군을 보내 진압하는 '兎死狗烹'의 방책을 실행에 옮기기도 하였다. 이 점에서 고종세력이 외세배격이라는 대의명분을 내세워 재야세력과 연계하는 데 성공했지만, 그러한 연계의 이면에는 의병세력을 정치적으로 활용하려고 하는 정략적 동기가 포함되어 있었던 셈이다. 따라서 그들의 항일활동은 소박한 충애사상에 따라 신명을 바쳐

활동한 재야의 해산군관들과 항일유림들에 비해 순수성이 떨어진다는 약점이 있었다.

이상의 기준에 따라 살펴볼 때, 1894년 가을 제2차 동학농민봉기와 1895~1896년의 을미의병운동을 포함한 전기의병기에 활약한 고종세력으로는 고종과 명성왕후, 閔泳煥·閔泳綺·閔丙奭 등 민씨척족, 大院君·李埈鎔 등 대원군파,4 金炳始·宋近洙·申應朝·李容直·崔益鉉 등 노론계 대신, 李範晉·李允用·李完用·李根永 등 친로친미적 성향의 정동파, 沈相薰·李世鎭·洪秉晉·嚴尙宮 등 고종과 명성왕후의 측신과 근시 등을 들 수 있다.5 이들은 1894년 동학농민군의 제2차 봉기, 고종과 명성왕후의 왕권회복운동, 1895년의 춘생문사건, 을미의병운동, 아관파천 등의 반일운동에 관여한 중앙의 정치세력이다.6

후기의병운동기에 의병운동을 후원한 고종세력으로는 고종황제와 엄비, 의친왕 이강을 비롯한 전주이씨, 閔宗植·閔景植·閔丙漢·閔衡植 등 반일성향의 민씨척족, 沈相薰·申箕善·許蔿·崔益鉉·柳麟錫·鄭煥直 등 근왕관료 및 재야유림, 姜錫鎬·李相天·李鳳來·李容泰·李裕寅 등 고종과 엄

---

4 대원군파는 고종을 폐위하고 이준용을 옹립하려는 계획을 품었기 때문에 부일개화파와 마찬가지로 반고종 세력으로 분류된다. 그러나 여기서는 일단 조선왕조와 군주 중심의 전제군주제를 수호하려는 친왕조세력이라는 점에서 고종세력으로 분류하였다. 동학농민운동 실패 후 타격을 입은 대원군파는 아관파천 기간 중에 국왕환궁운동을 둘러싸고 다시금 활동을 개시했으나, 1898년 대원군의 사망을 계기로 중앙정계에서 소멸하였다.
5 갑오·을미년간 의병운동에 관여한 고종세력의 면면에 대해서는 오영섭, 「을미의병운동의 정치·사회적 배경」, 『국사관논총』 65, 1995.
6 대한제국기 정치사의 주역인 고종세력은 아관파천 후부터 분열하기 시작했다. 당시 궁중세력, 노론계 대신, 친로적 정동파는 구본신참의 동도서기노선을 추구했던 반면, 친미적 정동파는 정치체제의 개혁까지 고려하고 있었다. 이들은 아관파천 직후 권력배분을 둘러싸고 대립한 이래 의정부제도의 복설, 중추원 관제의 개편, 지방제도의 개편을 둘러싸고 다시금 각축을 벌였다. 이러한 대립의 근저에는 군주권의 유지와 제약이라는 문제가 놓여 있었다. 이때 친미적 정동파 인사들은 충군애국을 중시하며 고종의 권위를 인정하고 있었지만, 그들은 정치체제 개혁운동의 과정에서 점차 고종세력으로부터 이탈해 가고 있었다.

비의 측근 등을 들 수 있다. 이들은 을사조약 전후, 군대해산 및 고종양위 전후의 시기에 재야세력과 연계하여 의병봉기를 추진하였다.

극우 보수파인 신기선과 다소 개혁지향적인 민영환의 사례에서 보는 것처럼 고종세력은 구성원들 간에 사상적 편차가 상당한 편이다. 그러나 대체로 그들은 전기의병기의 친미적 정동파를 제외할 경우 고종의 전제군주제와 동도서기적 정치노선을 추종한 체제옹호세력이었다. 외교노선면에서 이들은 전기의병기에는 반일·친로·친미파와 반외세 자주파, 후기의병기에는 반일·친로파와 반외세 자주파로 구분된다. 이들은 대부분 동도서기노선에 따라 체제옹호 성향을 나타냈지만, 그러나 동학농민군의 제2차 봉기부터 경술국치 전후까지 일제에 빌붙지 않고 반일운동을 강렬히 펼쳐나갔다. 경술국치 전후에 친일로 돌아선 인사들이 나오기는 했지만, 대개 고종세력은 일제의 대한침략에 항거하다가 하나하나 스러져간 충의세력이었다. 따라서 대한제국기에 고종세력이 주도한 이른바 광무개혁의 실효성을 인정하느냐 부정하느냐 하는 논쟁과는 별개로 그들이 국가 멸망기에 벌인 구국운동의 순기능적 측면은 긍정적으로 해석할 부분이 많다고 생각한다.

흥선대원군과 그의 장손자 李埈鎔이 속한 대원군파를 제외할 경우, 고종세력의 정점에는 고종이 위치하고 있었다. 1894년 6월 갑오경장 후부터 1907년 7월 강제퇴위 전까지 고종은 반일·반청·친로·친미의 외교노선을 견지하며 각종의 항일운동을 이면에서 실질적으로 후원하거나 주도하였다. 이러한 의미에서 한국근대 민족운동의 개시기인 1894~1895년간에 전개된 반일운동에서 고종이 보여준 막후 역할에 대해서 주목할 필요가 있다. 이는 러일전쟁 후에 일제의 황무지개척권 요구에 반발하면서부터 본격화되기 시작한 후기의병기를 거쳐 국망기에도 마찬가지로 적용되는 문제이다.7

---

7 오영섭, 「을미의병운동의 정치·사회적 배경」; 오영섭, 「갑오경장 중 고종의 왕권회복운동」, 『한국민족운동사연구』 24, 2000 ; _____, 「한말 의병운동의 발발과 전개에 미친 고종황제의 역할」, 『동방학지』 128, 2004 ; _____, 「고종과 춘생문사건」, 『향토서울』 68, 2006.

군주권과 국권을 동일시한 고종은 통치기간 동안 최우선의 정책목표를 왕권의 유지·강화와 국권의 자주성 확보에 두었다. 이를 위해 고종은 대내적으로 모든 급진적 개혁운동과 유신운동을 강력히 탄압하고 체제수호에 필요한 현상유지적인 동도서기정책을 힘써 행하였다. 대외적으로 고종은 국권과 군권을 위협하는 일제의 침략을 막기 위한 각종의 반일운동을 주도해 나갔다. 고종이 주변의 신하들을 동원하여 왕권강화정책과 항일민족운동을 전개할 수 있었던 것은 강렬한 자기 보존의 책무와 욕구를 지닌 지도자였기 때문이었다. 따라서 고종이 현임이든 퇴임이든 궁중에서 활동하고 있는 동안에는 고종과 그 측근세력들이 모든 반일운동의 진원지였을 가능성이 매우 높다는 사실을 염두에 두어야 한다.

국권수호를 위한 의병활동이 치열하게 전개된 후기의병기에 국한하여 논급할 경우, 고종은 자신과 왕조의 명운을 구하고자 그야말로 심혈을 기울였다. 고종이 각종 반일운동의 구심점이라는 사실은 수많은 사료들을 통해서 확인할 수 있다. 예컨대, "(일본의 황무지개척권 요구에 반발해) 고종황제도 비밀리에 전국적인 항일봉기를 준비하고 있다"[8] "궁중을 원천으로 하는 배일에 관한 각종 음모는 재외망명자, 재경 罷役大官 및 기타에 의하여 끊임없이 강구되어 왔다"[9] "권모술수를 성공의 비결로 잘못 믿고 있는 韓皇은 시종 재외 망명자와 기맥을 통하며 제반 음모를 강구하였다"[10] "역적들과 오랑캐 원수들이 조약을 강제로 체결했으나 형세상 그들을 토멸하지 못했다. 이에 고종이 전국 각지의 충의지사들에게 밀지를 보내어 의병운동이 펼쳐졌으나 성사되지 못했다"[11]고 하는 기록들이 그러하다. 여기에는 구한말에 항일운동의 정점에 서있던 고종의 활약상이 여실히 나타나 있다. 나아가 고종

---

8 박종효 편역, 『러시아 국립문서보관소 소장 한국 관련 문서 요약집』, 파블로프공사→러시아외무성(1904.7.2), 한국국제교류재단, 2002, 44쪽.
9 독립운동사편찬위원회 편, 『독립운동사자료집』 3, 「조선폭도토벌지」, 1971, 679쪽.
10 『독립운동사자료집』 3, 「조선폭도토벌지」, 661쪽.
11 고석로, 『후조집』, 부록 하, 「행장」. 吾君不幸値世運變易之日 逆臣讎夷 勒成條約 勢不得誅之伐之 密詔四方忠義之士 事發不成.

의 활동을 지켜본 당대인들이 고종이 재야세력과 연계하여 각종 구국운동을 선도한 항일투쟁의 주역이라는 사실을 아주 당연시했음을 알 수 있다.

고종이 가장 강력한 반일운동인 항일의병을 적극 독려하고 지원한 사실은 한국의 반일세력 진압에 광분했던 일본측 자료에 가장 자세히 나온다. 예컨대, "(나는:이토 히로부미) 궁중과 폭도와의 관계를 익히 알고 있으며 현재 폭도에 대해 궁중에서 자금을 공급하고 있다는 증거가 있다. 또 궁중과 폭도가 은밀히 연락하고 있으며, 궁중과 上海·浦潮 지방에 있는 한인 간에도 밀사와 비밀 전보가 오가고 있다"[12] "궁중의 잡배들이 (황제의) 밀칙을 받들고 재야의 야심가와 通謀하여 각 방면에서 종종의 운동을 하고 있다. 대신암살 거사도 거기에 원인이 있다고 생각된다.……(황제는) 지방 인민을 각 방면으로 선동하고 惑亂시켰다.……또 잡배들을 끌어들여 의병을 선동하여 음으로 일본에 반대행위를 하였다"[13] "(황제는) 하층 인민을 선동하여 소위 의병이라는 것을 각처에 봉기시키려는 흔담으로 내밀히 궁중 및 일본 반대측에 획책하고 있는 상황이다"[14]는 기록들에 잘 나와있다.

일제는 을사조약 체결 직전의 반일분위기에 대한 상황보고와 한국 의병 토벌작전이 종료된 다음에 작성한 총괄보고서에서 고종세력의 항일운동 양상을 다음과 같이 서술하였다.

> 일영동맹 조약 발표 후 본방 신문의 기사·논문 등 한국 보호문제에 대한 논조가 일층 높아진 결과 한국의 궁중·부중은 물론 일반 인민 중에도 비관적 관념을 품는 자가 점차 많아지고, 不日에 일본은 한국의 지위에 대하여 단안을 내릴 것을 예단하고 그전에 어떠한 방어수단을 강구하기 위하여 개교보생회·청년회 등의 단체 및 *Korea Daily News* 등으로 하여금 성히 배일주의를 고취시킬 뿐 아니라 특히 주목할 것은 중추원 의관들을 교사하여 대외조약 訂結에는 중추원은 관제상 당연히 참여하여야 된다는 것이

---

12 『통감부문서』 1, 「朝鮮施政改善에 關한 協議會 第七會 會議錄」(1906.7.3), 국사편찬위원회, 1998, 192쪽.
13 『통감부문서』 3, 「韓國內閣更迭事情通報의 件」(1907.6.4), 469~470, 474쪽.
14 『일본외교문서』, 38-1, #255, 「일본의 한국보호…반대운동 건」(1905.10.11), 523쪽.

라는 건의를 시도시키고 혹은 또 하층 인민을 선동하여 소위 의병이란 것을 각지에 봉기시키려는 흔담으로 내밀히 궁중 및 일본 반대측이 획책하고 있는 상황이다.15

　일본이 한국을 보호국으로 삼은 이래 궁중을 근원으로 하는 배일 수단에 관한 각종 음모는 재야 원로 혹은 양반 유생들의 선동에 의해 부단히 치열하게 강구되어 각지에서 소요를 일으키는 자가 나타나게 되었다. 그중에서도 삼남 지방은 고래로부터 유생과 양반의 독점적 무대였던 관계로, 이 지방에서 경기도 방면에 걸쳐 배일사상의 전파가 가장 빠르고 그리고 가장 깊었다.16

즉, 일제는 궁중과 내각에 포진한 고종과 그 측근들이 양반유생과 일반 평민들을 후원하거나 동원하여 각종의 반일운동을 주도했다고 보았다. 그리고 그러한 반일운동의 구체적 양상으로서 첫째, 사회단체와 청년단체 및 언론단체로 하여금 인민의 반일기운을 고취시키고, 둘째, 중추원 의관들로 하여금 반일상소를 올려 조약체결의 부당성을 논박하도록 하고, 셋째, 각지의 인민들을 부추겨 의병을 일으키도록 하였다고 보았다. 이 외에도 1906년 3월 고종이 興學大詔를 반포한 이후 전국 각지에 전보다 훨씬 많은 사립학교들이 우후죽순처럼 세워졌던 사실을 감안하면,17 고종세력의 최고지도자인 고종이 재야에 얼마나 커다란 영향력을 행사하고 있었는가를 쉽사리 짐작할 수 있다.

또한 고종의 제2자 의친왕 李堈은 기왕에 알려진 파락호라는 이미지와 달리 국가 위망기에 은밀히 항일운동을 펼치고 있었다. 1901년부터 1905년까지 미국에서 유학하고 돌아온 후 육군부장과 대한적십자사 총재직을 맡았던 이강은 을사조약 직후인 1906년 (음)1월 15일에 문관 3명, 군관 105명, 민간인 120명을 비밀리에 북한산성에 모아놓고 의병봉기를 독려하였다. 1907년 춘천의병에 가담했던 목형신의 기록에 의하면,18 이강은 북한산성에 모인

---

15 최영희, 「을사조약체결을 전후한 한국민의 항일투쟁」, 『사총』 12·13, 1968, 607쪽.
16 『독립운동사자료집』 3, 「조선폭도토벌지」, 661쪽.
17 조용만, 「일제하의 우리 신문화운동」, 『일제하의 문화운동사』, 현음사, 1969, 30~32쪽.
18 목형신, 「목형신의병자료」, 『강원문화연구』 13, 「목형신의 관병·의병생활 개인일지」,

이들에게 다음과 같이 개화와 창의를 촉구하는 감동적인 연설을 하였다. 인용문이 다소 길기는 하지만, 고종세력이 재야세력과 연계하여 의병을 일으켰던 당시의 시대적 분위기를 잘 반영하고 있다고 생각되어 그대로 인용하였다.

  북한산성에서 맹서하글는 광무 십년 병오 정월 십오일 강철가치 서명한 건이다. 군관 백오명과 문관 삼명과 민간 백이십명이 모여서 서명해다. 일. 우리는 조국과 민족에 무궁하 영광을 위하여 신심을 바처 충성을 다할 결(것을) 맹서하다. 이. 우리는 조국에 군인이다. 친일파을 소탕하기로 굽게 맹서한다. 삼. 울일는 이등박문과 일본병을 소탕할고 조국 회복허대가지 강철가치 맹서하다. 사. 울이는 세계만방 우방국에 호혼(호소)허여 군인 일인이 남물 때가지 전장(전쟁)을 승리할 다가지 맹서한다. 오. 우리는 조국에 의병을 動兵허며 □□자을 분쇠허고 자□국방을 지키기로 굳게 맹서하다. 육. 울이는 李完用 칠인 악당과 친로파 소탕하기을 몰살씨길 대가지 굳게 맹서하다. 칠. 義治太子을 모시고 서명 날인하 하거이다.
  선도자이신 으치(義親)게서 군관들과 회위에서 "우리 군관 대표들는 꿈속에 잠을 자다고 말씀허시며 세게 각국에 순방한 결과 구미 각국들은 기게가 발명되어고 전기불노 낮과 가치 발케 되어고 차을 만들어서 사람이 하우(하루) 철이(천리)을 단이게 되어고 군인는 무기 발명되어 대포 군함 자동소총 포팔단(폭발탄) 비해기 날고 기게배가 이고(있고) 잠수함 잇다. 사람이 한 번만 손을 놀이며 천 사람을 죽게 되어 잇다. 구미 각국민들는 선화세게가 되어이다. 선교사는 선한 전도을 허고 문명 발달씨기다. 그러 대에(때에) 양반 행세만 하서는 안되대고 하날 천다지만 배울 대가 안니다. 우리는 예 법을 버리고 새 법을 써야 하고 개화을 바다들어야 허고 외국하는 것을 배워야 하고. 그러나 지금는 발 등에 불이 떨어저 잇소. 일본놈과 노국놈들이 아 나라을 짐어(집어) 먹으열고 허고 잇소. 친일파 놈이 나라을 팔아멈으니 이는 국운인가 하노라. 지금는 필을(피를) 흘이지 안는 수가 엄게 되어소. 군관님들는 각도로 헤여저서 으병을 모아서 전장하지 안코는 안되게소. 즉어도 오육년이 결천야(걸처야) 허거소. 그러자며 먼저는 국민에 인망을 어더여고 도덕을 올(옳) 인식을 씨키야 되게소. 만약에 국민들에 소동이 심하여 민심을 수씀키 어염심니다. 지금부터 군인에 머부(명부)을 작성해서 으병사에 보고허시오" 허시더니 곳 총을 공포로 쏘서다.[19]

강원대학교 강원문화연구소, 1994.
19 위에 나오는 맹서문의 제1조는 국민교육헌장의 일부 내용과 흡사하다. 또 국민·조국

이는 1907년 춘천의병에 가담하여 활동한 춘천시 남면 출신의 睦衡信 (1877~1945, 대한제국 군인)이 해방 전 죽기 직전에 기억을 더듬어 기술한 자료이다. 여기에는 고종세력의 일원으로 분류되는 의친왕 이강이 기왕에 파락호로 알려진 것과 달리 위난지경에 빠진 왕조를 구하기 위해 분투한 애국지사였으며, 이 회합에 참여한 105명의 군인들이 각지로 낙향하여 거의를 모색했다는 사실이 잘 나와 있다. 한마디로 여기에는 후기의병기에 고종세력이 재야세력과 연계하여 의병봉기를 추진하였던 시대적 분위기가 여실히 나타나 있다.

이상의 사례 외에도 고종세력이 재야세력의 창의에 직접 관련된 증거는 수많은 사료를 통해서 확인할 수 있다. 다만 위에서 대표적으로 인용한 사료들을 토대로 평할 때, 국가와 민족을 위난지경에서 구하기 위해 조선국가의 인적·물적 자원을 장악한 고종과 그 측근세력이 기민하게 움직이며 대응전을 벌였던 사실을 알 수 있다. 이들의 강렬하면서도 다소간 이기적인 구국의지는 재야세력의 소박하면서도 다소간 생존권 확보를 우선시하는 반침략 의식과 자연스럽게 결합되어 한말 의병운동으로 승화되었다.

이상의 논의를 토대로 저자 나름의 새로운 한말 의병관을 제시하면, 대규모 연합의진에 국한하여 논급하는 경우 한말 의병운동은 중앙의 고종세력이 양반 유생과 평민 병사층으로 구성된 재야세력과 제휴 내지 연계하여 조직적으로 일으킨 항일민족운동이었다는 것이다. 다시 말해 한국 근대의 반일 의병항전은 개항 직후부터 경술국치에 이르기까지 강렬한 근왕의식·반개화의식·척사의식·항일의식·반정부(친일내각)의식에 따라 기회가 오면

등 일부 용어는 일제 이후에 사용된 단어이다. 이 점에서 이 자료는 약간의 문제가 있다. 그러나 이 자료는 학식이 거의 없는 구한국 시대의 군인이 직접 의병활동에 참가한 후 죽기 전에 기억을 더듬어 적어놓았으며, 북한산성에서의 비밀회합을 중시하여 이를 전후 3번이나 기술해 놓았으며, 105명의 군관 명단 가운데 춘천 출신인 崔天有·金正三·崔萬淳 등이 나중에 낙향하여 1907년 춘천의병을 주도한 사실 등을 감안할 때, 의친왕 이강이 북한산성에서 문관과 군인들과 회합을 가진 일은 실제 있었던 사실이라고 판단된다.

언제든지 거의할 채비를 갖추고 있는 재야유림과 평민세력이 일본세력과 친일파를 축출하고 국권과 군권 및 기득권을 수호하려는 고종세력과 제휴 내지 연대하여 전개한 반제민족운동이었던 셈이다. 이러한 점에서 한말 의병운동은 고종세력과 재야세력의 합작품이라고 정의할 수 있다.

III. 고종의 항일방략과 의병운동과의 관계

갑오경장 후부터 한일병합 전까지 일제의 감시와 핍박을 받아가며 왕권과 국권 및 기득권을 수호하고자 각고의 노력을 기울인 고종의 항일운동은 다방면으로 펼쳐졌다. 즉, 고종은 측근들의 도움을 받아가면서 ① 만국공법의 균세론에 따라 구미 열강을 끌어들여 일제를 견제하려는 영세중립화정책 및 전시중립화정책을 힘써 행하였고,[20] ② 구미 열강, 주한 외국공사관, 서양 선교사, 국제회의에 도움을 청하는 청원밀사를 파견했으며,[21] ③ 국내의 춘천·평양 등 보장지나 러시아·프랑스 공사관 등 외국공사관으로의 파천과 국외의 연해주나 만주로의 망명을 추진하였고, ④ 황제의 신표인 밀지를 소지한 인사들을 전국 각지에 밀파하여 재야세력의 창의를 촉구하고 후원했으며, ⑤ 정부 내에서 친일세력과 친러세력을 견제시켜 왕권의 위상을 강화하려 하였고, ⑥ 측신을 통하여 재야세력에게 자금을 지원하여 항일상소를 올리게 하였으며,[22] ⑦ 재야신민들로 하여금 단체를 조직하여 반일운동을

---

20 박희호, 『구한말 한반도 중립화론 연구』, 동국대학교 사학과 박사학위논문, 1997 ; 현광호, 『대한제국의 대외정책』, 신서원, 2002.
21 楢崎觀一, 「한국정미정변사」, 연세대학교 현대한국학연구소 편, 『우남이승만문서 : 동문편』 3, 국학자료원, 1998, 375~376쪽. 고종의 구국외교에 대해서는, 오영섭, 「고종과 춘생문사건」 ; 김기석, 「광무제의 주권 수호 외교, 1905~1907 : 을사조약 무효선언을 중심으로」, 이태진 편, 『일본의 대한제국 강점』, 까치, 1995. 고종의 구원요청 친서들의 영인본에 대해서는, 『고종황제의 주권수호 외교』, 서울대학교 한국교육사고, 1994.
22 1904~1906년경까지 만국공법에 입각하여 치열한 항일상소운동을 전개한 忠義社·大韓十三道儒約所·紳士疏廳 등 개신유림 단체들은 고종의 측근인 閔泳煥·韓圭卨·許蔿 등과 모종의 관계를 맺고 있었다.

펼치게 하였고, ⑧ 일부 개명관료와 개화인사들에게 교육구국운동과 계몽단체운동을 전개하게 하였다.

고종은 전·후기 의병운동기에 일본군과 친일개화파를 축출하고 전제왕권을 수호하기 위해 이상과 같이 다양한 항일구국방략을 구사하였다. 그런데 고종의 항일방략은 외침의 강도가 약했던 전기의병기에는 국권회복보다 왕권회복을 중시했던 반면, 국가존망이 결판난 후기의병기에는 왕권회복보다 국권회복을 우선적 목표로 삼고 있었다. 그러나 이러한 차이에도 불구하고 고종의 항일활동에는 왕권과 국권을 동일시한 상태에서 자신의 제반 권익을 유지하고 수호하려는 정략적 의도가 깔려 있었다. 아쉽게도 실패로 끝난 고종의 항일구국방략 가운데 두드러진 성과를 거둔 것으로 평가되는 것은 외교투쟁(①·②)과 의병운동(④)이었고, 대한제국 멸망 직후인 1910년대까지 계속 추진된 것은 파천운동(③)과 의병운동이었다. 그런데 한 가지 주목할 것은 상기의 여러 방책들이 일정한 시차를 두고 각개로 전개된 것이 아니라 상호 긴밀한 연관하에 거의 동시에 펼쳐졌다는 점이다. 이때 표리일체의 관계를 가진 외교투쟁으로서의 균세정책과 무장투쟁으로서의 의병전쟁은 고종의 항일방략의 핵심을 이루고 있었다.

고종은 누란의 위기에 처한 왕조를 구하고자 자기 나름의 항일전략을 추진하였다. 전기의병기에 그는 친미·친로 성향의 정동파를 앞세워 재야의병을 봉기시키려 하였다. 을미의병운동 당시 친러파의 거두 李範晉은 고종의 지시에 따라 러시아공사관을 드나들며 러시아공사 베베르와 함께 고종의 露館播遷戰略을 성사시켰다.23 동시에 이범진은 그 전략의 성사를 위한 聲東擊西戰略의 일환으로서 국왕의 밀지를 지닌 밀사를 각지에 보내 재야세력의 거의를 고무·격려하였다. 당시에 민간에 나돌던 서울은 춘천의병이, 인천은 충청도의병이, 부산은 경상도 및 강원 남부 의병이, 원산항은 영동의병이 내습하기로 사전에 결정되어 있었다는 풍설은 의병운동과 파천운동의 상관

---

23 『이범진의 생애와 항일독립운동』, 「이범진 공사에 관한 러시아 외교자료」(이하 이범진 외교자료), 슈뻬이에르공사→로바노프외무장관(1896.1.30), 외교통상부, 2003, 142~143쪽.

성을 여실히 보여준다.24 이처럼 을미의병운동은 고종과 정동파의 은밀한 반일활동과 지방유림과 하층인민의 강렬한 반일활동이 서로 맞물려 역사의 전면에 표출된 것이다.25 이때 재야세력의 의병운동과 고종세력의 항일전략이 긴밀한 연관하에 동시에 전개된 것은 후기의병운동 때에도 그대로 이어졌다. 다시 말해 후기의병기에 고종과 그 주변세력들은 을미의병기의 의병전략을 다시 확대하여 원용한 것으로 판단된다.

고종은 노대국 청국과 러시아를 연파한 신흥 강국 일본의 강대한 무력을 간파하고 있었다. 더욱이 그는 동학농민운동 때 일본군과 관군으로 구성된 2천여 명의 '동학당정토군'이 20만 명의 동학농민군을 무난히 진압한 사실을 직접 목도하였다. 이 점은 고종 측근들의 경우에도 마찬가지였다. 따라서 일본군의 무력을 익히 알고 있는 고종세력들이 무기와 훈련이 빈약한 수백 명의 재래식 화승총부대를 모집·후원하여 승리할 가망성이 매우 희박한 서글픈 전투를 수행시킨 근본의도가 과연 무엇이었는가를 깊이 따져볼 필요가 있다. 바로 그 이유는 서울에서의 고종파천운동이나 국내외에서의 국권수호외교를 추진하는 데 필요한 유리한 분위기를 지방에서 조성하게 하려는 성동격서전략을 추진하고 있었기 때문이었다.

고종세력이 정략적 동기와 개인적 사욕 때문에 재야세력을 봉기시켜 그들을 일본군의 총알받이로 내몰았다고 보는 것은 너무나 단순한 역사해석이다. 을미사변 후에 충청도 회덕의 文錫鳳의병은 근왕파 대신인 閔泳煥·宋近洙·申應朝·宋道淳 등의 후원하에 조직되었다.26 궁내부대신 심상훈은 제천·충주·영월·단양 등 산악으로 중첩된 충북지역에서 누차 수백 명의 의병부대를 조직하여 거의하도록 하였다. 또한 경술국치 후 자결한 주러한국공사 이범진은 극동의 연해주에서 의병을 일으키기 위해 서울-페테르부

---

24 『주한일본공사관기록』 10, 「강원도 춘천부 폭도봉기 건」, 231~232쪽. 오길보, 『조선근대반일운동사』, 평양 : 과학백과사전종합출판사, 1988, 43쪽.
25 오영섭, 「을미의병운동의 정치·사회적 배경」, 238~251쪽.
26 文永井, 「家狀」, 『義山遺稿』, 권4.

르크, 페테르부르그-블라디보스톡 사이에서 힘겨운 중개역을 맡았다.27 이외에도 1895~1908년 사이에 고종 주변의 수많은 명망가와 유력자들이 재야 의병진의 결성과 활동에 직접적 영향을 미쳤음은 주지의 사실이다. 강렬한 구국의지의 소유자들인 고종세력은 상비군이 부족하고 취약한 대한제국의 사회현실을 타개하기 위해 지방의병과의 연대활동에 주력했던 것이다.

한말 의병운동 때에 지방 각지에서 대규모 항일의병을 봉기시켜 일본군과 친일파를 구축하려 했던 고종의 항일의병전략의 궁극목표는 대략 두 가지였을 것이다. 하나는 만국공법의 균세론에 의거하여 구미열강 상대의 국권수호외교를 성사시키기 위함이었을 것이다.28 다른 하나는 아관파천에서 이미 증명된 것처럼 구미공사관으로 파천하거나 국내외 모처로 망명하기 위함이었을 것이다. 이러한 두 가지 항일전략을 달성하기 위해서 고종과 그 측근들은 전국 각지에 밀사를 파견하여 재야세력으로 하여금 동시다발적인 치열한 전투를 전개하게 하였다.29

일제는 고종의 국권수호외교와 항일의병운동과의 관련성을 예리하게 파악하고 있었다. 구체적으로 그들은 고종세력과 연대한 항일의병장들이 일제에 대한 구미 열강의 간섭을 불러일으켜 한국의 국권을 회복하고자 전국 각지에서 의병을 일으켰다고 보았다.

> 閔宗植은 1905년 11월 체결된 일한신협약에 반대하여 지방에서 폭도를 일으켜 한국 전 영토를 소요의 불바다로 만들어 열국의 간섭을 불러일으켜 일본의 굴레에서 벗어날 것을 획책했다.30
> 폭도 중 거괴 沈南一・姜武景・安桂洪・林昌模 등의 일당에 이르러

---

27 『이범진의 생애와 항일독립운동』, 「이범진 외교자료」, 남우수리스크 국경행정관 보고서 (1908.4.3), 207~208쪽.
28 강상규, 「고종의 대외관에 관한 연구」, 서울대학교 외교학과 석사학위논문, 1994 ; 오영섭, 「개항 후 만국공법 인식의 추이」, 『동방학지』 124, 2004.
29 고종세력의 국왕파천운동과 대외청원활동과 의병운동의 관계에 대한 자세한 설명은 오영섭, 「한말 의병운동의 발발과 전개에 미친 고종황제의 역할」, 제2장 제2절 참조.
30 『독립운동사자료집』 3, 「조선폭도토벌지」, 673~674쪽.

는 약간 그 趣를 달리하여 엄히 부하의 비행을 계칙하고 약탈을 금하여 오로지 韓民을 선동하여 폭동의 영속과 도당의 강대만을 힘쓴다. 이리하여 그 목적하는 바는 이 폭동의 영속·항구는 실로 일본의 대한정책의 실패를 가져오게 하고, 통감정치가 그릇됨을 분명히 알게 하여 마침내는 열국으로 하여금 이를 容喙케 해서 한국의 독립을 안고케 할 수 있다는 망상을 품고 있다.[31]

또한 을미의병운동이 가져온 혼란상황이 아관파천의 성사가능성을 높였던 데에서 이미 입증된 것처럼 항일의병운동과 고종파천운동은 일제의 병탄정책에 직접 영향을 미친 문제였다. 후기의병기에 일제는 러일전쟁 이전부터 이미 파다하게 퍼져있던 고종의 외관으로의 파천을 막기 위해 각별한 관심을 보였다. 러일전쟁 직전에 일제가 러시아공사관의 수비병 증파에 대처하고자 자국 공사관의 호위병을 긴급 증원한 것도 사실은 고종 파천을 염두에 두고 내린 결정이었다.[32] 을사조약 직전에도 일제는 "고종은 가까운 장래에 일본이 그 목적을 달성하기 위해 강압 수단을 가할 것임을 예측하고 잡배 등의 말을 듣고 他館으로 파천하거나 혹은 지방 피난책을 내밀히 강구하고 있다. 또 지방 의병과 같은 것들은 궁중의 지도에서 나왔다는 풍설이 나돌고 있다"고 보았다.[33] 또한 널리 알려진 것처럼 고종은 강제로 퇴위를 당한 후에도 측근의 근왕인사들을 동원하여 러시아로의 망명을 누차 타진한 바가 있었다. 이러한 상황 속에서 고종이 동시에 추진한 의병운동과 파천운동은 일제의 감시를 피해가며 어렵게 추진된 것이었다.

황제파천운동과 관련하여 한말 대규모 의병진의 기본전략인 서울진공작전도 황제파천운동의 구도 속에서 벌어진 입체적 사건이었을 가능성을 염두에 두어야 한다.[34] 전·후기 의병운동기에 고종세력과 연대한 연합의병장들

---

31 『한국독립운동사』 1, 국사편찬위원회, 1968, 806쪽.
32 『일본외교문서』, 37-1, #518, 「경성공사관호위병…稟申의 건」(1904.1.4), 439~440쪽, #522, 「露國의 경성증파…건」(1904.1.6), 442~443쪽.
33 『일본외교문서』, 38-1, #257, 「일본에 의한 한국보호…건」(1905.10.17), 524~525쪽, #238, 「한제의 불안제거…건」(1905.11.10), 484쪽.

은 대부분 서울로 진공하여 일본군과 친일파를 몰아내자는 목표를 내걸었다. 그러나 그들은 러일전쟁에서 승첩한 일본군의 강대한 무력을 뼈저리게 체험했을 뿐더러 창의 이전에 이미 패배를 예상하고 있었을 만큼 현실적이었다. 그렇기 때문에 그들이 내세운 도성탈환전은 표면적인 목표였을 가능성이 높다. 다시 말해 그들은 아관파천 때처럼 성동격서전략에 따라 일본군을 서울 외곽으로 끌어내 궁성 수비를 약화시키고, 그런 사이에 고종의 이어나 망명을 단행하려는 은밀한 항일전략을 구사했던 것으로 파악된다.35

요컨대, 고종세력과 연합의병장들은 하층 인민들의 피어린 혈전을 배경 삼아 외국공사들과 구미 열강들의 반일·반전 여론을 환기시켜 일본의 대한 침략을 저지하거나, 아니면 구미공사관이나 국내·국외의 모처로 고종의 파천을 주선하려 하였던 것으로 보여진다. 따라서 각개적·분산적·고립적인 것처럼 보이는 한말 의병의 항일활동은 고종세력의 입체적·전략적인 구상에 따라 추진된 셈이다. 요컨대 국망기에 고종과 그 측근세력이 가장 역점을 두고 추진한 국권수호외교와 황제파천운동과 항일의병운동은 고종의 항일구국전략의 중핵이었다고 평할 수 있다.

IV. 재야세력의 밀지 인식과 밀지의 내용

개항 후부터 한국의 재야세력은 왜양일체관에 따라 친일개화파와 일본인들을 도적으로 간주하였다. 이들은 갑오경장으로 일본세력의 침략이 본격화되고 야만적인 왕후시해사건이 일어나자 직접 의병을 규합하여 항일활동을 전개하려 하였다. 그러나 무단으로 군대를 일으키는 것을 모반죄로 간주하

---

34 한말 13도창의군의 결성과 활동에 대해서는 신용하, 「전국 '13도창의대진소'의 연합의병운동」, 『한국근대민족운동사연구』, 일조각, 1988 ; 오영섭, 「한말 13도창의대장 이인영의 생애와 활동」, 『한국독립운동사연구』 19, 2002.
35 의병활동 중에 경상도의 鄭煥直·申乭石, 전라도의 安圭洪 등이 위로부터 "속히 (군대를 몰아) 올라오라"는 긴급 전갈을 중앙으로부터 받았던 것도 고종세력이 그러한 두 가지 전략을 추진하고 있었음을 방증해 준다.

는 유교국가의 통치이념에 눌려 주저하고 있었다. 그러다가 이들은 재야세력의 창의를 권하는 국왕의 부름이 내려오자 주저없이 봉기하였다. 이때 재야세력은 유교성현의 교의를 보위하고, 조선왕조의 영토와 인민을 지키고, 국왕을 호위하기 위해 기꺼이 봉기하였다.

한말 의병운동사에서 고종의 밀지는 재야세력에게 의병장으로서의 정통성을 부여해 주는 측면이 있었다. 단발령 이후에 각처에서 봉기한 의병장들에게 밀지는 정통성과 무단군사활동을 묵인해 주는 기능을 발휘하였다. 밀지는 의병운동 이전에 고종세력이 재야세력과 내응관계를 맺을 때, 의병운동 중에 고종세력이 재야의진을 격려할 때 각처 의병장들에게 전달되었다. 밀지를 소지한 밀사들은 고종이나 그 측근들이 재야에 보내는 각별한 당부나 권고를 밀지와 함께 전달했는데, 이때 고종세력의 당부나 권고가 밀지와 동일한 역할을 수행했음을 중시할 필요가 있다.

아관파천 직후 정동파 내각이 의병해산령을 발포하자 정동파와 친분이 두터운 鄭喬는 "이보다 앞서 각처 의진은 모두 밀칙을 받고 일어났다"고 말하였다.36 실제로 을미의병운동을 대표하는 유인석·이소응·김하락·민용호·노응규 등 연합의병장들은 거의 전에 이미 조야에 포진한 고종세력과 내응관계를 맺었다. 이들은 창의 전이나 창의 후에 고종세력으로부터 밀지를 받고 의병장에 올랐다. 이 외에도 경상도·전라도·강원도 지역에서 일어난 허위·기우만·최문환 등 많은 의병장들이 최초로 밀지를 받은 유인석·이소응 등이 각지에 전달한 사본 밀지를 받고 거의했음을 알 수 있다.37 이처럼 국왕의 신물인 밀지는 재야의 유림인사들에게 지대한 영향을 미쳤다.

을미의병운동 당시 재야세력의 밀지에 대한 인식은 단발령 후 경북 예안에서 의병을 일으킨 李晩燾와 경남 진주에서 일어나 의병장에 오른 鄭漢鎔의 경우를 통해 극명히 엿볼 수 있다. 1894년 7월 동학계 항일의병장인 徐

---

36 정교, 『대한계년사』 상, 국사편찬위원회, 1957, 139쪽. 先是 各處義陣 皆受密勅而起 內閣則遣兵擊之 故至是下此詔.
37 오영섭, 「을미의병운동의 정치·사회적 배경」, 제3장 제2절 참조.

相澈이 예안에서 군사를 으키자 이만도는 "서상철이 본읍의 향교에 왔는데, 말이 바르고 의리가 엄정했지만 다만 주상이 군사를 소모하라는 명이 없는데 선비가 자의로 거의했으니 朝論에 죄를 얻을까 두렵다"고 하였다.38 서울에서 내려와 고향 진주에서 거병한 고종세력의 문객 노응규의 지시에 불복하며 독자적 군사행동을 전개한 정한용은 1896년 3월 7일 고종에게 올린 상소문에서 국왕의 밀지나 소모령이 없이 무단거병한 것을 문제 삼는 노응규의 비판에 대해 자신이 이미 재작년(1894) 가을에 국왕이 영남의 진신들에게 내린 밀지를 받았으니 그것으로 충분하다고 하였다.39 이런 사례들로 미루어 재야유림들이 외적의 침략에 분개하여 창의할 생각을 품고 있더라도 국왕의 밀지나 소모령이 있어야만 직접 의병활동에 나서게 된다는 사실을 알 수 있다. 그래서 1894년 가을 李容鎬・尹甲炳・崔文汝 등 의병소모 밀사들의 활동이 가장 성했던 경상도에서 단발령 후에 우후죽순처럼 의병이 봉기했던 것도 결코 우연이 아니었음을 알 수 있다.

을미의병운동 때와 마찬가지로 후기의병기에도 조야의 유교적 전직관료와 지식인들은 고종의 권위를 상징하는 밀지를 중시하였다. 그들이 밀지를 애중히 여긴 것은 밀지가 의병진의 태동과 발단은 물론 의병운동의 조직화・체계화・장기화・전국화에 직결된 긴요한 신물임을 깊이 인식하고 있었기 때문이었다. 그리하여 을사조약 전후 향촌에서 거의를 모색 중이던 인사들(元容八・鄭雲慶・李康秊・高光洵・沈南一・安奎洪・奇參衍・盧炳大・蔡應彦 등), 서울사정과 현하시국을 파악하고자 혹은 討逆上疏를 올리고자 급히 상경한 인사들(柳麟錫・崔益鉉・金道鉉・鄭鏞基・朴箕燮・車晟忠・盧應奎・安重根 등), 그 자신이 고종세력이거나 그들의 문객으로서 중

---

38 이만도, 『향산일기』, 국사편찬위원회, 1985, 648쪽.
39 『주한일본공사관기록』 8, [晉州暴民 정한용의 상소 및 賊情探偵記 송부 건], 247~248쪽. 或者 以無壬辰哀痛之詔召募之命爲難 而臣則以爲春秋之義 亂臣賊子人人得以誅之 不必士師 況再昨年所降密旨 不啻哀痛 而遍諭嶺南縉紳章甫 則凡嶺之士 家家奉討賊之任 雖萬死而無悔.

앙에서 고종의 구국활동을 돕고 있던 인사들(鄭煥直·閔宗植·許蔿 등)이 고종과 그 측근 인사들로부터 밀지를 직접 수령하거나 아니면 의병을 적극 후원하겠다는 구두상의 내락을 밀사로부터 받은 후에 지방에서 의병을 일으켰다. 아울러 이들 밀지나 내락을 직접 받은 의병장들로부터 밀지 사본, 창의격문, 창의권고 등을 받고 뒤늦게 봉기하여 활동한 의병장들도 많았다.

이제 재야세력이 후기의병기에 밀지를 어떻게 인식했는가를 간략히 알아 보면 아래와 같다. 1904년 봄 최익현의 제자 林炳瓚은 민씨척족의 거물 閔泳韶에게 창의에 필요한 밀지를 내려달라고 요청했다가 뜻을 이루지 못하였다. 그러다가 그는 1906년 3월에 가서야 비로소 某人에게 밀지를 얻어 창의에 돌입하였다.[40] 홍주의병장 민종식을 보호했다가 아들과 함께 일제에게 피살을 당한 명망 있는 전직관료 李南珪는 최익현에게 보낸 편지에 "의대 속에 감춘 밀조만이 온 나라의 신민들이 함께 우러러 바라는 바이다. 국가의 위급함을 구할 일에는 반드시 이를 필요로 한다"고 하였다.[41] 단발령 후 홍주의병에 가담하였고 을사조약 후 金福漢과 같이 상경하여 조약 반대 및 토역 상소를 올렸으며 1906년 홍주의병에 참여했던 林翰周는 "전후 매국의 역적을 사로잡아 하나도 남김없이 모두 극형에 처하기 위해서는 속히 애통조를 내려 충의지사를 소모하라"고 고종에게 건의하였다.[42] 한말 의병운동을 대표할 만한 인물인 유인석은 을사조약 직후에 전국에 발송한 통고서에서 "(온 신민이) 임금의 마음을 받들어 국가를 살리고 자신을 간수하는 계책을 강구해야 한다"며 고종의 밀지를 근근히 기대하였다.[43]

---

40 林秉瓚, 『遯軒遺稿』, 권1, 「上閔輔國泳韶書」, 권6, 「倡義日記」.
41 李南珪, 『修堂集』, 권3, 「答崔贊政益鉉」(1906). 朝廷以勤王之命 號名四方 則輟笈操兮 擲鋤荷戈 何讐不報 何賊不討 而今旣無望於此矣 惟衣帶密詔 是擧國臣民 所共顒俟 求救一事 亦須要此.
42 林翰周, 「洪陽紀事」, 『한국독립운동사자료집』 2, 伏願聖明 廓揮乾斷 發奮神武 亟令有司 收捕前後賣國之賊 一一無遺 倂加顯戮 卽下哀痛之詔 召募忠義.
43 柳麟錫, 『毅菴集』, 권25, 「通告一國縉紳士林書」(1905.11.25). 公卿大夫 立朝在野者 非止千百 一國儒林 亦復累十萬 承君上之心 辨活國置身之計 連結齊興 爲所當爲 擧兵討之 固可也.

을사조약이 체결되자 통분함을 이기지 못한 盧炳大는 북쪽을 향하여 통곡하고 거의할 목적으로 단신으로 상경하여 직접 고종세력을 찾아가서 밀지를 요청하였다. 그는 판서 李容元을 통해 밀지를 받았는데, 거기에는 "전 참봉 倡義臣 노병대를 선조 계사년의 예에 따라 奮忠靖亂 2등을 내리고, 비서원 비서승에 특별히 제수한다"는 내용이 담겨 있었다.44 을사조약의 체결을 분개하고 있던 李錫庸은 1906년 3월 이후 최익현으로부터 창의 권고를 받았으며, 또 최익현이 호남 각지에 전포한 밀지의 영향을 받고 뒤늦게 창의 대열에 합류하였다. 그는 1907년 8월 진안에서 의병장에 올라 2~300명의 군사로 호남지방에서 활동하였다. 그는 유교의 도학론에 심취한 인물인데 고종의 밀지를 받지 않고 일어났다 하여 주변의 완고한 유학자들로부터 비난을 받기도 하였다.45 백범 김구의 정신적 스승인 高錫魯는 고종이 서거한 후에 지사와 동지들에게 보내는 서한에서 "(고종황제가) 사방의 충의지사들에게 밀조를 보내어 의병운동이 펼쳐졌으나 성사되지 못했다"고 말했다.46

근왕주의적 계몽운동가 겸 아나키스트로서 고종과 관계가 깊었던 李會榮은 1908년을 전후한 시기에 친우인 成載九·李冀永 등을 지방에 보내 의병을 일으키게 하였다. 아울러 그는 서울에 머물며 "의진의 군수를 마련하여 보내느라 온갖 고초를 맛보면서 때로는 소위 귀족·부호라 하는 이들을 회유·협박하여 자금을 짜낸 적도 있었다"고 한다.47 이후 그는 본국에서의 반일활동이 가시적인 성과를 얻기 힘들게 되자 항구적인 독립운동 기지를 건설하기 위해 가산을 정리하여 온가족을 이끌고 서간도로 이주하였다. 그는

---

44 宋相燾, 『騎驢隨筆』, 「盧炳大」, 130쪽. 乙巳冬 五條約成 炳大北向痛哭 卽赴京見李判書容元曰 今國事去矣 如得密詔 可有爲 容元得詔 有曰 前參奉倡義臣盧炳大 一依宣祖癸巳例 賜奮忠靖亂二等 以別薦特差秘書院秘書丞.
45 宋相燾, 『騎驢隨筆』, 「李錫庸」, 今讀李義士錫庸之傳 於乎李君 其庶幾乎 或者 以爲上無哀痛之詔 下無致死之責 而擅動義旅 非儒者第一義諦也.
46 高錫魯, 『後凋集』 附錄 下, 「行狀」·「書示同志士友文」. 吾君不幸値世運變易之日 逆臣讎夷 勒成條約 勢不得誅之伐之 密詔四方忠義之士 事發不成.
47 이정규·이관직, 『우당이회영약전』, 을유문화사, 1985, 40, 141쪽.

1913년 고종의 망명계획을 도모했는데, 이때 그는 "귀족과 지방부호들을 움직이려면 가장 좋은 방법이 궁중과 연락하여 고황제의 밀지를 받는 것이라고 생각하여 궁중에 연락을 취하였다"고 한다.48

위에서 살펴본 것처럼 한말 대표적 의병장들의 창의과정에서 밀지는 중요 역할을 수행하였다. 그런데 현존하는 밀지는 고종세력의 밀사가 의병장들에게 전달한 원본 밀지가 아니라 원본을 옮겨 쓴 사본 밀지이다. 그러한 사본 밀지에는 의병장이 임시로 새긴 조잡한 도장이 찍혀있는 것이 보통이다. 이처럼 원본 밀지가 남아 있지 않은 이유는 밀지를 매개로 하는 항일활동이 고종의 안위와 직결된 문제이기 때문이었다. 그렇기 때문에 고종세력은 의병장들에게 밀지를 전달할 때에 열람 후에 즉시 불태우라고('付黃') 특별히 당부하곤 하였다. 따라서 사본 밀지의 양식이 세련미가 없거나 거기에 찍힌 도장이 조잡하다고 하여 밀지의 존재 자체를 부정하거나 밀지의 의미를 애써 무시하려는 자세는 한말 의병운동의 구조적 특질을 파악하는 데 전혀 도움이 되지 못한다.

그러면 의병장들은 밀지를 받은 후 대략 얼마가 지나서 거병하는가. 후기 의병기에 연합의진을 결성했던 의병장들의 경우를 통해볼 때, 대체로 그들은 밀지를 받은 후 빠르면 3~6개월 사이에, 늦으면 1년 후에 거병하였다. 밀지를 받은 직후에 봉기하지 못하고 이처럼 상당한 시일이 지난 다음에 봉기한 것은 여러 이유 때문이었다. 즉, 인근 지역을 직접 돌아다니며 동조자를 규합하고, 거의명분이 담긴 포고문을 각지에 보내 지지자를 모으고, 측근을 동원해 명망 있는 인사를 초치하여 의진의 지도부를 구성하고, 무장활동에 필요한 포군과 민군을 모집하고, 부호들을 상대로 포군과 민군의 군량과 급료를 염출하고, 무기와 군수물자를 확보하는 등의 여러 절차에 상당한 노력과 시일이 필요했기 때문이었다.

현존하는 여러 의병자료에서 확인 가능한 밀지들은 모두 원본 밀지가 아

---

48 이정규·이관직,『우당이회영약전』, 52~53쪽.

니라 사본 밀지이다. 동학농민운동 당시 삼남 각지에 전달된 4통의 밀지, 단발령 후 고종세력이 각처 의진에 전달한 2통의 밀지, 을사조약 후 민경식·민병한 등이 최익현에게 전달한 밀지, 1907년 金道鉉이 노병대·李重愚 등과 함께 받은 밀지, 1907년 이강년이 심상훈의 밀사에게 받은 밀지, 1912년 이후 林炳瓚이 고종의 대리인으로부터 받은 3통의 밀지, 조선독립의군부의 총무총장에게 내린 밀지 등이다. "御寶나 교지나 御批를 위조하거나 詔書를 거짓 전하는 경우는 국청을 설치하지 않고 처형한다"고 하는 조선왕조의 형률을 감안할 때에,49 이 밀지들이 사본이기는 하지만 고종세력의 내락이나 지시가 없이 만들어졌다고 볼 수는 없다.

밀지의 형식과 내용은 어떠한가. 밀지의 분량을 가지고 말하면, 정환직·허위 등이 받은 밀지처럼 작은 쪽지나 비단조각에 고종이 친필로 '거의' 2자만을 써서 내려준 것도 있는 반면, 유인석·최익현·김도현 등이 받은 밀지와 같이 비교적 자세하게 기술된 것도 있다. 그러나 어느 경우이든 밀지가 지닌 기능과 권능에 있어서는 별반 차이가 없었다. 현존하는 밀지 가운데 비교적 풍부한 내용을 담고 있는 대표적인 밀지를 인용하면 아래와 같다. 전자는 을미의병운동 당시 친구미 성향의 고종세력이 각지 의진에 전포한 것이며, 후자는 을사조약 직후 민씨척족의 고관 민경식·민형식 등이 최익현에게 전달한 것이다.

> A. 아아 슬프다. 내가 죄가 크고 악이 커서 皇天이 돕지 않아 나라의 운세가 기울어지고 백성들은 도탄에 빠져 있다. 이로 인해 강성한 이웃나라는 틈을 엿보고 역신은 정권을 농락하고 있다. 하물며 나는 머리를 깎고 면류관을 훼손했으니 4천년 예의의 나라가 나에 이르러 하루아침에 犬羊의 땅으로 변해 버렸다. 불쌍한 우리 억조창생이 함께 그 화를 당하게 되었으니 내가 무슨 낯으로 하늘에 계신 열성조의 영혼을 뵙겠는가. 지금 형세가 이미 이 지경에 이르렀으니 죄인인 나 한사람의 실낱같은 목숨은 천만 번 죽더라도 아까울 것이 없다. 허나 종묘·사직과 백성을 생각하매 혹시 만에

---

49 『추관지』, 「僞造御批」·「僞傳詔旨」, 법제처, 1975, 412~414쪽.

하나라도 보전될 수 있을까 하여 너희 충의의 의사들을 격려하기 위해 이 애통한 조서를 내리노라

영의정 金炳始를 도체찰사로 삼아 중앙과 지방을 진정·무마시키고, 전 진사 桂國樑을 監軍指揮使로 삼아 七路[七道]에 勤王軍을 두되, 호서를 忠義軍으로 관동을 勇義軍으로 영남을 壯義軍으로 해서는 效義軍으로 호남을 奮義軍으로 관서를 剛義軍으로 관북은 愍義軍으로 삼노라.

처음 의병을 일으킨 선비를 모두 소모사에 임명하면 비밀 兵符는 당연히 (밀사에게) 소지시켜 보낼 것이다. 각 軍의 印信(印章)은 모두 각자 새겨 쓰도록 하고, 관찰사·군수 이하는 자발적으로 따르는 사람 중에서 가려 뽑고, 獵戶 가운데 용감한 사람과 양가의 재주 있는 자제들을 아울러 소집하여 공이 있는 자에게는 상을 주고 잘못을 저지르는 사람에게는 벌을 주라. 흉작이 아주 심한 고을은 금년 田租의 절반을 삭감해 주고, 단발을 우선적으로 금지시키고, 백성들을 편안하게 하여 삶을 즐겁게 하고, 관리의 수를 줄인 것을 모두 구례대로 복구시키고, 수령 가운데 명령에 따르지 않는 자를 우선적으로 가려내어 처분을 기다리게 하라. 모든 잡범과 사형수들은 모두 사면하고 새로운 법령이 함부로 반포된 것을 모두 시행하지 말라. 지금부터 군사에 관한 일은 모두 스스로 처리하도록 하라.

경기 한 도를 殉義軍으로 삼고 나는 사직을 위하여 죽을 것이니 중앙과 지방의 義士들은 내 뜻을 깨닫도록 하라. 그 마음을 전일하게 하여 종묘·사직과 백성들로 마음을 삼을 것이다. 이를 포고하노니 익히 알도록 하라. 을미 십이월 십오일에 옥새를 찍은 문서를 은밀히 내리노라.[50]

B. 아아. 원통하다. 내가 저지른 죄악이 크고 많아 하늘이 돕지 않으니 많은 백성이 도탄에 빠지게 되었다. 이로 인해 강한 이웃나라가 틈을 노리고 逆臣이 정권을 농단하니 4천년 예의의 나라가 나의 대에 와서 하루아침에 犬羊의 지역이 되고 말았다. 내가 무슨 낯으로 열성조를 뵈옵는단 말이냐. 오직 나의 실낱같은 목숨은 아까울 것이 없으나 종묘·사직과 만백성을 생각하여 이에 애통한 密詔를 내려 전 참정 崔益鉉으로 도체찰사를 삼아 7도에 보내는 것이다.

호서는 忠義軍으로, 호남은 壯義軍으로, 영남은 奮義軍으로, 관서는 勇義軍으로, 관동은 強義軍으로, 해서는 扈義軍으로, 관북은 熊義軍으로 삼아 각기 의기를 세우고, 양가의 재주 있는 자제들을 모두 소모관으로 삼으라. 각 군중의 인장은 모두 스스로 새겨서 사용하고, 관찰사나 군수로서 명령에 복종하지 않는 자가 있으면 보고에 앞서 먼저 파직 처분을 내려서 그들의

---

50 이정규 편, 「창의견문록」, 『독립운동사자료집』 1, 647쪽 ; 민용호 저, 이태길·민원식 역, 『국역 복재집』, 소문출판인쇄사, 1988, 216쪽.

마음을 단일하게 만들라. 경기 한 도는 짐이 그 군사와 더불어 사직을 위해
순사할 것이다. 옥새를 찍은 편지를 비밀히 내리는 것이니 이를 참작하라.
　　　　　乙巳　11월 22일 밤 畿輔에서 발급함.
　　　　　　　　　閔景植・閔丙漢・李正來・閔衡植[51]

이상에서 보는 것처럼 밀지는 크게 세 부분으로 이루어져 있다. 즉, ①국왕이 자신의 부덕함 때문에 국가가 누란지경에 처했음을 자책하며 선조와 생민에게 사죄하는 대목, ② 특정 인사를 도체찰사[52] 내지 의병장에 임명하고 그로 하여금 각 도의 의병을 규합할 수 있도록 여러 가지 권한을 위임한 대목, ③ 국왕 자신이 경기 일도를 맡아 사직을 위해 순사할 것이니 신민들에게 주저 없이 거의하라고 독려한 대목 등으로 구분된다. 이 중 의병운동과 직접적으로 관련 있는 주목할 대목은 ②・③의 대목이다.

현존하는 밀지에는 대략 다음과 같은 내용이 공통적으로 실려 있다. 즉, ① 각 도 내지 각 지에서 근왕군이 일어날 수 있도록 창의군을 조직하고 창의소를 설치할 것, ② 자발적으로 봉기한 인사를 소모관에 임명하여 의진에 편입시키거나 혹은 자질이 우수한 인사를 소모관으로 임명하여 병사의 소모를 전담시킬 것, ③ 군령권의 행사에 필요한 인장을 의병장이 임의대로 새겨서 사용할 것, ④ 관찰사・군수를 임의로 가려서 쓰고, 그들 가운데 의병활동에 비협조적인 인사는 파직・처단할 것, ⑤ 의병활동은 군사의 일에 관계되느니 만큼 여건에 따라 편의대로 종사할 것, ⑥ 국왕 자신은 사직을 위해 순사할 것이니 모든 신민은 이를 감안하여 행동하도록 할 것 등이다. 이 외에도 밀지에 따라 상벌제의 엄격한 시행, 조세의 감면, 창의지역의 지방행정권 위임, 자손에 대한 후대 약속 등의 내용이 수록되어 있었다.

---

51 「삼남일실기」, 독립운동사편찬위원회 편, 『독립운동사자료집 : 의병항쟁사자료집』 2, 1970, 927쪽.
52 보통 재상이 겸임하는 체찰사는 군란이 있을 때에 지방에 파견되어 일반 군무를 통섭하는 역할을 맡은 임시 특별 군직이다. 도체찰사는 체찰사의 우두머리이다.

V. 밀지를 통한 고종세력과 재야세력의 연대사례

1. 전기의병운동기 : 동학의병 · 을미의병

한말 의병운동 당시 고종세력이 밀지를 작성·전포한 사례와 재야세력이 밀지를 받은 후에 의병운동에 종사한 사례를 살펴보도록 하겠다. 아래에서는 대표적인 연합의진의 의병장들이 고종세력과 연대하여 의병활동을 펼친 점에 비중을 두었다. 그 때문에 편의상 서술 범위가 연합의병장과 고종세력의 반일활동에 국한될 수밖에 없었다. 이 경우 애국적·민족적 동기에 따라 의병운동에 가담한 양반 유림이나 해산군관들의 활동상을 경시하거나 간과하는 것은 아니라는 점을 미리 밝혀 두고자 한다.

먼저 전기의병기에 고종세력이 재야세력과 합세하여 의병운동을 전개한 사례를 동학농민운동과 을미의병운동으로 나누어 약술하려 한다.53

1894년 7월부터 대원군파는 일본세력과 친일개화파를 축출하기 위해 다각도로 항일운동을 벌였다.54 그런데 대원군파의 항일활동과는 별개로 고종세력도 1894년 가을 재야세력과 연대하여 은밀히 반일활동을 펼쳤다. 이미 고종세력은 갑오경장 직후부터 일시 상실된 국권과 왕권의 회복을 위해 중앙과 지방에서 심혈을 기울이고 있던 터였다.55 당시 고종세력의 정점에 위치한 고종은 충효사상을 철저히 따르는 조선의 재야 신민들로부터 여전히 지지를 받고 있었다. 또한 고종과 명성왕후는 閔炯植·민응식·閔泳韶·민영환·민영달·심상훈·李載純·李耕稙 등 측근의 근왕관료들을 궁궐로 불

---

53 동학농민군은 제2차 봉기 때에 逐滅倭夷를 내걸고 자신들을 의병·의려라고 표현하였다. 따라서 동학농민군의 재봉기는 인민들의 개혁운동과 반외세 구국운동의 성격을 겸하고 있다고 볼 수 있다.
54 대원군파의 항일활동에 대해서는 유영익, 「대원군과 청일전쟁」, 『동학농민봉기와 갑오경장』, 일조각, 1998, 29~72쪽.
55 오영섭, 「갑오경장 중 고종의 왕권회복운동」, 11~28쪽.

러다가 은밀히 왕권회복운동을 벌였다.56 이에 따라 동학농민군이 재기 북상하는 데 있어 재야에게 강력한 영향력을 지닌 고종세력이 대원군파보다 더 중요한 역할을 수행했던 것으로 파악된다. 하여튼 1894년 가을에 대원군파뿐 아니라 고종세력도 동학농민군과 내응했다는 소문이 널리 퍼져 있었음이 주목된다.

1894년 10월 중순경까지만 해도 일본측은 동학농민군이 대원군과 이준용의 밀사들 때문에 재봉기에 돌입했다고 보았다. 그러나 李容鎬·宋廷燮·尹甲炳·李建永 등 체포된 밀사들에 대한 심문결과와 삼남에 출동한 토벌군 장교들의 현장보고서가 속속 당도하는 11월 초순 이후부터 일본측은 동학세력의 재봉기에는 대원군파보다는 고종세력의 영향력이 지배적이었다는 결론을 내렸다. 이러한 분위기는 "동학당 再燃의 원인은 閔族의 선동이 其多에 居한다" "동학당의 再興은 閔族의 飛語57에 의한 것이다" "동학이 다시 크게 성한 것은……閔族과 약간의 불평사족들이 선동한 때문이다" "동학당과 閔族의 부흥 기도 등 때문에 경성의 민심이 흉흉하다" "심상훈이 ○○의 밀지를 받고 동학당에 가담하여 민영달·민영소 무리와 함께 閔黨의 부흥을 기도했다는 사실이 동학당 선동자라는 혐의로 포박·심문 중인 이용호·송정섭·윤갑병의 공술에서 드러났다"라는 등등의 신문기사에 여실히 나타나 있다.58 이에 따라 이노우에 가오루(井上馨) 일본공사는 "민형식·민응식·심상훈 등이 상실한 권력을 되찾기 위해 동학당 교사활동에 종사했다"며 고종과 명성왕후를 면전에서 질책하기도 하였다.59 또한 그는 "閔黨이 최근 몰래 밀지를 고쳐서 동학당을 선동한 흔적이 있다"며 고종에게 제시한 개혁안을 철회하기까지 하였다.60 요컨대, 일본측은 정권회복을 갈구하는 고종

---

56 『일본외교문서』, 제27권 제27책, No.496, 146~147쪽 ; 『大阪每日新聞』, 1895년 1월 10일.
57 일본군이 왕성을 포위하고 대원군의 목에 칼을 대고 위협했다는 유언비어를 말함.
58 『大阪朝日新聞』, 1894년 10월 5일, 12월 19일, 1895년 3월 14일 ; 『東京朝日新聞』, 1894년 12월 16일, 1895년 3월 16일, 5월 11일 ; 『大阪每日新聞』, 1895년 1월 10일.
59 『일본외교문서』, 제27권 제27책, No.496, 146~147쪽.
60 『주한일본공사관기록』 5, 「조선정황 보고 제2」, 75쪽.

세력의 은밀한 반일활동이 동학농민군의 재봉기의 직접적 원인이 되었다고 단정하게 되었다.

  1894년 가을에 고종세력과 동학농민군은 미증유의 국난을 맞아 국가(국왕)보위와 민족수호를 위해 연대관계를 맺게 되었다. 이때 양자가 공감한 표면적인 대의명분의 이면에 깔린 그들의 궁극적 의도가 과연 무엇이었는가를 천착할 필요가 있다. 이러한 문제인식과 관련하여 조선의 재야 애국세력을 무자비하게 진압한 일본군 후비보병이 대본영에 보낸 문건 중에 "고립의 형세에 빠진 'ㅇㅇ'과 閔黨이 최후의 수단으로써 동학당을 이용해 자가의 부흥을 꾀하고자 하여 'ㅇㅇ'에게서 친서(밀지)를 얻어 동학당을 설득했고, 이에 동학당은 閔家의 세력을 빌려 일본당을 배척하고 그 세력을 확대하기를 희망했기 때문에 이전에 원수간이던 양자 간에는 불가사의한 일치가 나타나게 되었다"는 대목은 두고두고 음미할 만하다.61 이것은 정권장악을 위해 동학세력을 활용하려 했던 고종세력의 정치적 의도와 농민군의 무력을 배경으로 "협의체적 정부의 수립을 구상했던" 동학지도부의 속내를 거칠게 표현한 말이지만,62 그럼에도 고종세력과 동학세력의 궁극적 연대의도를 정확히 파헤친 탁견이라는 점을 중시하고자 한다.

  을미사변 후 고종세력은 일본군과 친일개화파를 축출함으로써 고종을 구출하고 신내각을 수립하기 위한 반일활동에 착수하였다. 당시 고종세력은 중앙과 지방에서 각기 대외청원활동과 항일의병운동을 동시에 전개하고 있었다. 우선 그들이 구미공사들과 서양선교사들을 대상으로 펼친 대외청원활동은 조선국가와 고종을 일제의 속박으로부터 구해달라는 것이었다. 그러나 뮈텔주교가 실토한 것처럼 고종세력의 외교적 구국운동은 당시의 국제역학 속에서 실현가능성이 희박한 편이었다.63 이에 따라 궁내부 소속의 고종세력과 친구미 성향의 고종세력이 합세하여 고종을 구미공사관으로 모시려는

---

61 『大阪朝日新聞』, 1894년 12월 16일.
62 동학세력이 협의체적 정부수립을 의도했던 사실은 『東京朝日新聞』, 1895년 3월 6일.
63 천주교명동교회 편, 『뮈텔 주교 일기』 I, 한국교회사연구소, 1986, 391쪽.

춘생문사건을 추진하게 되었다.64

　을미사변 후 고종세력 가운데 金炳始・宋近洙・申應朝・宋道淳・閔泳煥・李容直 등은 文錫鳳을 적극 후원하여 거의토록 하였다. 명성왕후의 배려로 경복궁 오위장을 지낸 문석봉은 武勇과 충애사상이 뛰어난 인물이었다. 당시 민영환은 자신을 찾아온 문석봉에게 거의를 당부하며 자신이 차고 있는 환도를 내려주고 격려시를 지어주기도 하였다. 그런데 고종세력들이 수백 명의 오합지졸을 거느린 문석봉으로 하여금 바로 1년 전에 1~20만 명의 동학농민군을 토벌한 경력이 있는 일본군과 관군에 대항시킨 것은 의문사항이다. 아마 문석봉의 의병운동은 을미사변 후 서울에서 벌어질 고종세력의 국왕파천운동을 지방에서 후원하기 위한 성동격서전략의 일환이 아니었나 짐작된다.65

　또한 을미사변 후 여주로 낙향한 민씨척족의 중진 閔泳綺는 밀지를 받았다고 칭하고 자기 가문의 여러 수령('數宰')들과 함께 제천 사인 李炳善을 통하여 제천의 화서학파 유생들과 연계하려 하였다.66 단발령 직후 상경한 민영기가 제천의병의 동태를 고종에게 상주한 점, 제천의병 내에 민씨척족과 친분이 있는 인사들이 다수 가담한 점을 감안하면, 민영기를 비롯한 민씨척족들은 제천의병과 연계를 맺고 있었음이 분명하다. 그리하여 제천의병 내에는 초취부인이 민씨척족인 의병장 유인석을 비롯하여 민씨척족의 인척인 여주의 李春永, "여주 三田의 민씨척족을 하늘같이 모셨다"는 포군장 김백선 등 민씨척족과 인연이 깊은 인사들이 다수 가담하였다.

　춘생문사건 실패 후에 고종세력은 지방으로 내려가 반일운동에 몰두하였다. 친구인 정교에게 고종의 밀지를 받아서 거의하겠다는 의사를 피력한 전

---

64 오영섭, 「고종과 춘생문사건」, 제3장 참조.
65 문석봉과 고종세력과의 관련에 대한 상세한 논급은 오영섭의 「을미의병운동의 정치・사회적 배경」, 제2장 2절 참조.
66 원용정, 「복은」, 『소의신편』, 중앙출판문화사, 1981, 444쪽. 於是 內而稱董承之受詔者 通其剌 節度使閔泳綺……從堤川人李炳善 與其家數宰 通剌於徐敬菴 欲相結納.

사과 李世鎭은 충청우도로 낙향하여 청양군수 鄭寅羲와 합세하여 거의하였다.67 또 고종과 이종간인 국왕의 측근 심상훈과 洪啓薰의 종손자로서 국왕의 근시인 洪秉晉은 제천으로 낙향하여 독자적으로 거의를 추진하였다. 그러다가 상황이 여의치 않자 홍병진은 유인석·안승우·서상렬 등 화서학파 유생들과 연합하여 거의하였다.68 또 정동파 이범진은 단발령 이전에 이미 춘천의 李昭應과 거의하기로 기맥을 통하였다.69

단발령 후 대규모 연합의진의 의병장인 춘천의 이소응, 제천의 유인석, 이천의 김하락, 강릉의 민용호, 진주의 노응규 등은 단발령 전후에 이미 고종세력들과 연계를 맺었다. 그런데 고종세력으로부터 내락을 받은 다음에 거의한 이들 의병장들은 단발령 후 의병활동 중에 고종세력의 밀사가 전달한 1896년 1월 27일자 및 1월 29일자 밀지를 받았다.70 어새가 찍혀있는 후자의 밀지는 정동파 관료인 이범진·이완용·이윤용 등이 고종의 내락을 받은 후에 비밀리에 작성하여 각처 의진에 내린 것이었다. 이 밀지는 아관파천 직후 을미사변에 간여한 친일개화파를 징치할 것을 당부한 고종의 1896년 2월 11일자 조칙과 함께 촌촌에서 재차 의병이 봉기하는 데 큰 영향을 미쳤다.71

2. 후기의병운동기 : 민종식·최익현·허위·유인석의병 등

일제의 황무지개척권 요구 반대운동 이후 봉기한 연합의진의 의병장들은 거의 모두 고종이나 그의 측근들로부터 직접 밀지를 받거나 혹은 밀지에 준

---

67 정교, 『대한계년사』 상, 1957, 218쪽.
68 천주교명동교회 편, 『뮈텔 주교 일기』 Ⅰ, 418쪽.
69 『주한일본공사관기록』 10, 90쪽.
70 이정규, 「창의견문록」, 『독립운동사자료집』 1, 647쪽 ; 김하락, 「김하락진중일기」, 『독립운동사자료집』 1, 1971, 847쪽.
71 아관파천기에 閔泳駿·金炳始 등 고종세력이 고종환궁운동을 벌이는 가운데 재야의병과 연계한 사실에 대해서는 이상찬, 『1896년 의병운동의 정치·사회적 배경』 참조.

하는 구두상의 내락이나 권고를 받은 후에 창의하였다. 당시 고종세력과 내응한 후 거의한 의병장은 을사조약 전후에 봉기한 원용팔·정운경·민종식·최익현·고광순·김도화·정환직·정용기·노병대·김도현·이인영·이은찬·허위, 군대해산 후에 봉기한 이강년·박기섭·안중근·유인석·심남일 등이다. 이 외에도 밀지를 받은 의병장들로부터 사본 밀지와 창의격문을 전달받은 후에 의병운동에 돌입한 인사들과 밀지를 받은 의병장이 전사·피체된 후에 그의 의병장으로서의 권위를 이어받아 활동한 인사들이 적지 않았던 것으로 파악된다.

여기서는 을사조약 후부터 경술국치 전까지 고종세력들이 재야세력과 합세하여 의병운동을 전개한 대표적인 사례를 알아보려 한다.[72] 구체적으로 후기의병기에 활약한 연합의진의 의병장 중에서 을사조약 후에 거의한 민종식·최익현과 군대해산 후에 일어난 허위·유인석 등 4인을 골라 그들과 고종세력과의 연대관계를 살펴보겠다.

자기 자신이 고종세력의 일원인 민씨척족의 민종식(1861~1917)은 을사조약 직후 밀지를 받았다.[73] 이후 향리에서 암중으로 봉기를 모색하던 민종식은 1906년 3월 대흥군에서 봉기하였고, 5월 하순 홍주성에 입성하여 활동하다가 5월 31일 일본군에게 패하였다. 곧이어 재기를 도모했으나 11월에 公州에서 일본군에게 피체되었다.[74] 그런데 그는 창의 전에 고종의 내시인 姜錫鎬로부터 밀지와 동일한 위력을 지닌 마패와 거의에 필요한 10만 냥의 군자금을 받았다.[75] 또한 그는 고종의 별입시로서 무시로 궁중에 드나들며 고종의 지시에 따라 각종의 반일운동에 종사하여 일제로부터 '궁중 잡배의 수령'이라고 극도의 경계를 받았던 민형식과 연대관계를 맺고 창의했음을 알

---

72 후기의병기 고종세력과 재야세력의 연대사례에 대한 상세히 연구로는 오영섭, 「한말 의병운동의 발발과 전개에 미친 고종황제의 역할」 참조.
73 이정규, 「종의록」, 『독립운동사자료집』 1, 69쪽.
74 유한철, 「홍주성의진(1906)의 조직과 활동」, 『한국독립운동사연구』 4, 1990.
75 「의사이용규전」, 『독립운동사자료집』 2, 320쪽.

수 있다.76

　민종식은 밀지의 내용에 따라 1906년 (음)3월 27일경 부하 겸 동향인인 金東臣에게 승지의 직첩을 주어 전라도로 가서 의병을 일으키게 하였다. 이는 처음에 밀지를 받은 의병장이 자기 휘하의 인사들에게 밀지의 권위를 양여하여 다른 지역에서 창의하게 함으로써 의병운동의 전국적 확산에 기여한 것이다. 이렇게 하여 민종식은 전라도지역의 의병봉기에 일정한 영향을 미쳤다.77 이때 그가 파견한 김동신은 을사조약 후 다른 경로를 통해 고종의 밀지를 받고 '총리호남의병대장'에 임명되어 활동한 高光洵78과 함께 '전라도 의병의 선구자'로 알려진 인물이었다.79

　한국 근대의 대표적 유학자 관료로서 재야에 위망이 드높았던 최익현 (1833~1906)은 을사조약 직후 고종의 밀지를 받았다.80 그가 받은 밀지는 1905년 11월 22일 밤에 발급된 것이며, 밀지의 말미에는 고종의 별입시인 민경식·민병한·이정래·민형식 등의 이름이 부기되어 있었다. 최익현은 이 밀지의 권위에 힘입어 호남의 애국지사들에게 창의를 적극 권하고 그들의 무단거병에 정당성을 부여해 주었다. 그는 1906년 3월 순창에서 "황제폐하께서 국운의 그릇됨을 탄식하시어 각 도에 의병을 일으키라는 밀칙을 내리셨다"는 취지의 통문을 밀지의 사본과 함께 문하의 모든 제자들과 명망 있는 사인들에게 보냈다.81 이 밀지는 나중에 최익현이 피체된 다음 1907년에 전라도에서 봉기한 심남일 등의 의병장들이 의병운동을 전개하는 데 유용하게 이용되었다.

---

76 『한말의병자료』 III, 통발 제540호(1906.6.13), 한국독립운동사연구소, 2002, 82~83쪽 ; 『통감부문서』 3, 「충청남도폭도 궁중잡배 수령」, 국사편찬위원회, 1998, 45~46쪽.
77 홍영기, 「구한말 김동신 의병에 대한 일고찰」, 『한국학보』 57, 1989 가을호.
78 고광순, 『녹천유고』 하, 「행장」.
79 『한국독립운동사 자료』 11, 국사편찬위원회, 1968, 228~232쪽 ; 조동걸, 『독립군의 길따라 대륙을 가다』, 지식산업사, 1994, 96쪽.
80 이정규, 「종의록」, 『독립운동사자료집』 1, 69쪽.
81 『한국독립운동사』 1, 「의병장 강사문·안계홍……취조서」, 국사편찬위원회, 1965, 789쪽.

최익현은 1906년 (음)4월 13일 전북 태인의 武城書院에서 의기를 들었다가 6월 11일 제자들과 함께 관군에 체포·투옥되었다.[82] 최익현의 의병운동은 일과성 행사에 지나지 않았다고 말해도 과언이 아닐 만큼 별다른 성과 없이 단기간에 종식되었다. 그러나 그는 밀지를 받은 후 밀지의 내용에 따라 김동신·심남일 등에게 의병장의 직함을 주어 전라도에서 거의하게 하였고, 자신을 스승으로 여기는 李錫庸·全海山 등 애국지사들에게 창의를 적극 권하였다.[83] 또한 처음에 밀지를 받은 의병장으로서 전라도 각지에 창의 촉구 통문을 발송하여 전라도의 지사들을 격동시켰다. 이러한 점에서 최익현은 민종식과 함께 1907년 이후 호남지역의 의병운동에 막대한 영향을 끼쳤다.

최익현과 민종식의 의병운동에 영향을 미친 고종세력으로는 우선 민경식(1871~?, 閔泳柱 양자)·閔炯植(1859~?)·閔衡植(1875~1847, 민영휘 양자)·민병한(1861~1939)·閔亨植(1864~1946) 등 소수 반일 성향의 민씨척족을 들 수 있다. 이들은 고종의 측신들과 친밀한 인사들로서 고종의 궁내부 중심의 정치운영방식을 충실히 뒷받침하고 있는 인사들이었다. 또 고종의 측근 내시인 강석호, "운동상의 일은 관계하지 않은 것이 없다"는 李相天, 고종황제와 엄비의 재정(內帑)관리자로서 각종의 반일운동에 활발히 가담했다는 李鳳來, "태황제의 중심으로 자임하며 항상 각종 정치운동에 종사한다"는 趙南升, 함경도 출신으로서 1907년 이후 함경도 지역을 순회하며 의병봉기를 부추겼다는 혐의를 받은 민경식의 문객 朱錫冕 등도 을사조약 후 의병봉기에 일익을 담당했다. 이 외에도 함흥인 金升旼, 趙南斗·洪在鳳·李正來 등이 고종세력의 일원으로서 활약하였다. 일부 반러 성향의 인사를 제외하면, 이들은 고종의 친러정책을 지지하는 집권세력이었는데, 1906년 '폭도교사혐의'로 일본헌병대에 체포·구금되었다가 수개월 만에 무혐의로 풀려났다.[84]

---

82 최근묵, 「면암 최익현의 의병운동」, 『백제연구』 14, 1983.
83 송상도, 『기로수필』, 132~139쪽.

을미의병에 가담한 경력이 있으며 1904년에 중추원의관을 역임한 許蔿 (1855~1908)는 시사를 개탄하며 을사조약 직전 향리로 낙향하였다. 향리에서 을사조약의 소식을 접한 허위는 경기·충청·전라·강원도 등지를 돌며 郭鍾錫·玄尙健·李學均·柳麟錫 등과 더불어 창의를 논하였다. 이때 그는 고종으로부터 의대조를 받은 후 경북에서 활동 중이던 고종 측근의 鄭煥直을 통해 2만 냥의 군자금을 얻어 의병들의 생계비로 충당하였다. 이어 그는 1907년 7월 고종이 내려준 '擧義' 두 글자가 쓰인 의대조를 받은 다음, 뜻있는 이들에게 이러한 사실을 비밀리에 통고하고 동참을 촉구하였다. 이어 9월에 경기도에서 창의하여 경기북부를 무대로 활동하다가 피체되어 서대문형무소에서 장렬히 순국하였다.[85]

허위의 의병운동에 관여했던 것으로 추정되는 고종세력은 다음과 같다. 나인영·오기호 등의 대신암살모의에 1만 8천 냥의 자금을 댔던 李容泰, "허위·李相天과 결의형제를 맺어 항상 복수를 자기의 임무로 삼았다"는 金璉植, 각기 대구관찰사 및 경남관찰사로서 의병의 군량조달 임무를 맡았다는 張承遠과 成岐運, 엄비의 후원자인 尹澤榮, 의병운동에 관여했다는 세평을 받은 李重夏, 을사조약 후 거의를 도모했다는 혐의로 수감된 적이 있으며 『대한매일신보』로부터 경상도의병의 와주라는 평을 얻은 고종 측근의 李裕寅 등이다.[86] 그런데 이들은 모두 허위와 각별한 친분이 있는 사이일 뿐 아니라 중앙정계에서 반일·반러를 표방하는 동도서기 성향의 자주적 정치세력이었다.[87]

화서학파의 최후최대의 별로서 한말 의병의 상징적 인물인 柳麟錫(1842~

---

84 최제학, 「면암선생창의전말」, 『독립운동사자료집』 2, 99쪽 ; 황현, 『매천야록』, 663~664쪽 ; 최영희, 「한말 관인의 경력일반」, 『사학연구』 21, 1969.
85 한국학문헌연구소 편, 『국역 허위전집』, 아세아문화사, 1985, 89~92, 111~112쪽.
86 최영희, 「한말 관인의 경력일반」, 『사학연구』 21, 1969.
87 이들의 반일·반러 외교노선은 허위가 1903년 尹履炳·宋秀滿·李相天·鄭薰謨·朴正斌·金璉植 등과 연명으로 올린 「論時事疏」에 잘 나타나 있다. 한국학문헌연구소 편, 『국역 허위전집』, 33~43쪽.

1915)은 을사조약 전후 자정론과 거의론을 넘나들며 의병봉기에 신중한 태도를 보였다. 이때 그는 집권세력의 적극적인 후원하에 전국민이 합심하여 궐기해야만 창의의 효과를 기대할 수 있다고 주장했다. 아울러 그는 화서학파의 역사인식이 집약되어 있는 『宋元華東史合編綱目』의 판각·간행사업에 몰두하였다.88 그러다가 1907년 봄에 밀지를 받고 본격적으로 창의에 돌입하였다. 그는 6월에 「與同志士友書」를 지어 동문들의 창의를 촉구했으며, 이듬해 연해주로 건너가 이범윤·안중근 등과 의병활동을 벌였다.89 한일병합 후 주러공사 이범진이 러시아 수도에서 자결하기 전에 전재산을 구국운동에 종사하는 이들과 단체에 분배할 때, 유인석에게는 5백 원과 편지를 보냈다.90 이는 을미의병운동 때부터 중앙과 지방에서 활동한 고종세력과 재야세력의 동지의식 내지 연대의식을 잘 보여주는 사례이다.

일본군의 철저한 감시를 받고 있던 유인석은 여러 차례 고종세력으로부터 밀지를 받았다. 『의암집』연보와 이정규의 「종의록」에 의하면, 유인석은 1907년 봄에 朴魯天과 韓南洙로부터 밀지를 받았다. 이때 유인석은 역적이 고종을 폐위시킬 구실을 만들기 위해 조작한 사건이라고 생각하여 밀지를 받지 않았다고 한다. 또한 그는 그 이후에 "다시 이런 물건을 가져오는 자를 물리쳤다"고 한다.91 이러한 서술은 유인석이 벌인 의병활동의 순수성을 높이려는 의도에서 나온 것이었다. 당시 유인석은 한남수와 박노천으로부터 밀지를 받은 후에 제자를 상경시켜 밀지의 가부를 탐지하게 했을 정도로 밀지에 대해 예민한 반응을 나타내고 있었다.

유인석이 밀지를 물리쳤다는 제자들의 주장은 역사적 진실을 은폐한 것임이 분명하다. 첫째, 1907년 평산의진에 가담하여 본진이 해체된 경술국치

---

88 오영섭, 「화서학파와 화동강목」, 『제천의병과 전통문화』, 제천문화원, 1998.
89 유한철, 「중기의병시기(1904-1907) 유인석의 시국대책론」, 『한국독립운동사연구』 7, 1993.
90 유인석, 『의암집』, 권55, 연보, 경술년조.
91 유인석, 『의암집』, 권55, 연보, 정미년조 ; 이정규, 「종의록」, 『독립운동사자료집』 1, 69쪽.

후에도 계속 유격활동을 펼치다가 1913년 피체된 蔡應彦은 "융희 원년경 의병대장 碩儒 유인석이 우리 태황제폐하의 衣帶詔를 받들고 의병을 천하에 모집한 고로 사방에서 동지들이 향응하여 혈성으로써 봉기하였다"고 진술했다.92 둘째, 연해주에서 활약한 趙昌容은 1908년 봄 유인석·이범윤·안중근 등이 연해주에서 의병소모활동을 벌일 때에 마패와 밀지를 소지하고 있었다고 기술하였다.93 셋째, 1907년 봄 고종세력의 申箕善은 수하 申宗均·明範錫 등을 통해 동향사람 朴箕燮에게 밀지를 전하여 황해도 평산에서 거의토록 했는데,94 이때 박기섭을 도와 거의한 인사들은 대부분 유인석의 제자들이었다. 넷째, 유인석은 1907년 7월 서울 중부 교동에 거주하는 李容圭의 사자인 金齊鉉의 방문을 받고 그와 뜻을 통한 다음 海蔘威행을 목표로 원산으로 출발하였다.95 이상의 여러 사실들에 비추어 유인석이 밀지를 받은 것은 분명한 사실이다.

3. 1910년대 : 조선독립의군부·민단조합·훔치교 등

한일병합 후 덕수궁에 유폐되어 있던 고종은 나라를 되찾겠다는 일념에서 측근들을 통해 유림계 인사들에게 밀조를 내려 독립운동을 권하였다.96 1910년대 고종세력의 항일운동은 황제체제를 부활하려는 복벽적 민족운동을 지향하고 있었다. 이들의 복벽운동은 지방에서의 의병군의 재봉기, 고종의 해외망명운동, 열강에의 청원운동, 독립전쟁의 추진에 필요한 군자금 마련활동 등 다양한 형태로 전개되었다. 1910년대에 전개된 고종세력의 복벽적 항일운동 가운데 몇 가지 사례를 소개하면 아래와 같다.

---

92 독립운동사편찬위원회 편, 『독립운동사자료집』 별집 1, 1974, 224쪽.
93 조창용, 「해항일기」, 『한국학논총』 15, 국민대학교 한국학연구소, 1992, 511쪽.
94 정제우, 「한말 황해도지역 의병의 항전」, 『한국독립운동사연구』 7, 1993.
95 춘천헌병대본부 편찬, 『강원도상황경개』, 1913, 225쪽.
96 이증복, 「고종황제와 우당선생」, 『우당이회영약전』, 을유문화사, 1985, 190쪽.

1910년대 고종세력의 항일운동을 대표하는 것으로는 최익현의 제자 林炳瓚이 조직한 조선독립의군부를 들 수 있다.97 독립의군부는 1910년대 복벽노선을 지향하고 있던 고종세력이 전개한 최대 규모의 국권회복운동으로서 삼남 지방에 광범위한 영향을 미쳤다. 당시 임병찬(1851~1916)은 1912년 7월 공주유생 李侙에게 고종 명의의 밀지와 '독립의군부 전라남도 巡撫大將'의 직함을 받은 후에 은밀히 독립의군부 조직에 착수하였다. 이어 1913년 1월 그는 전 참판 李寅淳으로부터 다시 밀조를 받고 아들을 상경시켜 전 참판 李明翔·金在淳·郭漢一·田瑢圭 등과 대사를 공모하게 하였다. 아들이 귀향하자 그는 문생과 자손들로 하여금 열군의 유림계열의 항일 인사들을 소집케 함으로써 직접 창의를 추진하였다. 1914년 3월 임병찬은 이명상·이인순 등과 회합하여 각 도 각 군의 대표 임명을 상의하였다. 이어 5월에 다시 밀칙을 받고 활동을 재개했지만 같은 달에 金昌植이 체포되는 바람에 뜻을 이루지 못했다.98

조선독립의군부가 조직된 직후에 충북-경북 지방에서는 민단조합이 결성되었다. 민단조합은 후기의병기 제천의병장 이강년의 휘하 인사들이 주도하였다. 이강년의병의 군사장을 지낸 최욱영은 1913년 (음) 6월에 고종의 밀사라고 칭하는 金在聖에게 칙령을 은밀히 하사받은 다음에 충북-경북 일대의 동지들을 비밀리에 규합하여 국권회복운동을 벌였다.99 민단조합에는 최욱영을 비롯하여 이강년의병의 참모장 李東下, 이강년의 조카 李堤宰, 13도 창의대장 이인영의 친동생 李殷榮 등 독립의군부에 관여한 인사들이 참여하였다. 이들은 부호들을 대상으로 군자금을 모집하고 일본인이 경영하는 광산에 위장 취업하여 자금조달을 시도하였다. 그런데 군자금을 모집할 때에 고종의 칙령을 빌어 발행한 사령장에 독립의군부 정의·참의·참령을 칭함

---

97 신규수, 「한말 민족운동의 일연구」, 『원불교사학』 10·11합집, 1989.
98 임병찬, 『둔헌유고』, 권7, 연보, 1912~1914년조 ; 『의병항쟁실기』, 한국인문과학원, 284~287쪽.
99 『매일신보』, 1915년 6월 25일.

으로써 독립의군부를 계승하려는 의지를 나타냈다.[100]

조선독립의군부 소속의 인사들이 가담한 훔치교는 1916년 4월 이후 충청도 일대를 중심으로 활동하였다. 독립의군부 회원인 李容珪・金泰泳・田瑢圭 등은 훔치교의 조직을 이용하여 일본인을 척살하고 국권회복을 이루려 하였다. 이들은 동지 규합을 위해 훔치교의 포교방법을 이용하였고, 동시에 고종의 칙명서와 마패를 내보이며 지지세력을 규합하였다. 1917년 6~7월경에 조직이 발각되어 전용규 등 7명은 1년간 거주제한처분을 받았다.[101]

3·1 운동 직후 崔益煥・全協・閔橿 등은 서울에 朝鮮民族大同團을 설립하고 8도에 각 기관을 설치하여 復國을 도모하기로 약속하였다. 이어 그들은 상해임시정부와 연락을 취하고, 미국의 윌슨 대통령에게 진정서를 보내 한국의 독립을 호소하고, 의친왕 이강을 모시고 상해로 망명하여 각국의 원조를 받아 조국을 일제의 통치로부터 독립시키려 하였다. 그러나 의친왕이 신의주에서 피체되는 바람에 실패하고 말았다.[102] 당시 대동단의 조직에 깊이 간여했던 전협은 한고조 유방이 義帝를 위해 발상하고 초패왕 항우를 꺾은 것처럼 돌아간 고종을 위해 독립운동을 전개해야 한다는 입장을 나타냈다.[103] 또한 李達河는 "고종・순종・의친왕 중에서 1인을 추대하면 조선의 민심을 수습할 수 있다" "이조의 복벽을 도모하는 데 독립운동의 목적이 있다"[104]라고 하였다.

---

100 조동걸, 「1910년대 독립운동의 변천과 특성」, 『한국민족주의의 성립과 독립운동사연구』, 지식산업사, 1989, 367~368쪽.
101 강영심, 「1910년대 일제의 무단통치와 비밀결사투쟁」, 『한국독립운동사사전』 1, 한국독립운동사연구소, 1996, 303쪽.
102 신복룡, 『대동단실기』, 양영각, 1982.
103 『한민족독립운동사자료집 6 : 대동단사건 2』, 「이달하 신문조서」, 국사편찬위원회, 1988, 172~173쪽.
104 『한민족독립운동사자료집 5 : 대동단사건 1』, 「이달하 신문조서(3)」, 143, 180~181쪽.

Ⅵ. 맺음말 : 밀지의 기능과 그 소지자의 역할

밀지는 고종세력의 권위를 상징하는 신물이다. 그 때문에 "밀지가 한말 의병운동에 끼친 역할은 무엇인가"라는 질문은 고종세력이 한말 의병운동에 어떤 영향을 끼쳤는가를 묻는 것과 같다. 아래에서는 밀지의 기능과 밀지를 전달하고 소지했던 밀사들이 발휘한 권능을 몇 가지로 나누어 논하였다.

첫째, 밀지는 유교사상이 사상계를 지배하고 있는 전근대 한국에서 재야세력이 의병운동을 원활히 전개하기 위해 반드시 구비해야 하는 일종의 전제조건이었다. 임진왜란·병자호란·병인양요 당시의 경험을 통해볼 때, 조선왕조와 같은 유교국가에서 누란의 위기에 처한 국가를 구하기 위해 국왕은 대개 측신을 통하여 재야의 명망 있는 인사들에게 거병을 촉구하는 밀지를 전달하였다. 즉, 국왕은 밀지를 통해 자신이 지닌 행정적·경제적·군사적 권능의 일부를 재야의병장에게 위임하여 효과적인 防敵활동을 펼치게 하였다. 또 밀지를 통해 국왕은 무단거병을 모반대역죄로 간주하는 유교적 형률에 얽매어 있던 재야세력의 군사행동을 권장하였다. 그렇기 때문에 재야세력은 의병운동 전이나 혹은 의병운동 중에 고종세력으로부터 밀지를 하사받는 것을 대단히 중요한 일로 여겼다.[105] 다시 말해 밀지가 재야세력의 의병활동에 정통성을 부여해 주는 측면이 있었기 때문에 한말의 유교지식인들은 밀지를 중시하였다. 아래 유인석에 관련된 자료를 보면 그러한 실상을

---

[105] 기왕에 의병연구자들은 수십 명씩 몰려다니며 화적질을 일삼은 소규모 부대까지 모두 의병으로 인정하여 한말 의병의 범위나 성격을 넓게 잡고 있다. 그러나 의병은 충애사상에 바탕하여 반일활동을 전개한 무장집단만을 의미한다고 생각한다. 따라서 밀지를 소지한 연합의병장, 그의 지시나 창의격문을 받고 뒤늦게 일어나 활동한 군소의병장, 처음 밀지를 받은 의병장이 전사·피체된 후 그 권위와 세력을 이어받은 의병장이 거느린 의병만을 항일의병이라고 불러야 한다고 본다. 이 경우 밀지를 소지한 의병장이 거느린 의진의 지도부와 병사층의 대내적 지향에 차이가 있을 수 있다는 점은 인정되며, 또 밀지가 없이 혹은 밀지를 위조하여 활동하는 무장집단의 대내적 지향이 반봉건적 성향을 나타낼 수 있다는 점도 인정된다.

잘 알 수 있다.

> 정미년 3월에 선생이 급히 나를 불러 비밀히 이르기를 "이제 믿을 만한 사람이 마패와 密符를 받들고 와서 말하기를 '위에서 내게 밀부를 내려 의병을 일으키라 하신다'고 하기로, 중간에서 임금의 명령을 받아 전하는 자가 누구인가를 물으니, 그 사람이 말하기를 韓南洙106와 朴魯天107이라 하니 그대는 이들의 可否를 탐지하여 오라"고 하였다. 명령을 받고 서울로 올라와 좌우를 자세히 탐지한 즉, 모두 적의편 사람이었다. 이 당시 사람들이 모두 崔勉菴과 閔宗植이 密詔를 받아 의병을 일으켰다고 하므로 적들이 저 희쪽 무리들을 이쪽 사람인 것처럼 속여 꾸며서 그런 물건을 가지고 선생을 속이는 것이니, 만약 그것을 그대로 두면 적병이 따라 들어와서 그것을 장물로 삼아 임금을 폐하여 내치려는 계책이었다. 나는 사실을 아뢰었더니 그 뒤에는 선생이 다시 이런 물건을 가지고 오는 자를 굳게 물리쳤다.108

앞서 논파한 것처럼, 이는 이정규가 자기 스승 유인석이 밀지를 받은 사실을 은폐 내지 호도한 글이다. 당시 이정규는 박노천과 한남수를 친일파의 수하라고 했으나 사실 그들은 의병운동에 가담한 애국세력이었다. 이 점과는 상관없이 우리는 여기에서 간과할 수 없는 몇 가지 중요 사실을 캐낼 수 있다. 첫째, 고종세력이 재야세력과 연계관계를 맺을 때에 밀지와 밀부 등을 전달한다는 사실, 둘째, 유인석이 자기 제자를 상경시켜 밀지의 진위 여부를 확인시킨 것은 그만큼 밀지를 중시했기 때문이라는 사실, 셋째, 친일세력이 고종세력의 밀지전달을 역이용하여 고종을 폐위시킬 구실을 찾으려 했다는 사실 등이다.

둘째, 밀지는 의병운동이 전국 각지로 확산되는 데 기폭제로 작용하였다. 갑오경장 직후부터 재야세력은 일본세력과 친일개화파를 징치하기 위해 거

---

106 3·1운동 후 서울에서 벌어진 임시정부 수립운동의 산파역을 맡았고 한성임시정부의 재무차장에 임명되었다.
107 허위의병장의 측근으로 허위의 지시 하에 한말 의병의 창의 목적이 집약된 30개조의 요구조건을 일제통감부에 전달하였다.
108 이정규, 「종의록」, 『독립운동사자료집』 1, 69쪽. 이와 흡사한 구절은 유인석, 『의암집』, 권55, 「연보」, 정미년조.

의를 모색하였다. 당시 대규모 연합의진을 이끌었던 많은 의병장들은 국가와 국왕을 구하기 위해 언제든지 거의할 채비를 갖추고 있던 애국지사들이었다. 그러나 이들은 아직 유교적 심성을 벗어나지 못하고 있었으며, 국왕의 소모령이 없이 봉기하여 주변의 비난을 받고 역적으로 몰릴 것을 두려워하였다. 그렇기 때문에 국왕이나 그의 대리자로부터, 또 국왕 측근으로부터 밀지를 받거나 아니면 밀지에 준하는 권고나 내락을 받은 후에 비로소 창의하였다. 이들은 소모관을 선발·임명하여 인근 지역의 창의를 권하라는 밀지의 내용에 따라 주변 각지에 사본 밀지와 창의 격문을 발송함으로써 의병운동의 전국적 확산에 크게 기여하였다. 아래에 인용한 자료는 동학의병의 재봉기에 관련된 것이기는 하지만 밀지를 통해 의병운동이 확산되어 가는 과정을 잘 보여주고 있다.

> 尹甲炳·李容鎬·宋廷燮이 스스로 소모관이라고 칭하고 밀지를 위조하여 삼남에 집이 있는 몇 사람을 派傳하여 그들로 하여금 동학도와 함께 창의하여 왜적을 몰아낸다고 하였다. 동학도들이 이 말을 듣고 더욱 창궐하여 도당을 불러들여 무리를 이루었다.……동학도들이 전라도의 수십 개 읍에서 모두 군기를 탈취하고 공납을 징수하였다. 충청도의 이십여 개 읍에서 東匪가 창궐하였으나 일본군이 파견되어 온다는 소식을 듣고 崔時亨이 혼자 달아나자 그 무리가 해산했다가 다시 모였다. 이것은 모두 밀지가 잘못 전해진 때문이다. 밀지 가운데 법망에 노출된 것이 많이 있어서 법무아문에서 이용호·송정섭·윤갑병 등을 잡아 가두고 형벌을 가하고 엄히 조사하였으나 삼동에 이르도록 아직도 다 캐내지 못하였다고 한다.[109]

즉, 의병운동의 전국적 확산 과정에 있어 고종세력이 전달한 밀지는 우리의 상상을 벗어날 만큼 커다란 영향을 미쳤던 셈이다.

셋째, 밀지는 의병장이 병사를 소모하고 군량을 확보하고 군령을 세우는 데 필요한 문건이었다. 한말 의병운동 당시 이따금 보이는 假밀지사건을 보면, 밀지가 그러한 조건을 갖추는 데 얼마나 요긴하게 이용된 신물이었는가

---

[109] 「갑오실기」, 『동학난기록』 상, 국사편찬위원회, 1971, 32쪽.

를 입증해 준다. 가밀지사건에 대해서는 약간의 사례를 확인할 수 있는데 대표적인 사례를 들어보면 다음과 같다.

> 兪宗煥은 의병진(金東臣의병:필자) 탈주 후에 일시 귀순하고자 생각하였다. 鬱勃한 야심은 胸宇를 왕래하여 憤懷를 금키 어렵고 차라리 닭머리가 될지언정 소꼬리가 되기를 원치 않는 兪는 단연코 의병의 영수로 활동하고자 결의하고, 동년(1907) 10월 전라북도 무주군 安城에 이르러 미리 마련한 별지 사본과 같은 위조 밀칙을 면·동장에게 제시하여 의병 모집에 진력한 것이다. 만일 따르지 않으면 온 읍에 방화하여 촌민을 살육할 것이라고 협박하여 당장에 20명의 응모자와 총기 9정을 얻어 북진하여 경상북도 지례현에 이르렀다.110

즉, 유종환은 위조 밀지의 권위를 빌어 의병장으로서의 권위와 병사와 무기를 확보할 수 있었던 셈이다.

일제시기에도 밀지를 이용하여 군사를 모집하고 군자금을 모집한 사례를 찾아볼 수 있다. 1907년 8월 보은 일대에서 의병활동을 벌였고 1908년 보은군 읍내에서 일본인 4명을 총살시킨 金在性은 1914년 (음)7~8월경에 괴산군 청천면에서 군사를 모집하면서 "이태왕 전하의 내명이 있어 의병을 일으키는 중이라"며 촌민을 설득하였다. 이때 그는 일본인 전체를 서울에서 쫓아내고 이완용·박영효 등 친일파를 주살한다는 목표를 내세웠고, 총기는 중국에서 구입하고 중국의 지원병을 얻을 것이라고 말하였다. 나중에 그는 권총 10정을 구입하여 박영효 등을 암살하려다가 발각되어 사형을 당했는데, 그의 거사에 필요한 자금은 서울의 閔丙昇이 제공한 군용금 2천 원으로 이루어진 것이었다.111

넷째, 밀지는 고종세력과 재야세력을 연결시켜 주는 매개물의 역할을 수행하였다. 한말 의병운동 당시 고종세력은 대리자를 의진에 보내 밀지를 전

---

110 『한국독립운동사』I, 777쪽.
111 『매일신보』, 1915년 9월 2일. 김재성은 1912년 (음) 12월에 고종의 시종 전용규를 통해 고종이 하사하는 회인·청주·보은군 초토사의 사령장을 받았다.

달하였고, 또 일부 고종세력은 직접 낙향하여 의병장을 맡아 의병활동에 가담하기도 하였다. 이때 각처 의진의 내부구성을 살펴보면, 고종세력이 의병장을 맡는 경우에 고종세력의 인척이나 측근들이 의진의 중요 직책을 차지하는 경우가 많았으며, 재야세력이 의병장을 맡는 경우에 고종세력은 중군장·모사장·참모장·종사 등의 직책을 맡았다. 이때 의진 내에서 고종세력과 재야세력을 사상적으로 연결시켜 주는 매개체는 국왕 명의의 밀지였다. 따라서 밀지는 의병지도부와 병사층 간의 신분상 갈등을 무마하여 그들에게 일원적인 유대감을 갖도록 하는데 중요한 역할을 수행하였다. 그 대표적인 사례를 1907년 봄 제천에서 일어난 이강년 의병의 경우에서 찾아볼 수 있다.

"나도 또한 수족같이 알 뿐만 아니라 전후 만사를 선봉들만 믿는 중인데, 현재로 말하면 우리 일국 흥패존망이 우리에 달렸으며 우리는 또한 고종 황제의 밀칙을 받았으니 우리 군사는 곧 天率이라. 한번 실수를 하면 삼천리강토와 이천만 생령의 생사가 목전에 달린 고로 나도 그리한 것이니, 너희들은 그리 알고 각별 조심하여 강토를 회복하고 생령을 구원하라. 그리고 7월분의 고황제 밀칙을 받았으나 제장·군졸에게 廣布를 못한 것은 방금 조정 대신이라 하는 것이 다 적당이요, 또 伊藤博文이가 고문관이 되었으니 만일 이 말이 누설되면 고황제께서도 국모의 일과 같을까 염려하여 비밀에 붙였노라" 하시고 河先鋒을 불러 落淚握手하시고 죄를 사하시고 군졸을 다 물리치고 諸將만 모여앉아 고황제의 밀칙을 내어놓고 자자히 설명하니 뉘 아니 낙루하며 뉘 아니 설워하리. 밀칙에 하였으되, (이하 밀지 내용) 이상과 같은지라. 좌우 제장이 일제히 일어나서 北向四拜하고 落淚涕泣을 하니 日月이 無光하고 山川草木과 飛禽走獸도 다 슬퍼하는 듯하더라. 이 사연을 저저히 들은 전후 제장과 참모 종사들은 그날부터 일층 더 각골 명심하여 상의를 한다. 우리가 국가 사명을 힘대로 졌으니 우리는 힘대로 하여 꿈에라도 산다는 살 생자는 아주 영영 잊어버리고 죽는다는 죽을 사자를 우리의 의무로만 알고 행하자. 사람이 세상에 나서 죽는 것은 누구나 일생에 한 번이지 두 번도 아니다. 이것을 어렵게 생각 말고 쉬운 데다가 붙이면 아주 쉬운 것이다 하며 滿座 諸將이 皆曰 一生一死는 인지상사라 하며 일체 가결되었다. 그렇지 아니하여도 우리 湖左大陣은 선생이 고명하고 막하에 名將이 많은 고로 의병으로는 제일 우수하였는데 然中에 皇勅을 받은 후로는 더 우수한 막강의 부대가 되었다.112

요컨대, 병사층의 의병지도부에 대한 불신감이 깊어가는 상황에서 이강년은 고종세력이 자기에게 전달한 밀지를 제시함으로써, 지도부와 병사층을 막론한 모든 의병 구성원들으로부터 국가와 국왕을 위해 함께 분투 중인 신민이라는 사상적 일체감과 확고한 충성심을 이끌어냈다. 이러한 일체감과 충성심은 전통적인 유교적 심성에 지나지 않지만, 그럼에도 양반층과 평민층으로 하여금 신분상의 차이에서 빚어지는 극심한 대립·갈등을 극복하고 함께 의병활동을 전개하도록 하는 원동력이 되었다는 점에서 큰 의미를 부여할 수 있다.

다섯째, 밀지는 특정 인사의 의병장에의 추대 여부를 결정하는 중요한 배경이 되었다. 밀지는 고종세력의 문객들을 통해 재야의 명망 높은 산림유생, 전직고관, 무용가들에게 전달되는 것이 상례이다. 밀지를 수령한 인사는 의병장에 올라 의병운동의 전면에 나서거나 혹은 이면에서 의진결성에 필요한 인적·물적 자원을 제공하는 역할을 맡았다. 그런데 재야세력이 의병장에 오르는 데에는 그들이 향촌사회에서 지니고 있는 정치적·경제적·사회적 처지 외에도 고종세력과 얼마나 긴밀한 관계를 맺고 있는가 하는 점이 중요한 고려사항이었다. 을미의병기의 연합의병장인 유인석·김하락·민용호·노응규·이소응의 사례나, 후기의병기의 연합의병장인 이인영·박기섭·김동신·신돌석의 사례에서 보는 것처럼, 이들은 관력이 없으며 향촌에서의 제반 영향력도 미약한 편이었다. 그럼에도 불구하고 이들이 의병장직을 차지할 수 있었던 것은 고종의 밀지나 고종세력의 내락을 받은 후에 봉기지역에 대한 행정·재정·군사권을 일시 장악했기 때문이었다.[113]

여섯째, 밀지는 대규모 연합의진의 결성에 큰 공헌을 하였다. 앞서 검토

---

112 권용일, 「정미왜란창의록—권청은이력지—」, 『창작과비평』, 1977 겨울호, 216~217쪽.
113 이런 시각에서 동학농민군의 지도자인 전봉준의 위상과 역할을 재평가할 필요가 있다. 즉, 전봉준은 가문배경, 휘하병사수, 동학입도시기 면에서 김개남·손화중보다 뒤쳐진다. 그럼에도 불구하고 그가 동학군의 총수에 올랐던 것은 지도자로서의 개인적 자질이 뛰어났다는 점 외에도 대원군이나 민씨척족의 후원이 작용한 결과일 것이다. 이는 한말 대규모 연합의진의 의병장들의 경우에도 마찬가지로 적용되는 문제이다.

한 것처럼, 밀지를 받은 의병장은 밀지의 내용에 따라 의병봉기지역의 제반 권한을 국왕으로부터 일시 위임받게 된다. 이때 의병장은 밀지에 나타난 국왕의 권위를 배경으로 일정 지역을 무대로 활동하며, 제반 군령을 내리고, 친일파 내지 개화관료를 처단하고, 印信을 임의로 새겨서 사용하고, 지방관의 任免을 주관하고, 주변 각지에 밀서 내지 격문을 지닌 소모사를 파견하여 포군과 민군을 규합하고, 군수물자의 납부를 독려하였다. 또 그는 촌촌에서 소박한 충애사상에 따라 자연발생적으로 봉기하여 일본군과 친일세력에 대항하고 있는 군소 의병장들과 자기보다 많은 군사를 거느린 의병장들을 휘하에 편입시킨 다음 이들을 일원적으로 지휘하고 통제하였다. 이렇게 함으로써 밀지를 받은 의병장이 주변 각 지역의 대소 의진을 통할하는 의진의 연합화가 이루어졌다.

일곱째, 밀지는 한말 의병의 명멸과정에서 한정된 시기에 영향력을 발휘하였다. 구체적으로 밀지가 영향력을 발휘하는 시기는 첫째, 고종세력으로부터 직접 밀지를 수령한 의병장이 일정 지역을 기반으로 활약하는 동안, 둘째, 밀지를 수령한 의병장으로부터 소모장 내지 승지의 직첩을 받은 인사가 다른 지역으로 이동하여 독자적 의병장으로 활동하는 동안, 셋째, 원래 밀지를 받은 의병장이 전사·피체된 후 막하의 부대장이 그 의병장의 권위를 승습하여 활동하는 동안이다. 이러한 시기는 대략 대규모 연합의진이 전과를 올리는 시기와 일치한다. 물론 이러한 경우에도 의병운동의 내적 전개과정에 따라 밀지의 영향력이 약화된 사례도 있었다. 아울러 연합의진이 와해된 후 1~20명 정도의 소규모 부대가 화적과 다름없는 활동을 벌이는 시기에 이르면 밀지는 거의 영향력을 행사하지 못하는 것으로 판단된다.

여덟째, 이상의 순기능 외에도 밀지는 의진 간의 알력과 갈등을 조장하는 역기능을 조장하기도 하였다. 을미의병운동 때에 유인석의진과 민용호의진 간에, 노응규의진과 정한용의진 간에 알력이 있었다. 또 후기의병운동기에 전라도 내의 의진은 연합작전을 전개하다가 상호간 알력을 보이는 경우도 있었다. 이와 같이 의진 간에 불화관계가 나타나는 것은, 첫째, 의병장들의 학통이 다르기 때문이며, 둘째, 밀지를 수령한 의병장이 그렇지 못한 군소 의병장을 자기 휘하에 강제로 편입시키려 하기 때문이며, 셋째 의진 상호간에 지역적 친소관계가 다르기 때문이며, 넷째, 밀지를 받은 의병장들이 주도권 경쟁을 벌이기 때문이다. 이에 더하여 특정 의병장을 후원하는 고종세력이 어떤 인사 내지 집단이냐에 따라 재야 의진 간에 투쟁노선·대외이념·활동무대 등을 둘러싸고 견해차가 생기기 마련이며, 이러한 견해차는 의진 간에 알력과 갈등을 조장하는 주요 요인이 되었다는 점을 유념해야 한다. 동시에 재야의 의병장들을 후원한 중앙의 고종세력들이 서로 대립관계에 놓여있는 경우, 재야의 의병장들도 이러한 상황을 반영하여 서로 대립을 보였다는 점도 하나의 고려대상이다.
(「한말 의병운동의 근왕적 성격-밀지를 중심으로-」, 『한국민족운동사연구』 15, 1997)

〈부록〉 밀지 원문

1. 전기의병기의 밀지

(1) 동학농민운동 당시 三南에 내려진 밀지

A. 密諭前承旨李建永

其以爾爲湖南倡義召募使 持此密諭綸音 卽日登程 倡率義旅 剋期來勤 以救予瀕危之命 一應軍務幷聽策 應使裁決 或有拿命 寔出倭脅 抗不爲罪 先事漏泄 禍及寡躬 愼之勉之

甲午 八月 十四日

(「동학문서」, 『동학농민전쟁사료대계』 5, 여강출판사, 1994, 111~112쪽)

B. 密諭湖南列邑守臣

國運不幸 倭賊犯闕 宗社危亡 迫在朝夕 予以是懼 思有以克服 密遣召募官員 使之倡義來勤 所經列邑 勿論某樣上納 到卽劃給 大邑三千兩 中邑二千兩 小邑一千兩 一應軍用 隨聽進排 無至稽忽 以致債事爲可 以此敎示

甲午 八月 十四日

(「동학문서」, 『동학농민전쟁사료대계』 5, 여강출판사, 1994, 112쪽)

C. 密諭三南縉紳章甫 壬辰殉節錄勳臣子孫 與東道人 行負商班首 等處

嗚呼 予以寡昧 叨承丕基 于玆三紀 屢經變故 而德不可新 天未悔禍 奸臣竊命 倭夷犯闕 宗社垂迫 方在朝暮 罪有予躬 禍及無辜 予實何言 雖然 國家五百年休養之德 不謂不厚 而安 危倚仗 莫先於三南 今玆密遣近臣 馳往本境 召募義勇 嗚呼 爾等 毋以予否德 惟以先王深仁 厚澤堅 乃祖忠亮盡勞 是遣是述 剋日倡義同濟 以扶持垂亡之國 以救予瀕死之命 國之淪喪 其惟爾等 國之興復 亦惟爾等 予言止此 不爲多誥

甲午 八月 日

(「동학문서」, 『동학농민전쟁사료대계』 5, 여강출판사, 1994, 111쪽)

D. 卽遣三南召募使李建永 密示爾等

爾等 自先王朝化中遺民 不負先王之恩德 而至今尙存 在朝者 盡附

彼裡 內無一人相議 煢煢獨坐 仰天號哭而已 方今 倭寇犯闕 禍及宗社 命在朝夕 事機到此 爾等若不來 迫頭禍患 是若奈何 以此敎示 自大內有密敎 送召募使李建永 到此邊問義 而此說泄於倭 則火及玉體 愼愼秘密

(「동학문서」, 『동학농민전쟁사료대계』5, 여강출판사, 1994, 99쪽)

(2) 친구미파 관료가 재야 의진에 전달한 밀지

A. 其略曰 倭兵犯闕 社稷安危 迫在朝夕 戮力剿討 卿等子孫 宜有厚祿 使金炳始爲三南倡義都指揮使 桂宮亮爲木印官 將布木印 京畿爲殉義軍 忠淸爲忠義軍 嶺南爲仗義軍 頒下八道 八道各郡 皆齊聲擧義

(김하락, 「김하락진중일기」 『독립운동사자료집 : 의병항쟁사자료집』1, 1971, 847쪽)

B. 王若曰 嗚呼痛矣 予罪大惡盈 皇天不佑 國勢凌夷 元元塗炭 由是 以强隣伺釁 逆臣弄柄 況予薙髮毁冕 四千年禮義之邦 至於予 一朝以爲犬洋之域 哀我億兆 共罹其禍 予以何顏 見列聖在天之靈 今勢旣至此 惟予罪人 一縷之命 萬萬不足惜 惟念宗社生靈 苟或保全於萬一 勸爾忠義之士 降此哀痛之詔 以領議政金炳始爲都體察使 鎭撫中外 以前進士桂國樑爲監軍指揮使 勤王七路 湖西爲忠義軍 關東爲勇義軍 嶺南爲狀義軍 海西爲效義軍 湖南爲奮義軍 關西爲剛義軍 關北爲懋義軍 倡立義旗之士 幷拜爲招討使 密符當齋送 各軍印信 幷自刻用事 觀察使郡守以下 汝擇自從 獵戶勇士良家材子 幷爲召募 信賞必罰 歉荒尤甚之邑 減今年田租之半 削髮爲先禁止 安民樂生 掾吏減額 幷復舊例 守令之不從命者 爲先擇出 以待處分 凡雜犯死罪 幷宥之 新令亂出者 幷勿施 從此以往 閫外之事 皆可自制 畿輔一路 爲殉義軍 予當死社稷 中外義士 其體之 惟一其心 以宗社生靈爲念 布玆知悉

乙未 十二月 十五日 璽書密下

(이정규 편, 「창의견문록」, 『독립운동사자료집 : 의병항쟁사자료집』1, 647쪽 ; 민용호 저, 이태길·민원식 역, 『복재집』, 소문출판인쇄사, 1988, 216쪽)

2. 후기의병기의 밀지

(1) 閔景植·閔丙漢 등이 崔益鉉에게 전달한 밀지

嗚呼痛矣 予罪大惡盈 皇天不佑 元元塗炭 由是而强隣伺釁 逆臣弄柄 四千年禮義之國 主於予 而一朝爲犬羊之域 予以何顔 見於聖廟乎 惟予一縷之命 猶不足惜 惟念宗社生靈 玆以哀痛密詔 以前參政崔益鉉 爲都體察使 勸送七路 湖西爲忠義軍 湖南爲壯義軍 嶺南爲奮義軍 關西爲勇義軍 關北爲强義軍 海西爲扈義軍 關北爲熊義軍 各立義方 良家才子 幷爲召募官 各軍中印 幷自各從事 觀察使郡守 不從命者 爲先罷黜處分 唯一其心 畿輔一路 朕與其軍 殉於社稷 璽書密下 以此知悉
　　　　　　乙巳 十一月 二十二日 夜 出給畿輔
　　　　　　　　　　　　　　　　閔景植·閔丙漢·李正來·閔衡植
(한국정신문화연구원 편, 『한말의병전쟁자료집: 暴徒檄文』, 도서출판 선인, 309~311쪽;「심남일실기」, 독립운동사편찬위원회 편, 『독립운동사자료집』2, 1970, 927쪽)

(2) 別薦臣 姜昌熙가 金道鉉에게 전달한 밀지

賜布衣臣金道鉉
皇帝齋宿戒沐 謹遣別薦臣姜昌熙 密諭于丙申倡義臣金道鉉 嗚呼 朕以下愚庸品 猥忝民上 君臨三十餘年 反道悖德 獲罪先王 毒流生靈 自招喪亂 仇隣得志 親戚離心 四千邦域 五百宗社 將不免朝夕 咎悉在朕 何敢它人 若使朝廷臺官 州郡小吏 俱欲堯舜其君 陳閉責難 朕誰與不善 嗚呼 朕命不淑 卽祚以來 徒聞諾諾 未見謠謠 所謂俊乂罔非卜筮欺君 自號忠良 俱是貪殘病民 納言無路 奮義無地 洪在鶴白樂寬 以直殺身 徐相烈趙東乘 以忠滅性 疇欲爲國致力 去十月二十日 所遭 有國以來 未見未聞 山林田宅 貢賦圖籍 罔不見奪 靑山白骨 俱失瑩域 黎民赤子 靡有依歸 擧國仇朕 不知自亡 賊臣賊民 相與朋與 棄祖忘君 比和讐國 殉身就義 只止一二大臣 一介卒伍 隣國所聞 曷無其恥 幸我先王有福 卿以忠義升聞 當迎以安車玄纁 朕不能自專 外爲寇賊所遏 內爲逆臣所制 曷望備禮 特以密勅賜卿奮擊將軍 兼宣密諭 卿須惠

我先王恤我生民 鼓動義旅 先剿賊民 仍除奸兇 退斥讐邦 世世天祿 與
卿誓同 勿怕彼强 孚朕誓命 須議于都元帥臣姜昌熙 祿我家邦 今彼寇
忘動四十年 死亡三百六十二萬 民臣異議 禍發在卽 屯駐我境 且不過
數千 以卿忠勇 乘時奮發 何患不捷 克事以前 勿入皇城 戒他耳目

　　　　　　　　　　　　　　　　　　光武 十年 初 八日 御璽
　　　　　　　　　　　　　　　同誓命 臣 李重愚 盧炳大 等
(이구영 편역, 『호서의병사적』, 증보판, 제천군문화원, 1994, 832~833쪽)

(3) 沈相薰이 李康秊에게 전달한 밀지

嗚呼 予罪大惡盈 皇天不佑 由是强隣覘釁 逆臣弄權 四千年宗社 三
千里疆土 一朝爲犬羊之域 惟予一縷之命 猶不足惜 惟念宗社生靈 玆
以哀痛 以宣傳李康季爲都體察使 勸送七路 以良家才子各立義兵 拜爲
召募官 自刻印符從事矣 若有不從命者 觀察守令 先斬罷出而處分 幾
堡一縷 殉於社稷 璽書密下 以此知悉擧行事

　　　　　　　　　　　　　　　光武 十一年 七月 　日 　御璽
(운강이강년선생기념사업회 편, 『운강이강년선생창의록』, 1986,
　　　　　　　　　　　　　　　　　　　　　　　　　33~34쪽)

3. 1910년대의 밀지

(1) 고종이 林炳瓚에게 하사한 밀지

皇帝若曰 嗚呼 朕之所當 古今所未有也 五百年宗社 至于朕而覆矣
二千萬生靈 至于朕而危矣 罪在朕躬 而死無惜矣 其於五百年列聖朝文
化之仁澤 四千載自由歷史之政治 其不痛極哉 此皆出於朕之否德 然亦
有至寃之情 朕旣陷賊中 荊棘林林 行止不自 暴隣之毒 前所未有五七
之凶　 甚於莽卓也 渠所謂五約七約倂合之僞 則朕之所決死不許者也
而五七凶賊 前塞後挾 聲音不得 達於外當 此之時 欲死欲生無路 朕曰
非也 而凶賊以爲朕曰是也 前後皆賊之心腹 豈有一人挾朕者乎 朕之所
以當死而不死 晝宵飮泣 苟延縷命者 維希列聖朝仁沐之忠烈後裔 或有
杖義之人 則幸得復立宗社於已壞之後 救朕於幾死之地也 今始聞 卿等
忠壯之擧 朕心嘉悅爲祝天地也 當此艱虞之際 朕之所志者 省心改過

以繼先聖 卿等所行者 盡忠盡節 內糾義勇之士 外援文明列强 以濟蒼生 挽回獨立

大韓 開國 五百二十一年 九月 二十五日
(임병찬,『의병항쟁일기』, 한국인문과학원, 1986, 284~285쪽)

(2) 고종이 조선독립의군부 관련자에게 내린 밀지

痛哉 島夷背信合倂 宗社爲墟 國民爲隷 朕本爲生靈身受恥辱 反害生靈 國家從亡 靜言鬼惡 百身難贖 千古之恥 萬世之恨 何以湔洗 攸恃唯爾 爾等其體 戮力光復 凡在爵賞 誓指山河 玆降血詔 組織獨立義軍府 爾等 須糾合多士 獎率百姓 克期進取 膚奏厥功 嗚呼 知悉 當日 啓下 命獨立義軍府 總務總長
(이구영 편역,『호서의병사적』, 증보판, 제천군문화원, 1994, 835쪽)

제2장   전기의병운동에 미친 고종세력의 역할

I. 머리말

 1894년 4월 일본군의 경복궁 무단점령으로 고종과 명성왕후가 유폐되고 친일개화파-대원군 연립정권이 들어섰다. 임진왜란 이래 초유의 국가변란이 닥치자 중앙의 고종세력(고종과 그 측근)과 재야의 유림세력(척사유림·동도서기유림)은 친일개화파와 일본군을 축출하고자 의병봉기를 모색하였다. 갑오경장 직후부터 각기 중앙과 지방에서 모색되기 시작한 양자의 창의노력은 동학농민운동과 청일전쟁으로 말미암아 결실을 맺지 못했다.

 고종세력과 재야세력의 거의기도는 박영효내각의 근대화정책이 한창 추진 중이던 1895년에도 계속되었다. 1895년 1월 유림세력은 중화-오랑캐, 양반-상민을 구분 짓는 척도 가운데 하나인 넓은 소매(闊袖)를 서양식의 좁은 소매(狹袖)로 바꾸려는 복제개혁에 반발해 창의를 탐색하였다. 또 8월 명성왕후 시해사건이 일어나자 고종세력과 유림세력은 국모의 원수를 갚고 친일내각을 타도하기 위해 거병을 추진하였다. 이로써 양자의 연계가능성은 높아갔다. 이들은 11월에 조선 민중이 결사반대한 단발령 선포를 전후한 시기에 거의에 대한 공감대를 이루었다. 따라서 을미의병운동은 단발령 후 일반 민중의 항일열기를 수렴한 고종세력과 유림세력이 연대관계를 맺음으로써 가능케 되었다.[1]

 고종세력과 유림세력은 일본군과 친일개화파를 물리치고 국왕을 구출한

---

[1] 갑오경장 후부터 단발령 이전까지 고종세력과 유림세력의 연대과정에 대해서는 오영섭, 『화서학파의 사상과 민족운동』, 국학자료원, 1999, 제4장 제1절.

다는 공통된 대의명분을 내걸었다. 그러나 의병활동 전후 양자의 언행에 비추어 볼 때, 전자는 고종의 왕권을 공고히하고 신내각을 수립함으로써 동도서기정책을 계속 추진해 나가려 하였던 반면, 후자는 갑오경장 이전의 전통적인 성리학적 사회체제로의 전면적 복귀를 희망하고 있었다. 따라서 양자는 외세와 친일개화파를 타도하기 위해 사상차이를 극복하고 연대관계를 맺었지만, 그들의 궁극적인 지향점은 달랐던 것이다. 이러한 노선상의 차이는 아관파천 후 양자의 연대관계를 깨트린 주요 요인이 되었다.

여기서는 단발령 전후에 중앙정계의 고종세력이 어떻게 지방의 유림세력과 연대하여 의병봉기를 추진했는가 하는 점을 알아보겠다. 이를 위해 먼저 을미사변에서 단발령 전까지 고종세력이 산발적으로 시도한 의병봉기 노력과 그들이 고종의 아관파천을 위해 어떠한 전략을 구상했는가를 알아보겠다. 이어 단발령 후 각지에서 의병봉기를 주도한 연합의진의 의병장이 고종세력과 어떠한 관계를 맺고 있었는가를 알아보겠다. 이러한 작업을 통해 을미의병운동이 재야세력만의 자발적인 민족운동이 아니라 중앙의 고종세력과 지방의 재야세력과의 연대에 의해 이루어졌음을 실증적으로 구명하려 한다.

II. 을미사변 후 고종세력의 국왕파천전략

을미의병운동에 가담한 고종세력은 전제군주제와 동도서기노선을 따르는 반일성향의 인사들이다. 이들은 일본군의 경복궁점령 직후 정계에서 일시 축출되었다가 친일개화파와 대원군파 사이에 대립이 격화되자 점차 권한을 회복해 갔다. 이어 1894년 가을 왕권회복운동을 은밀히 벌이고 있던 고종과 명성왕후의 지시에 따라 동학농민군의 항일활동을 추동·지원하였다. 이듬해 이들은 삼국간섭으로 일본세력이 후퇴하자 친일개화파를 축출하여 정권을 환수하였다. 이어 을미사변 후 친일내각이 들어서자 재야세력과 연대하여 의병활동을 펼치고자 노력하였다.[2]

을미사변 후 친일개화파는 고종세력을 축출하고 신내각을 구성함과 동시에 명성왕후시해에 가담한 친일적 훈련대에게 경복궁을 호위하게 하였다. 이로써 고종은 갑오변란 직후처럼 연금상태에 놓이게 되었으며, 고종의 측근들은 낙향하거나 구미공사관으로 피신함으로써 다시금 칩복상태에 들어갔다. 이런 상황을 벗어나고자 고종과 그 측근들은 구미공사관 요원들과 선교사들에게 시종과 수하를 연이어 보내 도움을 요청하였다.[3] 그리고 고종의 측근들 가운데 일부 인사들은 직접 향리로 낙향하여 직접 의병봉기를 추진하였다. 그러나 조선의 국권과 군주권을 보장받으려는 고종세력의 외교적 구국운동은 뮈텔주교가 실토한 것처럼 당시의 국제역학 속에서 실현가능성이 희박한 편이었다.

대외청원활동이 실패로 돌아가자 고종과 그 측근들은 군사들을 동원한 폭력적 방책의 국왕파천전략을 수립하였다. 1896년 2월 11일 아관파천이 일어나자, 2월 18일자 일본의 『報知新聞』은 이 계획이 네 번째만에 성공한 국왕파천계획이라고 보도하였다. 그 첫 번째는 1895년 10월 8일에 있었는데 을미사변으로 실패하였고, 두 번째는 10월 12일 일어난 춘생문사건이며, 세 번째는 11월 15일에 일어났는데 친일개화파가 궁궐을 삼엄하게 경비했기 때문에 실패하였고, 네 번째가 아관파천이었다.[4] 이 중 조선측 자료에서 그 전모를 대략이나마 확인할 수 있는 것은 춘생문사건과 아관파천이다.

고종을 미국공사관으로 모시고 김홍집 친일내각을 타도하려던 춘생문사건은 근왕성향의 궁내부파와 친구미파의 서울에서의 반일운동이었다. 여기에는 李載純·李道徹·林㝡洙·洪秉晉 등의 궁내부세력, 李範晉·李完用·李允用 등 친미·친로 성향의 정동파, 南萬里·李奎泓 등 친위대 장교, 알렌(Horace N. Allen)·베베르(Karl I. Waeber)·언더우드(Horace G. Underwood)·

---

2 오영섭, 「갑오경장 중 고종의 왕권회복운동」, 『한국민족운동사연구』 24, 2000.
3 을미사변 이후 고종세력이 전개한 대외청원운동에 대해서는 오영섭, 「고종과 춘생문사건」, 『향토서울』 68, 2006, 제2장 제2절 참조.
4 中山泰昌 편, 『신문집성 : 명치편년사』, 권9, 동경 : 재정경제학회, 1936, 357쪽 ; 『윤치호일기』 4, 국사편찬위원회, 1975, 118쪽, 1895년 (양)12월 31일자.

다이(William M. Dye) 등 미러 공사·선교사·무관 등이 참여하였다. 춘생문사건은 고종의 구원요청 밀지를 받은 고종세력이 '의병'을 자칭하며 구미인들과 협력하여 서울에서 전개한 국왕파천운동이었다. 당시 고종세력은 수백 명의 군사들을 거느리고 춘생문까지 진출하여 친위대와 접전을 벌였다. 그러나 사전에 내응하기로 약속한 친위대장교 李軫鎬가 군부대신서리 魚允中에게 밀고하였기 때문에 거사는 실패로 돌아가고 말았다.[5]

춘생문사건 종료 후 고종세력 가운데 궁내부파와 친구미파는 각기 다른 처지에 놓이게 되었다. 우선 궁내부에 포진한 이재순·安駉壽·金在豊·임최수·李道徹·李敏宏·李忠求 등 33명의 인사들이 체포·투옥되었다. 이들은 11월 15일에 법부대신 張博이 주재하는 특별법원에서 사형(임최수·이도철), 종신유배형(이민굉·이충구), 징역형(이재순·안경수·김재풍·남만리)을 언도받았다.[6] 이 중 이재순은 종친이자 국왕의 최측근 인사였기 때문에 고종의 특지로 무죄나 다름없는 3년간 향리방축형에 처해졌다.[7] 그의 근왕적 정치성향으로 미루어, 이재순은 고종의 또 다른 측근인 심상훈처럼 향리에서 암중으로 거의를 모색하고 있었을 것이다.

친구미 성향의 이범진·이완용·이윤용·이하영·민상호·현흥택 등은 구미 공사관과 선교사들의 사저로 피신하였다. 이들 중 일부는 중국으로 건너가서 후사를 도모하였다. 그러나 다른 일부는 계속 서울에 머물며 고종의 밀명에 따라 구미공사 및 선교사들에게 구원을 요청하는 임무를 맡거나, 베베르와 스페에르(Alexis de Speyer) 등 러시아공사와 알렌 미국공사관 임시대리공사 등과 긴밀한 협력하에 재차 국왕파천운동을 추진하였다.

춘생문사건 후 고종세력 가운데 친구미파는 러시아공사의 지원하에 국왕

---

5 정교, 『대한계년사』 상, 국사편찬위원회, 1957, 123~128쪽 ; 『주한일본공사관기록』 7, 1992, 74~82쪽. 춘생문사건에 대한 연구로는 홍경만, 「춘생문사건」, 『이재룡박사환력기념한국사학논총』, 한울, 1990, 647~676쪽 ; 오영섭, 「고종과 춘생문사건」, 185~225쪽.
6 『고종실록』, 1895년 11월 15일.
7 천주교명동교회 편, 『뮈텔 주교 일기』 I, 한국교회사연구소, 1986, 438쪽.

파천을 추진해 나갔다. 당시 미국은 씰(John M. B. Sill)공사와 알렌서기관 등 자국 외교관들에게 조선의 내정문제에 간섭하지 말라고 엄중하게 훈령하였다. 씰공사는 이를 준수했지만, 알렌·언더우드·다이 등은 각기 개인 자격으로 고종의 근시역·수라공궤역·자문역을 수행하였다. 특히 알렌은 본국의 훈령을 무시하고 러시아공사 베베르와 긴밀히 협력해 가며 이범진 등의 아관파천운동을 도왔다.8

러시아 정부는 이미 1895년 1월경에 조선의 독립을 존중하라고 일본정부에 압력을 가하였다.9 당시 이노우에 가오루(井上馨) 일본공사의 입헌군주제 도입에 반발한 고종은 군주전제국인 러시아만이 조선을 보호하고 자신의 왕권을 보장해 줄 수 있다는 판단에서 적극적인 친러정책을 취하였다.10 이는 한반도에서 일본의 영향력을 억제하고 삼국간섭 후 자국의 우위상황을 활용하여 손쉽게 이권을 확보하려는 러시아의 의도와 부합하는 것이었다. 이에 따라 조선과 러시아 간에는 군주권 보호와 관련된 모종의 밀약이 체결되었다.11 아울러 고종은 을미사변 후 밀사 權東壽를 블라디보스톡에 파견하여 러시아의 구원을 요청하였다.12 고종의 친러정책은 이후에도 계속되었는데, 이때 대러교섭을 전담한 인물은 이범진·현홍택·민상호 등 친러파 인사들이었다.

고종의 친러정책을 적극 보좌한 李範晉(1852~1911)13은 춘생문사건의 주역 가운데 한 사람이자 베베르와 협력하여 고종의 아관파천을 실질적으로

---

8 F. H. 해링튼 저, 이광린 역, 『개화기의 한미관계』, 일조각, 1973, 289~297쪽.
9 『일본외교문서』, 제28권 제1책, No.270, 421쪽.
10 을미사변 이전 조선의 인아거일정책에 대해서는 최문형, 「민비시해 이후의 열강과 조선」, 『명성황후시해사건』, 민음사, 1992, 193~200쪽.
11 삼촌준, 『명치이십칠팔년재한고심록』, 한상일 역, 『서울에 남겨둔 꿈』, 221~224쪽.
12 『주한일본공사관기록』 7, 「조선인 한규석 來館…보고사본 전달」, 국사편찬위원회, 1992, 110~111쪽.
13 이범진의 가문 배경과 정치활동에 대해서는 방선주, 「서광범과 이범진」, 『최영희선생화갑기념한국사학논총』, 탐구당, 1987, 444~455쪽 ; 오영섭, 「을미사변 이전 이범진의 정치활동」, 『한국독립운동사연구』 25, 2005.

주도한 인물이다. 그는 춘생문사건 후 러시아공사관에 도피했다가 곧이어 중국으로 건너갔다. 단발령을 전후한 시기에 비밀리에 귀국하여 고종과 긴밀한 연락을 주고받았다. 이후 그는 이완용·이윤용·이채연·현흥택·민상호·李範允14 등 구미공사관에 피신 중이던 친구미파 인사들과 함께 고종의 아관파천을 위한 구체적 작업에 착수하였다.15 이때 그가 구상한 국왕파천전략은 춘생문사건을 주도했다가 실패한 경험을 보완한 것이었다.

일본측 기록에 의하면, 이범진은 춘생문사건을 추진함에 있어 이완용·이윤용 등 정동파 관료와 심복인 李敏宏(홍계훈의 사위) 등과 짜고, ① 경복궁 서문(영추문) 밖에 40명의 자객을 대기시키고, ② 구식병인 공마대의 사관 모모로 하여금 동소문 밖에 약 1개 중대의 병사 200명을 대기시키고, ③ 미국인 군사교관 다이와 사제지간인 친위대장 이진호를 설득하여 거사에 동참케 하려고 하였다. 그는 이들을 거느리고 경복궁으로 쳐들어가 유폐 중인 국왕을 구출하여 미국공사관으로 모시고 국왕의 밀지를 받들어 명성왕후시해를 복수하고 김홍집내각을 타도하고 친일개화파 대신들을 살해하려 하였다.16 그러나 이러한 계획은 친위대와 일본공사관수비대의 저지로 인해 실패하고 말았다. 따라서 이범진은 중국에서 귀국한 후 재차 국왕파천전략을 수립할 때에 이 두 가지 장애물, 즉 훈련대와 일본공사관수비대에 대한 대비책을 강구하게 되었다.

이범진은 고종을 러시아공사관으로 모시기 위한 사전작업으로써 두 가지 방책을 실행하였다. 그 첫 번째 방책은 친일개화파가 장악한 친위대를 지방

---

14 1908년 연해주에서 안중근 등과 의병을 일으켜 국내진공작전을 펼쳤던 이범윤에 대해 「제이회 이인영문답조서」에서 이인영은 "이범윤은 을미년에 경성에서 유인석을 응원하고 있었다"고 하였다. 이는 이범윤이 이범진을 도와 국왕파천전략에 가담했음을 입증하는 대목이다. 『한국독립운동사』 1, 국사편찬위원회, 1965, 732쪽.
15 『주한일본공사관기록』 8, 116~119, 138~139, 144~145쪽.
16 『주한일본공사관기록』 7, 「28일 사변의 전말」, 국사편찬위원회, 1992, 74·80쪽. 일찍이 이범진은 명성왕후의 명에 따라 민영준을 궁내부대신에 임용하여 민씨내각을 조직하고 김홍집·유길준 등 친일개화파를 암살하려 했으나 을미사변으로 실패하였다.

으로 출동하도록 함으로써 궁성수비를 약화시키는 것이었다. 그는 경복궁점령·관제개혁·복제개혁·을미사변 등의 사건으로 격앙일로에 놓여있는 민심이 단발령을 계기로 폭발하는 시기를 전후하여 각처의 명망 있는 재야세력과 연대관계를 맺었다. 그는 이들로 하여금 지방 각지에서 의병을 일으키게 함으로써 서울의 친위대가 지방으로 출동하게 만들었다.

이범진의 구상대로 단발령 후 전국 각지에서 의병이 일어났다. 이에 김홍집내각은 1896년 1월 21일 홍주 방면에, 1월 30일 춘천 방면에 각각 친위대 1개 중대를 급파하였다. 곧이어 친일내각은 2월 5일 서울로 진격 중인 춘천·가평의병의 토벌을 위해 춘천방면에 경병과 포병을 증파하였다. 이로써 춘천방면에는 도합 3개 중대의 친위대가 투입되었다.[17] 또 1월 30일 이전에 이미 안동방면에 친위대 1개 중대가 파견되었다.[18] 이로써 친위대 2개 대대 8개 중대 중 적어도 5개 중대가 의병진압을 위해 지방으로 출동하였고, 친위대 병력 일부와 춘생문사건 때 고종세력에 가담한 친위 제2대대 병력 일부만이 서울에 남아 있었다. 따라서 지방의병을 봉기시켜 친위대를 지방으로 출동시키려는 이범진의 국왕파천전략은 성공하였다고 평할 수 있다.

일본측 기록에 의하면, 이범진은 춘천지역의 재야세력과 연대하여 의병을 봉기시켜 서울로 진격하도록 함으로써 서울의 친위대를 지방으로 출동하게 만들었다.

> 이번 사변은 러시아공사관의 후원에 의해 정동파 즉 李範晉 등의 음모에서 나온 것이 명료한 사실입니다. 애당초 범진 등이 먼저 춘천 폭도를 유혹해 봉기시켜 비밀리에 이들과 기맥을 통하여 크게 일을 벌이려는 경황을 나타냈습니다. 그래서 본관은 당국 정부에 대해 될 수 있는 대로 폭도의 세력이 성하기 전에 이를 진정시키는 것이 득책일 것이라고 설득했습니다. 그러나 정부에서도 역시 이와 같은 의견으로 친위대 3개 중대를 파견하여 초토에 종사케 하였는바, 지난 8일에 출정부대는 두 갈래 길로 춘천으로 진

---

17 『주한일본공사관기록』, 권9, 「친로파 이범진 등의 음모보고」, 143~144쪽, 권10, 「폭도진압과 전신선 보호조치건」, 82쪽.
18 김윤식, 『속음청사』 상, 국사편찬위원회, 1960, 189~191쪽.

격하여 폭도의 대부대를 격파하여 그곳을 아주 점령했습니다. 이리하여 범진 등의 이 방면계획은 이로써 실패하기에 이르렀습니다.[19]

이범진과 춘천의병과의 내응관계를 의병측 자료를 가지고 입증하는 것은 어려운 문제이다. 그렇지만 정동파 이범진과 춘천의병장 이소응·이진응·이경응 등이 모두 전주이씨 왕족출신이라는 사실로 미루어 양자 간에는 조선왕조를 지키기 위해 연합해야 한다는 공감대가 형성했을 가능성이 있다. 당시 일본측은 이범진이 을미사변 이전에 이미 이소응에게 관직을 제수하자고 고종에게 주청했다고 말했는데,[20] 이는 이범진과 이소응이 긴밀한 사이였음을 입증해 주고 있다. 이로 인해 일본측은 이범진과 춘천의병장 이소응이 의병봉기 이전에 이미 기맥을 통하고 있던 사이였다고 단정하였다.[21]

이범진·이윤용·이완용 등 정동파와 친분이 두터웠던 『대한계년사』의 저자 정교는 춘천 부민을 선유하는 고종의 조칙이 반포된 배경에 대해 "이보다 앞서 각처의 의병은 모두 밀칙을 받고 일어났는데, 내각(김홍집내각)이 군대를 보내어 그들을 공격하였기 때문에 이에 이르러 이 조칙을 내린 것이다"고 설파하였다.[22] 또 춘천의병의 결성을 주도한 鄭寅會의 처남이자 일제시기 천도교계 역사가인 춘천 출신의 차상찬은 "의병이 속히 경성에 도착하기를 희망하고 기맥을 통한 사람도 많헛다"고 하였다. 이러한 사료들은 춘천의병, 나아가 을미의병을 대표하는 의진들이 대부분 고종세력과 연대하여 봉기했음을 시시해 주고 있다.[23]

---

19 『주한일본공사관기록』, 권9, 「친로파 이범진 등의 음모보고」·「신정부의 현황보고」, 143~144, 154쪽.
20 『주한일본공사관기록』 10, 「奉露주의자의 국왕파천계획에 관한 보고」, 90쪽.
21 고종의 아관파천이 단행된 직후인 1896년 2월 11일에 이범진은 춘천 부민을 선유하는 고종의 특별 조칙을 칙령 제1호로 반포하였고, 동일에 李容直을 춘천부관찰사에 임명하여 춘천의병을 선유토록 하였다. 『일성록』, 1896년 2월 11일 ; 정교, 『대한계년사』 상, 139쪽.
22 정교, 『대한계년사』 상, 139쪽. 先是 各處義兵 皆受密勅而起 內閣則遣兵擊之 故至是下此詔.

단발령 직후 민용호·이필희·노응규·김하락 등 의병장들은 각기 사전에 봉기장소를 지정받은 것처럼 서울·여주·양근 등 고종세력의 세거지로부터 그들이 나중에 거의하게 되는 지점으로 신속히 이동하였다. 당시 원산에 주재한 일본영사관이등영사 우에노 센이치(上野專一)가 서울의 변리공사 고무라 주타로(小村壽太郞)에게 보낸 보고서에는 "관찰사의 말에 의하면, 위 폭도들은 날짜를 잡아 일시에 봉기해서 경성은 춘천에서, 인천은 충청도에서, 부산은 경상도 및 강원도 남부에서, 원산항은 강원도의 중부 이북과 문천 이북에서 내습하는 방법이 이미 결정되었다는 풍설이 있습니다"라고 하였다.24 이런 전언이 사실이라면, 이소응·김하락·유인석의진은 서울진격을, 노응규의진은 부산진격을, 민용호의진은 원산진격 및 이소응의진의 배후방비를,25 김복한의진은 인천진격을 맡았을 것이다. 그중 심상훈·민영기 등과 연대한 유인석의진과 이범진 등과 연대한 이소응의진은 서울진격을 목표로 거의하였다.

그런데 고종세력은 의병 봉기 전후에 각지의 의병장들에게 고종의 밀지를 전달하였다. 그들은 단발령 다음 날 한강을 건너와 이천·광주 등지에서 의병을 일으켜 남한산성을 점령한 김하락에게 거의를 격려하는 밀지를 보냈다. 김하락이 1896년 1월 27일에 밀지를 받았다고 기록한 것으로 보아 밀지의 작성날짜는 이보다 며칠 앞섰을 것이다.26 또 그들은 1896년 1월 29일 자정에 작성한 밀지를 유인석·민용호·이소응·노응규 등에게 보내 거의를 격려하였다. 이들 연합의진의 의병장들은 자신들이 받은 밀지의 사본을

---

23 차상찬, 「이태왕아관파천사건 : 병신이월대정변기」, 『별건곤』, 제4권 제2호, 8쪽.
24 『주한일본공사관기록』 10, 「강원도 춘천부 폭민 봉기건」, 232쪽. 오길보, 『근대반일의병운동사』, 평양 : 과학백과사전종합출판사, 1988, 43쪽.
25 후기의병기에 국왕의 밀지를 받고 일어난 정환직-정용기 부자의 산남의진이 이와 같은 임무를 맡았던 것으로 판단된다. 산남의진에 대해서는 권영배, 「산남의진(1906-1908)의 조직과 활동」, 『역사교육논집』 16, 1991, 129~174쪽.
26 김하락, 「김하락진중일기」, 『독립운동사자료집 : 의병항쟁사자료집』 1, 독립운동사편찬위원회, 1971, 847쪽.

각지의 우국지사인 최문환·허위·기우만 등에게 보내 의병을 일으키게 하였다.

단발령 후 재야세력이 받은 밀지는 고종세력이 각지의 의병장들에게 봉기지역의 행정·사법·경찰 등 제반 권한을 위임한 문건이다.27 그런데 유인석·민용호 등이 받은 밀지는 김하락이 받은 밀지와 내용상 약간 차이가 있으며, 오히려 제천으로 낙향하여 창의를 모색하던 심상훈이 뮈텔주교에게 보낸 편지에 나오는 의병소모 밀지와 의진의 편제 면에서 유사한 점이 많다. 따라서 유인석·민용호 등이 받은 밀지를 가지고 판단할 때에 고종세력의 일원인 여주의 민영기, 제천의 심상훈 등과 서울의 이범진 등이 의병봉기 이전에 서로 연통을 하고 있었던 것이 아닌가 하는 느낌을 갖게 된다.

이범진이 국왕이어를 위해 구상한 두 번째 방책은 러시아공사와 협력하여 러시아수병을 입경토록 함으로써 서울에 주둔하고 있는 일본군을 효과적으로 견제하는 것이었다. 이는 첫 번째 방책이 성공한 다음에 실행에 옮겨졌다.

단발령 후 각지에서 의진이 한창 결성되던 때인 1896년 1월 8일 러시아공사 스페에르가 새로 부임하였다. 당시 전임공사 베베르는 계속 조선에 머물며 업무를 처리하라는 러시아 정부의 훈령을 전달받은 상태였다. 따라서 양인은 스페에르가 한국을 떠나는 3월 1일까지 50일간을 함께 지내며 조선 문제에 공동으로 대처하였다. 이는 을미사변 전 미우라 고로(三浦梧樓) 일본공사관 신임공사가 이노우에 가오루 공사와 16일간을 동거하며 명성왕후시해를 모의했던 것과 같은 경우였다.

스페에르가 부임한 직후에 러시아공사관에 피신 중이던 이범진이 고종을 대신하여 스페에르를 환영하였다. 이어 며칠 후에 이범진은 "조선은 러시아로부터 도움을 기다리고 있으며, 러시아의 원조가 있으면 밝은 미래가 구현될 것이다"는 고종의 구원요청 서한을 스페에르에게 전달하였다.28 또 1월

---

27 밀지의 내용에 대해서는 이정규 편, 「창의견문록」, 『독립운동사자료집』1, 647쪽 ; 민용호 저, 이태길·민원식 역, 『국역 복재집』, 소문출판인쇄사, 1988, 216쪽.

12일 스페에르는 베베르와 함께 고종을 알현한 자리에서 고종으로부터 러시아의 개입을 간청하는 밀서를 받았다. 그래서 양인은 1월 22일 본국 정부에 고종의 뜻을 전달하는 한편, 조선에 주둔 중인 일본군과 같은 숫자의 군대를 파견해 달라고 요청하였다. 2월 1일 로바노프(Aleksei B. Lobanov)외상은 러시아의 영향력을 확대하기 위해 조선의 반일세력을 지원하는 문제에 동의하였다. 그러나 동시에 그는 일본과의 분쟁가능성을 우려하여 스페에르와 베베르의 군대파견 요청을 거절하였다.

2월 2일 고종은 스페에르에게 측근을 보내 자신이 러시아공사관으로 피신할 생각을 품고 있음을 전달하였다. 동일에 고종은 이범진을 러시아공사관으로 보내 만약 러시아공사가 동의한다면 러시아공사관으로 파천하겠다는 뜻을 공식적으로 전달하였다.[29] 베베르와 스페에르는 이 사실을 즉각 본국에 타전하였다. 이에 로바노프외상이 그들의 계획을 재가하였고, 니콜라이황제도 전함의 제물포 파견을 명하였다. 요컨대 러시아는 일본과 충돌하지 않고도 조선에서 일본의 영향력을 압도할 수 있으리라는 판단하에 고종의 러시아공사관으로의 이어를 허용했던 것이다.[30]

을미사변 후부터 러시아는 이미 자국 공사관의 경비를 핑계로 공사관의 호위병을 조금씩 증원하였다. 그 결과 아관파천 전에 러시아공사관에는 4~50명의 호위병이 배치되어 있었다.[31] 이에 더하여 2월 10일 오후 인천항에 정박 중인 러시아군함으로부터 5명의 장교가 대포 1문과 수병 107명, 양식과 탄약을 지닌 양식병 20명을 인솔하여 서울로 들어왔다.[32] 이들 수병은

---

28 『이범진의 생애와 항일독립운동』,「이범진 외교자료」, 외교통상부, 2003, 스페에르공사→로바노프 외무장관, 140쪽.
29 『이범진의 생애와 항일독립운동』,「이범진 외교자료」, 스페에르공사→로바노프외무장관, 142~143쪽.
30 이상 러시아공사관측과 고종 및 이범진 등의 아관파천 계획에 대해서는 최문형,「명성왕후시해 이후의 열강과 조선」, 200~209쪽.
31 을미사변 후 러시아공사관 수비병의 인천으로부터의 입경 및 임무교대상황에 대해서는 『주한일본공사관기록』 7, 210~211, 216~217쪽.
32 『주한일본공사관기록』 9, [폭도진압과 전신선 보호조치건], 국사편찬위원회, 1994, 136~

이범진이 구상한 국왕파천전략에서 일본공사관수비대를 견제하는 임무를 맡을 예정이었다.33

이렇게 안팎으로 사전준비를 마친 이범진은 아관파천을 실행하기 위한 제1안으로써 평화적 방책을 사용하고, 만일 이것이 실패할 경우에 대비하여 제2안으로써 폭력적 방책을 사용하기로 작정하였다.

먼저 평화적 방책은 계책을 써서 국왕과 왕세자를 러시아공사관으로 옮기는 것이었다. 이를 위해 이범진은 먼저 수하 金明濟로 하여금 "대원군과 일본인들이 또다시 不軌(국왕폐립음모)를 도모하고 있다"는 내용의 서한을 고종이 총애하는 엄상궁과 궁녀 김씨를 통하여 고종에게 전하게 하였다.34 이에 고종은 러시아공사에게 즉시 파천하겠다는 의사를 전하였다. 그리고 러시아수병이 입경한 다음 날 고종과 왕세자는 엄상궁과 김씨가 내밀하게 주선한 궁녀용 가마를 타고 궁문을 탈출하여 러시아공사관에 도착하였다. 당시 친위대 병졸들이 가마를 검문하지 않은 이유는 춘생문사건 후 국왕과 대원군이 궁녀용 가마를 병졸들이 검색하는 행위가 조선의 구규에 어긋나는 무례한 행동이라며 이의를 제기하였기 때문이었다.35 당시 평화적 방책이 실패할 때를 대비하여 이범진은 다음과 같은 폭력적 방법을 준비하였다.

> 이범진은 제1책으로 이와 같은 온화한 수단을 취하고, 만약 이 계책으로 효과를 보지 못할 경우에는 다시 또 제2책 즉 무력에 호소해서 그 목적을 관철시키려고 미리 준비한 것 같습니다. 왜냐하면 그들은 사변 전에 당시 충청·황해·경기도에 있는 보부상에게 밀지를 내려 11일을 기해 경성에

137쪽.
33 『주한일본공사관기록』 10, 「조선국 대군주 및 세자궁 露國공사관에 入御 전말보고」, 82쪽.
34 아관파천 후 고종은 근신 이재완에게 이 편지를 내보이며 진위 여부를 확인하였다. 이로써 이 편지는 이범진 등이 위조한 서한임이 밝혀졌다. 『주한일본공사관기록』 10, 「奉露주의자의 국왕파천계획에 관한 보고」, 90쪽.
35 『주한일본공사관기록』 9, 「친로파 이범진 등의 음모에 대한 보고」, 144쪽 ; 이선근, 『한국사 : 현대편』, 729~730쪽 ; 이현종, 「아관파천」, 『한러관계100년사』, 한국사연구협의회, 1984, 160~162쪽.

일제히 모여 왕궁을 호위하라고 하였고, 이 때문에 당일에는 이른 아침부터 보부상으로서 궁문 앞에 모여든 자가 수천 명에 이르렀습니다. 공병대의 일부를 소집한 사실도 있는데, 즉 사변 당일에 공병대가 순검을 응원하여 여러 곳을 경계하였습니다. 또 경기도 여주에 거주하는 민씨족을 교사해서(심상훈도 폭도 거괴의 한 사람이었다고 전해짐) 폭도를 유발시켜 우리의 전신 감시대를 습격케 하여 동주 남북에 있는 100여 리의 전선을 절단시켰고(이범진은 러시아공사관의 사주에 의해 전선을 절단했다고 말함),36 황해·평안도에 있던 건달패를 몰아 세워서 11일을 기해 각처에서 폭동을 일으키게 하려 한 형적이 있습니다. 이와 같은 여러 가지 사실에 근거해서 관찰되는 바로는 국왕과 세자를 끌어내리려는 제1책이 수행되지 않을 경우에는 필경 제2책을 쓰는데, 즉 왕성 수비가 허술함을 틈타 건달들을 몰아세워 왕궁을 습격하게 하고, 이때 러시아병은 한편으로 우리 수비대를 견제하게 해서 움직이지 못하게 하고 또 한편으로는 은연중에 이를 원조해서 그 목적을 쉽게 달성하려는 수단이었던 것으로 추측됩니다.37

이상과 같이 폭력적 방책은 ① 보부상을 동원하고, ② 공병대를 소집하며, ③ 여주의 심상희와 제천의 심상훈과 연계하여 경기·충청도의 전신선을 절단하고, ④ 각처의 건달패를 동원하는 것이었다. 그러나 이러한 방책은 고종과 왕세자의 가마가 궁문을 무사히 빠져나가 러시아공사관으로 옮겨갔기 때문에 실행에 옮겨지지는 않았다.

이상에서 살펴본 것처럼, 고종세력이 구상한 국왕파천운동은 항일의병운동과 긴밀한 연관하에 추진되었다. 을미사변 후에 고종세력은 처음에 대외청원활동에 주력했으나 여의치 못하였다. 이에 고종세력은 폭력적 방법을 동원하여 국왕을 구미 공사관으로 모셔가는 방책을 수립하게 되었고, 이 방책에 따라 추진된 것이 춘생문사건이었다. 이후 고종세력의 이범진은 춘생문사건의 실패를 거울삼아 친일적 친위대를 지방으로 유인하기 위하여 아관파천 이전에 재야세력과 연대하여 그들로 하여금 지방 각지에서 의병을 일으키게 하였다. 따라서 넓게 보아 지방 각지에서 봉기한 의병들은 고종세력

---

36 이범진은 아관파천 후 궁내부 관리에게 "러시아의 지시로 전신선을 절단하였다"고 말했다. 『주한일본공사관기록』 10, 「奉露주의자의 국왕파천계획에 관한 보고」, 90쪽.
37 『주한일본공사관기록』 9, 「친로파 이범진 등의 음모에 대한 보고」, 144쪽.

이 추진한 국왕파천전략의 구도하에서 활동하고 있었음을 알 수 있다.

III. 을미 연합의병장의 근왕적 측면

1. 문석봉의 유성의병

文錫鳳(1851~1896)은 "무용이 뛰어나고 호협한 기질을 지닌 인물"이었다. 그는 1891년에 현풍군수 윤병의 요청으로 군내순찰을 맡아 비적을 방비하는 공을 세웠다. 윤봉이 과천군으로 옮겨가 포군을 설치할 때에 그를 포군장으로 삼았다. 그는 1893년 봄에 명성왕후가 특별 설치한 별시무과에서 병과로 급제했으며, 5월에 경복궁오위장에 특채되어 금궁을 호위하였고, 12월에 진잠현감에 제수되었다. 이어 1894년 11월 민씨척족계 도순무사인 신정희 막하에서 양호소모사직을 맡아 동학군을 진압하였다. 1895년 2월 신영영관으로 공주관병 400명에게 신식훈련을 시켰다가 일본군을 격퇴하려 한다는 무고를 당했다. 이로 인해 서울 감옥에 투옥된 후 1895년 6월 21일에 석방되었다.[38]

을미사변이 일어나자 문석봉은 국모의 원수를 갚기 위해 상경하였다. 문석봉 아들 문영정이 집필한 기록에 의하면, 그가 김병시·송근수·신응조 등을 차례로 찾아가 창의하겠다는 뜻을 전하자 이들은 모두 흔쾌히 내락하였다.[39] 이어 문석봉은 민영환을 방문하여 창의를 의논하였다. 이때 민영환은 개연히 탄식하며 "日月明明 天地定位 忠義炳炳 君臣義分 聞君此語 喬木所恥"라는 시를 지어주며 격려하였을 뿐더러 자신이 차고 있던 환도를 풀어 그에게 주었다.[40] 민영환이 보검을 그에게 내려준 것은 자신을 대신하여 국

---

38 을미사변 이전 문석봉의 행적에 대해서는 문영정, 「가장」, 『의산유고』 참조.
39 문영정, 「가장」, 『의산유고』, 권4.
40 문영정, 「가장」, 『의산유고』, 권4. 문석봉은 민영환에게 받은 환도를 소중히 간직하고 있다가 임종 때에 자기 관속에 넣어달라고 유언하였다.

모복수를 해달라는 부탁인 동시에 필요한 경우에 모든 지원과 도움을 아끼지 않겠으며, 설혹 의거에 실패하여 체포되더라도 자신이 후사를 알아서 처리하겠다는 다목적 의미를 지닌 것이었다.

고종세력이 "충군의식에 충실하고 무용이 뛰어난" 문석봉을 전면에 내세운 것은 명성왕후시해를 복수하고 유폐상태에 빠진 고종을 구출하고 친일개화파가 장악한 내각을 전복시키기 위해서였다. 그들은 갑오경장 직후부터 친일개화파의 제도개혁에 반대하고 있다가 을미사변이 일어나자 직접 재야세력과 연대하여 창의하기에 이르렀던 것이다. 그리하여 金炳始·宋近洙·申應朝·閔泳煥·宋道淳·李容直 등이 문석봉의 의병활동에 인적·물적 자원을 제공하였다. 이 중에서 송근수·신응조·송도순·이용직 등 호서우도 지역에 재지기반을 지닌 대신급의 거물들이 문석봉의병을 전폭적으로 후원하였다.

문석봉의 회덕의병을 후원한 고종세력의 면면과 그들과 문석봉과의 관계를 살펴보면 다음과 같다. 먼저 개화기 안동김씨를 대표하는 김병시는 1880년대에 민씨척족의 개화정책을 반대하였고, 갑오경장기에는 군국기무처의 개혁과 단발령을 반대하였다.41 그는 문석봉이 1891년에 현풍군에서 비적을 막아내자 문석봉을 격려한 적이 있었다. 송시열의 8세손인 송근수는 1882년에 조미수호통상조약의 체결을 반대했으며, 1884년에 정부의 복제개혁에 반대하여 낙향하였다.42 대원군과 이종간인 신응조는 장기간 민씨세도의 의정직을 역임하였고 군국기무처의 제도개혁에 반대하였다. 그는 자신의 동학토벌을 도운 동향인 문석봉에게 남다른 관심을 가지고 있었다.

고종과 명성왕후의 총애를 받은 민씨척족의 거두 閔泳煥은 갑오경장 이전 閔泳駿과 세도권을 다투던 실력자였다. 조선후기 노론정권의 영수인 宋

---

41 김병시의 생애와 사상에 대해서는 김창수, 『한국근대 민족의식 연구』, 동화출판공사, 1987, 제2편 참조.
42 송근수의 아들 宋秉瑞는 1894년 여름에 전 교리 宋廷燮으로부터 국왕의 밀지를 받고 동학의병의 군수품을 마련하는 일을 맡았다.

浚吉의 10세손 송도순은 외조부 閔泳達의 후광으로 이조참판을 역임했을 정도로 민씨척족과 관계가 깊었다.43 숙종대 저명한 노론대신 이건명의 후손으로서 호서의 벌족인 전주이씨 밀성군파를 대표하는 이용직은 경상감사·예조판서를 역임하였다.44 당시 문석봉은 자신의 정치적 후원자인 이용직에게 54개항에 달하는 보수적 개혁안이 담긴 「신서」를 올려 지우를 구하였다. 이용직은 문석봉의 의병활동이 실패한 후 그의 가족을 피신시켜 주었을 정도로 문석봉에게 각별한 대우를 베풀었다. 이들 중 김병시·송근수·신응조 3인은 모두 의정을 역임한 노론계 대신으로서 조선의 제도와 문물을 일본식으로 변개하는 갑오경장을 극력 반대한 인물들이다.

노론계 대신들과 민영환으로부터 내락을 받아낸 문석봉은 9월 초순에 과천의 자기 집으로 돌아와 비장한 각오로 처자와 영결하였다.45 9월 13일에 민씨척족의 문객 고영근은 문석봉에게 국모의 복수를 위한 일편단심을 높이 평가하며 충성을 다하여 대사를 완수하기를 진심으로 바란다는 편지를 보냈다.46 문석봉은 9월 18일에 유성에서 거의하여 의병장에 오른 후에 송도순을 방문하고 군량 제공을 부탁하였다. 이미 민영환·송근수 등으로부터 문석봉의병을 지원해 달라는 은밀한 부탁을 받았을 것으로 추정되는 송도순은 기꺼이 군량을 공급하였다. 문석봉이 거의의 깃발을 세웠을 때에 일본측은 고종세력의 송근수와 신응조가 문석봉의병을 지원한 사실을 이미 파악하고 있었다.

---

43 민영환과 민영달은 8촌 간이다. 따라서 송도순이 문석봉의진의 군량을 담당한 것은 이러한 인연 때문일 것이다. 『여흥민씨세계보』(1973), 권4, 690~694쪽.
44 이용직은 1894년 9~10월 간에 영남에서 의병소모활동을 벌인 李容鎬와 12촌 간이다. 전주이씨 밀성군파의 이건명계는 고종대에 李容直·李容元·李容泰(안핵사)·李容善·李容九 등 친민계 관료들을 배출하였다. 『선원속보 : 밀성군파』(1939), 국립중앙도서관 소장도서, 도서번호, 일산 고2518-계96.
45 문석봉, 『의산유고』, 권3, 「大邱警察廳供辭」.
46 문석봉, 『의산유고』, 권1, 「書」.

그 격문 중에 송근수·신응조 2명도 이제 이 사건에 찬동하여 그 동지임을 명기하고 있다. 위의 송근수와 신응조는 누구보다도 그 지방에서 이름이 있고 힘이 있는 자들로서 특히 송근수는 충청도 회덕에 거하여 이 이름을 송시열 그 호를 우암이라고 칭하는 고대의 유명한 인물의 후예로서 금일에 이르러서는 당국의 제1의 문벌가이며 또 제1류의 학자이다. 지금부터 13년 전에 우의정을 봉직하여 다만 그 지방뿐 아니라 전국에 이름이 알려진 자이다. 또 신응조도 당국의 벌열로서 지금부터 14년 전에 좌의정의 관에 있었던 자이다. 위의 두 사람이 만약 예상대로 적괴 중에 들어있다고 하면 심상의 적도로 보아서는 안된다. 반드시 부화뇌동하는 자가 일도의 간에 그치지 않을 것이요, 혹은 넓게 각지에 파급될 우려가 있다.[47]

단발령 후 광주·이천지역에서 의병운동을 주도한 김하락도 "9월에 전대신 송근수와 신응조가 장차 창의복수를 도모하다가 일을 이루지 못하고 적당의 모함을 받았다"고 하여 송근수와 신응조가 문석봉의진을 후원한 사실을 확인시켜 주고 있다.[48] 또 프랑스 선교사 뮈텔은 12월 23일(음11/8)자 일기에서 춘생문사건 이전에 고종세력이 지방으로 낙향하여 거의를 추진하고 있던 상황을 잘 묘사하였다.

400명의 군사들이 공주를 향해 떠났음이 분명하다. 그들은 충청도 지방에서 일어난 도적들을 퇴치하기 위해 파견되었다고 한다. 공주군수는 두 차례나 화급하게 도움을 요청했었다. 도적이라는 것은 다름이 아니라 국왕을 구하기 위해 일어난 의병인 것 같다. 지방의 백성들은 계속 봉기하고 있으며 그 움직임의 강도가 나날이 더해가고 있다. 여기에 협력한 사람들의 선두에는 두 송씨가 있는데, 한명은 송정승(송근수)이고, 다른 한명은 송참판(송도순)이라 불린다. 또 鄭이라는 사람, 옛 지평 부군수이자 동학에 대항했던 것으로 유명한 맹영재 감역이 있고, 심상훈에 대한 말들도 있다. 이 움직임에 대한 말을 듣다 보니 11월 28일 이후 여기에 숨어 있었던 홍장군의 종손 시종 홍병진이 충청도로 떠났다는 이야기도 나온다.[49]

---

47 김상기, 「한말 을미의병운동의 기점에 대한 소고」, 『한국민족운동사연구』 2, 1988, 14쪽에서 재인용.
48 독립운동사편찬위원회 편, 「김하락진중일기」, 『독립운동사자료집 : 의병항쟁사자료집』 1, 1971, 845쪽.

뮈텔은 송근수·송도순 등이 문석봉의진의 후원자라고 하였다. 이 외에도 『뮈텔 주교 일기』에는 고종세력으로 추정되는 정모,50 동학군을 토벌한 공으로 지평현감에 제수된 맹영재,51 향제가 있는 제천으로 낙향한 고종과 명성왕후의 측근 심상훈, 홍계훈을 따라 동학군 진압에 참가한 홍계훈의 종손인 궁내부 시종 홍병진 등이 제각기 창의를 추진하고 있었음이 나타나 있다.

문석봉의병은 10월 21일에 진잠을 점거한 다음 11월 28일에 공주전투에서 참패하였다.52 문석봉이 체포된 후에 그의 아우 文翼鳳은 '同約'한 여러 대신들에게 자기형의 석방을 요청하였다. 그러나 그들은 모두 일본공사 미우라 고로와 친일개화파의 위세에 눌려 적극적으로 나서지 않았다. 그 후 탈옥에 성공한 문석봉은 1896년 봄에 서울로 잠입하여 고종의 부름을 받고 창의한 공으로 어서로 쓰인 '충의' 두 자와 칙서를 하사받았다. 또 고종으로부터 의대와 밀조를 하사받고 원주에 내려가 도지휘사가 되어 의병해산을 종용하다가 병사하였다.53

이상에서 살펴본 을미사변 직후 문석봉의 의병운동은 충애사상이 투철한 재야의 우국지사가 중앙의 고종세력과 연대하여 의병활동을 벌였음을 입증

---

49 천주교명동교회 편, 『뮈텔 주교 일기』 Ⅰ, 433~434쪽.
50 정모는 鄭日永인지 鄭寅會인지 구체적으로 알 수 없다. 정일영은 고종세력으로서 1895년 10월 25일에 뮈텔주교를 찾아가 고종을 구원하기 위해 프랑스군사 5~600명의 파한을 요청했으며, 춘생문사건이 실패하자 뮈텔의 처소로 피신하였다. 정인회는 단발령 후 춘천의병을 일으켰던 인물이다. 그는 문석봉과 '동지인'이었다. 천주교명동교회 편, 『뮈텔 주교 일기』 Ⅰ, 396, 421쪽 ; 문영정, 「가장」, 『의산유고』, 권4. 정인회의 창의사실에 대해서는 차상찬, 「내가 난리 처러 본 이야기」, 『혜성』, 1권 8호, 1931. 11.
51 이는 오류이다. 맹영재는 친일개화파 어윤중과 기맥을 통하고 있었다. 그래서 그는 단발령 후 의진에 가담하라는 이춘영·이소응 등의 요청을 거절하였다. 맹영재의 동학토벌활동에 대한 개화파측의 포상에 대해서는 『일성록』, 1894년 9월 26일, 9월 29일, 9월 30일. 또 그의 관력 및 사회적 배경에 대해서는 『신창맹씨대동보 : 護君公派』(1989), 63~66, 360~362쪽.
52 문석봉의병의 활동상에 대해서는 김상기, 「조선말 문석봉의 유성의병」, 『역사학보』 134·135합집, 1992, 77~104쪽.
53 문석봉의 의병봉기 후 행적에 대해서는 문영정, 「가장」, 『의산유고』, 권4 참조.

해 주는 좋은 사례이다. 그런데 여기서 간과할 수 없는 점은 20만 명의 동학군을 진압한 일본군과 개화파의 강대한 무력을 잘 알고 있는 고종세력이 문석봉으로 하여금 수백 명의 군사로 의병활동을 벌이게 만든 근본의도가 과연 무엇인가 하는 점이다. 아마 확언할 수는 없지만, 당시 고종세력은 서울에서 벌어질 국왕파천계획을 지방에서 후원하기 위한 성동격서전략의 일환으로써 재야의병의 봉기를 후원했던 것으로 판단된다.

2. 이소응의 춘천의병

한말에 의병활동이 가장 성했던 지역 가운데 하나인 춘천지역은 개항기에 고종세력의 근거지와도 같은 곳이었다. 여기에는 재야산림 柳重教와 의병장 유인석·柳弘錫으로 대표되는 고흥유씨 부학공파, 의병장 李昭應(1852~1930)·李晉應·李景應 등으로 대표되는 전주이씨 경창군파가 세거하고 있었다. 또 이범진의 처가세력인 풍양조씨 회양공파의 선산이 있으며 풍양조씨들이 경주이씨·선산김씨와 함께 토호세력을 형성하고 있었다.[54] 따라서 춘천지역은 정치적 사건으로 민심이 소연해 지는 경우 고종세력이 수하를 파견하여 재야의 명망 있는 유생과 연대관계를 수립한 다음 일반 민중의 반일·반개화 분위기를 수렴하여 창의할 수 있는 사회적·사상적 기반을 충분히 갖추고 있었다.

을미 춘천의병의 봉기에 영향을 미친 고종세력으로는 1880년대 후반부터 갑오경장 직전까지 세도가로서 막강한 영향력을 행사한 민영준과 중궁전 별입시로 입신하여 고종과 명성왕후의 引俄拒日政策을 보좌한 친러파의 거두 이범진을 들 수 있다. 이들은 춘천의병에 직접 가담하여 의병활동을 전개한

---

54 춘천에 인접한 가평에는 조선중기 한문학의 대가 이정구와 그의 후손인 이명한·이소한·이일상 등 연안이씨 관동파의 대신들이 세거한 곳이다. 이들의 후손 중에 일파가 을미 제천의병에 인적·물적 자원을 제공하였다. 또 가평에는 을미 가평의병장 鄭文緯를 배출한 유인석의 처가세력인 경주정씨의 일파가 세거하고 있었고, 을사조약 후 순국한 閔泳煥과 趙秉世 등의 향제가 있었다.

것이 아니라 춘천의병을 주도한 인사들과의 연대관계를 통해 춘천의병을 이면에서 지원하고 독려하는 방식으로 의병활동에 참여하였다. 이 중 민영준은 춘천부내의 여러 세력과 연대하여 의병을 일으켰고, 이소응은 춘천 남부의 위정척사세력인 화서학파와 연대하여 의병을 일으킨 것으로 파악된다.

먼저, 춘천의병과 민영준의 관계를 알아보겠다. 임오군란 후부터 변란에 대비해 새로운 피난처를 강구하던 고종과 명성왕후는 1884년 4월에 병대 100명과 포군 100명을 춘천에 설치하였다. 이들이 춘천에 특별군을 설치한 이유는 조선후기에 국방대책을 강구하던 인사들 사이에 춘천이 조선의 보장지 내지 관동의 요충지라는 명성이 널리 퍼져 있었기 때문이었다.[55] 이어 민영준이 1886년부터 명성왕후의 총애와 청국 주차관 袁世凱의 지원하에 세도가로 부상하고, 이어 12월에 민영준의 부친 閔斗鎬가 춘천부사로 부임하면서부터 춘천은 민씨척족 가운데 민두호·민영준 부자의 배후근거지가 되었다.

고종은 1887년에 춘천부사 민두호의 직급을 독련사로 높여 서울의 통제사의 지위와 같게 하고 춘천-가평군 1,200명을 춘천영에 소속시켰으며, 1888년에는 춘천을 경기도에 편입시켜 유수부로 개칭하고 변란 시에 피신처로 삼을 수 있는 이궁을 세우도록 하였다.[56] 이어 고종은 1894년 3월에 춘천유수부 군대의 칭호를 친군진어영으로 정하고 민두호를 친군진어영외사로 임명하였다.[57] 이에 따라 을미의병운동 직전 춘천에는 민두호가 모집·조련한 300명의 친군진어영 소속 구식군대와 400명의 포군이 배치되어 있었다.[58] 이로 인해 을미사변 직후 조선인들은 물론 각국 공사관 직원들도

---

55 조선후기에 대두한 춘천보장론에 대해서는 오영섭, 「춘천이궁고」, 『아시아문화』 12, 1996, 310~317쪽.
56 『고종실록』, 1887년 12월 10일, 1888년 2월 19일, 4월 19일.
57 『고종실록』, 1894년 3월 19일.
58 이사벨라 비숍 저, 이인화 역, 『한국과 그 이웃나라들』, 도서출판 살림, 1994, 134쪽 ; 『주한일본공사관기록』, 권3, 「춘천부 신병영 등에 관한 건」, 14쪽, 권5, 「신식화폐발행장정 수정안」, 부속서4 : 지방병, 153쪽.

명성왕후가 죽지 않고 춘천으로 피신했다고 생각했을 정도로 춘천은 민씨척족의 보장지 역할을 수행하고 있었다.

춘천의병의 후원자로 지목받은 민영준은 청일전쟁 후 중국으로 망명했다가 명성왕후의 배려로 1895년 6월 15일 귀국하였다. 귀국 직후 그는 고종의 측근인 이재순·심상훈 등으로부터 고종의 내명을 전달받고 향리인 춘천으로 낙향하여 은둔하였다. 이후 그는 단발령 직전까지 춘천에 머물다가 춘천의병이 봉기하자 급히 상경하였다.[59] 을미사변 이후에 심상훈과 민영기 등이 각기 제천과 여주에서, 민영준과 정치적으로 긴밀히 연결된 전 판서 金世基가 원주에서, 그리고 이범진이 서울에서 의병봉기를 추진하고 있었음을 감안하면, 춘천에 있던 민영준도 명성왕후시해를 복수하고 신내각을 수립하기 위해 모종의 활동을 벌였음에 틀림없다.

민영준과 춘천의병의 관계에 대해 일본인들과 후대의 역사가들은 민영준이 춘천의병에 깊이 관여했음을 인정하였다. 예컨대 민영준과 동시대에 활동한 기쿠치 겐조(菊池謙讓)는 "춘천은 민족의 소굴로서 춘천 인민 중에는 閔族의 가신들이 많았고, 이들이 의병을 창도했다"고 하여 춘천의병과 민씨척족의 관련성을 언급하였다.[60] 또한 해방 후에 실증적 시각에서 한국근대사를 연구한 이선근은 "춘천지방 의병의 배후에는 민영준같은 거물이 멀리 앉아서 이를 조종하고 있다는 풍설까지 들렸다"고 하여 민영준이 서울에서 춘천의병의 활동을 지시하고 있었다고 하였다.

춘천의병에 가담한 민영준의 수하들로는 다음과 같은 인사들을 꼽을 수 있다. 먼저 춘천부내의 사인들을 의병운동으로 이끌고 이소응을 의병장으로 추대한 鄭寅會는 민영환의 후원을 받은 문석봉의 '동지인'이었다.[61] 이를 보면 정인회는 문석봉처럼 민씨척족의 문하에서 문객생활을 했던 인사로 파악

---

59 『주한일본공사관기록』, 권3, 「在香港 민영준의 동정」, 319쪽, 권7, 「민영준의 귀국상황 보고」, 67쪽.
60 菊池謙讓, 『조선왕국』, 동경 : 민우사, 1986, 532쪽.
61 문영정, 「가장」, 『의산유고』 4.

된다. 강렬한 애국성향을 나타낸 전 초관 성익현은 민두호가 육성한 춘천진어영의 해산군인을 실질적으로 지휘하고 통솔한 개화군인이었다.62 춘천유수부 退奴 출신의 황강이는 낮은 신분에도 불구하고 춘천의병의 중군장에 해당하는 '의병집사'의 역할을 수행하였다. 그는 포군모집을 빌미로 군물탈취와 공전약탈에 주력하고 개화순검 2인을 붙잡아 살해한 죄로 1898년 1월에 체포되었다. 그러나 "모처로부터 긴급한 청을 받은" 춘천관찰사 권응선은 속히 서울로 압송하라는 법부의 지령을 무시하고 황강이를 은밀히 석방하였다. 이를 보면 황강이는 민영준 등 고위층의 후원을 받았음을 알 수 있다.63

다음으로 춘천의병과 이범진과의 관계를 알아보겠다. 을미 춘천의병의 의병장직을 차례대로 맡은 이소응·이진응·이경응 등은 4촌간으로서 선조의 제9자 경창군 李佺의 아들인 李佾의 후손이다. 이수의 손자 중 화평군 李機의 아들 李廷稷이 춘천입향시조였다.64 이들 전주이씨 경창군파는 춘천군 남면의 창촌리 일대에 세거했는데, 신분이 한미하고 춘천에 입향한 기간이 비교적 짧았기 때문에 춘천지역의 영향력 있는 가문대열에는 끼지 못하였다. 이는 현존하는 『강원도지』(1940)·『수춘지』(1953) 등에 경창군파가 전혀 언급되지 않는 것으로 알 수 있다. 이 중 춘천에서 출생한 이소응은 서울 동부 동학동에 별도의 저택이 있었기 때문에65 자주 서울을 왕래하며 전주이씨 종친들과 교유관계를 맺었을 것이다. 이진응·이경응은 여주에 살다가 1886년 부친이 사망한 후에 춘천으로 이거한 것으로 미루어 아마 여주에 있을 때에 고종세력, 특히 민씨척족 인사들과 관계를 맺었을 것이다.

이소응과 그의 4촌들은 단발령 후 춘천에서 의병을 일으켜 가평으로 진격

---

62 김영하, 「충의」, 『수춘지』, 1954 ; 『이경응의병실기』, 필사본, 6쪽 ; 민용호 저, 이태길·민원식 역, 『국역 복재집』, 310쪽.
63 『사법품보』 2, 아세아문화사, 1988, 430~431쪽 ; 『제국신문』, 1898년 10월 8일자 ; 『독립신문』, 1899년 4월 8일자.
64 『선원속보 : 선조자손록』(1902), 권5, 규장각도서관 소장, 도서번호, 규8401의 1.
65 이소응, 『습재집』, 권12, 연보.

했다가 가평 보납산과 춘천의 약사현에서 친위대에게 패하였다. 이들 중에서 춘천의병을 대표하는 이소응은 1872년에 이항로의 제자 유중교의 문하에 들어가 수업했으며, 병자수호조약 반대 상소운동을 전개할 때에 화서학파 동문유생들과 함께 참여하였다. 또 그는 1882년에 유중교가 춘천 남면 가정리에서 가정서사를 개설하자 사촌형 이진응과 함께 강회 및 향음례에 참가했으며, 1889년 유중교가 제천군 장담으로 이거하여 자양서사를 개설한 후에는 유중악과 함께 가정서사를 운영해 나갔다. 이처럼 이소응은 투철한 위정척사의식을 지닌 재야의 양반유생이었다.[66]

이소응 형제들은 고종 측근에서 활약한 고위급의 경창군파 인사인 이재순·이재완·이재곤과 가까운 사이였다.[67] 청안군 이재순은 이소응 형제들과 함께 경창군의 아들 이수의 직계 사손이었다. 나중에 이재순은 사도세자의 후손인 영평군 이경응에게 출계하여 고종과 8촌간이 되었다. 충주·괴산에 본거지를 두고 있는 이재순 집안은 친동생 이재승·이재통이 청송심씨를 부인으로 맞아들였고, 양자 이재기가 청송심씨를 며느리로 맞아들였을 만큼 심상훈 집안과 밀접한 사이였다. 특히 시종 이재통이 심상훈의 서녀를 처로 맞아들인 것을 보면, 이재순 집안과 심상훈 집안은 조선왕조를 위해 운명을 함께하는 관계였다. 갑오경장 이전에 고위직을 두루 역임한 이재순은 을미사변 후 시종원의 수장으로서 고종의 밀지를 받고 춘생문사건을 주도했다가 실패하여 3년간 방축향리형에 처해졌다. 근왕적 정치성향으로 미루어 이재순은 아관파천 직전에 심상훈처럼 향리에서 암중으로 거의를 추진하고 있었을 것이다.

완순군 이재완은 사도세자의 후손인 홍완군 李㦤應에게 출계하여 고종과 4촌간이 되었다. 갑오경장 이전에 고위직을 두루 거쳤고 1895년 5월 이후에

---

66 이소응, 『습재집』, 권12, 연보 ; 『가정서사순강록』, 강원대학교 박물관 소장. 이구용, 「습재 이소응」, 『강원의병운동사』, 370~384쪽.
67 이하 전주이씨 경창군파에 대한 설명은 『전주이씨경창군파보』(1986)와 『고종실록』을 참고함.

종정원경·내부대신 등을 맡았다. 그런데 이재완은 1896년 3월 중순에 일어난 나주의병과 모종의 관련이 있었다. 장성의병장 기우만[68]의 통문을 받고 결성된 나주의병에는 사과 李承壽[69]와 선비 羅璟洙 등이 가담했는데, 이들은 고종세력이 파견한 인물로 보인다. 이들은 3월 15일에 나주에 도착하여 李炳壽 등에게 전 주서 李鶴相을 의병장으로 추대하라고 지시하였다. 재지기반도 없이 갑자기 나타난 이들의 강력한 요구로 이학상이 의병장에 올랐고, 이승수는 의진 중 가장 중요한 직책인 중군장을 맡았다. 이학상은 등단 직후 남평군수 李載亮에게 편지를 보내 의병사무를 자문하였다. 이후 이학상은 선유사 신기선의 해산권유를 받고 이승수를 서울로 보내 고종에게 환궁주청 상소를 올렸는데, 이때 이재완에게 별도의 서신을 올려 의병봉기의 시말을 전달하였다.[70] 이를 보면 이승수와 이학상은 이재완의 문객이었거나 그렇지 않으면 그와 긴밀한 사이였음을 알 수 있다.

이재완의 동생 이재곤은 갑오경장 이전에 홍문관교리·사헌부집의·종부시정 등을 거쳐 1895년에 중추원의관·진주부관찰사를 역임하였다. 대한제국기에는 학부·법부협판·회계원경·제실회계심사국장을 지냈다. 이범진 등은 아관파천 후 명성왕후의 인척인 이용직, 엄상궁과 막역한 사이인 윤정구 등을 춘천관찰사로 임명했다가 곧이어 이재곤으로 대치했는데,[71] 이는 이재곤으로 하여금 같은 집안인 이소응 등 전주이씨 경창군파 의병들을 특별히 선유토록 하려는 것이었다.

경창군과 고관들과의 긴밀한 관계 외에도, 이소응 형제들은 을미사변 이

---

68 「송사집」(『독립운동사자료집』 3, 27쪽)에 의하면, "이때 의암 유인석선생이 애통조를 받들어 畿內에서 창의하였다. 격문이 이르자 선생이 분연히 일어나서 각 읍에 격문을 띠워 의려를 소집하여 북상하여 근왕할 계책으로 삼았다"고 한다. 이를 보면 기우만은 유인석이 보낸 밀지를 받고 봉기하였다.
69 1894년 전에 주미공사를 지낸 李承壽인지 아니면 동명이인인지 확실치 않다.
70 이병수, 「금성정의록」, 『자료집』 1, 63, 67, 74~75, 87쪽. 나주의병의 결성과 활동에 대해서는 홍영기, 「1896년 나주의병의 결성과 활동」, 『이기백선생고희기념한국사학논총』, 일조각, 1994, 1659~1677쪽.
71 『일성록』, 1896년 2월 11일, 2월 15일, 2월 16일.

전에 이미 같은 전주이씨 종친인 이범진과 연대관계를 맺은 것으로 파악된다. 이에 대해 일본측은 "이범진 등이 춘천의 폭도와 기맥을 통하고 있다는 것은 사실임. 사변(아관파천) 전 국왕이 내각원에게 직접 얘기하던 중에 '이소응이 춘천의 거괴인 이상 이범진 등과의 관계는 덮어둘 수 없다. 이범진은 작년 10월 8일 사변(을미사변) 전에 나에게 이소응을 간곡히 추천하여 어떤 大官을 수여해야 한다'고 재삼 강박한 일이 있었다"고 하였다.[72] 이는 이소응 형제들이 을미사변 이전부터 이범진과 친분관계를 유지하였고, 이러한 친분관계를 바탕으로 을미사변 후에 이범진 등과 연대하여 춘천의병을 일으켰음을 입증하는 대목이다.

3. 김하락의 이천의병

단발령 후 가장 먼저 봉기한 김하락의병은 서울에서 내려온 金河洛(1846~1896, 본명 吉周)·趙性學·具然英·金泰元·申應熙 등을 중심으로 결성되었다. 이 의진은 서울 이남의 경기도 각 군에서 일어난 군소의진을 규합한 대규모 연합의진으로서 한때 남한산성까지 점령할 정도로 기세를 떨쳤다. 이소응의병이 단발령 이전에 고종세력과 연대한 재야세력이 일으킨 의진이라면, 김하락의병은 단발령 후 고종세력의 수하들이 그들의 근거지에서 지방으로 내려가 일으킨 의진이었다. 이런 예는 김하락의진 외에도 민용호·노응규·이춘영의병의 경우에서 찾아볼 수 있다.

그러면 김하락 등이 서울에서 내려와 연합의진을 결성한 동인은 무엇인가? 가문과 신분 배경을 살펴보면,[73] 구연영을 제외하면 그들은 경기도에 재지기반이 없는 인물들이다. 그리고 광주에 세거하는 구연영의 능성구씨 일

---

72 『주한일본공사관기록』 10, 「奉露주의자의 국왕파천계획에 관한 보고」, 90쪽.
73 유한철, 「김하락의진의 의병활동」, 『한국독립운동사연구』 3, 1989, 9~11쪽. 김하락 집안은 조부가 생원시에 입격한 것을 빼면, 고조부 이래 관계진출을 못한 한미한 집안이었다. 『의성김씨대동보 : 매은공파』(1983), 권4, 258~259쪽.

파도 김하락의병과 같은 대규모 연합의진을 결성시킬 만큼 영향력이 강한 편은 아니었다. 혈연·가문·신분·지역을 중시하는 조선사회에서 국왕의 측근도 아니고, 노론벌족도 아니며, 재지기반도 없는 김하락 등이 어떻게 단발령 후에 갑자기 나타나 연합의진의 결성을 주도할 수 있었는가? 그들이 휘하에 많은 인사들을 불러 모은 원동력으로서 반일·반개화론이라고 하는 시대이념 외에 어떤 다른 요인은 없었는가?

김하락의병의 결성배경에 대해, 기왕의 연구에서는 "이천수창의소가 단기간에 대규모로 결성된 배경은 방춘식과 그 휘하의 관포군들의 활동을 지적할 수 있겠는데, 보다 직접적 배경은 당시에 이미 의병봉기의 기운이 전국에서 일어나고 있었던 역사적 상황에서 찾아야 할 것이다"고 하였다. 이어 단발령 이전에 경기·충청도 일대에서 산발적으로 일어났던 민중봉기가 단발령 후 이천수창의소에 자연스럽게 집결하게 되었다고 보았다.[74] 그러나 단발령 이전에 화적 활동을 전개한 무장부대의 경우는 말할 것도 없고, 단발령 후에 철저한 반일·반개화의식에 따라 각지에서 봉기한 군소 의병들이 김하락 등 명망이 없는 생면부지의 인사들에게 생살여탈을 관장하는 의진의 통수권을 기꺼이 위임했다고 보는 것은 너무나 단순한 해석이라고 생각한다.

이러한 문제인식과 관련하여 주목할 점은 재지적 기반이 전혀 없는 김하락 등이 서울에서 내려와 단시일 내에 대규모 연합의진을 결성할 수 있었던 것은 그들이 고종세력의 대리자이기 때문이라는 것이다. 이 경우 그들은 고종세력의 대리자임을 입증하는 신표를 지니고 있었을 것이다. 이러한 신표는 고종세력이 국왕의 내락하에 거의 전이나 거의 중에 의진에 보낸 밀지이거나, 아니면 고종세력이 지방의 유력자에게 전달한 창의 권고나 당부일 것이다. 이렇게 본다면, 김하락 등도 단발령 후 한강 도강 이전에 이미 고종 측근의 인사들로부터 밀지를 받았거나, 아니면 밀지에 준하는 창의 권고나 당부를 받았을 것이다.

---

74 유한철, 「김하락의진의 의병활동」, 4, 6쪽.

김하락 자신이 남긴 기록을 보면, 단발령 직후에 이천에 나타난 김하락은 마치 국왕으로부터 의병소모권을 부여받은 소모사처럼 병사들을 모집하고 있었다.

> 16일 이른 아침에 한강을 건너 17일에 이천군에 들어가 화포군 도령장 방춘식을 불러들여 포군의 명부를 가져다 놓고 포군 100명을 징발한 다음 여러 대로 나누어 그들로 하여금 의병소모를 맡겼다. 그래서 구연영은 2대의 포군을 거느리고 양근·지평 양군으로 떠나고, 조성학은 2대의 포군을 거느리고 광주로 떠나고, 김태원은 안성으로 떠나고, 신응희는 음죽으로 떠났다. 이와 같이 나누어 맡겨 보내고 나(김하락)는 이현에 있었다.[75]
>
> 참모 이춘영을 보내어 충주·청주 등지에서 의병을 일으키게 하였다. 이에 각 군이 창의에 호응하매 열읍에서 소모하여 군세가 심히 성하였으며, 대장은 바로 유인석이었다. 또 전귀석을 여주에 보내어 그로 하여금 심상희를 대장으로 삼게 하였다.[76]

즉, 김하락은 포군장 방춘식이 거느린 포군을 징발하여 그들에게 의병소모 임무를 맡겼다.[77] 이때 자신과 일면식도 없고 관료 출신도 아닌 김하락이 포군징집을 명하자 방춘식은 이에 선뜻 응하였다. 관부에 등록되어 관아의 통제를 받고 국가위난 시에 국가가 파견한 소모사의 소집에 응해야 하는 포군들의 명부를 가지고 군사들을 소모한 것을 보면, 김하락은 고종세력의 지시를 받고 내려온 인물이었음에 틀림없다. 또한 그는 제천의 유인석의병을 일으킨 이춘영을 휘하에 참모로 거느리고 있었고, 전귀석을 여주로 보내 고종 측근 심상훈의 일족인 沈相禧를 의병장에 임명함으로써 고종세력으로부터 부여받은 연합의병장의 권위를 행사하고 있었다.

각처에서 소모군이 도착하자 김하락은 이천에 '首倡義所'를 설치하였다.

---

75 김하락, 「김하락진중일기」, 585쪽.
76 김하락, 「김하락진중일기」, 588쪽.
77 이들의 소모활동의 결과 남한산성의 별패진군관 300명, 음죽·죽산의 포군 300명, 이천의 포군 100명, 자원한 포군 100명 등 무려 800여 명의 포군이 모여들어 김하락의병의 주력부대를 이루었다.

'이천수창의소'는 고종세력과 연대한 김하락의병이 연합의진의 우두머리라는 것을 내외에 알리는 표어였다. 창의소를 설치한 후에 김하락은 閔承天을 이천창의대장에 추대하고 자신은 '各軍都指揮'가 되어 휘하의 군소 의진을 실질적으로 통제하였다. 이어 김하락의병은 1월 25일에 국왕이 보낸 밀지를 받았는데, 이는 고종세력과 연대하여 군사활동을 벌이고 있던 김하락의병의 무단 군사활동을 국왕이 공인해 주는 것이었다. 당시 김하락 등은 "조칙을 읽어보니 전하의 신민에 대한 소망이 지극하시니 마땅히 죽음을 각오하고 힘을 다해 무찔러 임금의 은혜에 보답할 수밖에 없다"고 감읍하였다.[78] 아울러 그들은 국왕의 밀칙에 나타난 내용에 따라 자체적으로 '木印'을 만들어 사용하였다.[79]

아관파천 후 김하락의병이 남한산성을 점령하는 성과를 올리자 김하락 휘하의 일부 군소 의병장들이 입경하여 집권세력인 친구미파 인사들에게 의병봉기의 대가를 요구하기도 하였다.

> 적도 거괴 3명이 몰래 경성에 들어가 러시아공사관의 이윤용을 방문하고 그 거병의 목적을 설명하며 득의양양하여 신정부를 위해 공로가 많았음을 과시하고 은상을 구했다고 한다. 이윤용은 이때 자못 궁해 하며 '이미 狡兎가 죽었으니 良狗는 필요없다'고 하며 경무사의 손에 그들을 넘겨 뇌옥에 가두었다는 설이 있다. 소위 의병과 신정부의 관계에 있어서 이 奇事는 앞으로 왕왕 출현할 것 같다.[80]

즉, 김하락 휘하의 일부 의병장들이 러시아공사관으로 군부대신 이윤용을 찾아가 의병봉기의 대가를 요구하자, 이윤용이 토사구팽의 고사를 들먹이며 이들을 하옥토록 했다는 것이다. 이는 관군의 해산권유를 마다하고 구제의 전면복구와 친일개화파의 처형을 강력히 주장하며 의병항전을 지속한 고종

---

78 김하락, 「김하락진중일기」, 588~589쪽.
79 김하락, 「김하락진중일기」, 595쪽.
80 『동경조일신문』, 1896년 3월 17일 ; 유한철, 「김하락의진의 의병활동」, 20쪽.

세력의 연대자들에게 가해질 필연적 과정이었다.

4. 유인석의 제천의병

　유인석의 제천의병과 고종세력과의 관계를 알아보겠다. 전성기에 군세가 수천 명에 달했던 柳麟錫(1842~1915)의 제천의병은 을미의병 가운데 최대 규모의 연합의진을 형성하였다. 제천의병은 크게 보아 지도부인 고종세력·화서학파유림·전직관료·호서유림·이서층, 병사층인 포군·해산군인·민군·동학군·보부상·僧兵·청국병 등등 다양한 집단으로 구성되어 있었다. 이 가운데 제천의병을 실질적으로 이끌어 나간 세력은 지도부의 고종세력과 화서학파였다.

　제천의병장 유인석은 이미 1895년 봄 이래 거의를 준비하고 있었다. 내무대신 박영효가 복제개혁을 단행하자 유인석을 비롯한 화서학파 유생들은 제천 장담에 모여 시국을 논의하였다. 그러나 유인석은 1895년 가을에 모친상을 당하여 자신이 의병운동의 전면에 나설 수 없는 입장이었다. 그래서 그는 자신이 상중이라는 이유로 제자들의 의병장추대를 받아들이지 않았다. 그러자 서상렬은 "지금은 대도의 흥망이 결정되는 때이니 거상은 가벼운 일입니다. 또한 국난에 君命이 있으니 따라야 할 것 같습니다. 지금은 국난뿐 아니라 대도가 장차 망하는 시기이니 이번 거사는 바로 하늘이 명한 것입니다"라고 하며 유인석의 결단을 촉구하였다.[81] 이를 보면 유인석이 고종세력의 밀명을 받았음이 나타나 있다. 아울러 화서학파 유생들이 아관파천 후 국왕의 해산조칙을 거부하며 끝까지 관군에게 결사적으로 항전한 이유가 국왕의 명령보다 중요한 大道를 보존하기 위함이었음을 알 수 있다.

　제천의병의 결성부터 해체까지 상당한 영향을 미친 고종세력은 沈相薰·閔泳綺·李春永·沈理燮·洪秉晉·閔義植·李根永·李炳善·李承徽·鄭彦

---

81 이정규, 「육의사열전」, 『독립운동사자료집』 1, 173쪽.

朝 등이다. 이 외에도 자료상으로 확인이 불가능한 약간의 인사들이 포함되어 있었다.[82] 이들은 국왕의 측근과 민씨척족, 근시성향의 보수관료, 친로·친미적 구미파, 그리고 그들의 인척과 문객들로 이루어져 있었다. 을미의병운동 전후의 교유권·발언·관력·활동상 등을 다각도로 고려할 때, 이들은 대내적인 노선면에서 동도서기적 개혁성향을 보였으며, 대외적인 노선에서 친구미적, 특히 친러적 외교노선을 견지하였다. 따라서 을미 제천의병이 구미공사관에 격문을 보내 조선의 구원을 요청하고 만국공법에 의거하여 일본의 배신과 만행을 규탄하는 등 친구미적 외교노선을 보였던 것은 모두 이들의 활동 덕분이었다.[83]

제천의병에 참여한 고종세력 가운데 심상훈과 민영기를 제외한 나머지 인사들은 모두 고종의 근시나 근왕관료들의 자제·인척 및 지인이었다. 이들은 제천의병의 요직인 중군장과 문한직인 종사·참모·서기 등을 맡았으며, 제천의진의 지도부내에서 인원수는 매우 적었으나 근왕관료 및 벌열가문의 후원을 배경으로 화서학파 유생들과 함께 의진의 권력을 양분하였다. 특히, 이들은 전직관료·호서유림·포군 등이 의지하는 실세집단이었기 때문에 권력행사력 면에서 화서학파를 능가했을 것으로 사료된다. 아울러 제천의병의 결성기 및 충주성 진격기에 여주·양근 등지에 세거하는 민씨척족들이 제천의병에다 군수전을 자진하여 헌납한 것도 모두 이들의 영향력 때문이었을 것이다.

먼저, 고종과 이종간인 군사-재정 전문가 심상훈[84]은 1894년 가을 閔炯

---

82 예컨대, 고종의 밀지를 받들었던 趙秉奎와 같은 인물을 들 수 있다. 조병규의 활동상에 대해서는 정영원, 「피선기초」, 아단문화기획 소장본, 59~60쪽.
83 을미 제천의병은 영국·미국·독일·프랑스공사관에 일본을 규탄하는 글을 보냈다. 이 중 영국공사관은 회답서를 보내왔다. 박정수, 『하사안공을미창의사실』, 『독립운동사자료집』 1, 403, 432쪽.
84 심상훈은 호서 좌도지역에 세거하는 청송심씨 溫陽公派를 대표하는 인물이다. 그의 가계는 제천의병장 유인석의 고흥유씨 副學公派와 겹사돈인 춘천의병장 李昭應의 전주이씨 慶昌君派의 李載純집안과 겹사돈 관계였다. 따라서 그는 고종의 측근 이재순 및 제천의병장 유인석과 일정한 관계를 맺고 있었다. 『청송심씨대동보 : 온양공파』(1958), 권3 ; 『全

植·閔應植·閔泳煥·閔泳韶·閔泳達·李載純 등과 함께 비밀리에 궁중을 드나들며 고종 부부의 왕권회복운동을 도왔다. 이때 그는 명성왕후의 밀명에 따라 민응식·민형식과 함께 삼남의 동학농민군과 연계하여 항일활동을 펼쳤다.[85] 을미사변 직후 심상훈은 친일개화파의 폐비조칙에 반발하여 사직한 후 프랑스선교사 뮈텔에게 누차 조선을 구해달라는 서한을 보냈다. 사정이 여의치 않자 그는 1895년 9월 하순경 향리인 제천으로 낙향하여 직접 거의를 모색하였다.[86] 10월경에 심상훈이 뮈텔주교에게 보낸 밀서를 보면, '五道倡義所'(都統長 李世鎭) 휘하의 충청도 統長에는 전 대신 심상훈이, 대장에는 尹相羲가 배치되어 있었다.[87] 이를테면, 심상훈은 을미사변 후 제천에서 호좌의병을 결성하기 위해 모종의 활동을 수행하였고, 이러한 활동의 일환으로써 단발령 전후 제천의 화서학파 유생들의 의병활동을 이면에서 적극 후원하게 되었다.[88]

심상훈은 고종의 아관파천이 단행되자 상경하여 4월 22일 탁지부대신에 임명되었다.[89] 또 심상훈보다 늦게 상경한 큰아들 심이섭은 선유사의 직첩을 받고 다시 제천에 내려가 의병을 상대로 선유활동을 벌였다.[90] 이에 제천성에서 유진 중이던 중군장 安承禹는 그들의 배신을 규탄하며 심상훈의 차자 심영섭을 인질을 겸하여 의진의 종사로 삼았다.[91] 그러자 심상훈은 5월 4일에 제천으로 내려와 진중에서 하룻밤을 유숙하며 의병장 유인석에게 "고종에게 호소하여 관군을 철수케 하겠으니 이제 그만 해산하라"고 간곡하게

州李氏慶昌君派譜』(1986).
85 『일본외교문서』, 제27권 제27책, No.496, 146~147쪽 ; 국사편찬위원회 편, 『주한일본공사관기록』 8, 1993, 56~57쪽 ; 『대판매일신문』, 1895년 1월 10일.
86 천주교명동교회 편, 『뮈텔 주교 일기』 Ⅰ, 383~400쪽.
87 [Mutel문서], 한국교회사연구소 소장, 문서번호 1895-41.
88 황현도 심상훈이 제천의병에 관여했다는 점을 인정했다. 황현, 『매천야록』, 국사편찬위원회, 1955, 202쪽.
89 『일성록』, 1896년 4월 22일.
90 박정수, 「하사안공을미창의사실」, 427, 442~444쪽.
91 이정규, 「종의록」, 『독립운동사자료집』 1, 45쪽.

설득하는 한편 아들 심장섭을 제자로 삼아줄 것을 청하였다.[92]

제천의병이 관군에게 패한 후 서북으로 패주하는 과정에서 유인석은 제자 李正奎·李𦙢承 등을 상경시켜 심상훈·민영기 등 제천의병을 후원한 근왕관료들과 의병에 호의적인 兪箕煥·趙東熙·李東宰 등 근왕관료들에게 도움을 요청하였다.[93] 그러나 심상훈과 민영기 등은 적극적 구원조치를 취하지 않고 의병의 해산만을 종용할 뿐이었다. 이에 화서학파 유생들은 "심상훈은 의병을 배척하는 말이 많고 또 의병을 보호할 생각도 없으니 그는 본시 이랬다저랬다 하는 사람이다"[94] "심상훈처럼 전에 의병을 도와주겠다던 자들이 머뭇거리고 기회를 엿보며 이익만 도모하고 있고, 민영기 역시 해산만을 고집하고 있다"라며 분개해 마지않았다.[95]

다음으로 을미사변 후 향제가 있는 여주로 낙향한 민씨척족의 민영기는 고종으로부터 거의요청 밀지를 받았다.[96] 이후 그는 제천 장담의 화서학파 유생들이 구래의 예속을 지키고 있는 것을 보고 제천 사인 이병선[97]을 통하여 연대관계를 모색하였다. 그는 자기 집안의 여러 관료들('數宰')[98]과 함께 서상렬에게 명함을 전했으나 서상렬은 명함이 일본종이라 하여 거절했다고 한다.[99] 그러나 민영기가 유인석의병을 적극 후원하였고, 또 이병선이 제천의병과 민영기 간의 연락을 전담했던 사실로 미루어,[100] 이때 제천의 화서학

---

92 박정수, 「하사안공을미창의사실」, 447쪽.
93 이조승, 「서행일기」, 『호서의병사적』, 수서원, 1993, 55, 60~61쪽.
94 이정규, 「종의록」, 55~56쪽.
95 이조승, 「서행일기」, 60~61쪽.
96 원용정, 「복은」, 『소의신편』, 중앙출판문화사, 1981, 444쪽.
97 그는 전주이씨로 제천의병의 '총재서무'를 맡았다. 또 1905년 2월 제천향약에서 임원을 맡았다. 『제천향교지』, 「제천향약입계의」, 제천향교지편찬위원회, 1979.
98 민영기의 조부인 閔和의 후손 중 고종대에 요직을 역임한 인물로는 閔泳緯·閔應植·閔丙承·閔丙奭·閔炯植 등을 꼽을 수 있는데, 이들 가운데 일부 인사들이 민영기와 함께 거의를 추진했을 것이다. 『여흥민씨세계보』(1973), 권4, 649~658쪽.
99 원용정, 「복은」, 444쪽.
100 이조승, 「서행일기」, 65~66쪽.

파와 여주의 민씨척족들은 이병선을 통하여 거의에 대한 공감대를 형성했던 것으로 파악된다.

유인석이 거의하자 민영기는 제천의병에 대한 후원을 약속하며 家錢 2천 냥을 의진의 군자로 희사하였다.[101] 아관파천 후 상경한 그는 고종을 배알하고 제천의병의 거의전말을 아뢰었다. 이때 고종은 "柳某爲國忠心 嘉尙嘉尙"이라며 제천의진을 격려하는 한편 민영기로 하여금 이 뜻을 유인석에게 전하게 하였다.[102] 2월 28일 충주관찰사 겸 선유사에 임명된 민영기는 제천에 내려와 장기간 의병에 대한 선유활동을 벌였다. 장기렴이 이끄는 관군의 진압작전이 임박한 5월 20일 민영기는 최종적으로 유인석을 다시 방문하여 해산을 권유하였다. 유인석이 이 제의를 일축하자 관군은 5월 23일 본격적으로 의병진압작전을 전개하였다. 민영기는 6월 14일 상경하여 사직상소를 올렸고 7월 26일에 사표가 수리되었다.[103]

이상에서 살펴본 심상훈은 국왕의 측근으로서, 민영기는 민씨척족의 일원으로서 정치적 비중을 지닌 인물들이었다. 양인은 직접 의진에 가담하여 전투활동을 벌이지는 않았지만,[104] 서울의 근왕관료들과 긴밀한 연락하에 그들의 국왕파천전략을 재야에서 후원하거나, 고종 및 근왕관료들로 하여금 국왕 명의의 밀지를 재야에 내려 의진의 결성을 적극 독려토록 하거나, 심이섭·이병선과 같은 자신들의 대리자를 의진에 보내 의병활동을 지원하게 하거나, 양근·지평·충주·제천 등지의 인척과 지인들로 하여금 의병에 군수품을 제공토록 하거나, 갑오경장 후 파직된 전직관료들로 하여금 의진에 참여토록 하는 등의 여러 가지 은밀한 방법으로 제천의병의 결성과 활동에 커다란 영향을 미쳤다.

---

101 원용정, 「복은」, 444쪽.
102 유인석, 『의암집』, 권55, 연보, 병신년조 ; 원용정, 「복은」, 444~445쪽.
103 『일성록』, 1896년 2월 28일, 6월 4일, 6월 14일, 7월 29일 ; 박정수, 「하사안공을미창의사실」, 450~451쪽.
104 이는 일본공사관과 개화파가 보낸 정탐군들의 추적을 피하는 동시에 의병활동과 아관파천이 실패로 돌아갈 경우를 대비한 나름대로의 보신책이었을 것이다.

중군장 이춘영은 벌열가의 후손이자 제천의병에 가담하여 활동한 고종세력을 대표하는 인물이었다. 그는 포군영수 김백선이 이끄는 100여 명의 지평포군을 비롯한 일반 포군들의 절대적 신임을 받고 있었다.[105] 한말 대규모 연합의진의 편제를 살펴보면, 의진운영의 책임자인 의병장과 중군장 가운데 재야의 명망 있는 유생이나 무력가가 의병장을 맡으면 고종세력이 중군장을 맡고, 고종세력이 의병장을 맡으면 중군장에 자기 측근을 임명하는 것이 보통이었다.[106] 이춘영이 맡은 중군장은 의병장과 마찬가지로 휘하에 참모·종사·서기 등을 거느리고 있었다. 게다가 중군장은 병력의 배치와 관리, 장수의 임면, 군사작전의 수립, 군자조달 활동, 실전부대에 대한 군수보급 등 인사·작전·군수참모의 역할도 겸하고 있었다. 따라서 중군장은 의병장보다 실권을 더 많이 가지고 있는 비중 있는 자리였다.[107] 이러한 점에서 의병장을 차지한 화서학파와 중군장을 차지한 고종세력은 제천의병의 권력을 양분하고 있는 셈이었다.

이춘영은 개항 이후의 잦은 변란을 개탄하여 평소 바다로 나가 멀리 떠나려는 생각을 지니고 있었다. 그는 여주 유생들이 宋時烈을 모신 大老祠에 모여 강회할 때 배외적 민족주의의식이 담긴 『춘추』를 강론하였다.[108] 그는 갑오변란이 일어나자 분개함을 못이겨 거의하려 했으나 호응자가 없어서 실패하였다. 그러다가 1895년 1월 변복령이 반포되자 "나는 오랑캐들을 개미 새끼처럼 여긴다"고 말하였다.[109] 이로 미루어 그는 척사의식과 충군의식에 투철한 비분강개형의 재야유생이었다. 이춘영은 유중교의 제자 안승우와 사돈의 인연을 맺고 있었고, 유중교의 제자인 李根元과 편지를 주고받을 정도

---

105 이정규, 「육의사열전」, 181, 183쪽.
106 이춘영·김하락의 경우에는 전자에 해당하고, 노응규·민용호의 경우에는 후자에 해당한다.
107 糟谷憲一, 「初期義兵運動について」, 『조선사연구회논문집』 14, 1977.
108 유인석, 「祭死節十賢文」, 『소의신편』, 219쪽.
109 이정규, 「육의사열전」, 『독립운동사자료집』 1, 181쪽 ; 박정수, 「하사안공을미창의사실」, 352쪽.

의 관계를 맺고 있었다.110 이러한 친교는 그가 단발령 후 화서학파 유생들과 연합하여 의병활동을 펼치는 데 밑거름이 되었다.

저명한 척화론자인 李植의 9세손인 이춘영은 여주의 여흥민씨들과 인연이 깊었다.111 이춘영의 조부 李載信은 명성황후의 일가인 참판 閔致文의 딸에게 장가를 들었다. 민치문의 후손들 중에 고종대에 실직 당상관을 지낸 인물만도 閔達鏞・閔泳穧・閔泳穆・閔泳一・閔泳肅・閔正植・閔亨植112・閔厚植 등 여러 명이었다.113 이재신과 민씨 부부는 동부도사를 지낸 외아들 李敏和를 두었고, 민화는 이관영과 이춘영 두 아들을 두었다. 모친을 통하여 외척인 여흥민씨들과 각별한 관계를 맺은 이민화는 1873년 사망하기 전에 나이 어린 이춘영의 장래를 인척들에게 부탁하였다. 전기에 의하면, 이춘영은 을미사변 후 낙향한 '인척'의 요청에 밀려 그의 鄕庄을 방문하였다. 이때 그 인척은 선대로부터 부탁을 받았다며 이춘영을 적극 도와주겠다고 했으나 이춘영은 그에게 국사나 잘 처리하라고 대꾸했다고 한다.114 이 기록에 약간의 과장과 미화가 담겨있음을 감안하더라도, 이춘영은 이때 창의를 비롯한 제반 문제를 전직 고위관료인 민씨척족과 논의했을 가능성이 있다.

이춘영은 가흥에서 일본병참수비대와 전투 중 육혈포를 시험하다가 유탄에 맞아 사망하였다.115 현존 기록에 비추어 을미의병운동 당시 의병장 및 중군장 가운데 육혈포를 소지했던 인물은 이춘영 한 사람뿐이었다. 그런데 이춘영은 신분이 한미한 모친을 모시고 넉넉지 못한 가세 속에서 어렵게 살았다.116 따라서 이 육혈포는 민영환이 문석봉에게 거의를 당부하며 내려준

---

110 이정규, 「육의사열전」, 180쪽 ; 이근원, 「答李友三」, 『금계집』, 권9.
111 이하 이춘영의 가문배경에 대해서는, 『덕수이씨세보』(1931), 국립중앙도서관 소장, 도서번호, 한-58-가33-166 ; 『덕수이씨세보 : 春塘公派』(1982).
112 갑오변란 직후 화서학파의 李範稷은 강원감사인 민형식을 방문하여 거의를 촉구하였다. 이로 보아 민형식은 화서학파 유생들과 친분이 있었을 것이다. 송상도, 『기로수필』, 국사편찬위원회, 1971, 42쪽 ; 박정수, 「하사안공을미창의사실」, 358~359쪽.
113 『여흥민씨세계보』(1973), 권4, 610~618쪽.
114 이정규, 「육의사열전」, 180쪽.
115 박정수, 「하사안공을미창의사실」, 373쪽 ; 송상도, 『기로수필』, 31쪽.

환도처럼, 아마 이범진·심상훈·민씨척족 등 근왕관료들이 호신용으로 지니고 있다가 이춘영에게 거의를 당부하며 내려준 것으로 보인다. 강릉의병장 민용호가 자신에 대한 병사들의 지지를 이끌어내기 위해 여주의 민씨척족들이 보내 준 겨울옷('背子')을 군중에 돌려보이며 자랑한 것처럼,117 또 진주의병장 노응규가 자신이 밀지를 받은 의병장임을 내세우기 위해 임금의 군대가 출정을 앞두고 지내는 '纛祭'를 지냈던 것처럼,118 이 육혈포는 이춘영이 근왕관료들로부터 의병봉기에 관한 제반 권한을 위임받았음을 입증하는 신물로 보인다.

심이섭·홍병진·민의식·이근영·이승휘·정언조·이병선 등은 의병장 내지 중군장의 종사·참모·서기 등직을 맡아 중앙관료들과의 연락을 담당했다. 1893년 8월 문과급제 후 대교·안동부사·승지 등을 역임한 심이섭은 부친의 명에 따라 제천의병에 참여하였다.119 홍계훈의 종손 홍병진은 춘생문사건 실패 후 지방으로 내려가 거의를 모색하다가 제천의병에 합류하였다.120 민의식은 이재신의 처남인 閔達鏞의 손자로서 강원감사 민형식과 사촌간인데, 제천의병의 전군장으로서 뛰어난 무공을 발휘한 洪大錫을 천거하여 의진에 참여케 하였다.121 또 그의 선산은 여주군 三田洞에 있었는데 제천의병의 포군영수 김백선은 평소 민의식의 집안을 높이 받들었다고 한다.122 이근영은 의병측 자료에서 "서울사람인데 개화파에서 보낸 자로서 의병을 돕는다고 칭탁하고 의병소의 소임에 참여하였다"고 하는 것으로 보아 친구미파의 일원이었다.123 홍병진·이근영 등과 모든 행동을 함께 하였

---

116 박정수,「하사안공을미창의사실」, 352쪽 ; 이정규,「육의사열전」, 180쪽.
117 오영섭,「을미의병운동의 정치·사회적 배경」, 270쪽.
118 『주한일본공사관기록』 8,「적정 탐정기 송부 건」, 별지 제2호, 250쪽.
119 『고종실록』, 1893년 8월 14일 ; 박정수,「하사안공을미창의사실」, 388쪽.
120 천주교명동교회 편, 『뮈텔 주교 일기』Ⅰ, 433~434쪽.
121 박정수,「하사안공을미창의사실」, 383쪽.
122 『여흥민씨세계보』(1973), 권4, 616~617쪽 ; 이상찬, 『1896년 의병운동의 정치적 성격』, 서울대학교 국사학과 박사학위논문, 1996, 56쪽.

던 전 맹산군수 이승휘는 돌림자로 보아 명성왕후의 외척인 한산이씨일 것으로 보인다.[124] 정언조는 선유사에 임명된 후 민영기의 지시를 받은 것으로 보아 민영기의 문객으로 추정된다.[125] 앞서 말한 것처럼 제천인 이병선은 전주이씨로서 민영기와 화서학파 간의 연락을 전담한 민영기의 대리인이었다.[126]

이들은 제천의병의 다른 한 축을 지탱하고 있는 화서학파 유생들과 심한 갈등을 빚었다.[127] 이는 을미사변·단발령 후 외세배격이 선결과제라는 민족적 위기의식에 공감하여 연대관계를 맺었던 동도서기세력과 위정척사세력이 깊은 사상적 차이를 극복하지 못한 데서 비롯된 것이었다. 아관파천이 성공적으로 끝나 고종세력이 의진에 기대했던 소임이 완수되자 이들은 의진을 이탈하여 자구책을 강구하기 시작하였다. 고종세력과 화서학파 간의 매개고리인 중군장 이춘영이 사망한 직후부터 이들은 제천의병의 유생들, 특히 주자성리학을 철저히 신봉하는 신임중군장 안승우와 화해가 불가능한 대립상태에 빠졌다.[128]

심이섭·홍병진·이근영·이승휘 등은 3월 16일부터 19일 사이에 각기 무기를 구한다는 핑계를 대고 상경하였다.[129] 이들 4인의 서울에서의 행적

---

123 박정수, 「하사안공을미창의사실」, 384-385쪽. 李根永은 자료에 따라 李根榮(「종의록」·「육의사열전」), 李根永(「하사안공을미창의사실」·「창의견문록」), 李建榮(「산거만록」)·李建永(「산거만록」) 등으로 나온다. 여러 자료를 면밀히 따져볼 때 李根永으로 쓰는 것이 옳다고 생각한다. 그는 나중에 독립협회의 간사원·위원·회계 등의 직책을 맡았다. 신용하, 『독립협회연구』, 일조각, 1976, 91, 93, 95쪽.
124 박정수, 「하사안공을미창의사실」, 395쪽.
125 본관은 동래. 자는 聖好. 1859년생. 1888년 생원시 입격. 생원시 응시 당시 거주지는 홍천. 『사마방목』, 1888년분.
126 원용정, 「복은」, 444~445쪽. 그는 1851년생으로 제천 周浦에 살고 있었다. 1895년 윤5월 3일 제천 장담의 향음주례에 觀聽衆賓으로 참가하였다. 「장담강록」, 강원대학교 박물관 소장본.
127 제천의병 내에서 고종세력과 화서학파간의 갈등관계에 대해서는 이정규, 「종의록」, 37~39, 43~45쪽 ; 박정수, 「하사안공을미창의사실」, 427, 442~445쪽.
128 이정규, 「육의사열전」, 194쪽.

은 확실치 않다. 다만, 홍병진은 두 차례나 고종의 부름을 받고 러시아공사관에 가서 고종을 알현하고 의진의 사정을 주청했다.[130] 또 나중에 이들은 모두 의병선유사에 임명되어 다시 제천으로 내려와 활동하였다. 이로 보아 이들은 서울에서 고종·이범진·이윤용 등 고종세력과 함께 의병해산책을 강구했을 것이다. 이들은 3월 초순경 친위대 참령 張基濂[131]이 이끄는 관군과 함께 제천에 도착하여 선유활동을 벌였다. 그러나 제천의병이 극력 배척하며 위해를 가하려 하자 이들은 다시 상경하였다.[132] 민의식은 이춘영을 따르는 포군 영수 김백선을 회유하여 독자적 의진을 세우려 하였다. 이에 유인석은 의진의 분열을 막기 위해 김백선을 전격적으로 처형하였다. 이후 민의식은 유인석의진의 추격을 피하여 지평으로 피신했다가 나중에 민용호의진에 합류하였다.[133]

아관파천 후 충주부관찰사 겸 선유사에 임명된 민영기가 5월 20일에 유인석을 만나 최종적으로 의진의 해산을 권하였다. 그러나 유인석은 이 제의를 거부하였다. 민영기는 6월 14일에 상경하여 사직상소를 올려 7월 26일에 그 사표가 수리되었다.[134] 그동안 대치하고 있던 장기렴의 관군은 5월 23일부터 본격적인 의병토벌작전에 돌입하였다. 유인석은 재거를 목적으로 서북지역으로 이동하는 도중 서울의 민영기에게 제자 이조승을 보내 구원을 요청하였다.

---

129 박정수, 「하사안공을미창의사실」, 388, 395쪽.
130 박정수, 「하사안공을미창의사실」, 442쪽 ; 천주교명동교회 편, 『뮈텔 주교 일기』 II, 74, 82, 64~65쪽.
131 장기렴은 나중에 천도교의 서울 전교사와 헌정연구회 회장을 역임하였다. 최기영, 「헌정연구회의 설립과 입헌군주론의 전개」, 『한국근대계몽운동연구』, 일조각, 1997, 160, 166~167쪽.
132 박정수, 「하사안공을미창의사실」, 427, 442쪽.
133 박정수, 「하사안공을미창의사실」, 408, 414, 418쪽.
134 『일성록』, 1896년 2월 28일, 6월 4일, 6월 14일, 7월 29일 ; 박정수, 「하사안공을미창의사실」, 460~451쪽.

민영기가 하는 말이 "저쪽(의병측)에서는 무슨 주의가 있기에 말을 따르지 않고 고집만 부리는가. 그 까닭을 알지 못해 매우 답답하다"고 하기에, 내가 "무엇이 그렇다는 말입니까" 하니, 민이 말하기를 "일이 제대로 안되는 것을 안다면 마땅히 權道를 쫓아 칼자루를 돌려잡는 것이 옳겠거늘 지난번 鄭彦朝가 내려갈 때 李堤川(제천군수 李寅祐)과 더불어 만단으로 주선해 보냈는데 어찌 이런 처사를 할 수 있는가. 처음부터 내가 이러저런 사정을 모두 통지했음에도 불구하고 하나도 그대로 시행하지 않았으니 이는 반드시 李炳善이 중간에서 일을 제대로 하지 않은 때문인 모양이니 한심스러운 일이다"고 하였다.…대개 그가 말한 의도를 살펴보면, 전에 그가 뒤를 보아주겠다고 한 것은 단지 의병을 자기 휘하의 군사로 만들어서 마음대로 조종함으로써 특권을 쥐려고 했기 때문이다. 그러한 필요성이 희박해지고 불가능하게 된 지금에 와서 어물어물 모호한 말을 하고 있지만 실은 어떻게 해서든지 의병을 해산시키려는 것이다. 우리들이 아직도 이런 자들에게 속고 있으니 분통한 말을 어찌 다하랴.[135]

이를 보면 친일개화파를 타도하고 신내각을 수립하기 위해 의병봉기를 도모한 고종세력의 정치적 의도와 전통적 사회체제를 온존시키기 위해 고종세력과 제휴하였다가 결국은 그들에게 버림을 받은 재야세력의 곤란한 처지가 약여하게 나타난다.

5. 민용호의 강릉의병

閔龍鎬(1869~1922)는 여주의 민씨척족이 강릉지방으로 파견한 의병장이 분명하다.[136] 왜냐하면 의병운동 전에 별다른 관력도 없었고, 증손자 항렬인 민병성의 가숙에서 식객으로 지내고 있었고, 그리고 강릉을 비롯한 관동지방에 재지기반이 전혀 없던 27세의 젊은 민용호가 대규모 연합의진의 의병

---

135 이조승, 「서행일기」, 65~66쪽.
136 민용호의 의병운동에 대해서는 박민영, 「강릉의병장 민용호의 생애와 거의논리」, 『윤병석교수화갑기념한국근대사논총』, 지식산업사, 1990, 233~263쪽 ; _____, 「민용호의 강릉의병 항전에 대한 연구」, 『한국민족운동사연구』, 지식산업사, 1991, 37~81쪽.

장에 오르는 데는 서울과 여주에 반거한 민씨척족의 적극적 후원이 없이는 불가능한 일이기 때문이다.

민용호의 가문은 고려 말 '杜門洞賢人'인 여흥민씨 閔安富의 후손으로서 산청 일대에 거주했는데 경제적으로 궁반의 처지와 다름없었다. 그가 생부 민치겸의 큰아들인 閔瑢鎬인가 아닌가, 또 상방파의 閔致禹에게 입양된 것이 사실인가 아닌가에 대해서는 자세히 알 수가 없다.[137] 하여튼 그가 출계한 것으로 알려진 집안은 민씨세도의 핵심부까지 진출하지 못하고 대체로 한직만 맡았기 때문에 삼방파 내에서 한미한 편이었다.[138] 다만 양조부 閔景爀의 장자인 閔致羲의 후손들이 민씨척족 내에서 상당한 학식을 지닌 인사들이기 때문에 민용호는 이들을 통해 민씨척족들과 관계를 맺었을 것으로 보인다.

민용호는 1895년 여름에 서울에 머물고 있었다. 그는 명성왕후가 시해되었다는 소식을 듣자 통분을 이기지 못하고 복수를 다짐하였다. 이후 그는 여주로 내려가 閔丙星의 서당인 동림서옥에 머물렀다. 그러다가 9월 16일에 청심루에 거의토적을 촉구하는 항일통문을 내걸었다.[139] 이는 재야에 칩복하며 의병봉기를 모색하던 민영기·민병성 등 민씨척족들에게 민용호를 의병장감으로 인식시키는 데 큰 역할을 했을 것이다.

민용호는 단발령 직후 창의하여 원주의 문막에 도착하였고, 강릉으로 진군하던 도중에 신림에서 1월 17일에 의병장에 추대되었다. 그는 평창에 이르러 이원하를 평창유진장으로 삼고, 그로 하여금 산포수를 모집하여 후원하게 하였다. 또 2천 궤미의 돈을 내어 의병의 군용에 쓰게 하고 백성들을 침해하지 못하게 하였다.[140] 이후 민용호는 포군의 고용비를 비롯하여 의병진 운영에 필요한 군자금을 상당히 지출하였다. 이를 보면, 여주를 출발할

---

137 이상찬, 「1896년 의병장 민용호의 실체」, 『규장각』 20, 1997.
138 『여흥민씨세계보』(1973), 권4, 638~641쪽.
139 민용호 저, 이태길·민원식 역, 『국역 복재집』, 172~173쪽.
140 민용호 저, 이태길·민원식 역, 『국역 복재집』, 178~179쪽.

때에 그는 민씨척족들로부터 군자금을 받았던 것으로 파악된다.

강릉에 도착하기 전 민용호는 횡성에 거주하는 김평묵의 수제자 홍재구에게 편지를 보내 의진을 맡아줄 것을 간절히 요청하였다.[141] 홍재구가 이 제의를 받아들였다면, 민용호의진은 유인석의진처럼 의병장은 유생이 중군장은 고종세력의 문객이 맡게 되었을 것이다. 그러나 홍재구가 신병으로 거동이 여의치 못하였기 때문에 민용호의 요청은 받아들여지지 않았다. 강릉에서 민용호는 2월 11일에 고종이 보낸 밀칙을 받고 "성상의 뜻에 따라 국가를 위해 죽기로" 작정하였다. 그러나 5월 중순부터 동로선유사 李道宰와 洪在龜 사이에 열린 협상에서 먼저 선유활동으로 의진을 해산시키기 위해 노력한다는 밀약이 이루어졌지만,[142] 민용호는 이들의 해산권유를 받아들이지 않았다. 이에 고종세력은 그를 강릉관찰사로 임명하여 회유코자 하였으나,[143] 민용호는 이것도 거절하고 농성하다가 결국은 관군에게 패하고 말았다.

민용호의진과 관련이 있는 고종세력은 민병성·閔東植·閔恒植·全錫永 등이었다. 이 중 민병성·민동식·민항식 등은 명성왕후와 가까운 인척이었다. 민용호의 증손자 항렬인 민병성은 민경혁의 봉사손이며 민경혁의 후손 중 유일한 문과급제자였다. 의금부도사를 지낸 민정식의 장자 민병성은 1891년 현릉(문종릉) 참봉 재임 시에 릉의 나무를 함부로 많이 베었고 가렴주구를 일삼았다. 이 때문에 현릉 인근의 백성들이 그의 징치를 요구하며 소요를 일으키기도 하였다. 그는 1892년에 명성왕후의 비호로 직부전시의 특전을 입어 과거에 급제하였고, 이후 예문관대교·선산군수·진주목사 등 직을, 대한제국기에는 내장원경·규장각부제학 등직을 지냈다.[144] 그는 고

---

141 민용호 저, 이태길·민원식 역, 『국역 복재집』, 179~180쪽.
142 민용호 저, 이태길·민원식 역, 『국역 복재집』, 293~295쪽.
143 민용호 저, 이태길·민원식 역, 『국역 복재집』, 319쪽.
144 『여흥민씨세계보』(1973), 권4, 638쪽 ; 『고종실록』, 1891년 7월 23일, 1892년 3월 22일, 1904년 6월 3일, 1907년 12월 20일 참조.

종세력과 민용호와의 사이에서 의병봉기에 필요한 제반 지원을 담당한 인물이었다.

민병성은 2월 7일에 민용호에게 소매가 없는 덧저고리인 背子와 겨울옷을 인편으로 보냈다. 민용호는 이것을 자랑스럽게 군중에 돌려 보이고 입었다.145 이는 여주의 민씨척족이 자기를 전폭 후원하고 있다는 것을 알림으로써 의진으로부터 존경을 이끌어 내려는 행동이었다. 또 민병성은 관군의 본격적인 토벌작전이 개시되기 전에 "시기를 기다려 행동하는 것이 좋겠다"는 편지를 민용호에게 보내 해산을 권유하였다.146

여주를 출발하여 2월 17일에 강릉에 도착한 민동식은 비교적 늦게 민용호 의진에 참여하였다. 그는 1890년에 음사로 관계에 진출하여 의금부도사를 지냈으며 품계가 통정대부에까지 이르렀다. 민용호는 강릉의 재지사인들이 일으킨 강릉의진을 흡수 통합한 후에 강릉의진 지도부의 반발을 무마하고자 이영찬에게 맡겼던 군수물자관리를 자기 친척인 민동식에게 맡겼다.147 민동식은 나중에 민용호의 귀가권유를 받아들이지 않고 관군과 결전을 다짐했을 만큼 의병활동에 열성적이었다.

민병성의 숙부인 민항식은 음사로 명릉참봉·태인현감을 거쳐 1891년에 증광문과에 급제하여 규장각직각을 역임하였다. 관군의 토벌전이 개시되기 직전에 그는 '급한 편지'를 민용호에게 보내 해산·귀가를 권하였다. 전석영에 대해서는 확실히 알 수 없다. 2월 17일에 여주에 도착하자마자 그동안 공석이던 중군장직에 임명된 것을 보면, 그는 민씨척족의 문객 중 군무에 능한 인물이었을 것이다.

---

145 민용호 저, 이태길·민원식 역, 『국역 복재집』, 223쪽.
146 민용호 저, 이태길·민원식 역, 『국역 복재집』, 322~323쪽. 민병성은 원세개와도 일정한 친분이 있는 인물로 보인다. 진위 여부를 확인할 수는 없지만, 민용호에 의하면 원세개는 1896년 봄에 지도와 軍械을 조선에 보내 민용호를 여주좌익장에, 민병성을 운량관에 임명하였다.
147 민용호 저, 이태길·민원식 역, 『국역 복재집』, 206, 232쪽.

6. 노응규의 진주의병

　노응규(1861~1922)의병과 고종세력과의 관계를 구체적으로 밝히는 작업은 어려운 일이다. 노응규의병에 참여한 인물들이 남긴 자료가 거의 없기 때문이다. 그의 가계는 의령입향 시조인 10대조 노극해가 봉사직을 역임한 것을 제외하고는 관계에 전혀 진출하지 못했다. 다만 누대에 걸쳐 의령·안의·거창 등지에 세거하며 가문 내에서 약간의 영향력을 행사했지만, 경제적 처지는 궁반과 마찬가지였다.[148] 따라서 이천에서 창의한 김하락처럼, 노응규도 진주지역에 경제적·사회적 기반을 지니지 못한 인물이었다. 그럼에도 불구하고 노응규가 단발령 후에 서울에서 진주로 이동하여 단시일 내에 진주성을 점령했을 뿐만 아니라 진주 士人 정한용이 거느린 토착의병을 흡수하여 연합의진을 구성한 것은 고종세력의 암중 후원 덕분이었다.

　노응규는 봉기 전에 최익현·송근수·송병선 등과 관계를 맺고 있었다. 최익현은 1894년 8~9월 사이에 고종의 밀명을 받고 충청·전라도 지역에서 의병소모활동을 벌였던 민씨척족계 보수관료인데,[149] 1895년 7월 16일에 노응규에게 보낸 편지에서 은연중에 의병봉기를 고무·격려하였다.[150] 그리고 송근수는 앞에서 살펴본 것처럼 문석봉의병을 후원한 인물이었다. 따라서 노응규는 진주에서 의병을 일으킬 때에 이들의 도움을 받았거나, 아니면 이범진 등과 사전 약조를 하고 나서 의병운동에 종사했던 것으로 판단된다.

　1896년 3월 4일부터 9일까지 진주를 정탐하고 돌아온 정탐 향리의 보고에 의하면, 노응규가 국왕의 밀지를 받았음을 알 수 있다.

---

148 『광주노씨세보』(1930), 국립중앙도서관 소장, 도서번호, 한-58-가50-151.
149 『주한일본공사관기록』 8, 「동학당사건에 대한 회심전말 具報」, 별지 제2호, 56~57쪽.
150 최익현, 『면암최선생전집』 권13, 여강출판사, 1989 ; 박민영, 「신암 노응규의 진주의병 항전 연구」, 『백산박성수교수화갑기념논총』, 1991, 212~214쪽.

> 17일(양2/29)에 참서관의 수청 기생 처소에 놓아둔 옷장 속에서 경무관의 서신이 발견되었다. 그 내용 중에 대구부에서 군대를 청하러 내려간다고 적혀 있었다. 이 때문에 의병장(노응규)이 듣고 대노하였다. 18일에 군자정에서 받들고 있는 密旨에 고유한 다음에 참서관을 참수하여 효수하였다.151

즉, 노응규는 친일개화파 관료를 처단할 때 자신이 지니고 있던 고종의 밀지에 사유를 고한 다음에 형을 집행하였다. 이것은 노응규의 의병장으로서의 제반 권위가 고종세력이 보낸 밀지에서 나오고 있었음을 입증해 준다. 또 그는 부산진격을 앞둔 3월 5일에 纛祭를 지냈는데, 이 의식은 임금의 명을 받은 군대가 출정을 앞두고 승전을 비는 의미에서 지내는 제사였다.152 또 노응규의 지시에 불복하며 독자적 군사행동을 일삼은 정한용은 1896년 3월 7일에 고종에게 올린 상소문에서 국왕의 밀지나 소모령이 없이 무단거병한 것을 문제 삼는 노응규에 대해 자신이 이미 재작년에 국왕이 영남 진신들에게 내린 밀지를 받았으니 그것만으로도 충분하다고 주장하였다.153

1896년 3월 11일 일본군수비대의 이쯔노(伊津野)소좌가 다카이(高井)대좌에게 보낸 문서에는 노응규의진과 고종세력과의 관련성을 암시하는 중요한 대목이 있다.

> 진주지방에서 돌아온 일본상인 및 한인의 말에 의하면 진주·사천·고성지방의 폭도는 그 기세가 매우 창궐하고 그 수령은 학사 노모로서 부령 최모와 함께 진주에 있는데, 격문을 사방에 보내어 동배를 모집하고 있다고 함. 그 목적하는 바는 왕비를 시해한 것은 전적으로 일본인의 소행이므로 그 원수인 일본인을 추종하는 자 및 단발자를 매우 꺼려하고 있다고 함.···
폭도들은 때때로 경성의 누구인가에게 서신을 발송하는 일이 있다고 하는

---

151 『주한일본공사관기록』 8, 「진주폭민 정한용 상소 및 賊情탐정기 송부건」, 별지 제2호, 249쪽.
152 『주한일본공사관기록』 8, 「진주폭민 정한용 상소 및 賊情탐정기 송부건」, 별지 제1호, 250쪽.
153 『주한일본공사관기록』 8, 「진주폭민 정한용 상소 및 賊情탐정기 송부건」, 별지 제1호, 247~248쪽.

데 그때에는 반드시 같은 것으로 세 통을 써서 세 갈래 길로 나누어 휴대시
켜 보낸다고 함. 저들은 일본인을 살해하는 자에게는 수백 냥의 상금을 준
다고 하고 있음.[154]

즉, 고종세력과 연대한 다음 하향하여 창의한 노응규는 서울의 고종세력에게 의진의 상황을 보고하곤 하였는데, 이때 기밀 보호를 위해 동시에 3명의 밀사를 파견하였다.

IV. 맺음말

을미사변부터 아관파천을 전후한 시기까지 충군애국론과 위정척사론으로 무장한 조선의 고종세력과 재야세력이 연대하여 벌인 항일활동을 알아보았다. 그 결과 기왕의 연구를 보완하고 수정하는 다음과 같은 새로운 몇 가지 사실을 밝혀낼 수 있었다.

첫째, 을미의병은 박은식의 저널리즘적 의병관에 나타난 것처럼 "조정의 징발령을 기다리지 않고 자발적으로 일어난 것"이 아니라[155] 재야의 척사유생들이 고종세력과 연대하여 조직적으로 일으킨 것이다. 을미사변 후부터 단발령에 이르기까지 고종세력은 두 차례에 걸쳐 의병봉기를 추진하였다. 우선 을미사변 후 민영환·김병시·송근수·신응조·송도순·이용직 등 민씨척족과 친민계 고관들은 서울과 지방에서 거의를 모색한 결과 무용이 뛰어난 문석봉을 전폭 후원하여 그로 하여금 유성에서 거의토록 하였다. 춘생문사건 실패 후 이세진은 고종의 밀지를 가지고 낙향하여 청양군수 정인희와 더불어 거의했다가 실패하였고, 국왕의 측근 심상훈·민영기·홍병진 등은 충청 좌도로 낙향하여 거의를 추진한 결과 제천지역의 유림세력과 연대하여 창의하였다. 또 미국과 러시아 공사관으로 피신한 이범진·이완용·이윤용 등은 이소응·김하락·유인석·민용호·노응규 등과 단발령 이전에

---
154 『주한일본공사관기록』 8, 「진주 방면에 있는 폭도상황」, 220쪽.
155 박은식 저, 남만성 역, 『한국독립운동지혈사』 상, 서문당, 1975, 47쪽.

연대관계를 맺은 다음에 단발령이 일어나자 일제히 거의토록 하였다.

둘째, 을미의병은 이범진·이윤용·이완용·심상훈·민영기 등 고종세력들이 구상·추진한 국왕파천전략의 구도하에서 일어났다. 이범진은 국왕파천전략을 수립할 때 춘생문사건의 실패를 거울삼아 친일적 친위대와 일본공사관수비대에 대한 대비책을 세웠다. 먼저 그는 춘천의 이소응과 내응관계를 맺은 다음 단발령 직후에 고종세력의 대리자인 김하락·이춘영·민용호·노응규 등을 각지에 보내 이들로 하여금 의병을 일으켜 국왕파천이 단행될 때까지 가급적 격렬하게 항전토록 하였다. 이때 이소응·김하락·유인석의진은 서울로, 민용호의진은 원산으로, 노응규의진은 부산으로, 김복한의진은 인천으로 진격토록 되어 있었다. 이로써 고종세력은 중앙의 친위대를 의병진압 명목으로 지방으로 출동시켜 서울의 궁성수비를 약화시킴으로써 국왕의 러시아공사관으로의 파천을 용이하게 만들려고 하였다.

또한 고종세력은 경기·충청도에서 봉기한 김하락·심상희·유인석의진으로 하여금 전신선을 절단토록 함으로써 서울과 지방에 있는 일본군수비대의 통신망을 교란하게 하였다. 또 그들은 40여 명의 러시아공사관수비대 외에 132명으로 구성된 러시아 사관과 수병을 아관파천 직전에 입경시켜 일본공사관수비병을 견제하는 방책을 취하였다. 이렇게 사전준비를 마친 다음에 이범진 등은 국왕파천을 위한 직접적 방책으로서 평화적 방책과 폭력적 방책을 준비하였다. 전자는 고종을 궁녀용가마에 태워 러시아공사관으로 이어하는 것이었고, 전자가 실패할 때를 대비해 준비된 후자는 경기·충청·황해도의 보부상을 입경시키고, 구식군대인 공병대를 동원하고, 경기 인근의 건달패를 동원하여 궁성 및 일본공사관을 습격함으로써 국왕을 모시는 것이었다.

셋째, 고종세력과 재야세력은 친일개화파를 타도하고 일본군을 축출하기 위한 동일한 목적 하에 제휴하였다. 그러나 양자의 궁극적 지향점은 서로 달랐다. 여흥민씨척족, 친미친로적 정동파, 친민계 고관들로 구성된 고종세력은 명성왕후시해를 복수하고 친일개화파와 일본군을 타도하고 신내각을 수립하고 고종의 군주권을 공고히함으로써 동도서기개혁을 추진해 나가려 하였다. 이에 반해 재야세력은 친일개화파와 일본군을 축출함으로써 성리학에 기반한 수구적 사회체제를 온존시키려 하였다. 따라서 아관파천 후 러시아의 후원을 받는 친러파가 득세하여 친일개화파의 제도개혁을 부분적으로 답습하는 개화정책을 취하자 각처 의진은 구제도의 전면 복구를 요구하며 항거하다가 관군의 토벌대상이 되었다.

넷째, 을미의병의 다양한 참여세력들은 각기 다른 의도에서 의병운동에 가담하였다. 을미의병에 가담한 세력들 가운데 인원수와 영향력에서 주목할 집단은 고종세력·재야유림·전직관료·이서층·포군·민군 등이었다. 이들은 일본군과 친일개화를 물리치고 국왕과 국가와 인민을 수호해야 한다는 표면적 대의명분에 공감하여 대연합을 이루었다. 그러나 이들의 궁극적인 참여동기는 각기 달랐다. 친구미적 성향의 고종세력은 신내각을 수립하고 동도서기적 개혁노선을 추구하려는 정략적 동기에서 재야세력과 연합하였다. 위정척사 성향을 지닌 재야세력은 갑오경장의 개혁조치를 철회시키고 주자학적 사회체제로의 회귀를 위해 중앙세력과 연대하였다. 전직관료와 포군영수들은 자신들의 지위에 변동을 가져온 갑오경장의 개혁조치를 타파하기 위해 거의하였다. 이서층·일반 포군·민군 등은 대부분 일정한 사상적 정향이 없이 자신들의 처지나 이익에 따라 의병에 참여하였다. 이처럼 을미의병에 참여한 각 세력들은 표면적인 대의명분의 이면에 각기 다른 궁극적 거의동기를 품고 있었다.

다섯째, 을미의병의 주도권을 둘러싸고 고종세력과 재야유림 간에 대립이 있었다. 이러한 갈등은 우선 목전의 급무인 외세퇴치를 위해 일시 연대한 동도서기세력과 위정척사세력 간의 사상적 차이에서 비롯된 것이었다. 나아가 위정척사세력이 의병의 실권을 장악하고자 전직관료와 포군층의 지지를 받는 동도서기세력을 견제하려 하였기 때문이었다. 지도부의 대립은 아관파천 후 의진참여의 실질적 명분을 상실한 고종세력이 의병진을 이탈하면서부터 극도에 달하였다. 이처럼 의진 내 지도부의 갈등은 을미의병 가운데 최대 규모를 자랑했던 유인석의진의 경우에 극명히 엿볼 수 있다. 당시 유인석의 화서학파가 포군영수 김백선의 병력지원 요구를 거부하고, 고종 측근 심상훈의 아들 심영섭을 인질로 잡고, 김백선을 군율문란죄로 전격 처형한 것도 모두 양자 간의 권력투쟁에서 파생된 소소한 사건들이었다.

(「을미의병운동의 정치·사회적 배경」, 『국사관논총』 65, 1995)

제3장 후기의병운동에 미친 고종세력의 역할

I. 머리말

주지하듯이 대한제국기에 고종과 그 측근세력들이 추진한 광무개혁의 성과와 성격, 고종의 군주로서의 자질과 능력에 대해서는 학자들 간에 의견이 엇갈리고 있다. 그러나 이러한 논란에도 불구하고 고종의 활동에 대해 한 가지 분명한 사실이 있다. 그것은 일제의 대한침략이 본격화된 갑오경장 후부터 한일병합 전까지 고종이 왕조를 구하기 위해 나름대로 은밀하고도 활발하게 항일활동을 벌였으며, 그가 측근의 신하들과 함께 벌인 항일운동이 한말 민족운동의 태동과 전개 및 성격에 큰 영향을 미쳤다는 사실이다. 따라서 국가 멸망기에 고종과 그 측근들이 벌인 항일운동의 실체에 대해 깊이 있는 연구가 필요하다고 생각한다.

어떤 의미에서 보면 고종세력(고종과 그 측근들)은 한말 의병운동을 이면에서 실질적으로 지도하고 후원한 세력이었다. 기존의 연구에서는 의병운동 당시 유림층과 평민층의 자발성과 순수성만을 강조하느라 의병운동의 발발과 전개에 큰 영향을 미친 고종세력의 영향력을 애써 무시해 왔다. 그러나 수많은 원사료에 나오는 것처럼, 고종세력은 갑오경장 후부터 경술국치 전후까지 외세의 침략이 점차 거세지는 상황 속에서 국가의 명운과 자신들의 기득권을 지키기 위해 노력하였다. 당시 고종세력이 구사한 각종의 항일방략을 대표하는 것은 파천운동·청원운동·의병운동 등인데, 이때 고종과 그 측근들이 지도·후원한 의병운동은 파천운동과 청원운동을 성사시키기 위한 성동격서전략의 일환이었음이 주목된다.

여기서는 후기의병운동에 고종세력이 어떤 역할을 수행했는가를 살펴보려 한다. 이를 위해 먼저 고종의 항일활동을 전반적으로 훑어보고, 이어 재야세력의 의병운동에 영향을 미친 고종의 측근들과 그 수하들의 면면에 대해서 살펴보겠다. 이를 바탕으로 고종세력이 어떠한 인적 네트워크와 메커니즘을 통해 의병운동에 영향을 미치게 되었는가 하는 중요한 문제를 구명해 보려 한다. 마지막으로 후기의병기에 재야의 대표적인 항일의병장들이 고종세력과 연대관계를 맺은 다음에 일어났거나, 아니면 고종세력으로부터 영향을 받은 다음에 일어난 구체적 실상을 간략히 살펴보겠다. 이러한 연구는 현재 논란이 되고 있는 고종의 개혁성이나 자주성을 찬양하기 위한 것이 아니라 국망기에 한국인들이 벌인 민족운동의 구조적 특질을 분석하기 위한 것임을 미리 밝혀둔다.

II. 고종의 국권수호운동과 반일의병운동과의 관계

1. 고종의 항일활동과 일제의 궁금숙청

러일전쟁 후부터 한일병합 전까지 일제의 대한침략은 단계적 수순을 밟았다. 일제는 한일의정서·을사오조약·정미칠조약·고종퇴위·군대해산 등의 침략정책을 착착 추진함으로써 고종과 대한제국의 군권과 국권을 무력화시켜 나갔다. 그 결과 가부장적 전제군주인 고종은 국가지도자로서의 실권을 빼앗기고 유폐상태에 처하게 되었고, 대한제국은 일제의 실질적 식민지로 전락하고 말았다. 이러한 민족적·국가적 위기상황 속에서 서울과 지방 각지에서 항일운동이 일어나기 시작하였다. 그러한 항일운동의 중심에는 왕조수호의 무거운 책무와 자기보호의 강렬한 욕구를 지닌 최고지도자 고종이 위치해 있었다.

대한제국기에 고종은 최우선의 정책목표를 황제권의 유지·강화와 국권의 자주성 확보에 두었다. 이를 위해 고종은 대내적으로 모든 급진적 개혁운동과 유신운동을 강력히 탄압하고 체제수호에 필요한 현상유지적인 동도서기정책을 힘써 행하였다. 대외적으로 고종은 대한제국의 국권과 군권을 위협하는 일제의 침략을 막기 위한 각양의 반일운동을 주도해 나갔다. 당시 일제측은 "궁중을 근원으로 하는 배일 수단에 관한 각종 음모는 재야 원로 혹은 양반 유생들의 선동에 의해 부단히 치열하게 강구되어 각지에서 소요를 일으키는 자가 나타나게 되었다. 그중에서도 삼남 지방은 고래로부터 유생과 양반의 독점적 무대였던 관계로, 이 지방에서 경기도 방면에 걸쳐 배일사상의 전파가 가장 빠르고 그리고 가장 깊었다"고 하여 궁중의 고종 및 그 측근들이 재야세력을 추동하여 의병운동을 벌였음을 중시하였다.[1]

대한제국기에 고종은 황제체제의 강화와 비밀외교의 추진을 위해 많은 인사들을 궁내부에 끌어들였다. 거기에는 내각 대신들과 중추원 관료들의 지탄과 견제를 받은 별입시를 비롯하여 술사와 무녀 및 잡인까지 끼어 있어 심각한 정치적·사회적 문제로 비화되기도 하였다. 이들은 입궐한 다음 경운궁내 공사청의 내시 처소와 각 典醫 집무소와 별입시 대령소에 대기·포진하고 있었다.[2] 그리고 궁내부의 다수 관청 가운데 주로 시종원·비서원·전의사·봉상사·典膳司·상의사·營繕司·太僕司 등에 소속되어 고종의 수족역할을 다하였다. 특히, 이들은 전문지식의 필요성이 덜한 시종원·비서원·전의사에 집단적으로 드나들며 고종의 측근세력으로 부상하였다.

고종의 총애를 받은 별입시와 술사들은 근왕성이 강한 궁중세력의 성격을 지닌 집단이었기 때문에 부중(내각)세력과 재야세력으로부터 심한 견제를 받았다. 이러한 궁중세력의 득세는 대한제국의 정치운용이 제도와 절차보다는 황제와 그 측근인사들의 독단에 좌우될 가능성이 높았다는 것을 의미한다. 그렇기 때문에 대한제국기 동안에 내각·의정부·중추원의 고관, 서구 정체를 지지하는 유신파와 혁신당, 저명한 보수유림 등이 누차 별입시와 술사들의 활동을 견제하고 나섰다. 그들은 고종에게 "잡배의 대궐 출입

---

[1] 『독립운동사자료집』 3, 「조선폭도토벌지」, 661쪽.
[2] 『대한매일신보』, 1906년 6월 18일.

을 금하는" 궁금숙청(궁금령)의 철저한 이행을 되풀이해서 촉구하였다.

　대한제국기에 벌어진 대표적인 궁금숙청운동으로는 독립협회와 『독립신문』의 궁금숙청운동, 尹容善·崔益鉉·宋奎憲 등 전현직 고관들의 궁금상소운동, 공진회의 궁금숙청운동 등을 들 수 있다. 당시 가장 강력한 어조로 궁금숙청을 주장한 독립협회는 김홍륙독차사건을 비롯한 황당한 사건이 연이어 궁궐에서 일어나는 것은 모두 궁금이 숙청되지 않은 탓이라며 고종에게 궁금숙청을 엄히 하라고 건의하였다.3 이러한 건의로 인해 예전에 무시로 궁중을 출입하던 별입시들의 궁중출입이 일시적이기는 하지만 금지되기도 하였다.4 또한 고종은 대신들을 불러 모아 놓고 국사를 논하는 자리에서 여러 가지 지시사항을 전달하는 가운데 "궁금을 숙청하겠다"는 의사를 나타내기도 하였다.5

　러일전쟁 전후에도 申箕善·趙秉世·李載克·閔泳煥 등 저명한 보수파와 유신파 관료들이 '궁중잡배'·'간세배'·'부랑배'와 무복·잡술가들의 궁궐출입을 엄히 금할 것을 청하는 상서문을 올렸다.6 심지어 궁금숙청의 대상으로 지목을 받은 별입시들조차 궁금숙청을 건의하기도 했는데, 이는 자신들과 정치적 경쟁관계에 있는 다른 별입시나 별입시로 취급받기도 하는 술사나 무녀들을 견제하기 위한 것이었다. 이처럼 다양한 세력들이 동일한 목소리로 제창한 궁금숙청은 고종이 행한 궁내부 중심의 측근통치 행태를 비판함과 동시에 고종의 권능을 등에 업고 발호하는 별입시와 술사들을 견제하기 위함이었다. 그런데 여기서 주목할 점은 이들 가운데 바로 별입시들이 고종이 재야의 의병세력과 연계할 때에 중개자 역할을 맡았던 인사들이었다는 사실이다.

　러일전쟁 발발 직후인 1904년 2월 대한제국의 중립선언을 무시하고 서울

---

3 『황성신문』, 1898년 9월 16~17, 21일.
4 『황성신문』, 1898년 9월 19일.
5 『황성신문』, 1898년 10월 14일.
6 『고종실록』, 1904년 9월 1일, 1905년 3월 7일, 4월 17일, 9월 9일.

에 진주한 일본군은 고종의 구국운동을 막고자 다각도의 조치를 취하였다. 1904년부터 1910년 전후까지 벌어진 일제의 반일세력 진압활동을 대표할 만한 것은 남한대토벌작전(1909)처럼 무력을 동원한 대규모 군사작전이었다. 그러나 일본군의 희생을 최소화하면서도 진압활동의 성과를 극대화할 수 있는 가장 좋은 방책은 헌병대와 주차군을 동원하여 모든 항일운동의 진원지로 간주된 고종의 거동을 감시하고 그의 수족을 잘라내는 것이었다. 이를 위해 일제는 무시로 궁중에 드나들며 고종의 내밀한 지시에 따라 각종의 반일운동에 종사하는 황제의 측근들을 고종에게서 떼어놓기 위해 "잡배의 궁중 출입을 엄히 금하는" 궁금숙청에 그야말로 많은 노력을 기울였다.7

일제의 궁금숙청은 러일전쟁 이전부터 경술국치 전후까지 끊임없이 나돌았던 고종의 외국공사관으로의 파천설을 사전에 저지하는 동시에 고종의 후원과 영향에 힘입어 의병운동이 연합화·강렬화·전국화·지속화하는 현상을 미연에 방지하려는 고단수의 침략정책이었다. 러일전쟁 직전에 궁성을 점령한 일제는 궁중을 무시로 출입하며 고종의 구국운동에 영향을 미치는 술사와 力士들의 명단을 작성하였다. 여기에는 의병후원자 金升旼을 천거한 康洪大와 직접 의병봉기를 추진한 崔秉周 등 술사와 力士 26명의 명단이 나와 있었다. 이때 일제측은 이들 술사와 역사를 배후에서 지휘하는 인물로서 申箕善·金永振·閔丙奭·李圭贊·李容泰·李容復·尹澤榮·尹雄烈·朴昌善 등 9인을 들었는데, 이 중 신기선과 이용태 등은 의병후원자들이었다.8

러일전쟁 직전부터 일제는 궁중을 무대로 전개되는 '군신 간의 공개적인 비밀회합'에서 황제파천과 의병봉기가 모의·추진되는 것을 막고자 고종에게 궁금숙청을 강요하였다. 대한제국의 전시중립화정책이 한창 진행 중이던 러일전쟁 전부터 이미 일제는 궁금숙청에 착수하였다. 일제는 1904년 1월 대한제국 정부에 행정·군정·법률·재용 등의 분야에 대한 시정개선책을

---

7 일본측이 단행한 궁금숙청의 경과와 내용에 대해서는 『고문경찰소지』, 내부 경무국, 1911, 67~77쪽.
8 『주한일본공사관기록』 24, 「복술로 황제를 현혹…명록 송부 건」(1904.3.15), 104~105쪽.

제시하면서 "궁금을 숙정하여 細人을 막으라"고 주장하였다.9 또 1905년 5월에 일본군사령관 하세가와 호시미치(長谷川好道)는 "잡배를 취체하고 궁금을 숙청하기 위해 일본군으로 하여금 궁문을 지키게 하겠다"고 고종을 위협하였다.10 을사조약 전후 자주 궁중을 드나든 이토 히로부미는 황제의 면전과 대신회의 석상에서 황제의 항일활동을 강하게 질책할 때마다 겸하여 고종에게 궁금숙청의 엄격한 실시를 요구하였다.

일제의 궁금숙청은 1906년 3월 고종의 측근들이 충청·전라도 지역 재야 세력의 창의를 추동하고 후원한 사실이 발각된 후부터 일층 강화되었다. 홍주의병이 진압된 직후인 1906년 6월 28일 이토 히로부미는 ① 궁금숙청의 실시, ② 의병을 창동한 간연자 조사, ③ 궁내부의 마패·鑰尺을 별입시 金升旼이 소지한 연유 등을 고종에게 강하게 따지며 "앞으로 일본 관헌이 직접 궁금을 숙위하겠다"는 의사를 전달하였다.11 이어 일제는 7월 3일 경운궁의 경비권을 강탈하고 궐문과 궁전의 문표를 소지한 자에 한해서만 궐내 출입을 허가하는 궁금령을 내리게 하였다.12 이처럼 궁궐경비를 완전히 장악한 일제는 7월 5일에 궁금숙청의 효과를 배가하기 위해 궁금숙청조사위원회를 구성하기까지 하였다.13

그러나 궁궐중심의 황제체제하에서 고종을 시봉하고 알현하는 인사들의 잦은 궁궐 출입을 완전히 막을 수는 없는 문제였다. 그 때문에 한국 내 반일 운동의 종식을 위해 분주하던 일제에게 궁금숙청은 고민거리나 다름없었다. 일제의 의도와 달리 1907년 1월경에는 궁금숙청이 다시 유명무실화되어 "무복·술객배가 궐내에 출입하며 백반 운동하고" "궁문은 백반 숙청하여도… 숙청할 수 없을 걸"하는 상황이 벌어졌다.14 또 고종의 정치적 분신인 궁내

---

9 『일본외교문서』, 37-1, #550, 「露國의 行動及韓廷의 정세보고 건」(1904.1.11), 463~464쪽.
10 『日本外交文書』, 38-1, #454, 「李載現의 서한…건」(1905.5.1), 652쪽.
11 『황성신문』, 1906년 7월 4일 ; 정교, 『대한계년사』 하, 국사편찬위원회, 1971, 220~221쪽.
12 『고종실록』, 1906년 7월 3·6일 ; 『官報』, 1906년 7월 7일, 호외 ; 『대한매일신보』, 1906년 7월 19일 ; 『통감부문서』 3, 「궁궐 외문 단속…건」(1906.7.3), 73쪽.
13 『통감부문서』 3, 「궁궐단속 조사위원회 구성 件」(1906.7.5), 74쪽.

부대신 심상훈은 2월에 앞으로 문표를 50장만 허락하겠다는 경무고문 마루야마 시게토시(丸山重俊)의 고종탄압 조치에 대항하여 문표를 600장이나 제조·발행하겠다고 우겼다.15 이는 고종세력과 일제관료가 항일운동의 확산 및 지속과 긴밀한 연관이 있는 궁금숙청의 문제를 가지고 신경전을 벌인 일화였다.

일제의 궁금숙청이 유명무실화하자 고종은 1907년 4월 네덜란드 헤이그에 밀사를 파견하였다. 그리고 밀사들의 대외청원활동이 실효를 거둘 수 있는 국내적 분위기를 조성하기 위해 밀사 파견을 전후한 시기에 다시금 재야세력의 창의를 대거 독려하였다. 그러나 헤이그 밀사 파견건과 의병운동 추동건은 결국 고종 자신의 퇴위를 재촉하는 결과로 이어지고 말았다. 마침내 일제는 군대해산 직후인 1907년 8월에 내관 2인, 궁인 4인, 무감·별감 50인만 남기고 기타 궁인들을 모두 감액하게 하였다.16 이후 1908년에 들어서 고종이 더 이상 측근을 통해 재야세력과 연대하기가 힘들 정도로 궁금숙청은 그야말로 삼엄한 수준에 이르렀다.17 그러나 고종은 일제의 삼엄한 궁금령의 감시망을 피해가며 계속 측근들을 통해 재야세력과 연계하여 항일운동을 펼쳐나갔다.18

2. 고종세력의 면면·성향과 別入侍

러일전쟁 후부터 한일병합 전까지 재야세력과 연계하여 국권수호운동에

---

14 『대한매일신보』, 1907년 1월 20일, 6월 23일.
15 『대한매일신보』, 1907년 2월 10일.
16 『대한매일신보』, 1907년 8월 6일.
17 『만세보』, 1908년 6월 22일.
18 고종을 최측근에서 시봉하던 이들은 상궁인데, 일제는 상궁 가운데 항일운동에 간여한 노상궁 申씨·申상궁·김상궁 등을 체포·투옥·축출하였다. 『대한매일신보』, 1907년 8월 1일, 9월 18일, 10월 1일. 이중 申상궁은 항일활동을 벌인 '大官의 干連'이라 하여 무녀 壽蓮과 함께 재차 체포·투옥되었다. 『대한민보』, 1909년 9월 23일. 한편 고종의 헤이그특사 파견 시에는 박상궁이 고종과 특사들과의 연결고리 역할을 수행했다고 한다. 유자후, 『이준선생전』, 동방문화사, 1947, 307, 311~313쪽.

종사한 인사들은 상당히 많았다. 이들은 강렬한 구국성향에 따라 국권과 군권 및 기득권을 수호하고자 비밀리에 반일운동에 종사하였다. 이들은 일본측 자료에는 궁중파·궁정파·총신으로, 영·미측 자료에는 Royalist·Loyalist 로 나오는데, 여기서는 이들 근왕집단을 구성하고 있는 고종과 그 측근세력들을 범칭하여 고종세력이라고 부르기로 한다. 이러한 고종세력은 갑오경장 직후부터 경술국치 전후까지 국권·군권·기득권을 지키기 위해 분투한 중앙의 정치세력을 말한다.

고종의 측근 중의 측근이며 한말 의병운동의 최대후원자인 심상훈과 재야의병과의 관계는 고종세력의 성격을 잘 보여준다. 고종의 이종사촌으로서 탁지부·군부·궁내부 등 권부의 수장을 두루 거친 심상훈은 향제가 제천 의림지 인근에 있었는데, 그가 자주 귀향하여 향제에 머물 때면 "벼슬을 구하는 이들이 아침부터 저녁까지 밀려들었다"고 한다.[19] 이는 향촌사회에서의 심상훈의 막강한 영향력을 입증해 주는 말이다. 이러한 심상훈에 대해 당시 신문들은 "국가의 柱石之臣", "국민이 칭송하는 대신", "忠義强硬한 사람"이라고 극찬했던 반면,[20] 정작 제천 일대의 의병후손들은 '자라대감'이라고 폄하하고 있다. 이는 필요한 때에는 재야세력을 적극 규합하여 거의시키고 불리할 경우에는 극도로 몸을 사린 고종세력의 정치적·보신적 성향을 잘 나타낸 말이다.

그러면 한말 의병운동에 직접 간여한 고종세력들의 면면과 그들의 주요 활동은 어떠했는가? 고종세력의 반일활동은 자신들의 안위 및 고종의 진퇴와 관련된 문제이기 때문에 항상 은밀하고 신중하게 이루어지기 마련이었다. 그렇기 때문에 고종세력과 재야세력의 연대관계를 파헤치는 작업은 그리 간단한 문제가 아니다. 그럼에도 불구하고 현재 의병측 및 일본측 자료에서 확인 가능한 인사들을 뽑아보면 아래의 〈표 1〉과 같다. 고종세력의 항

---

19 『대한매일신보』, 1906년 11월 13일.
20 『한성신보』, 1895년 9월 17일;『매일신문』, 1898년 5월 16일;『대한매일신보』, 1905년 12월 2일.

일활동은 일제의 감시망을 피해 은밀히 이루어진 경우가 대부분이기 때문에 실제로는 이들보다 훨씬 많은 인사들이 의병 봉기에 관여했던 것으로 보인다. 그러나 관련자료의 부족으로 자세한 실상을 알기는 어려운 형편이다.

〈표 1〉 재야세력의 창의에 관계된 고종세력

인명	생몰	신분	연고 (鄕第)	관력	활약상 및 참고 사항
姜昌熙				별입시, 탁지부·농상공부 주사, 참령	宋秀萬·沈相禧·金璉植 등과 제일은행권 유통반대운동(1903.6), 金道鉉에게 李重愚(내부주사)·盧炳大가 서명한 고종의 밀칙 전달(1906.5)
姜錫鎬			수원	별입시, 내관	아관파천 때 이범진·김홍륙과 협력, 홍주의병의 배후로 피체(1906), 현금재산의 절반을 수원 三一학교 중흥자금으로 기부(1906)
金升旼	1872~1931	유생 (술사)	함흥 (경흥?)	별입시, 서원승	술사겸별입시 康洪大(광제원장)의 천거로 입사, 의병 후원 혐의로 피체·복역(1906), 출옥 후 함경도·북만주·연해주에서 고종의 밀칙을 가지고 창의 활동, 헤이그특사 혐의로 6개월 복역(1909), 광복단 단장(1920), 대동회 회장(1925)
金璉植	1897~?			별입시(?), 중추원의관, 한성재판소 수반판사	고종의 지시로 柳麟錫·閔龍鎬의 귀국 권유(1897), 결의형제 許蔿·李相天 등과 한일의정서 반대운동(1904)
閔景植	1871~?	양반 (서자)	서울	별입시, 문과, 내부협판, 궁내부협판, 비서원경	閔泳徽의 조카, 의병운동 후원자로 체포됨(1906)
閔丙漢	1861~1939	양반	서울	별입시, 문과, 이조참의, 궁내부특진관	의병운동 후원자로 체포됨(1906)
閔泳喆	1864~1911	양반	서울 (처가:구례)	별입시, 전남관찰사, 군부대신	고종의 자금책인 閔泳達과 사촌 간, 평양 이궁 영건 담당(1903), 러일전쟁 후 이용익·이근택 등과 중립화 방안 강구, 安圭洪 의병의 배후인 安極과 절친한 사이, 을사조약 후 상해 망명, 구국 외교활동 전개
閔泳達	1859~1924	양반	파주	문과, 예조판서, 탁지부대신	의병봉기 관련자로 지목됨(1907), 작위(남작) 거절, 1910년대 고종의 해외망명운동에 자금지원, 물산장려운동, 동아일보사 설립 참여
閔宗植	1861~1917	양반	정산	문과, 이조참의, 규장각제학	홍주의병장(1906), 1907년 이후 전라도 의병봉기에 직접적 영향 미침

〈표 1〉 계속

인명	생몰	신분	연고(鄕第)	관력	활약상 및 참고 사항
閔炯植	1859~?	양반(서자)		별입시, 문과, 병조참의, 중추원의관, 육군부장	임오군란 시 민비 호종, 의병봉기 혐의로 체포됨(1906), 閔景植과 절친
閔衡植	1875~1947		서울	문과, 규장각 대교, 내부협판	閔泳徽의 양자, 羅寅永·吳基鎬 등의 을사적 암살거사에 자금지원, 기호흥학회 총무(1909)
申箕善	1851~1909	양반	목천	별입시, 문과, 군부대신, 법무대신, 중추원의장	고종 측신들과 친교유지, 황해도 朴箕燮의병 후원(1907)
沈相薰	1854~1907	양반	제천	별입시(갑오이전), 문과, 이조판서, 경기관찰사, 탁지부대신, 궁내부대신	을미 제천의병의 후원자, 고종의 이종사촌이자 죽마고우, 고종 측근인 李載純·韓圭卨과 사돈 간, 1905~1907년 충청좌도·경상도의병의 최대 후원자, 아들 璋燮은 서울에서 의병활동(1905)
元用常					元容八의병 후원(1905), 元禹常의 동생
元禹常				함북관찰사, 경무사, 육군참장	元容八의병 후원(1905), 동생 元有常(시종원시어)은 閔泳綺(을미 제천의병 후원자)의 매부이자 별입시
李堈(義親王)	1877~1955	고종제2자	서울 외가:영남 처가:원주	적십자사총재, 육군부장	북한산성에서 문관 3인, 군관 105명, 민간인 120인과의 회합하고 귀향 거의 촉구(1907.1?), 경남 거창에서 거의 모의(1909), 상해 망명 기도(1919)
李範晉	1853~1911	양반(서자)	서울	별입시(갑오이전) 문과, 궁내부협판, 농상공부대신, 주미~주러공사	아관파천의 총기획자, 을미 춘천의병장 李昭應과 연계, 1904~1910년간 고종의 러시아망명 추진, 연해주의병 봉기의 최대 후원자(1907~1908)
李敏和				별입시, 참령, 시종원 부경	1906년 의병후원 혐의로 피체
李鳳來	?~1915	서리	이천	별입시, 중추원의관, 내부협판	엄비의 최측근, 고종과 엄비의 내탕금 관리자, 민종식·최익현의병 및 호남의병 후원(1906), 鳳鳴학교 설립, 일본측에 의해 '요주의 인물'로 지목됨
李相天			서울	별입시, 평리원관사	허위·이용태와 절친, "운동상 일은 관계치 않는 것이 없다"는 평을 받음, 민종식의병과 기맥을 통함(1906)
李紹榮			예천	별입시(?), 군수	별입시 李裕寅의 아들, 이인영의병과 기맥을 통함, 경북 예천의병장(1908)

〈표 1〉 계속

인명	생몰	신분	연고(鄕第)	관력	활약상 및 참고 사항
李容元	1832~1911	양반		형조판서, 사간원대사간, 궁내부특진관	밀지를 盧炳大에게 주어 거의시킴(1907)
李容直	1824~1909	양반		성균관대사성, 이조참의, 궁내부특진관	전라·경상도의 인물들과 체결, 비밀운동 종사
李容泰	1854~?	양반	시흥	별입시, 안핵사, 평리원재판장, 궁내부특진관, 내부대신	沈相薰의 매부, 閔應植의 아들 丙承과 사돈지간, 허위·신기선과 친교, 나인영 등의 을사오적 암살거사에 자금지원, 홍주의병과 기맥을 통합(1906)
李裕寅	?~1907	술사	예천	별입시, 탁지부대신, 경상관찰사, 보안회부회장	1905년 이후 영남의병의 窩主로 지목됨
李正來		서리		별입시(?), 이조참의	崔益鉉의병 및 호남의병 후원(1906)
李重夏		양반		경남·평안관찰사	이용태·허위 등과 의병운동에 관계했다는 세평을 받음
李會榮	1867~1932	양반	서울	별입시(?), 탁지부주사	헤이그특사의 막후 주역, 신민회 조직, 상동청년학원 학감, 1908년 여름경 成蕺九·李冀永을 통해 지방의병 후원, 막역동지이자 헤이그밀사 李相卨은 별입시, 1910년대 서간도 망명, 고종망명운동 추진(1913)
鄭煥直	1843~1907	양반	영천	별입시, 태의원 전의, 삼남토포사, 중추원의관	고종의 밀지 받고 경상좌도에서 창의, 鄭鏞基·申乭石 의병 후원, 허위에게 군자금 2만냥 전달
趙南斗		양반	서울	별입시	홍주의병 후원(1906)
趙南升		양반	서울	별입시, 시종원시종	항일대신 趙鼎九의 장자, 각종 정치운동에 참여, 고종의 中心으로 자처, 고종의 비밀문서 보관관리 담당, 홍주의병 후원(1906), 동생 趙南益, 별입시 남정규와 함께 체포됨(1910)
朱錫冕			회령	별입시, 시종원 시종, 강원·경남 관찰사	별입시 閔景植의 문객, 이용익과 결의형제, 1907년 의병봉기 직전에 강원·함경도 왕래
崔秉周			화천	별입시, 시종원시종, 종2품	군자금 '10만원' 가지고 군사모집 중에 탄로되어 도피(1906), 연해주에서 활동(1908. 末)
韓圭卨	1848~1930	양반	서울	별입시(갑오이전), 무과, 친군우영사, 중추원의장, 참정대신	1905년 개신유림들의 을사조약 반대 상소운동 후원, 경상도 및 평안도의병의 봉기에 관여, 閔泳煥과 함께 李承晚에게 밀지 전달하여 도미 청원외교 당부

〈표 1〉 계속

인명	생몰	신분	연고 (鄕第)	관 력	활약상 및 참고 사항
許蔿	1855 ~ 1908	양반	선산	별입시(?), 평리원수 반판사, 비서원승	단발령 후 고종의 밀지 받고 거의, 아관파천 후 상경, 책사로 추대 받고 대궐을 드나들며 출세, 대한제국기에 국모 복수 및 討逆 상소운동, 을사조약 전후 한일의정서 반대운동 및 전국 의병봉기 촉구, 고종의 밀칙 받고 거의(1907), 李裕寅·郭鍾錫·玄尙健·李學均·柳麟錫 등과 연계
洪在鳳				별입시, 내부 비서 관, 비서원승	의병 후원 혐의로 체포됨(1906)

출전 :『한국민족문화대백과사전』;『한국독립운동사 자료 : 의병편』(8-19) ;『독립운동사자료집 : 의병항쟁사자료집』(1-3) ;『호서의병사적』;『기로수필』;『한국독립운동사』(一) ;『황성신문』;『대한매일신보』;『만세보』;『여흥민씨세계보』(4) ;『매천야록』;『남은선생유집』;「세심헌일기」;『우당이회영약전』;『일본외교문서』;『주한일본공사관기록』;『통감부문서』;『불령단관계잡건』;『요시찰한국인거동』. 최영희,「한말 관인의 경력일반」,『사학연구』21, 1969 ; 오영섭,「한말 의병운동의 근왕적 성격」,『한국민족운동사연구』15, 1997.

〈표 1〉에 나타난 인사들은 거의 모두 고종의 측근에서 활동한 근왕파 인사들로서 2품 이상의 고위직 경력자와 관직이 낮은 인사들로 구분된다. 다시 이들을 갈래지어 살펴보면 첫째, 의친왕 이강·이범진·이용태·이용원·이용직 등 전주이씨, 민영달·민종식·민경식·민병한·민형식 등 일부 반일성향의 민씨척족, 심상훈·신기선·허위·정환직·한규설 등 고위관료, 강석호·김승민·이상천·이봉래·이유인·조남승 등 고종과 엄비의 근시 등을 들 수 있다. 이들 가운데 상당수는 1905~1909년간 '義兵干連' 내지 '치안방해' 혐의로 일본헌병대에 체포되어 엄한 문초를 받고 몇 달간 수감생활을 하기도 하였다. 또 여러 정황으로 미루어 원주 문막 출신의 엄비, 춘천·이천 및 황해·평안도에 연고를 가진 閔泳徽, 함경도 출신인 李容翊, 장호원에 향제가 있는 민응식의 아들 閔丙承 등 향촌사회에 막강한 영향력을 가진 거물급 인사들도 의병에 깊숙이 간여한 것 같다.

한말 의병운동에 가담한 고종세력은 고종의 전제적 황제체제와 동도서기적 사회체제를 지지하는 중앙정계의 근왕세력이었다. 이들은 외교노선면에서 대체로 강석호·김승민·민경식·이범진·심상훈으로 대표되는 반일·친구미파와 허위·이상천·정환직·이유인으로 대표되는 반외세 자주파로 구분된다. 극소수 인사를 제외하면,21 이들은 러일전쟁 전후부터 경술국치 후까지 일제에 추종하지 않고 강력하게 반일운동을 펼쳤던 충의세력이었다. 이들은 한일의정서의 체결, 을사조약의 강제 체결, 고종퇴위 및 군대해산을 전후한 시기에 직접 재야세력과 연대하거나 혹은 측근의 밀사들을 재야로 파견하여 의병을 일으켰다. 아울러 이들 가운데 상당수는 고종의 국권수호 방략에 따라 항일의병운동과 청원외교활동 및 애국계몽운동을 동시에 추진하고 있었다.

그런데 상기 〈표 1〉을 보면, 한 가지 특기할 만한 사실이 있다. 그것은 의병에 간여한 거의 대부분의 인사들이 고종의 별입시였으며, 나머지 인사들도 별입시였을 가능성이 매우 높다는 점이다. 이는 고종이 내리는 비공식적 임무를 주로 수행한 별입시가 한말 의병운동과 긴밀한 연관을 맺고 있음을 시사해 주는 대목이다. 이제까지 한국근대사 연구자들이 주목하지 못한 별입시는 개화기 고종의 정치활동과 구국운동을 이해하는 데 주요한 단서가 된다는 점을 강조해 두고자 한다.

한말 의병운동에 깊숙이 간여한 별입시는 개화기 고종의 개화정책과 측근정치의 부산물로서 고종의 수족과 같은 존재들이었다.22 개항 후 고종은 개화정책에 필요한 재원을 확보하기 위해 관직매매·광산개발·어염전매·홍삼매매·차관도입 등 각양의 방법을 동원하였다. 따라서 궁궐 내외에서

---

21 상기 인사 중 민종식·閔炯植(남작)·장승원·이용태(남작) 등은 경술국치 후 일제에 대해 타협노선으로 돌아섰다.
22 고종 친정 직후인 1873년 11월 국왕의 위세를 빙자하여 전횡을 부리는 명성황후를 견제하기 위해 별입시가 처음 등용되었다. 명성황후의 친정 오라비인 세도재상 閔台鎬가 여망이 있는 대신들을 골라 그들을 차례로 입직시켜 시무에 참여토록 고종에게 건의했는데, 이를 별입시라고 불렀다. 이때 별입시로 선발된 인사는 金炳始·金永壽·鄭範朝·尹滋德·趙寅熙·閔奎鎬 등이었다. 황현, 『매천야록』, 22쪽.

이와 관련된 사업을 관장하는 4~500여 명의 인사들을 별입시라고 불렀다. 서울과 지방 각지에 거주를 두고 있는 별입시들은 고관으로부터 노비나 상인에 이르기까지 다양한 계층이 망라되어 있었다.23 이 외에도 고종이 외국과 통상조약을 체결하고 사절단과 외교관을 파견하는 등 대외개방정책을 활발히 추진할 때에 동원된 외교밀사나 통역관들도 대부분 별입시의 역할을 수행한 인사들이었다. 하여튼 갑오경장 이전까지 별입시는 국왕과 왕비를 보좌한다는 명목하에 무시로 궁중을 드나들며 정국운영에 적잖은 영향을 미쳤다.24 나아가 벌열가의 후손이 고위직을 독점하는 별열 사회의 질곡 속에서 별입시는 주변신분층이나 하층민들에게 신분상승기회를 부여하는 중요한 통로였음이 주목된다.

아관파천 후 고종이 재원조달 및 내탕관리를 담당하는 많은 관사를 궁내부에 포진시켜 궁내부 중심의 측근정치를 펼치면서부터 별입시의 영향력은 나날이 커져갔다. 당시 정계에는 내각의 각료들과 궁내부의 총신들 간에 알력이 극심하였다. 이때 궁내부에 포진한 李載純·金鴻陸·李容翊·金道一·李明翊·李世稙·洪鍾宇·玄興澤·鄭洛溶·張駿遠 등 총신들은 그들 자신이 별입시인 동시에 휘하에 다수의 별입시를 거느리고 있었다.25 그런데 궁내부 각 사에 공식·비공식으로 소속된 별입시들 가운데 일부는 일종의 이권집단으로 화하여 심한 작폐를 빚어내기도 하였다.26 그러다가 1898년 9월 김홍륙독차사건이 일어나자 사회 각계각층에서 대대적인 반별입시 상소운동이 전개되었다.27 이로써 일시적으로 별입시의 궁궐출입을 금하기

---

23 황현 저, 김종익 옮김, 『오하기문』, 역사비평사, 1994, 43쪽.
24 1880년대 중반 고종의 개화정책과 친로정책을 보좌한 金嘉鎭·鄭秉夏·趙存斗·閔有用·金鶴羽·金㙖元 등도 별입시로 입신한 인사들이었다. 심지어는 개화파인 서광범·홍영식 등도 한때 고종의 부름으로 궁궐을 드나들면서 별입시로 불렸다. 1880년대 별입시들의 면면과 활동에 대해서는, 정상각오랑, 「한성지잔몽」, 한상일 역, 『서울에 남겨둔 꿈』, 건국대학교 출판부, 1993, 43, 69쪽.
25 『주한일본공사관기록』 11, 「내각원과 총신간의 알력」, 222~224쪽.
26 『독립신문』, 1898년 8월 3일, 9월 5일, 9월 6일.
27 『독립신문』, 1898년 9월 15·20·22·24·26일 ; 『제국신문』, 1898년 9월 19일.

도 하였다.28 그러나 궁내부 관원을 앞세워 내탕금을 조달하고 황제체제 유지를 위한 각종 비밀활동을 펼치는 고종의 측근중심 통치방식은 대한제국 후반기에 들어서 더욱 강화되어 나갔다. 이로 말미암아 별입시가 드디어 권력집단으로 부상하게 되었다.

독립협회운동기에 별입시는 고종의 황제권 강화정책에 동원되었다. 당시 총신 별입시들 휘하의 많은 별입시들이 1896~1900년간 궁중과 고위대신들의 지원을 받아가며 개화파 타도 상소운동을 주도하였다. 구체적으로 고종과 엄상궁(엄비), 내각의 조병식·민영기·이용익 등은 충훈부에 소청을 마련한 도약소와 건의소청 소속의 심의성·채광묵·김운락·김현준 등에게 자금을 주어 개화파 처단요구 및 독립협회 규탄상소를 올리게 하였다.29 이들 건의소청 및 도약소 계열의 별입시 유생들 중에는 을미의병에 참여했던 인사들이 다수 포함되어 있었다. 하여튼 이들 별입시들은 1900년대 이후에도 여전히 왕실 및 궁내부의 유력자들과 연계하여 궁중 내외에서 각종 활동에 종사하였다.30

대한제국기에 총신 별입시, 세도재상, 부호가들은 지방 각지에서 올라온 많은 문객들을 거느리고 있었다.31 이런 사실은 당대인들이 공지하던 전통

---

28 1898년 9월 말에 宮禁令 실시 후 별입시 17인을 새로 정했는데, 민씨척족이 9명이고 타성이 8명이었다. 이어 10월에 별입시 28명의 명단을 대신들이 기록하여 고종에게 올리기도 하였다. 『황성신문』, 1898년 9월 30일, 10월 19일.
29 신용하, 『독립협회연구』, 일조각, 1976, 276~377쪽 ; 서진교, 「1898년 도약소의 결성과 활동」, 『진단학보』 73, 1992, 46~53쪽.
30 대한제국기에 별입시의 숫자가 대폭 증가하여 계층분화가 일어났다. 그리하여 1899년 6월경에는 정계에 趙秉式·申箕善·閔泳柱·李容翊 등 老별입시와 李根澔 형제·李漢英·崔榮夏 등 少별입시 간에 대립이 벌어졌다. 또한 '廳(청)별입시'·'階(층)별입시'·'地(땅)별입시' 등의 다양한 명칭이 생겨나 위로는 大官으로부터 아래로는 女巫·男巫·白丁·居間에 이르기까지 다양한 계층이 별입시가 되었다. 김윤식, 『속음청사』 하, 국사편찬위원회, 1960, 510쪽 ; 황현, 『매천야록』, 248쪽.
31 1906년에 창의를 모색하다가 피신한 다음 다시 연해주로 가서 활동한 별입시 崔秉周는 대한제국기에 민강호·李相卨·김홍수·윤상욱 등을 천거하여 별입시로 만든 인물이다. 그의 집에는 "함경도·경상도 사람들이 문객으로 밤낮 구름같이 출입하여 가위 세도하

한국의 오랜 관습이었으며, 전통시대 한국정치사의 특징적인 측면 가운데 하나였다. 그런데 이들이 바로 한국 전통시대에 중앙과 지방을 연결하는 가교역할을 맡고 있었다. 다시 말해 유력자의 문객들이 중앙의 신조류와 신문물을 보수적인 지방사회로 전달하는 문화전파자의 기능을 맡았던 것이다. 여기서 서울이라는 정치공간에만 국한하여 논급할 경우, 문객(문인·식객·겸인)은 중앙고관과 황제 측근들의 주변에서 활동한 가장 중요한 정치집단이었다. 한마디로 이들 문객들 가운데 상당수가 별입시로서 혹은 별입시의 수하로서 대한제국기~국망기의 민족운동사에 커다란 공헌을 하였고, 나아가 애국계몽운동에도 상당한 영향을 미쳤음을 주목할 필요가 있다.

한일의정서 체결 후에 별입시는 고종의 국권수호운동을 적극 보좌하였다.32 당대의 대표적인 별입시 가운데 李容翊·玄尙健·李學均·閔泳喆·李寅榮 등은 고종의 조선중립화정책 및 대외청원활동을 직접 수행하였고, 강석호·이봉래·심상훈·정환직·허위 등은 지방의 유력자·명망가·무용가와 연계하여 항일의병운동을 주도하였다. 또 李範晉처럼 러시아 수도에서 청원외교활동과 고종파천운동과 항일의병운동을 동시에 전개하던 별입시도 있었다. 이 가운데 의병봉기에 관련된 고위급 별입시 중에는 지체가 낮은 중인 이하의 신분층이 많았으며, 고종의 총애를 배경으로 자신들의 휘하에 다수의 하위급 별입시 내지 문객들을 거느리고 있었다. 이들 총신 별입시들은 고종의 지시에 따라 혹은 자신들의 독자 의지에 따라 재야세력과 연대관계를 맺을 때에 부하 별입시 내지 문객들을 밀사로 동원하였다. 그리하여 이들 밀사들은 총신 별입시들이 고종으로부터 직접 받았거나 아니면 총신 별입시가 임의로 제조한 고종의 명의 밀지를 가지고 경향 각지를 돌아다니

는 재상의 집과 같았다"고 한다. 또 한일병합 직후에 李完用은 100여명의 문객을, 기타 작위를 받은 자들은 적어도 2~30명의 문객을 거느렸다고 한다. 『독립신문』, 1898년 8월 11일 ; 『매일신보』, 1910년 12월 10일.

32 러일전쟁 직후 별입시의 궁궐출입이 금지된 상황 속에서도 "별입시의 명목으로 간간이 황제를 진알하는" 자가 무려 112명에 달했다고 한다. 『황성신문』, 1904년 3월 4일.

며 재야세력의 거의를 독려했던 것으로 파악된다.[33]

　1904년 여름 일제의 황무지개척권 요구 반대운동 때부터 1910년 8월 경술국치 전까지 의병봉기에 간여한 고위급 별입시의 문객이나 수하로서 지방에서 활약한 인사들의 숫자는 상당히 많았다. 그러나 자료의 부족으로 그들의 성명을 일일이 밝혀낼 수가 없는 실정이다. 게다가 그 이름이 확인되는 극소수 인사들의 경우에도 대부분 이력이 불분명한 형편이다. 현재 방대한 의병운동 관련자료에서 그 존재가 확인되는 인사들은 다음과 같다.

〈표 2〉 재야세력과 연대한 고종세력의 밀사들

인명	생몰	신분	연고	관력	활약상 및 참고 사항
金達河		양반		진사, 교관, 중추원참의, 서북학회 회원	閔泳徽의 문객, 평양의 安重根을 방문·상경시켜 거의토록 주선, 아들 東億을 안중근과 함께 연해주로 보냄
金斗星	1867~?		端川	중추원의관, 내장사수륜과·봉상사 주사	李昇宰·吳周赫·吳永祚 등과 한일의정서 반대통문 발송(1904.7), 연해주의병 및 안중근의거 막후 실세, 안중근에게 '參謀中將'의 직함을 내려줌
金모			철원		최익현의 제자 林炳贊에게 고종의 밀지 전달(1906.3)
金승지			서울	궁내부소속	함경도 및 연해주에서 암약, 20만(혹40만) 원 소지, 2만 원을 동의회에 기부
金齊鉉					서울 중부 校洞 거주 李容圭의 밀사, 유인석에게 거의 촉구 서한 전달(1907)
金顯岐		유생		별입시(?), 궁내부 주사	궁중의 지원하에 국모 복수 및 토역 상소운동(1897), 고종의 밀지를 가지고 충청북도·경상도에 상주하며 거의 독려 및 의병 활동(1906~1909), 李康秊·李相龍·車晟忠·申乭石과 연대, 국민대회 13도유생대표(1919.4)
盧炳大	1856~1913	유생(양반)	상주	별입시, 창릉참봉, 비서원승	李容元에게서 고종의 밀지 수령, 속리산에서 김운로·송창헌 등과 거의(1907.8)

---

33 총신 별입시들의 수하나 문객들이 소지한 밀지의 내용에 대해서는 오영섭, 「한말 의병운동의 근왕적 성격」, 68~72, 87~93쪽.

〈표 2〉 계속

인명	생몰	신분	연고	관력	활약상 및 참고 사항
盧應奎	1861~1907	양반	진주	중추원의관	을미 진주의병장, 여러 대관들과 거의 모색(1905.가을), 충북 황간에서 마패를 가지고 창의(1907.1)
明範錫				연안군수	申箕善의 지시로 朴箕燮에게 고종의 밀지 전달(1907.가을)
朴魯天					柳麟錫에게 고종의 밀지 전달(1907.봄), 許蔿의병진의 從事로서 30개조를 통감부에 통보(1907.5)
朴樑來			안동	별입시	韓圭卨의 서찰을 가지고 평안도에서 全德元・洪在綺 등과 거의 모색(1905.가을)
朴善明		상민	춘천		1907년 춘천의 柳弘錫・池弘敏의진 결성 주도, 자칭 '(의병)總大將', 閔泳徽의 운전기사(1910년대)
朴忠保					관북의병의 謀事將(1908). 서열상 車道善・洪範道 보다 상위에 위치
申宗均					申箕善의 지시로 朴箕燮에게 고종의 밀지 전달(1907.가을)
吳周一			서울		서울에서 청년 수십 인을 이끌고 내려가 安圭洪의병에 합류(1908.4)
安 極		양반	보성	淑陵參奉	宋秉璿・崔益鉉에게 수학, 의병장 閔肯鎬와 죽마우 관계, 을사조약 직전 상경하여 閔泳喆과 거의 모색, 보성의 유력자 朴南鉉(충의사회원)과 함께 안규홍의병 후원
劉秉淇		양반			宋秉璿 제자, 호남 각지에서 창의활동, 金泰元・金聿 등을 거의시키고 '참모대장'을 맡음(1907), 梁相基의병의 중군장(1910)
李求埰 (九載)		양반	서울		고종의 밀지 소지, 이인영에게 거의 촉구, 관동창의군의 총독장
李奎豊 (李穆)	1865~1932	양반	아산		고종의 밀지 받고 연해주에서 의병활동, 성명회 선언 참여(1910.8)
李道杓			서울		고종 밀지 가지고 상해 망명, 민영익・현상건과 연결, 본국에서 거의 시 조력 다짐
李範錫			서울	승지	충의사원, 閔泳奎의 사위, 을사조약 후 柳麟赫・鄭淳萬 고종의 밀지 가지고 의병소모활동, 연해주에서 구국활동, 성명회 선언 참여(1910.8)
李殷瓚	1877~1909	양반	원주		고종의 밀지 소지, 이인영에게 거의 촉구, 관동창의군의 중군장, 13도창의군의 서울진격전 등 전략・전술 담당

〈표 2〉 계속

인명	생몰	신분	연고	관력	활약상 및 참고 사항
鄭淳萬	1873~1928	양반	청주		을사조약 후 柳麟錫·李範錫과 고종의 밀지를 가지고 의병소모활동, 신민회에 참여, 연해주에서 구국활동, 성명회 선언 참여(1910.8)
陳明(命)燮				참봉	13도창의대장 이인영에게 밀지 전달(1907.12)
韓南洙				주사	유인석에게 고종의 밀지 전달(1907.봄), 한성정부 재무차장(1919.3)

출전:『한국민족문화대백과사전』;『한국독립운동사 자료: 의병편』(8~19);『독립운동사자료집: 의병항쟁사자료집(1~3)』;『황성신문』;『국권회복운동관결문집』;『대한매일신보』;『만세보』;『여흥민씨세계보』(4);『매천야록』;『각사등록』;『주한일본공사관기록』;『통감부문서』;『불령단관계잡건』;『강원도상황경개』;『안중근자서전』;『세심헌일기』;『우관문존』;『석주유고』;『남은선생유집』. 이규갑,「한성임시정부수립의 전말」,『신동아』, 1969.4.

〈표 2〉에서 살펴본 고종의 총신 내지 거물급 별입시들의 수하로 간주되는 인사들의 활동을 보면, 그들은 ① 고종 명의의 밀지를 재야세력에 전달하여 거의의 정당성을 부여해 주었고, ② 전국 각지를 유력하며 거의촉구 활동을 펼쳤으며, ③ 직접 군사를 모집하여 의병장에 올라 항일전을 치렀고, ④ 연합의진의 전략·전술과 재정 조달을 책임지는 총독장·謀事將·참모장·중군장·참모·종사 등의 직책을 맡았음을 알 수 있다.

III. 고종세력의 창의활동과 재야세력과의 연대사례

고종세력은 언제 어떠한 계기로 의병봉기를 추진했는가? 후기의병기에 고종세력의 거의활동은 일본의 단계적 침략에 대응하여 크게 세 차례에 걸쳐 추진된 것으로 파악된다. 즉, 일제의 황무지개척권 요구(1904.6) 직후부터 을사조약의 체결(1905.11) 이전까지의 제1단계는 고종세력과 연대한 재야세력이 을사조약 후에 본격적으로 창의에 돌입할 분위기를 조성한 점에서 의미가 있다. 을사조약 이후부터 고종 퇴위(1907.7) 직전까지의 제2단계는

1907~1908년간에 치열하게 벌어진 전면적 항일전의 토대를 확립한 점에서 의미가 있다. 고종 퇴위(1907.7) 후부터 일제의 남한대토벌작전(1909.9)까지의 제3단계는 제1·2단계의 성과를 바탕으로 전국 각지의 요해처를 근거로 삼아 대규모 항일전쟁을 수행한 점에서 주목할 만하다. 이때 이전 단계에서 결성되기 시작한 의진이 다소 시일이 천연되어 다음 단계에서 봉기하는 경우가 적지 않았고,[34] 또 이전 단계에서 봉기한 의병들이 제3단계까지 활동을 지속한 사례들도 많았기 때문에 을사(병오)의병·정미의병식의 전통적인 의병운동 시기구분법은 무의미한 것이다. 편의상 각 단계별로 고종세력이 한말 의병운동을 대표하는 연합의병장들과 어떠한 연대관계를 가졌는가를 대략이나마 알아보면 다음과 같다.

1. 제1단계 : 황무지개척권 요구~을사조약 체결

일제의 황무지개척권 요구 이후부터 을사조약 체결 이전까지 고종세력의 반일활동을 알아보겠다.[35] 일제의 황무지개척권 요구에 대한 최초의 반대운동은 을미의병운동 이후 황실을 드나들면서 출세가도를 달린 평리원 판사 許蔿에 의해 이루어졌다. 허위는 李相天·朴圭秉·金璉植·鄭薰謨 등과 함께 일본의 국권침탈을 비판한 1904년 5월 25일자 반일통문을 수원관찰부를 비롯한 전국 각지에 보내 5월 30일부로 일시에 거사하자고 하였다. 나아가 허위는 일본의 황실보호 및 영토보존 약속은 기실 침략책에 불과할 뿐 아니

---

34 밀지를 수령한 인사들은 보통 짧게는 3개월, 늦게는 1년 이상이 지나야 창의의 깃발을 세웠는데, 이는 연합의진의 결성에 필요한 인적·물적 자원을 확보하느라 상당한 시일이 걸렸기 때문이다. 특히, 용병군에 해당하는 포군의 봉급과 무기를 마련하는 것이 가장 어려운 문제였다. 그래서 한말 대규모 연합의진의 경우 고종세력이 의병 전략과 군수 마련을 담당하고, 재야세력이 일본군과의 전투를 전담하는 역할분담이 이루어졌다.

35 러일전쟁 직후 서울을 점령한 일제는 식민지 경영을 합리화하는 한일의정서의 체결을 강요했고, 이어 전국토의 3할에 달하는 황무지에 대한 개척권을 요구했다. 특히 후자는 한국영토의 강제점거를 요구한 것이었기 때문에 관민의 거센 반대운동에 직면하였다. 최영희, 「한일의정서에 관하여」, 『사학연구』 20, 1968 ; 윤병석, 「황무지개척권 요구에 대하여」, 『역사학보』 22, 1964.

라, 군략상의 필요에 따라 영토와 물자와 인력을 징발하겠다는 것도 한국의 전토를 장악하려는 술책에 불과하다고 성토하였다.36 곧이어 6월에 李昇宰·吳周赫·吳永祚·金斗星 등이 허위와 일정한 교감하에 한일의정서를 배척하는 통문을 각지에 발송했다가 일본측에 체포·투옥되었다.37 나아가 7월 1일경에 허위의 명의를 빌린 것으로 보이는 '항일창의' 촉구통문이 전국 13도에 발송되었다.38

1904년 7월 이후 한국민의 황무지개척권 요구 반대 상소운동이 거세게 일어났다. 이기·홍필주·최동식 등 전라도 출신의 개신유림계 전직관료들은 서울의 유림들과 함께 紳士소청을 차려놓고 6회에 걸쳐 황무지개척반대 상소운동을 전개하였다.39 閔泳煥의 조력자인 李儁은 대한보안회와 그 후신인 대한협동회를 중심으로 반일활동을 벌였고,40 역시 민영환의 문인인 金東弼은 전국 유생대표 26인과 함께 대한십삼도유약소를 조직하여 상소운동에 종사했다. 이들은 만국공법에 의거하여 고종황제 및 정부대신, 주한 각국 공사관, 일본 유력자 이토 히로부미·오쿠마 시게노부(大隈重信) 등에게 상소문과 성토문과 호소문을 보내 일본의 침략을 규탄하였다.41

한국민의 항일기세가 더욱 높아진 1904년 8월 중순경에 서울에서 충의사가 결성되었다. 충의사는 황실 강녕·民命 보호·재정 정리·軍制 抄鍊·인재교육을 모토로 설립된 근왕 단체였다. 그런데 궁내부가 그 운영을 감독한

---

36 『주한일본공사관기록』 24, 「평리원판사 허위등 배일통문…조사요청」, 39~40쪽.
37 외부 편, 『경무청래거문』, 제7책, 규17804 ; 『주한일본공사관기록』 24, 「의정서 배척운동자 嚴辦件 准行 照覆」·「한일의정서 반대운동자 李昇宰…金斗星 등의 청취서」, 42~86, 107~112쪽.
38 『황성신문』, 1904년 7월 1일. 1904년 12월 무렵에는 허위의 형 許蒹이 창의를 준비중이라는 풍설이 나돌았다. 『황성신문』, 1904년 12월 27일.
39 정교, 『대한계년사』 하, 국사편찬위원회, 1957, 246, 249쪽.
40 유자후, 『이준선생전』, 106~107쪽.
41 『한국독립운동사』 1, 90~92쪽 ; 김윤식, 『속음청사』 하, 99~100쪽. 한국민의 황무지개척권 요구반대 상소운동에 대해서는 오영섭, 「대종교 창시 이전 나인영의 민족운동」, 『한국민족운동사연구』 39, 2004, 제2장.

것으로 보아 충의사는 보부상이나 황국협회와 같이 황실의 외곽 호위집단의 성격을 지닌 단체였다.42 하단이 잘려나간 「(충의사)서명록」에는 경향 각지에 연고를 가진 133명의 명단이 실려있다. 여기에는 대한제국기에 황실의 지원을 받아가며 개화파 타도 상소운동을 펼쳤던 근왕파 인사들을 비롯하여 허위・이상희(상룡)・李起夏(보령의병장)・姜斗欽(영동의병장)・權鳳洙(횡성의병장)・李範錫・朴南鉉43 등 의병에 관여한 인사들이 다수 포함되어 있었다.44 그런데 경상도 유림이 추축을 이룬 이들 충의사원들은 1904년 8월 이후 서울에서의 배일상소운동과 지방에서의 의병운동・계몽운동에 주체적으로 참여하였다. 특히, 충의사 자료를 남긴 呂中龍은 한규설・이강년・허위 등과 긴밀한 연관하에 의병봉기를 추진하였다.45

고종세력의 창의활동은 허위 일파와 상소운동자와 충의사원의 항일활동 덕분에 탄력을 받기에 이르렀다. 그리하여 1904년 9월 이후 창의를 촉구하는 통문들이 지방 각지에서 나돌기 시작했다. 즉, 삼남에서 '모모 제인'이 각처로 통문을 보내 의병을 일으켜 의리 있는 일을 하자고 외치자 여기에 응하는 이가 매우 많았고,46 서울의 '황성의병소 대장 김모'가 일본인의 황무지개척권 요구와 역부징발에 반대하는 모든 이들이 여주에 모여 황성으로 직행하자는 통문을 춘천관찰부에 보냈다. 이로 인해 경기좌도 및 강원 영서 지역의 민심이 크게 동요하였다.47 그리하여 춘천 인근의 홍천에서 '홍천의병대장' 洪一淸이 "횡성・여주・지평 및 6군 각처에서 창의하려 하니, 9월 24일까지 홍천 남면 신주막에 모여 爲國誠忠과 爲民保安의 도를 다하자"는 거의촉구 격문을 각지에 보내기도 하였다.48 아울러 한말 의병운동의 최대

---

42 여중룡, 『남은선생유집』 2, 「충의사창립취지서」.
43 보성의 유력자이자 충의사원으로서 안극과 함께 안규홍의병을 후원하였다.
44 권대웅, 「한말 재경 영남유림의 구국운동」, 『일제의 한국침략과 영남지방의 반일운동』, 대구: 한국근대사연구회, 1995, 61~91쪽.
45 여중룡, 『남은선생유집』, 권2, 「을사일기」.
46 『대한매일신보』, 1904년 9월 13일.
47 『황성신문』, 1904년 9월 15일 ; 『대한매일신보』, 1904년 9월 16일.

후원자 가운데 한 사람인 李裕寅이 가솔을 거느리고 9월 중순에 향리인 경북 예천으로 낙향하였고,49 을미의병운동 때에 심상훈과 연대했던 저명한 항일의병장 柳麟錫은 (음)9월경에 동문 선배 崔益鉉에게 "活國良策은 오직 거의뿐이다"며 창의를 촉구하고 있었다.50 1904년 가을에 벌어진 이러한 항일운동은 한말 의병운동의 서막을 알리는 종소리였다.

1905년 6월 러일전쟁 종결 전후 일제가 대한제국을 보호국으로 삼을 것이라는 우려가 높아지자 고종세력과 재야세력의 연합 의병활동이 여러 곳에서 동시다발적으로 추진되었다. 최초의 본격적인 의병운동은 "원임 의병대장 유인석과 성기가 상통하는 사람"이라는 평을 받은 화서학파의 元容八에 의해 이루어졌다. 원용팔은 7~8월간 원주·영춘·영월·정선 등지를 무대로 의병항쟁을 전개했다가 원주진위대에게 진압을 당했다.51 그런데 원용팔 의병은 중앙의 유력자이자 고종의 별입시인 원주원씨 元禹常·元用常 형제의 적극적인 후원을 받았다. 이때 원우상은 서울에서 호좌지역의 실력자인 沈相薰이나 閔泳綺로 추정되는 '권귀'의 힘을 빌어 의병을 후원했고, 원용상은 재야에서 의병을 모집하여 활동하였다.52 양인의 친동생인 전 시종원 시어 元有常은 을미 제천의병을 후원한 전 군부대신 민영기의 매부였을 뿐더러 큰형의 출세에도 영향을 미친 고종의 별입시였다.53

원용팔과 거의하기로 약속했던 동문유생 鄭雲慶은 원용팔의병의 잔여병을 규합하여 단양에서 창의하였다.54 그런데 호좌지역을 무대로 전개된 정운경의 의병활동은 심상훈의 후원을 받고 있었다.55 고종 측근의 이재순·

---

48 『황성신문』, 1904년 9월 22일.
49 『대한매일신보』, 1904년 9월 15일.
50 유인석, 『의암집』, 권6, 「與최면암」(1904. 음9).
51 권영배, 「구한말 원용팔의 의병항쟁」, 『우송조동걸선생정년기념논총』, 나남, 1997, 229~234쪽.
52 『황성신문』, 1905년 10월 17일.
53 『매일신문』, 1898년 6월 16일, 6월 28일.
54 정운경, 「동유록」, 『독립운동사자료집』 1, 575쪽.

한규설과 사돈 간인 심상훈은 청송심씨 온양공파의 본거지인 제천·영월·충주·단양 등지의 유력인사였다. 1905년 가을에 제천에 머물던 심상훈은 일시 의병에게 생포되었다가 의병을 피해 충주로 피신하였다.56 그러나 속으로는 호좌지역에서 막강한 영향력을 지닌 화서학파의 정운경에게 은밀히 자금을 제공하여 거의토록 하였다.57 의병운동이 실패한 다음 심상훈과의 연대를 비난하는 주장에 대해 정운경은 "沈판서가 이해득실로 꾀는 말에 속은 것은 의병을 위한 계책이었다"고 항변하였다.58 심상훈은 1906년 2월 일본헌병대에 끌려가 호좌의병과의 관련에 대해 엄한 추궁을 받았는데,59 당시 충주에서 근무하던 일본군 장교들은 심상훈이 "요로(고종:필자)의 내명을 받고 의병에 투신했다는 풍설이 돌고 있다"고 보고하였다.60

심상훈에 버금가는 정치적 비중을 지닌 인사들도 1905년 가을에 거의를 추진하였다. 참정대신 한규설은 자신의 수하인 경북 안동 출신의 별입시 朴樑來에게 친필 서한을 주어 거의토록 하였다. 박양래는 全德元·洪在綺 등과 함께 평안도로 가서 그곳의 재야세력인 金斗燮·朴舜采 등 '수 삼 십인'과 함께 군비와 총칼을 준비하고 거의를 도모하다가 발각되어 구금·투옥되었다.61 또 한규설은 영남유림의 재경 항일단체인 충의사의 상소운동을 지원하였고, 1905년 6월경 허위·이강년 등과 함께 서울에서 거의를 도모한

---

55 심상훈은 단발령 직전에 화서학파의 종장 유인석의 창의활동을 후원하였다. 오영섭, 「을미 의병운동의 정치·사회적 배경」, 264~266쪽.
56 『황성신문』, 1905년 10월 17일.
57 『주한일본공사관기록』 24, 「의병에 관한 심상훈 구술…건」(1905.10.12), 227~229쪽.
58 정운경, 「奉呈烏石同義斂君子」, 이구영 편역, 『호서의병사적』, 수서원, 1993, 360쪽.
59 『대한매일신보』, 1906년 2월 20일.
60 『주한일본공사관기록』 24, 「의병…이첩보고」(1905.10.21), 226쪽. 1905년 가을에 일본측은 심상훈의 셋째아들 沈璋燮이 1904년 러시아 유학에서 돌아와 서울에 머물며 "내명에 따라 은밀히 의병을 선동하고 있다"고 보았다. 『일본외교문서』, 38-1, #850, 「충주방면 소위 폭도창궐…건」(1905.10.15), 948쪽.
61 정운경, 『송운집』, 권4, 행장, 「전소성덕원행적」; 『만세보』, 1906년 9월 2일; 『대한매일신보』, 1906년 9월 2일, 10월 14일.

여중룡 일행을 후원했던 것으로 파악된다.62 아울러 진주지역에서 을미의병을 일으켰고, 1906년 가을 충북 황간에서 거의한 盧應奎도 1905년 가을에 서울에서 '모모 대관'들과 긴밀히 (거의를) 모의하고 있었다.63

경북 예천에 향제를 가진 고종의 측근실세 이유인도 1905년 가을에 창의에 나섰다. 신분이 낮은 이유인은 術士로 출사하여 한성판윤·탁지부대신·경상도관찰사·법부대신·보안회부회장 등을 지낸 고위급 별입시였다. 그는 대한제국 초기에 동생 李裕泰가 지주로 있는 예천 금당실로 이주했는데, 그곳에 99칸 향제를 지을 때에 주변 양반들이 부역 인원을 파견하기도 하였다. 또 1900년에 예천 일대에 시행된 경자향약의 도약장을 다년간 역임하며 영남의 세도가로 부상하였다. 그리하여 '금당실은 半서울'이라는 말이 떠돌았을 정도였다.64 『대한매일신보』에 의하면, 당시 이유인이 "영남의 窩窟을 선동하고 호남의 유림종장 奇宇萬65이 의병 잔당을 격동시키자 당여가 나날이 더욱 많아져 드디어 三南에 연락되는" 놀라운 상황이 연출되었다.66 이로 인해 이유인은 1905년 9월 상경하자마자 일본헌병대에 끌려가 의병과의 관련에 대해 집중 심문을 받고 풀려났다.67 아울러 1905년 가을 이후 경상도의 의병봉기에 관계된 成岐運·張鳳煥·張承遠·허위 등은 이유인과 친교가 있었다.

갑오경장 이전부터 심상훈과 교분이 두터웠던 궁내부 주사 金顯峻은 1905년 8월 궁중에 들어가 고종으로부터 밀지와 3만 냥의 군자금을 받고 경

---

62 여중룡, 『남은선생유집』, 권2, 「을사일기」.
63 『대한매일신보』, 1905년 9월 10일.
64 신영우, 『갑오농민전쟁과 영남 보수세력의 대응』, 연세대학교 사학과 박사학위논문, 1992, 362~363쪽.
65 전라도의 유림종장 기우만은 을미의병운동 때 제천의 유인석에게서 고종의 밀지를 전해 받은 다음에 거의하였다. 기우만, 「송사집」, 『독립운동사자료집』 3, 27쪽.
66 『대한매일신보』, 1905년 9월 10일.
67 『황성신문』, 1905년 9월 14일. 나중에 고종과 재야의병과의 내응관계를 밝히려는 일제측의 조사가 본격화되자 도피하다가 1907년 6월 예천에서 자진하였다. 박성수 주해, 『저상일월』 하, 서울신문사, 1993, 63~64쪽.

남 거창으로 내려가 거의를 도모하였다.68 김현준은 대한제국기에 충훈부에 복수소청을 차려놓고 궁중의 지원을 받아가며 영남인 李舜九·鄭會圭 등과 국모시해복수 및 역적타도 상소운동을 벌였던 투철한 항일의식의 소유자였다.69 김현준은 1905년 가을부터 1909년경까지 경상도-충북의 각지를 수시로 왕래하면서 창의독려·병사소모·군자모금·사기진작 활동에 골몰하였다. 그리하여 김현준은 이강년·李圭洪·이상희(상룡)·車晟忠·金尙台 등과 긴밀한 협력관계를 유지해 가며 경상우도·충청좌도 지역의 의병활동에 큰 영향을 미쳤다.70 1906년 1월 보은 속리산에서 거의를 도모하다가 체포된 金彌濬(승지)·金洛圭(대구영중군)·朴珉鎬(영남인)·白弘鎭(영남인) 등도 모두 김현준의 창의독려에 따랐던 인사들이었다.71 한마디로 서울에서 내려간 김현준은 호좌지역 및 경상우도 지역에서 봉기한 연합의병의 총괄지휘자라는 막중한 역할을 내밀하게 수행하고 있었다.72

김현준과 연대한 재야세력 가운데 제천의 이강년은 김현준을 면대하거나 혹은 서신교환을 통하여 의병전략에 대해 많은 것을 얻었다.73 영남 거유 金興洛의 문인이자 김현준의 절친한 친우인 예천의 이규홍은 아들과 함께 의병활동에 필요한 온갖 비밀연락을 전담하였다. 그는 거창을 7번 방문하고 서울을 3번 올라갔을 정도로 의병활동에 열성을 다하였다.74 이규홍과 동문

---

68 이규홍, 「세심헌일기」, 을사년조.
69 『주한일본공사관기록』 14, 「임면 일속·잡건」(1897.5.18), 131쪽, 「임면 일속·잡건」(1897.6.7), 133쪽.
70 이규홍, 「세심헌일기」, 을사-기유년조 ; 이규홍, 『세심헌유집』, 권6, 「행장」. 遂謀城內 忠憤有智畧者 亟圖前恥 若李石洲相義·金心淵賢峻·金白愚尙台·車隱豹晟忠 皆贊劃心 交也 締結賢豪 迎送饋贈 門無虛屨 跋涉險遠 罄竭家儲 動經十霜.
71 『대한매일신보』, 1906년 1월 18일 ; 『주한일본공사관기록』 24, 「의병음모…이첩」(1906.1.20), 248~249쪽.
72 김현준과 이규홍의 의병활동에 대해서는 김정미, 『石洲 이상룡의 독립운동과 사상』, 경북대 사학과 박사학위논문, 2002.2, 31~38쪽.
73 『운강이강년선생창의록』, 운강이강년선생기념사업회, 1986, 24, 82~83쪽.
74 이규홍, 「세심헌일기」, 을사-기유년조 ; 이규홍, 『세심헌유집』, 권6, 「묘갈명」.

친우인 안동의 이상룡은 김상태·신돌석 등과 긴밀한 협조관계를 유지하면서 김현준·차성충의 창의노력을 구체화하기 위해 갖은 노력을 기울였다. 그는 매제 朴慶鍾과 함께 '1만 5천금'의 군자금을 내놓기도 하였다.[75] 거의하기 전부터 김현준의 막하에 있던 차성충은 고향인 거창 일대를 무대로 암약하다가 1908년에 거의했으나 일본군에게 패하였다.[76] 그런데 차성충은 민종식의 수하인 김동신처럼 지리산을 에워싼 경상우도(거창·합천·함양)와 전라좌도(구례·곡성·남원·순천) 지역의 창의열기를 고취하는 데 일정한 영향을 미쳤다. 상기인들과 친교를 맺은 김상태는 이강년 사후 김현준·차성충·신돌석 등과 협력하며 의병활동을 펼쳐나갔다.[77]

2. 제2단계 : 을사조약 체결~고종 퇴위

을사조약의 체결로 대한제국이 일제의 실질적인 식민지로 전락하자 민경식·강석호·이봉래 등 고종의 거물급 측근들이 대거 거의활동에 나섰다. 이들 별입시들은 고종의 밀지를 재야에 전달하여 거의를 촉구하거나 혹은 직접 재야세력과 연대하여 거의하였다. 이때 별입시들로부터 밀지나 내락을 받은 다음에 지방에서 거의한 대표적인 연합의병장은 충청우도의 閔宗植·호남의 崔益鉉·영남좌도의 鄭煥直 등이었다. 향촌 사회에 막강한 영향력을 가진 이들 3인은 각기 일정지역을 무대로 활동했을 뿐 아니라 자신들이 소

---

75 이상룡,『석주유고』, 권6,「행장」; 이규홍,「세심헌일기」, 무신년조 ; 이준형,「선부군유사」,『석주유고후집』.
76 이규홍,「세심헌일기」, 을사—기유년조.
77 이규홍,「세심헌일기」, 을사—기유년조. 또 을사조약 직후인 1905년 12월에 영남 거유 李震相의 아들 李承熙가 의병과 내통했다는 혐의로 대구관찰부에 구속되었다. 아울러 대구진위대장 참령 張鳳煥(順興人, 부친 張華植은 민씨척족 閔致憲의 문객)이 그 부하 장교 李活鎭·朴永鑛 등과 공모하여 안동유생 鄭진사의 소개로 고종 측근 沈相薰과 밀서를 주고받았고, 안동·예안·풍기 등지의 유생과 접촉한 다음 서울로 들어가 10여 명의 유생과 밀회를 갖고 지방에서 의병을 일으키기로 했다가 일본헌병대의 긴급검거 대상으로 지목되었다.『매천야록』, 366쪽 ;『주한일본공사관기록』24,「대구진위대 행동…보고이첩」(1905. 12. 15), 235~236쪽.

지한 밀지의 사본을 인근의 근왕 성향의 유력가와 武勇家들에게 전달하여 그들의 거의를 촉구하였다. 이로써 이들 3인은 을사조약 후 의병운동의 광역화와 전국화에 크게 기여하였다.

상기 3인 가운데 민씨척족의 일원인 민종식은 을사조약 직후에 고종의 내관 姜錫鎬에게서 밀지와 10만 냥의 군자금을 받았다.[78] 그는 "황실과 관계가 깊은 배일주의 양반들이 다수 거주하고 있는" 충남 定山으로 내려갔다.[79] 그곳에서 민종식은 인근 지역의 많은 사인들과 시사를 토론하였다.[80] 1906년 3월 10일 李容珪·李偰 등과 함께 거의한 다음 5월 하순 수천 명의 의병을 거느리고 홍주성을 점령하여 기세를 올렸다.[81] 5월 31일 홍주성전투에서 일본군에게 대패했는데, 이 전투는 이인영의진의 삼산·마전전투와 함께 한말 의병운동사에서 최대 규모의 전투였다. 당시 홍주의병의 연원이 궁중에 있음을 간파한 일본측은 "한국 황제의 신임이 두텁다고 칭해지는 궁중잡배의 수령 閔炯植이 그 수모로서 몰래 궁중에 출입하며 폭도를 조종하고 있다는 풍문이 전해진다"며 재종제간(6촌)인 민종식과 민형식의 연대관계를 주목하였다.[82]

민종식은 1906년 (음)3월 27일경 부하이자 동향인인 金東臣에게 승지의 직첩을 주어 의병을 일으키게 하였다.[83] 김동신은 민종식의병의 '선봉장'으로서 경상·전라지역을 돌아다니며 거의를 모색하였다. 그리하여 1907년 (음)8월경에 전북 정읍 내장산에서 기우만·高光洵 등과 함께 창의하여 삼

---

78 이정규, 「종의록」, 『독립운동사자료집』 3, 69쪽 ; 이진구, 「의사이용규전」, 『독립운동사자료집』 2, 320쪽.
79 『한말의병자료 Ⅲ』, 「통발 제2588호 별지」(1906.12.11), 한국독립운동사연구소, 2002, 47쪽.
80 송용재 편, 『홍주의병실록』, 「李世永日記謄草」, 홍주의병유족회, 1986, 457쪽.
81 민종식의 의병운동에 대해서는 유한철, 「홍주의병진(1906)의 조직과 활동」, 『한국독립운동사연구』 4, 1990.
82 『한말의병자료 Ⅲ』, 「통발 제540호」(1906.6.13), 82-83쪽 ; 『통감부문서』 3, 「충청남도폭도 궁중잡배 수령…건」, 45~46쪽.
83 『한국독립운동사 자료16 : 의병편Ⅳ』, 국사편찬위원회, 1968, 227~228쪽.

남의병도대장으로 불릴 정도로 주변의 대소 의진을 통할하였다.[84] 또한 김동신의 선봉장인 전 선전관 兪宗煥은 김동신이 민종식에게 받은 밀지의 사본을 가지고 호남·영남 지역을 유력하며 밀지의 권위에 힘입어 군사를 모집하였다.[85] 이로써 민종식은 충청·전라도 지역의 의병봉기를 추동하였고, 김동신은 1906년 가을 이후에 일어난 호남의병의 창의에 직접적 영향을 미쳤다. 특히, 김동신은 1906년 12월경 다른 경로를 통하여 밀지를 받고 '총리호남의병대장'이란 직함을 하사받은 고광순과 함께 전라도 의병의 선구자로 알려지게 되었다.[86]

개화기 항일상소운동의 주역인 화서학파의 최익현은 을사조약 직후에 별입시 閔景植 등에게서 밀지를 받았다. 최익현이 받은 1905년 11월 22일자 밀지는 그를 '도체찰사'[87]로 삼아 7도 의병군의 통솔을 명한 것인데, 밀지의 말미에는 閔景植·閔丙漢·李正來·閔衡植 등의 성명이 부기되어 있었다.[88] 당시 일본측이 최익현과 내통하고 있다고 지목한 '대관'들은 민병한·민경식·李鳳來·閔亨植·김승민 등이었다.[89] 최익현은 1906년 1월 19일 노성 궐리사에서 대규모 유생대회를 개최하며 의거에 관한 대책을 강구했는데, 이때 영남의 鄭載圭와 호남의 奇宇萬 등이 호응하였다.[90] 최익현은 3월 15일 거의에 돌입하여 5월 6일 태인의 무성서원에서 창의했지만, "吾亦知其不

---

84 홍영기, 『대한제국시대 호남의병 연구』, 서강대학교 사학과 박사학위논문, 1993.2, 79~90쪽.
85 『통감부문서』 6, 「폭도수령 유종환…건」(1909.3.26), 114쪽 ; 『한국독립운동사』 1, 「의병장유종환피금전말」, 777, 779쪽.
86 고광렬, 「삼의사행장」, 『독립운동사자료집』 3, 286쪽. 아마 고광순은 서울에 10년간 머물렀을 뿐더러 여흥민씨를 초취로 두었던 항일의병장 梁會一로부터 밀지를 받았을 것으로 보인다. 양회일은 가재 "3천금을 기울여 200여명의 군사를 소모하여" 근왕의 계책을 도모한 인사였다. 양인은 고광순이 장성에서 창의하고 양회일이 光州에서 소모하여 거사를 함께 하기로 약조하였다. 『행사실기』, 권3, 부록, 「家狀」.
87 국가 변란 시에 군대통솔권을 총괄하는 임시 총사령관.
88 오준선, 「심남일실기」, 『독립운동사자료집』 2, 588, 927쪽.
89 최제학, 「면암선생 창의전말」, 『독립운동사자료집』 2, 99쪽.
90 『매천야록』, 366쪽.

成"이라는 자신의 말처럼 패산하고 말았다.[91]

일과성 행사에 그친 최익현의 의병활동은 1907년 이후 호남의병의 봉기에 심대한 영향을 미쳤다. 즉, 그는 밀지를 수령한 의병장으로서 정재규·기우만·白樂九·奇參衍·高光洵·郭漢一·朴鳳陽 등 호남의 우국지사들을 직접 만나 설득하거나 혹은 통문과 밀지의 사본을 보내 거의를 촉구함으로써 그들의 무장활동에 정당성을 부여해 주었다. 나아가 그는 1906년 3월 순창에서 문하의 모든 제자들에게 "황제폐하께서 국운의 그릇됨을 탄식하시어 각 도에 의병을 일으키라는 밀칙을 내리셨다"는 취지의 통문을 밀지의 사본과 함께 발송하기도 하였다.[92] 그리하여 최익현에게 직접 배웠거나 그를 사숙·추존하는 全海山·沈南一·李錫庸·梁漢奎 등 호남의 기라성 같은 의병장들이 창의에 나섰다. 아울러 1907년 가을부터 전남 일대를 무대로 두드러진 의병활동을 전개한 심남일이 최익현에게 내려진 1905년 11월 22일자 밀지의 권위에 기대어 활동하고 있었음을 보면,[93] 이들도 최익현으로부터 사본 밀지를 전달받았을 것이다.

경상좌도 지역에 일정한 영향력을 지닌 시종관 정환직은 을사조약 후 어전에서 직접 밀지를 받았다.[94] 의술로 출사한 정환직은 1900년 11월 종묘 화재 시에 廟主를 모시고 고종과 태자를 업고 호위한 공으로 출세가도를 달린 태의원 별입시였다.[95] 당시 고종은 입시한 정환직에게 말없이 눈물을 흘리며 '和泉' 두 자를 직접 써주었는데, 화천은 '和泉之水'의 준말로 일본군에게 유폐당한 자신을 구해달라는 의미였다. 밀명을 받은 정환직은 아들 鄭鏞基를 경상좌도 지역으로 내려보내 거의토록 하였다. 또 경북 선산에서 거의를 모색하고 있던 허위에게도 자금 2만 냥을 지급하여 군사들을 모집하게

---

91 최익현, 『면암집』, 부록, 권4, 「연보」, 을사—병오년조.
92 『한국독립운동사』 1, 「의병장 姜士文·安桂洪…姜武景 취조서」, 789쪽.
93 오준선, 「심남일실기」, 『독립운동사자료집』 2, 588, 927쪽.
94 이순구, 「산남의진사」, 『독립운동사자료집』 3, 381~382쪽.
95 송상도, 『기로수필』, 「정환직」, 139~140쪽.

하였다.

 정용기는 1906년 1월에 고향 영천으로 돌아와 李韓久·鄭純基 등과 창의를 결의하고 3월에 산남의진을 조직하여 관동으로의 진출을 목표로 삼아 활동하였다. 이후 정용기는 서울과 경상좌도를 왕래하며 거의를 독려한 부친의 후원을 받아가며 1907년 8월경까지 양차에 걸쳐 의진을 조직하여 일본군과 전투를 치렀다.96 그런데 산남의진이 결성된 다음 정용기의 재종제인 鄭純基가 산남의진의 소모장 자격으로 영해지방에 파견되어 申乭石에게 거의를 촉구하였다.97 산남의진에 뒤이어 4월에 신돌석이 거의함으로써 경상좌도 각지에서 의병운동이 본격화되었다.

 신돌석은 1906년 4월 6일 경북 영해에서 100여 명의 군사로 일어나 1908년 10월까지 영해·양양·평해지역을 중심으로 활약했다. 그런데 신돌석의 창의는 고종세력의 구국의지와 영해지역 재야세력의 항일열기가 맞물려 나타난 결과였다. 기왕에 대표적 평민의병장으로 알려진 신돌석은 사실 평민이 아니라 양반급 향리의 후손이었다. 그는 각기 다른 경로로 고종의 밀지를 받은 정환직-정용기 부자와 김현준-이상룡의 양면적인 후원과 지도에 힘입어 거의하였다.98 따라서 신돌석의진은 밀지를 소지한 연합의병장과 재야유력자의 독려와 후원을 받고 뒤늦게 일어난 군소의진이었다. 당시 신돌석의진에 신분과 관력이 신돌석을 능가하는 인사들이 다수 참여한 것도,99 기왕의 주장처럼 영해지방에서 신분차별이 해소된 결과라기보다는 오히려 신돌석이 고종세력의 대리인인 정용기나 이상룡에게 의병장의 자격을 인정

---

96 권영배,「산남의진(1906~1908)의 조직과 활동」,『역사교육논집』16, 1991, 136~149쪽.
97 『산남의진유사』, 문협출판사, 1970, 257~258쪽.
98 李圭洪,「洗心軒日記」, 乙巳-己酉年條 ; 李濬衡,「先府君遺事」,『石洲遺稿後集』. 東南義師 曾所聽裁者 如申乭石金相泰等 次第被死. 이상룡은 1909년 2월 안동경찰서로 끌려가 의병과의 연결을 호되게 추궁당했다.
99 신돌석의진에는 1901년 내부주사를 지낸 白南壽를 비롯하여 務安박씨·載寧이씨·大興백씨 등 영해지방의 양반들이 다수 참여하였다. 김정미,「한말 경상도 영해지방의 의병전쟁」,『대구사학』42, 1991, 49~52쪽.

받은 인물이기 때문이었다. 따라서 앞으로는 신돌석의 평민성·豪勇性만을 일방적으로 강조하는 국수주의적 연구경향에서 벗어나 고종 측근의 정환직과 김현준이 신돌석의 봉기에 미친 영향까지 아울러 고려해야만 여전히 신화에 감싸여 있는 신돌석의 의병활동을 사실 그대로 밝혀낼 수 있을 것이다.

  1906년 4월 이후에 벌어진 전국적 의병봉기는 상당 부분 서울과 지방에서 암약 중이던 고종세력의 활약 덕분이었다. 을사오조약 후 서울에서는 별입시를 중심으로 대규모 항일의병운동이 일어났다. 1906년 4월 고종의 밀지성 친필 항일메모('島夷敵臣伊藤長谷千')와 궁내부에 비장된 마패와 밀칙을 가지고 간도로 창의하러 가던 고종의 측근 金升旼이 일본헌병대에 붙잡혀 혹독한 고문을 당했다.100 어전에서 이토 히로부미는 김승민의 마패와 밀칙 소지 문제, 고종의 시종인 李敏和·姜錫鎬의 김승민 천거와 조력 문제 등을 들먹이며 고종을 겁박하였다.101 또 4월에 유생 李文和·金錫恒·柳漢鼎·李鍾大·安漢周·李麟淳·趙性燦 등이 의병에 연루됐다는 이유로 일본군사령부에 수감되었다.102 5월 이후 서울에서 홍주의병과 기타 항일활동을 후원했다는 혐의로 일본헌병대에 체포된 인사들이 무려 100여 명에 달했는데,103 이 중에는 趙南升·李鳳來·閔炯植·閔景植·閔丙漢·洪在鳳·강석호·이민화·申상궁 등 주모자급 별입시들이 대거 포함되어 있었다.104

  1906년 5월 서울에서는 홍주의병 및 태인의병 관련자들에 대한 검거선풍이 치열하게 불고 있었다. 이때 탁지부·농상공부 주사를 지낸 '別薦臣'(별입시) 姜昌熙105가 李重愚·盧炳大의 서명이 들어있는 1906년 5월 1일자 고

---

100 『대한매일신보』, 1906년 12월 9일 ; 『만세보』, 1906년 7월 24일.
101 『통감부문서』 1, 「한국시정개선에 관한 협의회…회의록」(1906.7.3), 193~197쪽.
102 황현, 『매천야록』, 383쪽.
103 『대한매일신보』, 1906년 12월 19일.
104 『대한매일신보』, 1906년 10월 24일 ; 『만세보』, 1906년 10월 25일. 이때 閔丙奭·朴鏞和 등도 의병봉기 혐의로 체포되었다.
105 탁지부 및 농상공부 주사를 지낸 강창희는 1903년 6월 궁중의 지원하에 宋秀萬(보안회장)·金璉植(한성재판소 수반판사)·沈相禧(을미 여주의병장) 등과 함께 제일은행권 유통 반대운동을 펼쳤던 항일인사이다. 『주한일본공사관기록』 17, 「제일은행권 유통저지

종의 밀지를 金道鉉에게 주어 거의토록 하였다.106 거의 같은 시기에 許蔿·李康秊·呂中龍 등이 서울 혜화동에서 모여 '歃血盟約'하고 '斫指署印'하며 창의를 다짐하였다. 이때 허위는 안동에서 봉기하여 강원도를 거쳐 상경하고, 이강년은 상주에서 거의하여 충청도를 거쳐 상경하고, 여중룡은 金山에게 거의하여 전라도의 최익현과 합세하여 상경하기로 하였다.107 그러나 이들의 창의노력은 지지부진을 면치 못하다가 1907년 여름경 고종의 밀지를 받은 다음에야 결실을 맺게 되었다. 또한 6월에는 "남도 의병 根因은 경성 거주 모모 관인이 지휘한다 하야" 일본군사령부에서는 그 혐의자로 丁모·李모를 체포하였다.108

1906년 7월에는 항일운동자 70여 명 가량이 서울에 모여 의병운동을 모의하였다. 이때 일본군이 그들의 집결처인 社洞을 급습하자 모두 피신하고 徐相綺만 체포되었다.109 또 같은 달 서울의 金升旼·閔京鎬·金南濟·姜遠馨·李文求 등이 영남유생들의 거의를 추동하고 있었다.110 9월에는 한규설의 수하인 별입시 朴樑來가 1905년 가을에 한규설이 건네준 문건을 가지고 평안도로 가서 창의활동을 벌이다가 체포된 사실이 뒤늦게 보도되었다.111 당시 박양래는 평안도 유약소를 전덕원가에 개설하고 군자금을 모집하여 홍주의병을 후원하려 했으나 홍주의병이 패했다는 소식을 듣고 이민조약을 반대하기 위해 의병을 모집하여 항의상소를 올리려 하였다.112 11월에는 "명성이 자자한 서울의 자본가 가운데 신양반 2인과 구양반 2인이 춘천의병을 후원했다"는 명목으로 경무청에 붙잡혀 취조를 받고 있었다.113

운동…건」(1903.6.22), 79~80쪽.
106 이구영 편역, 「賜布衣臣金道鉉」, 『호서의병사적』, 457~458쪽.
107 여중룡, 「을사일기」, 『남은선생유집』 2.
108 『대한매일신보』, 1906년 6월 5일.
109 『만세보』, 1906년 7월 6일.
110 『만세보』, 1906년 7월 12일.
111 『만세보』, 1906년 9월 2일.
112 『국권회복운동판결문집』, 총무처 정부기록보존소, 1995, 166쪽.

1906년 12월 이전에는 전 내부대신 李容泰 일파가 朴齊純 친일내각을 타도하기 위해 "문하의 유생들을 선동하여 각지에서 의병을 일으키고자" 노력하고 있었다.114 그런데 의병장 허위와 황해도의병을 후원한 신기선과 친교가 있는 이용태는 심상훈의 매부이자 민씨척족의 거두로 인정받은 閔應植의 아들 閔丙承과 사돈 간이었다. 또 그는 羅寅永·吳基鎬 등이 주도한 을사오적 암살거사에 민영휘의 양자 閔衡植과 함께 거액의 자금을 내놓았던 영향력 있는 인물이었다.115 따라서 문하 유생들을 동원한 이용태의 내밀한 창의기도는 큰 영향을 미쳤을 것으로 보인다.

1906년 말경에 고종의 정치적 대리인인 심상훈은 이강년의 거의를 후원하였다. 이미 이강년은 을사조약 이전부터 허위·여중룡 등과 서울에서 거의를 도모하다가 어느 때쯤에 제천에 내려와 경북-충북 지역을 넘나들며 김현준·이규홍·차성충·이상룡 등과 접촉하고 있었다.116 1906년 겨울 제천에 내려온 심상훈은 원주와 영월 접경에 있는 拜向山(培陽山)으로 직접 이강년을 찾아가서 초피 갑옷과 衾枕을 전달하고 위로하였다. 그런데 이강년이 이를 사퇴하자 심상훈은 곧이어 쌀과 포목을 실어 보내 의진의 군수로 삼도록 하였다.117 제천의 거물인 심상훈이 후원하는 상징적인 인물로 부상한 이강년은 1907년 3월에 거의하여 군사와 군수품을 널리 모집한 다음 충북-강원-경북지방을 무대로 본격적인 거의활동에 돌입하였다.118 심상훈의

---

113 『만세보』, 1906년 11월 15일.
114 『통감부문서』 3, 「통감부제일회보고」(1906.12.1), 1~2쪽.
115 『동학서』, 「나인영사건」, 규장각도서, 규17295. 나인영의거에 주도세력으로 참여한 朴大夏(최익현숭배자)·李鴻來·李容彩 등은 閔泳煥의 수하들인데, 이들은 1907년 이전에 의병운동을 벌였다. 그런데 이들이 을사조약 이전에 민영환의 지시에 따라 활동했는지 혹은 민영환 사후에 독자적으로 활동했는지는 분명치 않다. 정교, 『대한계년사』 하, 226~227쪽 ; 『통감부문서』 9, 「정부전복과 대신암살에 관한 건」, 432쪽.
116 이강년, 『운강선생창의일록』, 82쪽 ; 이규홍, 「誄文」, 『운강이강년전집』, 청권사, 1993, 198쪽.
117 이강년, 『운강선생창의일록』, 17~18쪽.
118 이강년의 의병활동에 대해서는 구완회, 『한말의 제천의병』, 집문당, 1997, 제2부 참조.

사자가 이듬해 여름에 이강년을 都體察使로 임명한다는 '광무 11년 7월'자 밀지를 전달했는데,[119] 이 밀지는 이강년의 의병장으로서의 권위를 높이는 데 크게 기여하였다.[120]

1907년 1월 초에 을미 진주의병장 노응규가 최익현의 대마도 구금에 분개하여 충북 황간 일대에서 의병을 일으키려다가 체포되었다. 당시 그는 동지를 규합할 때에 "한국 인민이 일제에게 곤욕을 당하고 있으니 통한함을 참을 수 없다. 많은 의사들과 함께 경성 통감부로 가서 한일협약을 폐기하고 일본인을 몰아내고 종사와 생령을 편안케 하자"고 역설하였다.[121] 을미의병운동 때에 고종의 밀지를 가지고 서울에서 진주로 내려가 활약했던 그는 후기의병기에는 밀지 대신 마패를 가지고 지지자를 모으려 하였다. 그는 일제에게 피체되어 3월에 경성 경무청 감옥에서 장렬히 순사하였다.[122]

1907년 1월경에 추진된 고종의 제5자 의친왕 李堈의 거의활동은 주목할 만한 사실이다. 춘천출신의 대한제국 군인 睦衡信(1877년생)이 죽기 직전에 남긴 기록에 의하면, 이강은 1907년 1월 중순경에 북한산성에서 문관 3인, 군관 105인, 민간인 120명과 은밀한 모임을 가졌다. 여기서 이강은 자신이 목도한 구미 각국의 발전상을 열거하고 대한제국의 위급함을 한탄한 다음 그 자리에 참석한 군관들에게 각자 귀향하여 창의할 것을 간곡히 권하였다. 모임을 마친 다음 모든 사람이 이강을 모시고 서명 날인하였다.[123] 이때 이강의 권고에 따라 상당수의 군인과 상민들이 재야로 낙향하여 창의의 깃발을 들었음을 어렵지 않게 짐작할 수 있다.[124] 따라서 이강은 세간에 파락호

---

119 심상훈은 1907년 8월 6일에 사제에서 서거하였다. 『대한매일신보』, 1907년 8월 8일.
120 권용일, 「정미왜란창의록」, 『창작과비평』, 1977년 겨울호, 216~217쪽.
121 『국권회복운동판결문집』, 167~168쪽 ; 『대한매일신보』, 1907년 1월 19일.
122 『대한매일신보』, 1907년 3월 10일.
123 박민일 해제, 「목형신의 관병·의병생활 個人日誌」, 『강원문화연구』 13, 1994.
124 이강은 모친이 인동장씨이며 경남 통영과 진주에 각기 어장과 別邸를 가지고 있었다. 그래서 이강은 경상우도 일대에 일정한 연고가 있었다. 그가 1909년 10월 거창의 전 승지 鄭泰均의 집에 한 달간 머물며 의병근거지 구축을 도모했다가 일본군에 강제 호송당한 사실이 지금도 거창지방에 전해져 오고 있다. 『매일신보』, 1915년 9월 16일 ; 『한

로 알려진 것과 달리 위난지경에 빠진 왕조를 구하기 위해 나름대로 분투하고 있었다.

1907년 3월경에 시작된 유인석의 창의활동은 상당한 파급 효과를 낳았다. 을미 제천의병장 유인석은 경상·함경도를 제외한 광범한 지역에 영향력을 가진 화서학파의 종장으로서 한말 의병의 총수로 불릴 만한 인물이었다. 따라서 유인석의 창의활동은 곧바로 경기충청·강원·황해도 지역에 퍼져있는 화서학파와 그 주변세력들의 창의활동으로 전이되기 마련이었다. 유인석은 러일전쟁 후부터 을사조약 이전까지 상황 변화에 따라 창의론과 守義論을 넘나들고 있었다.[125] 을사조약 후 유인석은 전국민의 총궐기를 호소하는 의병통문을 전국 각지에 발송했으나 신병(각기병)과 사세의 변화로 말미암아 별다른 성과를 올리지 못했다.[126] 이후에 그는 '정객'들과 이따금 많은 담소를 나누며 시국을 예의 관찰하고 있었다.[127]

유인석은 1907년 3월에 朴魯天과 韓南洙에게서 마패와 밀지를 받은 다음에 본격적인 창의에 돌입하였다.[128] 평산의병장 채응언의 공술에 의하면 "융희 원년경에 碩儒 유인석이 태황제의 의대조를 받들고 의병을 천하에 모집한 결과 사방에서 동지들이 향응하여 혈성으로 봉기하였다"고 한다.[129] 그리하여 제천·춘천·평산·홍천 등지에 퍼져있는 유인석의 동문과 제자들이

민족독립운동사자료집 5 : 대동단사건 Ⅰ』, 「정운복심문조서」, 국사편찬위원회, 1988, 96~97쪽 ;『나의 아버지 의친왕』, 도서출판眞, 1997, 63~64, 161쪽.
125 유한철,『유인석 의병 연구』, 국민대학교 국사학과 박사학위논문, 1997, 100~107쪽.
126 유인석,『의암집』, 권24, 「통고일국진신사림서」(1905.11.25), 권36, 「西嶽問答」(1906. 陰3).
127 춘천헌병대본부 편찬,『강원도상황경개』, 1913, 218쪽.
128 이정규, 「종의록」,『독립운동사자료집』 2, 69쪽. 이정규는 박노천·한남수 등이 친일세력이라서 유인석이 '密符'와 마패를 물리쳤다고 말했다. 그러나 이는 사실과 다르다. 박노천은 허위의 측근인사였고, 한남수는 1919년 한성임시정부에 가담한 인사였다. 또 의병장 채응언은 1907년에 유인석이 밀지를 가지고 의병을 소모했다고 말했다. 한마디로 유인석은 '고위층의 적극적 의지와 활동'이 의병운동의 원동력이라고 누차 '공개적으로' 강조했을 정도로 누구보다도 고종의 밀지를 중시한 인물이었다.
129 독립운동사편찬위원회 편,『독립운동사자료집』별집 1, 1974, 224쪽.

그의 창의에 자극받아 대거 의병활동에 나서게 되었다. 유인석은 1907년 7월경 서울 중부 교동에 거주하는 李容圭의 사자 金齊鉉의 방문을 받고 그와 뜻을 통하였다. 이어 자신의 본거지인 춘천을 아우 柳台錫과 朴善明에게 부탁한 다음 블라디보스톡행을 목표로 원산으로 출발했다.[130] 유인석은 1908년 봄에 블라디보스톡에서 안중근·이범윤 등과 함께 마패와 밀지를 가지고 의병소모 활동에 나섰다.[131] 이후 유인석은 고령에다가 신병이 겹쳤기 때문에 군사활동에는 참여치 않고 이면에서 의병참여자를 후원·지도하는 정신적 대부 역할을 맡았다.[132]

한말 20만의 한인들이 살고 있던 연해주는 고종세력이 한국독립운동의 전초기지이자 고종의 망명지로 삼으려던 곳이다. 그런데 다른 지역보다 훨씬 많은 인력과 군자금이 연해주에 투입된 것은 연해주의 정치·사회적 특수성 때문이었다. 다시 말해 국내에서 고종세력은 측근이나 밀사를 통하여 지방 각지에 있는 자기들 소유의 향제와 농장에 딸려있는 농민이나 포군을 대거 동원하고, 동시에 친교가 있는 인근의 유력자와 부호들에게 군자금을 얻어냄으로써 쉽게 의병을 일으킬 수 있었다. 그러나 연해주는 그들의 영향력이 미치지 못하는 낯선 곳이었다. 따라서 고종세력은 을사조약 후 들끓고 있는 재러한인의 항일열기를 수렴하기 위해 연해주에 인력과 자금을 집중적으로 내려보냈다.

1907년 봄부터 구체화되기 시작한 연해주 지역의 의병운동은 세종대왕의 제5자 광평대군의 후손인 주러한국공사 李範晉과 간도관리사 李範允의 주도로 이루어졌다. 을미의병운동 당시 이범진은 춘천의병장 李昭應과 연대하여 고종의 아관파천을 주도하였고,[133] 이범윤은 이범진을 도와가면서 제천

---

130 춘천헌병대본부 편찬,『강원도상황경개』, 218~219, 225쪽. 유태석은 1908년 5월 가평 전투에서 전사하였다.
131 조창용,「本港遊覽錄」(1908.3),『해항일기』, 한국독립운동사연구소, 1993, 131~132쪽.
132 유인석의 연해주에서의 행적에 대해서는 박민영,「유인석의 국외항일투쟁 노정(1896-1915)」,『한국근현대사연구』19, 2001.
133 오영섭,「을미 의병운동의 정치·사회적 배경」, 253쪽.

의 유인석과 연락을 취하고 있었다.[134] 양인 가운데 이범진은 러시아수도 페테르부르크에서 서울의 고종세력과 전보나 서신을 통한 비밀연락을 해가며 연해주의병의 결성과 활동을 적극 권하였고, 러일전쟁 후 북간도에서 연해주로 건너간 이범윤은 그곳의 토착세력인 크라스키노(煙秋)의 崔才亨·嚴仁燮 등과 연대하여 직접 의병소모활동을 펼쳤다.

이범윤은 1907년 2월 이전에 중앙에서 받은 밀지를 가지고 블라디보스톡 일대에서 의병을 규합하며 일진회 성토운동을 벌였다.[135] 또한 병사와 군자금을 모집함에 있어 이범윤은 鍮尺과 마패[136]를 가지고 고종과 자신과의 관계를 과시하였다.[137] 이범진은 1907년 봄부터 겨울까지 이범윤·엄인섭 등과 누차 서한을 주고받으며 시사를 개탄하고 국권회복의 방책을 강구했다. 특히, 이범진은 9월 30일자 엄인섭의 편지에 대한 답신에서 그가 무사히 서울에 다녀온 것을 위로하고 대궐['內裏']에서 내려준 '하사금'을 중간에서 사기당했다는 소식에 분통함을 표시했다.[138] 이를 보면 1907년 가을 엄인섭이 고종세력에게서 거액의 군자금을 받았음을 알 수 있다.

연해주의병의 결성이 지지부진함을 면치 못하자 이범진은 1908년 2월 둘째 아들 李瑋鍾과 장인 놀켄남작에게 1만 루블의 거액을 소지시켜 연해주로 가서 의진의 결성을 후원하게 하였다.[139] 이를 기반으로 2~3월경 연해주 일대에서 이범진의 대리인 이위종, 이범진의 협력자 이범윤, 황실친위대 참령 출신의 金仁洙 등이 활발히 소모활동을 펼쳐 연해주의병의 토대를 닦았다.[140] 4월에 의병운동자 수백 명이 크라스키노의 최재형 집에 모여 동의회

---

134 『한국독립운동사』 1, 「제이회 이인영문답조서」, 732쪽.
135 『통감부문서』 3, 「원간도관리사 이범윤…건」(1907.5.14), 165~167쪽.
136 연해주와 함경도에서는 국내의 삼남 지방과 달리 의병소모 시에 밀지보다 마패가 중요 시됐는데, 이는 그 지역의 인민들이 대부분 유교문화의 소양이 깊지 못한 상민 이하 신분층에 속했기 때문이었다.
137 『統監府文書』 5, 「로국 영토내의 한국인 비도…건」, 311~312쪽.
138 『불령단관계잡건 : 在西比利亞 5』, 「배일선인 이위종에 대하여」.
139 『이범진의 생애와 항일독립운동』, 「이범진 외교자료」, 215~216쪽 ; 『불령단관계잡건 : 在西比利亞 5』, 「배일선인 이위종에 대하여」.

를 조직하고 총장에 최재형, 부총장에 이위종을 선출하였다.[141] 그러나 이때 이범진파와 이범윤파 간에 주도권을 둘러싸고 알력이 생겨 이범윤파가 동의회에서 이탈하였다. 이범윤파는 밀지를 소지한 자신을 반대한 인사들을 "어명을 어긴 모반인"이라고 몰아붙이는 첩지를 각지에 붙였다. 이로 인해 연해주의병의 서울진공작전은 이위종·최재형·안중근·엄인섭 등 이범진파가 주도하였다.[142]

연해주에는 이범진·이범윤 외에도 고종세력과 연계한 중요 인사들이 활동하고 있었다. 1904년 7월 한일의정서 반대운동을 벌인 전 중추원의관 金斗星은 크라스키노에서 '의병총독'의 자격으로 '참모중장'이란 직책을 안중근에게 주어 이토 히로부미를 포살하게 하였다.[143] 유인석은 고종세력으로 추정되는 경성인 李容圭의 밀사와 요담을 나눈 후에 연해주행을 목표로 거의에 돌입하였다.[144] 연해주에서 그는 마패와 밀지를 가지고 이범윤·안중근 등과 의병소모활동을 벌였다. 安重根은 1907년 봄 평양에 내려온 閔泳徽의 문객 '김진사'[金達河]의 권유로 상경하였다.[145] 안중근은 김달하의 집에 몇 달간 머물며 金宗漢·閔衡植·安昌浩·李東輝·姜泳璣 등 서북학회 회원과 중앙고관들을 두루 만난 다음 김달하의 아들 金東億을 데리고 북만주를 거쳐 블라디보스톡에 도착하였다.[146] 민권주의자 내지 민중주의자라는

---

140 『이범진의 생애와 항일독립운동』, 「이범진 외교자료」, 남우수리 국경행정관 스미르노프→연해주 군총관 플루구(1908.4.3), 207쪽.
141 연해주의병에 대해서는 신용하, 「안중근의 사상과 의병운동」, 『한민족독립운동사연구』, 을유문화사, 1985 ; 박민영, 「한말 연해주 의병에 대한 고찰」, 『인하사학』1, 1993 ; 정제우, 「연해주 이범윤 의병」, 『한국독립운동사연구』11, 1997 ; 박환, 「구한말 러시아 연해주 최재형의병 연구」, 『한국독립운동사연구』13, 1999.
142 『불령단관계잡건 : 在西比利亞 5』, 「배일선인 이위종에 대하여」.
143 안중근, 「안응칠역사」, 110~112쪽. 안중근의거의 막후 주역인 미지의 인물 김두성에 대해서는 유인석설(조동걸)과 김두성설(신용하)이 있다. 그런데 한 가지 분명하고도 주목할 만한 사실은 그가 김두성이든지 유인석이든지 간에 연해주의병에 대한 총괄책임을 부여받은 고종세력의 밀사나 협력자였을 가능성이 높다는 사실이다.
144 춘천헌병대본부 편찬, 『강원도상황경개』, 218~219쪽.
145 안중근, 「안응칠역사」, 『안중근의사자서전』, 안중근의사숭모회, 1979, 110~112쪽.

기왕의 주장과 달리 의병운동 당시에 안중근은 일본세력과 매국노를 타도하고 대한제국의 국권과 고종의 전제군주제를 수호하고자 창의한 근왕주의자의 모습을 보였다.147 더욱이 안중근은 이범진이 러시아황제의 힘을 빌어 한국의 현 황제를 폐하려 한다고 오해하고 일시 그를 '모반인'이라고 불렀을 만큼 강렬한 근왕의식을 나타냈다.148 이처럼 유명한 척사유림과 호협지사들의 연해주행은 명망과 무용이 뛰어난 항일인사를 발탁하여 연해주지역의 한인사회를 단합시키려는 고종세력의 반일전략의 구도하에서 이루어진 것임을 유념할 필요가 있다.

술사로 입신하여 거만의 부를 쌓은 별입시 崔秉周와 주사 金完駿은 1908년 봄에 마패와 붉은 인장과 훈령장을 가지고 연해주 각지를 돌아다니며 군수전을 모금하다가 논란을 빚기도 하였다.149 1910년 성명회 선언에 참여한 전 남해군수 李奎豊(李穆)은 3·1운동 후 한정정부에 가담한 李奎甲의 친형인데, 1908년에 고종의 밀지를 받아 가지고 연해주로 가서 의병의 서울진공작전에 가담하였다.150 李範錫과 鄭淳萬은 을사조약 후 '柳麟赫' 함께 고종의 밀지를 가지고 강원·함경도 등지에서 소모활동을 하다가 연해주로 옮겨가 활동하였다.151 이 중 이범석은 1910년 8월 성명회 선언에 참여하였다. 별입시 김승민은 고종의 밀지를 가지고 북간도에서 의병을 소모하다가 체포되어 옥고를 치른 다음 1908년 늦가을 이후 제자 5~6인을 데리고 크라스키노-블라디보스톡 일대에서 모종의 활동을 벌이고 있었다.152 당시 일본측

---

146 『한국독립운동사 자료 7』, 243~244쪽.
147 『한국독립운동사 자료 6』, 173쪽 ; 오영섭, 「안중근 가문의 독립운동」, 『한국민족운동사연구』 30, 2002, 35쪽.
148 『불령단관계잡건 : 在西比利亞 5』, 「배일선인 이위종에 대하여」.
149 『해죠신문』, 1908년 4월 30일, 5월 1일.
150 이규갑, 「한성임시정부수립의 전말」, 『신동아』, 1969년 4월호, 180쪽. 이규풍은 1911년 서울로 돌아와 "비밀리에 창의대장이란 호칭을 받고 고향 아산으로 금의환향했다"고 한다.
151 한규무, 「정순만론」, 『한국기독교사연구』 22, 1988.10, 24쪽.
152 『대동공보』, 1909년 3월 31일 ; 『신한민보』, 1909년 3월 3일.

은 1909년 1월 경성에서 폭도를 선동한 북청의 金承旨가 20만 원(혹40만 원)의 거액을 소지하고 크라스키노에 나타나 그중 2만 원을 최재형의 동의회에 기부했다고 했는데,153 이는 김승민의 활동을 말한 것으로 보여진다.154

3. 제3단계 : 고종 퇴위~남한대토벌작전

고종퇴위는 을사조약 후 고종세력의 창의활동으로 크게 동요하고 있던 지방민들의 무장투쟁을 가열시켰다. 게다가 현직군인을 대거 실직자로 만든 군대해산은 의병운동에 새로운 무력을 보충해 주었다. 그리하여 의병운동이 고조되는 양상을 나타내자 일제는 강경 진압책으로 맞섰다. 이미 고종 퇴위 직후에 서울에서는 의병을 창기하려 했다는 혐의로 具哲祖와 鄭寅奭이 헌병사령부에 체포되었다가 풀려났다.155 또 국민대연설회(1909)를 개최하여 한일병합 찬성론자들을 통렬히 공박했던 閔泳奎의 아들 閔鳳植이 항일운동 혐의로 경무청에 체포되었다.156 그리고 일제 경무청은 남북촌 모모 관인의 성명을 列錄하여 조사하는 가운데 항일혐의가 있는 70여 명을 체포하기로 하였다.157

항일운동자에 대한 검거선풍 속에서 고종과 그의 측근들은 일제의 삼엄한 감시망을 뚫고 밀사를 보내 재야세력과 접촉하였다. 이때 고종세력과 연대하여 의병활동을 벌인 비중 있는 연합의병장은 許蔿・李麟榮・李殷瓚・安圭洪・朴箕燮・柳弘錫 등이었다. 이들은 고종세력으로부터 밀지를 받거나 아니면 밀지에 준하는 내락이나 권고를 받은 후에 의병장에 올랐다. 이

---

153 『한국독립운동사 자료13 : 의병편Ⅵ』, 181, 193~194쪽.
154 또 궁내부대신 심상훈이 발행한 1905년 9월자 참봉 첩지를 가지고 다니며 '협잡한' 姜승지가 있었는데, 그가 단순한 협잡꾼인지 고종세력의 수하인지는 분명치 않다. 『해죠신문』, 1908년 4월 1일.
155 『대한매일신보』, 1907년 8월 13일.
156 『대한매일신보』, 1907년 9월 5일.
157 『대한매일신보』, 1907년 9월 10일.

어 그들은 밀지의 사본과 창의 격문을 인근 지역에 발송하고, 밀지의 권위에 기대어 주변의 군소 의병진들을 통합해 나갔다. 이렇게 함으로써 한말 의병 운동을 대표하는 대규모 연합의진이 결성되었다.

먼저, 단발령 후에 고종의 밀칙을 받고 봉기한 경력을 지닌 허위는 1904년 여름에 한일의정서 및 황무지개척권 요구 반대운동을 주도하면서 다시금 창의를 모색하였다.[158] 그러나 "허참찬은 실상은 없고 큰 소리만 잘한다"는 세평처럼 허위의 거의노력은 가시적 성과를 올리지 못하였다.[159] 허위는 계속 창의를 도모하다가 1905년 3월 金鶴鎭 등과 함께 일본군사령부에 구금되어 7월에 향리로 강제 하송되었다.[160] 이어 을사조약 체결 후 경기·충청·전라·강원도 각지를 돌아다니며 지사·유림들과 시국을 모의하였다. 그리하여 郭鍾錫·玄尙健·李學均·柳麟錫 등과 더불어 창의를 논의하는 한편, 군사를 소모하기 위해 고종 측근 정환직에게서 2만 냥의 자금을 얻어다 흩어져 있는 군인들의 생계를 돕도록 하였다.[161] 이어 1907년 7월 궁중에서 내려준 '거의'라는 두 글자가 쓰인 밀지가 들어있는 봉서를 받고 9월에 경기도에서 창의하여 경기북부를 무대로 의병활동에 들어갔다.[162] 허위가 창의하자 영남 일대에 영향력을 가진 전 대구관찰사 張承遠이 군자금 3만 냥을 내놓기도 하였다.[163]

다음으로 을사조약 후 거의를 모색하고 있던 이인영은 1907년 9월 원주

---

158 단발령 후 허위의 밀지수령 사실은 강주진,「허위의 정치적 경륜」,『나라사랑』27, 1977, 39쪽.
159 『대한매일신보』, 1904년 9월 7일.
160 『황성신문』, 1905년 3월 14·27일, 7월 15·27일.
161 한국학문헌연구소 편,『국역 왕산전서』, 권2, 부록,「행장」, 아세아문화사, 1985, 90~91쪽.
162 한국학문헌연구소 편,『국역 왕산전서』, 권2, 부록,「행장」·「묘갈명」, 91·112쪽. 허위의 의병활동에 대해서는『왕산 허위의 사상과 구국의병항쟁』, 금오공대 선주문화연구소, 1995.
163 『황성신문』, 1808년 5월 20일 ;『통감부문서』10,「전 대구관찰사 장승원 폭도와의 내통설 건」, 250~251쪽. 장승원은 1917년에 군자금 납부를 거부하여 박상진의 광복회에 의해 포살되었다.

에서 거의하였다. 그는 8월 말 경에 500명의 군사를 거느리고 문경을 찾아온 원주 출신의 유생의병장 李殷瓚과 서울 출신의 사인 李求采(九載)가 고종의 밀지를 가지고 며칠간 간곡히 거의를 청하자 거기에 응하였다.[164] 이인영은 관동창의대장에 취임한 다음 서울진공을 목표로 의병의 진용을 정비하여 총독장에 이구채, 중군장에 이은찬을 임명하였다. 그런데 그들이 고종의 밀지를 소지하고 있었던 것으로 보아 이구채와 이은찬은 고종세력의 문객이나 조력자였을 것이다. 당시 일본측은 이인영이 거의하기 전에 비밀리에 상경하여 별입시 李裕寅의 아들 李紹榮[165] 및 '二三의 有志'들과 사전에 거의를 모의했다고 하였다.[166]

1907년 늦가을에 13도창의군의 집결지인 양주로 진격하는 과정에서 이인영의진은 수십 회의 전투를 치렀다. 그중 11월 7~9일 3천 명 이상의 의병과 6백 명 내외의 일본군이 동원된 마전전투와 三山전투는 한말 의병운동사에서 최대 규모의 전투였다.[167] 이처럼 악전고투를 치른 다음 1907년 12월 이인영의진·허위의진·민긍호의진을 주축으로 전국적인 13도창의군이 결성되었다.[168] 그런데 13도창의대장에는 허위·민긍호·이은찬 등에 비해 관력·兵權·재정권 등 여러 면에서 부족한 이인영이 추대되었다. 이는 각처 의병장들이 양주에 집결했을 때에 서울에서 내려온 참봉 陳明燮이 신분과 문벌이 가장 높은 이인영에게 밀지를 전달했기 때문이었다.[169] 다시 말해,

---

164 『한국독립운동사』 1, 「제일회 이인영문답조서」, 721쪽 ; 『대한매일신보』, 1909년 7월 28일, 「의병총대장 이인영씨의 약사(속)」 ; 송상도, 『기로수필』, 「이인영」·「이은찬」, 127~128쪽.
165 이소영은 1908년 상반기에 예천지역에서 150명의 군사를 거느리고 의병활동을 전개하고 있었다. 『한국독립운동사』 1, 281쪽.
166 『한국독립운동사』 1, 「제일회 이인영문답조서」, 729, 734, 741쪽.
167 『한국독립운동사 자료8 : 의병편 I』, 93, 104~105, 108~110쪽.
168 평산의 朴箕燮, 장단의 金秀敏, 철원의 金圭植, 적성의 허위, 지평의 이인영, 제천의 이강년, 원주의 민긍호 등이 서로 연결하여 13도의군에 참여하게 되었다. 『대한매일신보』, 1907년 11월 28일.
169 『한국독립운동사』 1, 「제일회 이인영문답조서」, 724~726쪽.

이인영은 고종의 권위를 일시 위임하는 성격을 지닌 밀지를 통하여 13도창 의대장으로서의 자격을 갖추게 되었다.

다음으로, 고종세력이 내려준 밀지를 가지고 이인영을 거의시킨 이은찬은 이구채와 함께 관동창의군 및 13도창의군의 결성과 활동을 주도한 핵심인물이었다. 그는 13도창의군의 서울진공작전이 실패한 후 1908년 3월 이전에 경기북부를 무대로 창의원수부를 조직하고 핵심요직인 중군장을 다시 맡았다. 이은찬은 제2차 서울진공작전을 추진 중이던 허위가 6월에 永平에서 체포되자 尹仁淳·鄭用大·延基羽 등 의병장들과 협력해 가며 1909년 9월 체포될 때까지 경기북부에서 의병운동을 주도해 나갔다.170

이상에서 살펴본 허위·이인영·이은찬의병은 전투규모·군사수·무장력 등에서 한말 의병을 대표할 만하다. 그런데 1908년 11월 무려 1만 명에 달했던 13도창의군의 운영비와 군수비는 어떻게 마련했을까? 또 1909년 2월경 이은찬·윤인순·정용대부대 450여 명과 강화의 池洪一부대 100여 명은 모두 서해를 통해 청국에서 밀수한 5연발총·모젤총·기타 양총 등 최신식 무기를 소지했는데,171 그 무기와 탄약은 무슨 자금으로 구입했는가? 게다가 용병군에 해당하는 포군의 고용비는 어떻게 충당했을까? 한마디로 말해 그러한 막대한 비용은 고종의 내탕금이나 고종 측근들의 지원금이 아니고서는 도저히 감당할 수가 없다. 이러한 문제제기는 한말 의병운동 당시 군사 수가 많았고 전투력이 우수했던 모든 의진에 공통적으로 적용되는 문제이지만, 여기서는 일단 경기의병의 활동에 일정하게 간여된 것으로 여겨지는 인사들만을 간략히 살펴보겠다.

고종 측근 閔泳達은 일제측으로부터 1907년 의병봉기에 간여했다는 혐의를 받았다.172 일제의 작위를 물리친 민영달은 1910년대 초에 李熹·李堈·

---

170 김순덕, 『경기지방 의병운동 연구(1904~1911)』, 한양대학교 사학과 박사학위논문, 2003.2, 100~114쪽.
171 『통감부문서』 6, 「폭도수령 이은찬…등 무장출현 건」, 16~17쪽 ; 『한국독립운동사 자료 12 : 의병편 Ⅴ』, 409, 625~626쪽.

閔泳徽・朴泳孝・李完用・李載完・송병준 등과 함께 한국의 거부로 알려졌다.[173] 그는 이봉래・이용익과 함께 고종의 내탕금 관리자로서 韓圭卨・兪鎭泰・李會榮 등 근왕적 민족주의자들과 교분이 깊었다.[174] 민영달의 향제는 한강-임진강 하류에 인접한 파주군 교하에 있었는데, 의병들이 그곳에 난입하여 양총과 탄약 및 세곡 150여 석을 빼앗아가기도 하였다.[175] 그러나 이는 양자 간에 사전양해가 이루어진 기획된 사건이었을 가능성이 농후하다. 젊었을 때 민영달을 옆에서 모셨던 정인보는 「민영달전」에서 민영달이 의병운동을 비롯한 여러 운동을 벌이느라 "막대한 자금을 소모했다"고 하였다.[176] 또 민영달은 1910년대 내내 이회영의 고종망명운동을 적극 후원했으며, 1918년에는 망명자금으로 50만 원이라는 거액을 내놓기도 하였다.[177] 이러한 사실들을 감안하면, 민영달은 한말 경기북부 임진강 일대의 의병활동에 일정한 영향을 미쳤을 것이다.

李會榮은 명문 소론가문의 후예로서 헤이그특사사건의 막후주역이자 한국독립운동의 요람지인 신흥무관학교를 설립한 애국지사이다. 그는 을사조약 후 가산을 기울여 羅寅永・奇山度 등의 을사오적 암살거사에 활동자금을 지원하였다.[178] 또 1910년대에 민영달・洪增植(전 판서)・李喬永(시종)・安鎬瀅(내시)・兪鎭泰・한규설 등과 연계하여 두 차례 고종망명운동을 벌였다.[179] 1908년 여름 블라디보스톡에서 동지 李相卨을 만나고 돌아온 다음

---

172 최영희, 「한말관인의 경력일반」, 『사학연구』 21, 1969, 387쪽.
173 『매일신보』, 1911년 7월 28일.
174 정인보, 「閔綏堂과 韓江石」, 『동아일보』, 1930년 12월 1~3일.
175 『독립운동사자료집 별집1』, 29쪽 ; 『대한매일신보』, 1908년 11월 2일.
176 정인보, 「민영달전」, 『담원정인보전집 5 : 담원문록 상』, 연세대학교 출판부, 1983, 50~51쪽. 乙未以後 起義兵者 多遙聯泳達 泳達所長 在足智慮敢爲 赴事機如騖 然世亞變 儵度或不中 用是 虛耗金錢無算.
177 이종복, 「고종황제와 우당선생」, 이정규・이관직, 『우당이회영약전』, 을유문화사, 1985, 187~193쪽.
178 이정규・이관직, 『우당이회영약전』, 30쪽.
179 이정규・이관직, 『우당이회영약전』, 52~53, 189~193쪽 ; 이규창, 『운명의 여신』, 보련

적극적으로 의병운동에 투신하였다. 이후 이회영은 成載九와 李冀永을 앞세워 지방의병과 연락을 취하며 많은 자금을 지원하였고, "부족한 군자금을 마련하느라 무한한 고초를 겪었으며" 때로는 귀족과 부호들을 회유하고 협박하며 군자금을 징발하였다.180 그런데 이회영의 지시에 따라 재야에서 활약한 동지 成載九는 고종의 밀지를 가지고 이은찬과 함께 활동한 미지의 인물 李求埰일 가능성도 있다.181

閔丙承과 嚴柱益은 거만의 부호이자 경향에 막강한 영향력을 지닌 인물들이었다. 여주에 300칸의 광대한 향제를 지닌 민씨척족의 거두 민응식의 아들 민병승은 은밀히 의병을 후원하였다. 의병들이 수시로 민병승의 집에 드나들자 일제는 그곳을 포위하고 수색하였다. 민병승은 피신하여 화를 면했지만, 일제는 보화를 약탈하고 집을 불태워버렸다.182 한성판윤과 군부협판을 지낸 엄주익은 엄비의 조카이자 재정관리자였다. 1907년 8월경에 양근 의병장 曺仁煥의 수하 全性煥이 상경하여 군자금 10만 냥을 엄주익에게 요청했다가 미수에 그친 일이 있었는데,183 이는 평소 엄주익이 지방의병과 모종의 관계를 맺었기 때문에 빚어진 소소한 사건으로 추정된다.

일제가 호남지방의 '폭도 거괴' 중에 전해산·심남일과 함께 첫째가는 인물로 꼽은 전남 보성의 안규홍은 1908년 2월 의병을 일으켰다.184 그런데 안규홍의병의 결성과 활동은 보성군의 유력자인 安極과 朴南鉉의 인적·물적 지원에 의해 이루어졌다.185 이 중 안극은 도적방비를 위해 양성한 가병

각, 24~26, 28~30쪽.
180 이정규·이관직, 『우당이회영약전』, 37~40, 141쪽.
181 일제는 「이인영문답조서」에서 이은찬의 동지 李求埰를 시종 '李九載'라고 불렀다. 또 이은찬의 모친은 李遲榮의 여식인데 이회영과 같은 경주이씨였으며, 이은찬과 엄비는 모두 원주 태생이었다.
182 황현, 『매천야록』, 429쪽.
183 『황성신문』, 1907년 11월 6일 ; 『독립운동사자료집 별집1』, 12쪽.
184 홍영기, 『대한제국시대 호남의병 연구』, 129~132쪽.
185 홍성찬, 「한말·일제하의 지주제 연구—보성 양씨가의 지주경영과 그 변동—」, 『동방학지』 114, 2001, 60쪽.

100여 명을 안규홍에게 주었고, 자가의 토지를 팔아서 그 돈으로 의병의 군수품을 충당하였다. 그래서 안극은 '숨은 의병'이라는 평을 받았다.186 당시 안규홍은 후원자를 보호하고자 안극의 강학소인 一松亭에 불을 지르고, 안극의 가택을 습격하여 그를 포박하고 군수전을 탈취하며 거짓 협박을 가했다고 한다.187 안극은 전남관찰사를 지낸 다음 고종의 대외청원외교에 진력한 별입시 閔泳喆과 친한 사이이자 의병장 민긍호와 죽마고우의 사이였다.188 그가 을사조약 직전에 상경하여 민영철을 만났을 때에 민영철은 자신의 보검을 내보이며 사용할 곳이 없음을 한탄했는데,189 사실상 이때 양인은 거의를 모색한 것이나 다름없었다.

朴箕燮(朴正彬)의 의병활동은 고종세력과 평산유림의 합작에 의해 이루어졌다. 그는 전 군부대신 신기선이 보낸 申宗均과 明範錫(연안군수)으로부터 고종의 밀지를 받고 1907년 9월 14일 황해도 평산군 마장면에서 거의하였다.190 당시 황해도에는 1906년 6월 최익현의 권고에 따라 황해도 서북지역에서 거의한 禹東鮮의병이 구월산 일대를 무대로 항일전을 펼치고 있었다. 수천 명으로 구성된 박기섭의병은 1~200명 단위로 분산·파병되어 황해도 각지에서 활동하였다. 이들은 1913년경까지 박기섭·이진룡·채응언의 순으로 의병장을 이어가며 항일유격전을 펼쳤다.191

박기섭의병은 박기섭·鄭會奎 등 영남인, 邊錫玄·蔡洪斗 등 화서학파 유

---

186 전라남도사편찬위원회 편, 『전라남도사』, 1956, 812쪽.
187 『전라남도사』, 812쪽 ; 『보성군향토사』, 호남문화, 1974, 278~283쪽. 또한 장흥의 嚴萬五, 고흥의 宣亨洙, 보성의 李元淑·李鎰 등이 안규홍에게 군수품과 군자금을 제공하였다.
188 안극, 『회은집』, 권1, 「閔雲沙壽序」. 旣切竹馬之交 又勤帛鷹之托.
189 안극, 『회은집』, 권1, 「哀閔松西泳喆台疾逝于中國」. 乙巳九月上京 見閔台 閔台出示寶劍 長可尺餘 謂出使中國而得之 顧無所用爲恨云已 而閔台入中國 欲得其願而未遂 遂客逝焉. 을미의병운동 때에 민영환은 문석봉에게 자신의 보검을 내주며 거의를 당부했는데, 문석봉은 이를 소중히 품고 있다가 임종 때에 관에 넣어달라고 말했다. 문영정, 「가장」, 『의산유고』, 권4.
190 정제우, 「한말 황해도지역 의병의 항전」, 『한국독립운동사연구』 7, 1993, 13쪽.
191 정제우, 「한말 황해도지역 의병의 항전」, 13~19쪽.

림, 나중에 화서학파로 편입된 禹炳烈·朴陽燮·李鎭龍 등 평산 일대의 士人들로 구성된 연합의진이었다. 이 중 의병장 박기섭은 서울의 고종세력이 "장수의 재질을 갖추었다"고 평했을 만큼 무용이 뛰어난 인물이었다.[192] 즉, 박기섭은 김두성·안중근·차성충·임병찬·이강년·신돌석의 경우처럼 의병장의 자질을 갖추었기 때문에 고종세력의 주목을 받았던 것이다. 또한 의진의 요직인 중군장을 맡은 훈련원판관 출신의 우병렬과 유격장 이진룡은 뛰어난 용맹을 보였다. 특히, 연해주로 건너가 한규설을 13도의군 도총재로 추대하려 했다가 유인석의 반대로 실패하고 유인석과 갈라선 우병렬은 한규설과 모종의 관계가 있는 인물로 보인다.[193]

유인석의 사촌 柳弘錫은 1907년 8월 柳台錫·柳寧錫·朴善明·池弘敏(龍起)·崔永錫·朴華之 등과 함께 춘천 남부에서 봉기하였다. 유인석의 지도와 후원하에 일어난 유홍석의병은 평민과 포군 600여 명을 모집하여 춘천 진병산과 가평 주길리에서 일본군과 수차례 치열한 전투를 벌였으나 패하고 말았다.[194] 이후 박선명과 지용기는 잔여군사를 수합하여 전신선을 절단하고 친일파를 공격하는 등의 활약을 펼쳤다. 그러나 지용기가 11월에 전사하고, 박선명이 이듬해 5월 가평수비대에 자수함으로써 춘천지역의 정미의병운동이 종식되었다.[195] 이러한 춘천의병의 결성과 활동을 주도한 인물은 '총대장'을 자칭했을 정도로 영향력을 발휘한 박선명이었다. 그런데 '박선명'은 1910년 후반에 閔泳徽의 운전기사를 지낸 민영휘의 측근에 해당하는 인물이다.[196]

박선명의 후원자로 추정되는 민씨척족의 세도가 민영휘는 1896년 이전에

---

192 『彰義錄丁未義擧』,「倡義諸公列錄」. 朴箕燮嶺南人 前行木川府使 身長九尺 垂手過膝 音聲鍾鳴 眼彩電閃 時京城物議 咸謂有將材 故請來陣中 使之領軍焉.
193 유인석, 『의암집』, 권55, 부록,「연보」, 경술년조.
194 유홍석,「외당선생삼세록」,「연보」·「항재실록」, 강원일보사, 1995, 89~90, 220~222쪽.
195 춘천헌병대본부 편찬, 『강원도상황경개』, 218~223쪽. 정미 춘천의병에 대해서는 이구용,「강원도지방의 의병항쟁」, 『강원의병운동사』, 강원대학교출판부, 1981, 136~139쪽.
196 『매일신보』, 1919년 8월 28일.

춘천에 향제가 있었을 뿐 아니라 을미 춘천의병의 배후로 널리 알려진 인물이었다.197 일찍이 閔斗鎬가 1887년에 춘천유수로 부임하여 고종의 피신처인 춘천이궁을 건립했는데,198 이때 민두호·민영준 부자는 춘천에 향제와 약간의 전토를 확보하였다. 대한제국기에도 민영휘의 수하인 주사 李東根이 춘천관찰부에서 세도를 부리고 있었고,199 민두호와 민영준의 묘소는 춘천군 동면에 위치해 있었다. 따라서 한말 춘천지역의 의병운동은 어떠한 형태로든지 민영휘와 일정한 연관을 맺을 수밖에 없었던 것이다.200

차도선과 홍범도는 1907년 11월경 관북지역의 삼수·갑산·북청 일대를 무대로 활동한 의병장들이다.201 당시 일본측은 관북의병이 일어나기 직전에 강원·경남관찰사를 지낸 별입시 朱錫冕(회령인)이 강원·함경도 지역을 왕래하며 의병봉기를 부추긴 혐의가 있다고 보았다.202 그러나 이에 대한 명확한 증거는 찾을 수 없다. 다만 1908년 3월 12일(음2/10) 관북의병이 임강현의 대노야에게 보낸 무기요청 서한의 말미에 그들의 근왕적 측면이 담겨 있었다. 즉, 거기에는 "의진. 모사장 朴忠保·도대장 車道善·부대장 洪凡道·우대장 梁鳳翊·좌대장 太陽旭"이라 하여 의진의 직임과 임원의 성명이 쓰여져 있었다.203 이때 의병장보다 상위 서열을 차지한 모사장 朴忠保는 미

---

197 국지겸양,『조선왕국』, 동경: 민우사, 1986, 532쪽 ; 이선근,『한국독립운동사』, 상문원, 1956, 178~179쪽.
198 오영섭,「춘천이궁고」,『아시아문화』12, 한림대 아시아문화연구소, 1996, 324~333쪽.
199 『만세보』, 1906년 7월 29일, 12월 25일.
200 춘천의병의 활동이 치열하던 1907년 10월 초 궁내부특진관을 역임한 전주이씨 경은군 李載星이 의병의 군수품을 동대문을 통해 강원도로 운반하려 한다는 소문이 나돌아 일제가 기찰을 강화하였다. 이로 인해 이재성은 1907년 10월 14일에 "의병과 和應하였다" 하여 직명을 환수당했다.『황성신문』, 1907년 10월 9일 ;『일성록』, 1907년 9월 8일 ;『순종실록』, 1907년 10월 14일.
201 신용하,「홍범도 의병부대의 항일무장투쟁」,『한국민족운동사연구』1, 1986.
199 최영희,「한말 관인의 경력일반」, 411쪽. 주석면은 별입시 민경식의 문객이자 고종측근인 이용익과 결의형제 사이였다.
203 『독립운동사자료집 별집 1』, 1083쪽 ;『통감부문서』5,「청국에 거사협조 요청 서한」, 199쪽.

지의 인물인데, 그 직책으로 볼때 그는 북청의병의 전략과 전술을 통괄하는 요직을 맡고 있었다. 아마 그는 김현준(영남-충북)·김두성(연해주)·유병기(호남)의 경우처럼 고종세력의 밀사로서 관북지방의 의병을 이면에서 지도하고 후원하는 중대한 역할을 맡았던 것으로 보인다.

요컨대, 황무지개척권 요구 반대운동에서부터 고종퇴위 후까지 고종세력의 창의활동은 그야말로 대대적으로 펼쳐졌다. 그런데 위에서 언급한 것보다 훨씬 많은 고종세력들과 그들의 조력자들이 자신들의 연고가 있는 향촌사회로 내려가 재야세력과 연대하여 항일활동을 벌였음을 주목할 필요가 있다. 이러한 점에서 한말 의병운동은 기왕에 알려진 것처럼 재야세력만의 자발적인 항일운동이 아니라 고종세력과 재야세력의 합작품이었던 것이다.

IV. 맺음말

한말 의병운동은 무기의 열세, 군사훈련 및 군수품 부족, 의병지도부의 취약성, 부호층의 후원 부족, 일본군의 효과적 진압 등 여러 요인으로 인해 처음부터 실패가 예상된 전쟁이었다. 그럼에도 불구하고 의병운동 참여자들은 당대 불의의 실체인 일본세력을 물리치기 위해 목숨을 바쳐 가며 투쟁을 전개하였다. 그러한 과정에서 한민족은 경술국치 후에 전개될 독립운동의 인적 자원을 마련했을 뿐 아니라 근대적 민족주의의 토대를 수립해 나갔다. 이러한 점은 한말 의병운동이 남겨준 역사적 유산이었다.

첫째, 한말 의병운동은 재야세력만의 자발적·독자적인 반일민족운동이 아니라 고종세력과 재야세력이 연합하여 조직적으로 전개한 반일민족운동이다. 기왕에는 민족주의적 연구경향과 평민주의적 연구경향을 막론하고 모두 유림층(혁신유림·척사유림)·해산군인·포군·농민 등의 재야세력이 의병운동을 주도했다고 보았다. 그러나 한말 의병운동의 태동과 전개에는 재야세력뿐만 아니라 대한제국의 권력주체인 고종세력(고종과 그 측근)도 직접적 영향을 미쳤다. 따라서 역사관의 차이에 따라 한말 의병운동의 주체세력을 각기 다르게 설정할 수는 있겠지만, 고종세력이 의병운동에 막대한 영향을 끼쳤다는 사실 그 자체를 부정할 수는 없을 것이다. 다시 말해 한말 의병운동은 갑오경장 이래 역사의 전면에 분출되기 시작한 재야세력의 항일의지와 국권과 군권 및 기득권을 수호하고자 강렬하게 항일활동을 펼쳤던 고종세력의 구국의지가 맞물려 나타난 것으로 보아야 한다. 이러한 점에서 한말 의병운동은 고종세력과 재야세력의 합작품이었다.

둘째, 고종은 한말 의병운동을 이면에서 실질적으로 지도하고 후원한 인물이었다. 기왕에는 유림층과 민중층의 자발성과 순수성만을 강조하느라 의병운동의 발발과 전개에 미친 고종의 활약상과 영향력을 애써 무시하였다. 그러나 고종은 국가의 명운과 자신의 지위를 지키기 위해 일제의 협박과 감시에 대항해 가며 혼신의 노력을 기울였다. 당시 고종은 구미 열강을 끌어들여 일제를 견제하려는 중립화정책을 행하고, 구미 열강과 주한 외국공사관 및 국제회의에 청원특사를 파견하고, 주한 외국공사관이나 해외로의 망명을 추진하고, 측근을 파견하여 재야세력의 창의를 촉구했으며, 재야 신민들에게 교육구국운동과 계몽단체운동을 전개하게 하였다. 이처럼 고종은 외교투쟁·파천(망명)운동·계몽운동·의병운동 등 한말 민족운동의 주요 흐름들을 선도해 나갔다. 이때 여러 흐름들은 거의 동시에 다각도로 추진됐는데, 그 가운데서 청원외교와 파천운동과 의병운동은 고종의 항일방략의 핵심을 이루고 있었다.

셋째, 고종 치세년간의 정치사나 운동사 연구에서 완전히 간과된 別入侍는 국망기의 민족운동에 큰 영향을 미친 항일집단이었다. 별입시는 고종의 개화자강정책과 황권강화정책과 균세외교정책을 수행하는 수족과 같은 존재들이었다. 별입시는 러일전쟁 후부터 고종퇴위 후까지 일제의 삼엄한 궁금숙청의 감시망을 뚫고 고종의 지시와 부탁을 받아가며 끈질기게 항일운동을 펼쳤다. 이들 가운데 강석호·김승민·민경식·민영철·민형식·심상훈·이범진·이봉래·이용태·이유인·정환직·조남승·한규설 등은 대한제국기에 고종의 궁내부 중심의 측근정치를 보좌한 고위급 인사들이었다.

이들은 고종의 지시에 따라 혹은 자율 의지에 따라 청원외교와 파천운동과 의병운동을 동시에 추진해 나갔다. 이들은 자신들이 직접 재야세력과 연대하여 의병을 일으키거나 혹은 수하들을 재야로 밀파하여 의병을 일으키도록 하였다. 당시 이들은 적게는 1~20명, 많게는 수십 명의 지방 유림들을 문객으로 거느리고 있었는데, 바로 이들 문객들이 자기들의 향리로 내려가 재야세력과 연대하여 항일의병을 일으켰다.

넷째, 고종 명의의 밀지와 고종세력이 파견한 밀사들의 활동은 한말의병운동의 연합화·전국화에 크게 기여하였다. 재야의 항일의병장들이 대단히 중시한 밀지나 밀사의 내락은 고종세력과 재야세력을 연결시켜 주는 매개체의 역할을 수행하였다. 밀지나 밀사의 내락은 유교적 전제군주제 국가인 대한제국에서 재야세력이 의병활동을 원활히 전개하는 데 있어서 반드시 필요한 것이었다. 그래서 한말 의병운동을 대표하는 이강년·민종식·최익현·허위·원용팔·정운경·고광순·김동신·안규홍·이은찬·이인영·노병대·정용기·박기섭·심남일·채응언·이범윤·안중근 등 수많은 의병장들이 모두 고종세력으로부터 밀지나 내락을 받은 다음에 거의에 돌입하였다. 이들은 일정 지역에 창의소를 차려놓고 소모관을 통하여 창의 격문과 밀지 사본을 각지에 발송함으로써 의병운동이 전국으로 확산되도록 하였다. 나아가 밀지를 받은 의병장이 밀지의 사본을 받고 뒤늦게 봉기한 주변의 군소의병장들을 통합함으로써 대규모 연합의진을 형성하였다.

다섯째, 국망기의 민족운동사를 설명할 때 거론되는 의병운동과 계몽운동의 양대 패러다임을 확대·수정할 필요가 있다. 고종과 그의 측근들은 군주 중심의 황제체제를 수호하고자 의병운동과 계몽운동과 청원외교를 동시에 추진하였다. 따라서 그들은 재야세력만의 민족운동으로 간주된 의병운동과 계몽운동에도 커다란 영향을 미친 셈이다. 이때 의병운동에서는 활빈당과 농민항쟁계열의 일부 반봉건 의병들이, 계몽운동에서는 유신파와 일본유학생 등 극소수 민권주의자들이 고종세력의 구국운동에서 벗어나 있었다. 요컨대, 고종세력의 구국운동을 주축으로 삼은 다음에 활빈당과 농민항쟁계열의 반봉건운동과 민권주의자들의 계몽운동 등을 아울러 고려할 때에 국망기 구국운동의 흐름을 제대로 짚어낼 수 있을 것이다.
 (「한말 의병운동의 발발과 전개에 미친 고종황제의 역할」, 『동방학지』 128, 2004)

제3부

한말 고종세력과 연합의병장의 관계

제1장 여흥민씨척족과 한말 의병운동과의 연관관계

I. 고종치세기 여흥민씨척족의 활동상

고종 친정(1873) 후부터 을미사변(1895) 전까지 조선의 최대 정치세력은 여흥민씨척족이었다. 이들은 여흥민씨 가문의 三房派 인사들과 출계를 통해 삼방파에 편입된 소수의 立岩公派 인사들로 구성되어 있었다. 노론계 벌열 가문에 속하는 삼방파는 호조참의를 지낸 閔光勳(1595-1659)의 세 아들인 閔蓍重·閔鼎重·閔維重의 후손들을 말한다.[1] 이 중 민정중과 민유중은 17세기 중·후반 유명한 척화관료이자 노론영수인 宋時烈의 제자들이었다. 동시에 이들은 四色 당쟁이 치열했던 18세기에 집권노론의 중추 역할을 맡은 閔鎭厚·閔鎭遠·閔鎭長·閔鎭周의 부친들이었다.

여흥민씨 삼방파는 조선사회의 패권을 장악하는 데 가장 효과적인 무기로 알려진 통혼정책과 통치이념을 적절히 활용하였다.[2] 삼방파는 화양서원과 대보단의 건립과 운영을 통하여 주자학적 민족주의를 통치이념으로 삼았고, 민유중의 여식인 인현왕후를 숙종비로 들여보냄으로써 국혼을 놓치지 않았다. 특히, 삼방파는 조선사회에서 모든 당파들이 지향한 國婚勿失의 방책을 통하여 꾸준히 영향력을 유지하였다. 그리하여 閔致祿이 金正喜 문하에서 흥선대원군과 동문 수학한 인연을 배경으로 1867년에 명성왕후를 고종의 배필로 들여보냈다. 이어 고종 친정과 함께 정계의 지배세력으로 부상하기 시작했고, 1882년에 명성왕후의 지원으로 세도재상 閔台鎬의 여식을

---

1 『여흥민씨족보』, 1889 ; 『여흥민씨세계보』, 1973.
2 황현 저, 김종익 옮김, 『오하기문』, 역사비평사, 1994, 13~20쪽.

왕세자빈으로 만들었다. 이로써 민씨척족은 대를 이어서 영향력을 발휘할 수 있는 정치·사회적 기반을 확보하였다.

개항기에 민씨척족은 대외개방정책과 부국강병정책을 적극 추구한 고종과 명성왕후를 정점으로 서로 간에 견제와 협력을 되풀이하는 세도집단을 형성하였다.3 이들은 19세기 전반의 안동김씨·풍양조씨 척족정권과 19세기 중반의 대원군정권과 달리 국왕의 전제권과 인사권의 자율성이 발휘되는 상황에서 느슨한 친족연합 형태의 새로운 세도정권을 수립하였다. 이들 가운데 영향력을 행사한 인사들은 閔致庠·閔升鎬·閔奎鎬·閔謙鎬·閔台鎬·閔泳商·閔泳緯·閔泳奎·閔泳翊·閔泳駿(閔泳徽)·閔泳煥·閔泳韶·閔泳達·閔泳穆·閔應植·閔炯植·閔宗植·閔丙奭·閔種默 등이었다. 이 중 민승호·민태호·민영익·민영환·민영준·민영소·민응식 등이 세도가로서 권력을 행사하였다. 이들은 고종의 암묵적인 승인과 명성왕후의 적극적인 지원하에 지지기반이 미약한 고종과 명성왕후의 전위부대의 역할을 충실히 수행하였다.

1880년대에 동도서기노선을 추구한 민씨척족은 자주외교정책과 개화자강정책을 전담하는 신설 개혁기구와 막강한 실권을 지닌 권부의 상층부를 독점하였다. 이를테면, 통리기무아문·통리교섭통상사무아문·통리군국사무아문·내무부·선혜청·친군영·통위영·평양감영 등의 영향력 있는 관청의 고위직을 민씨척족이 돌아가면서 차지했던 것이다. 나아가 그들은 가문의 위세를 배경으로 수령직까지도 우선적으로 차지하는 경우가 많았다.

---

3 개항 후부터 대한제국기까지 여흥민씨 척족정권과 그 주요 인물에 대해서는 강성조, 「계정 민영환 연구」, 『관동사학』 2, 1984 ; 糟谷憲一, 「閔氏政權上層部の構成に關する考察」, 『조선사연구회논문집』 27, 1990 ; 연갑수, 「개항기 권력집단의 정세인식과 정책」, 『1894년 농민전쟁연구』 3, 역사비평사, 1993 ; 이배용, 「개화기 명성황후 민비의 정치적 역할」, 『국사관논총』 66, 1995 ; 糟谷憲一, 「민씨정권 중추부의 특질」, 『동북아』 7, 동북아문화연구원, 1998 ; 한철호, 「민씨척족정권기(1885~1894) 내무부의 조직과 기능」, 『한국사연구』 90, 1995 ; 서영희, 「명성왕후 재평가」, 『역사비평』 60, 2002 ; Michael Finch, *Min Yong-hwan : A Political Biography*, University of Hawaii Press, 2002 ; 노대환, 「민영익의 삶과 정치활동」, 『한국사상사학』 18, 2002.

이로 인해 민씨로서 상투만 틀면 과거에 급제하였다거나 요직으로부터 수령·방백에 이르기까지 좋은 자리는 모두 민씨척족과 그들의 인척들이 차지했다는 세평이 나돌았다.4 나아가 그들은 고종과 명성왕후의 근대화정책과 자주외교정책에 필요한 거액의 내탕금과 기밀비를 다투어 마련해 바치는 충성경쟁을 벌였다. 이때 그들은 그러한 정책 수행에 필요한 재원을 주로 농민의 이해관계와 직결된 토지세와 토지관련 부가세에서 집중적으로 거둬들였다. 그리고 이런 과정에서 명성왕후의 후원을 등에 업고 가문의 영달과 개인의 사리를 추구하였다. 그들은 임오군란 이후 청국의 압제가 심해지는 상황 속에서 내정의 개혁보다는 정권의 유지를 최우선의 목표로 삼았던 것이다. 이로써 그들은 시대의 진운과 조선의 장래와 인민의 기대를 저버린 부패성 보수정권으로 변해갔다.

 1894년 6월 갑오경장으로 민씨세도가 붕괴되었다. 갑오경장 직후 친일개화파-대원군 연립정권은 고종과 명성왕후를 유폐시키고 민인의 지탄을 받은 민씨척족과 그들의 협력자들을 정계에서 몰아냈다.5 이에 민씨척족은 유배지나 피난처에서 자신들의 존립기반인 고종과 명성왕후의 군주권 회복방안을 모색하기에 이르렀다. 그들은 군국기무처에서 대원군파와 친일개화파가 개혁노선을 둘러싸고 대립을 벌이는 호기를 이용하여 권력을 회복하기 시작하였다.6 이때 민영환·민영소·민영달·민형식·민응식 등의 대관들이 고종의 측근 沈相薰·李載純 등과 함께 비밀리에 궁중을 드나들며 고종 부처의 왕권회복운동을 도왔다.7 또 일부 인사들이 밀사와 밀지를 삼남에 내려보내 동학농민군 지도부와의 연대활동을 추구했던 고종과 명성왕후의 항일활동을 암중에서 도왔다.8 이런 활동을 통하여 민씨척족은 갑오경장 이전의

---

4 황현 저, 김준 역, 『매천야록』, 교문사, 1994, 95~96쪽 ; 一鄕暗, 「반도천지를 흔들린 閔氏三家의 금석」, 『별건곤』, 제8권 제5호, 1933.5.
5 『고종실록』, 1894년 6월 22~27일.
6 유영익, 「대원군과 청일전쟁」, 『동학농민봉기와 갑오경장』, 일조각, 1998, 43~52쪽.
7 『일본외교문서』 27-2, #496, 146~147쪽 ; 『대판매일신문』, 1895년 1월 10일.
8 『대판조일신문』, 1894년 10월 5일, 12월 19일 ; 『동경조일신문』, 1895년 3월 16일, 5월 11일.

세력을 회복할 발판을 확보해 나갔다.

　1895년 봄 고종과 명성왕후는 三國干涉으로 일본세력이 위축되고 러시아가 부상하는 유리한 국제환경을 적극 활용하여 친일개화파를 축출하고 정권을 되찾았다. 당시 고종과 명성왕후는 대외적으로 친구미 근왕성향의 정동파를 앞세워 引俄拒日政策을 취하였고, 대내적으로 궁내부의 측근들을 통하여 왕권강화정책을 펼쳤다. 민씨척족은 고종과 명성왕후의 전위세력으로서 다시 정계에 등장하여 궁내부와 내각으로 진출하였다. 그러자 일본세력은 자기세력 확대의 최대 걸림돌인 명성왕후를 시해하는 만행을 저질렀다. 을미사변 후 정계에서 거세당한 민씨척족의 일부 인사들이 중앙과 지방에서 본격적으로 의병봉기를 모색하기 시작하였다. 그리하여 민영환·민영준·閔泳綺·閔丙奭 등이 왕후시해를 복수하고 친일내각을 타도하겠다는 기치를 내걸고 재야의 위정척사세력과 연대하여 의병활동을 전개하였다.9 두말할 필요도 없이 이들의 의병활동 덕분에 서울에서 고종의 아관파천이 성사될 수 있는 유리한 분위기가 조성되었다.

　아관파천 후 근왕성향의 궁내부세력과 정동파내각이 정권을 장악하였다. 이들은 의정부와 중추원의 체제개편을 통한 정치체제의 개혁 문제를 둘러싸고 대립을 벌였다. 이는 고종의 전제군주권의 강화 내지 축소 문제와 직결된 것이었다. 이 와중에서 갑오경장 이전의 인적 기반을 그대로 지니고 있던 민씨척족은 사거한 명성왕후와 세자빈 민씨의 후광에 힘입어 다시금 중앙정계의 다수세력으로 등장하였다. 이어 명성왕후 추모열기가 정계를 휩쓸고 있는 상황 속에서 민씨척족은 드디어 갑오경장 이전의 위세를 되찾았다. 1897년 10월에 구본신참의 동도서기론을 개혁모토로 내세워 출범한 대한제국이 명성왕후의 국장을 거행하고 을미사변 관련자들에게 유배형을 내리면서 과거사 정리작업에 돌입하자 민씨척족은 다시금 정치적 실권을 거머쥐었다. 1898년 10월 독립협회의 궁금숙청 건의에 따라 별입시의 궁궐 출입이

---

9 오영섭, 「갑오경장 중 고종의 국권회복운동」, 『한국민족운동사연구』 24, 2000 ; ＿＿＿, 『화서학파의 사상과 민족운동』, 국학자료원, 1999, 제4장 제1절.

금지된 직후에 다시 별입시 17명을 정했는데, 이때 민씨척족은 과반수인 9명을 차지하고 타성이 8명을 차지하였다.[10] 이어 1899년 말부터 명성왕후의 존호 봉정과 홍릉 수축 등 명성왕후 추존사업이 대대적으로 펼쳐졌다. 이때부터 고종퇴위(1907) 이전까지 민씨척족의 민치헌·민상호·민영휘·민영환·민영소·민영규·민영달·민영돈·민영린·민영찬·민영철·閔炯植·민경식·閔衡植·민병석·민병한·민종묵 등이 정계에서 활약하였다.

명성왕후라는 구심점이 사라진 대한제국기에 민씨척족은 내각세력과 궁내부세력으로 분화되었다. 양자는 고종과 구미공사관을 둘러싸고 이합집산을 거듭하였다. 전자가 의정부와 중추원의 체제개편을 통해 고종의 황제권을 다소 축소하고 근대적 정치체제를 부분적으로나마 도입하려 했던 반면, 후자는 전제군주제의 충실한 지지자로서 고종의 황권강화정책과 국권수호외교를 적극 보좌하였다. 이 과정에서 전자를 대표하는 민영준과 민영환이 각기 1898년과 1902년에 대한청년애국회사건과 개혁당사건에 연루되어 피체되었고, 후자를 대표하는 민경식과 민영철은 고종의 지시대로 중립화운동을 활발히 벌여나갔다.[11] 이들은 러일전쟁 전후 대외인식과 중립화문제에 대한 견해차를 드러내며 자주성향의 근왕파와 유신파, 친구미 성향의 근왕파와 유신파, 친일적 매국파로 분화되어 나갔다. 고종퇴위 이전 시점에서 근왕파와 유신파로 분류되는 인사들 중에서 민영휘·민영소·민영달·민영철·閔炯植·민경식·閔衡植·민병한 등이 의병운동을 후원하였다.

그러면 한국민족운동사에서 민씨척족은 어떠한 발자취를 남겼는가? 이제까지 민씨척족과 명성왕후에 대한 연구들은 고종 친정에서 갑오경장 이전까지 민씨세도와 명성왕후의 정치활동, 1895년의 명성왕후 시해사건, 대한제국기 명성왕후 추숭사업 등을 다룬 것이 대부분이었다. 따라서 을미사변 후부터 아관파천기까지 민씨척족의 의병운동, 아관파천 후부터 러일전쟁 전까

---

10 『황성신문』, 1898년 9월 30일.
11 현광호, 「대한제국의 대외정책」, 신서원, 2002 ; 서영희, 「러일전쟁기 대한제국 집권세력의 시국대응」, 『역사와 현실』 25, 1997.

지 민씨척족의 정치활동, 러일전쟁 후부터 고종퇴위 직후까지 민씨척족의 의병운동과 계몽운동, 고종퇴위 후부터 일제시대까지 민씨척족의 독립운동과 친일활동, 그리고 일제시대 민씨척족의 변신과정과 소멸과정에 대한 연구[12]가 아직 이루어지지 못했다. 그러나 개항 전부터 고종퇴위 전까지 조선의 인적·물적 자원을 장악한 최대의 정치세력이 바로 민씨척족이었음을 감안할 때 위와 같은 연구상의 공백은 우리에게 상당한 아쉬움을 남겨주고 있다.

한국근대사에서 민씨척족은 순기능과 역기능을 동시에 보여주었다. 일제침략기에 민씨척족은 인적·물적 자원을 대규모로 동원할 수 있는 능력을 보유한 영향력 있는 집단이었다. 따라서 친일이든 반일이든 그들의 행보는 당대 역사의 전개에 일정한 영향력과 파급력을 지니기 마련이었다. 이런 처지에서 민씨척족은 그 일부가 친일파로 전락했던 반면,[13] 다른 일부는 민족운동가가 되었고, 또 다른 일부는 처음에는 민족운동에 종사하다가 나중에는 친일활동으로 돌아서기도 하였다. 당시 일부 민씨척족들이 항일성향에 따라 을미사변 후부터 고종퇴위 직후까지 의병활동과 계몽운동을 전개하였고, 또 일제시대에 고종망명운동과 항일독립운동에 거액의 자금을 지원하였던 사실은 한말 구국운동의 전개에 일정한 영향을 미쳤다.

여기서는 갑오경장기와 대한제국 멸망기에 민씨척족의 일부 인사들이 전개한 여러 가지 항일운동 가운데 의병운동만을 집중적으로 다뤄보려 한다.[14] 당시 의병운동에 가담한 일부 민씨척족의 정치적·사상적 이해관계,

---

[12] 민영휘 가문의 1910~1920년대 은행경영에 대해서는 박현,「한말·일제하 한국인 자본가의 은행 설립과 경영 — 한일은행의 사례를 중심으로—」, 연세대학교 경제학과 석사학위논문, 2001, 36~75쪽.

[13] 민씨척족 중에 한일병합 직후 일제의 작위를 받은 자는 민병석(습작: 閔弘基)·민상호(습작: 閔泳瑣)·민영규·민영기·민영소·민영린·민영휘(습작: 閔衡植)·민종묵(습작: 閔哲勳)·閔炯植 등이다.『친일반민족행위자명단』, 광복회, 2002, 109~114, 128쪽. 이 중 민영규·민영기·민영휘·민형식·민형식 등이 의병운동에 가담하였다.

[14] 고종의 충신들이 의병운동에 어떻게 간여했는가를 다룬 연구로는 오영섭,「을미의병운동의 정치·사회적 배경」,『국사관논총』65, 1995 ; _____,「한말 의병운동의 근왕적 성

일제통치에 대한 인식과 대응 양태가 반드시 일치하지는 않았던 것으로 보인다. 그러나 그러한 차이점에 대한 깊이 있는 설명은 차후의 연구를 기다리기로 하고, 여기서는 민씨척족이 조선국가와 고종중심의 정치체제를 수호하고자 항일활동을 벌인 구체적 실상과 거기에 나타난 특징을 천착하는 데 초점을 맞추려 한다.

II. 전기의병운동에 가담한 여흥민씨척족

1894년 6월 일본군의 경복궁 강제점령으로 고종 부처가 감금되자 항일성향이 강한 위정척사파 유림들이 창의를 모색하였다. 이듬해 명성왕후가 일본의 대륙낭인들에게 무참히 시해당한 을미사변(1895.8)과 한국민의 정서를 무시한 급진적인 단발령(1895.11)이 발포되자 재야인민들의 항일열기가 거세게 분출되었다. 이런 상황에서 명성왕후의 최대 지원세력인 민씨척족의 일부 인사들과 그들의 수하들이 재야의 항일열기를 적극 수렴하여 왕후시해를 복수하고 친일내각을 타도하고자 은밀히 반일활동을 전개하였다. 그들의 창의활동은 단발령 이전 회덕의 문석봉의병, 단발령 이후 제천의 유인석의병, 강릉의 민용호의병, 춘천의 이소응의병의 결성을 가능케 하였다. 그런데 이들 의병진들은 단발령 후 경기남부에서 활동한 김하락의병과 함께 전기의병운동(1895~1896)[15]을 대표하는 의병진이었다.

격-밀지를 중심으로-」,『한국민족운동사연구』 15, 1997 ; _____, 「갑오경장 중 고종의 왕권회복운동」 ; _____, 「을미 제천의병의 참여세력 분석」,『한국독립운동사연구』 14, 2000 ; _____, 「한말 13도창의대장 이인영의 생애와 활동」,『한국독립운동사연구』 19, 2002 ; _____, 「한말의병운동에 대한 새로운 이해」,『군사』 52, 2004 ; _____, 「한말의병운동의 발발과 전개에 미친 고종황제의 역할」,『동방학지』 128, 2004.

15 전기의병운동의 기점을 김상기의 주장(「조선말 갑오의병전쟁의 전개와 성격」,『한국민족운동사연구』 3, 1989, 46~53쪽)에 따라 1894년 가을 안동에서 봉기하여 서울진격을 목표로 곤지암까지 진출한 徐相轍의병으로 잡는 것은 재고할 필요가 있다. '僞동학군'이라고 불린 서상철의병을 대원군계열의 동학의병이라고 주장하는 연구들이 이미 나와 있기 때문이다. 따라서 1895년 9월 중순에 거의한 문석봉의병을 전기의병운동의 기점으로

〈표 1〉 전기의병운동에 관련된 민씨척족

성명	생몰	派·父	관력 (1896년 이전)	관력 (1896년 이후)	활약상 및 참고사항
閔東植	1856~1931	三房派 閔泳道 (통덕랑)	의금부도사		민용호의병의 수성장 겸 관동의병장 민용호 참모 조부 민상호는 민병석의 從증조
閔丙星	1870~1925	三房派 閔廷植 (의금부도사)	문과, 승정원주서	회덕군수, 비서원승, 봉상사부제조, 내장원경, 규장각부제학	閔鼎重의 손자 閔安洙의 奉祀係 민용호의병 후원
閔泳綺	1858~1926	三房派 閔峻鎬 (지중추부사)	무과, 운봉현감, 충청도어사, 충주목사, 상주목사, 평안도병마절도사	군부협판, 충주관찰사, 경무사, 육군부장, 궁내부협판, 군부대신, 탁지부대신	유인석의병 후원 동양척식주식회사 부총재, 일제 작위 수령(남작), 일진회의 합방청원지지, 이왕직장관
閔泳煥	1861~1905	三房派 閔泰鎬 (진사, 참봉)	문과, 성균관대사성, 이조참판, 내무부협판, 병조판서, 내무부독판	赴俄특명전권공사, 군부대신, 내부대신, 육군부장, 표훈원총재, 시종무관장, 참정대신	문석봉의병 후원 을사조약 후 자결
閔泳駿 (閔泳徽)	1852~1935	三房派 (出) 閔斗鎬 (立岩公派 춘천유수)	문과, 평안도관찰사, 선혜청제조, 독판내무부사, 친군경리사, 統衛使	장예원경, 궁내부특진관, 중추원의장, 육군부장, 시종원경, 표훈원총재	이소응의병 후원 휘문학교 설립, 일제작위 수령(자작)
閔龍鎬 (閔瑢鎬?)	1869~1922	(出) 三房派 閔致謙(생부) 閔致禹(양부)		비서원비서승	관동의병장 민병석의 從증조
閔應植	1844~1903	(出) 三房派 閔漢俊(양부)	문과, 규장각부제학, 이조판서 독판내무부사, 강화부유수	궁내부특진관, 의정부찬정	여주의병이 민응식의 장호원 대저택에 의병본부를 설치, 후기의병기에 아들 閔丙承과 사돈 李容泰가 의병에 관여
閔致憲	1844~1903	三房派 閔泰顯 (司果)	문과, 의주부윤, 사간원대사간, 이조참판	중추원의관, 의정부찬정, 회계원경, 궁내부특진관	춘생문사건 직후 李世鍾의 거의활동에 沈相薰과 함께 참여
閔恒植	1855~1922	三房派 閔泳學 (진주목사)	明陵참봉, 문과, 홍문관수찬	掌禮院相禮, 규장각직각, 비서원승	민용호의병 후원 민용호의 숙부

출처: 『고종실록』;『독립운동사자료집: 의병항쟁사자료집(1-3)』;『호서의병사적』;『의암집』;『소의신편』;『의산유고』;『국역 복재집』;『여흥민씨세계보』 4, 1973; 오영섭, 「을미의병운동의 정치·사회적 배경」, 『국사관논총』 65, 1995; _____, 「을미 제천의병의 참여세력 분석」, 『한국독립운동사연구』 14, 2000.

잡는 것이 옳다고 본다. 서상철의병의 동학성을 언급한 연구로는 신영우, 「갑오농민전쟁과 영남 보수세력의 대응」, 연세대 사학과 박사학위논문, 1992; 구완회, 「제천의병에 관한 문헌자료의 검토」, 『조선사연구』 5, 1996.

민씨척족의 의병운동은 을미사변 후부터 본격화되었다. 단발령 이전과 이후에 전국의 관찰부와 요해처에서 민씨척족이 후원하거나 지도한 의진들이 잇따라 일어났다. 그런데 단발령 이후에 봉기한 민용호의병·유인석의병·이소응의병은 을미사변 이후부터 이미 결성되기 시작한 의진들이었다. 당시 의병운동에 관여한 민씨척족은 민영환·민치헌·민영기·민병성·민영휘 등 고위직을 지낸 영향력 있는 인사들이었다. 이들은 자신들이 직접 의진의 전면에 나서서 활동하기보다는 인척이나 측근들을 대리인으로 내세워 원거리에서 의진을 후원하고 지도하는 은밀하면서도 중요한 역할을 수행하였다.

먼저, 명성왕후의 총애를 배경으로 민영준과 세도권을 다투었던 민씨척족의 실력자 민영환과 한말 최초의 항일의병장으로 잠정 분류되는 문석봉과의 연대관계를 살펴보겠다.16 을미사변 후 민영환은 金炳始·宋近洙·申應朝·李容直·宋道淳 등 당대의 고관들과 함께 "무용이 뛰어나고 호협한 기질을 지닌" 충청인 문석봉(1851~1896)을 후원하여 의병을 일으키게 하였다. 민영환 등이 의병장감으로 낙점한 문석봉은 1893년 명성왕후가 특설한 별시 무과에 급제한 다음 경복궁오위장에 특채되어 금궁을 호위한 경력을 가진 명성왕후의 지지자였다.17 관력에 나타난 것처럼 문석봉의 親閔 경력은 그가 민씨척족과 그들의 인척들의 전폭적인 지원을 받아가며 의병운동을 펼쳐나가는 데 밑거름이 되었다.

을미사변 후 서울로 올라간 문석봉은 민영환·신응조·송근수·김병시 등 고관들을 찾아가 거병의사를 나타냈다. 그러자 이들은 문석봉에게 창의를 적극 권하였다. 이때 민영환은 "日月明明 天地定位 忠義炳炳 君臣義分"이란 시를 지어주며 각별한 격려를 표함과 동시에 자신의 권위를 상징하는 환도를 건네주었다.18 이는 자신을 대신하여 국모시해를 복수해 달라는 간

---

16 문석봉과 근왕관료들과의 관계에 대해서는 오영섭, 「을미의병운동의 정치·사회적 배경」, 230~235쪽.
17 문영정, 「家狀」, 『의산유고』 4.

곡한 당부일 뿐더러 필요한 경우에 모든 지원과 도움을 아끼지 않겠다는 다목적의 의미를 띄고 있었다. 아울러 민씨척족의 중진이자 고종이 신임하는 민영달(민영환과 8촌간)의 후광으로 이조참판까지 역임한 송도순[19]이 향촌에서 문석봉에게 군량과 군자금을 제공하였다. 또한 신응조와 송근수는 "1895년 9월 국모시해의 원수를 갚고자 거의를 모의했으나 성공하지 못하고 개화파의 모함을 받았다"고 하는데,[20] 이들 양인과 문석봉과의 내응관계는 당시 일본 신문과 서양선교사들에게까지 널리 알려진 사실이었다.[21] 이 중 신응조는 관동의병장 민용호의 양부 閔致禹와 매부 간인 申常顯의 아들로서 혼인을 통하여 민씨척족과 남다른 인연을 맺고 있었다.[22] 그는 이종사촌인 홍선대원군보다 모친 쪽의 명성왕후를 추종한 인물로 유명하다. 이처럼 민씨척족계 인사들의 정신적·물질적 지원을 등에 업고 1895년 9월 18일 유성에서 창의한 문석봉은 10월 21일 진잠을 점거했다가 11월 28일 공주전투에서 패하였다.[23]

다음, 단발령 이전에 이미 전국적 의병봉기가 준비되고 있었음을 입증하는 민치헌의 의병운동 참여를 알아보겠다. 전 사과 李世鎭은 1895년 10월 12일 춘생문사건 발발 이전에 鄭喬를 찾아가 고종의 밀지를 내보이며 향리로 내려가 거병하겠다는 의사를 나타낸 바가 있었다. 이후 이세진은 청양군

---

18 문영정, 「家狀」.
19 송도순의 외조부인 閔達鏞은 유인석의병의 핵심인사로서 민씨척족의 후원을 받은 李春永의 부친 李載信과 처남-매부 사이였고, 그 손자 가운데 閔亨植은 화서학파의 인사들과 교분이 두터운 인물이었다.
20 김하락, 「김하락진중일기」, 『독립운동사자료집』 1, 독립운동사편찬위원회, 1971, 584쪽.
21 『동경조일신문』, 「충청도적괴」, 1896년 1월 3일 ; 한국교회사연구소 편, 『뮈텔 주교 일기』 1, 1986, 433~434쪽.
22 『여흥민씨세계보』 4, 1973, 640~641쪽.
23 문영정, 「家狀」, 『의산유고』 4. 그런데 문석봉의병에 뒤이어 1895년 11월 초 압록강변 강계에서 일어난 金利彦의병에 京城人 白진사가 의진의 전략과 전술을 지도하는 참모를 맡은 것으로 보아 김이언의병도 고종세력과 재야세력의 연대에 의해 결성된 연합의병으로 보인다. 윤병석 직해, 『백범일지』, 집문당, 1995, 58~59쪽.

수 鄭寅羲와 함께 군사를 모아 공주로 진격했으나 개화파 군대에 의해 패산하고 말았다.24 이후 정인희는 청양·공주지역을 무대로 계속 의병활동을 전개하였다.

그런데 이세진은 고종의 이종사촌이자 측근 중의 측근인 전 탁지부대신 심상훈, 민씨척족의 중진 민치헌 등과 1895년 10월경에 五道倡義所란 전국적 의병조직의 결성을 추진하고 있었다. 을미사변 직후 뮈텔주교에게 프랑스의 원조를 누차 요청했다가 여의치 않자 향리 제천으로 내려가 거의를 모색 중이던 심상훈은 뮈텔주교에게 편지를 보냈다. 거기에는 "왕비시해를 복수하기 위해 낙향하기로 마음을 굳혔다"는 내용과 함께 오도창의소의 취지와 지도부 편제가 담긴 문건이 동봉되어 있었다.25 그때 오도창의소의 편제는 都統長에 이세진·林建洙, 대장 崔呂信·吳起泳, 경기도통장 전 참판 민치헌, 대장 金志榮, 충청도통장 전 대신 심상훈, 대장 尹相羲, 경상도통장 전 참봉 柳道奭, 대장 郭鍾錫, 전라도통장 전 교리 高鼎柱, 대장 姜一會, 강원도통장 전 도사 李圭三 대장 金漢韶 등이었다.26 이를 보면, 민치헌은 심상훈과 이세진 등 고종의 측근 인사들이 전국적 의병조직을 조직하려 했을 때에 거기에 일정하게 간여했던 것으로 파악된다.

다음으로 전기의병운동을 대표하는 제천의 유인석의병과 민씨척족과의 관계를 알아보겠다.27 유인석의병의 최대 후원자이면서 충주·제천·영월 일대의 재지세력인 청송심씨 온양공파의 심상훈을 제외할 경우, 유인석의병에 가담한 민씨척족과 그들의 조력자로는 민영기·李春永·閔義植 등을 꼽을 수 있다. 화서학파 유생들과 함께 유인석의병의 지도부를 이룬 민씨척족은 동도서기론을 수용한 개화성향의 인사들이었기 때문에, 그리고 고종과

---

24 정교, 『대한계년사』 상, 국사편찬위원회, 1971, 127~128쪽.
25 천주교명동교회 편, 『뮈텔 주교 일기』 1, 418쪽.
26 한국교회사연구소 소장문서, 문서번호 1895-41.
27 유인석의병과 민씨척족의 관계에 대한 상세한 내용은 오영섭, 「을미 제천의병의 참여세력 분석」, 제3장 제1절 참조.

명성왕후의 친구미적 외교노선을 추종한 인사들이었기 때문에 위정척사사 상에 철저한 화서학파 유생들과 사상적 갈등을 보였다. 이런 사상적 갈등문 제는 급기야 군권장악문제로 비화되어 상호간에 화합할 수 없는 지경에 이르게 되었다. 의병장 유인석이 "평소 여주 三田의 여흥민씨를 하늘같이 숭앙했다"[28]는 선봉장 金伯善을 양반모독죄로 전격 처형한 것도 기왕에 널리 알려진 것처럼 신분갈등 때문이라기보다는 군권장악 문제를 둘러싸고 벌어진 화서학파와 민씨척족 간의 권력투쟁 때문이었다.

을미사변 후 향제가 있는 여주로 낙향한 전 충주목사 민영기는 유인석의 병의 결성과 활동에 직접적 영향을 미쳤다. 민영기는 고종의 밀지를 받았다고 칭하고 제천유림 李炳善을 대리인으로 내세운 화서학파 유생들과 연대하였다. 당시 민영기는 자기 가문의 여러 명의 수령('數宰')들과 함께 화서학파와 연대관계를 맺기 위해 노력하였다.[29] 이를테면 갑오경장 이전에 요직을 역임한 민영위·민응식·민병승·민병석·閔炯植 등 민영기 가계의 일부 인사들과 그들의 수하들이 민영기와 함께 이면에서 유인석의병을 후원했던 것이다. 유인석의병이 출범한 후 민영기는 군자금 2천 냥을 희사하고, 자신은 서울로 올라가 고종에게 거의의 전말을 아뢰었다. 이에 고종은 "柳某爲國忠心 嘉尙嘉尙"이라며 유인석의 창의를 격려하였고, 다시 민영기는 제천으로 내려가 이를 유인석에게 알렸다.[30] 이로써 민영기는 항일성향의 민씨척족의 총괄대리인으로서 유인석의병을 원거리에서 지도하고 후원했을 뿐만 아니라 무장군사활동에 필요한 인적·물적 자원을 지원하는 막중한 역할을 수행하였다.

---

28 이정규, 「종의록」, 38쪽.
29 원용정, 「복은」, 『소의신편』, 중앙문화출판사, 1981, 44쪽. 於是 內而稱董承之受詔者 通其刺(節度使閔泳綺 有寵於王者也 國母見弑後 見先生門下諸名士 毅然守舊 從堤川人李炳善 與其家數宰 通刺於徐敬菴 欲相結納 敬菴以未有前 而且其名籤 用倭紙 辭不受.
30 유인석, 『의암집』, 권55, 연보, 1896년조. 민영기가 원주에서 유인석의병에게 일시 체포되자 유인석은 "민영기가 그때 의병을 돕고 있었는데 수하들이 모르고 그랬다"고 말했다. 『의암집』, 권37, 「瑣言」, 36a-b.

민씨척족의 인척인 덕수이씨 이춘영은 유인석의병에 직접 가담하여 활동한 민씨척족을 대표하는 인물이었다.[31] 의병장 유인석보다 실권이 많은 중군장직을 맡은 이춘영은 민씨척족을 비롯한 고종세력과 화서학파를 연결시켜 주는 중간자였을 뿐더러 유인석의병의 실질적 무력기반인 김백선이 거느린 지평 포군의 절대적인 지지를 받고 있었다. 요컨대 유인석의병의 최대 실권자로서 거의 초기부터 충주성전투까지 의진운영을 전담한 이춘영은 민씨척족의 대리인에 해당하는 인물이었다.

이춘영의 조부 李載信은 閔命爀의 차남인 閔致文의 사위이다. 민치문의 후손들 가운데 갑오경장 이전에 실직 당상관을 지낸 인물만 하더라도 閔達鏞·閔泳稷·閔泳穆·閔泳一·閔泳肅·閔正植·閔亨植·閔厚植 등 여러 명이었다.[32] 아울러 沈理燮·洪秉晉·李根永·李承徽·鄭彦朝 등 민씨척족과 중앙고관들의 대리인들과 함께 유인석의병의 종사로 참여한 閔義植은 이춘영의 외조카였다.[33] 이춘영의 부친 李敏和는 1873년 사망할 때 어린 이춘영의 장래를 인척들에게 특별히 당부하였다. 그래서 을미사변 후에 민씨척족의 모 대신이 이춘영을 그의 鄕庄으로 불러 선대의 부탁을 받았다며 적극 밀어주겠다는 의사를 표기하기도 하였다.[34]

이들 외에도 유인석의병의 중요 인사들 중에는 민씨척족과 깊은 인연을 지닌 이들이 많았다. 의병장 유인석은 명성왕후와 9촌 간인 과천군수 閔宗鎬의 여식을 초취로 맞이하여 수년간 서울에서 민씨척족과 생활한 경험이 있었다. 軍師와 소모장을 맡은 徐相烈은 청년기에 집안 어른들의 권유로 민태호의 문하에 드나들며 민씨척족들과 친교를 맺었다. 이춘영에 이어 중군장을 맡은 李敬器는 갑오경장 직전에 민영준의 전장이 있던 삼화군에서 수

---

31 이춘영의 가계에 대해서는 『덕수이씨세보』, 禮編 下, 春塘公派, 1931, 399~400쪽.
32 『여흥민씨세계보』 4, 612~620, 648~649쪽.
33 김백선이 받들어 모신 민의식은 화서학파 유생들과 교분이 있는 전 강원감사 閔亨植과 4촌 간이었다.
34 이정규, 「육의사열전」, 『독립운동사자료집』 1, 180쪽.

령을 지낸 것으로 보아 민영준의 겸인에 해당하는 인물로 보인다. 이경기에 이어 중군장을 맡은 安承禹는 민씨척족의 인척집단인 덕수이씨들과 겹혼관계를 맺은 사이였다. 일반 유림들에 대한 접대 임무를 총섭한 司客 張忠植은 민영환의 문객에 해당하는 인물이었다. 전군장 鄭雲慶은 1907년 홍주의병의 종사 李容珪의 동생에게 장가들어 민종식과 동서 간이었다. 李弼熙·李弼根·元容正·元容錫 등은 대대로 여주에 세거하며 민씨척족을 외곽에서 호위하는 역할을 맡은 무반가문 출신들이었다.35

다음으로 강릉 일대에서 활약한 민용호의병과 민씨척족과의 관계를 알아보겠다.36 민용호는 경남 산청의 궁반출신에서 삼방파의 閔致禹에게 출계한 것으로 알려진 인물이다.37 명성왕후 시해사건에 분개하여 여주로 내려간 민용호는 閔丙星의 東林書屋에 머물다가 1895년 9월 16일 항일격문을 청심루에 내걸고 의병창의를 촉구하였다. 그러나 별다른 호응을 얻지는 못하였다. 그러다가 민용호는 단발령 직후에 여주에서 창의한 후 원주를 거쳐 강릉으로 이동하다가 1896년 1월 17일에 의병장에 올랐다. 이후 민용호는 관동지역을 무대로 의병활동을 벌였다.38 그런데 손자뻘인 민병성의 가숙에서 식객생활을 하던 궁색한 처지의 민용호가 여주를 출발하자마자 병사들의 급료를 포함하여 거액의 군자금을 지출하고 있었다. 이를 보면 민용호는 여주의 민씨척족이 다액의 군자금을 주어 관동지역으로 보낸 의병장임에 틀림없다. 아울러 민용호와 같이 창의한 목천사람 李秉埰와 호서 무장사람 宋炯淳은 민용호처럼 민씨척족의 문객이나 겸인에 해당하는 인물들로 보인다.39

---

35 오영섭, 『화서학파의 사상과 민족운동』, 270~271쪽.
36 오영섭, 「을미의병운동의 정치·사회적 배경」, 268~270쪽.
37 민용호가 생부 閔致謙의 장자인 閔瑢鎬인가 아닌가, 또 閔致禹에게 입양된 것이 사실인가 아닌가 등 민용호의 신상내력에는 불분명한 점이 많은 편이다. 이에 대해서는 이상찬, 「1896년 의병장 민용호의 실체」, 『규장각』 20, 1997.
38 민용호의 군사활동에 대해서는 박민영, 「민용호의 강릉의병 항전에 대한 연구」, 『한국민족운동사연구』 5, 1991.
39 민용호 저, 이태길·민원식 역, 『국역 복재집』, 소문출판인쇄사, 1988, 172~180쪽.

민용호가 남긴 『관동창의록』에 의하면, 여흥민씨 閔景爀의 후손들인 閔恒植·閔東植·閔忠植·閔丙星·閔丙台 등이 민용호의병을 후원하였다. 따라서 유인석의병이 민씨척족 중에서 閔命爀계의 지원을 받은 의병이라면, 민용호의병은 민경혁계가 전폭 후원한 의진임을 알 수 있다. 민용호의병에 직접 참가하여 수성장·군량감 겸 핵심 참모 역할을 수행한 민동식과 유인석의병을 이탈하여 잠시 몸을 의탁한 閔義植을 제외할 경우,[40] 여타 인사들은 민용호에게 군자금과 의병전략을 제공하고, 서울정세를 수시로 전달하고, 의병해산을 적극 권유하는 등의 방식으로 민용호의병을 이면에서 지도하고 후원하였다. 특히, 閔鼎重의 손자 閔安洙의 봉사손으로서 민씨척족 내에서 일정한 위치를 점하고 있는 민병성은 1892년 명성왕후의 배려로 直赴殿試의 특전을 입어 가게 내에서 유일하게 문과에 오른 인물일 뿐 아니라 여주 沈相禧의병의 선봉장 李謙成이 그를 袁世凱 휘하의 운량관으로 알고 있었을 만큼 재력이 상당했던 인물이었다.[41] 민병성이 1896년 2월 7일 민용호에게 배자와 겨울옷을 인편으로 보내 거의를 격려했는데, 이때 민용호는 그것들을 군중에 두루 돌려 보인 다음에 입었다.[42] 이는 민용호가 의병장의 권위와 정통성을 여주의 민씨척족들에 기대고 있었음을 상징하는 에피소드였다.

그런데 유인석의병이 민씨척족과 그들의 인척들의 후원을 받은 민씨척족계 의병이라면, 민용호의병은 흥선대원군과 모종의 연관이 있는 대원군계 의병으로 보인다. 이를테면 첫째, 의병장 민용호가 거의 초기의 모병단계부터 유인석의병과 심한 대립과 갈등을 보였고,[43] 둘째, 민용호가 거의 초기에 의병장으로 모시려고 했으나 신병으로 사양한 바가 있는 洪在龜는 화서학파 내에서 親閔 성향의 유인석과 달리 친대원군 성향을 보인 인물로 유명하

---

40 민용호 저, 이태길·민원식 역, 『국역 복재집』, 224, 232, 245, 279, 291, 323쪽.
41 민용호 저, 이태길·민원식 역, 『국역 복재집』, 357~358쪽.
42 민용호 저, 이태길·민원식 역, 『국역 복재집』, 223쪽.
43 이정규, 「종의록」, 『독립운동사자료집』 1, 20~21쪽.

며,44 셋째, 홍재구가 민용호를 대신하여 포고문과 격문을 작성했을 뿐만 아니라 제자 崔中奉을 보내 민용호의진을 돕게 하였으며,45 넷째, 1896년 여름 건봉사 승려 창기가 "원산항의 일본군을 공격하자"는 민용호의 비밀편지를 들고 운현궁으로 가다가 순검에게 붙잡혀 재판을 받은 사실46 등을 두루 감안할 때에 그러한 해석이 가능하다. 요컨대, 한말 의병운동 당시에 중앙의 근왕관료들이 서로 적대관계일 경우에 그들의 후원을 받는 재야의병장들도 대립을 보이곤 했는데, 을미의병운동 때에 친민계 유인석의병과 친대원군계 민용호의병의 갈등은 그러한 사례 가운데 하나였다고 생각한다.

다음으로 민씨척족의 실력자 민영준과 춘천의 이소응의병과의 관계를 알아보겠다. 개항 전 남인세와 노론세가 균형을 이룬 춘천에 1884년에 병대가 1888년에 유수부가 설치되면서부터 노론계의 영향력이 강화되었다. 1880년대 후반 이후 민씨척족의 최대 실력자로 부상한 민영준의 부친 閔斗鎬가 춘천유수로 부임하여 고종의 파천에 대비한 이궁을 건립하고 친위군대인 친군진어영을 설치한 후부터 춘천은 민두호·민영준 부자의 보장지가 되었다.47 이로써 "춘천은 閔族의 소굴로서 춘천 인민 중에는 閔族의 가신이 많았고 이들이 의병을 창도하는" 상황이 연출되었다.48 이러한 사실들을 감안하면 춘천의병과 민영준은 불가분의 관계를 맺을 수밖에 없었다.

유인석의병이 고종의 측근 심상훈과 민씨척족의 중진 민영기의 후원을 받았던 것처럼 이소응의병은 친러파의 거두 李範晉과 민씨척족의 거두 민영준의 후원을 받았다.49 크게 보아 이소응의병의 지도부는 전주이씨 경창군

---

44 민용호 저, 이태길·민원식 역, 『국역 복재집』, 179~180쪽 ; 오영섭, 『화서학파의 사상과 민족운동』, 114~118쪽.
45 민용호 저, 이태길·민원식 역, 『국역 복재집』, 155~166, 247쪽
46 『독립신문』, 1896년 8월 18일자.
47 오영섭, 「춘천이궁고」, 『아시아문화』 12, 한림대 아시아문화연구소, 1996.
48 국지겸양, 『조선왕국』, 동경 : 민우사, 1986, 532쪽. 이선근은 "춘천지방 의병의 배후에는 閔泳駿 같은 거물이 멀리 앉아서 이를 조종하고 있다는 풍설이 들렸다"고 하였다. 이선근, 『한국독립운동사』, 상문원, 1956, 178~179쪽.

파의 4촌 간인 이소응·李晉應·李晩應·李景應 등 화서학파의 유림세력과 南世昌·吳奎泳·崔萬淳·鄭寅會·成益鉉·黃江伊 등 춘천부내 전직관료들과 토착세력으로 이루어져 있었다. 이때 전자가 이범진과 연대했던 반면, 후자는 민영준과 연대하여 활동했던 것으로 보인다. 아울러 양자의 중간에는 춘천부내의 여흥민씨로서 화서학파의 일원인 閔泳文·閔泳大 등이 위치하고 있었다.[50]

민영준의 의병운동에 가담한 인사들 가운데 춘천부내 사인들을 이끈 정인회는 민영환의 후원을 받은 의병장 문석봉의 '同志人'이었다.[51] 따라서 문석봉처럼 정인회도 서울에서 민씨척족의 문하에서 문객을 했던 경력을 지닌 인사로 파악된다. 강한 애국성향을 보여준 전 초관 성익현은 민두호가 육성한 춘천진어영의 해산군인을 실질적으로 지휘·통솔한 개화군인이었다.[52] 춘천유수부 退奴출신의 황강이는 낮은 신분에도 불구하고 중군장에 해당하는 '의병집사'의 역할을 수행하였다. 그는 포군모집을 빌미로 軍物탈취와 公錢약탈에 주력하고 개화순검 2인을 붙잡아 살해한 죄로 1898년 1월에 체포되었다. 그러나 "모처로부터 긴급한 청을 받은" 춘천관찰사 권응선은 법부의 지령을 무시하고 황강이를 은밀히 석방하였다. 이를 보면 황강이는 민영준 등 고위층의 후원을 받았음을 알 수 있다.[53]

---

49 일본공사관측은 단발령 직전까지 춘천의 향제에 머물다가 상경한 민영준이 이범진의 권유를 거부하고 춘천의병에 관여하지 않았다고 하였다. 『주한일본공사관기록』 9, 「친로파 이범진 등의 음모에 관한 보고」, 143쪽 (지난 11일자 사변전말 보고 후의 상황), 146~147쪽.
50 오영섭, 「춘천지역의 을미의병운동」, 『북한강유역의 유학사상』, 한림대 아시아문화연구소, 1998, 제4장.
51 문영정, 「家狀」, 『의산유고』 4.
52 김영하, 「충의」, 『수춘지』, 1954 ; 『이경응의병실기』, 6쪽 ; 『국역 복재집』, 310쪽.
53 『사법품보』 2, 아세아문화사, 1988, 430~431쪽 ; 『제국신문』, 1898년 10월 8일자 ; 『독립신문』, 1899년 4월 8일자. 또한 민영준의 후원으로 출세하여 원주지역 연안김씨의 지도급 인사로 부상한 전 판서 金世基가 민영준의 의병활동을 측면에서 지원한 것으로 파악된다. 이제까지 이정규의 「종의록」에 의거하여 김세기는 단발령 직후 화서학파 유생들의 거의요청을 거부한 인물로 널리 알려져 왔다. 그러나 근자에 발굴된 자료를 보면 김세기

다음으로 민응식과 의병운동과의 관계를 알아보겠다. 민응식은 임오군란 때에 자신의 장호원 저택을 명성왕후에게 제공하여 출세가도를 달린 인물이다. 그는 혜상공국총판·좌영사·독판내무부사·이조판서 등직을 거친 고종과 명성황후의 친위관료였다. 그는 국왕 부처의 외교노선에 따라 반일친러 외교노선을 견지하였고, 갑신정변과 방곡령사건 때에 반일적 색채를 드러내기도 하였다. 단발령 후 여주 일대에서 봉기한 의병들이 서울—나가사끼 사이의 전신선을 절단하기 위해 장호원에 몰려들었을 때 의병들은 민응식의 장호원 저택에 본부를 설치하였다. 이때 민응식의 저택은 일본군의 공격으로 불타버리고 말았지만, 여주의병들이 그의 저택을 의병본부로 사용한 것으로 미루어 민응식이 여주의병과 깊은 관계가 있었음을 알 수 있다.[54]

III. 후기의병운동에 가담한 여흥민씨척족

1904년 2월 한일의정서 체결과 6월 일제의 황무지개척권 요구는 한국민들의 항일열기를 고조시켰다. 대한제국이 일제로부터 시정개선의 지도를 받을 것을 규정한 한일의정서와 한국의 영토를 강제로 점유하려는 황무지개척권 요구는 일제의 대한침략의 의도를 그대로 드러낸 것이었다. 따라서 1904년 여름부터 한국민들은 대대적으로 일제의 한국침략을 규탄하고 나섰다. 이때부터 한일병합 전까지 중앙과 지방에서 상소운동·의병운동·계몽운동·외교청원운동·황제파천운동·의열투쟁·순국활동 등 다양한 방식의 항일운동이 일어났다. 이 가운데 한국민이 가장 큰 희생을 치른 것은 두말할 것도 없이 의병운동이었다.

1904년 여름부터 1909년 9월 일제의 남한대토벌작전 전까지 전국 각지에서 수많은 의병장들이 일정 지역을 무대로 활동하였다. 그런데 한 가지 주

는 고종 측근의 심상훈과 함께 (음)1895년 12월자 창의통문을 춘천지역에 보내 의병봉기를 촉구하고 있었다. 『강원일보』, 2003년 8월 15일자.
54 『명동천주교회200년사 자료집 제1집 : 서울교구년보(II)』, 명동천주교회, 1987, 18~19쪽.

목할 것은 그들을 이면에서 지도하고 후원한 고종의 신하들도 일정 지역의 재야세력과 연대하여 의병활동을 벌였다는 점이다. 이를테면, 고종의 고위급 신하로서 민씨척족 이외의 인사들 가운데 李麟榮·許蔿·李會榮은 경기도지역, 심상훈·金賢峻은 호좌지역과 경상도지역, 元禹常·元用常은 호좌지역, 李裕寅·鄭煥悳·李紹榮은 경북지역, 韓圭卨은 경상도와 평안도지역, 姜錫鎬·李容泰는 충청도지역, 申箕善은 해서지역, 金升旼·朱錫冕은 함경도지역, 李範晉은 연해주지역의 재야세력과 연대하여 의병운동을 전개하였다.55 이렇게 고종세력이 일정지역의 재야세력과 연대하여 의병운동을 벌인 것은 고종세력의 일원인 일부 민씨척족들의 경우에도 마찬가지였다.

후기의병운동에 가담한 것으로 확인되는 민씨척족은 민경식·민긍호·閔丙承·민병한·민영달·민영철·민영휘·민종식·閔炯植·閔衡植 등이다. 이 중 민종식·閔炯植은 충청도지역, 민경식·민병한·閔衡植·민영철은 전라도지역,56 민영휘는 강원도지역, 민영달·민병승은 경기도지역의 재야세력과 연대하여 활동하였다. 아울러 이들 외에도 상당수의 민씨척족들이 은밀히 의병운동에 가담했을 것으로 보이나 자료의 부족으로 자세한 사실을 알 수가 없다. 하여튼 현존 자료에 의거할 때 민씨척족의 의병활동은 양호지역에서는 1906년에, 경기·강원지역에서는 1907년에, 영남지역은 1906~1907년에 이루어졌다. 다만, 1907년 7월 군대해산 후 경기·강원지역에서 활동한 한미한 가문출신의 민긍호는 을미 강릉의병장 민용호의 경우처럼 민

---

55 오영섭,「한말의병운동의 발발과 전개에 미친 고종황제의 역할」, 제3장 참조.
56 1906년 3월 최익현과 함께 거의한 전 낙안군수 임병찬은 1904년 1월 러일이 개전할 경우 고종을 호위해야 한다는 생각에서 서울의 민영소에게 속히 밀지를 내려 사민을 규합하라고 요청하였다. 그러나 민영소는 시기상조라며 응하지 않았다. 임병찬은 1906년 3월에 철원인 김모에게서 밀지를 받고 거의했는데, 이때 김모가 민영소의 문객인가는 분명치 않다. 다만 임병찬과 민영소의 관계를 통하여 전라도의 중인출신들이 민영휘에 버금가는 위상을 지닌 민영소를 비롯한 민씨척족들과 일정한 연관을 맺고 있었음을 알 수 있다. 임병찬,『둔헌유고』, 권1,「上閔輔國泳韶書」, 권6,「창의일기」; 송상도,『기로수필』,「임병찬」, 국사편찬위원회, 1971, 106~107쪽; 임병찬,「둔헌문답기」,『독립운동사자료집』2, 114~115쪽.

씨척족의 중진을 후원자로 두었을 것으로 보인다.57

먼저, 충청도지역을 무대로 전개된 민종식의 의병운동을 알아보겠다. 1905년 11월 을사조약으로 대한제국이 일제의 실질적 식민지로 전락하자 京鄕에 상당한 영향력을 지닌 거물급 인사들이 대거 창의활동에 나섰다. 전

〈표 2〉 후기의병운동에 관련된 민씨척족

성명	생몰	派·父	관력 (1896년 이전)	관력 (1896년 이후)	활약상 및 참고사항
閔景植	1871~?	立岩公派 閔泳雨(閔泳柱, 장예원경)	별입시, 문과	중추원의관, 내부협판, 한성판윤, 경무사, 궁내부협판, 비서원경	閔泳徽의 조카 의병운동 후원자로 체포됨(1906)
閔肯鎬	1864~1908	立岩公派 閔致龍		육군무관학교, 원주진위대 특무정교	강원 영서지역의 항일의병장
閔丙承	1865~1946	三房派 閔應植	문과, 성균관대사성, 이조참의	궁내부특진관	閔維重의 손자 閔昌洙의 봉사손 경기남부 의병 후원
閔丙漢	1861~1939	三房派 閔昌植 (호조참판)	별입시, 문과, 규장각대교, 영변부사, 이조참의	경무사, 내부협판, 궁내부특진관	閔鼎重의 9세손이자 봉사손 의병운동 후원자로 체포됨(1906)
閔泳奎	1846~1922	三房派 閔璟鎬 (공조참판)	협판내무부사, 형조판서, 한성부판윤, 이조판서, 병조판서	궁내부특진관, 장예원경, 궁내부대신, 시종원경, 量地衙門총재관	아들 閔鳳植이 1907년에 체포됨. 을사조약 후 의병소모활동 벌인 李範錫의 장인, 한일합병 찬성론자 규탄 활동
閔泳達	1859~1924	三房派 閔觀鎬 (덕천군수)	문과, 성균관대사성, 이조참판, 협판내무부사, 호조판서	궁내부특진관	고종의 내탕금 관리자, 의병봉기 관련자로 지목됨(1907), 작위(남작) 거절, 1910년대 고종의 망명운동에 거액지원, 물산장려운동, 동아일보사 설립 참여
閔泳喆	1864~1911	三房派 閔善鎬 (홍문관수찬)	별입시, 문과, 이조참의, 형조참판, 예조참판	궁내부특진관, 전남관찰사, 육군참장, 평안남도관찰사, 학부대신, 군부대신	고종의 자금책인 閔泳達과 사촌간, 평양 離宮 영건 담당(1902), 러일전쟁 후 이용익·이근택 등과 중립화 방안 강구, 安圭洪의병의 배후인 安極과 절친한 사이, 을사조약 후 상해 망명, 구국외교활동 전개
閔泳徽 (閔泳駿)	1852~1935	출계, 三房派 閔斗鎬 (立岩公派, 춘천유수)	문과, 평안도관찰사, 선혜청제조, 독판내무부사, 친군경리사, 統衛使	장예원경, 궁내부특진관, 중추원의장, 육군부장, 시종원경, 표훈원총재	유홍석·박선명의 춘천의병 후원 휘문학교 설립, 李甲의 계몽운동 지원 일제작위 수령(자작)

---

57 민긍호에 대해서는 민덕식, 「민긍호 의병장에 관한 일고찰」, 『아시아문화』 12, 한림대 아시아문화연구소, 1996.

〈표 2〉 계속

성명	생몰	派·父	관력 (1896년 이전)	관력 (1896년 이후)	활약상 및 참고사항
閔宗植	1861 ~ 1917	三房派 閔泳商 (이조판서)	문과, 이조참의, 이조참판, 규장각직제학	궁내부특진관, 시종원소경	閔維重의 손자 閔遇洙의 봉사손 홍주의병(1906), 1907년 이후 전라도 의병봉기에 직접적 영향 미침
閔炯植	1859 ~ ?	三房派 閔泳緯 (예조판서)	별입시, 문과, 이조참판, 삼도수군통제사, 한성부좌윤	봉상사제조, 중추원의관, 의정부찬정, 궁내부특진관, 특명전권공사, 육군부장	임오군란시 명성왕후 호종, 갑오경장시 민영준과 함께 탐학죄인으로 귀양형을 받음, 의병봉기 혐의로 체포됨(1906), 閔景植과 절친, 일제작위 수령(남작)
閔衡植	1875 ~ 1947	三房派 閔泳徽 (표훈원총재)	문과, 규장각 대교	학부편집국장, 의정부 총무국장, 관리공사, 궁내부특진관, 평안도 관찰사, 학부협판	충청도·전라도 의병 후원 閔泳徽 양자, 羅寅永·吳基鎬 등의 을사오적 암살거사에 자금지원, 기호흥학회 총무(1909)

출전:『한국민족문화대백과사전』;『한국독립운동사 자료: 의병편(8-19)』;『독립운동사자료집 : 의병항쟁사자료집(1-3)』;『호서의병사적』;『기로수필』;『황성신문』;『대한매일신보』;『만세보』;『여흥민씨세계보』 4 ;『매천야록』;『우당이회영약전』;『주한일본공사관기록』;『통감부문서』; 최영희,「한말 관인의 경력일반」,『사학연구』21, 1969 ; 오영섭, 「한말 의병운동의 근왕적 성격」,『한국민족운동사연구』15, 1997 ; _____,「한말 의병운동의 발발과 전개에 미친 고종황제의 역할」,『동방학지』128, 2004.

라도의 최익현, 충청도의 민종식, 경상도의 정환직 등이 그들이었다. 이 중 민종식과 최익현의 의병활동은 1906년 홍주의병과 1907년 이후 호남의병의 태동과 전개에 직접적 영향을 미쳤다. 특히, 민종식은 민씨척족 중에서 "고요함과 담박함으로 이름이 났던" 부친 閔泳商의 풍모를 계승했을 뿐더러 동시에 의기를 중시한 인물로 평가받고 있었다.[58] 더욱이 그는 숙종비 인현왕후의 부친인 閔維重의 손자 閔遇洙의 봉사손으로서 가문 내에서 위치가 상당한 인물이었다. 그렇기 때문에 민종식이 향리에서 창의 전면에 나섰던 사실은 민씨척족의 항일의병운동사에서 매우 상징적인 사건이었다. 하여튼 이들의 의병활동은 을사조약 이전부터 은밀히 활동 중이던 허위·심상훈·이유인·奇宇萬·김현준 등의 의병운동을 전국으로 확대시키는 성과를 거두었다.

---

58 김택영 저, 조남권 등 역,『韓史綮』, 태학사, 2001, 562쪽.

민종식의병의 최대 후원자는 고종의 내관 姜錫鎬와 민씨척족의 閔炯植(閔泳緯의 서자)이었다. 대한제국기에 궁내부 특진관과 시종원 소경을 지낸 민종식은 대한제국기에 정계의 핵심에서 벗어나 있었다. 따라서 민종식이 막대한 인적·물적 자원이 필요한 의병진을 구성하기 위해서는 고종의 측근들로부터 도움을 받아야만 했다. 그것은 다름 아니라 고종의 밀지(밀칙·애통조)나 밀지에 준하는 내락과 권유를 받은 다음에 홍성지역의 재야세력을 규합하는 것이었다. 당시 고종과 그의 측근인사들은 지방의 명망가들에게 고종의 권한을 일시 위임하는 밀지나 마패를 하사하여 의병을 일으키게 하였다. 아울러 그들이 재야세력의 면전에서 직접 거의를 당부하거나 권고하는 것도 밀지와 동일한 효과를 나타냈다. 민종식이 강석호와 민형식의 후원을 받은 것은 이러한 방식을 통해서였다. 그런데 후기의병운동을 대표하는 연합의진의 의병장들이 창의하는 과정에서 모두 이와 유사한 과정을 거쳤음을 유념할 필요가 있다.

민형식은 고종의 別入侍로서 무시로 궁중을 드나들며 고종의 의사에 따라 각종의 비밀운동에 종사하였다. 민종식의병이 진압된 후 일제는 "민종식이 이번 거사를 일으킨 연원은 宮中에 있는 것으로 추측됨. 즉, 한국 황제의 신임이 두텁다고 칭해지는 궁중 잡배의 수령 민형식이 그 首謀로서 몰래 궁중에 출입하며 폭도를 조종하고 있다는 풍문이 전해진다"며 민종식과 민형식의 연대관계와 양인의 배후에 고종이 있다는 사실을 주목하였다.[59] 아울러 일제는 "지난날 閔后事件 이래 민씨 일족은 일본을 원망하여 자칫하면 배일행동으로 나가려 하고, 또 그들은 한국 황제폐하의 진의도 역시 일본을 깊이 혐오한다는 것을 알고 있는 까닭에 배일의 爲義를 주창하여 군사를 일으킨 것은 폐하에 대한 더없는 충성이라고 한다. 이것이 의병봉기의 한 원인이다"라고 하여 민종식 등이 반일의식과 충군의식에 따라 창의했다고 보았다.[60]

---

59 『한말의병자료』 Ⅲ, 통발 제540호(1906.6.13), 한국독립운동사연구소, 2002, 82~83쪽 ;
『통감부문서』 3, 「충청남도폭도 궁중잡배 수령…건」, 45~46쪽.

민종식은 고종의 내관 강석호로부터 고종의 밀지와 군자금 10만 냥을 수령한 후 "황실과 관계가 깊은 배일주의 양반들이 다수 거주하고 있는" 충남 定山으로 내려갔다.[61] 그곳에서 민종식은 인근 지역의 많은 사인들과 시사를 토론하였다.[62] 그는 1906년 3월 10일 李容珪·李侙 등과 함께 거의한 다음 5월 하순 수천 명의 의병을 거느리고 홍주성을 점령하여 기세를 올렸다.[63] 민종식의병은 5월 31일 홍주성전투에서 일본군에게 대패하여 60명이 전사했는데,[64] 이 전투는 이인영의진의 三山·麻田전투와 함께 한말 의병운동 시 최대 규모의 전투였다.

다음으로 대한제국기에 세도가로 행세할 정도로 출세한 고종의 별입시 민경식·민병한과 민영휘의 양자로서 구한말의 민족운동에 깊숙이 간여한 閔衡植이 전라도의병에 어떠한 영향을 미쳤는가를 알아보겠다. 민씨척족의 민경식·민병한·閔衡植 등은 최익현의병을 비롯한 전라도의병의 창의에 상당한 영향을 미쳤다. 특히, 閔鼎重의 9세손이자 봉사손으로서 민씨척족 삼방파의 한 축을 맡고 있는 민병한은 홍주의병을 주도한 민유중계의 민종식과 함께 구한말 민씨척족의 의병운동을 상징하는 인물이었다. 이들 3인은 1905년 (음)11월 22일자 밀지를 최익현에게 전달하여 창의의 정당성과 정통성을 부여해 주었다. 당시 최익현이 받은 밀지는 후기의병기에 고종과 그의 측근들이 각지에 배포한 밀지의 원형에 해당하는 것이었다.[65] 이 밀지는 최익현을 도체찰사로 삼고 그에게 전국의 의병통솔권·의병소모권·지방관임

---

60 『한말의병자료』 III, 통발 제2588호 별지(1906.12.11), 47쪽.
61 『한말의병자료』 III, 통발 제2588호 별지(1906.12.11), 47쪽 ; 이정규, 「종의록」, 『독립운동사자료집』 1, 69쪽 ; 이진구, 「의사이용규전」, 『독립운동사자료집』 2, 320쪽.
62 송용재 편, 『홍주의병실록』, 「이세영 일기등초」, 홍주의병유족회, 1986, 457쪽.
63 민종식의 의병운동에 대해서는 유한철, 「홍주의병진(1906)의 조직과 활동」, 『한국독립운동사연구』 4, 1990.
64 『한말의병자료』 III, 전신(1906.5.31, 6.1), 65~66쪽. 이때 의병측은 전사 60명, 포로 127명, 다수 대포와 소총을 빼앗긴 반면, 일본군측은 경상 2명, 조선인 순검 1명이 전사하였다.
65 한말 의병운동 당시 유포된 고종의 밀지 원문에 대해서는 오영섭, 「한말의병운동의 근왕적 성격」, 87~93쪽.

면권을 부여하는 내용으로 이루어져 있었다.

> 아아, 애통하다. 나의 죄악이 크고 가득하여 하늘도 돕지 않고 많은 백성은 도탄에 빠졌다. 이로 인해 강한 이웃이 틈을 노리고 역신이 정권을 농단하고 있다. 4천년 예의의 나라가 나의 대에 와서 하루아침에 犬羊의 지역이 되고 말았다. 내가 무슨 낯으로 聖廟를 뵈옵는단 말이냐. 나의 실낱같은 목숨은 아까울 것이 없지만 오직 종묘·사직과 만백성을 생각하여 이에 애통의 밀조를 내려 전 참정 崔益鉉으로 도체찰사를 삼아 7도에 보내노라.
> 호서는 忠義軍으로, 호남은 壯義軍으로, 영남은 奮義軍으로, 관서는 勇義軍으로, 관동은 强義軍으로, 해서는 扈義軍으로, 관북은 熊義軍으로 삼아 각기 의기를 세우고, 良家의 재주 있는 자제들을 모두 소모관으로 삼으라. 각 군중의 인장은 모두 스스로 새겨서 사용하고, 관찰사나 군수로서 명령에 복종하지 않는 자가 있으면 보고에 앞서 먼저 파직 처분을 내려서 그들의 마음을 단일하게 만들라. 경기 1도는 짐이 그 군사와 더불어 사직을 위해 순사할 것이다. 옥새를 찍은 편지를 비밀히 내리는 것이니 이를 참작하라.
> 乙巳 11월 22일 밤 畿輔에서 발급함
> 閔景植·閔丙漢·李正來·閔衡植[66]

밀지를 수령한 후에 최익현은 1906년 1월 충남 논산의 노성 궐리사에서 대규모 유생대회를 개최하며 거의의 대책을 강구하였다. 아울러 그는 정재규·기우만·白樂九·奇參衍·高光洵·郭漢一·朴鳳陽 등을 직접 만나 설득하거나 혹은 통문과 밀지 사본을 보내 거의를 촉구하였다. 이로써 그는 호남의 애국지사들에게 창의의 정당성과 합법성을 부여해 주었다. 또한 그는 1906년 3월 전북 순창에서 "황제폐하께서 국운의 그릇됨을 탄식하시어 각 도에 의병을 일으키라는 밀칙을 내리셨다"는 취지의 통문을 밀지 사본과 함께 문하의 모든 제자들에게 보냈다.[67] 이후 최익현에게 직접 배웠거나 그를 사숙·숭모한 全海山·沈南一·李錫庸·梁漢奎 등 이름난 의병장들이 창의에 나섰다. 1907년 가을부터 전남지방을 무대로 의병활동을 전개한 심

---

66 오준선, 「심남일실기」, 『독립운동사자료집』 2, 927쪽 ; 한국정신문화연구원·한민족문화연구소 편, 『한말의병전쟁자료집 : 폭도격문』, 도서출판 선인, 2000, 309~311쪽.
67 『한국독립운동사』 1, 「義兵將 姜士文·安桂洪…姜武景 取調書」, 789쪽.

남일이 최익현에게 내려진 밀지의 권위에 기대어 활동한 것을 보면,68 여타 의병장들도 최익현으로부터 밀지 사본을 받았음에 틀림없다. 하여튼 최익현과 그의 영향으로 봉기한 의병장들은 모두 중앙고관인 민경식·민병한·민형식 등이 부여한 밀지의 권위에 크게 기대고 있었음을 주목할 필요가 있다.69

다음으로 고종의 내탕금 관리자인 민영달의 4촌 민영철과 호남의병장 안규홍의 관계를 알아보겠다. 일제가 호남지방의 '폭도거괴' 가운데 전해산·심남일과 함께 첫째가는 인물로 꼽은 보성의 안규홍(안담살이)은 을사조약의 체결을 개탄하며 거의를 도모하다가 1908년 2월에 의병을 일으켰다.70 당시 안규홍의병의 결성과 활동은 보성의 유력자이자 우국지사인 복내면의 참봉 安極과 미력면의 참판 朴南鉉의 적극적인 지원에 의해 이루어졌다.71 이들은 무용이 뛰어난 안규홍을 적극 후원하여 거의시키고 배후에서 군수품을 제공하였다. 특히, 안극은 평소 도적방비를 위해 양성하고 고용한 가병 100여 명을 안규홍에게 주었고, 자가의 토지까지 팔아서 안규홍의병의 군수품에 충당하였다. 그래서 안극은 '숨은 의병'이라는 평을 받았다.72 이때 안규홍은 후원자를 보호하기 위해 안극의 강학소인 일송정에 불을 지르고, 안극의 가택을 습격하여 그를 포박하고 군수전을 탈취하며 거짓

---

68 오준선, 「심남일실기」, 『독립운동사자료집』 2, 588, 927쪽.
69 을사조약 이후 전국적인 의병운동은 일제에게 한국침략의 걸림돌로 작용하였다. 일제는 민종식의병과 최익현의병 및 기타 의진을 후원한 고종세력에 대한 대대적인 검거에 나섰다. 당시 홍주의병과 기타 의병진을 후원했다는 혐의로 일본헌병대에 체포된 인사들이 무려 100여 명에 달했다. 여기에는 閔泳敦·閔衡植·민병한·閔炯植·민경식·강석호·李鳳來·趙南升·李敏和·洪在鳳·申相宮 등이 포함되어 있었다. 이들은 짧게는 몇 개월 길게는 1년 이상을 감옥에 갇혀 있었다. 『대한매일신보』, 1906년 10월 24일, 12월 19일 ; 『만세보』, 1906년 10월 25일.
70 홍영기, 「대한제국시대 호남의병 연구」, 서강대학교 사학과 박사학위논문, 1992, 129~132쪽.
71 홍성찬, 「한말·일제하의 지주제 연구—보성 양씨가의 지주경영과 그 변동—」, 『동방학지』 114, 2001, 60쪽.
72 전라남도사편찬위원회 편, 『전라남도사』, 1956, 812쪽.

협박을 가했다고 한다.73

그런데 안규홍의병의 결성과 활동을 이면에서 적극 지원한 보성의 유력자 안극은 전남관찰사를 지낸 고종의 측근 별입시인 민영철과 절친한 사이였다. 부인이 여흥민씨 閔冑顯의 손녀였던 관계로 평소 여흥민씨와 인연이 깊었던 안극은 원주의병장 민긍호와도 죽마고우 사이였다.74 1905년 (음)9월 안극이 상경하여 민영철을 만났을 때에 민영철은 자신의 보검을 내보이며 사용할 곳이 없음을 한탄했는데,75 사실상 이때 양인은 거의를 모색한 것이나 다름없었다. 아마 이때 양인 간에는 민영철이 고종의 지시에 따라 대외청원활동을 적극 수행하고, 안극은 지방에서 의병을 일으켜 민영철의 국권수호외교를 성원하는 역할분담이 이루어졌을 것이다.

다음으로 사후에 부친 민두호와 함께 춘천에 안장된 민영휘와 춘천의병과의 관계를 알아보겠다. 1907년 8월 柳弘錫·朴善明·池弘敏(龍起)·崔永錫·朴華之 등이 춘천 남부 지역에서 봉기하였다. 이들은 약 600명의 군사로 일본군과 수차례 치열한 전투를 벌였으나 패하였다.76 이후 박선명과 지용기는 잔여군사를 수합하여 전신선을 절단하고 친일파를 공격하는 등의 활약을 펼쳤다. 그러나 지용기가 11월에 일본군의 기습공격으로 전사하고, 박선명이 이듬해 5월 가평수비대에 자수함으로써 춘천지역의 정미의병운동은 종식되었다.77 이때 춘천의병은 춘천관찰부를 1개월간이나 포위할 정도로 성세를 떨치면서 서울진격전을 벌이고 있는 13도창의군의 후미를 보호하는 역할을 충실히 수행하였다.78 이러한 춘천의병의 결성과 활동을 주도한 인

---

73 『전라남도사』, 812쪽 ; 『보성군향토사』, 호남문화, 1974, 278~283쪽.
74 안극, 『회은집』 1, 「閔雲沙壽序」 및 권4, 「行狀」.
75 안극, 『회은집』 1, 「哀閔松西泳喆台疾逝于中國」. 乙巳九月上京 見閔台 閔台出示寶劍 長可尺餘 謂出使中國而得之 顧無所用爲恨云已 而閔台入中國 欲得其願而未遂 遂客逝焉. 이와 유사한 사례로써 을미의병운동 때에 민영환은 문석봉에게 자신의 보검을 내주며 거의를 당부했는데, 문석봉은 이 보검을 1896년 임종 때에 자신의 관에 넣어달라고 유언하였다. 문영정, 「家狀」, 『의산유고』 4.
76 유홍석, 『외당선생삼세록』, 「연보」·「항재실록」, 강원일보사, 1995, 89~90, 220~222쪽.
77 춘천헌병대본부 편찬, 『강원도상황경개』, 1911, 218~223쪽.

물은 '總大將'을 자칭했을 정도로 강한 영향력을 행사한 '박선명'이었다.[79] 그런데 베일에 쌓여 있는 박선명은 1910년대 후반에 민영휘의 운전기사를 지내고 있던 민영휘의 측근에 해당하는 인물이었다.[80]

한말 민씨척족의 최대 부호인 민영휘의 은밀한 의병활동은 계몽운동과 동시에 추진되었음을 주목할 필요가 있다. 閔泳煥이 교장을 지낸 홍화학교에도 자금을 지원했던 민영휘는 고종의 교육입국론에 따라 1906년 5월 휘문학교를 설립하여 계몽운동에 본격 가담하였다. 아울러 그는 일본육사 출신의 청년장교 李甲에게 현금 2~3만원(일설에는 15만원)과 토지 20만평이란 막대한 자금을 주어서 구국계몽운동을 벌이게 하였다. 당시 민영휘는 이갑에게 ① 학교를 설립할 것, ② 지사의 생활비를 보조할 것, ③ 우수한 청년을 해외로 유학시킬 것 등 세 가지 요구사항을 각서로 써주었다고 한다. 이후 이갑은 서우학회·서북학회·오성학교의 설립자금과 운영자금을 도맡아 기부하였고, 일본유학생이 설립한 태극학회를 지원하였고, 기타 각양의 민족운동에 자신이 지닌 거액의 자금을 모두 쏟아 부었다.[81] 아울러 이갑의 사위 李應俊은 이갑과 安昌浩가 재야의 의병진에게 보내는 격려편지를 濟衆院에 있는 金弼淳의 집에서 한지로 꼬는 것을 직접 보았다고 말했다.[82] 이를 보면 이갑은 민영휘처럼 계몽운동과 의병운동을 동시에 추진하고 있었음을 알 수 있다.

그런데 이갑이 민영휘의 집에 난입하여 재산을 돌려받은 사건은 이갑의 주변인들에 의해 평양감사 시절의 민영휘에게 빼앗겼던 재산을 돌려받은 쾌

---

78 오영섭, 「한말 13도창의대장 이인영의 생애와 활동」, 『한국독립운동사연구』 19, 2002, 제4장 제2절 ; _____, 「한말 춘천지역 의병항쟁의 역사적 의의」, 『강원문화사연구』 7, 2002, 제5장.
79 춘천헌병대본부 편찬, 『강원도상황경개』, 221쪽.
80 『매일신보』, 1919년 8월 28일자. 당시 박선명은 민영휘의 자가용을 몰고 가다가 가벼운 교통사고를 내서 『매일신보』에 보도되었다.
81 주요한, 『추정 이갑』, 대성문화사, 1964, 11~12쪽 ; 이정희, 『아버님 추정 이갑』, 인물연구소, 1981, 70~76쪽.
82 이응준, 『회고구십년』, 산운기념사업회, 1982, 58~59쪽.

거라고 널리 알려져 왔다. 그러나 사실은 이와 반대였을 것이다. 여전히 막강한 영향력을 유지하고 있던 민영휘가, 남에게 빼앗은 금액은 소액일지라도 일체 돌려주지 않아서 세간의 비난과 소송을 많이 당한 민영휘가 젊은 청년장교의 위세에 눌려 막대한 재산을 그에게 돌려주었다고 보는 것은 이치에 맞지 않기 때문이다. 다시 말해 자기보호에 능한 민영휘가 애국성향이 강한 이갑을 대리인으로 내세워 은밀하게 민족운동을 지원했다고 보는 것이 사리에 맞을 것이다. 민영휘의 저택과 이갑의 서북학회 사무실이 지척지간에 있었고, 박은식이 서우학회의 기관지에 민영휘가 1907년 1월 고종에게 교육진흥 문제를 상소한 것을 호의적으로 논평했으며,[83] 민영휘가 휘문학교를 통해 교육운동을 전개하였고, 민영휘의 장남 閔衡植이 계몽운동·의병운동에 참여했을 뿐더러 나인영·오기호 등의 비밀결사운동에도 상당한 자금을 지원했으며, 일제시대에 민영휘가 미국의 이승만에게 독립자금을 전달한 사실 등을 다각도로 고려할 때 그러한 결론이 나온다.

친러반일 성향의 이갑은 충실한 군권론자로서 고종퇴위 반대운동에도 참여했던 인물이다. 그는 헤이그밀사사건으로 시국상황이 위중해지자 지사들과 국권수호 방안을 모색하였다. 1907년 7월 중순경 이갑은 盧伯麟·李東輝·柳東說·朴永喆·林在德 등 일본육사 출신의 무관들과 대한제국 군인 출신 8인과 함께 效忠會를 조직하고 고종의 양위를 저지하기 위한 무력항쟁과 친일파 대신 암살을 계획하였다.[84] '충성을 바치는 모임'이라는 의미를 지닌 효충회는 강렬한 근왕성향을 지닌 무관들이 "동양대세와 군국대사를 의논하기 위해" 조직한 비밀결사였다.[85] 이 단체는 고종양위 반대운동을 벌이다가 투옥되었을 정도로 근왕성향이 강했던 이갑이 주도하고 있었다.[86] 효충회 회원들은 7월 초순 헤이그밀사 파견문제로 고종의 안위가 다급해지

---

83 박은식, 「祝의무교육실시」, 『서우』 7, 1907.6.
84 이정희, 『아버님 추정 이갑』, 인물연구소, 1981, 116~122쪽.
85 이광수, 「무명씨전 A씨의 약력」 1-2, 『동광』 20~21, 1931.4~1931.5.
86 『이범진의 생애와 항일민족운동』, 「이범진공사에 관한 러시아자료」, 외교통상부, 2003, 222~223쪽.

자 7월 16일부터 밤마다 이갑의 집에 모여 사태를 논의하였다. 이때 고종양위를 반대하는 궁내부대신 朴泳孝와 귀양에서 풀려난 金允植 등과 연락을 취하기도 하였다.[87] 한일병합 직전에 이갑은 고종의 밀명을 받고 러시아 니콜라이 2세에게 청원서한을 전달하고 고종의 러시아 망명을 타진했을 정도로 고종의 신임을 받았다.[88] 이상의 여러 사실들을 감안하면 민영휘가 이갑에게 전달한 자금은 고종의 내탕금일 가능성도 완전히 배제할 수는 없는 형편이다.

민영휘는 安重根의 의병활동에도 간접적인 영향을 미쳤던 것으로 보인다. 기왕에 알려진 것과 달리 안중근은 자진해서 의병운동에 참여한 것이 아니라 서울의 민영휘 부자와 서북학회 세력과 연계하에 의병운동에 가담하였다. 아울러 민권주의자나 민중주의자라는 기왕의 주장과 달리 의병운동 당시 안중근은 일본세력과 매국노를 타도하고 대한제국의 국권과 고종의 전제군주제를 수호하고자 창의한 근왕주의자의 모습을 보였다.[89] 실제로 안중근은 李範晉이 러시아황제의 힘을 빌려 한국의 현 황제를 폐하려 한다고 오해하고 일시 그를 '모반인'이라고 불렀을 만큼 강렬한 근왕의식을 나타내기도 하였다.[90] 하여튼 1906년 봄에 敦義학교·三興학교 등 천주교계 학교의 운영을 통해 계몽운동에 가담한 경력이 있는 애국지사 안중근은 1907년 봄에 평양으로 자신을 찾아온 부친(安泰勳)의 친구 김진사(金達河)의 권유로 상경한 후부터 본격적으로 민족운동에 돌입하게 되었다.[91]

그런데 안중근을 서울로 인도한 김달하는 나중에 친일파 밀정으로 전락하여 1925년 북경에서 다물단의 李圭駿에게 암살당하고 말았지만, 1907년

---

87 이정희, 『아버님 추정 이갑』, 116~117쪽.
88 『이범진의 생애와 항일독립운동』, 「이범진공사에 관한 러시아자료」, 222~223쪽. 이기동, 『비극의 군인들』, 일조각, 1982, 161~163쪽.
89 『한국독립운동사 자료』 6, 173쪽.
90 『불령단관계잡건 : 在西比利亞 5』, 「배일선인 李瑋鍾에 대하여」, 일본외무성 외교사료관 소장본.
91 안중근, 「안응칠역사」, 『안중근의사자서전』, 안중근의사숭모회, 1979, 110~112쪽.

당시까지만 해도 서우학회·서북학회의 핵심 임원으로서 민영휘와 이갑의 연결을 주선한 민영휘의 문객('家人')이었다.[92] 서울에서 안중근은 김달하의 집에서 몇 개월간을 유숙하며 閔衡植(민영휘 양자)·金宗漢·안창호·李東寧·姜泳璣 등과 두루 친교를 맺고 지사로 자임했다고 한다.[93] 이어 그는 김달하의 아들 金東億을 데리고 북간도 용정을 거쳐 연해주로 건너가 崔才亨·嚴仁燮 등 크라스키노(煙秋)의 재야세력과 한국에서 건너온 유인석 등과 연대하여 의병활동을 전개하였다.[94] 이를 보면 이갑을 통해 민영휘의 재정지원을 받은 서북학회 세력이 무용이 뛰어난 호협지사 안중근을 의병장감으로 특별히 발탁하여 연해주로 보냈음을 알 수 있다. 다시 말해 안중근의 연해주행은 안중근 자신이 평소에 지니고 있던 애국지사로서의 풍모와 민영휘·민형식 부자와 김달하·이갑을 비롯한 서북학회 세력의 연대활동이 맞물려 이루어진 것이었다. 따라서 안중근의거 이후에 일제가 이범진·최재형·안중근 등이 주도한 연해주의 동의회와 서울의 이갑·김달하의 서북학회가 기맥을 통하고 있었다고 주장했던 대목은 깊이 음미할 만하다.[95]

민영휘의 의병운동과 계몽운동에의 참여는 넓은 의미에서 고종의 국권수호운동의 테두리 내에서 추진되고 있었다. 민영휘 외에도 강석호·한규설·민영환·이봉래·민영달·이범진·이회영 등 명망 있는 고종의 측근들과 유신파 인사들이 을사조약 이후에 의병운동과 계몽운동을 동시에 전개하고 있었다. 이 중 민종식의병 후원혐의로 체포된 고종의 내시 강석호는 투옥 중에 자신이 가진 현금자산의 절반을 수원 三一學校의 중흥자금으로 희사하였다.[96] 이후 삼일학교는 일제 초기까지 경기 남부에서 가장 규모가 큰 학교

---

92 주요한,『추정 이갑』, 11쪽.
93 『한국민족운동사 자료』7, 국사편찬위원회, 1968, 243~244쪽.
94 『한국독립운동사 자료』6, 173쪽 ; 오영섭,「안중근 가문의 독립운동」,『한국민족운동사연구』30, 2002, 35쪽.
95 『요시찰한국인거동』3, 기밀 제78호,「조선인 상황취조…건」, 별지 갑호, 국사편찬위원회, 2002, 360쪽 ;『齋藤實文書 : 민족운동1』,「朝鮮獨立運動의 淵源」, 고려서림, 1990, 362~ 363쪽.

가 되었다. 아울러 대한제국의 최고 명문가문 출신의 이회영은 "成載九·李冀永을 통하여 의병과 연락을 취하고 의병군자금을 마련하느라 온갖 고초를 겪어가면서"97 동시에 비밀결사 신민회의 요람지인 상동청년회와 상동청년학원에 깊이 관계하고 있었다.98 이때 李相卨·李始榮·李觀植·李儁·呂準 등과 상동교회의 全德基 목사 등 이른바 상동세력이 비밀독립운동을 전개하는 데 필요한 상당한 자금이 이회영 집안에서 흘러나왔을 것임을 어렵지 않게 짐작할 수 있다.99 이 외에도 이와 같은 사례들은 상당히 많다. 따라서 의병운동과 계몽운동은 중앙적 차원에서 보았을 때에 기왕에 알려진 것처럼 대립적인 것이 아니라 상호 보완적인 것이며, 동시에 양자의 운동은 고종과 그 측근인사들이 추진하고 있던 국권수호운동의 일환으로 추진된 것임을 유념할 필요가 있다.

다음으로 일제로부터 1907년 전국적 의병봉기에 간여했다는 혐의를 받은 민영달의 의병운동을 알아보겠다.100 고종의 충신으로 알려진 민영달은 한일병합 후에 조정구·홍순형·윤용구 등과 함께 일제의 작위를 물리쳤다. 그는 1910년대 초에 李熹·李堈·閔泳徽·朴泳孝·李完用·李載完·宋秉畯 등과 함께 한국의 거부로 알려졌다.101 그는 李鳳來·李容翊과 함께 고종의 내탕금 관리자로서 韓圭卨·兪鎭泰·李會榮 등 근왕적 민족주의자들과 교분이 깊었다.102 3·1운동 후에 李達河 등이 조선민족대동단을 조직할 때에 민영달은 "조선이 독립운동을 달성하는 데에는 이왕 전하·이왕세자 전

---

96 김세한, 『삼일학교육십년사』, 54쪽 ; 『대한매일신보』, 1907년 7월 7일자.
97 이정규·이관직, 『우당이회영약전』, 을유문화사, 1985, 40쪽.
98 한규무, 「상동청년회에 대한 연구, 1897~1914」, 『역사학보』 126, 1990, 79~85쪽.
99 이회영측 기록에는 이회영이 나인영과 기산도의 을사오적 암살거사에 자금을 지원한 것으로 되어 있다. 이정규·이관직, 『우당이회영약전』, 26쪽 ; 이은숙, 『민족운동가 아내의 수기』, 정음사, 1975, 148~149쪽.
100 최영희, 「한말관인의 경력일반」, 『사학연구』 21, 1969, 387쪽.
101 『매일신보』, 1911년 7월 28일자.
102 정인보, 「閔綏堂과 韓江石」, 『동아일보』, 1930년 12월 1~3일자.

하 또는 이강공 전하를 황제로 추대하면 반드시 인심이 집중되어 목적을 달성할 수 있을 것이다"고 말했을 정도로 근왕적 민족주의 성향이 강한 인물이었다.103

민영달은 한일병합 후부터 1924년 사거할 때까지 한규설과 함께 각종의 근왕운동을 이면에서 기획하고 지도하였다. 일제시기 민영달을 옆에서 모셨던 경력이 있는 국학운동의 거봉 鄭寅普는 민영달이 의병운동을 비롯한 여러 운동을 벌이느라 "막대한 자금을 소모했다"고 하였다.104 실제로 민영달은 1910년대 내내 이회영이 서간도와 국내를 넘나들며 고종망명운동을 벌였을 때에 음으로 양으로 적극 후원했으며, 1918년에는 망명자금으로 50만원이란 거액을 내놓기도 하였다.105 이런 사실로 미루어 1908년 이후 경기 북부에서 활동한 이은찬·윤인순·정용대부대가 소지한 수 백정의 최신식 서양무기 구입자금은 경기도 交河(파주)에 향제가 있는 민영달 같은 이들이 관리하던 고종의 내탕금에서 나왔을 가능성이 높다.

다음으로 명성왕후의 총신인 민응식의 장자 閔丙承과 경기남부 의병과의 관계를 알아보겠다. 민병승은 여주에 300칸의 대저택을 가진 거만의 부호였다. 그런데 의병들이 그의 집을 자주 드나들자 일제는 민병승의 집을 포위하고 수색하였다. 민병승은 피신하여 화를 면했지만, 일제는 보화를 약탈하고 집을 불태워버렸다.106 이로 미루어 민병승이 경기남부의 의병을 은밀히 후원했음을 알 수 있다. 또한 전 내부대신 李容泰는 羅寅永·吳基鎬 등의 을사오적 암살거사에 거액의 자금을 지원했을 뿐 아니라 박제순 친일내각을 타도하기 위해 "문하의 유생들을 선동하여 각지에서 의병을 일으키고자"

---

103 『한민족독립운동사자료집 5 : 대동단사건 I』,「이달하 신문조서(2)」, 국사편찬위원회, 1988, 179쪽.
104 정인보,「민영달전」,『담원정인보전집 5 : 담원문록 상』, 연세대학교 출판부, 1983, 50~51쪽. 乙未以後 起義兵者 多遙聯泳達 泳達所長 在足智慮敢爲 赴事機如鶩 然世亞變 偸度或不中 用是 虛耗金錢無算.
105 이증복,「고종황제와 우당선생」, 이정규·이관직,『우당이회영약전』, 187~193쪽.
106 황현 저, 김준 역,『매천야록』, 748쪽.

노력한 정치성향이 강한 인물이었다.107 그런데 영조대 노론 4대신의 한 사람인 李健命의 후손 이용태는 그 둘째 아들이 민병승의 딸에게 장가들어 민병승과 사돈 간이었다.108 따라서 이용태의 거의기도에 민씨척족이 일정하게 간여했을 것으로 추정되며, 이때 민병승과 이용태는 가문의 위세를 배경으로 향촌세력의 의병운동에 상당한 영향력을 미쳤을 것이다.

다음으로 閔泳奎 가문의 의병운동을 알아보겠다. 민영규의 아들 閔鳳植은 1907년 9월 '義兵干連者'에 대한 대대적인 검거작전이 진행될 때에 경무청에 체포되었다.109 사위 李範錫은 근왕성 항일단체인 忠義社의 회원이었고, 을사조약 후 柳麟赫·鄭淳萬과 함께 고종의 밀지를 가지고 의병소모활동을 펼쳤으며, 이후 연해주로 건너가 의병활동을 하다가 1910년 聲明會 선언에도 참여하였다.110 또한 민영규의 5대조 이하로 항일운동에 가담한 대신급 인사로는 민영환·민영달·민영철이 있었으며, 민영규의 4촌인 閔泳晩의 사돈은 유명한 항일대신 洪萬植(洪命憙 부친)이었고,111 민영규 자신도 1909년에 조직된 국민대연설회의 주요 인사로서 한일병합 찬성론자들을 통박한 경력을 가지고 있었다. 이렇게 항일성향으로 굳게 뭉친 가문 내력을 감안할 때에 민영규는 의병운동을 비롯한 갖가지 항일운동을 적극 후원했을 것으로 보인다.

다음으로 대한제국의 운명이 결판난 1904~1905년간 육군부장 겸 시종무관장을 지낸 민영환은 다방면으로 구국운동을 전개하였다. 당시 그는 일제가 고종 측근들의 입궐을 전면 차단한 이른바 궁금숙청의 탄압 속에서 "대황제폐하를 항상 봉위하는" 시종무관장이란 직책을 활용하여 각종의 반일

---

107 『동학서』, 「나인영사건」, 규장각도서, 규17295 ; 『통감부문서』 3, 「통감부제일회보고」 (1906.12.1), 1~2쪽.
108 『전주이씨밀성군파세보』 1, 1983, 85~87, 663~664쪽.
109 『대한매일신보』 1907년 9월 10일자.
110 여중룡, 『남은선생유집』 2, 「충의사서명록」 ; 윤병석, 『이상설전』, 「성명회선언서」, 일조각, 1984, 244쪽 ; 한규무, 「정순만론」, 『한국기독교사연구』 22, 1988, 24쪽.
111 『여흥민씨세계보』 4, 690~695쪽.

운동을 주도하였다.112 그는 자신이 전면에 나서서 활동하기보다는 李儁·金寅植·金東弼 등 측근 인사들을 내세워 황무지개척권 반대운동, 항일유림단체 설립운동, 대외청원운동, 헌정개혁 및 계몽단체 설립운동, 일제의 대한정책 탐지활동 등을 벌였다.113 이러한 구국운동의 여러 방략들은 국망기에 고종황제가 벌인 구국운동을 대행하는 중요한 의미를 지니고 있었다.

그런데 민영환도 고종의 다른 측근들처럼 항일운동의 일환으로서 의병활동을 동시에 벌였을 가능성이 있다. 나인영·오기호 등의 을사오적 암살거사는 호남출신의 개신유림들과 민영환세력의 연대에 의해 이루어진 것이었다.114 이때 민영환세력으로서 을사오적 암살거사에 가담했다가 다행히 체포를 면한 朴大夏(의병장 : 최익현 숭배자)·李鴻來(총순, 의주부참서관)·李容彩 등은 민영환의 수하들이었다. 체포된 거사동지들의 공술에 의하면, 이들이 1907년 이전에 의병운동을 벌였다고 한다.115 따라서 민영환의 수하들이 을사조약 이전에 민영환의 지시에 따라 의병활동을 벌였을 가능성을 배제할 수가 없을 것이다.

---

112 고종은 일제의 궁금숙청과 서울 관민들의 반일운동이 한창 진행 중이던 1904년 9월 24일에 「시종무관부관제」를 반포하여 육군대장이나 육군부장이 시종무관장을 겸하도록 하였다. 시종무관부관제 제2조에 의하면, 시종무관장은 "大皇帝陛下께 常侍 奉衛하여 軍事에 關한 上奏 奉答 及 命令 傳達에 任하며 又 觀兵演習 動駕時와 其他 祭儀·禮典·御宴·陛見 等에 常侍 扈從"하도록 되어 있었다. 『일성록』, 1904년 8월 18일 ; 『고종실록』, 1904년 9월 24일.
113 『한국독립운동사』 1, 국사편찬위원회, 1965, 90~92쪽 ; 『대한계년사』 하, 226~227쪽 ; 김윤식, 『속음청사』 하, 국사편찬위원회, 1960 ; 유자후, 『이준선생전』, 동방문화사, 1947, 106~107, 162~172, 212~213쪽 ; 이정식 역주, 「청년 이승만 자서전」, 『신동아』, 1965년 9월호, 441쪽.
114 나인영의 민족운동에 대해서는, 오영섭, 「대종교 창시 이전 나인영의 민족운동」, 『한국민족운동사연구』 39, 2004.
115 『대한계년사』 하, 226~227쪽 ; 『통감부문서』 9, 「정부전복과 대신암살에 관한 건」, 432쪽.

IV. 여흥민씨척족의 의병운동에 나타난 특징과 성격

한말 의병운동사에서 특정 가문의 인사들이 대거 의병운동에 가담한 경우는 드문 편이다. 이런 상황에서 민씨척족의 일부 인사들이 의병운동에 적극 가담하여 뚜렷한 흔적을 남긴 사실은 주목할 만한 현상이다. 이제 민씨척족의 의병운동에 나타난 특성이나 성격을 간략히 짚어보는 것으로 결론을 대신하려 한다.

첫째, 민씨척족의 의병운동은 한말 의병운동이 재야세력만의 독자적 반일민족운동이 아니라 고종세력과 재야세력의 합작품임을 입증하는 좋은 사례이다. 그간 필자는 구한말 국가와 민족의 위난기에 역사의 전면에 분출되기 시작한 고종세력의 항일의지와 개항 이래 점차 높아가던 재야세력의 항일열기가 서로 맞물려 한말 의병운동으로 승화되었다고 주장해 왔다. 구체적으로 "한말 의병운동은 외침에 대항한 재야세력의 자발적·독자적인 반일민족운동이다"라는 기왕의 통설에 이의를 제기하고, 그에 대한 대안으로서 "한말 의병운동은 고종세력과 재야세력이 외세구축이라는 대의명분으로 굳게 뭉쳐 조직적·체계적으로 전개한 항일민족운동이다"라는 새로운 의병관을 제시하였다. 이런 점에서 민씨척족의 일부 인사들이 재야세력과 연대하여 항일활동을 벌인 사실들은 그러한 새로운 패러다임을 실증적·논리적으로 뒷받침해 주고 있다.[116]

둘째, 민씨척족은 의진에 투신하여 직접 군사활동을 벌인 것이 아니라 배후에서 의진의 결성과 활동을 후원하는 간접적인 방식으로 의병운동에 참여하였다. 의병을 후원한 민씨척족의 대다수는 고위직을 역임했을 뿐더러 중년층 이상의 연령층에 속해 있었다. 따라서 그들은 자신들이 의진의 전면에 나서서 활동하기보다는 측근의 문객이나 인척들을 대리인으로 내세우는 방

---

[116] 이러한 새로운 의병관에 입각한 가장 실증적이며 체계적인 연구성과로는 오영섭의 전기의병운동을 다룬 「을미의병운동의 정치·사회적 배경」과 후기의병운동을 다룬 「한말의병운동의 발발과 전개에 미친 고종황제의 역할」이 있다.

식을 이용하였다. 즉, 창의를 원하는 민씨척족은 휘하의 문객이나 인척을 재야로 보내 재야세력과 연대관계를 맺었던 것이다. 전기의병기의 민용호·민의식, 후기의병기의 민종식·민긍호의 경우를 예외로 치면, 의병운동에 참여한 대다수의 민씨척족은 의병전략과 시국정보 및 인적·물적 자원을 재야세력에게 제공해 주고, 애통조나 마패 등 국왕의 상징물들을 이용하여 재야세력의 무장활동에 정통성과 정당성을 부여해 주었다. 이처럼 민씨척족은 원거리에서 의진의 결성과 활동을 지도하고 후원하였다.

　셋째, 민씨척족의 의병운동은 일부 인사들에 의해 분산적·각개적으로 이루어졌다. 민씨척족은 동고조 8촌 이내의 가계 구성원들이 합심하여 의병활동을 벌인 것이 아니라 개인·부자·사촌·사돈별로 의병활동에 나섰다. 전기의병기에 민용호의병을 후원한 민병성 가계만이 동고조 가계인사들의 전폭적 협력을 얻었을 뿐이며, 나머지 인사들은 대체로 친척이나 인척들과 협의 없이 독자적으로 의병운동에 종사하였다. 이는 동고조의 후손들이 모두 척사운동과 의병운동에 종사한 유인석가문이나 10여 명의 독립유공자를 배출한 안중근가문의 경우와 크게 대비되는 것이다. 최익현의병과 여타 호남의병을 후원한 민경식·민병한·민형식의 경우에도 각기 다른 가계 인사들이 합심하여 활동한 것이지, 자기 가계 인사들의 협력을 받은 것은 아니었다. 이는 여흥민씨 삼방파가 유난히 자손이 귀하여 가계 사이에 입적이 무시로 이루어졌고, 또 모친과 부인이 삼방파인 흥선대원군과 삼방파 중흥의 기수인 명성왕후 간의 심각한 대립으로 인해 가계 간에 단합을 이루지 못했던 사실에 기인하는 것으로 보인다.

　넷째, 민씨척족의 의병운동은 구국운동의 성격을 지니고 있지만, 동시에 강한 정치적 성격을 띠고 있었다. 그들의 거의동기는 일제침략의 강도에 따라 다소 변화를 보였다. 전기의병기에는 일본세력과 친일개화파를 축출하고 왕후시해를 복수함으로써 신내각의 수립과 왕권의 안정을 시도했던 반면, 후기의병기에는 매국대신들과 일본군을 몰아냄으로써 조선의 국권과 자주권을 수호하려고 하였다. 다시 말해 그들의 의병운동은 전기의병기에는 왕권수호운동의 성격이 강했던 반면, 후기의병기에는 국권회복운동의 성격이 강했던 것이다. 그러나 기본적으로 민씨척족은 자신들의 정치적·경제적·사회적 권익의 보호와 유지에 관심이 많았던 권력지향적인 기득권 세력이었다. 따라서 그들의 거의동기는 주자학적 사유구조와 문화체계를 수호하고자 봉기한 위정척사론자들의 거의동기나, 일제구축과 친일파 제거라는 구국의 일념으로 창의한 해산군관이나 개신유림들의 거의동기나, 목전에 당면한 생계문제를 해결하고자 의병에 가담한 전직관료나 일반 민중들의 거의동기와 다소 차이가 있었다.

다섯째, 민씨척족이 재야세력과 연대한 근본목적은 황제파천운동과 외교청원활동에 필요한 분위기를 지방에서 조성하려는 것이었다. 그들은 고종의 밀지를 전달하거나 혹은 구두상의 권유나 내락을 통하여 재야세력의 창의를 독려하였다. 이때 민씨척족은 전투력·조직력·군자금이 절대 부족한 재야세력이 일본군에 패배하리라는 것을 분명히 알고 있었다. 이미 청일전쟁과 러일전쟁 때에 일본군의 강대한 무력을 그들이 직접 목도했기 때문이었다. 그럼에도 그들이 재야세력을 거의시켜 일본군에게 대항하게 만든 것은 재야의병의 전국적인 대일항전을 이용하여 고종의 外館 파천을 성사시키거나, 아니면 삼국간섭 때와 마찬가지로 열강으로 하여금 일본의 대한침략정책을 좌절시키기 위해서였다. 이는 민종식의 의병활동에 대해 일제가 "민종식은 1905년 11월 체결된 일한신협약에 반대하여 지방에서 폭도를 일으켜 한국 전토를 소요의 불바다로 만들어 열국의 간섭을 불러일으켜 일본의 굴레에서 벗어날 것을 획책했다"[117]고 말한 데서 그대로 드러난다. 이런 점에서 민씨척족의 의병운동은 지방적 차원의 단순한 군사활동이 아니라 중앙정계에서 고종황제와 그 주변세력이 구상·추진하고 있던 황제파천운동과 국권수호외교와 동시에 추진된 표리일체의 관계를 가진 사건이었음을 유념할 필요가 있다.

여섯째, 전기의병운동기에 중앙세력을 대표하는 민씨척족과 재야세력을

---

117 『독립운동사자료집』 3, 「조선폭도토벌지」, 673~674쪽.

대표하는 화서학파는 심한 갈등을 보였다. 민씨척족이 동도서기적 개화론을 수용했다면, 화서학파는 성리학적 위정척사론을 굳게 믿고 있었다. 양자는 일본군과 친일파를 물리치고 국왕을 구해야 한다는 표면적인 대의명분에 공감하여 연대하였다. 그러나 전자가 고종의 군주권을 공고히 하고 신내각을 수립하고 동도서기정책을 추진하려 했던 반면, 후자는 전통적인 성리학적 이상사회로의 회귀를 원하였다. 이러한 사상차이 외에도 양자는 군권장악 문제를 둘러싸고 서로 격렬하게 대립하였다. 그리하여 의병장 유인석이 민씨척족을 추종하는 선봉장 김백선을 양반모독죄로 적격 처형했던 것이다. 양자의 사상차이는 갑오경장 이후 재야세력이 만국공법에 입각한 근대적 국가관을 받아들이면서부터 점차 극복되어 갔다. 하여튼 의병진의 주도권을 둘러싼 중앙세력과 재야세력간의 갈등은 한말 연합의진에서 흔한 모습이었다.

　일곱째, 국망기의 의병운동과 계몽운동의 흐름을 상호 평행적·대립적인 것으로 파악하는 전통적 시각은 수정·보완될 필요가 있다. 국망기에 의병운동에 가담한 일부 민씨척족이 포함된 고종세력은 군주중심의 절대황제체제를 지키려고 의병운동과 계몽운동과 청원외교를 동시에 펼쳤다. 그들이 전개한 의병운동과 계몽운동은 한국근대사 개설서에 각기 별개의 사건으로 기술되어 있는 의병운동과 계몽운동 부분과 상당 부분이 중첩되고 있다. 이 때 1907년 7월 이전에 국한할 경우 의병운동에서는 활빈당과 농민항쟁계열의 일부 반봉건 의병들이, 계몽운동에서는 유신파와 일본유학생 등 극소수 민권주의자들만이 고종세력의 구국운동에서 벗어나 있었다. 따라서 한말 구국운동의 두 가지 흐름 가운데 의병운동의 대부분과 그리고 계몽운동의 상당 부분과 중첩되는 고종세력의 구국운동을 민족운동사 차원에서 새롭게 조명하고 부각시킬 필요가 있다. 요컨대, 고종세력의 구국운동을 한가운데에 위치시킨 다음에 활빈당과 농민항쟁계열의 반봉건 운동과 입헌주의자들의 계몽운동 등을 덧붙여 서술해야만 비로소 국망기의 구국운동의 흐름을 제대로 그려낼 수 있을 것이다.

(「여흥민씨척족과 한말의병」, 『한국근현대사연구』, 31, 2004)

제2장
고종 측근 심상훈과 충청지역 의병장들과의 연대양상

I. 머리말

한말 국가 위난기에 충북 제천지역에서도 의병이 크게 일어나 피어린 항쟁을 벌였다. 제천의병의 대일항쟁은 전국 각지에서 항일의병이 대거 봉기하고 있던 시대상황과 맞물려 전개되었다. 제천지역의 수많은 충군애국형·비분강개형의 지사들과 평민들이 반일구국 이념으로 굳게 뭉쳐 당대 불의의 실체인 일제와 친일세력에 대항했던 것이다. 그들의 대일항쟁은 을미사변·변복령·단발령에 반발하여 봉기한 전기의병, 황무지개척권 요구·을사조약·고종퇴위를 계기로 일어난 후기의병으로 표출되었다. 이러한 의병투쟁 과정에서 제천의병은 서울진공작전과 충주관찰부 점령작전을 결행함으로써 서울의 일본군과 친일세력에 커다란 위협요인이 되었다. 이 때문에 중앙에 주력군을 포진시킨 일본군과 친일세력은 다른 어느 지역의 의병보다도 제천의병의 진압을 위해 고심을 거듭하였다. 한마디로 제천의병의 대일항쟁은 거의시점·항쟁강도·지속시기·참여인원·성과 등 여러 측면에서 한말 의병운동을 선도할 만한 위상을 지니고 있다.[1]

---

[1] 한말 제천지역의 의병운동에 대한 개괄적인 연구로는 구완회, 『한말의 제천의병』, 집문당, 1997 ; 정제우, 『운강 이강년 의병장』, 독립기념관, 1997 ; 구완회, 「제천의병에 관한 문헌자료의 검토」, 『제천의병과 전통문화』, 제천문화원, 1998 ; _____, 「한말의 호좌의진(제천의병)과 밀지」, 『내제문화』 11, 1999 ; 오영섭, 「한말 의병운동의 발발과 전개에 미친 고종황제의 역할」, 『동방학지』 128, 2004. 제천지역의 전기의병운동을 다룬 연구로는 김의환, 「일제의 조선침략과 초기의병운동고」, 『동국사학』 9·10합집, 1966 ; 이동우, 「의병장 유인석의 의병운동고」, 『성대사림』 2, 1977 ; 오길보, 「1896년 제천반일의병의 활동에 대하여」, 『력사과학』, 1985 ; 박민영, 「의암 유인석의 위정척사운동 ―『소의신편』을 중심으로―」, 『청계사학』 3, 1986 ; 김상기, 「1895-1896년 제천의병의 사상적 전개와

그동안 저자는 한말 의병운동을 논급한 일련의 논문들에서 "한말 의병운동은 외침에 대항하여 일어난 재야세력(유림층·농민층·포군층 등)의 자발적·독자적인 반일민족운동이다"라는 기왕의 통설에 이의를 제기하였다. 그리고 그에 대한 대안으로써 "한말 의병운동은 중앙의 고종세력(고종과 그의 측근들)과 향촌의 재야세력이 외세구축이라는 대의명분으로 굳게 뭉쳐 조직적·체계적으로 전개한 항일민족운동이다"라는 새로운 의병관을 일관되게 주장해 왔다. 다시 말해 국가와 민족의 위난기에 역사의 전면에 분출되기 시작한 고종세력의 항일의지와 개항 이래 속으로 불타고 있던 재야세력의 항일열기가 맞물려 한말 의병운동으로 승화되었음을 누차 언급했던 것이다. 아울러 적어도 수백 명 이상의 의병으로 구성된 대규모 연합의진의 경우에 그들의 창의과정·활동양상·참여세력 등 여러 중요한 문제들을 이러한 새로운 패러다임에 의거하여 다시 연구해야 한다는 점을 되풀이하여 강조해 왔다.

여기서는 위에서 제기한 새로운 의병관을 입증하기 위한 사례연구의 일환으로서 그동안 지방적(유림적·평민적) 시각에서 많은 연구가 이루어진 제천지역의 의병운동을 중앙적 시각과 지방적 시각을 통합하는 새로운 시각에서 다시 살펴보려 한다. 구체적으로 지방의 유림세력과 평민세력만이 아니라 중앙과 지방에 포진한 고종의 측근들과 그들의 수하들이 제천의병의

연원」,『백산박성수교수화갑기념논총』, 삼화인쇄, 1991 ; 오영섭,「을미의병운동의 정치·사회적 배경」,『국사관논총』65, 1995 ; 제천의병100주년기념사업회 편,『제천을미의병100돌기념학술논문집』, 백산출판사, 1996 ; 오영섭,「을미 제천의병의 참여세력 분석」,『한국독립운동사연구』14, 2000 ; _____,「을미의병의 결성과정과 군사활동―제천의병을 중심으로―」,『군사』43, 2001. 제천지역의 후기의병운동을 다룬 연구로는, 홍순옥,「의병 이강년부대 전투기」,『군사』5, 1982 ; 정제우,『구한말 의병장 이강년 연구』, 인하대 사학과 박사학위논문, 1992. 2 ; 이구용,「운강 이강년의 항일의병투쟁」,『강원사학』7, 1991 ; 구완회,「이강년 관련문헌에 대한 비판적 검토 -『운강선생유고』해제에 대신하여-」,『제천을미의병100돌기념학술논문집』, 1996 ; 박민영,「운강 이강년의 생애와 사상」,『한국근현대사연구』12, 2000 ; 구완회,「정미의병기 의병부대의 연합과 갈등―이강년의 호좌의진을 중심으로―」,『제천의병의 이념적 기반과 전개』, 이회, 2002.

태동과 전개 과정에서 상당한 영향을 미쳤음을 실증적으로 규명하려 한다. 당시 고종의 측근들과 그들의 조력자 가운데 제천의병과 인연을 맺은 대표적인 인사로는 을미의병기의 沈相薰·閔泳綺·洪秉晉·李春永, 을사의병기의 심상훈·元禹常·元用常, 정미의병기의 심상훈·金顯峻 등을 꼽을 수 있다. 이 중 고종의 이종사촌이자 최측근 인사인 심상훈(1854~1907)은 제천일대에서 벌어진 세 차례의 의병운동에 모두 깊이 간여함으로써 제천지역 의병운동과 불가분의 관계를 맺은 인물이다. 따라서 고종 측근들과 제천의병과의 연대관계와 그 성격을 깊이 파헤치는 문제는 제천지역 의병운동에 대한 실증적·구조적 이해를 위해 선결과제라고 하지 않을 수 없다. 여기서는 지면관계상 제천지역 의병운동의 태동과 전개에 영향을 미친 여러 중앙인사들 중에서 가장 두드러진 활약을 벌인 심상훈을 중심으로 논의를 전개하겠다.[2]

II. 심상훈의 가문배경과 근왕적 정치활동

1. 가문배경과 아관파천 이전의 근왕활동

심상훈은 제천·충주·단양 등지에 재지기반을 지닌 청송심씨 온양공파의 후예이다. 그가 속한 청송심씨 온양공파는 조선 후기부터 한말까지 지배적인 정치세력인 서인-노론계의 벌열가문이었다. 그의 16대조 沈澮은 세조 때 이시애난을 진압하다가 함흥에서 순사하였다. 이후 심완의 후손들은 다수가 공신 책록과 문과 급제를 통해 고위급의 청요직에 진출하였다. 심완의 둘째 아들 沈順徑은 인조반정에 참여한 공으로 靖國功臣에 책록되었고, 심순경의 손자로서 대사헌을 역임한 沈義謙(1535~1575)은 조선 중기에 동인과 서인 간의 당쟁에서 서인의 영수로 이름이 높았다. 이러한 심의겸은 심

---

2 여기서는 1895년 11월 16일까지는 음력을, 11월 17일(양/1896/1/1)부터는 양력을 사용하였다.

상훈의 12대조이자 명종비 仁順왕후의 동생이며, 청송심씨 온양공파의 정신적 지주였다. 심의겸의 장손자 沈光世(1577~1624)는 심상훈의 10대조이자 청송심씨 온양공파의 시조였다. 그는 홍문관 교리 재직 시에 광해군의 계축옥사를 반대했다 하여 고성에서 10년간 귀양살이를 하였다. 이어 인조반정 후 다시 등용되어 옥당에서 활동했으며 이괄의 난 때 급히 상경하다가 부여에서 객사하였다.3 이처럼 그 조상들이 누대에 걸쳐 서인-노론정권의 기반 확립에 기여한 공로로 심상훈의 청송심씨 온양공파는 조선 후기에 이르러 노론계 벌열가문의 일원이 되었다.

심상훈의 6대조 沈得賢과 그의 후손들은 선대의 세거지이자 장지인 용인 지역을 떠나 제천·춘천과 인연을 맺었다. 심득현은 청풍부사를 지낸 후 춘천 동내면에 안장됨으로써 청송심씨 온양공파의 춘천입향시조가 되었다. 그의 맏아들 沈鐪은 한말 의병운동을 빛낸 柳麟錫·柳弘錫을 배출한 고흥유씨 부학공파의 세거지인 춘천 남내이작면에 묻혔다.4 이후 숫자가 늘어난 심선의 후손들은 춘천 각지에 퍼져 살면서 그곳에 무덤을 썼다. 심득현의 둘째 아들 沈璀의 증손자요 심상훈의 양조부인 沈宜絢은 판서를 지낸 다음 충주 목계촌에 안장되었다. 이로써 심의현은 충주-제천 일대 청송심씨 온양공파의 입향시조가 되었다. 심상훈의 본가 백부들과 그들의 후손들도 이러한 인연으로 모두 충주에 묻혔다. 또한 심상훈의 부친 沈應澤은 판서 역임 후 단양 매포면에 묻혔고, 심상훈의 모친 여흥민씨는 제천에 묻혔으며, 심상훈의 자손들은 제천·단양·원주 일대에 묻혔다.5 이는 심상훈의 청송심씨 온양공파의 지파가 제천·충주·단양 등지에 일정한 연고를 확보했음을 의미한다. 시국이 변동할 때마다 심상훈이 자신의 향제가 있는 제천 의림지 근처로 내려가 시름을 달램과 동시에 인근 지역의 재야세력과 연대하여 항일운

---

3 沈鍾益 편, 『靑松沈氏大同世譜』 제1권, 溫陽公派, 1972, 41~43, 454쪽.
4 고흥유씨 부학공파의 척사운동과 의병운동에 대해서는 오영섭, 『화서학파의 보수적 민족주의 연구』, 한림대 사학과 박사학위논문, 1997, 제2장 및 제4장 참조.
5 『청송심씨대동세보』 제1권, 456~458쪽, 제3권, 710~715쪽.

동을 모색하게 되었던 것은 모두 그러한 배경에서 나온 것이었다.

심상훈의 부친 심응택(1822~1865)은 여홍민씨 閔致久의 둘째 딸을 아내로 맞아들였다. 그런데 심응택의 부인 민씨는 홍선대원군의 부인인 부대부인 민씨와 친자매 간이었다.6 이로 인해 부대부인 민씨의 둘째 아들 이재황(고종)과 심응택 부인 민씨의 큰아들 심상훈은 2살 차이의 나이로 이종사촌의 사이가 되었다. 이는 심상훈이 고종과 조선왕조를 위해 신명을 바칠 운명을 안고 태어난 인물이며, 개인적 능력에 관계없이 고종의 비호하에 출세를 보장받은 인물임을 나타내 준다. 그리고 심상훈의 넷째 아들 沈瓊燮은 명성왕후의 외척세력인 한산이씨의 일원으로서 형조판서·시종원경을 역임한 李承純의 서녀에게 장가들었고, 다섯째 아들 沈珪燮은 참정대신 한규설의 서녀를 취하였다. 또 심상훈의 서녀는 궁내부대신 李載純의 서동생인 李載恒(統)에게 장가들었다.7 이러한 겹혼 관계를 통하여 상호간 긴밀한 관계를 맺은 심상훈·한규설·이재순 3인은 고종을 최측근에서 모신 근왕세력으로서 죽기 전까지 조선왕조를 위해 심력을 쏟은 인사들이었다.

심상훈은 고종의 이모인 모친이 원자(순종)의 산실에 입참한 공으로 1873년에 진사시를 거쳐 동몽교관이 되었고, 곧이어 1874년에 증광문과를 거쳐 세자시강원 說書에 임명되었다. 그리고 1874~1875년간 심상훈이 무위청 낭청을, 부친 심응택이 선혜청 낭청을, 조부 심의현이 사복시 낭청을 맡았다. 이로써 심상훈의 집안은 '三郎廳宅'이라고 불리며 장안의 질시와 주목을 받았다.8 이어 심상훈은 1877년 4월 고종의 특별한 배려로 종친 李載允과 함께 홍문관 교리에 임명되었고, 1878년 4월에 열성조의 御製를 관리하는 영예로운 자리인 규장각 直閣(종6품)에 임명되었다.9 이후 규장각직각을 '沈相薰의 産閣'이라고 조롱하는 말까지 생겨났을 정도였다. 이어 명성왕후의

---

6 『여홍민씨세계보』 4, 三房派, 1973, 691~692쪽.
7 『청송심씨대동세보』 제3권, 713~714쪽 ; 『전주이씨경창군파보』, 慶興君派, 1986, 14~15쪽.
8 윤효정, 『한말비사』, 교문사, 1995, 40, 43쪽.
9 『고종실록』, 1877년 4월 22일, 1878년 3월 28일.

조카 閔泳翊이 개화정책 기구를 관장하는 젊은 세도가로 부상하자 홍순형·김옥균·어윤중·홍영식·이중칠·조동희·김홍균 등과 함께 민영익의 집안을 드나들며 '민영익 문하의 8학사'로 불렸다.10

1882년에 임오군란이 일어나자 명성왕후가 花洞의 閔應植의 집과 동대문 밖 李圭翊의 집을 거쳐 충주 장호원의 閔泳緯 집으로 피신했다. 이때 심상훈은 민응식·민영기와 함께 명성왕후의 충주 피난을 옹위하였다.11 이어 명성왕후에게 대원군의 납치소식, 왕궁의 근황, 청일군의 출병사실 등을 알리고, 명성왕후가 내려준 淸兵청원의 밀계를 궁중에 전달하였다.12 이러한 공으로 심상훈은 출세가도를 달리기 시작하였다. 1884년 2월에 이조참의, 3월에 개화정책을 담당하는 참의군국사무를 거쳐 윤5월에 이조참의에 임명되었고, 6월에 행도승지에 제수되었다. 이때 심상훈은 "재능이 부족하고 그릇이 작으며 학문이 짧아서 훌륭한 정치를 도울 자질이 부족한 자신이 국왕의 은혜를 치우치게 받아 華顯職을 두루 거치게 되었다"며 몸 둘 바를 몰라 하였다.13 이후 심상훈은 임오군란을 진압한 중국 장수 吳長慶이 사망하자 고종의 명으로 중국 금주를 다녀오기도 하였다.14

1884년 10월 개화당에 의한 갑신정변이 일어나자 고종은 반구금 상태에서 불안에 떨고 있었다. 이때 경기관찰사를 맡고 있던 심상훈은 고종의 밀지를 받고 급히 景祐宮으로 들어가 김옥균·박영효 등에게 추종하는 척하며 거짓으로 그들을 도왔다. 그런 사이에 그는 고종의 신변 보호를 자담하고 고종과 명성왕후에게 사태의 전말과 개화당의 음모를 상주하였다. 아울러

---

10 황현 저, 김준 역,『매천야록』, 교문사, 1994, 93쪽. 1880년대 후반부터 1890년대 초반까지 고종이『자치통감강목』을 가지고 경연을 벌이면서 중국 역대 왕조의 사적과 군왕 및 신하들의 치적을 주로 논할 때에 심상훈은 자주 경연에 참여하여 강론을 맡았다. 이를 보면 심상훈의 경사에 대한 지식 수준이 상당했음을 알 수 있다.
11 차상찬,「임오군란 회상기」,『삼천리』8~12, 1936.12.
12 이선근,『한국사 : 최근세편』, 을유문화사, 1961, 489~490, 635~636쪽.
13 『승정원일기』, 1884년 6월 25일.
14 황현 저, 김준 역,『매천천록』, 136쪽.

고종의 명을 받고 비밀리에 궁성을 빠져나가 袁世凱·吳兆有 등 청나라 장수로 하여금 개화당을 타도하도록 하였다. 이처럼 심상훈은 개화당이 타도되고 고종과 명성왕후가 다시 왕권을 장악하도록 하는 데 공을 세웠다.[15] 나중에 그가 개화당을 도운 문제로 대간들에게 탄핵을 받게 되자 고종은 "敵情을 정탐한 것이니 의심할 바가 없다"는 특별 지시를 내려 심상훈의 무죄를 증명해 주었다.[16]

1894년 6월 일본군의 경복궁점령으로 대원군-친일개화파 연립정권이 들어섰다. 선혜청 당상 심상훈은 6월 22일 민씨세도의 거물들과 함께 전격 해임되었다.[17] 이후 심상훈은 제천으로 낙향하여 개화파 정권을 타도할 기회를 엿보았다. 당시 경복궁 동쪽 전각에 유폐 중이던 고종과 명성왕후도 빼앗긴 왕권을 되찾기 위해 다양한 경로로 왕권회복운동을 벌이고 있었다. 서울로 올라온 심상훈은 고위급 근왕관료인 민응식·閔泳達·閔泳韶·閔炯植·閔泳煥·이재순 등과 함께 비밀리에 궁중을 드나들며 고종 부처의 왕권회복운동을 도왔다.[18] 아울러 명성왕후의 밀명에 따라 민응식·민형식과 함께 兩湖 지역에서 활동 중인 동학농민군과 연대하여 항일활동을 펼쳤다.[19]

1895년 3월 삼국간섭으로 일본세력이 위축되고 고종과 명성왕후가 친일개화파를 축출하고 권력을 되찾자 심상훈은 5월에 장예원경에 임명되어 정계에 복귀하였다. 윤5월에 친일개화파인 내무대신 박영효가 고종폐립음모를 꾀하고 있다는 소식을 韓在益에게 전해 들은 다음 이를 고종에게 전달하여 박영효를 실각시키는 데 일익을 담당했다.[20] 이어 그는 을미사변 후 폐비

---

15 윤효정,『한말비사』, 117~119쪽 ; 황현 저, 김준 역,『매천야록』, 159쪽 ; 이선근,『한국사 : 최근세편』, 635, 663쪽. 1885년에 심상훈은 충청도관찰사에 임명되어 화적들을 소탕하는 한편, 동학을 엄히 금하고 탄압을 가하였다. 아울러 1888년부터 1894년까지 군국사무를 총괄하는 내무부의 협판을 맡아 민씨세도의 일원으로 활동했다.
16 『승정원일기』, 1887년 6월 24일.
17 『승정원일기』, 1894년 6월 22일.
18 『일본외교문서』제27권 제2책, No.496, 「日公使參內謁見始末記」, 146~147쪽.
19 『주한일본공사관기록』8, 「동학당사건에 대한 회심전말 보고」, 「동학당 진무를 위해 정부에서 파견한 구완희의 일지」, 국사편찬위원회, 1993, 56~57쪽.

조칙 서명을 단호히 반대하고 탁지부대신직을 사직하였다. 그리고 일시 서울에 머물며 삼국간섭 후 동아시아에서 위상이 높아진 프랑스의 도움을 얻어 일본세력을 축출하고 고종을 구출하기 위해 심혈을 기울였다. 그러나 프랑스의 원조가 여의치 못하자 향리 제천으로 내려가 거의를 도모하다가 화서학파 유림들과 연대하여 창의하였다.[21]

2. 아관파천 이후의 정치활동과 근왕성향

아관파천 후 정국이 일변하여 친일개화파가 퇴각하고 고종세력이 정권을 환수하자 심상훈은 다시 상경하여 탁지부대신을 맡았다.[22] 이때 심상훈은 내각을 장악한 친구미 성향의 정동파 관료들과 지방제도개혁을 둘러싸고 대립을 벌였다. 1896년 4월경 동도서기적 개혁노선을 지향하고 있던 심상훈과 정동파는 갑오개화파가 단행한 지방제도개혁이 전통관제와 지방사정을 무시한 급진적 개혁이라는 데 공감하여 지방제도개혁에 착수했다. 그러나 양자는 각기 자파 인사를 지방관에 임명하려 하였기 때문에 심한 마찰을 보였다. 이후 관찰사와 군수 등 지방관 임명에 대해 정치적 타협을 이룬 양파는 8월 4일에 전통적 지방관제와 근대적 지방제도를 절충하여 종래의 23부 337군제를 폐지하고 새로이 13도 1부 1목 322군제를 채용하였다.[23] 이를 보면 심상훈이 자파의 인사들을 지방관으로 삼기 위해서 남다른 열의를 보였음을 알 수 있다.

아관파천기에 탁지부대신으로서 심상훈은 조선은행의 설립을 발의하였다. 그는 은행이 국가경제에 반드시 필요한 기관이며 조선 8도의 조세를 은행으로 하여금 다루도록 해야 한다는 생각을 지니고 있었다. 그래서 그는

---

20 『주한일본공사관기록』 7, 「박영효사건 및 그 뒷처리에 관한 보고」, 179~180쪽.
21 『고종실록』, 1895년 5월 25일, 6월 19일 ; 최병찬, 「을미사변과 충민공 공초」, 『내제문화』 3, 1991, 27~28쪽 ; 오영섭, 「고종과 춘생문사건」, 『향토서울』 68, 1996, 192~200쪽.
22 『승정원일기』, 1896년 4월 22일.
23 『독립신문』 1896년 6월 16일자, 잡보 ; 『주한일본공사관기록』 11, [보고 제2회], 60~61쪽.

은행설립에 필요한 재원을 마련하기 위해 프랑스공사와 접촉을 벌였다. 그러나 프랑스측이 요구하는 과도한 이자가 나중에 재앙의 단서가 될지도 모른다는 심상훈의 우려 때문에 조선정부의 은행설립을 위한 차관도입문제는 흐지부지되고 말았다.24 이에 심상훈은 6월에 金宗漢·안경수·李完用·李淙潤·李根培·尹奎渶·李承業 등 전현직 관료 및 富商들과 함께 현금 대부를 영업목적으로 삼아 주식을 공모하여 20만 원의 자본금을 모아 조선은행을 설립하였다.25 이 은행은 1897년 2월에 영업을 시작하여 1901년 1월에 폐점하였다.

독립협회운동기에 심상훈은 독립협회로부터 누차 탄핵을 받았다. 이는 대한제국의 대외노선과 정치체제개혁을 둘러싸고 독립협회파와 고종황제 측근들 간의 대립에서 비롯된 것이었다. 1898년 6월 28일 독립협회는 재정 분야에 취약한 심상훈이 탁지부대신 재직 시에 화폐정책을 그르쳐 국가의 곤궁을 초래했다고 비판했다.26 이에 심상훈은 7월 17일 독립협회 내에서 친정부 성향을 지닌 남궁억·나수연 등과 긴밀한 연락을 주고받으며 독립협회를 탄압할 방책을 강구하는 한편, 8월 5일 경무사 閔泳綺와 협의하여 장악원으로 모여드는 독립협회 회원들을 강제로 내쫓게 하였다.27 10월 10일 독립협회가 7대신 탄핵상소에서 "아첨을 일삼으며 구차하게 벼슬을 보존하고 봉록만 축내고 있다"며 심상훈을 비판했다. 그러자 심상훈은 독립협회 탄압을 고종에게 상주했으나 사전에 정보가 누설되는 바람에 무산되었다.28 동일에 독립협회는 "심상훈·閔泳綺의 무리가 밤낮으로 궁중에 출입하며 비밀스런 계획을 만들고 있다"며 심상훈과 민영기를 강력히 탄핵했는데,29 이는 양인이 건의소청·복수소청·도약소 등 보수 유림단체와 보부상을 중심

---

24 『주한일본공사관기록』 9, 기밀 제94호, 「안경수와의 담화내용 보고(1)」, 245~246쪽.
25 『주한일본공사관기록』 11, 보고 제3호, 「경제휘보」, 64~65쪽.
26 정교 저, 조광 편, 『대한계년사』 3, 소명출판, 2004, 81쪽.
27 정교 저, 조광 편, 『대한계년사』 3, 100~102, 105쪽.
28 정교 저, 조광 편, 『대한계년사』 3, 172~173, 186쪽.
29 정교 저, 조광 편, 『대한계년사』 3, 195, 230쪽.

으로 하는 황국협회의 결성과 활동을 후원한 것을 비판한 것이었다. 이후 만민공동회는 11월 12일 심상훈의 집을 때려부순 다음 그의 정치활동을 반대하는 탄핵상소를 다시 올렸다. 그러나 독립협회가 공화제를 실시하려 한다는 것을 크게 우려하고 있던 고종은 심상훈을 다시 군부대신에 기용하여 독립협회를 탄압하도록 하였다.[30]

대한제국기에 심상훈은 고종의 정치적 분신으로서의 위상을 한껏 누리며 최고위 요직을 두루 거쳤다. 그는 1897년부터 1906년까지 군부대신·탁지부대신·육군 副將·내부대신·의정부 찬정·상무사 都社長·양지아문 총재관·태의원경·원수부 사무국 및 군무국 총장·참정대신·궁내부대신·경리원경·시종무관장 등직을 맡았다.[31] 이 중 비교적 장기간을 역임한 탁지부대신과 군부대신의 자리는 대한제국의 군사와 재정을 총괄하는 요직이며, 원수부 사무국과 군무국 총장직은 고종의 친위군을 육성·관리하는 막중한 사업을 관장하는 자리이며, 러일전쟁 직후 대한제국의 운명을 결정짓던 중요한 시기에 역임한 참정대신직은 국가의 사무를 총섭하는 내각의 총수자리이며, 1906년 11월에 閔泳煥·李鍾健에 뒤이어 임용된 시종무관장직은 항상 고종을 모시며 군사 문제를 상주하는 자리였다. 그리고 1897년 3월부터 1905년 11월 을사조약 이후까지 다년간 맡은 육군 부장직은 직급은 낮으나 군대에 대한 실질적 통수권을 지닌 막중한 요직이었다. 이러한 경력들을 보면 심상훈의 관직생활을 대표하는 것은 역시 경제와 군사에 관계된 직책이었다. 특히 그는 대한제국의 군대를 도맡아 관리했다고 말해도 과언이 아닐 정도로 군부의 실력자로 통했다.

을사조약 전후에 심상훈은 일제의 대한침략을 강력히 반대하였다. 그는 1904년 2월 참정대신으로서 한국침략의 기반을 수립하려는 일제의 한일의정서에 반대하고 고종에게 단독으로 처리하지 말고 각의에 붙이라고 건의했다.[32] 6월 일제의 황무지개척권 요구 반대운동을 벌인 보안회는 고종과 그

---

30 『고종실록』, 1989년 12월 16일 ; 정교 저, 조광 편, 『대한계년사』 4, 130쪽.
31 『고종실록』, 1897~1906년분 ; 국사편찬위원회 편, 『고종시대사』, 제4~6권, 1970~1972.

측근들이 은밀히 후원한 단체인데, 이때 심상훈과 절친한 沈相震이 대판부회장을 맡은 것으로 미루어 심상훈은 보안회에 일정하게 간여한 것으로 파악된다.33 1905년 7월에 심상훈은 참정대신으로서 이지용·이근택 등 친일파가 주장하는 일본 선박의 한국 연안 및 내해 항해권을 반대하였고, 11월 상순에는 사돈 한규설과 함께 이토 히로부미의 대한침략을 위한 네 가지 요구사항을 완강하게 거부한 바가 있었다.34

심상훈은 을사조약 직후에 전현직 관료들과 지방유생들이 표훈원에서 조약 반대운동을 벌일 때에 군대를 동원하여 강제 해산시키겠다는 일본측의 위협에 대해 죽음을 각오하고 끝까지 항거했다.35 또한 그는 奇山度 등의 을사오적 암살사건에 관련되었다는 혐의로 1906년 2월 경무청에 체포되어 평리원으로 이송된 후에 엄한 추궁을 받았다.36 1907년 2월 궁내부대신 재직 시에 궁문출입 허가표를 50장만 허락하겠다는 경무고문 마루야마 시게토시(丸山重俊)의 고종탄압 조치에 대항하여 600장이나 제조·발행하겠다고 우기기도 하였다. 이는 고종이 측근들을 동원하여 재야의 항일운동을 촉구하는 것을 사전에 방지하기 위해 "잡배의 궁궐출입을 엄히 금한" 일제의 궁금숙청을 정면으로 반대한 것이었다.37 아울러 1905년 가을과 1907년 여름에는 제4장에서 논급한 것처럼 호좌지역 항일인사들의 의병운동에 깊숙이

---

32 최영희,「한일의정서에 관하여」,『격동의 한국근대사』, 한림대 아시아문화연구소, 2001, 225~226쪽.
33 신용하,「구한말 보안회의 창립과 민족운동」,『한국 사회운동의 기반과 새 경향』, 문학과지성사, 1884, 37~38쪽. 柳子厚에 의하면, 1904년 6월 일제의 황무지개척권 요구를 반대한 애국단체 보안회의 초기 지도부인 宋秀萬·元世性 등이 일제헌병대에 체포되자 심상훈은 재차 조직된 보안회의 회장을 맡아 잠시 활동했다고 한다. 유자후,『이준선생전』, 동방문화사, 1947, 94~102쪽.
34 정교 저, 조광 편,『대한계년사』7, 153~157쪽. 4개 항은 "황실을 안녕히 할 일, 한국의 외교권을 동경으로 옮길 일, 한국을 통감부의 아래에 둘 일, 통상조약은 예전대로 할 일" 등이다.
35 정교 저, 조광 편,『대한계년사』7, 212~213쪽.
36 『대한매일신보』, 1906년 2월 20·22일자,「잡보」.
37 『대한매일신보』, 1907년 2월 10일자,「잡보」.

관여하였다. 이처럼 훈척대신 심상훈은 국가 위난기를 맞아 고종과 조선국가를 수호하기 위해 나름대로 분투하고 있었다.

거물급 정치인이자 항일대신인 심상훈에 대한 당대인들의 평가는 한결같지가 않다. 우선 그를 칭송하는 주장들은 다음과 같다. 1895년 (양)9월에 일본계 신문은 "심상훈은 국가의 柱石之臣으로 본래 지능이 많은 재상이라. 근래 탁지부대신을 맡고서는 公을 근심하고 私를 고려치 않는다더라" 하였다.38 1899년 3월 심상훈은 내부협판 閔丙漢이 수령직 100자리를 매관하자 어전에서 민병한과 주먹다짐을 벌여 고등재판소에 갇혔다. 이때 그의 친구와 문생들은 "심상훈이 평일에 몸가짐을 삼가고 공무를 처리함에 부지런했다"고 평하였다.39 고종체제에 반발하여 모반을 강구하다가 체포된 유성준은 거사 후 정부를 개혁한 다음에 등용할 대신으로서 심상훈·서정순·민영환 등을 거론하였다.40 아울러 대한제국기의 신문들은 심상훈에 대해 "국민이 칭송하는 대신" "忠義強硬한 사람"이라고 극찬하기도 하였다.41

심상훈에 대한 부정적 평가는 다음과 같다. 1898년 8월에 전 장령 李寅根은 "심상훈·민영기 등과 같이 공익을 물리치고 사리를 추구하는 무리를 제거하여 朝綱을 엄하게 하고 인심을 열복케 하라"고 건의했다. 독립협회는 심상훈이 군부대신 재직 시에 영관과 위관을 선발하면서 기예를 지녔는지의 여부를 묻지 않고 오로지 개인적인 경로를 통해 인물을 선발했다고 강하게 비판했다.42 중앙에서 심상훈의 활동을 목도한 이들의 전언을 기록한 柳子厚는 심상훈에 대해 "좋으면 나오고 어지러우면 들어가기로 유명한 박쥐대신"이라고 불렀다.43 또 심상훈과 연대하여 의병운동을 벌였던 제천유림의 후손들은 그를 '자라대감'이라고 부르기도 한다. 아관파천기에 일본측은

---

38 『한성신보』, 1895년 9월 17일자, 「잡보」.
39 『時事叢報』, 1899년 3월 20일자, 「잡보」.
40 정교 저, 조광 편, 『대한계년사』 7, 62~63쪽.
41 『매일신문』, 1898년 5월 16일자, 「잡보」;『대한매일신보』, 1905년 12월 2일자, 「잡보」.
42 정교 저, 조광 편, 『대한계년사』 3, 178~179쪽.
43 유자후, 『이준선생전』, 99쪽.

"심상훈이 탁지대신에 오른 것은 우유부단하기 때문이며, 위기를 보면 逸走하는 것이 심상훈의 상용 수단이다"고 비판했다.44 이러한 사례들을 보면 필요한 때에는 재야세력을 적극 규합하여 창의시키고 불리할 경우에는 극도로 몸을 사린 심상훈의 보신적 정치성향이 잘 나타나 있다.

이제 위에서 언급한 심상훈의 정치활동과 그에 대해 훼예가 엇갈리는 이중적 평가를 종합해 보면, 심상훈은 공무를 처리함에 있어 나름대로 성실성을 발휘하려고 노력했으며, 일반 평민과 일부 개혁당으로부터도 칭송을 받은 애국대신이었다. 그러나 그는 실무관료나 이념가라기보다는 국왕의 수족과 같은 근시성향의 인물이었고, 과감한 행동가나 실천가라기보다는 국왕의 안위와 자신의 지위 보존을 보다 중시하는 신중한 근왕관료였다. 나아가 고종의 전제적 황제체제를 적극 수호하는 가운데 자신의 지지자를 중앙 부처와 지방에 포진시키는 데 골몰했던 인물이었다. 한마디로 심상훈은 고종의 친구미적 외교노선과 동도서기적 개혁노선을 충실히 따르는 근왕관료로서 고종중심의 전제황권체제의 수호를 자신의 최우선의 목표로 삼았던 인물이었다.45

III. 전기의병기 유인석 의병장과 심상훈의 연대

1895년 8월 20일 일본군과 친일세력이 명성왕후를 시해한 을미사변이 일어났다. 이어 친일개화파는 내각을 개편하고 고종에게 명성왕후를 폐서인으로 삼는 조칙을 반포하게 하였다.46 고종은 친일개화파의 삼엄한 감시하에

---

44 『주한일본공사관기록』11, 기밀 제3호, 「내각원과 총신간의 알력」, 224쪽.
45 심상훈이 자주 귀향하여 의림지 인근의 향제에 머물 때면 "벼슬을 구하는 방문객들이 아침부터 저녁까지 밀려들었다"고 한다. 이는 심상훈이 제천 일대에 막강한 영향력을 지녔음을 입증하는 말이다. 이런 재지기반이 아관파천기에 유생들을 동원하여 고종의 환궁을 촉구하는 운동을 벌이게 하였고, 나아가 국가 멸망기에 재야세력으로 하여금 의병을 일으키게 하는 원동력이 되었음을 주목할 필요가 있다. 『주한일본공사관기록』11, 「士官一件雜書」, 「宮內 人士들과 露公使에 대한 密告」, 207쪽 ; 『대한매일신보』, 1906년 11월 13일자, 「잡보」.

서 생명의 위협을 느끼며 서양세력의 지원만을 고대하고 있었다. 이런 상황에서 심상훈은 뮈텔 주교47를 통해 프랑스의 지원을 받으려는 고종의 대외 청원활동을 성실히 보좌하였다. 8월 22~23일경 그는 신뢰할 만한 수하를 뮈텔 주교에게 보내 커다란 위험에 빠진 조선을 일깨우는 일에 힘을 써달라고 하였다.48 이어 27일 친형 李載冕의 감시를 받고 있던 고종은 입궐한 뮈텔 주교에게 자신을 도와달라고 간절히 부탁했다.49

9월 3일 심상훈은 자신의 수하인 춘생문사건의 주역 林㝡洙를 뮈텔 주교에게 보내 "오로지 프랑스에 기대를 걸고 있는 국왕은 프랑스가 군대를 파견하여 자신을 구해주기를 바라고 있다"는 내용을 전하게 하였다.50 6일 임최수는 다시 뮈텔 주교에게 공사관과 교구청의 방비 명목으로 약간의 군대를 서울로 출동시킨 다음, 뮈텔 주교가 이 군사들을 거느리고 국왕을 알현할 때에 국왕이 즉석에서 대궐수비를 요청하여 일본세력의 압제에서 벗어나는 방안을 제시했다.51 14일경까지 심상훈은 매일 사자를 뮈텔 주교에게 보내 프랑스군함이 언제 도착하는지를 물었고, 고종은 14일에 입궐한 뮈텔 주교에게 다시금 구원을 요청하였다.52 9월 14일 이후에도 林㝡洙는 여러 차례 뮈텔 주교를 방문하여 고종과 심상훈의 內命을 전달하는 한편, 조선의 장래 문제를 가지고 뮈텔 주교와 진솔한 면담을 나누었다.

을미사변 후부터 춘생문사건 전까지 고종과 그 측근들은 구미공사관이나 외국선교사를 통하여 조선의 국권과 군주권을 보장받으려는 대외청원활동

---

46 8월 23일에 심상훈은 탁지부주사에게 인장을 맡기고 탁지부대신직을 사직하였다. 천주교명동교회 편,『뮈텔 주교 일기』I, 한국교회사연구소, 1986, 383쪽.
47 뮈텔(G.C.M. Mutel, 閔德孝, 1854~1933)은 프랑스 파리외방전교회 소속 선교사로서 제8대 조선교구장과 서울교구장을 맡았다. 당시 조선집권층은 삼국간섭 후 위상이 높아진 프랑스의 도움을 받기 위해 뮈텔주교와 접촉하였다.
48 천주교명동교회 편,『뮈텔 주교 일기』I, 383쪽.
49 천주교명동교회 편,『뮈텔 주교 일기』I, 387~388쪽.
50 천주교명동교회 편,『뮈텔 주교 일기』I, 391쪽.
51 천주교명동교회 편,『뮈텔 주교 일기』I, 393쪽.
52 천주교명동교회 편,『뮈텔 주교 일기』I, 398~399쪽.

에 사활을 걸었다. 이러한 외교적 구국방략은 근대적 개혁보다는 대외적 자주와 독립이 다급한 문제였던 약소국 조선이 택할 수밖에 없었던 불가피한 선택이었다. 따라서 당시의 냉엄한 국제관계와 취약한 조선의 국세를 고려할 때에 고종세력의 외교적 구국방략을 외세의존적이라고 단정하여 비판하기보다는 국권과 군권의 자주성 확보를 위한 불가피한 선택이었다는 점을 중시할 필요가 있다고 판단한다. 그러나 뮈텔 주교가 실토했듯이 그들의 외교적 구국운동은 "만국공법이 대포 한 방만도 못한" 당시의 국제정치 역학 속에서 실현가능성이 희박한 편이었다. 따라서 심상훈으로서는 좀 더 구체적인 항일운동을 구상하게 되었다. 그것은 향리 제천으로 내려가 재야세력과 연대하여 의병활동을 전개하는 것이었다.

1895년 9월 하순경에 낙향한 심상훈은 뮈텔 주교에게 '충주에서 보내는 沈公의 편지'란 밀서를 보냈다. 뮈텔 주교가 10월 10일에 받은 편지에는 "국모를 시해하고 국왕을 유폐시킨 일본인들과 친일개화파들을 징계하기 위해 조선은 프랑스의 도움을 기대했다. 그러나 아무런 조치가 없기에 이제 법률에 의하지 않고 복수를 하기 위해 초야로 들어가기로 마음을 굳혔다"는 내용이 들어있었다.53 아울러 이 편지의 말미에는 심상훈이 구상하고 있는 五道倡義所의 취지와 지도부 편제가 담긴 문건이 동봉되어 있었다. 여기에는 都統長 李世鎭·林建洙, 대장 崔呂信·吳起泳, 경기도통장 전 참판 閔致憲, 대장 金志榮, 충청도통장 전 대신 沈相薰, 대장 尹相義, 경상도통장 전 참봉 柳道奭, 대장 郭鍾錫, 전라도통장 전 교리 高鼎柱, 대장 姜一會, 강원도통장 전 도사 李圭三 대장 金漢韶 등의 명단이 실려 있었다.54 즉, 오도창의소 문

---

53 천주교명동교회 편, 『뮈텔 주교 일기』I, 418쪽.
54 한국교회사연구소 소장문서, 문서번호 1895-41. 五道倡義所 명단에 나오는 都統長 李世鎭은 춘생문사건 전에 鄭喬에게 고종의 密旨를 내보이며 낙향·거병하겠다는 의사를 나타냈고, 춘생문사건 실패 후에 실제로 충청우도로 내려가 청양군수 鄭寅羲와 함께 군사를 모아 공주로 진격했다가 개화병에게 패한 인물이다. 민치헌은 이조참판·궁내부특진관·회계원경 등직을 역임한 민씨척족의 중진이다. 정교, 『대한계년사』상, 국사편찬위원회, 1971, 127~128쪽.

건은 제천으로 내려간 심상훈이 고종 측근의 김세진·민치헌 등과 연대하여 전국적 의병부대를 조직하기 위해 노력했음을 입증하는 것이었다. 그러나 단발령 직전까지 그들의 거의노력은 이세진이 청양에서 봉기한 사실 외에는 별다른 성과를 거두지 못했다.

　1895년 11월 단발령 직후부터 전국 각지에서 의병이 봉기하였다. 이 중에 을미의병을 대표하는 연합의병은 이소응의진·민용호의진·유인석의진·김하락의진·노응규의진 등이다. 이들은 고종의 측근세력들과 그들의 수하들로 구성된 중앙세력과 유림·평민으로 구성된 지방세력의 연대에 의해 결성되었다. 이때 제천의병에 참여한 고종의 측근이나 그들의 인척·수하들로는 심상훈·민영기·李春永·沈理燮·洪秉晉·閔義植·李根永·李炳善·李承徽·鄭彦朝·趙秉奎 등을 꼽을 수 있다. 그리고 이들 중에 위망이 가장 높은 인물은 역시 탁지부대신을 역임한 심상훈과 충주관찰사를 역임한 민영기였다. 아울러 민씨척족의 외척세력인 이춘영이나 고종의 시종인 홍병진의 활동도 주목할 만하다. 따라서 제천의병의 근왕적 성격을 밝히기 위해서는 이들 중요 인사들의 활동상을 세세하게 따져봐야 한다. 그러나 그러한 문제에 대해서는 기왕의 연구성과를 참고하도록 하고,[55] 여기서는 제천의병에 간여한 중앙세력 가운데 가장 비중 있는 인사인 심상훈의 활동을 중심으로 논의를 전개하려 한다.

　강렬한 항일성향과 근왕의식의 소유자인 심상훈은 단발령 전후에 다각도로 창의를 모색하였다. 이미 을미사변 후부터 민씨척족의 중진 민영기는 고종에게 밀지를 받았다고 칭하고 자기 집안의 여러 수령들과 함께 제천 선비 李炳善을 통해 유인석의 화서학파와 연대하고자 노력하고 있었다.[56] 갑오경장 직후부터 거의를 모색하던 민씨척족의 인척 이춘영은 단발령 직후에 지평포군을 확보하자마자 제천 長潭으로 사람을 보내 유인석의 명령을 듣고

---

[55] 을미 제천의병에 참여한 근왕세력들의 활동에 대해서는 오영섭,「을미 제천의병의 참여세력 분석」, 10~22쪽.
[56] 원용정,「복은」,『소의신편』, 중앙문화출판사, 1981, 444쪽.

진퇴를 결정하겠다고 하였다.57 심상훈도 1896년 1월경에 '창의대장 판서 金世基·沈相薰' 명의로 「原州倡義所通文」이란 거의촉구 통문을 각지에 발송하였다. 거기서 그는 변복령·단발령·을미사변을 강하게 비판하고 그러한 변란을 자아낸 일본세력과 개화성향의 10대신과 지방관리들을 징치하기 위해 거의했음을 밝혔다.58 이러한 사례들에 비추어 심상훈은 호좌지역에서 가장 강력한 응집력과 동원력을 지닌 화서학파 유림들과 연대하여 의병을 일으키기 위해 각별한 노력을 기울였음을 알 수 있다. 그러나 심상훈과 화서학파가 어떠한 과정을 거쳐 연대관계를 맺었는가는 자료의 부족으로 잘 알 수 없다.

1896년 1월 25일(음12/11) 이전 어느 시점에 심상훈은 화서학파의 종장 유인석(1842~1915)을 만났다.59 고종의 정치적 분신인 심상훈과 제천지역 재야세력의 대표자인 유인석의 비밀 회동은 을미 제천의병의 태동단계에서 상당히 의미 있는 사건이었다. 다시 말해 고종의 현상유지적 개혁노선을 추종하는 중앙의 동도서기세력과 성리학적 대도의 보존을 중시하는 지방의 위정척사세력이 조선 국가와 국왕 고종의 위급함을 구하기 위해 사상적·사회경제적 차이를 극복하고 민족연합을 이루었던 것이다. 이미 갑오변란 후부터 거의를 결심하고 있던 유인석은 주변의 창의 권고에도 불구하고 모친상 때문에 부득이하게 去守之策에 따라 요동행을 결심한 터였다. 그러나 그는 이제 심상훈에게 "일본이 청일전쟁에서 패했다"는 오도된 국제정세를 전해

---

57 李哲承, 「寬毅齋李公家狀抄」, 이구영 편역, 『호서의병사적』, 수서원, 1993, 250쪽.
58 『강원일보』, 2003년 8월 15일자. 민영준의 후원으로 고위직으로 진출하여 원주지역 연안 김씨의 유력자로 부상한 전 판서 金世基는 그간 이정규의 「종의록」의 내용에 따라 단발령 직후에 화서학파 유생들의 거의요청을 거부한 반의병적 인물로 널리 알려져 왔다. 그러나 사실 김세기는 이면에서 심상훈과 함께 의병활동을 전개하고 있었다.
59 송상도는 『기로수필』에서 안승우가 심상훈을 방문하여 의진에의 참여를 요청했으나 심상훈이 거절했다고 하였다. 허나 이 기사는 심상훈이 의병의 뒤를 봐주겠다고 했다는 화서학파 유생들의 주장들로 미루어 오류임이 분명하다. 심상훈의 제천의병 참여는 전라도의 황현에게까지 널리 알려진 사실이었다. 송상도, 『기로수필』, 국사편찬위원회, 1971, 32쪽 ; 황현 저, 김준 역, 『매천야록』, 387쪽.

들은 다음에 의병운동의 전면에 나서게 되었다. 1월 25일에 제자 李肇承에게 보낸 '급한 편지'에는 당시 유인석의 시대인식과 그가 심상훈에게 어떤 정보를 얻었는지가 잘 나타나 있다.

> (상략) 전쟁 형편은 어제 편지에서 언급한 것과는 좀 다르네. 李弼熙가 丹陽에 도착하여 왜병과 접전하여 몇 놈을 죽였으니 전쟁 초두에 조금 이긴 것은 역시 사기를 증진시킨 것이네. 이필희는 벌써 鳥嶺을 넘어 영남의 의병과 서로 합세하고 있네. 安承禹는 아직 제천읍에 있으면서 近邑의 포병을 불러들이고 있네.
> 대저 아국과 왜의 형편을 자세히 탐지해 보니 일할 만한 형세라고 생각되네. 대개 왜국은 점점 피폐해 있고 또 청국의 압력을 받아 형세가 다시 동병하기는 어려울 것 같으며, 또 현재 청장 유영복과 만주 봉황성에서 전투하고 있다고 하네. 이는 심참관(심상훈:필자)이 말한 것인데, 아마 사실인 듯하네. 유영복은 청의 명장이니 왜국은 장차 불리할 것이라고 하네. (하략)60

이 편지는 을미의병운동 발발 당시 유인석의 현식인식 내지 국제정세관을 알려주는 결정적으로 중요한 자료이다. 이 자료를 통해 우리는 당시 유인석이 관군 1인만이 부상을 당했을 정도로 전과가 미미했던 단양전투의 성과를 과대평가했을 정도로 피아간 정세 파악에 어두웠으며, 또 유인석이 청일전쟁의 결과가 이미 일본의 승리로 결판난 사실을 제대로 알지 못하고 패배한 청국에 여전히 기대를 걸고 있었음을 알 수 있다.61 나아가 이때 심상훈은 유인석에게 의병운동의 전면에 나서도록 설득했던 것이며, 유인석은 화서학파의 지도자로서 자기 동문들의 군사활동에 대한 확실한 후원과 보장

---

60 유인석,「급한 편지」, 이구영 편역,『호서의병사적』, 33쪽.
61 1895년 봄에 청국에서 귀국한 민영준은 "倭가 여러 가지로 무서울 것이 없다고 말하며 왜를 배척할 계획을 수립했다"고 한다. 이런 오도된 정보로 인해 제천의병에 참여한 화서학파는 "왜군은 승리의 기세를 타고 추격하여 北京 근방까지 들어갔다가 마침내 섬멸을 당하고 한 진영도 온전히 돌아오지 못했으니, 이로써 왜의 세력이 한풀 꺾였다"고 하여 청일전쟁의 판세를 반대로 이해하였다. 박정수,「하사안공을미창의사실」,『독립운동사자료집 : 의병항쟁사자료집』1, 독립운동사편찬위원회, 1971, 353~354, 457쪽.

을 요구했을 것으로 보인다. 심상훈의 큰아들 沈理燮62이 부친의 지시로 1896년 1월 말경에 제천 의진의 종사로 참여한 사실로써, 또 "심상훈이 처음에 의진을 도와주겠다고 말했다"는 화서학파 유생들의 발언으로써 그러한 단정적인 추론이 가능하다.63

유인석의 호좌의병은 1896년 1월 29일(음12/15)에 발행된 고종의 밀지를 받았다.64 을미의병 가운데 밀지를 받은 것으로 확인되는 연합의진은 을미의병운동을 대표하는 김하락의진·이소응의진·유인석의진·민용호의진·노응규의진 등이다. 이들은 고종의 측근들로부터 단발령 전후에 이미 창의활동에 대해 구두상 내락을 받았고, 이어 본격적으로 군사활동에 돌입한 다음에 비로소 고종 명의의 밀지를 받았다. 이 외에도 군소의진인 최문환의진·기우만의진·허위의진 등이 위의 연합의진이 각지에 전포한 사본 밀지를 받고서 봉기하였다. 이러한 밀지를 통해 호좌의병은 무단거병을 모반으로 간주하는 유교적인 왕조국가에서 무장투쟁의 합법성을 추인받았을 뿐더러, 주변의 대소의진을 통합하는 연합의진으로서의 정통성을 부여받은 셈이었다.65 그런데 제천의병이 받은 밀지가 민영기나 심상훈처럼 고종의 측근

---

62 문과 급제 후 승지를 거쳐 1905년 10월경 안동부사를 지낸 심이섭(1876~1947)은 심상훈의 양아들로서 충주에 거처가 있었고 부친 사망 후에 1908년 6월 이후부터 러시아 블라디보스톡과 중국 상해 일대에서 활동하였다. 장지연,「해항일기」,『장지연전서』8, 단국대학교출판부, 1986, 1124~1127쪽.
63 박정수,「하사안공을미창의사실」, 388, 427쪽.
64 이정규 편,「창의견문록」,『독립운동사자료집』1, 647쪽 ; 민용호 저, 이태길·민원식 역, 『국역 복재집』, 소문출판인쇄사, 1988, 216쪽.
65 재지적 기반이 전혀 없이 제천에서 경북으로 이동한 소규모의 서상렬부대가 양반의식이 강한 안동-예천 일대의 군소 의병들을 대거 통합하여 대규모의 예천회맹을 주관할 수 있었던 것은 고종의 밀지를 먼저 받은 선도적 연합의진이었기 때문이었다. 또한 이천의 병장 김하락-민승천, 진주의병장 노응규-정한용, 강릉의병장 민용호-권익현의 경우처럼, 재지기반이 없이 중앙의 후원이나 밀지의 권위에 기댄 이주의병장과 재지기반은 지녔으나 중앙의 후원이나 밀지의 권위가 없는 향토의병장이 연합의병장의 자리를 놓고 다투는 경우에 전자가 이기는 것이 보통이었다. 나아가 대원군계 민씨척족이 후원한 민용호의병과 명성왕후계 민씨척족이 지원한 유인석의병이 초기에 갈등을 보인 것처럼, 중앙세력이 적대적인 관계인 경우 그들의 후원을 받는 지방의병장들이 서로 대립하고 갈등

에서 활동하던 인사들의 주선을 통해서 전해졌을 가능성을 배제할 수 없을 것으로 보인다. 단발령 직전에 벌어진 춘생문사건 당시에 두 차례나 하사된 밀지가 심상훈의 사돈 李載純의 주선으로 심상훈의 수하인 궁내부 시종 임최수에게 내려진 것임을 감안하면,66 을미의병운동 때 호좌의병이 받은 밀지도 심상훈과 전혀 무관한 것은 아니었을 것이다.

1896년 2월 11일 아관파천이 일어나 고종이 다시 정권을 장악하였다. 이에 따라 친일개화파가 패퇴하고 고종 측근의 근시들과 친미친러 성향의 정동파가 중용되었다. 심상훈은 아관파천 이후에 상경하여 4월 22일에 度支部 大臣에 임명되었다.67 심상훈보다 늦게 의진을 이탈하여 홍병진·이승휘 등과 함께 상경한 큰아들 심이섭은 선유사의 직첩을 받고 다시 제천에 내려가 의병을 상대로 선유활동을 벌였다.68 그러나 심상훈을 비롯한 근왕세력들이 서울에서 관직을 수여받은 다음 의병활동에 대해 소극적인 태도로 돌아서자 제천의 화서학파 유림들은 분노하기 시작했다. 이에 제천성에서 유진 중이던 중군장 安承禹는 그들의 배신을 규탄하며 심상훈의 둘째 아들 沈瑛燮을 인질을 겸하여 의진의 종사로 삼았다.69 그러자 심상훈은 5월 4일에 제천으로 내려와 진중에서 하룻밤을 유숙하며 의병장 유인석에게 "주상에게 호소하여 관군을 철수케 하겠으니 이제 그만 해산하라"고 간곡히 설득하는 한편 셋째 아들 沈璋燮을 제자로 삼아줄 것을 청하였다.70 아울러 국가의 일에 公貨를 사용하는 것은 당연한 일이라며 제천의병이 관청에서 군자금으로 탈취한 公貨문제에 대해 문서로 자세히 정리하여 나중에 참고할 수 있게만 해달라고 당부하였다.71

하는 것을 볼 수가 있다.
66 오영섭, 「춘생문사건의 전개과정과 이도철」, 『충민공 이도철의 생애와 활동』, 제천문화원, 2005, 74~78쪽.
67 『일성록』, 1896년 4월 22일.
68 박정수, 「하사안공을미창의사실」, 427, 442~444쪽.
69 이정규, 「종의록」, 『독립운동사자료집』 1, 45쪽.
70 박정수, 「하사안공을미창의사실」, 447쪽.

제2장 고종 측근 심상훈과 충청지역 의병장들과의 연대양상 279

유인석의 호좌의병은 정부의 해산권유를 거부하고 농성하다가 관군에게 패하였다. 전열을 수습하여 서북으로 이동하는 과정에서 유인석은 제자 중에 근왕관료들과 친분이 있는 李正奎·李肯承 등을 상경시켜 도움을 요청하게 하였다. 그들은 심상훈·민영기 등 제천의병을 처음부터 후원한 근왕관료들과 의병에 호의적인 태도를 보인 兪箕煥·趙東熙·李東宰 등 근왕관료들에게 도움을 요청했다.72 그러나 심상훈과 민영기 등은 적극적 구원조치를 취하지 않고 오히려 의병의 해산만을 종용할 뿐이었다. 이에 화서학파 유생들은 "심상훈은 의병을 배척하는 말이 많고 또 의병을 보호할 생각도 없으니 그는 본시 이랬다저랬다 하는 사람이다"73 "심상훈처럼 전에 의병을 도와주겠다던 자들이 머뭇거리고 기회를 엿보며 이익만 도모하고 있고, 민영기 역시 해산만을 고집하고 있다"며 분개해 마지않았다.74 이러한 불평과 비난은 일본군과 친일개화를 물리치고자 민족연합을 이룬 양자의 궁극적 지향점이 서로 달랐기 때문에 나온 것이었다. 화서학파와 근왕관료들의 궁극적인 거의 동기가 각기 달랐다는 사실은 민영기에게 도움을 요청했다가 거절당한 유인석의 제자 이조승의 한탄 속에 여실히 나와 있다.

> (민영기가) 말하기를, "저쪽(유인석측)에서는 무슨 주의가 있기에 내 말을 따르지 않고 고집만 부리는가. 그 까닭을 알지 못해 매우 답답하다"고 하였다. 내(이조승)가 "무엇이 그렇다는 말입니까"하니, 閔이 말하기를, "일이 제대로 안되는 것을 안다면 마땅히 權道를 쫓아 칼자루를 돌려잡는 것이 옳을 것이다. 지난번 鄭彦朝가 내려갈 때 李堤川(堤川郡守 李寅祐)과 더불어 만단으로 주선해 보냈는데 어찌 이런 처사를 할 수 있는가. 처음부터 내가 이런저런 사정을 모두 통지했음에도 불구하고 하나도 그대로 시행하지 않았다. 이는 반드시 李炳善이 중간에서 일을 제대로 하지 않은 때문인 모양이니 한심스러운 일이다"고 하였다.……대개 그가 말한 의도를 살펴보면, 전에 그가 (의병의) 뒤를 보아 주겠다고 한 것은 단지 의병을 자기 휘하

---

71 원용정, 「복은」, 445쪽.
72 이조승, 「서행일기」, 『호서의병사적』, 55, 60~61쪽.
73 이정규, 「종의록」, 55~56쪽.
74 이조승, 「서행일기」, 60~61쪽.

의 군사로 만들어 마음대로 조종함으로써 특권을 쥐려고 했기 때문이었다. 그러한 필요성이 희박해지고 불가능하게 된 지금에 와서 어물어물 모호한 말을 하고 있지만 실은 어떻게 해서든지 의병을 해산시키려는 것이다. 우리들이 아직도 이런 자들에게 속고 있으니 분통한 말을 어찌 다하랴.[75]

요컨대, 심상훈·민영기를 비롯한 중앙세력은 개화파를 타도하고 고종을 구출하고 신내각을 수립하고자 재야의병을 정치적으로 활용하려 하였던 반면, 화서학파는 일본군과 개화파를 징치하고 전통적 주자학적 사회체제로 회귀하고자 중앙세력과 제휴하였다. 아관파천 후 김홍집·유길준의 친일개화파 내각이 무너지고 고종세력과 구미파 중심의 신내각이 들어서자 양자의 연대관계는 파경을 맞게 되었다. 중앙세력은 각처에 선유사를 파견하여 의병해산을 종용했으나 화서학파는 위정척사노선을 계속 견지하며 정부의 해산권유를 거부하다가 강제로 진압을 당했다.

IV. 후기의병기 원용팔·정운경·이강년 의병장과 심상훈의 연대

러일전쟁 직전 서울로 진주한 일본군은 대한제국에 대한 침략정책을 가속화하였다. 대한제국이 일제로부터 시정개선을 받도록 규정한 1904년 2월의 한일의정서와 한국 영토를 강제로 점유하려는 6월의 황무지개척권 요구는 일제의 한국침략 의도를 그대로 드러낸 것이었다. 이에 1904년 여름경부터 한국민들은 상소운동·의병운동·계몽운동·청원운동·파천운동·의열투쟁 등 다양한 방식으로 일제의 한국침략을 반대하고 나섰다. 그러나 1905년 5월 러시아 발틱함대를 격파하고 러일전쟁을 승리로 이끈 일제는 한국보호국화정책을 논의하기 시작했다. 이에 고종황제와 그 측근들은 만국공법의 균세외교론에 따라 구미 각국과 경성주재 구미공사관에 청원밀사를 보내 대한제국에 대한 구원을 요청하고, 서울에서 활동 중인 유생단체와 계몽단체로 하여금 항일운동을 조직적으로 벌이게 하고, 지방 각지의 유력자에게 밀

---
[75] 이조승, 「서행일기」, 65~66쪽.

사를 파견하여 동시다발적으로 항일의병을 일으키게 하였다. 이 중 한국민이 가장 큰 희생을 치른 의병운동은 재야세력의 항일열기와 중앙세력의 구국의지가 맞물려 나타난 것이었다.

1905년 여름경 심상훈은 호좌지역에서 벌어진 元容八(1862~1907)의 의병운동에 간여한 것으로 보인다. 을미 제천의병장 유인석과 "聲氣가 상통하는 사람"이라는 평을 받은 원용팔은 처음에는 李根元에게 나중에는 柳重敎에게 화서학파의 주자학적 민족주의를 배웠으며, 같은 가문의 元容正과 함께 을미 제천의병에 참여한 경력이 있었다. 그는 여주-원주 일대에 세거하는 원주원씨 가문 내에서 무과급제자를 가장 많이 배출한 무반가문 출신으로서 을미의병운동 때에 沈相禧가 거느린 여주의병의 후군장과 유인석이 지휘한 제천의병의 중군장을 지냈다.76 그는 1905년 여름에 일제의 대한침략을 강도 높게 비판하며 다시 창의에 나섰다. 사방에 보낸 격고문에서 그는 갑신정변·을미사변·단발령 등에 나타난 일제의 침략성을 규탄한 다음, 일제가 한국의 주권을 빼앗아 고문정치를 자행하고, 산림·천택과 궁장토·역둔토 등 한국의 국토를 침탈해 가고, 조세제도와 호적제도를 일본식으로 변개하고, 한국의 왕실과 예속을 형해화시킨 사실 등을 강하게 비판하였다.77 이러한 배경에서 원용팔은 7~8월간 원주·영춘·영월·정선 등지를 무대로 의병항쟁을 전개했다가 원주진위대에 진압을 당하였다.78

원용팔의진은 중앙의 유력자인 원주원씨 元禹常·元用常 형제의 적극적인 후원을 받았다. 원우상은 함북관찰사·경무사·육군참장을 지낸 군사-경찰 분야의 고위급 인물이며, 원용상은 원우상의 막내 동생이었다. 그런데 원우상의 친동생인 전 侍從院侍御 元有常은 을미 제천의병을 후원한 전 군부대신 閔泳綺의 매부였을 뿐더러 형의 출세에도 영향을 미친 고종 측근의 別

---

76 『원주원씨족보』 2, 1987, 829~876쪽.
77 원용팔, 「격고문」, 『義士三戎元公乙巳倡義遺蹟』.
78 구완회, 『한말의 제천의병』, 260~266쪽 ; 권영배, 「구한말 원용팔의 의병항쟁」, 『우송조동걸선생정년기념논총』, 나남, 1997, 229~234쪽.

入侍였다.79 당시 고종의 별입시들은 국망기에 고종의 지시에 따라 혹은 자의에 따라 재야세력과 연대하여 각종의 항일운동을 벌였는데, 이 중 가장 대표적인 활동이 항일의병운동이었다.80 따라서 독자적인 것처럼 보이는 원우상·원유상 형제의 항일활동은 고종황제와 별입시 원우상과의 연관 속에서 이루어지고 있었음을 주목할 필요가 있다. 이에 대해서는 아래의 사료를 참고할 만하다.

> 現今 江原 一道로서 延及忠淸道 列郡에 所謂 名稱 義兵者가 處處 蜂屯而蟻聚하야 搶攘州郡에 爲其觀察守宰者난 袖手傍觀 而有若陽斥陰和하고 所謂 義兵魁首者난 武宰元禹常之弟也라. 究其原因하면 乃弟則煽動悖類於外而嘯聚作梗하고 乃兄則因緣權貴 而假借聲勢於內하야 另圖媒進하니 元氏兄弟은 抑何心腸으로 不顧國家之危急存亡하고 祇貪自己之富貴하야 迨此國步之艱難하야 行此危險之事하니 唯我同胞난 認以國賊으로 同聲討之하오니 僉君子난 照亮하시오.
> 光武 九年 九月 六日. 一進會 告白81

의병세력으로부터 탄압을 받고 있던 친일단체 일진회는 원용팔의병이 봉기한 다음『皇城新聞』에 광고까지 실어가며 원우상 형제의 항일운동을 비판하였다. 그런데 거기에는 원용팔의병의 근왕성을 알려주는 중요한 단서가 담겨있었다. 이를테면, '義兵魁首' 원용상은 재야에서 의병을 모집하여 활동했고, 원우상은 서울에서 '權貴'의 힘을 빌려가며 항일운동에 종사하고 있었다는 것이다. 이때 강원 남부와 호좌지역에서 벌어진 원우상 형제의 항일운동에 영향을 미친 권귀로는 원주·제천·충주지역에 연고를 가진 심상훈과 민영기를 꼽을 수 있다. 그러나 민영기는 을사조약 전후에 이미 항일운동 대열에서 벗어나고 있었던 것으로 보이기 때문에 원우상 형제의 의병

---

79 『매일신문』, 1898년 6월 16·28일자, 「잡보」.
80 한말 의병운동 당시 고종 측근의 별입시들의 의병운동 참여에 대해서는 오영섭, 「한말 의병운동의 발발과 전개에 미친 고종황제의 역할」, 『동방학지』 128, 2004, 82~85쪽.
81 『황성신문』, 1905년 9월 9일자, 광고란.

운동을 이면에서 후원한 권귀로는 민영기보다는 아무래도 심상훈일 가능성이 다소 높은 편이다.

원용팔과 거의하기로 약속했던 화서학파의 동문유생 鄭雲慶(1861~1908)은 단양에서 거의하였다. 13대조가 송강 鄭澈이며, 9대조 鄭普衍과 8대조 鄭洧이 송시열의 제자였고, 7대조 정태하가 權尙夏의 문인이었을 정도로 정운경의 집안은 서인-노론계의 주자학과 척사론을 충실히 계승한 선비가문이었다.[82] 그는 동학농민운동 때에 許駿·權璉 등과 함께 동학두령 4인을 죽이고 접소를 불태웠으며, 을미의병운동 때에 제천의병의 전군장을 맡았고, 제천의병의 서북행에 동참하여 유인석을 따라 요동에 들어가기도 하였다. 귀국한 후에는 영춘에서 향약을 설치하여 장의를 맡아 무너진 기강을 바로잡고자 노력했다. 원용팔이 체포된 다음에는 李圭錫·池源永·金鴻卿 등과 함께 단양으로 이동하여 3~400명의 군사를 모아 창의하였다. 1905년 11월 평리원에서 열린 재판에서 그는 "중화를 물리치고 이적을 높이고 춘추의 大義를 밝히고 충성을 다해 적을 토벌하는 것은 학식 있는 신하와 백성의 본분이라"며 강렬한 충군애국론과 존화양이론을 피력했다.[83]

호좌지역을 무대로 전개된 정운경의 의병활동은 심상훈과 모종의 관계가 있었다. 심상훈은 일제의 한국보호국화정책이 점차 표면화되던 1905년 8월 6일 참정대신직을 의원면직하고, 이어 14일에 다시 군부대신직을 의원면직한 후에 제천으로 내려가 머물고 있었다. 이때 그는 원용팔의병에 뒤이어 일어난 정운경의병과 관계를 맺게 되었다. 이에 대해 황현은 "심상훈이 제천의 향제에 있다가 의병의 습격을 받아 충주의 木溪까지 끌려갔다가 도주해서 서울로 돌아왔다"고 하였고,[84] 한국 신문들은 충주관찰사 신태희의 전보에 따라 "포병 80명이 沈參政家에 돌입하여 강제로 의병 참여를 청하는 고로 형세가 부득이하여 충주 木溪로 出來하였다"고 하였다.[85] 이에 반해 일

---

82 정운경, 『송운집』, 권5, 부록, 「세계」.
83 이세영, 「송운행적」, 『송운집』, 권5, 「부록」.
84 황현 저, 김준 역, 『매천야록』, 611쪽.

본측은 "의병이 심상훈을 의병대장으로 추대하기 위해 데리고 갔다"거나, "심상훈이 폭도의 수령으로서 단양군에 와서 폭도를 모집했다"고 하였다.86 심상훈 자신은 상경한 다음에 내부 고문관에게 "10월 10일 제천의 자택에서 의병대장 정운경에게 협박을 받았다"고 진술했다.87 또한 의병 후손 강성렬의 증언에 의하면, "정운경이 중앙정계에 영향력이 있는 심상훈의 명성과 후광을 빌리기 위해 張益煥을 시켜 심상훈을 찾아가 그를 슬그머니 의병진에 끌어들였다"고 한다.88 그런데 심상훈의 항일활동을 매우 소극적으로 그린 이상의 주장들은 심상훈의 의병참여 시점, 구체적 역할, 자발성의 문제 등을 제대로 해명해 주지 못하고 있다.

앞에서 살펴본 것처럼, 심상훈은 갑오경장 이후부터 죽을 때까지 중앙과 지방에서 고종과 조선국가를 수호하고자 나름대로 분투한 인물이었다. 그는 재야세력과 연대할 때에 韓圭卨·鄭煥直·李裕寅·李鳳來·姜錫鎬·金升旼·李容泰·李範晋·閔炯植·閔泳達 등 고종의 수많은 측근들처럼 의병운동을 이면에서 지원·독려하는 간접적 참여방식을 택하였다. 다시 말해 표면에 나서기 어려운 거물급 인사인 심상훈은 전기의병기의 간접적 참여방식을 후기의병기에도 그대로 답습하고 있었다. 겉으로는 일시 의병에게 생포되었다가 의병을 피해 충주로 피신한 것으로 되어 있지만,89 속으로는 호좌

---

85 『황성신문』, 1905년 10월 17·19일자, 「잡보」; 『대한매일신보』, 1905년 10월 19일자, 「잡보」.
86 『동경조일신문』, 1905년 10월 27일자, 「조선특전」.
87 『동경조일신문』, 1905년 10월 25일자, 「조선특전」; 『군부래거문(2)』, 조회 제22호, 1905.10.15, 오영교 등편, 『원주독립운동사자료집』 1, 혜안, 2004, 212~124쪽.
88 구완회, 『한말의 제천의병』, 267쪽.
89 저자는 제천의병의 심상훈 납치사건은 을미의병운동 때처럼 자신들과 연대한 심상훈이 정국의 변화에 따라 의진을 이탈함으로써 다시금 자신들을 배신할 것을 우려한 일부 강경파 유림들이 벌인 사건이라고 생각한다. 나중에 심상훈을 놓아주자는 의견을 개진한 정운경의 재종숙 鄭近源을 비난한 제천 烏石의 선비들이 강경파로 보이는데, 이들에 대해 정운경은 "심판서가 이해득실로서 꾀는 말에 속은 것은 역시 의병을 위한 계책이었다"고 항변하였다. 정운경, 「奉呈烏石同義僉君子」, 이구영 편역, 『호서의병사적』, 수서원, 1993, 360쪽.

지역에서 막강한 영향력을 지닌 화서학파의 정운경에게 은밀히 자금을 제공하여 거의토록 하였던 것이다.90 그래서 정운경의병의 활동지 가운데 하나인 충주 현지에서 근무하던 일본군 장교들은 '폭도수령' 심상훈이 "要路(고종:저자)의 內命을 받고 의병에 투신했다는 풍설이 돌고 있다"고 상부에 보고했던 것이다.91 아울러 1904년 啞病으로 러시아 유학에서 돌아온 심상훈의 셋째 아들 沈璋燮은 1905년 10월경에 서울에 머물며 "內命에 따라 은밀히 의병을 선동하고" 있었는데,92 아마 그는 부친의 재야에서의 의병활동을 서울에서 후원하는 역할을 맡고 있었던 것으로 보인다.93

1905년 여름 원용팔의 창의 때에 신병으로 참여하지 못했던 이강년(1858~1908)은 을사조약 이후 일제침략이 가열화되자 창의를 모색하기 시작했다. 전주이씨 효령대군의 후예인 이강년은 1879년 무과 급제 후 선전관을 역임한 무인출신으로서 용병술에 조예가 깊었다. 그는 갑신정변 이후 낙향하여 지내다가 1896년 2월 말 향리 문경에서 창의하여 안동관찰사 金奭中을 체포·처형하였고, 이어 3월에 제천의병에서 유격장·후군장을 맡아 종군하면서 申芝秀와 함께 가장 뛰어난 장수라는 평을 받았다. 제천의병에 가담한 다음부터 그는 유인석을 필생의 스승으로 모시며 화서학파의 주자학적 민족주의를 체득하였다. 제천의병이 패산한 후에는 잠시 서간도로 들어가 유인석을 모셨고, 귀국한 후에는 단양·영춘지역에 은거하였다.94

---

90 『주한일본공사관기록』 24, 「의병에 관한 심상훈 구술…건」(1905.10.12), 227~229쪽.
91 『주한일본공사관기록』 24, 「의병…이첩보고」(1905.10.21), 226쪽.
92 『일본외교문서』, 38-1, #850, 「충주방면 소위 폭도창궐…건」(1905.10.15), 948쪽 ; 『東京朝日新聞』, 1905년 10월 17일자, 「조선특전」.
93 대구진위대 참령 張鳳煥의 부친 張華植은 춘생문사건 후 심상훈과 함께 의병운동을 도모했던 민씨척족의 중진 閔致憲의 문객이었다. 그는 을사조약 직후에 그 부하 장교 李活鎭·朴永鎭 등과 공모하여 안동유생 鄭진사의 소개로 沈相薰과 밀서를 주고받으며 긴밀한 관계를 맺었다. 이어 안동·예안·풍기 등지의 유생들과 접촉한 다음 서울로 들어가 10여 명의 유생과 밀회를 갖고 지방에서 의병을 일으키기로 했다가 일본헌병대의 긴급 검거대상으로 지목을 당하였다. 『주한일본공사관기록』 24, 「대구진위대 행동…보고이첩」(1905.12.15), 235~236쪽.

을사조약 전후 어느 시점에 이강년은 서울로 올라가 시국의 대세를 탐지하며 우국지사들과 교유하고 있었다. 그는 1904년 8월에 황실강녕을 목표로 경상도출신의 개신유림들이 주도한 근왕단체인 忠義社 소속의 呂中龍(성산)·李炳九(금산)·禹龍澤(단양) 등과 삼청동에서 시회를 갖기도 하였다.[95] 여중룡의 동지들은 을사조약 이전부터 민영환·한규설·심상훈 등 고종세력에게 커다란 기대를 나타냈다. 특히 이들은 한규설과 긴밀한 관계를 맺고 일제의 한국침략에 반대하는 장서운동이나 상소운동을 벌였다. 이들은 1906년 5월 통감부 타도와 국권 환수 문제를 강구하자며 각처의 항일지사들에게 통문을 보냈다. 약속장소에 모인 허위·이강년·여중룡·우용택 등은 歃血盟約하고 斫指署印하며 창의를 다짐했다. 이때 허위는 안동에서 일어나 강원도를 거쳐 상경하고, 이강년은 상주에서 거의하여 충청도를 거쳐 상경하고, 여중룡은 금산에서 일어나 전라도를 거쳐 최익현과 합세하여 상경하기로 하였다.[96] 이러한 창의노력이 즉각적인 성과를 거두지는 못했지만, 이를 통하여 이강년은 1907년 이후에 경상도출신들과 연대하여 의병활동을 전개하는 계기를 마련하였다.

1906년 5월 중순 이후에 귀향한 이강년은 다각도로 거의를 모색했을 것이다. 이때 그가 제천 일대의 사인들과 어떤 접촉을 가졌는가는 자료 부족으로 잘 알 수 없다. 다만 한 가지 이강년이 10월에 金顯峻의 초청으로 경상도 眞城을 방문한 것은 이강년의 의병활동사에서 상당히 의미 있는 사건이었다. 당시 이강년을 초청한 궁내부 주사 金賢峻은 1905년 8월 '宗室의 一

---

94 박민영, 「운강 이강년의 생애와 사상」, 36~42쪽.
95 여중룡, 『남은선생유집』, 권1, 「三淸洞會李康年李炳九禹龍澤共吟」. 대한제국기 경상도 유림들의 서울에서의 항일운동에 대해서는 권대웅, 「한말 재경 영남유림의 구국운동」, 『일제의 한국침략과 영남지방의 반일운동』, 대구 : 한국근대사연구회, 1995, 61~91쪽.
96 여중룡, 『남은선생유집』, 권2, 「乙巳日記」. 五月五日 密通于各處同志死士 約會于惠化洞 及期會者許蔿李康年禹龍澤李炳九而已 相議起義 龍澤以老母在不應 炳九亦以身病事 三人議定 許蔿以安東爲中心 巡江原道一帶 而會京城 李康年以尙州爲中心 巡忠淸道而會京城 余則以金山爲中心 巡全羅道一帶 與義兵將崔益鉉合勢會京城 以共破了所謂統監府之計 歃血盟約 斫指署印 相泣而罷.

大臣'의 인도로 대궐에 들어가 고종으로부터 밀지와 3만 냥의 군자금을 받고 영남-호좌로 내려가 거의를 도모하고 있었다.97 그는 아관파천기에는 還御疏廳에서, 대한제국기에는 復讐疏廳·建議疏廳에서 궁중의 지원과 고종측근의 심상훈·민영기 등의 후원을 받아가며 국왕환어, 국모시해복수, 개화역적타도를 위한 상소운동을 주도했던 투철한 항일의식의 소유자였다.98 그는 1905년 가을부터 1909년경까지 경상도와 충북 각지를 수시로 왕래하면서 창의독려·병사소모·군자모금·사기진작 활동에 골몰하였다. 이로써 그는 이강년·李圭洪·李相羲(相龍)·車晟忠·金尙台 등과 지도·협력관계를 유지하며 경상우도·충청좌도 지역의 의병활동에 상당한 영향을 미쳤다.99 이처럼 서울에서 내려간 김현준은 호좌지역과 경상우도의 의병봉기를 이면에서 독려하는 막중한 역할을 내밀히 수행하고 있었다.100 따라서 이강년이 밀지의 권위와 '종실'의 후원을 배경으로 영남과 호좌 지역의 유력가와 부호들을 동원할 수 있는 김현준과의 만남을 통해 창의에 대한 지원과 전략을 확보했을 것임을 미루어 짐작할 수 있다.

이강년은 김현준을 통해 이규홍·이상룡·車晟忠 등 영남 지역의 유력인사들과 연대관계를 맺었다.101 이규홍의 「洗心軒日記」에 의하면, 이규홍과 김현준은 그야말로 절친한 사이였으며, 己卯名賢의 후예라는 인연으로 이규홍과 심상훈은 1893년부터 긴밀한 관계를 유지하고 있었다. 이런 배경에서

---

97 이규홍, 「세심헌일기」, 을사년조.
98 충북학연구소 편, 『영동 애국지사 이건석 자료집』, 충청북도, 2004, 117, 242, 346쪽 ; 『주한일본공사관기록』 14, 「任免一束·雜件」(1897.5.18), 131쪽, 「任免一束·雜件」(1897.6.7), 133쪽.
99 이규홍, 「세심헌일기」, 을사~기유년조 ; 이규홍, 『세심헌유집』, 권6, 「행장」. 遙謀城內忠憤有智畧者 亟圖前恥 若李石洲相羲·金心淵賢峻·金白愚尙台·車隱豹晟忠 皆贊劃心交也 締結賢豪 迎送饋贐 門無虛履 跋涉險遠 罄竭家儲 動經十霜.
100 김현준·이규홍의 의병활동에 대해서는 김정미, 「석주 이상룡의 독립운동과 사상」, 경북대학교 사학과 박사학위논문, 2002.2, 31~38쪽.
101 이규홍·차성충 등은 이강년이 의병장에 등단한 직후에 제천의 이강년의진을 방문하였다. 『운강이강년선생창의록』, 운강이강년선생기념사업회, 1986, 23~24쪽.

김현준과 심상훈은 반개화파 상소운동이 치열하게 벌어진 대한제국 출범 전후경에 李圭洪을 매개로 인사를 나누었을 것으로 보인다. 이강년은 1906년 9월 김현준과 만남자리에서 거의를 약속한 다음 예천과 안동의 명망가인 이규홍·이상룡과 인연을 맺었고, 이어 직접 거창으로 가서 김현준의 수하인 거창의병장 차성충과 친분을 쌓았다. 그런데 차성충은 이강년을 의병장에 추대하고 자신이 중군을 맡은 김상태와 친분이 두터운 인물이었다.[102] 이상의 인물들과의 관계에 대해 이강년의 창의기록에는 "공이 일찍부터 이규홍과 의리의 맹세를 맺고 항상 적을 치는 일을 의논했다.······공이 거의 시에 자주 사람을 이규홍에게 보내 군중의 계책을 문의했다" "공이 2공(이상룡·김현준)의 의기를 듣고 혹은 면대하고 혹은 서신을 통해 의병에 관한 일을 모의하고 성원하였다"고 하였다.[103]

1906년 겨울에 이강년은 배양산에서 시종무관장과 궁내부대신을 지내고 있던 심상훈의 방문을 받았다. 그가 겨울에 培陽山에 들어가 군사들을 쉬게 하고 있을 때에 심상훈이 친히 家奴들을 거느리고 초피 갑옷과 금침을 가지고 이강년을 찾아왔다. 심상훈은 "이 물건이 보잘 것 없지만, 장군의 겨울철 소용이 된다면 나라를 위하는 노고에 조금이나마 보답이 되겠다"며 이강년의 의병활동을 위로하였다. 이에 이강년은 선물을 물리치며 "대감께서 이 비천한 몸을 마다 않으시고 이렇게 후하게 물건을 주시니 지극히 황감하옵니다. 그러나 사졸들이 춥고 굶주려서 거의 죽게 되었는데 저 혼자만이 이 물건을 사용한다면 천지신명이 어찌 저를 벌주지 않겠습니까" 하였다. 이에 심상훈은 매우 감탄하며 곧 쌀과 포목을 실어보냈고, 서울로 들어와서 고종에게 그 사실을 아뢰었다고 한다.[104] 이처럼 창의 모색기에 심상훈이 이강년을 직접 방문하여 밀지의 권위에 버금갈 만한 곡진한 격려를 내려줌으로써 이제 이강년의 의병활동은 탄력을 받기에 이르렀다.

---

102 이규홍, 「세심헌일기」.
103 『운강이강년선생창의록』, 82~83쪽.
104 『운강이강년선생창의록』, 15쪽.

1907년 봄에 이강년은 창의의 깃발을 들었다. 창의 초기인 5월 11일에 겨우 6명의 포군을 거느리고 지평을 떠나 영춘에서 적과 소전투를 치렀고, 5월 26일에 제천을 거쳐 다시 영춘을 지나다가 순검과 일본군의 공격을 받고 크게 고생하였다. 7월 23일에 고종의 양위 소식을 듣자 병든 몸으로 제천으로 가서 윤기영·이만원 및 원주진위대와 함께 일어났다.105 그러나 이강년은 8월 10일경까지만 해도 의병장으로서의 지위가 확고하지 못하였다. 이때 제천 일원의 군소의병들이 신목정에 모였을 때에 원주진위대의 무기를 흡수하고 봉기를 선도한 尹基榮이 의병장을 맡았고, 이강년은 대장의 자리를 사양하고 군사로서 일을 보았다.106 이는 이강년이 이때까지만 해도 연합의병장의 자격을 갖추지 못했음을 의미하는 것이었다. 그러나 그는 8월 15일 천남에서 벌어진 일본군과의 전투를 승리로 이끌었고, 8월 19일 주천에서 인근의 모든 군소 의진이 모였을 때에 김상태의 추대로 의병장에 올랐다. 이런 과정을 거쳐 이강년은 호좌의병대장이 되었다.107

그런데 이강년의 의병활동에는 심상훈의 사자에게 받았다고 하는 고종의 밀지가 상당한 영향을 미쳤다. 나중에 그는 의진내에서 병사층의 의병지도부에 대한 불신감이 깊어가자 심상훈의 수하가 전달한 고종 명의의 밀지를 군중에 제시하였다. 이에 諸將은 밀지를 보고 눈물을 흘리고 北向四拜하며 고종에 대한 충성을 맹세했다고 한다.108 이로써 이강년은 지도부와 병사층을 막론한 모든 의병 구성원들로부터 국가와 국왕을 위해 함께 분투 중인 臣民이라는 사상적 일체감을 이끌어 냈던 것이다. 이는 이강년의 의병장으로서의 정통성과 권위를 밀지가 뒷받침해 주고 있었음을 입증하는 것이다. 이강년이 받은 밀지의 내용은 다음과 같다.

---

105 『운강이강년선생창의록』, 13~16쪽.
106 「창의사실기」, 『제천을미의병100돌기념학술논문집』, [운강선생유고], 381~382쪽.
107 구완회, 『구한말의 제천의병』, 278~280쪽 ; 구완회, 「정미의병기 의병부대의 연합과 갈등」, 239~241쪽.
108 권용일, 「정미왜란창의록—권청은이력지—」, 『창작과비평』, 1977년 겨울호, 216~217쪽.

오호라. 나의 죄가 크고 악이 충만하여 皇天이 돌보지 않으시니 이로 말미암아 강한 이웃이 틈을 엿보고 역적질하는 신하가 권세를 농락하여 4천년을 이어온 종묘사직과 3천리 강토가 하루아침에 오랑캐꼴이 되었다. 생각하면 나의 실낱같은 목숨이야 아까울 것이 없으나 종묘사직과 만백성을 생각하니 이것이 애통하도다. 선전관 李康秊을 都體察使로 삼아 지방 7도에 보내니 양가의 재주 있는 자제들로 각기 의병을 일으키게 하고 소모장으로 임명하되 인장과 병부를 스스로 새겨서 쓰도록 하라. 만일 명을 따르지 않는 자가 있으면 관찰사와 수령들이라도 먼저 베고 파직하여 내쫓으라. 경기지역의 군대와 함께 나도 사직에 순절할 것이다. 조서를 비밀리에 내리는 것이니 그리 알고 거행할 것이다.

광무 11년 7월 일 御璽[109]

 이강년이 심상훈에게 받았다고 하는 위의 1907년 7월부 밀지의 실제 존재 여부에 대해서는 이견이 있다. 그 이유로는 첫째, 일개 선전관 출신인 이강년에게 도체찰사직을 내릴 수가 없다는 것이며, 둘째, 이강년이 받은 밀지의 내용이나 형식이 다른 밀지들에 비해 구체성이 결여되어 있다는 것이며, 셋째, 심상훈이 8월 6일에 사망했기 때문에 8월에 밀지를 전달받을 수가 없다는 것이며, 넷째, 이강년의 창의사실을 기록한 초고본인 「倡義事實記」에는 밀지가 실려있지 않다는 것이다. 이러한 이유를 들어 이강년이 밀지를 받은 사실을 완전히 신빙하기 어렵다는 입장을 피력하는 연구가 나왔다.[110]
 그러나 첫째, 1908년 이강년의 유해를 과천에서 제천으로 옮길 때에 지은 제문에 이미 '도체찰사'·'도창의대장' 등 밀지를 받았음을 의미하는 구절들이 들어있었고, 둘째, 이강년 의병의 우군장을 맡은 權用佾은 「정미왜란

---

109 심상훈의 사자가 이강년에게 전달한 밀지. 嗚呼 予罪大惡盈 皇天不佑 由是 强隣覘釁 逆臣弄權 四千年宗社 三千里疆土 一朝爲犬羊之域 惟予一縷之命 猶不足惜 惟念宗社生靈 玆以哀痛 以宣傳李康秊爲都體察使 勸送七路 以良家才子各立義兵 拜爲召募官 自刻印符從事矣 若有不從命者 觀察守令 先斬罷出而處分 畿堡一縷 殉於社稷 璽書密下 以此知悉擧行事 光武 十一年 七月 日 御璽. 운강이강년선생기념사업회 편, 『운강이강년선생창의록』, 1986, 33~34쪽.
110 구완회, 「정미의병기 의병부대의 연합과 갈등」, 235쪽.

창의록」에서 이강년이 밀지를 군중에 내보였다고 진술했으며, 셋째, 1919년에 작성된 이강년의 묘갈명에는 이강년이 1908년 초에 밀지를 받았다고 되어 있으며, 넷째, 밀지가 실려 있지 않은 「창의사실기」에는 지방유림의 활동만이 나와 있지만, 밀지가 수록된 「운강선생창의일록」에는 영남인사들과 함께 활동한 중앙인사들의 활동도 포함되어 있었으며, 다섯째, 무엇보다도 이강년은 이미 1906년 겨울에 배양산에서 심상훈에게 밀지를 주는 창의권고를 받은 바가 있었다. 따라서 이런 여러 사실을 고려할 때에 이강년이 밀지를 받은 것은 분명한 사실로 보인다.

이강년이 받은 밀지가 고종이 직접 하사한 원본 밀지인지, 원본을 하사받은 의병장들로부터 재차 전해 받은 사본 밀지인지, 의병활동을 위해 자체로 제작한 위조 밀지인지에 대해서는 분명히 알 수가 없다. 그러나 어떠한 경우이든지간에 이강년의병에 참여한 다양한 세력들은 이강년이 제시한 밀지에 고종의 권위가 담겨있다는 점을 추호도 믿어 의심치 않았고 밀지를 보는 순간 눈물을 흘리며 고종에게 충성을 맹세하였다. 동시에 그들은 밀지의 전달자를 심상훈의 사자라고 적시함으로써 고종 측근인 심상훈의 권위와 영향력을 분명하게 인정하고 있었다. 사실 이러한 점들은 이강년 의병진의 결성과 활동 과정을 이해할 때에 어떤 의미에서 밀지의 진위 여부 문제보다도 더욱 중요한 문제라고 하겠다.

그러면 이강년은 언제 누구에게 밀지를 받았는가? 이강년이 밀지를 받은 시점은 밀지의 발행 일자를 고려할 때에 1907년 8월 이후로 보인다. 그러나 밀지 수령 시점이 의병장에 오르기 전인지 후인지에 대해서는 분명히 알 수가 없다. 아울러 그가 받은 1907년 7월부 밀지의 발행 일자가 양력인지 음력인지에 대해서도 명확히 알 수가 없다. 다만, 이강년은 1906년 겨울에 배양산에서 심상훈으로부터 거의에 대한 구두상의 당부와 후원을 약속받은 후에 뒤늦게 고종 명의의 밀지를 전달받은 것으로 보인다. 한말 의병운동 시에 밀지를 수령한 의병장들은 거의 전에 밀지를 받은 이들과 거의 후 군사활동 중에 밀지를 받은 이들로 구분되는데, 이강년은 거의 전에 이미 심상훈과 내응한 다음에 밀지를 받았기 때문에 후자에 속한다고 볼 수 있다.

이강년에게 밀지를 전달한 인사는 심상훈의 수하나 협력자일 가능성이 높다.111 조선 말기에 심상훈 같은 중앙의 '權貴'들은 적게는 2~30명, 많게는 100여 명의 문객을 거느리고 있었는데, 지방 각지에서 올라온 이들 문객들은 자신들의 후원자를 위해 비밀 임무에 종사하곤 하였다. 다시 말해 이들 문객들은 자기 고향에 시골집을 가진 고관들의 문하에서 생활하는 경우가 많았는데, 고관들은 자기 고향과 관련된 문제가 발생하면 그것을 처리하기 위해 자기 휘하의 문객들을 중용하곤 하였던 것이다. 이때 밀지 전달과 같은 일도 이들 문객들의 중요 임무 가운데 하나였다. 따라서 청풍인 權用佾처럼 서울에서 고종 측근 인사들의 문객생활을 하다가 의병운동을 위해 지방으로 급히 내려온 인사들이 밀지를 전달했을 가능성도 배제할 수는 없을 것으로 보인다.112

V. 맺음말

고종의 최측근 심상훈은 일제강점 이전의 민족운동사에서 중요한 역할을 수행한 인물이다. 그는 임오군란 후부터 대한제국기까지 중앙과 지방에서 고종의 군주권과 조선국가의 자주성을 수호하기 위해 일생을 바쳤다. 독립협회와 계몽운동단체에서 활약한 일부 급진적 개혁론자들과 제천의병에 참여한 척사파 유림들은 심상훈을 '수구인'이라고 불렀으나 이러한 평가가 타

---

111 아울러 이강년은 을사조약 후에 고종에게 밀지를 받고 경상도에서 이강년과 긴밀한 관계를 맺었던 김현준, 1907년 봄 내지 여름경에 밀지를 받은 후에 이강년이 창의할 때에 행동방침과 의병전략을 충고한 유인석, 고종 측근의 고위급 별입시들의 문객들로 추정되는 이은찬과 이구채로부터 밀지를 전달받은 후 원주에서 창의한 이인영 등으로부터 창의 권고나 사본 밀지를 받았을 것으로 보인다.
112 이강년 의병의 군사장을 지낸 崔旭永(權泰俊)은 1913년 (음)6월에 고종의 밀사라고 칭하는 金在聖에게 칙령을 은밀히 하사받았다. 그 후 최욱영은 강원·충청 지역의 동지들을 중심으로 민단조합을 결성하여 국권회복을 위한 '내란'을 일으킬 것을 도모하다가 체포되었다. 『매일신보』, 1915년 6월 25일자.

당한 것은 아니라고 생각한다. 심상훈은 고종의 측근에서 활약하며 황제권 중심의 동도서기적인 온건한 개혁노선을 지향했던 개화관료였기 때문이다. 나아가 일부 의병 후손들이 심상훈을 '자라대감'이라고 부르는 것도 그의 활동을 지나치게 지방적·유림적 시각에서 바라본 것이라는 점을 유념할 필요가 있다. 이제 심상훈의 민족운동에 나타난 특징과 한계를 간략히 알아보면 다음과 같다.

첫째, 심상훈의 의병참여방식은 의진의 결성과 활동을 원거리에서 지도하고 후원하는 간접적인 방식이었다. 그는 국왕의 측근으로서 정치적·사회적 비중을 지닌 인물이었기 때문에 직접 의진에 가담하여 전투활동을 벌이기보다는 배후에서 의진의 결성과 활동을 후원하는 방식을 택하였다. 구체적으로 그는 서울과 지방의 근왕관료들과 연계하여 재야세력의 의병활동을 후원하고, 국왕 명의의 밀지를 재야에 전달하여 의진의 결성을 독려하고, 자제나 인척 및 휘하의 문객이나 武勇家를 의진에 보내 의병활동을 지원하고, 제천·충주 등지의 인척과 지인들에게 의병군수품을 내놓게 하는 등의 갖가지 내밀한 방법으로 의병운동을 벌였다. 이런 활동들 중에 가장 중요한 것은 역시 의병전략과 시국정보 및 인적·물적 자원을 재야세력에 제공해 주고, 국왕의 상징물인 밀지나 그에 준하는 구두상의 당부를 통해 재야세력의 무장활동에 정통성과 정당성을 부여한 점이었다. 이런 방식의 의병참여는 한말 의병운동에 관여했던 수많은 고종 측근들이 취했던 방식과 동일한 것이었다.

둘째, 심상훈은 한말 호좌의병의 명멸과정에서 제한된 영향력을 행사하였다. 구체적으로 그가 의병활동에 끼친 공헌은 첫째, 구두상의 내락이나 문서상의 밀지를 통해 대규모 연합의병의 태동과 전개에 영향을 미친 점, 둘째, 사본 밀지나 창의 권고를 통해 인근의 유력자나 武勇家들을 거의시킨 점 셋째, 사본 밀지를 소지한 소모장들이 각지로 파견되어 활동함으로써 의병운동의 광역화에 기여한 점 등일 것이다. 이를테면 그는 대규모 연합의진이 제기능을 유지하며 전과를 올리는 시기에만 영향력을 발휘하였다. 역으로 심상훈과 연합의병장의 우호관계가 파기되거나, 심상훈이 후원하는 연합의병장이 전사·피체되거나, 의병진이 자체 추진력에 따라 군사활동을 독자적으로 벌여나가는 경우에, 그의 의병에 대한 영향력은 급속도로 약화되었다. 특히, 연합의진의 와해 후 소규모 부대가 분산적인 활동을 벌이는 시기에 이르면 심상훈의 영향력은 완전히 소멸되었다.

셋째, 심상훈의 의병운동은 정치적 구국운동의 성격을 띠고 있었다. 그의 거의동기는 일제침략의 강도에 따라 다소 변화를 보였다. 전기의병기에는 일본세력과 친일개화파를 축출하고 왕후시해를 복수함으로써 신내각 수립과 왕권 회복을 기원하였다. 이에 반해 후기의병기에는 매국대신들과 일본군을 몰아냄으로써 고종의 군주권과 조선의 자주권을 수호하려 하였다. 즉, 그의 의병운동은 전기의병기에는 왕권수호운동의 성격이 강했던 반면, 후기의병기에는 국권회복운동의 성격이 강했다. 그러나 기본적으로 심상훈은 자신의 제반 권익의 유지와 보호에 관심이 많았던 중앙 정치세력이었다. 따라서 그의 거의동기는 주자학적 사유구조와 문화체계를 수호하고자 봉기한 위정척사론자들의 거의동기나, 일제구축과 친일파 제거라는 구국의 일념으로 창의한 해산군관이나 개신유림들의 거의동기나, 강렬한 항일의지나 당면한 생계문제의 해결을 위해 의병에 가담한 전직관료나 일반 민중들의 거의동기와 다소 차이가 있었다. 이 때문에 심상훈은 제천 의병후손들로부터 '자라대감'이라고 불리게 되었다.

넷째, 심상훈이 재야세력과 연대한 근본목적은 황제파천운동과 외교청원 활동에 필요한 분위기를 지방에서 조성하려는 것으로 보인다. 그는 고종의 밀지를 전달하거나 혹은 구두상의 권유를 통하여 재야세력의 창의를 독려하였다. 이때 그는 전투력·조직력·군자금이 절대 부족한 재야세력이 일본군과 친일관군에게 패하리라는 것을 분명히 알고 있었다. 이미 청일전쟁과 러일전쟁 때에 일본군의 강대한 무력을 직접 목도했기 때문이었다. 그럼에도 그가 계속 무장력과 전투력이 빈약한 재야세력을 거의시켜 일본군과 전투를 시킨 것은 재야의병의 전국적인 대일항전을 이용하여 고종의 외국공사관으로의 파천을 성사시키거나, 아니면 삼국간섭 때와 마찬가지로 열강으로 하여금 일본의 대한침략정책에 간여하도록 만들기 위해서였다. 이런 점에서 심상훈의 의병운동은 지방적 차원의 단순한 군사활동이 아니라 중앙정계에서 고종황제와 그 주변세력이 구상·추진하고 있던 황제파천운동과 국권수호외교와 표리일체의 관계를 가진 사건이었음을 유념할 필요가 있다.

다섯째, 심상훈은 제천사회의 근대화에 일정한 공헌을 하였다. 한말 제천에 연고를 가진 인물들 중에 고종의 이종사촌 심상훈은 가장 영향력 있는 인물이었다. 그는 정국이 변동하여 고종의 안위나 자신의 신상에 변화가 일어날 때마다 수시로 제천으로 내려가 머물곤 하였다. 이 때문에 중앙을 활동무대로 삼고 있던 심상훈이 자연스럽게 제천사회에 영향을 미칠 수밖에 없었던 것이다. 당시 제천인들 가운데 시국을 개탄하는 우국지사나 항일운동에 종사하려는 민족운동가나 벼슬을 구하려는 求任客들이 서울로 올라갈 때면 항일대신 심상훈의 문하에 의탁하는 경우가 많았다. 이렇게 심상훈과 인연을 맺은 이들은 갖가지 임무를 수행하기 위해 서울과 제천을 자주 왕래했는데, 이때 서울의 변화상과 시국대세와 세계정세에 대한 정보들이 함께 제천으로 들어왔다. 이런 과정을 거쳐 전국에서 가장 강력한 위정척사계 유림세력의 활동지였던 제천사회에도 개화의 물결이 스며들기 시작했을 것이다. 이는 제천의 유림세력을 동원하여 항일운동을 벌였던 심상훈과 그의 조력자들이 의도하지 못했던 긍정적인 측면이었다고 생각한다.

(「고종 측근 심상훈과 제천지역 의병운동과의 연관관계」, 『한국근현대사연구』 35, 2005)

제3장   한말 13도창의대장 이인영의 의병활동

I. 머리말

　한말 의병운동은 전국적인 항일민족운동이다. 당시 재야의 여러 세력들은 일본의 대한침략과 친일파의 매국행위를 징치하고자 대규모 연합의진을 결성하여 활동하였다. 이들은 지위·빈부·신분·사상·학통·지역의 차이를 떠나 친일파와 일본군을 물리치고 국가와 국왕을 지키려는 충군애국론에 공감하여 거의했다. 이들은 창의를 전후한 시기에 밀사와 밀지를 통해 고종황제 및 그 주변 인사들과 연대관계를 맺은 후에 고종세력의 대리인이나 향촌의 명망가를 의병장에 추대하여 지도자로 삼고 장기간 치열한 항일전을 펼쳤다. 1915년 7월 蔡應彦 의병장이 체포될 때까지 지속된 의병활동은 국가 멸망기에 한국인들이 펼친 무장구국운동의 대미를 장식했다.

　반일의병운동에 가담한 의병장들은 양반과 상민을 포함해 수백 명에 달한다. 이때 특정 지역에서 활약한 여러 의병세력들을 망라하여 전국적 의병장의 직함을 지녔던 이는 두 사람 뿐이다. 경기-강원도에서 활약한 13도창의대장 李麟榮과 러시아 연해주에서 활약한 13도의군도총재 柳麟錫이 그들이다. 이 중 평생을 의병운동에 바쳐 한말 의병의 상징적 인물로 기억되는 유인석에 대해서는 그의 사상과 활동 전반에 대해 이미 상당한 연구가 이루어졌다.[1] 이에 반해 군대해산 후 수천 명의 군사를 거느리고 강원 영서와 경기 남부 일대에서 의병활동을 활발히 펼쳤고, 13도창의군이 서울진공전을 펼칠 때에 총대장을 맡았으며, 피체 후 일제의 거듭된 회유와 탄압에 굴하지

1　오영섭, 『화서학파의 사상과 민족운동』, 국학자료원, 1999, [참고문헌] 참조.

않고 경성감옥에서 장렬히 최후를 마친 이인영에 대해서는 제대로 연구가 이루어지지 못했다.[2]

여기서는 한말 대표적 의병장 가운데 한 사람인 이인영의 생애와 활동을 시간순으로 재구성하였다. 특히, 그의 육성이 그대로 담긴 「이인영문답조서」의 대부분을 차지하는 고종황제의 밀지문제, 밀지를 매개로 이루어진 고종세력과 재야세력 간의 연대문제를 집중적으로 분석하였다. 이로써 이인영의 의병운동에 나타난 근왕적 특성을 부각시키려 노력하였다. 다만 관련자료의 부족으로 인해 이인영의 전·후기 의병활동의 구체상과 이인영의진에 참여한 다양한 집단들의 면면과 활약상을 깊이 파헤치지 못한 한계가 있음을 미리 밝혀 둔다.

II. 가문 및 학문 배경

이인영(1866.9~1909.9, 호는 中南)은 경기도 여주군 북면 內龍里 橋項洞(일명 다리목)에서 경주 이씨 菊堂公派의 李顯商과 김해 김씨의 아들 4형제(麟榮·殷榮·起榮·龜榮) 가운데 장남으로 태어났다. 그의 집안은 대대로 여주군 북면 일대에 거주하며 관직과 문한을 계승한 양반가문이었다. 11대조 李鵬壽(1509~1555)는 명종대에 국왕의 누차에 걸친 부름에도 나가지 않아 松溪處士란 호를 받았고, 종신토록 은거하며 학문과 덕행을 닦았다. 고조부 甫彦은 가선대부·호조판서·동지의금부사·오위도총부도총관을, 증조부 章郁은 가선대부·공조참판·동지중추부사겸오위장을, 조부 漢龍은 통

---

[2] 이인영에 대한 연구논문으로는 정달웅의 「한말 의병장 이인영 연구—십삼도연합의병항전을 중심으로—」(고려대학교 교육대학원 석사학위논문, 1973)가 유일하다. 그러나 이 연구는 사료의 인용과 해석 면에서 상당한 오류가 있다. 이 외에 13도창의대진소를 다루면서 이인영의 의병활동을 논급한 신용하의 「전국 '십삼도창의대진소'의 연합의병운동」(『한국근대민족운동사연구』, 일조각, 1988)과 이인영의 일생을 간략히 서술한 『독립유공자공훈록』, 국가보훈처, 1986, 845~850쪽 ; 김삼웅, 「서대문감옥에서 순국한 의병장」, 『서대문형무소 근현대사』, 나남출판, 2000, 58~64쪽이 있다.

덕랑을 지냈다. 부친 顯商은 성품이 강개하고 공명·정직하여 당쟁을 좋아하지 않았고, 과거급제 후 기용을 기다릴 적에 부친상이 있자 즉각 귀향·분상하여 타인의 존경을 받았다고 한다. 또 그는 국사가 나날이 그르쳐지는 것을 보고 두 번 다시 과거를 보지 않고 은거하여 마음을 다스리는 공부에 치중했고, 매번 국사의 위급을 생각할 때면 자기도 모르게 눈물을 흘렸다고 한다.[3] 이런 가문배경을 통해 이인영은 부친의 지극한 효성과 지식인의 자세를 자연스레 본받게 되었고 집안의 넉넉한 경제력을 바탕으로 장기간 경학을 깊이 공부하였다.

이인영은 나면서부터 남다른 자질('異質')과 빼어난 총명함('穎悟')을 지니고 있었다고 한다. 그는 어려서부터 서울 선비 鄭東鉉(鄭蘭央, ?~1877)에게 유학을 배웠다. 그때 선생의 가르침과 독려를 번거롭게 하지 않았을 정도로 오로지 학문을 깊이 파고들었다. 그리하여 약관의 나이에 벌써 文辭가 숙성하고 공맹서의 깊은 뜻을 깨우친 경지에 도달하여 원근 학자들의 존경을 받기에 이르렀다. 그는 복상 중에 국내의 시사문제를 다룬 「道基記言」이라는 책자를 집필했을 정도로 학문이 깊었다.[4] 또한 서울의 일제 헌병대본부에서 문초받을 때 일본인 심문관이 그에게 "네가 관상·천문·방위와 같은 분야를 특기로 가지고 있다고 들었다" "다른 방면에 어떤 장기가 있다고 들었다"고 말한 것을 보면, 이인영은 이른바 정학인 주자학을 제외한 여타 학문 분야에도 상당한 식견과 조예를 지니고 있었다.[5] 나아가 그는 무반직을 거친 고조부·증조부의 영향으로 군사분야의 전략과 전술에 일정한 지식을 가졌던 것으로 보인다. 물론 이런 군사지식은 나중에 관동창의대장과 13도창의

---

[3] 『慶州李氏菊堂公派基幹世譜』, 1978, 287~288쪽 ; 『경주이씨대종보』 23, 菊堂公派編 乙之一, 1987, 49, 346~347쪽. 또 그의 10대조 黠은 판관을, 8대조 尙培는 참봉을, 7대조 端敍는 사복시정을, 6대조 國新은 증사복시정을 지냈다.

[4] 「의병총대장 이인영씨의 약사(속)」, 『대한매일신보』, 1909년 7월 28일 ; 「제일회 이인영문답조서」, 『한국독립운동사』 1, 국사편찬위원회, 1965, 719, 736쪽 ; 『慶州李氏菊堂公派基幹世譜』, 287쪽 ; 宋相燾, 『騎驢隨筆』, 「李麟榮」, 국사편찬위원회, 1971, 126쪽.

[5] 「제이회 이인영문답조서」, 736쪽.

대장으로서 의병활동을 펼칠 때 유익한 자산이 되었다.

성품이 매우 호탕한 것으로 알려진 이인영은 상민들이 그의 집 앞을 지나가기를 두려워할 정도로 엄격한 면이 많았다고 한다.6 관직은 무임직인 대성전 齋任을 지냈는데, 이것이 그가 평생 역임한 유일한 벼슬이었다.7 그리고 널리 알려진 것처럼, 이인영은 13도창의군의 서울진공작전 중에 부친의 사망 소식을 듣자마자 즉각 창의대장의 막중 대임을 벗어던지고 귀향길에 올랐을 정도로 지극한 효성심을 보였다. 나아가 당장 입증할 수는 없지만, 그는 을미의병운동 시에 청국군을 응원군으로 소모하고 무기와 탄약을 구입하느라 많은 재산을 투자하여 빈곤해진 관계로 한때 李康秊의 도움을 받은 적이 있다고 한다.8 의병활동을 일시 중지하고 재기를 모색 중이던 1908년 9월경에 이인영은 현금 1,500냥과 黃澗邑 金溪지역에 밭 2두락, 화전 3두락을 소유하고 있었다. 따라서 피체 직전에 그는 가난을 겨우 면할 수 있을 정도의 재산을 지니고 있었던 셈이다.9

III. 강원지역에서의 을미의병활동

1894년 6월 일본군의 경복궁점령(갑오변란)으로 친일개화파-대원군 연립정권이 등장하여 고종과 명성왕후가 유폐되고 갑오경장이 단행되었다. 이에 중앙의 고종세력과 재야의 양반유림은 조선의 국권을 침탈하고 임금을 욕보인 친일개화파와 일본군을 축출하기 위해 창의를 모색했다. 갑오경장 직후

---

6 정달웅,「한말 의병장 이인영 연구」, 3쪽.
7 「십삼도창의대장이인영체포시말」,『한국독립운동사』1, 718쪽.
8 정달웅,「한말 의병장 이인영 연구」, 4, 22, 25쪽. 이는 이인영이 1896년 3월경 제천의병에 합류한 후 자신이 소모한 청국군 7명의 급료와 생활비를 대느라 재산을 탕진한 것을 말하는 것으로 보인다. 당시 의병에 가담한 포군들은 평상시의 별포군에 비해 적어도 3배 이상의 고액 급료를 받았기 때문이다. 이에 대해서는 오영섭,「을미 제천의병의 참여세력 분석」,『한국독립운동사연구』14, 2000, 40~43쪽.
9 「제이회 이인영문답조서」, 736쪽.

부터 각기 중앙과 지방에서 동시에 추진된 그들의 거의노력은 대다수 조선인들이 규탄해 마지않은 을미사변(1895.8)과 단발령(1895.11)을 전후하여 역사의 전면에 분출되었다. 따라서 을미의병운동은 중앙의 동도서기세력과 지방의 위정척사세력이 합세하여 엮어낸 합작품이라고 평할 수 있다.

단발령 후 고종세력과 연대한 재야유림들은 생존권 확보를 우선시하는 일반 민중들의 소박한 항일열기를 적극 수렴하여 지방의 요해지에서 의병을 일으켰다. 이들 가운데 일정 지역을 무대로 장기간 활동한 유인석·김하락·이소응·노응규·민용호 등의 창의활동이 두드러진 편이다. 이들 을미연합의병장들은 사방에 살포한 격문을 통하여 명성왕후시해를 복수하고 단발령을 반대하고 친일개화파와 일본군을 몰아내고 갑오경장 이전의 사회체제로 돌아갈 것을 주장했다. 이들은 위정척사론에 입각하여 강력한 반일·반개화 이념을 표방하였다.[10]

단발령 후 경기남부·강원영서·충청좌도 일대에서 많은 유림들이 일어났다. 이들은 갑오경장 직후부터 일본군의 대한침략과 친일개화파의 매국행위에 분개하여 창의를 모색하고 있었다. 강고한 항일의식과 창의열기로 무장한 이들 재야유림들은 을미사변 전후에 향리로 낙향하여 일본세력의 타도와 명성왕후시해의 복수를 다짐하며 거의를 모색 중이던 고종세력과 연대관계를 맺었다. 그 과정에서 재야세력은 을미사변 후부터 단발령을 전후한 시기에 고종과 그 측근인사들이 파견한 밀사(근시·별입시)들로부터 국왕 명의의 창의 촉구 밀지나 간절한 창의 권고를 받은 후에 거의하게 되었다. 이 때문에 아관파천 직후 이범진·이완용·이윤용 등 정동파 각료들이 선효유후토벌(先曉諭後討伐)을 내세워 해산조칙을 내리자 평소 그들과 친분이 두터웠던 『대한계년사』의 저자 정교는 "이보다 앞서 각처 의병은 모두 밀칙을 받고 일어났다"고 설파했던 것이다.[11]

---

10 오영섭, 『화서학파의 사상과 민족운동』, 제4장 제1절.
11 정교, 『대한계년사』 상, 국사편찬위원회, 1957, 139쪽. 先是 各處義兵 皆受密勅而起 內閣則遣兵擊之 故至是下此詔. 고종 및 그 측근들과 을미 연합의병장들과의 연대관계에 대해

을미 연합의병장들이 국왕의 신물인 밀지를 중시한 것은, 밀지가 국왕의 소모령이 없이 활동 중인 의병장들에게 정치적·군사적·사상적 정당성과 합법성을 부여해 주었고, 충군애국론을 신봉하는 재야신민들의 무조건적 지지와 참여를 이끌어내는 데 매우 효과적이었으며, 1~20명 정도의 소규모 부대를 규합하여 대규모 연합의진을 결성하는 데 반드시 필요한 정통성을 부여해 주기 때문이었다.12 그 때문에 일제침략을 규탄하는 충군애국형·근왕주의형 및 비분강개형의 재야유림들은 국왕 고종의 주변인사들과 사전에 연대하여 거의하거나, 아니면 고종 및 그 주변세력으로부터 밀지를 받은 후에야 분연히 떨쳐 일어났던 것이다. 나아가 그런 인사들 중에는 밀지를 최초로 전달받은 의병장들이 작성하여 각지에 발송한 사본 밀지와 창의격문에 영향 받아 뒤늦게 거의하는 경우도 많았다.13

한말 13도창의대장을 지낸 이인영과 뒤에서 자주 언급될 허위와 이강년은 을사조약 후 고종세력으로부터 직접 밀지를 받은 후에 거의하여 두드러진 전과를 올린 유명한 연합의병장들이다. 그런데 한 가지 주목할 점은 단발령 전후에 직접 밀지를 받은 유인석·김하락·이소응 등 경기·강원·충청도 지역의 연합의병장들이 각지에 전포한 사본 밀지와 창의격문에 호응하여 뒤늦게 일어나 활발한 활동을 벌인 인물들이 바로 이들이라는 사실이다.14 이인영의 을미의병운동은 바로 이러한 사전 전개과정을 거친 다음에

서는 오영섭, 「을미의병운동의 정치·사회적 배경」, 『국사관논총』 65, 1995, 제3장 참조.
12 한말 의병운동과 밀지와의 관계에 대한 상세한 설명은 오영섭, 「한말 의병운동의 근왕적 성격—밀지를 중심으로—」, 『한국민족운동사연구』 15, 1997.
13 사본 밀지와 창의격문을 받고 뒤늦게 일어난 의진, 특히 경상·전라도 지역의 을미의병들을 기왕에는 '기회주의적 의병'이라고 불렀으나 이는 밀지의 기능과 유림들의 근왕적 성향을 간과한 단순한 해석이다. 을미 연합의병장들의 밀지수령 사실에 대해서는 오영섭, 「을미의병운동의 정치·사회적 배경」, 제3장 제2절. 또 밀지가 여러 차례 베껴져 널리 전해졌을 가능성에 대해서는 구완회, 「한말의 '호좌의진(제천의병)'과 밀지」, 『내제문화』 11, 1999, 125~126쪽.
14 단발령 후 허위의 밀지수령 사실에 대해서는 강주진, 「허위의 정치적 경륜」, 『나라사랑』 27, 1977, 39쪽. 乙未奉太上皇帝密詔 與善山郡林隱許蔦旺山公 同郡坪城姜成允金德三朴柱夏 尙州愚川柳萬植二岡公柳梁山令柳叔亨公 各坦家奴兵 幾百名率來爲約矣(乙未倡義

이루어진 것이었다.

　이인영은 약 한 달간 원주지역을 무대로 반개화·항일 의병활동을 펼쳤다.[15] 1896년 2월 7일 영월에서 의병장에 오른 유인석이 각지에 창의격문을 보내 봉기를 촉구할 때쯤에 이인영은 여주에서 거의하였다.[16] 그러나 여주에는 이미 고종의 이종사촌이자 중앙고관인 沈相薰(1854~1907)의 일족 沈相禧가 단발령 바로 다음 날 한강을 건너온 김하락에 의해 '여주대장'에 임명되어 500여 명의 군사를 거느리고 활동하고 있었다.[17] 따라서 이인영은 심상희를 피하여 원주로 이동하여 그곳에서 활동하지 않을 수 없었다. 원주에서 이인영의병은 제천의병의 소모사 이범직부대와 김하락의 막하인 광주의 김태원부대의 측면과 배후를 방비하는 활동을 펼쳤을 것이다. 아울러 이인영의병은 심상희의병과 마찬가지로 일본군의 전선을 끊고 전신주를 절단하는 등의 반일활동을 벌였던 것으로 보인다. 그러나 이때 원주에서의 이인영의 의병활동은 "크게 얻고 잃은 것도 없다"(無大得失)라고 표현된 것처럼 두드러진 전과를 올린 것은 아니었다.[18]

　1896년 3월 상순경 이인영은 충주성에서 철수하여 제천으로 후퇴한 유인석의 제천의병에 합류했다.[19] 그가 제천의병에 투신한 계기는 심상희의병과의 갈등 때문이었다. 아관파천 후 민심 이반과 군량 부족과 고종세력의 의진 이탈로 의병의 기세가 급속히 수그러들기 시작하였다. 이때 심상희는 후사를 도모하고자 개화파로부터 '背義表'(의병을 배격한다는 증서) 수 백장을 발급받았다. 또 그는 자신의 친지이자 이인영의병의 중군장인 한진국이

事實).
15　이하 이인영의 원주지역에서의 의병활동에 대한 자세한 내용은 오영섭,「원주지역의 을미의병」,『강원지역문화연구』창간호, 2001, 97~108쪽.
16　이정규,「종의록」,『독립운동사자료집 : 의병항쟁사자료집』1, 독립운동사편찬위원회, 1971, 29쪽. 유인석의 을미의병운동에 대해서는 오영섭,「을미의병의 결성과정과 군사활동」,『군사』43, 2001.
17　김하락,「김하락진중일기」,『독립운동사자료집』1, 590~591쪽.
18　이소응,「척화거의사실대략」,『소의신편』, 권8, 중앙출판문화사, 1981, 486쪽.
19　이정규,「종의록」, 36쪽.

배의표의 수령을 거부하자 그를 전격 처형하였다. 이에 이인영은 자신보다 군세가 강한 심상희부대를 감히 대적치 못하고 은신처로 피하였다. 이에 통솔자를 잃은 이인영부대는 처음에는 각지로 흩어졌다가 나중에는 그 일부가 제천의병에 흡수됨에 따라 해체의 길을 걷게 되었다.[20] 당시 이인영의 종사 '李球采'는 군사를 이끌고 자신에게 오라는 심상희의 명령성 권유를 마다하고 양근의 용문산에 피신해 있다가 제천의진으로 들어갔다.[21]

해체기에 접어든 제천의병 내에서 이인영은 주목할 만한 활동을 펼쳤다. 1896년 5월 중순경 그는 우수한 무기와 정규의 군사훈련으로 무장하여 상당한 전투력을 보유한 呂國安 등 7인의 청국병을 소모해 왔다. 청일전쟁에 참여했다가 미처 귀국치 못한 패잔병 내지 잔류병으로 추정되는 이들 7인의 청국병은 왜적을 원수같이 여길 정도로 배일의식이 투철한 군사들이었다. 이들은 제천의병이 친위대참령 張基濂이 거느린 개화관군과 제천성에서 최후의 결전을 벌일 때에 주력군의 역할을 맡았다.[22] 아울러 이인영은 申芝秀·元奎常 등 무용이 뛰어난 장수들과 함께 활동하며 수안보와 가흥의 일본군수비대를 여러 번 공격했으나 무기열세와 군량부족으로 인하여 후퇴하고 말았다.[23]

1896년 5월 하순에 이인영은 제천성 전투에서 패한 제천의병이 다시 집결하여 전열을 재정비할 때에 별영장을 맡았고,[24] 곧이어 후군 소모장 별진에 소속되어 신지수·이범직 등과 같이 의병소모활동을 폈다. 관군의 추격에 밀린 제천의병이 보안에 머물 때에 이인영은 유인석에게 의진을 안창으로 옮기도록 권하고, 자신은 신지수·이범직 등과 함께 지평으로 향하였

---

20 박정수, 「하사안공을미창의사실」, 『독립운동사자료집』 1, 393~394쪽.
21 박정수, 「하사안공을미창의사실」, 397쪽.
22 장충식, 「山居漫錄」, 박성수·손승철 편, 『한국독립운동사자료집 : 의병편』, 한국정신문화연구원, 1993, 83쪽 ; 朴貞洙, 「하사안공을미창의사실」, 453~454쪽 ; 원용정, 「의암유선생서행대략」, 『독립운동사자료집 : 의병항쟁사자료집』 1, 481~482쪽.
23 박정수, 「하사안공을미창의사실」, 459~460쪽.
24 元容正, 「毅菴柳先生西行大略」, 483쪽.

다.[25] 이후 제천의병이 강원도 정선을 거쳐 북상할 때에 이인영은 그들을 따라가지 않고 정부의 해산권유에 응하여 귀가했다. 이때부터 그는 정미의병운동 전까지 부모와 처자를 거느리고 문경 산중에 은거했다.[26]

을미의병운동 직후 이인영의 행적은 분명치 않다. 확실치는 않지만, 이인영은 의병활동의 급선무가 무기구입임을 깨닫고 당시 袁世凱의 대리인으로서 서울에 와있던 청국인 주봉령과 교섭하였다. 그리하여 무기구입을 목적으로 대농토를 매각하여 우선 3백여 명의 청국인을 용병 계약했다. 그러나 일부가 도중에 일본군의 공격을 받고 되돌아갔고 일부는 교곡리까지 내도했는데, 이인영은 이들의 뒷수습을 감당하느라 가산을 탕진하고 말았다고 한다. 또한 을미의병운동 후 충북의 덕산으로 가서 홍삼을 재배하여 무기구입의 재원으로 사용하려 하였다. 그러나 당시에 홍삼재배는 법으로 금지되어 있었기 때문에 무기구입 재원을 마련하지도 못하고 체포될 위기에 처하였다. 이때 그는 자신을 체포하려는 20명의 일본헌병과 한국인 보조원을 기습공격으로 물리치고 피신하였다. 이후 이러한 사실을 전해들은 고종은 그에게 특사를 내려 덕산의 홍삼사건을 묵인해 주었다고 한다.[27]

이상과 같이 이인영은 처음에는 원주지역에서 활동하다가 나중에는 유인석의 제천의병에 편입되어 의병활동을 벌였다. 특히, 제천의병에 들어가기 전까지 그의 부대는 독자적 군사를 거느리고 원주지역에서 활약한 유일한 의병부대였음이 주목된다. 그러나 그의 의병활동은 정국변화·무기열세·군사훈련부족·지도부갈등·군수지원미흡 등 여러 요인 때문에 실패로 돌아갔다. 다만 이때의 군사활동은 그가 1907년 11월 전국적 의병조직인 13도창의대진소의 총대장에 오르는 데 일정하게 기여했을 뿐 아니라 연합의병진을 구성하여 서울진공전을 추진할 때 귀중한 경험이 되었을 것이다.

---

25 元容正, 「毅菴柳先生西行大略」, 504~505쪽.
26 송상도, 『기로수필』, 「이인영」, 126쪽 ; 「제이회 이인영문답조서」, 729쪽.
27 정달웅, 「한말 의병장 이인영 연구」, 22~23쪽.

IV. 경기-강원지역에서의 정미의병활동

현재 남아있는 소략한 자료 가운데서 후기의병기 이인영의 활동과 의의를 가장 간명하게 서술한 문건은 일본인들이 남긴 재판판결문이다. 여기에는 이인영의 거의목적·진격과정·전투활동·재봉기시도 등이 잘 나와 있다.

> 피고는 문반 출신으로서 특히 배일사상이 심하여 지금으로부터 13년 전 당시의 정부(개화파)에 반항하여 내란 준비를 한 일이 있는 자로 항상 통감정치에 대하여 불평을 품고 있던 자이다. 이어서 전 황제폐하(고종)가 양위하자 요로의 대신을 지목하기를 매국노라 하여 이들을 살육하고 새로이 자기가 믿는 자로 정부를 조직하여 일본인은 물론 기타 외국인을 국외로 구축하는 등 당시의 정사를 변경할 목적으로 난을 일으킬 것을 마음먹었다. 이에 李球采·李殷瓚 등과 공모하여 그 당시의 거주지인 문경에서 이들이 이끌고 온 동지들 및 원주에서 해산된 병정 5백 명으로 조직된 3진의 대장이 되어서 전기한 취지로 격문을 전국 내에 배포하는 한편, 명분을 바로잡기 위하여 통감 및 각국 영사들에 대하여 "대일본제국이 마관조약에 반하는 행위가 있음"을 호소하였다. 진군하여 지평에 이르러 그의 도당이 8천이 되고 이어서 양주로 가서 동지인 許蔿·李康秊의 무리와 합하여 그 수효가 1만에 달하여 허위를 군사로 삼고 李康秊·李泰榮·李殷瓚·李俊秀·延基羽 등을 각 부장으로 삼아 스스로 총지휘자가 되었다. 도당 각자에게서 병기와 군량을 출연시키고 해산병으로서 부하에 투입한 자로 하여금 탄약을 만들게 하여 일거에 경성으로 들어가 그 목적을 달성하고자 수비대, 기타와 충돌하였다. 거사 이래로 약 4개월 동안 강원도·경기도의 각지에서 대소 약 38회의 전투를 거듭하였으나, 공교롭게도 그의 부친이 서거했다는 보도에 접하여 초상을 치르기 위해 사임하고 귀향하여 3년이 경과한 후 다시 거사하려고 계획하고 있던 중 체포된 자이다.[28]

상기 문건에 의하면 첫째, 이인영은 통감정치에 불만을 품고 친일대신들을 타도하고 신내각을 수립코자 거의하였다. 둘째, 이구채·이은찬 등과 함께 원주 일대의 군사를 배경으로 거의하여 전국 각지 및 각국 공사관에 창

---

28 『독립운동사자료집 별집 1 : 의병항쟁재판기록』, 1974, 372~373쪽.

의격문과 청원서를 보냈다. 셋째, 관동창의군을 거느리고 지평·양주로 이동한 후 허위·이강년 등과 군사를 합하여 13도창의대장이 되었다. 넷째, 원주·지평·양주를 거쳐 서울로 진격하는 과정에서 일본군과 수십 차례의 전투를 치렀다. 다섯째, 부친의 서거 후 재거를 모색하다가 체포되었다.

1. 관동창의군의 결성과 활동

20세기 초두에 일제는 대한침략에 박차를 가했다. 1904년 1월 일제는 무력으로 한일의정서를 체결하여 한국에 대한 정치적·군사적 간섭을 합법화하였다. 이어 러일전쟁에서 승리한 후 1905년 11월 을사조약을 강요하여 대한제국의 외교권을 빼앗고 대한제국을 보호국으로 삼았다. 이어 1907년 7월 정미칠조약을 체결하여 한국의 내정을 통할하는 차관정치를 실시했고, 곧이어 고종황제를 강제로 퇴위시키고 군대를 무력으로 해산시켰다. 이러한 일련의 침략행위는 중앙과 지방의 항일세력들이 다시 의병을 일으키는 직접적인 계기가 되었다.

을사조약을 전후하여 일제침략을 저지하고 자주국권을 수호하려는 의병들의 항일활동이 전국으로 퍼져갔다. 이러한 상황에서 을미의병운동 이후 향리 문경에 은거 중이던 이인영도 와병 중인 부친을 돌보며 암중으로 거의를 도모하였다. 그러나 부모에 대한 효도를 국가와 군주에 대한 충성보다 중시하는 유교적 관습과 사상에 얽매어 거의에 돌입하지 못하고 있었다.[29] 그러던 차에 강원도 원주에서 봉기하여 여주·지평·원주 일대에서 활약 중이던[30] 서울 출신의 선비 이구채와 원주 출신의 유생의병장 이은찬이 1907년 8월 말경에 500여 명의 군사를 거느리고 이인영을 찾아왔다.[31] 이들은

---

29 「제일회 이인영문답조서」, 721~722쪽.
30 『독립운동사자료집』 3, 511, 516, 666, 669, 706쪽. 이은찬의 의병활동에 대해서는 김도훈, 「한말 이은찬의 연합의병운동과 창의원수부의 활동」, 『북악사론』 5, 1998, 157~199쪽.
31 「제일회 이인영문답조서」, 721쪽 ; 「의병총대장 이인영씨의 略史(속)」, 『대한매일신보』, 1909년 7월 28일.

이인영과 시사를 논하며 4일간이나 그에게 의병장에 오를 것을 간곡히 청하였다. 그런데 한 가지 주목할 사실은 이때 양인이 이인영에게 거의하여 원주에 원수부를 세울 것을 권하는 고종의 '밀칙'을 내보이며 그를 설득했다는 점이다.32

이구채와 이은찬에게 고종황제의 거의촉구 밀칙을 받은 이인영은 황제와 국가에 대한 충성문제와 부모에 대한 효도문제로 갈등과 번민에 휩싸였다. 위난에 처한 황제와 국가를 구하기 위한 의병운동과 부친의 중환을 돌보기 위한 侍湯업무는 충과 효에 동등한 가치를 부여하는 이인영같은 유림들에게 우선순위를 매기기 힘든 문제였기 때문이다.33 그때 그의 부친은 이인영에게 "이때처럼 나라와 백성이 너를 필요로 할 때가 또 있겠느냐"며 출전을 권유했다. 또 이구채·이은찬 등은 시일을 넘겨가며 "이러한 국가 존망의 시기에 국가의 일이 급하고 부자의 은혜는 가벼우니 公을 먼저 하고 私를 나중에 함이 마땅하다"며 곡진히 청했다. 이러한 권고에 밀려 이인영은 9월 2일 원주에서 거의의 깃발을 들었다.34

의병장에 오른 이인영은 8도에 비분강개에 가득 찬 격문을 보내 의병의 봉기를 독려했다. 이때 그는 자신이 밀지를 받았다는 사실을 인근의 충의지사들에게 널리 알리며 그들의 궐기를 촉구했다.35 그리하여 이인영의 거의 권고에 응하여 다수의 인사들과 군사들이 몰려들어 대규모 연합의진의 체제

---

32 송상도, 『기로수필』, 「이인영」·「이은찬」, 127~128쪽. "且有密勅 累日懇勸不已", "丁未變後 上密勅麟榮 設元帥府于原州."
33 피체 후 심문받을 적에 그는 "어버이 사망 후 복상을 하지 않으면 불효에 해당한다. 어버이에게 불효한 자는 금수와 같다. 금수는 폐하의 신하일 수 없다"거나, "국가의 大事와 一家의 內事는 깊이 연구하면 동일에 귀착한다"며 충성과 효성을 동일하게 인식하였다. 「제일회 이인영심문조서」, 724쪽.
34 「의병총대장 이인영씨의 약사(속)」, 1909년 7월 28일 ; 「제일회 이인영문답조서」, 721쪽.
35 박정수, 「운강선생창의사실기」, 세명대학교 인문과학연구소 편, 『제천의병100돌기념학술논문집』, 제4부(자료소개), 1996, 關東將李麟榮 誇以累戰累捷 公賀而答之 初麟榮稱有密詔 激起義兵 後公兵敗爲賊所擒死. 또 이인영의 밀지 소지 사실에 대해서는 『통감부문서』6, 국사편찬위원회, 1999, 71쪽.

를 갖추게 되었다.36 이후 이인영부대는 제천을 무대로 활동 중이던 이강년 부대의 주변에서 의병활동을 벌였다. 그러한 과정에서 조령 관문을 지키는 호좌창의장 이강년의 막하장 趙東敎와 합동작전을 폈으나 조동교의 이탈로 파수군 32인을 잃기도 하였다.37

의병활동 초기에 이인영부대는 대부분 유생들로 구성되어 있었기 때문에 원활한 군사활동에 지장을 받았다. 게다가 군량이 부족하여 포군들이 자주 남의 식량을 약탈하는 문제를 일으켰다. 따라서 이인영은 의병들에게 "가련한 창생에게 침해를 주어 굶주림과 추위에 빠지게 하는 것은 우리들이 차마 할 바가 아니며 의병의 행위가 아니다. 우리는 오직 하늘의 의사를 대신하여 그들 매국노 五奸・七賊과 신협약을 체결하는 데 진력한 현 내각원 등의 불의의 재화를 빼앗아 軍資를 도울 뿐이다"고 주장하며 民財의 약탈을 엄히 금함과 동시에 매국노의 곡식과 무기를 빼앗아 사용토록 하였다.38 이렇게 의진 내부를 단속한 이인영은 원주는 교통이 불편하고 사방에서 적의 공세를 받는 사통팔달의 교통 요지이므로 친일파를 격퇴하고 일본군을 축출하고 고종을 구출하려는 대사를 무난히 도모하기 위해서는 楊州로 진격하는 것이 긴요하다고 판단했다.39

의병부대의 향후목표를 서울공격으로 정한 이인영은 관동지역 의병부대의 편성작업과 통합작업에 착수하였다. 그리하여 관동창의대장에 이인영, 총독장에 이구채, 중군장에 이은찬, 좌군장에 方仁寬, 우군장에 權重熙, 유격장에 金海鎭, 좌선봉장에 鄭鳳俊, 우선봉장에 金炳和, 후군장에 蔡相俊, 운량관에 玄履甫, 재무장에 申昌先・閔春元, 좌총독장에 金顯福, 우총독장에 李貴成, 진위대사령부에 閔肯鎬 등이 임명되었다.40 이로써 서울진격전

---

36 「의병총대장 이인영씨의 약사(속)」, 1909년 7월 28일.
37 운강이강년선생기념사업회 편, 『운강이강년선생창의록』, 1986, 25, 28~29쪽.
38 「의병총대장 이인영씨의 약사(속)」, 1909년 7월 29일.
39 송상도, 『기로수필』, 「이인영」, 127쪽 ; 「제일회・제이회・제삼회 이인영문답조서」, 723, 728, 740~741쪽.
40 『한국독립운동사 자료』 8, 국사편찬위원회, 1968, 157쪽. 상기 인사들의 의병활동에 대

을 펼친 13도창의대진소의 모태이자 기반인 이인영의 관동창의군이 결성되었다.

관동창의군의 직임과 편제를 살펴보면, 관동창의군의 주도인물은 의병장 이인영, 총독장 이구채, 중군장 이은찬 3인이었다. 이중 관동창의군의 총책임자인 이인영은 앞서 살펴본 것처럼 자신을 의병장에 추대하려는 이구채·이은찬의 방문을 받기 전에 이미 거의를 모색하고 있었다. 일제측의 기록에 의하면, 그는 거의 직전에 비밀리에 상경하여 '李紹榮'41 및 '二三의 有志' 등과 거의에 관하여 협의한 일이 있다고 한다. 이중 군수를 지낸 이소영은 고종의 별입시로서 1908년 상반기에 예천지역에서 150명의 군사를 거느리고 의병활동을 전개한 인물이다.42 또 1907년 봄 고종의 밀지를 받고 연해주로 망명한 유인석으로부터 의병에 관련된 제반 사항을 위임받았다고 한다.43 이로 미루어 이인영이 거의 전에 미리 상경하여 이소영 및 2~3명의 유지를 만나 은밀히 거의를 논의했다고 하는 첩보에 근거한 일제의 추궁은 사실이라고 생각한다. 한마디로 을미의병운동 시에 보여준 강렬한 배일활동과 을사조약 후 상경하여 벌인 은밀한 항일활동의 결과로서 이인영은 이구채·이은찬의 권고에 따라 거의하기 전에 이미 서울의 고종세력으로부터 의

한 개략적 설명은 김순덕, 「경기지역 의병운동 참가층 분석(1905~1910)」, 『한국 근현대 경기지역 사회운동 연구』, 관악사, 1998 참조.

41 李紹榮은 일제가 '義兵干連者'로 간주한 고종 측근 李裕寅의 아들이다. 그런데 '賣卜大臣' 이유인은 고종의 別入侍로 입신하여 한성부판윤·탁지부대신·중추원부의장·경상도관찰사·보안회부회장 등직을 지낸 인물로서 을사조약 전후 경상도지역의 의병운동에 큰 영향을 미쳤다. 그래서 『대한매일신보』는 "이유인이 영남의 窩窟을 선동하고 기우만이 호남의 의병 잔당을 선동하니 당내가 날로 확산되어 三南에 연락되었다"고 하였다. 이 때문에 그는 한때 일제헌병대에 피체되어 의병과의 관련에 대해 추궁을 받았다. 나중에 그는 고종과 의병세력 간의 내응관계를 밝히려는 일제의 조사가 본격화되자 하향·도피하던 중에 1907년 6월 향제가 있는 경북 예천에서 자진하였다. 『대한매일신보』, 1904년 9월 7일자, 1905년 9월 10일자, 1907년 6월 23일자 ; 『황성신문』, 1905년 9월 7일자 ; 박성수 주해, 『渚上日月』 下, 서울신문사, 1993, 63~64쪽.

42 『한국독립운동사』 1, 281쪽.

43 「제이회·제삼회 이인영문답조서」, 729, 734, 741쪽.

병장감으로 낙점을 받았던 것으로 보인다.

다음, 이인영이 "양반으로 학식도 있고 쓸모 있는 인물들"⁴⁴이라고 말한 李求寀⁴⁵와 李殷瓚(1877~1909)⁴⁶은 고종세력이 작성·하사한 밀지를 이인영에게 전달하고 그를 의병장에 추대한 인물들이다. 대한제국기의 신문과 유림들의 문집·창의록에 그 이름이 보이지 않는 것으로 보아 이들의 중앙과 향촌에서의 정치적·사회적 비중은 그리 높지 못했을 것이다. 그런데도 불구하고 양인이 고종황제 내지 중앙관료들과 긴밀한 관계를 맺어야만 얻을 수 있는 고종 명의의 밀지를 가지고 이인영을 설득했던 것을 보면, 이들은 고종세력의 문객 내지 대리인이 아니었나 추정된다. 양인은 각기 역할을 분담하여 이구채는 의병부대의 전략과 전술을 총괄하는 총독장을 맡았고, 이은찬은 인사·재무·부대배치·병참 등 의병부대의 안살림을 도맡아 처리하는 중군장을 맡았다. 따라서 양인은 관동창의대장 이인영의 명목상·허위

---

44 「제일회 이인영문답조서」, 722쪽.
45 이구채는 자료에 따라 李求寀·李求菜·李九菜·李九載·李求載로 각기 달리 나온다. 여기서는 '李九載'(일본측은 시종 '李九載'로 부름)의 정확한 글자가 뭐냐는 일본측의 물음에 "李九載의 자음은 같으나 '李求寀'로 쓰는 것이 옳다"는 이인영의 공술에 따라 '李求寀'로 보았다. 한말 관동창의군과 13도창의대진의 결성을 막후에서 주도한 '서울사람' 이구채의 존재는 명확히 알 수가 없다. 다만, 이구채는 이인영이 단발령 후 원주에서 의병활동을 벌일 때에 그의 종사였던 '李球寀'(박정수, 「하사안공을미창의사실」, 397, 400쪽)이거나, 아니면 "이구채는 이강년이나 이은찬에 비해 文才學識이 뛰어난 인물이나 원래 나와는 교제가 없었다"(「제일회 이인영문답조서」, 728쪽)는 이인영의 발언을 중시할 경우 고종세력의 문객 내지 대리인으로 보인다. 만약 그의 이름이 '이구채'가 아니라 '李九載'나 '李求載'가 옳다면, 고종의 측근인 李會榮의 수하로서 이회영의 지시에 따라 동지 李冀永과 함께 중앙관료와 지방의병 간의 연락업무 및 지방의병에 대한 재정적·전략적 지원임무를 맡았던 '成載九'(이정규·이관직, 『우당이회영약전』, 을유문화사, 1985, 40쪽)일 가능성도 배제할 수가 없다.
46 전주이씨 德泉君(정종의 제10남)의 후예인 이은찬은 8대조 李㟳이 군수를 지내고 7대조 李星年이 학행으로 감역에 오른 이래 관계 진출자를 한 명도 배출하지 못한 몰락양반 가문의 자제였다. 다만 그가 속한 덕천군파가 李匡師·李肯翊·李建昌·李建昇·李建芳 등을 배출한 유명한 소론 가문이며, 또 모친이 고종의 측근으로서 재야의 의병운동을 은밀히 후원한 李會榮과 같은 경주이씨 李遲榮의 딸이었다는 사실은 주목할 만하다. 『全州李氏德泉君派譜』, 권1, 1983, 47~48, 88~94, 194~195, 349쪽.

상 지위를 능가하는 실권자들이었던 셈이다.47

진용을 갖춘 이인영의 관동창의군은 원주에서 지평으로 이동했다. 관동창의군은 지평에서 1개월간 머물며 일본군과 수차례 전투를 벌이는 한편 서울진격을 위한 군사력 보강에 나섰다. 그리하여 16진의 병력을 합하여 약 수천 명의 의병이 이인영의 휘하에 모여들게 되었다.48 이렇게 많은 의병을 거느린 이인영은 밀지를 통하여 국왕의 권위를 위임받은 관동창의대장으로서 자기 역할을 무난히 수행하였다. 이로써 그는 13도창의대장에 오를 수 있는 기반을 닦았다. 나아가 수천의 군세를 바탕으로 다음과 같은 의병활동을 전개했다.

우선, 이인영은 친일매국노와 일본군에게 결정적 타격을 가하려면 서울진공작전이 반드시 필요하고, 서울진공작전을 제대로 수행하려면 대규모 연합부대를 편성해야 한다는 점을 절감했다. 이를테면, 그는 "용병의 요체는 부대가 홀로 활동하는 것을 피하고 일치단결하는 데 있으니 각 도의 의병을 통일하여 둑을 무너뜨리는 형세를 타서 근기로 쳐들어가면 천하에 우리 소유가 되지 않을 것이 없을 것이며, 한국의 문제를 해결하는 데에도 유리함을 볼 수 있을 것이다"며 수도탈환전략을 제시했다.49 그리하여 그는 1907년 10월경 서북 양도를 제외한 전국 각 지역의 의병장들에게 통합 의병부대를 조직하여 서울로 진격하려는 자신의 계획에 따라 경기도 양주에 모일 것을 촉구했다.50

---

47 관동창의군은 재야유림 이인영과 고종세력의 문객인 이구채·이은찬의 연합체였다. 즉, 이인영의진은 한말 대규모 연합의진의 경우처럼 고종세력과 지방세력의 연대에 의해 결성되었다. 그러나 휘하의 직속병사를 배경으로 총독장과 중군장을 차지한 고종세력이 의진의 실권을 장악하였다. 따라서 엄밀히 말해 독자적인 군사기반이 없는 이인영은 관동창의대장이라는 명목상의 직위만을 지닌 실권이 취약한 의병장이었다.
48 「십삼도창의대장이인영체포시말」, 719쪽.
49 「의병총대장 이인영씨의 약사(속)」, 1909년 7월 29일. 用兵之要는 避其孤獨 而在於一致團結 則統一各道之兵호야 乘潰堤之勢호야 近畿犯入이나 擧天下不能爲我寶物 可見有利於韓國之解決矣라.
50 「의병총대장 이인영씨의 약사(속)」, 1909년 7월 29일.

다음, 이인영은 1907년 10월 16일에 서울사람 金世榮을 상경시켜 일본의 대한침략을 성토하는 격문을 13도관찰사, 대한매일신보사, 각국 공사관 및 일본 통감에게 전하게 하였다. 이때 김세영은 이인영이 집필한 원고와 의병대장의 인장을 가지고 서울로 올라가 '거대한 날인'이 들어있는 격문을 만들어 목적지에 발송함으로써 임무를 성실히 수행하였다.[51] 그 격문의 요지는 일본의 불의와 횡포를 따지고 한국의 어려운 처지를 상세히 설명하는 한편, 의병은 순수한 애국혈단이므로 열강도 이를 만국공법에 입각하여 전쟁단체로 인정해야 하며, 또 정의와 인도를 국제관계의 전범으로 삼고 있는 나라들은 반드시 의병을 동일한 목소리로 성원해야 한다는 것이었다.[52] 이것은 제국주의 열강들에 대해서 한국의 관동창의군을 비롯한 항일의병의 대일항전이 바로 독립전쟁임을 국내외에 널리 공포한 의미 있는 선언이었다. 나아가 이인영은 1907년 10월 31일자로 대한관동창의장 李麟榮과 기타 인사들의 서명이 날인된 격문을 각국 영사관과 미국주재 한인들에게 보냈다.[53]

> 우리들은 일치 협동하여 신명을 우리의 邦家에 바쳐서 국가 독립의 회복을 도모해야 한다. 여러분들은 잔인한 일본인들의 통탄할 만한 횡포와 악행을 전 세계에 호소해야만 한다. 그들은 교활하고 잔인하며 실로 문화와 인도의 원수들이다. 우리들은 전력을 다하여 모든 일본인들을 살해하고 그들의 앞잡이와 협력자로 전락한 사람들과 포악한 일본 병사들을 모두 멸절시켜야 한다.[54]

---

51 『주한일본공사관기록』, 경비발 제786호, 「大韓每日申報ト暴徒」;「제이회 이인영문답조서」, 734~735쪽.
52 「의병총대장 이인영씨의 약사(속)」, 1909년 7월 30일. 정달웅, 「한말 의병장 이인영 연구」, 32~33쪽.
53 『주한일본공사관기록』, 경비발 제786호, 「大韓每日申報ト暴徒」;「제이회 이인영문답조서」, 734쪽.
54 이 격문의 일역문과 영역문에 대해서는 『통감부문서』 5, 1999, 158쪽;『일본외교문서』, 제41권 제1책, #856. "Manifesto to All Koreans in All Parts of the World."

이러한 일련의 선전활동을 통하여 이인영은 국내외의 외국인들과 동포들에게 의병전쟁의 정당성과 일제의 야만성을 분명히 밝히고 한국문제에 대한 국제적 여론을 환기시켰다. 이로써 13도창의대진소의 서울진격작전이 무난히 성사될 수 있는 유리한 여건을 조성하고자 노력하였다.55

마지막으로, 이인영은 13도창의대장에 오르기 전에 지평 일대에서 일본군과 두 차례 대규모 전투를 치렀다. 당시 지평에 집결한 관동창의군과 각처 의병은 양주로 이동하여 13도창의대진소를 구성하기 전에 일본군수비대 및 친일관군과 수십 회의 격렬한 전투를 벌였다. 이중 규모가 큰 전투는 1907년 11월 7~9일에 전개된 三山전투와 麻田전투였다. 이 양차의 전투는 후기의병기에 항일의병들이 일본군을 상대로 전개한 전투 가운데 1906년 5월 민종식의병이 치른 홍주성전투와 함께 가장 규모와 피해가 컸던 전투로 파악된다.

먼저 삼산전투를 살펴보면, 관동창의군 1천여 명은 원주읍에서 7~8리 정도 떨어진 지평군 상동면 섬실동·삼산리·주천리·산매실동에 머물렀다.56 이때 의병들은 군서기를 체포하여 군용금을 징수하는 한편 일본군의 공격에 대비하여 서울로 통하는 송용동·이운리·판관대동 등 요지에 각각 2~30명 정도의 보초를 세웠다.57 처음에 1천여 명이던 의병의 숫자는 각처 의병이 모여들면서 곧이어 2천여 명으로 불어났다. 의병들은 원주의 일본군수비대와 서울에서 출동한 일본군 2개 중대와 이틀간에 걸쳐 치열한 혈전을 벌였다. 그러나 연발소총으로 무장한 일본군이 산포대까지 동원할 정도로 우세한 화력을 동원했기 때문에 의병들은 안타깝게도 2~300명의 사상자를 내고 패주해야만 했다.58

---

55 관동창의군의 격문 가운데 현재 全文이 남아있는 것은 1907년 11월 15일 의병진압을 위해 출동한 근위대 병사들에게 마음을 돌려 함께 왜구를 토멸하여 강토를 환수하고 황위를 회복하자고 주장한 「警告我大韓近衛隊出駐所」가 유일하다. 이 격문의 내용에 대해서는 『한국독립운동사 자료』 8, 156~157쪽.
56 『한국독립운동사 자료』 8, 93쪽.
57 『한국독립운동사 자료』 8, 104, 108쪽.

다음 마전전투를 살펴보면, 11월 8일 밤부터 이튿날 새벽까지 1천여 명의 연합의병이 마전읍 일대에 집결하여 헌병분견소를 포위하고 일본군수비대를 공격할 기세를 보였다. 이에 수적 열세에 빠진 일본군수비대는 인근 지역의 수비대에 급히 원병을 청하였다. 연합의병은 마전읍의 일본군수비대와 급히 증파된 금화수비대 및 철원수비대를 상대로 장시간 전투를 벌였다. 그러나 결국에는 20여 명의 사상자를 내고 패주하였다.[59]

이처럼 수천 명의 의병들과 5~600명의 일본군이 동원된 삼산전투와 마전전투는 양측에 다수의 사상자가 발생한 그야말로 대격돌이었다.[60] 무기의 열세로 인해 두드러진 전과를 올리지는 못했지만, 양차의 대전투는 이인영의 관동창의군과 각지 의병들이 서울진격전에 대비하여 전열을 정비하는 과정에서 정찰 및 공작 활동뿐 아니라 치열한 전투를 동시에 치러냈음을 나타내 주고 있다.

2. 13도창의대진소의 편제와 서울진공작전

이인영의 관동창의군은 힘겨운 전투를 치르면서 양주로 진출했다. 1907년 9월 초에 원주에서 봉기한 관동창의군은 지평·홍천·춘천·양구 등지를 통과하여 12월 초순경에 양주에 도착했다. 당시 지평을 떠나 양주에 도착하는 과정에서 의병의 정예부대 400여 명과 일본군 6~70명이 맞붙은 춘천과 양구 사이에서의 두 차례 전투는 격전이었다.[61] 양주에 도착한 관동창의군은 서울 동부 및 강원 영서 일대에서 활약 중이던 허위부대·민긍호부대를 비롯한 다수의 의병부대와 합류하여 13도창의대진소를 구성하게 되었다. 더욱이 양주에 도착하기 전에 이미 허위부대는 이인영부대와, 이인영부

---

58 『한국독립운동사 자료』 8, 104~105, 108쪽.
59 『한국독립운동사 자료』 8, 109~110쪽.
60 『한국독립운동사 자료』 10, 129쪽.
61 「제삼회 이인영문답조서」, 740쪽.

대는 이강년부대와 각기 연통하여 활동하고 있었기 때문에62 양주 집결 후에 이들 부대는 자연스럽게 연합의진을 구성할 수 있었다.

이인영의 격문에 호응하여 양주에 집결한 의병부대는 총 48진, 대략 1만 명에 달하였다.63 그 내역을 살펴보면 강원도에서 민긍호부대가 2천 명, 이인영부대가 1천 명을 비롯하여 강원도의병이 약 6천 명 정도였고, 경기도의 허위부대가 약 2천 명, 평안도의 방인관부대가 80명, 함경도의 정봉준부대가 80명, 전라도의 문태수부대가 100명 등이었다.64 그러나 기왕에 알려진 것과 달리 이강년부대는 아직 충청좌도에 머물고 있었기 때문에 13도창의대진에 가담치 못했다.65 하여튼 서울진공작전을 앞둔 시점에서 특정 지역을 무대로 활동하던 개별 의병부대들이 고립성·분산성을 극복하고 양주로 집결하여 대규모 연합부대를 결성한 것은 서울진공작전의 성사 여부와 상관없이 의병운동의 진전을 의미하는 것이었다.

그러나 한말 의병운동사상 최초의 전국적 연합의병의 편제를 나타낸 13도연합의병은 전투부대로서 두 가지 중대한 약점을 지니고 있었다. 하나는 느슨한 지휘체계와 복잡한 명령체계 및 박약한 기동성으로 인해 효율적인 근대식 군사훈련을 이수한 일본군과의 전투에서 강력한 전투력을 발휘하기가 애초부터 매우 어려웠다는 점이다. 다른 하나는 이들 1만 명의 연합의병 가운데 재래식 화승총으로 무장한 해산군인은 이인영부대와 민긍호부대 및 강화도·청주 등지의 해산병을 포함하여 무려 3천 명에 달했던 반면, 현대식 무기로 무장한 일본군에 대항할 수 있는 서양총을 지닌 진위대의 해산병은 그리 많은 편이 아니었기 때문에 군사 전력상 압도적인 열세에 놓여 있

---

62 『대한매일신보』, 1908년 11월 28일.
63 「십삼도창의대장이인영체포시말」, 719쪽.
64 「제삼회 이인영문답조서」, 738쪽 ; 박은식, 『한국독립운동지혈사』, 『박은식전서』 上, 단국대 동양학연구소, 1975, 466쪽.
65 이때 이강년의 호좌창의군은 영월·단양·청풍·죽령·풍기 등지에서 일본군수비대와 전투 중이었다. 그 때문에 이강년부대는 1908년 봄에 가서야 경기동부 및 강원영서 지역으로 올라갔다. 이강년, 『운강이강년선생창의록』, 1907년 9월~1908년 3월.

었다는 점이다.66 그렇기 때문에 엄밀한 의미에서 양주에 집결한 연합부대의 훈련과 규모와 화력은 일본군에게 결정적인 타격을 가하기에는 기대난망의 수준에 머물렀다고 평하지 않을 수 없다. 따라서 13도창의군의 서울진공작전은 그 역사적 의의에도 불구하고 처음부터 성사가능성이 희박한 상태에서 전개되고 있었음을 유념할 필요가 있다.

양주에 집결한 의병장들은 전체 통솔자가 필요하다는 자체 진단에 따라 서로 긴밀한 협의를 거쳐 13도창의대진소를 성립시킨 후 이인영을 13도창의대장에 추대하였다.67 이때 이인영이 위망이 비슷한 경쟁자들을 제치고 13도창의대장에 오를 수 있었던 것은, 그가 이구채·이은찬을 통하여 고종의 밀지를 받은 의병장으로서 각처 의병을 양주로 집결시키는 데 성공했고, 양주에 집결한 여러 의병장들 가운데 신분과 문벌이 가장 높았으며,68 을미의병운동 때 다른 사람보다 공평하게 행동하여 타인의 신뢰를 얻었다는69 점등이 다각도로 고려된 결과였을 것이다.

이상의 요인들 외에도 이인영이 13도창의대장에 오르는 데 영향을 미친 다른 요인은 없었을까? 양주에 모인 장수들 가운데 이인영은 허위보다 11세 아래이며, 1865년생인 민긍호보다 한 살이 어렸다. 또 관력면에서 허위는 칙임관으로서 평리원재판장·의정부참찬·평리원수반판사·비서원승 등 비교적 고위직을 역임한 고관출신이며,70 민긍호는 고위급 무관인 원주진위대의 정교를 지낸 무관출신이었던 반면, 이인영은 그야말로 한직인 무임직의 大成殿 齋任을 거쳤을 뿐이었다. 군사수에 있어서도 민긍호와 허위는 이

---

66 「제삼회 이인영문답조서」, 739~741쪽.
67 「제삼회 이인영문답조서」, 737쪽.
68 이인영은 정통양반 가문의 큰아들이었던 반면, 허위는 비록 고관을 지냈지만 조상의 출자가 보부상에서 연원했고, 고위급 무관인 민긍호는 함경도 북청태생으로서 상민출신일 가능성이 높은 인물이며(차상찬, 『조선사천년비사』, 「민긍호의 약사」, 현명서림, 1979, 298쪽), 이구채·이은찬은 자원하여 이인영의 휘하에 들어간 인물들이었다.
69 「제삼회 이인영문답조서」, 738쪽.
70 한국학문헌연구소 편, 『(국역) 허위전집』, 아세아문화사, 1985, 288~289쪽.

인영보다 2배나 많은 병사를 거느리고 있었다.71 게다가 양주 집결 시에 이인영은 허위에게 日貨 백원을 받았을 정도로 자체 군자금이 부족했고, 13도 창의대장에 오른 후에도 군량관 金炳華가 재정권을 쥐고 있었기 때문에 재무처리에 일체 관여하지 못했다.72 더욱이 중군장 이은찬은 연합의병의 서울진공작전의 기획을 총괄했고 관동창의군의 안살림을 도맡아 관리했기 때문에 이인영에 못지않은 실권을 지니고 있었다.73 이상의 여러 사실을 감안할 때 이인영이 13도창의대장에 등단하기 위해서는 허위·민긍호·이은찬 등의 권위와 실권을 능가하는 어떠한 정치적·사회적 요인 내지 배경을 갖추어야만 했다.

민씨척족('三房派')과 같은 여흥민씨인 민긍호('立岩派')의 경우는 분명치 않지만, 이인영·허위·이은찬 등은 모두 을사조약 후 고종황제나 혹은 그 측근에게 밀지를 받았다. 이후 그들은 밀지의 권위에 힘입어 병사와 군자금을 널리 모집하여 의진을 결성한 후 각기 경기·충청지역을 무대로 활동했다. 그러다가 이들이 이인영의 격문에 호응하여 1907년 12월 양주에 모였을 때 중앙에서 다시 밀사가 내려와 고종황제 명의의 '哀痛詔'를 의진에 전달했다. 그 후 이인영은 휘하의 金明成을 허위에게 보내 자신에게 밀지가 내려왔다는 사실을 통지하는 한편 전국에 통문을 보내달라고 요청하기도 하였다.74

그런데 이때 여러 의병장들 가운데 이인영이 참봉 陳明(命)燮을 통하여 고종황제의 밀지를 받았다는 사실은 주목할 필요가 있다.75 피체 후에 이인

---

71 「제삼회 이인영문답조서」, 738쪽.
72 「제삼회 이인영문답조서」, 739쪽.
73 박은식, 『한국독립운동지혈사』, 467~468쪽. 한말 의병운동 당시 중군장의 막중한 역할에 대해서는, 원용정, 「의암유선생서행대략」, 486~487쪽. 또 糟谷憲一, 「初期義兵運動について」, 『朝鮮史研究會論文集』 14, 1977.
74 「제일회 이인영문답조서」, 726쪽.
75 「제일회 이인영문답조서」, 724~726쪽. 당시 진명섭은 이인영·이강년·신돌석에게 밀지를 전하려 했던 것으로 보이는데, 그는 이인영을 만난 후에 민긍호에게 가다가 일본병에게 살해되었다.

영은 "서울에 올라와 관직에 오르라"는 내용의 勅書를 개봉도 하지 않고 물리쳤다고 공술했지만, 이는 자신의 정신적 지주인 고종의 안위를 염려하여 진실을 은폐한 거짓 진술이었다.76 『기로수필』·『통감부문서』·허위의 공술 등으로 미루어, 이인영이 재차 밀지를 받은 것은 분명한 사실로 보인다. 다만 당시에 이인영을 후원한 고종세력이 고종인가 아니면 고종의 항일운동을 적극 보좌한 근시나 별입시인가 하는 점이 명확치 않을 뿐이다. 하여튼 고종의 신물과 같은 밀지는 고종의 권위를 일시 위임하는 성격을 지닌 문건이었기 때문에 이인영은 재차 받은 밀지를 통하여 고종세력의 신임을 확보하였다. 그런 연후에 비로소 그는 13도창의대장으로서의 자격을 확고히 갖출 수 있었던 것이다.77

1만여 명이 양주에 집결하여 전국적 연합의병 부대가 성립되자 이인영은 13도창의군의 직임을 분장하였다.78 그리하여 13도창의대장에 이인영, 전라창의대장에 文泰洙, 호서창의대장에 이강년, 교남창의대장에 申乭石, 진동창의대장에 許蔿(亞將 朴正彬), 관동창의대장에 閔肯鎬, 관서창의대장에 方仁寬, 관북창의대장에 鄭鳳俊 등이 임명되었다.79 그런데 이러한 연합의병의 편제는 일견해서 한반도의 남북을 아우르는 전국적 대표성을 지닌 것처럼 보이지만, 사실은 경기도와 강원도 양도의 의병들이 주축을 이룬 것이었다. 게다가 아직 북상하지 못한 문태수·이강년·신돌석 등 하삼도의 의병장들이 13도창의대진소의 직임을 맡고 있었기 때문에 13도창의대진소의 초기 지도부 조직은 재편의 여지를 안고 있었다.

13도창의대진소의 지도부 조직은 1개월 후인 1908년 1월경에 약간의 개

---

76 이는 동학농민운동 실패 후에 분명한 물증을 제시하는 일본측의 거듭된 추궁에도 불구하고 전봉준이 자신과 대원군과의 관계를 한사코 부인했던 것과 같은 경우이다.
77 오영섭, 「한말 의병운동의 근왕적 성격」, 72~82쪽. 일제측도 이인영이 태황제(고종황제)의 '勅書'를 소지하고 있다는 사실을 파악하고 있었다. 『통감부문서』 6, 1999, 71쪽.
78 13도창의대진소의 결성과정에 대한 자세한 설명은 신용하, 「전국 '십삼도창의대진소'의 연합의병운동」, 41~44쪽.
79 「제삼회 이인영문답조서」, 738쪽.

편이 가해졌다. 이는 일본군수비대와 전투하느라 서울진공작전에 가담치 못하는 부대들이 나타남에 따라 취해진 부득이한 조치로 보인다. 그리하여 13도창의대장에 이인영, 군사장에 허위, 관동창의대장에 민긍호, 호서창의대장에 이강년, 교남창의대장에 박정빈, 진동창의대장에 權重熙, 관서창의대장에 방인관, 관북창의대장에 정봉준 등이 임명되었다.80 이러한 조직개편의 특징은 아직도 영·호남 지역에서 활동 중인 문태수·신돌석을 배제하고, 조만간 상경이 가능할 것으로 보이는 충청도의 이강년을 그대로 두고, 경기도를 맡은 진동창의대장 허위를 군사장(참모장)81으로 승급시킨 것이었다.

이상과 같은 조직개편에서 나이·무용·관력 등 여러 면에서 이인영을 능가하는 허위가 1개월 사이에 군사장이 되어 13도창의대진소의 제2인자로 부상한 것은 주목할 만한 변화였다. 이를테면, 허위의 군사장 취임은 13도창의대진소의 의병권력을 이인영과 허위가 동등하게 소유하거나 행사함을 의미하는 것이기 때문이다. 환언하면, 이러한 조직개편은 직할부대를 거느리지 못한 명목상의 의병장 이인영의 급속한 권위약화로 이어지기 마련이며, 결국에 가서는 부친 사망 후 이인영이 이를 기화로 황급히 귀향하게 되는 데 어느 정도 영향을 미친 것으로 판단한다. 여하튼 13도연합의병부대의 조직개편을 마친 이인영은 서울탈환을 위한 진격명령을 내렸다.

이은찬이 구상한 것으로 알려진 서울탈환작전의 기본구상은 병력을 이끌고 동대문밖 30리 지점에 집결하여 대오를 정비한 다음 정월을 기하여 서울에 입성하는 것이었다. 당시 이인영의 서울진격전의 목적은 일제 통감부를 타격하여 '城下의 盟'을 맺고 종래의 소위 신협약 등을 파기하여 대대적 항일활동을 벌이는 것이었다. 또한 조선의 완전한 자주독립을 인정한82 馬關條約 제1조의 내용대로 한국의 독립과 황실의 안전을 꾀하는 것이었다.83

---

80 「의병총대장 이인영씨의 약사(속)」, 1909년 7월 30일.
81 이인영은 공술에서 '참모장'이라고 표현하였다.
82 「의병총대장 이인영씨의 약사(속)」, 1909년 7월 30일.
83 「제이회 이인영문답조서」, 731쪽.

이러한 복안에 따라 이인영은 먼저 허위로 하여금 300명의 선봉대를 이끌고 진군토록 하였다.

서울로 진격한 허위의 선봉대는 미처 본대가 도착하기 전인 1908년 1월 15일경에 매복 중이던 일본군의 선제공격을 받고 장시간 전투를 벌였다. 그러나 형세가 불리하여 끝내 후퇴하고 말았다.[84] 당시 허위의 선봉대가 패퇴한 것은 무기의 열세는 물론 전군이 약속한 기일 내에 도착하지 못했기 때문이었다. 급기야 3일 후에 이인영이 약 2천 병력을 거느리고 동대문밖 30리 지점에 당도하여 후군의 도착을 기다렸으나[85] 선봉대의 패배로 인해 의병의 사기는 이미 상당히 꺾인 상태였다. 게다가 1907년 10월부터 1908년 2월까지 일본군과 수십 회의 격전을 치른 관동창의군과 13도창의군의 탄약재고량이 바닥을 보였기 때문에[86] 이인영의 서울진격작전은 무산될 위기에 처하였다.

내우외환이 중첩한 어려운 상황 속에서 1월 28일 이인영은 부친의 부음을 접하게 되었다. 이에 이인영은 "나라에 불충함이 부모에 불효함이 되고 부모에 불효함이 나라에 불충함이 된다. 그 道는 하나며 둘이 아닌 것인즉 나는 國風을 지켜 3년상을 치르고 효도를 마친 후 재기하겠다"며 후사를 군사장 허위에게 당부하고 문경의 본가로 내려갔다.[87] 이인영이 귀향하면서 '義'를 중지하라는 통문을 각 진에 배부했기 때문에 모든 의병부대는 서울진격전을 중지했다.[88] 이로써 경기·충청도의병들이 연합하여 일시에 서울을 탈환하려던 도성탈환작전은 실패로 돌아갔다.

문경의 본가로 돌아온 이인영은 부친상을 치르고 3년상을 마친 연후에 다

---

84 『대한매일신보』, 1909년 9월 21일자 ; 『旺山許蔿先生擧義事實大略』, 『독립운동사자료집』 2, 242쪽.
85 「제이회 이인영문답조서」, 731쪽. 『기로수필』에는 이인영이 몸소 300명의 군사를 거느리고 동대문밖에 도착한 것으로 되어 있다.
86 F. A. 맥켄지 저, 신복룡 옮김, 『대한제국의 비극』, 평민사, 1985, 186, 189쪽.
87 송상도, 『기로수필』, 「이인영」, 127쪽.
88 「제일회 이인영문답조서」, 723쪽 ; 「의병총대장 이인영씨의 약사(속)」, 1909년 7월 31일.

시 의병을 일으키려 하였다.89 그러나 일제의 헌병과 경찰은 13도창의대진 소의 총대장 이인영을 체포하기 위하여 혈안이 되었다. 이때 항일운동의 대 선배인 유인석이 그에게 외국으로 피신할 것을 권했으나 거절했다. 일본군 의 수색이 점점 심해지자 부득이 자신의 이름을 '李時榮'으로 개명하고 두 문불출하였다.90 그러다가 일제의 검색이 날로 더해가자 노모와 슬하의 두 아들을 데리고 경북 상주군에 잠시 머물렀다가 다시 충북 황간군 금계동에 이거하였다.91 그러나 끝내 부친의 3년상을 마치지 못하고 1909년 6월 7일 문경에서 일본 헌병에게 체포되었다.

3. 창의 목적 및 순국 과정

이인영은 천안헌병분대 대전분견소에서 구라토미 와사부로(倉富和三郞) 헌병중위에게 일차 심문을 받은 후 서울로 압송되어 헌병대위 무라이 요시노리(村井因憲) 주재하에 3회에 걸쳐 취조를 받았다. 이때 그는 창의목적을 꼬치꼬치 캐묻는 일본인들에게 "마관조약의 내용대로 한국의 독립과 황실의 안전을 꾀하고자 했다" "우리의 국권을 회복하고 우리의 독립을 공고히 한(復我國權 鞏固獨立) 연후에 간신을 살육하려 했다" "충군애국의 뜻은 성의에서 나온 것이다"고 응답했다.92 또 그는 일본측이 반복해서 거의목적을 추궁하자 "일러전쟁과 군대해산으로 한국의 독립이 불가능함을 깨닫고 한국의 독립을 위해 거의했다" "한국의 간신을 죽이고 독립을 꾀하기 위해서 거의했다"고 말했다.93 당시 일본측은 고종이 바로 항일의병운동의 배후이자 와주라는 풍부한 정보와 확고한 판단에 따라 고종과 이인영의 관계, 고종

---

89 「제일회 이인영문답조서」, 727쪽. 일본인 심문관은 이인영이 복상 중에 군수금을 모집하러 다녔고 음으로 의병을 지휘했다고 하였다.
90 「제이회 이인영문답조서」, 728쪽.
91 송상도, 『기로수필』, 「이인영」, 128쪽.
92 「제이회 이인영문답조서」, 720, 731, 742쪽.
93 「제일회 이인영문답조서」, 720, 723쪽.

과 재야의병과의 내응 여부를 누차 반복해서 집중적으로 추궁하였다. 이에 대해 이인영은, "본래 타인의 권유는 없었으며 망국의 길을 당하여 도저히 참을 수 없어 군사를 모아 서울에 있는 통감부를 쳐부수고 외인을 몰아내고자 거의했다"고 말했다. 이처럼 이인영은 자신의 정치적 후원자이자 사상적 지주인 고종을 극력 보호하였다.[94] 이로 보아 이인영은 유교사상에 기반한 충애론·반일의식·근왕의식·독립정신에 따라 일본군과 친일파를 물리치고 황실을 공고히 하고 한국의 독립을 되찾기 위해 의병운동을 펼쳤음을 알 수 있다.

이상의 간략한 창의 이념과 목적 외에 이인영의 거의 목적을 자세하게 알려주는 자료는 일제가 그의 취조문답을 요약한 「거병 주지 및 목적」이라는 구절과 1908년 3월 체포된 그의 참모장 金墡이 취조 중에 공술한 기록이다.

> 일본은 청일전쟁의 종국에서 馬關條約으로써 한국의 독립을 맹약하고 이를 세계에 聲明하였다. 그럼에도 불구하고 우리 군대를 해산하고 우리 황제로 하여금 강제 양위케 하는 등, 특히 우리나라를 빼앗고 우리 민족을 멸망시키려 하였다. 이에 의병을 일으켜 그들을 이끌고 상경함으로써 統監과 詰談하려 하였다. 만일 우리의 요구를 들어주지 않는다면, 비록 힘이 미치지 않더라도 결단코 먼저 일본인의 앞잡이가 되어 우리나라를 망치려는 불충불의의 역신 宋秉畯·李完用·朴齊純·任善準·權重顯·李址鎔 등을 살육하고, 우리가 신용하는 인물과 가능하면 나도 그 일원으로써 정부를 조직하여 일본인을 비롯한 모든 외국인을 구축하여 우리나라의 독립을 보존하려는 것이 목적이다.[95]
> 동인(金墡)은 강개비분한 태도를 보이며 현금의 時態인즉 한국은 오직 명의뿐으로 그 국가의 실권은 모두 일본에게 탈취당하기에 이른 것은 필경 五賊·七奸[96]의 處爲라 하고 憤懣하면서 우리 의병은 피등의 일파를 섬멸하고 국권을 회복한 후 의병 중에서 인물을 선임하여 정부를 조직할 企望이라고만 放言하여 自若하였다.[97]

---

94 「제일회 이인영문답조서」, 720~721쪽 ; 「제삼회 이인영문답조서」, 737쪽.
95 김정명 편, 『한국독립운동Ⅰ : 민족주의운동편』, 동경 : 원서방, 1967, 37~38쪽.
96 이인영이 「문답조서」에서 누차 거론한 이른바 을사오적과 정미칠간은 망국조약의 체결을 주도한 이들이다. 을사오적은 朴齊純·李址鎔·李完用·權重顯·李根澤 등이며, 정미칠간은 李完用·宋秉畯·李秉武·任善準·李載崑·高永喜·趙重應 등을 말한다.

위의 인용문에 나타난 이인영의 거의목적을 정리하면, 한국의 국권을 침탈한 일제 통감부를 공격하여 굴복시키고, 한일협약의 체결을 주도한 오적·칠간의 매국노를 처단하고, 망국적인 을사오조약과 정미칠조약을 파기하고, 그리고 의병장 가운데서 신망이 높은 인물을 선임하여 신정부를 조직함으로써 한국의 자주독립과 고종의 안녕을 천하에 선양하려는 것이었다.

서울로 압송되어 심문을 받을 적에 이인영은 강개한 언사를 유지하며 조금도 굴복하는 기색이 없었다. 오히려 그는 신의가 없음을 들어 일본인들을 준열하게 꾸짖어 마지않았다. 이에 감명 받은 일본인들은 이인영을 '義士'라고 생각하여 아주 각별한 예우를 베풀어 주었다.[98] 당시 잠시 본국에 건너갔던 이토 히로부미 통감은 자신이 6월 하순에 도한할 때까지 이인영에 대한 처분을 보류하라는 특별명령을 하달했을 정도로 그에 대해 각별한 관심을 나타냈다.[99] 이러한 특별조치는 13도창의대진을 후원한 고종을 비롯한 중앙의 항일인사들을 빠짐없이 색출하여 징계 내지 체포하려는 의도에서 나온 것으로 보인다.

심문조서 작성이 끝날 무렵 최후 진술을 권하는 일본인들에게 이인영은 "나는 국가를 위하여 창의하여 충군애국의 정신은 물론 나의 성의로 이를 발기시킨 것이다. 세사는 뜻대로 되지 않았고, 또 부친상을 당하여 얼굴도 배견치 못하고 충효 공히 죄인으로 천지에 몸 둘 바가 없게 되었다. 이 이상은 죽을 수밖에 없다. 처분을 기다릴 뿐이다"라고 하였다.[100] 이렇게 이인영은 끝까지 13도창의대장으로서의 의연함과 당당함을 잃지 않는 가운데 자신의 굳센 독립정신과 충효정신을 분명히 밝혔다.

이인영은 1909년 8월 13일 경성 지방재판소에서 '내란 造意 및 지휘범'의 혐의로 교살형을 언도받고 9월 21일 경성감옥(현 서대문형무소)의 교수대에

---

97 『한국독립운동사 자료』 10, 129쪽.
98 송상도, 『기로수필』, 「이인영」, 129쪽 ; 「의병총대장 이인영씨 약사(속)」, 1909년 8월 1일.
99 『통감부문서』 9, 1999, 443쪽.
100 「제삼회 이인영문답조서」, 742쪽.

서 43세의 나이로 의로운 생애를 마쳤다.101 임종 시에 그는 서양의 침략을 막아내려면 한일 간의 평화가 선행되어야 한다는 동양평화론이 담긴 아래와 같은 의미심장한 한시를 남겼다. 밝고 밝은 해와 달이 中洲에 걸렸는데 / 온 세상의 바람과 물결이 넘쳐 흘러드네 / 도요새와 조개는 어찌 그리도 다투는가 / 西洲가 힘도 안들이고 그 둘을 잡아가겠네.102 서양 백인종의 동양 침략을 우려하며 동양평화론을 힘주어 권고한 이러한 한시는 을사조약~고종양위 전후기 이인영의 사상정향이 당시의 일반 유생들처럼 위정척사론을 벗어나 동도서기론으로 발전했음을 입증해 주고 있다. 따라서 이인영의 생애를 한마디로 정의하면 동도서기론을 수용한 '혁신유림'으로서 고종황제와 대한제국을 위해 신명을 바쳐 의병운동에 종사하다가 분사한 항일의병장이라고 말할 수 있다.103

한편 형을 도와 13도창의대진소에서 활동했던 이인영의 동생 李殷榮(1868~1921)은 서울진공작전이 실패한 후 형을 떠나 1909년 6월경까지 경기·강원도 일대에서 의병항전을 계속했다. 그는 1910년 이후에 의병계열의 비밀결사체인 민단조합의 충청도지부장으로서 격문살포와 군자금모집 활동을 벌였다. 또 1913년 9월에 임병찬 등이 고종의 밀지를 받고 조직한 조선독립의군부에 참여하여 일본의 내각총리대신 및 조선총독 등에게 조선독립을 요구하는 항의서한을 발송하고 외국공관에 격문을 전달하는 등의 항일활동을 벌이다가 1914년 4월경 피체되어 옥고를 치렀다.104

---

101 대한민국정부에서는 1962년 3월 1일 이인영에게 건국공로 複章後章을 추서하였다.
102 「의병총대장 이인영씨 약사(속)」, 1909년 8월 1일. 分明日月懸中州 四海風潮濫□流 蚌鷸緣何相持久 西洲應無漁人收. 이인영의 거의동지인 이은찬이 지은 시에도 이와 유사한 동양평화론이 나온다. 一枝李樹作爲船 欲濟蒼生泊海邊 寸功未就身先溺 誰算東洋樂萬年.『독립유공자공훈록』1, 840쪽.
103 이인영 서거 후 그의 가족은 일제의 혹독한 감시와 탄압을 받았다. 이 때문에 이인영의 부인은 일제에 대한 복수를 다짐하며 아들들을 데리고 압록강을 건너 만주로 이주하였다.
104 『고등경찰요사』, 경상북도경찰부, 1934, 178, 259, 260쪽 ;『일제침략하 한국삼십육년사』 2, 국사편찬위원회, 300쪽.

V. 맺음말

 이인영은 단발령 후 여주에서 일어나 원주·제천 지역을 무대로 반개화·항일 의병운동을 펼쳤다. 아관파천 후 제천의병이 장기렴의 관군에 패하자 가솔을 이끌고 10여 년간 문경 산중에 은거했다. 그러다가 을사조약~군대해산 전후 각지에서 항일의병이 봉기하던 시대상황에 자극받아 다시 창의를 모색하게 되었다. 그때 이인영은 군사를 거느리고 자신을 찾아와 고종의 밀지를 내보이며 거의를 촉구한 이구채·이은찬의 권고를 받아들여 원주에서 창의의 깃발을 들었다. 이후 원주 일대에서 소모한 관동창의군과 경기·강원도에서 규합한 13도창의군을 거느리고 양주를 거쳐 서울로 진격하여 동대문밖 30리 지점에서 일본군과 치열한 전투를 벌였다.
 이인영의 전·후기 의병운동에 나타난 특징 내지 의의를 정리하면 다음과 같다. 첫째, 이인영은 한말 의병운동사에서 최초의 전국적 연합의병 조직인 13도창의군의 대장으로서 역사적인 서울탈환작전을 총지휘했다. 둘째, 이인영은 부친상 후 급히 귀향함으로써 군대해산 전후 각지에서 활동 중이던 유림의병장들의 유교중심적 사유구조를 대변하는 역할을 수행했다. 셋째, 이인영은 동도서기론을 수용한 개신유림으로서 고종황제와 대한제국을 위해 신명을 바쳐 의병항쟁을 전개했다. 넷째, 을미의병운동 당시 이인영의 원주의병은 원주 경내에서 활동한 유일한 의병진이었다. 이러한 점들을 감안할 때 이인영이 양차에 걸쳐 전개한 의병활동은 한말 의병운동사에서 상당한 비중을 지니고 있다고 볼 수 있다.
 한말 의병운동사상의 의의에도 불구하고 그간 이인영의 의병활동이 주목을 받지 못한 것은 다음과 같은 세 가지 이유 때문으로 보인다. 첫째, 이인영과 그가 가담한 관동창의군·13도창의군의 활동이 실린 창의록류의 문건들이 일제강점기에 모두 일실되거나 소실되었기 때문일 것이다. 둘째, 13도창의군의 연합의병이 서울탈환작전을 펼치고 있던 중대한 시기에 이인영이

國事를 버리고 家事를 위해 의병대장직을 허위에게 일임하고 귀가했기 때문일 것이다. 셋째, 다른 의병자료와 달리 「이인영문답조서」에 유달리 많이 나오는 고종황제의 밀지문제, 고종황제 및 그 측근 인사들과 이인영과의 내응문제가 한말 의병운동의 순수성·자발성·이념성을 강조해 온 한국학계의 의병연구 경향에 부합치 않았기 때문일 것이다.

그러나 1907년 전후에 유림계열의 저명한 의병장인 유인석·최익현·이석용 등도 여전히 衛國보다는 衛道를 보다 중시하고 있었다. 따라서 부친상을 이유로 하향한 이인영의 행위를 실력양성운동이나 외교청원활동보다 무장군사활동을 중시한 1970년 이래의 독립운동사 연구경향에 입각하여 일방적으로 비판하거나 폄하하는 것은 적절치 못한 듯하다. 오히려 이인영이 부친상으로 귀향하게 되는 데서 언뜻 엿보이는 다양한 의병세력 사이에 주도권을 둘러싼 대립관계나 노선차이 등을 깊이 파헤치는 것이 한말 의병운동의 운동 내적인 역동성을 구명하는 지름길이라고 생각한다. 나아가 고종황제의 밀지문제나 이인영과 고종세력들과의 내응문제를 단순히 일제측이 고종황제와 그 주변의 항일세력들을 일망타진하려는 불순한 의도를 가지고 날조한 것이라고 간주하여 일체 무시해 버리는 것은 너무나 단선적인 역사해석이다. 오히려 한국사의 두드러진 특징 가운데 하나인 장구하고 강고한 중앙집권적 통치체제의 역사적 경험과 긴밀히 결부되어 있는 고종황제의 밀지문제나 중앙세력과 지방세력 간의 연대문제가 경기 일원, 나아가 전국 각지 의병운동의 조직화·연합화·전국화·강렬화·장기화에 결정적 영향을 미쳤을 뿐 아니라 한말 의병운동의 근왕적 특질을 구명하는 데 관건이 된다는 사실을 유념해야 한다.

(「한말 13도창의대장 이인영의 생애와 활동」, 『한국독립운동사연구』 19, 2002)

제4부
한말 의병운동의 사상적 맥락

제1장   한말 위정척사의 본향 조종암

I. 머리말

　17세기 전반에 조선에서는 인조반정(1623)·정묘호란(1627)·병자호란(1636~1637)이 연이어 일어났다. 이로 인해 주자학에 기초한 배외적인 자존적 민족주의의 일양태인 대명의리론과 숭명반청론이 조선지성계에 만연하였다. 이 중에서 대명의리론은 임진왜란 때 원군을 보내준 명나라 신종의 은혜에 보답하고 명의 마지막 황제인 의종을 추모해야 한다는 논리였다. 또한 숭명반청론은 망한 명나라를 높이고 이민족으로서 중원을 점령한 만주족 청을 이적시하는 논리였다. 이러한 사상논리들은 망해 버린 명나라를 높이고 중원의 현실적 패자인 청나라를 경시한다는 점에서 동일한 성격을 지니고 있었다.[1]

　반청존명의 사상논리는 유교경전『춘추』의 골자인 '尊中華·攘夷狄'관념에서 비롯되었다. 중국 고대의 이민족 배척의식은 여진족의 금나라가 송나라의 운명을 위협하는 위기상황 속에서 주희와 같은 지식인들에 의해 배외적 민족주의로 정립되었다. 이것이 고려말 주자학과 함께 조선에 수용되어 병자호란을 전후한 시기에 조야의 지식인들에 의해 존화양이론으로 성격이 변화되어 갔다. 이후 효종대(재위:1649~1659) 宋時烈(1607~1689)에 이르러 체계화·교조화하여 조선식의 주자학적 민족주의의 태동으로 이어졌으며, 조선 말기에 이르기까지 집권층의 대민통치이념으로 기능하였다. 이러

1　당시 사상계의 자기폐쇄적 경향에 대해서는 손승철,「북학의 중화적 세계관 극복―그 전개과정 이해를 위한 서설」,『강원대 논문집』15, 1981, 404~418쪽 ; 유봉학「18·9세기 대명의리론과 대청의식의 추이」,『한신대 논문집』5, 1988, 249~273쪽.

한 관념은 청나라의 발전상을 직·간접적으로 경험한 노론집권층 및 京華巨族들을 제외한 조선의 대다수 민중들의 지배적 사유양식으로 작용하였다. 뿐만 아니라 19세기 초반 서학(천주교와 과학기술)과 서양문물(洋物)의 수입을 극력 반대하고 동양문화전통의 수호를 주창한 재야의 위정척사론자들에게 직접적 영향을 주었다.

경기도 가평군에 있는 조종암은 효종대 이래 조선지성계에 만연한 배외적 대외관념을 뚜렷이 반영하는 대표적 유적 가운데 하나이다. 조종암은 그와 성격이 유사하면서 국왕의 지원과 노론집권층의 비호를 받았던 만동묘2나 대보단3에 비해 그 위격이 높지는 않은 편이다. 그러나 조종암은 만동묘나 대보단의 원조에 해당하는 최초의 척화유적이라는 역사적 의의가 있다. 나아가 조종암은 한말 반개화 상소운동과 항일의병운동을 주도한 화서학파 유생들의 정신적 귀의처가 되었다는 점에서 주목할 만한 유적이다.

여기에서는 먼저 조종암의 위치와 명칭이 갖는 의미, 조종암의 건립을 주도한 소위 朝宗巖三賢의 약전과 그들의 사상, 조종암에 새겨진 글귀의 현황 등을 살펴보겠다. 이어 건립 이후 조종암의 위상, 중앙정부와 재야유림들의 조종암에 대한 태도, 조종암과 화서학파와의 관계를 알아보겠다. 마지막으로 조종암이 지닌 역사적 의의를 간략히 따져보겠다.4

---

2 만동묘에 대해서는 오갑균, 「화양동사적에 대한 조사보고」, 『역사교육』 11·12합집, 1969, 347~369쪽 ; 전용우, 「화양서원과 만동묘에 대한 일연구」, 『호서사학』 18, 1990, 135~176쪽.
3 대보단에 대해서는 정옥자, 「대보단 창설에 관한 연구」, 『변태섭박사화갑기념사학논총』, 삼영사, 527~550쪽.
4 아래에서 조종암에 관계되는 내용 중 특별히 주를 달지 않은 것은 모두 『조종암지』(김영록, 1878, 규장각도서 #4653-1)·『조종암문헌록』(풍영섭, 경문사, 1973)·『조종암문헌록속집』(풍영섭, 보경문화사, 1982)·『조종암문헌록』(풍영섭, 경문사, 1982) 등에서 인용한 것이다.

II. 조종암의 위치와 명칭이 지닌 의미

경기도 가평군 하면 대보리 산176-1번지에 위치한 조종암(경기도 지방문화재 제28호)은 좁은 의미의 조종암과 넓은 의미의 조종암으로 구분되는 유적이다. 좁은 의미의 조종암은 숭명배청의 글귀가 새겨져 있는 개울 옆의 암벽과 비석(조종암기실비) 등을 말한다. 넓은 의미의 조종암은 이곳과 아울러 이곳에서 200여 미터 정도 떨어진 곳에 위치한 명나라 3황제(태조·신종·의종)를 제사하는 묘단인 大統行廟와 그 부속건물을 포함하여 지칭하는 것이다. 그런데 전자는 17세기 후반에 건립이 종료되었고, 후자는 19세기 전반에 건립되었다. 그렇기 때문에 19세기 이전 정조대에 왕명으로 편찬된 『尊周彙編』처럼 대명의리를 표방한 책들에는 전자만이 언급되어 있다. 이에 반해 19세기 이후에 만들어진 『조종암지』같은 위정척사론자들의 저작이나 근래에 편찬된 『조종암문헌록』같은 책에서는 후자까지 포함하여 조종암으로 보고 있다. 아울러 조종암이 위치한 가평군은 암각문·비석·壇址·廟齋 등 전자와 후자를 통털어 말하는 넓은 의미의 조종암설을 택하고 있다.[5] 따라서 여기서는 넓은 의미의 조종암설을 택하여 논의를 전개하겠다.

조종암이 있는 가평군 下面지역은 고구려 때에 심천현(혹은 복사매)으로 불렸던 곳이다. 신라는 이곳을 점령한 다음에 준천으로 고쳐서 가평현의 속현으로 삼았다. 이어 고려가 다시 조종현으로 삼자 가평현의 관할에서 벗어났다. 조선 태조 5년에 가평현에 감무를 설치하면서 조종현을 다시 가평현에 예속시켰다.[6] 그러다가 태종 13년에 가평현과 그 속현인 조종현을 강원도에서 경기도로 이속시키면서 조종현을 가평현에 병합시켰다.[7] 이후 조선 중종의 태를 가평에 봉안함에 따라 가평현은 가평군으로 승격되었고, 조종

---

5 『加平郡誌』, 가평군사편찬위원회, 1991, 1067쪽.
6 『신증동국여지승람』, 권11, 경기도 가평현조.
7 『동국여지지』, 권2, 경기도 가평현의 고적 조종폐현조.

현은 가평군의 면으로 편입되어 가평군 조종면이 되었다.8

가평군 조종면은 율길리·현리·연동리·항사리·임초리·판미리·신복리·대부산리 등 8개 리를 거느리고 있다. 조종암이 위치한 곳은 대부산리이다.9 그런데 이곳은 19세기 이후 어느 때쯤에 조종상면과 조종하면으로 분할되었고, 대부산리라는 명칭도 이 지역에 위정척사론이 퍼지면서 명나라의 '크나큰 은혜(鴻恩)'을 잊지 말고 갚아야 한다는 의미의 大報里로 바뀌었다. 이어 1916년 일본인 학자 이마니시 류(今西龍)이 『조선고적조사보고서』를 작성할 즈음에 조종상면과 조종하면에서 조종 2자를 떼고 상면과 하면으로 부르게 되었다.10 이후부터 지금까지 그 명칭이 사용되고 있다.

조종암의 건립 취지를 이해하기 위해서는 우선 조종암이 위치한 곳의 지형과 지명이 지니고 있는 의미를 살펴봐야 한다. 왜냐하면 조종암이 위치한 곳과 조종암 옆을 흐르는 냇물의 이름에는 조선 후기에서 말기에 걸쳐 활동한 척화론자들이나 위정척사론자들의 사상이 집약되어 나타나 있기 때문이다.

가평군 하면의 운악산(271m, 후에 대보산) 서편 산기슭 밑에는 큰 개울이 흐르고 있다. 이 개울은 조종현을 관통하는 개울이라 하여 옛날부터 조종천이라고 불렸다. 조종천은 운악산에서 발원하여 여러번 굽이돌아 12개의 여울을 이룬 다음에 동쪽으로 12km 정도 지나 청평강으로 흘러 들어간다. 특히 조종천은 조종암 근방에서 S자형이 수차 반복되는 형상을 이루며 굽이돌아서 동쪽으로 흘러간다. 이때 시냇물로서의 조종천과 지명으로서의 조종천은 척화론자들이나 위정척사론자들에게 각별한 의미가 있었다.

조종천의 '朝宗'이란 명칭은 보통의 의미로는 여러 강물이 모여 바다로 흘러 들어간다는 것을 의미한다. 그러나 이러한 통상적인 의미 외에도 조종이란 말은 제후가 중국의 천자를 알현한다는 뜻을 포함하고 있다. 다시 말해 청이 명을 멸망시키고 중국의 패자가 되었을지라도 중국의 유교문화를

---

8 『加平邑志』, 1871년판.
9 『여지도서』 상, 경기도 가평조.
10 『조종암문헌록』, 105~106쪽.

계승한 조선은 망한 명에 대해 변함 없는 충성심을 지니고 있다는 것을 '조종'이라는 단어가 웅변하고 있다. 아울러 조종천이 조종암 부근에서 누차 굽이돌아 동쪽으로 흘러가는 모습은 마치 개울 옆의 큰 바위에 새겨져 있는 만 번 굽이쳐도 반드시 동쪽으로 흘러간다(萬折必東)는 말을 연상시킨다. 따라서 망한 명나라에 대해 군건한 충성심을 지닌 척화론자들이나 위정척사론자들은 조종이란 명칭을 지닌 이 지역을 주목하게 되었다. 나아가 이 지역의 개울 중 S자형으로 여러 번 굽이쳐 동쪽으로 흘러가는 조종암 주변지역에 남다른 의미를 부여하기에 이르렀다.

척화론자들이나 위정척사론자들은 강물이 만 번을 굽이쳐도 반드시 동쪽으로 흘러들어 간다는 만절필동의 의미를 믿어 의심치 않았다. 이러한 믿음에 바탕하여 그들은 중국 명나라의 문화전통을 수호하려는 자신들의 사상적 충성심에 추호도 의심이나 변화를 일으키지 않았다. 이때 척화론자들은 자신들의 사상논리를 반영하는 글귀들을 조종암에 새겨두었다. 그리고 위정척사론자들은 서학('천주학')과 洋物('奇技淫巧')이 만연하여 조선사회가 부모와 임금의 존재를 무시하는 無父無君의 상태에 빠지더라도 중화의 유교문화전통은 반드시 보존될 것이라는 믿음에서 만절필동이라는 용어를 사용하였다. 이로써 위정척사론자들은 멸망한 명나라의 유교문화전통을 계승한 조선이 천하에서 유일한 문명국('一脈陽氣')이라고 자부하였다.

조선 후기에서 말기까지 척화론자나 위정척사론자들은 자신들의 사상논리가 집약된 지형을 찾아 그곳에 정자와 강학당을 짓거나, 혹은 인근 암벽에 존명배청의 글귀를 새겨 놓고 이곳을 자신들의 정신적 귀의처로 삼았다. 이를 통해 그들은 자신들의 주자학적 민족주의를 다시 확인하고, 난신적자가 횡행하는 어지러운 시대를 맞아 유학자가 어떠한 자세로 인생을 살아가야 하는가를 되새기곤 하였다. 하여튼 현재 조종천과 마찬가지로 냇물이 S자형으로 여러번 굽이도는 지형을 지닌 곳에 조종암에서 보는 바와 같은 숭명반청론에 관계되는 글귀를 암벽에 새겨놓은 유적은 여러 곳에서 찾아볼 수 있다. 그들은 이러한 유적을 후학을 훈도하는 장소로 삼거나, 은거하고 소요하는 곳으로 삼거나, 중국황제나 조선의 유교선현을 제사하던 유적으로 이용하였다.

19세기 이전의 척화유적을 살펴보면, 17세기 말경에 송시열의 유명을 받은 그의 제자들이 명나라 신종을 제사하기 위해 충북 괴산군 청천면 화양리 화양동에 세운 만동묘를 들 수 있다. 이곳은 송시열의 제자 권상하(1641~1721)·민진후(1659~1720)·민진원(1664~1736) 등 노론계 집정대신들이 숙종 29년(1703)에 건립하였다. 주지하듯이 만동묘는 1865년 대원군에 의해 향사가 중지될 때까지 화양동서원과 함께 집권노론층의 정치적 보루가 되었다.[11] 그런데 만동묘라는 명칭은 '만절필동'에서 따온 것이었다. 아울러 만동묘에는 송시열의 제자 민정중(1628~1692)이 중국에 사신으로 갔을 때 얻어온 의종의 어필 '非禮不動', 조종암에 있던 것을 본떠다 새긴 '萬折必東,' 송시열의 친필을 권상하가 모각한 '大明天地 崇禎日月,' 명 태조의 어필을 모각한 '忠孝節義' 등의 글귀가 새겨져 있다.[12]

또한 척화대신 김상헌(1570~1652)의 장손자 김수증(1624~1701)이 강원도 화천군 사내면 삼일리에 세운 화음동정사를 들 수 있다. 김수증은 1670년에 삼일리 근처에 7간의 모옥을 지어놓고 노년의 은거처로 삼으려고 하였다. 그러나 1675년경에 복제문제로 서인이 실각하고 남인이 집권하자 김수증은 성천부사직을 버리고 가족들을 삼일리로 이주시킨 다음 이곳을 谷雲精舍라 명명하고 농수정과 가묘까지 세웠다. 그 후 1689년에 기사환국으로 송시열과 동생 김수항 등이 사사되자 김수증은 곡운정사에서 4~5리 떨어진 화악산 북쪽 기슭으로 들어가 화음동정사를 건립하였다. 이는 김수증이 명이 멸망하고 청이 득세하고 서인이 몰락하고 남인이 집권한 '말세'를 버리고 은거하여 학문연마와 후학훈도에 진력하면서 명-서인-양의 시대가 도래하기를 기원했음을 의미하는 것이다. 그는 바위 위에 '華陰洞', '人文石' 등의 글귀와 河圖와 洛書의 도상을 새겨놓음으로써 이러한 기원이 이루어지기

---

11 만동묘의 성격에 대해서는 전용우, 「화양서원과 만동묘에 대한 일고찰」, 144~152쪽.
12 오갑균, 「화양동 사적에 대한 조사 보고」, 341쪽.

를 희망하였다.13

　19세기 이후 위정척사론이 시대를 풍미하면서 생겨난 유적으로는 위정척사의 거두 이항로(1792~1868)가 경기도 양근군 서종면 벽계리에 세운 蘗溪精舍를 들 수 있다. 이항로는 평생을 벽계리에 은거하며 활발한 강학활동을 통하여 많은 문도를 배출하였다. 그는 김평묵・유중교・최익현・박문일・유인석 등 저명한 척사론자들과 의병장들을 길러냈는데, 이들 제자들은 역시 각지에서 한말 의병운동을 대표할 만한 많은 제자들을 길러냈다. 이로써 이항로는 한말 위정척사 상소운동과 의병운동의 정신적 지도자가 되었다. 현재 청화산 서편에 위치한 벽계정사 앞에는 작은 개울이 흐르고 있는데, 이 근처에는 화서학파 유생들이 새겨놓은 다수의 글귀들이 남아 있다.14

　또한 1882년 3월경에 이항로의 고제자 유중교(1821~1893)가 춘천군 남면 가정리에 세운 柯亭書舍(지금의 가정리 主一堂 터)를 들 수 있다. 가평군 하면의 조종암 근처에 머물고 있던 유중교는 1882년 초에 춘천군 가정리로 이주하여 1889년 가을 제천군 장담으로 이거하기 전까지 이곳에 머물렀다. 그는 춘천군 남면과 가평 등지에 살고 있는 1,000여 호에 이르는 고흥유씨 및 전주이씨의 자제들에게 강학활동을 활발히 펼쳤다. 그는 이곳에서 열흘에 한 번씩 강회를 열고 후학을 훈도함으로써 위정척사사상을 전수하였다. 그 결과 유인석・이소응・이진응・유중악・민영대 등 한말 강원・충청 지역의 을미의병운동을 대표하는 인사들이 배출되었다. 아울러 그는 1885년에 S자형으로 굽이굽이 돌아가는 홍천강 옆에 위치한 가정서사 근처에 스승 이항로의 유명을 받들어 '箕封疆域 洪武衣冠'이라는 글귀를 새겨놓았다. 이로써 유중교는 가정리 지역이 중국의 유교문화를 충실히 지키고 있는 지역임을 자부하였다.15

---

13 『江原日報』, 1984년 8월 10일자.
14 『화서집』, 부록, 권9, 연보, 정미년조.
15 『성재집』, 권58, 연보, 임오년조 ; 『조종암문헌록』, 365쪽 ; 『柯亭書舍旬講錄』, 강원대 박물관 소장본.

또한 유중교가 1889년에 충청도 제천군 봉양면 공전리에 세운 紫陽書舍(후에 紫陽影堂)를 들 수 있다. 그는 중앙정부로부터 관직을 하사받은 산림이나 혹은 저명한 위정척사론자의 고제자가 없었던 제천지역에서 강학활동과 향음례활동을 활발히 펼쳤다.16 그 결과 유중교는 이 지역의 취약한 유림기반을 공고히 하여 천주교·동학·화적 등의 확산을 막는 주자학의 방패막이 역할을 하였다. 또한 그는 안승우·서상렬·이필희·주용규·신지수 등 제천지역 을미의병운동의 지도급 인물들을 양성하여 의병운동의 기반을 마련하였다.17 유중교가 1895년 초봄에 사망하자 유인석은 유중교의 뒤를 이어 장담에서 강회와 향음례를 개최함으로써 의병운동 이전에 이미 학파의 지도자로 부상하였다. 을미의병운동 실패 후에 장담에서는 한동안 강회활동이 중단되었다가 1902년 이후 을미 춘천의병장을 지낸 이소응의 주도하에 다시 강회활동과 향약활동이 추진되었다. 이후 장담의 화서학파 유림들은 을사조약을 전후하여 일진회 타도운동을 벌였고, 또 원용팔·정운경·이강년 등 제천지역 의병장들의 항일활동에 직접적 영향을 미쳤다.18

이상에서 살펴본 것처럼 척화론자와 위정척사론자들은 자기들의 사상논리를 강화하고 합리화할 수 있는 특별한 장소를 찾아 그곳에 명칭을 부여하고, 강학당을 지어 후생을 훈도하고, 자신들의 사상논리가 반영된 글귀들을 바위에 새겨두었던 것이다.

---

16 당시 제천지역에는 의당 박세화가 강학활동을 활발히 펼치고 있었다. 그러나 그는 유중교처럼 국가로부터 관직을 제수받은 산림이 아니었기 때문에 영향력면에서 한계가 있었다. 그래서 유중교가 제천으로 이주하자 유생들은 박세화보다는 유중교에게 나아가 수학하는 이들이 격증하였다. 금장태, 『유학근백년』, 박영사, 1984, 125~135쪽 ; 이기진, 『명와집』하, 「先考明窩公行蹟」.
17 『성재집』, 권58, 연보, 기축년조 ;『장담강록』, 강원대 박물관 소장본.
18 이 외에 1912년에 전북 군산의 界火島에 은거하여 그 섬의 이름을 繼華島로 바꾸고 상수와 넓은소매 등 유교문화의 보존을 강력히 주장했던 간재 전우가 은거했던 계화도 장자동 유적도 지형은 다르지만 동일한 의미를 지닌 유적이다. 송하경, 「간재의 생애와 사상」, 『간재사상연구논총』1, 1994, 13~14쪽.

III. 조종암 건립의 주도인물

조종암은 1684년(숙종 10년)에 척화론자 許格, 가평군수 李齊杜, 가평유생 白海明 등 이른바 조종암삼현이 대명의리론와 숭명반청론에 관계된 문구를 운악산 서편 기슭의 암벽, 즉 조종천에 임해 있는 절벽의 암벽에 새기고 이곳을 조종암이라고 명명하면서부터 시작되었다.[19]

여기서는 조종암을 건립한 이들 3인의 이력을 간단히 살펴봄으로써 그들의 조종암 건립동기를 알아보겠다.

우선 조종암 건립을 최초로 주장하고 최고의 공을 세운 사람은 양천 허씨의 후예인 허격이다. 그는 성종대에 대사헌과 호조참판, 연산군대에 좌의정을 역임한 허침의 5세손이다. 그는 인조대에 함경도 관찰사, 형조판서를 역임하고 숭명배청론에 충실하였던 이안눌에게 배웠다. 1627년 조선이 청국과 치욕스런 강화화약을 맺자 비분강개함을 금치 못하고 산수 사이를 쏘다녔다. 그러다가 동문 친우인 유명한 문장가 이식의 요청을 이기지 못하고 과거에 응시하여 향시에는 누차 급제했으나 대과에는 합격치 못하였다. 인조는 이를 애석하게 여겨 그에게 『소학』 한 부를 하사하였다.

허격은 1636년 병자호란 때 태백산에 머물고 있다가 청나라 오랑캐가 침입했다는 소식을 듣자마자 밤낮으로 의사를 모집하여 국난에 달려가려 하였다. 그러나 城下의 맹약이 맺어졌다는 소식을 듣고 북쪽을 향하여 통곡하였다. 곧이어 살고 싶은 생각이 사라져 바위에서 떨어져 죽고자 하였으나 때마침 만류하는 사람이 있어서 살아났다. 이후 단양의 둔산에 은거하여 『춘추』를 읽고 존화양이의 의리를 강구하면서 세상일을 잊고자 하였다. 그러다가 명나라 황제가 사망하고 청군이 중원을 석권하여 중국인들이 모두 변발

---

19 절벽 위에 낭선군 이우가 새긴 題刻에는 '朝宗岩'으로 되어 있으나, '岩'은 '巖'과 같은 의미이기 때문에 이후의 문헌에서는 모두 '朝宗巖'이라고 하였다. 저자도 이를 그대로 따르기로 한다.

을 하였다는 말을 듣고 애통함을 금치 못하며 스스로를 '滄海處士'라고 칭하였다.

허격은 전국을 주유하던 중에 가평군 조종면에 조종천이 있음을 듣고 가평으로 달려갔다. 그는 가평군수 이제두와 가평처사 백해명과 상의하여 "이곳은 오랑캐의 비린내가 서리지 않은 천하의 깨끗한 땅이다. 명나라가 이미 멸망당하여 우리들이 사모의 마음을 둘 곳이 없었는데, 지금 이곳이 사모의 마음을 두기에 좋은 곳이다"고 하고 개울가의 암벽에 글자를 새겼다. 그리고는 암벽 밑의 맑은 개울 위에 작은 단을 만들어 놓고 매년 3월 19일 중국 의종황제의 기일에 이제두·백해명과 함께 통곡을 하였다.

허격은 효종의 제삿날에는 애통하게 울며 고기를 먹지 않았고, 청나라 역법인 시헌력을 평생토록 거들떠 보지도 않았다. 이경석이 중국에 사신으로 나갈 때에 허격은 야인의 복장으로 그를 전송하며 "天下有山吾已遯 城中無帝子誰朝"라는 대명의리론에 충만한 시를 지어주었다. 당시인들이 이 시를 암송함에 따라 허격의 명성은 높아갔다. 또 그는 황해도 해주에 수양산이 있음을 듣고 해주인들에게 편지를 보내 주나라의 녹을 받지 않고 절의를 지킨 백이와 숙제를 제사하도록 권했다. 해주의 유명한 청성묘는 바로 허격의 권유를 받아들여 세운 사당이었다. 허격이 84세를 일기로 죽자 소론파 박세채는 명정에 大明處士라고 써서 그의 생애를 기렸다. 사후 46년이 지나 영남 유생 권만향 등이 허격을 위해 정려하고 포상하라고 상소하였다. 이에 이조참의에 추증되었다. 그를 추증한 교지에는 홍익한·윤집·오달제 등 소위 삼학사의 예에 따라 숭정기원을 사용하였다.[20]

이제두(1626~?)는 태종의 장자 양녕대군의 후손이다. 부친 증이조참판 이민후는 현령을 지냈는데 청백리로 이름이 드러난 인물이다. 그는 11세 때 병자호란을 당하자 선조들의 祠版을 등에 지고 왜적을 피해 피난가면서 시

---

20 허격에 대해서는 김평묵, 「조종암삼현전」, 『조종암지』; 이의준·성대중 등편, 『존주휘편』, 권15, 「諸臣사실」, 권22, 시 ; 박래후, 「朝宗嚴實蹟事記」, 『조종암문헌록』, 254~255쪽 ; 『조종암문헌록』, 478, 588쪽 ; 「皇壇陪享諸臣目錄」, 『조종암문헌록(속집)』, 212쪽.

로써 충성과 분노의 심경을 토로하였다. 15세 때에 모친 박씨가 병이 심해지자 손가락을 잘라 피를 마시게 하였고, 모친상에 건강을 해치면서까지 정성을 다하였다. 자라서 사마시에 입격하여 벼슬길에 올라 7개 읍의 수령을 역임했는데 모두 뛰어난 치적이 있었다. 효종 원년에 사간원 정언으로 있으면서 연잉군을 세자로 삼기를 청하는 상소를 올렸는데, 이때 그는 송시열의 당파인 노론계의 김창집 등과 시종일관 입장을 같이하고 있었다.

이제두는 병자호란으로 정축년(1637)에 청과 맺은 항복의 맹약을 절통하게 생각하여 자나 깨나 원수를 갚는 데 골몰하였다. 그러다가 가평군수에 임명되자 허격·백해명과 함께 조종암을 건립하였다. 한가한 때에는 백해명과 함께 춘추의리를 강론하였고, 의종 황제의 기일에는 북쪽을 향해 통곡하였다. 가평군수 재직 당시 나이가 60여 세였는데 부친이 죽자 관직을 버리고 부친상을 마치지 못하고 죽었다. 손자 이정숙이 참판에 이르렀기 때문에 사후에 이조판서에 추증되었다.[21]

본관이 수원인 백해명은 군수를 지낸 백수종의 손자이자 연기현감을 지낸 백대기의 아들이다. 그는 천성이 강개하고 군사문제를 언급하기를 좋아하였다. 명나라 숭정제 말년에 청나라가 조선을 침략하고 명나라를 함락시킨 다음에 조선과 중국에 변발을 강요하여 노예화하려 한다는 소식을 듣고 세상일을 개탄하며 거소인 포천을 떠나 가평산 속에 은거하였다. 그 후 허격·이제두와 함께 조종암을 건립하고 춘추대의를 강론하였으며, 명나라 왕실을 위해 죽음을 바칠 뜻을 품고 있다가 뜻을 이루지 못하고 죽었다. 사후에 특별히 공조참의에 추증되었다.[22]

이상에서 살펴본 것처럼 허격·이제두·백해명 3인은 병자호란과 명나라

---

21 이제두에 대해서는 김평묵, 「조종암삼현전」, 『조종암지』; 이의준·성대중 등편, 『존주휘편』 권15, 「諸臣事實」.
22 백해명에 대해서는 김평묵, 「조종암삼현전」, 『조종암지』; 이의준·성대중 등편, 『존주휘편』 권15, 「諸臣事實」; 「조종암창설사적」, 『조종암문헌록(속집)』, 329쪽; 『숙종실록』, 권39, 숙종 30년 1월 경술조.

의 멸망 등에 자극받아 망한 명나라를 추모하고 청나라를 적대시해야 한다고 하는 존명반청론과 대명의리론을 충실히 견지하고 있었다. 그래서 이들 3인은 암벽 아래에 작은 단을 쌓아놓고 명나라 의종황제의 탄신일마다 함께 모여 북쪽을 향해 절하고 통곡하였다. 『춘추』를 항상 읽었다고 하는 데서 알 수 있듯이, 이들은 무엇보다도 『춘추』의 근본논리인 '존중화 양이적'(중화를 높이고 이적을 물리친다), 즉 이민족 배척의식과 중화문화 존숭의식에 철저했던 인물들이다.

IV. 刻字 · 記實碑 현황

조종암의 석벽은 여러 개의 큰 바위가 어울어져 병풍같은 모습을 이루고 있다. 이곳에 새겨진 큰 글자는 모두 25자이며 글씨의 보존상태는 모두 양호한 편이다. 암벽에 작은 글씨로 새겨져 있는 간단한 설명문은 제외하고 큰 글자로 새겨진 글자의 내용은 다음과 같다.

조종암: 지면에서 4미터 높이의 바위에 전서체의 글자가 가로로 '巖宗朝'라고 새겨져 있다. 조종암의 제호이다. 이 각자 외에는 모두 세로로 새겨져 있다. 선조의 손자인 낭선군 우(1637~1693)의 글씨이다.[23]

思無邪: 지면에서 가장 높은 6미터 높이의 바위에 세로로 새겨져 있다. "생각할 때에는 어떤 사악함도 없도록 하라"는 말로 김상헌이 청나라 심양에 잡혀있을 때 입수한 명나라 의종의 어필이다. 『논어』에서 공자가 『시경』의 궁극적 뜻을 "詩三百 一言而蔽之曰 思無邪"라고 한 말에서 비롯되었다. 후에 율곡 이이가 『擊蒙要訣』에서 "思無邪 無不敬 只此二句 一生受容不盡"이라고 한 뒤부터 노론계 재야유학자들이 평생 수양해야 할 경구로 인식되

---

23 이우는 선조의 12남 인홍군 瑛의 아들이다. 여러 왕자들과 함께 7조의 어필을 모사하여 간행한 공으로 숭헌대부에 올라 진향사, 문안사, 사은사 등을 맡아 청나라에 3차례 다녀왔으며, 인선대비수릉관 등을 역임했다. 7~8세 때부터 글씨에 뜻을 두어 왕휘지체를 본받아 전서·초서·예서 등에 두루 통하여 비문의 碑額을 많이 썼다. 시문 8권, 고인의 論書와 요론을 모은 『臨池說林』, 8권, 금석학에 관한 책인 『大東金石帖』·『大東金石書』 등을 썼다. 『국조인물고』 상, 서울대학교도서관, 1963, 215~217쪽.

었다.

萬折必東: 선조가 명이 조선을 다시 세워준 은혜에 감사하며 올린 상주문에 나오는 말로 선조의 어필이다.(내용은 제2장 만동묘의 위치 참조) 한글자의 크기가 대략 가로 45cm, 세로 35cm이다.

再造藩邦: 조종암 석벽의 중앙에 새겨져 있다. 명나라가 번방 조선을 다시 세워주었다는 의미로 명나라의 은혜에 감사하는 말이다. 선조가 이 네 자를 써서 임진왜란 때의 명의 원군을 추모하는 사당인 선무사에 걸어두었다고 한다. 재조와 번방이 두 글자씩 세로로 새겨져 있는데, 한 글자의 크기가 재조는 가로 60cm, 세로 70cm이며, 번방은 가로 60cm, 세로 80cm이다.

日暮道遠 至痛在心: 암벽의 좌쪽 끝에 새겨져 있는 글이다. "날은 저물고 갈 길은 먼데 지극한 아픔이 가슴 속에 남아있다"는 말로 효종이 척화대신 李敬輿(1585~1627)에게 내린 글을 송시열이 쓴 것이다. 이 구절 외에도 척화론자들은 북벌의 당위성을 주장하면서 항상 '忍痛含冤 迫不得已'라는 구절을 사용하였다. 이는 병자호란의 치욕을 씻기 위해 북벌을 단행코자 하나 제반 여건이 여의치 못함을 통탄한 말이다. 네 자씩 세로로 새겨져 있는데 한 글자의 크기는 가로와 세로가 각각 35cm 정도이다.

이상의 글씨들은 모두 1684년에 새겨진 것들이다.

見心亭: 조종암 석벽에서 약 25m 아래에 가로가 대략 2m 50cm~4m, 세로가 대략 7m나 되는 너럭바위가 있는데, 이 바위의 옆면에 전서체 글자로 새겨진 글씨이다. 1871년에 이항로가 이 너럭바위 위에 정자를 지으려고 하였으나 뜻을 이루지 못했다. 이후 1874년에 그의 제자 유중교가 이곳에 다시 정자를 지으려고 할 때 바위 옆면에 새긴 글씨이다.

'見心'은 『주역』 復卦의 象辭인 "復亨剛反 動而以順行 是以出入无疾 朋來无咎 反復其道 七日來復天行也 利有攸往剛長也 見天地之心"에서 따온 말이다. 복괘는 맨 아래에 陽이 하나 남아 있고 위의 나머지는 모두 陰인 형상이다. 19세기 이래 위정척사파들은 서양의 침략에 직면한 조선의 상황을 묘사하면서 '碩菓不食' 내지 '一脈陽氣'라는 말을 즐겨 사용했는데, 『주역』의 복괘가 바로 이 말의 의미와 동일한 형상을 지니고 있다. 여기에는 현재의 위기상황을 염려하면서도 사라져 버린 강한 기운이 반드시 되돌아온다고 하는 유교적 순환사관에 입각한 낙관적 신뢰의식이 나타나 있다. 즉 모든 사물이 극에 도달하면 되돌아온다는 것은 바로 자연의 마음을 보는 것과 같다는 뜻이다. 요컨대 중국(대중화)의 멸망으로 천하가 이적의 지배하에 들어갔고, 서양의 '海浪小寇'들이 연근해를 횡행하고, 양물과 양학이 천하에 범람하는 유교문화의 위기상황은 자연의 운행이 순환하는 것처럼 반드시 역전되리라는 낙관적 믿음을 '見心'이라는 刻字에다가 담아냈다.

朝宗巖記實碑: 1804년(순조 4년)에 가평군의 유생들이 협력하여 조종암 벽면에서 7m 아래, 즉 견심정이 새겨져 있는 바위 위편에 있는 바위 위에 홈을 파고 세운 비이다. 현재 이 비에는 총탄자국이 심하게 나있다. 비문은 풍양조씨 세도가인 趙萬永(1776~1846)과 趙寅永(1782~ 1850)의 부친인 趙鎭寬(1739~1808)이 지었다. 글씨는 영·정조대에 안동김씨 벽파로서 시파 탄압에 적극적이었던 우의정 金達淳(1760~1806)이 쓰고, 비문의 전서체 글자는 정조 말년에서 순조대에 걸쳐 요직을 역임한 徐邁修(1731~1818)가 썼다.

조종암삼현은 이와 같은 글자를 암벽에 새겨놓은 다음, 바위 밑에 작은 단을 세우고 의종의 탄일 때마다 북쪽을 향해 통곡하고 분향하고 절을 하였다. 또 장차 사당을 세우고 신종을 제사 지내려 하였다. 이때 송시열이 듣고 찬성하면서 "의종을 어찌 빠트릴 수 있겠는가"고 하였으나, 이곳에 묘를 세우는 일은 끝내 이루지 못하였다. 이어 조종암삼현은 암벽 근처에 살고 있는 백성들의 잡역을 면제해 주고 그들로 하여금 조종암의 암벽과 작은 단을 수호하도록 하였다.

V. 건립 이후 조종암의 위상과 변천

1684년 건립 이래 조종암은 조선의 향촌사회에서 어떠한 위상을 누렸는가. 간단히 말해 조종암은 조선에서 명나라를 추숭하기 위해 세운 유적 가운데 만동묘·대보단에 다음가는 자리를 차지하였다. 그럼에도 조종암은 1824년 이항로가 이곳을 방문하여 정자를 짓고 거처를 마련하려고 하였을 때까지, 또 1831년에 명나라 유민 왕덕일이 이곳에 명의 황제를 제사하는 대통행묘를 세울 때까지 별로 주목을 받지 못하였다. 이를테면 19세기 전까지 만동묘·대보단이 국가로부터 제수전과 노비를 하사받은 국가공인 제단이었던 반면, 조종암은 중앙정부로부터 인정을 받지 못하고 개평군수가 제향을 주관하는 군현급 제단이었다. 따라서 조종암은 만동묘·대보단에 비해 위격이 낮은 척화사적이었다.

　암벽에 숭명배청에 관계되는 글귀를 새겨 세상을 경계시키고 자신들의 사상을 재무장하는 일은 이미 병자호란 이후에 이루어졌다. 현재 확인 가능한 바로는 1674년(현종 15)에 송시열이 청주의 화양산 중에 '非禮不動'이라는 글씨를 새긴 것이 최초의 사례이다. 당시 송시열은 인선왕후의 별세로 자의대비의 복상문제가 재차 논의되자 大功說(9개월설)을 주장했다가 남인의 朞年說(1년설)을 지지한 현종의 질책을 받고 함경도 덕원에 유배되기 전에 잠시 청주의 화양산 중에 은거하고 있었다.

　그런데 송시열이 화양동에 "예가 아니면 행동하지 말라"는 『논어』의 구절을 새긴 일은 이후의 척화론자들에게 영향을 미쳤다. 즉, 송시열의 거동은 10년 후인 1684년에 송시열과 교분을 맺고 있는 척화론자 허격과 가평군수 이제두 등이 조종암을 건립하는 데 많은 영향을 미쳤다. 당시 허격과 이제두는 송시열에게 편지를 보내 척화사적 조종암에 글귀를 새기는 일을 자문하였다. 이때 송시열은 이제두에게 보낸 답서에서 조종암삼현의 글귀를 새기는 사업에 적극 찬동하면서 "의종을 어찌 뺄 수 있겠는가"하는 의견을 표명하였다.

　조종암이 건립된 지 5년 후인 1689년(숙종 15년)에 송시열이 사망하였다. 송시열은 생전에 띠집 한 칸을 지어 묘를 삼고 종이위패로나마 명나라 신종과 의종을 제사하고자 하였으나 뜻을 이루지 못하였다. 그는 죽으면서 수제자 權尙夏에게 "내가 생전에 廟宇를 세워 두 황제를 제사하고자 하였다. 그러나 일을 이루지 못한 채 뜻만 지니고 죽으니, 그대는 모름지기 김(안동김씨 김상헌 후손)·민(여흥민씨 민정중·민유중 후손) 양가의 자손들과 상의하여 이를 이룩하기 바란다"는 유명을 남겼다. 이에 권상하가 송시열의 유명을 받들어 화양동에 초옥을 지어놓고 명나라 신종과 의종 두 황제를 제사하였다. 그러나 제사를 지냄에 있어 위판은 감히 사용하지 못하고 종이위패로 제사를 지내고 나서 불태워 버렸다.[24] 1689년에 실시된 紙榜 제사는 이후 꾸준히 계속되었다.

권상하를 비롯한 송시열의 제자들은 명나라 황제에 대한 제사를 공식화 할 수 있는 만동묘의 건립을 추진하였다. 예론상의 문제로 노·소론 간에 약간의 논의를 거친 다음 명이 망한 지 만 60년이 되는 1704년을 기하여 廟宇를 건립키로 결정을 보았다. 이어 공사를 시작하여 1703년 가을에 건물이 완성되었으나 이때에 위패는 봉안치 않았다.25 이듬해 1월 조정에서 망한 명나라 황제를 제사하는 묘를 건립하는 문제가 다시 공식 논의되었다. 이때 서문중·윤지선·윤증 등 소론 일파는 제후가 천자를 제사지낼 수 없다는 예론상의 문제, 청이 알게 되면 국가안위가 위태롭다는 외교상의 문제, 만동묘를 종묘보다 예우를 높일 경우 국가의 체면이 손상된다는 문제 등을 제기하며 건립 불가를 주장하였다. 이에 반해 권상하·민진원·민진후 등 노론 일파는 '춘추대의'·'尊周攘夷'·'復讐雪恥' 등 존명·척화·북벌논리를 내세우며 건립을 주청하였다. 결국 숙종은 노론파의 주청을 가납하였다. 이에 1704년 7월 국가의 공인하에 정식으로 신종과 의종을 제사함으로써 만동묘가 본격적으로 기능을 발휘하기 시작하였다.26

만동묘가 걸립된 해에 禁苑에는 대보단이 설치되었다. 대보단 건립과정에서 만동묘 건립 때와 동일한 문제들이 다시 논란거리로 떠올랐다. 그러나 송시열의 제자 민진후·민진원 등 노론일파의 추진력으로 10월 3일에 공사가 시작되어 12월 21일에 건립을 마쳤다. 당시 송시열계의 노론파를 제외한 소론계 및 기타 노론대신들은 국가에서 황묘를 세우는 일은 '文飾'에 지나지 않는 것이며, 국가의 급선무는 자강의 방도를 힘쓰는 것이라고 숙종에게 아뢰었다. 그러나 민진후 등의 반대로 뜻을 이루지 못하였다. 다만 사민들이 중국황제에 대해 민간에서 개인적으로 제향을 드리는 것을 금하지 말자는 데에는 당파를 막론하고 모든 대신들이 의견을 함께 하였다.27

---

24 『숙종실록』, 권39, 숙종 30년 2월 10일.
25 『화양지』, 권3, 皇廟事實 상, 「丈岩與遂菴書」.
26 전용우, 「화양서원과 만동묘에 대한 일고찰」, 145쪽.
27 정옥자, 「대보단 창설에 관한 연구」, 540~547쪽.

만동묘와 대보단은 모두 명나라 황제의 제사를 지내는 곳으로서 숙종이 강력한 설립의지를 표명한 가운데 송시열의 유지를 계승한 그의 문인들이 중심이 되어 건립했다는 공통점을 지니고 있다. 다만 만동묘가 권상하·민진원·민진후 등 관직에 있던 송시열의 문인들이 사인의 입장에서 건립한 것이라면, 대보단은 정부차원에서 대궐 안에 설치한 것이었다. 또한 만동묘가 화양서원과 더불어 조선 후기 향촌사회에 막강한 영향력을 행사하며 집권 노론세력의 구심적 역할을 했다면, 대보단은 내수외양의 논리를 앞세워 자강의 방안을 강구했던 노론집권층의 정치기반의 구축과 관련된 상징적 의미를 함축하고 있었다.

그러면 만동묘·대보단과 조종암은 어떤 연관이 있는가. 그것은 다름 아니라 조종암이 만동묘·대보단을 건립하는 데 막대한 영향을 미친 유적이라는 점이다. 일찍이 조종암삼현 중 한 사람인 허격은 조종암을 건립한 후에 송시열에게 편지를 보내 국가의 공식 지원을 받아 조종암에 묘를 세워 명의 신종황제를 제사하는 것이 어떻겠느냐고 물었다. 이때 송시열은 그 계획에 적극적 찬동을 표하면서 "어찌 의종을 제외시킬 수 있겠는가"라고 하였다. 그러나 이후 구체적 지원책이 마련되지 않았기 때문에 이 계획은 실패하고 말았다.[28] 당시 송시열은 허격이 제안한 묘를 세우는 일에 찬동은 하였지만, 그 제안을 생전에 실행에 옮기지는 않았다. 그 대신 그는 죽을 때에 제자들에게 조종암이 아닌 화양동에 묘를 세우라는 유언을 남겼다. 이로써 송시열은 노론 일파의 정치기반을 공고화할 수 있는 국가의 척화사적을 자신의 제자들이 건립하고 운영하기를 원했던 것이다.

조종암에서의 묘우 건립논의는 만동묘와 대보단 건립에 직접적인 영향을 미쳤다. 예컨대 만동묘·대보단의 건립에 대해 『조종암지』에 실린 글들을 보면, "權寒水先生 建萬東廟於華陽山中 是則朝宗巖爲之兆也(조진관, 「조종암기실비」), "萬東廟成 昔者 朝宗巖建廟之議 爲之兆也"(왕숙열, 「조종암고

---

28 김평묵, 「조종암삼현전」, 『조종암지』.

실연표」), "文純公權公尙夏 以宋先生遺命 建萬東廟於華陽山中 而元孝王(肅宗)因設大報壇於禁苑 則是三人之事 爲之根本也"(김평묵,「조종암삼현전」)라고 말한 데서 분명히 입증된다. 요컨대 송시열의 문인들을 비롯한 노론일파가 국가의 공식사당인 만동묘와 대보단을 각기 화양동과 금원에 세우고 이 사적들이 발휘하는 권위에 편승하여 자기들의 당파적 입지를 다진 기본적 구상은 이미 조종암 건립에서부터 시작된 것으로 볼 수 있다.29

조종암은 건립 이후부터 1831년에 명나라 태조를 제사하는 대통행묘가 조종암에 세워질 때까지 약간의 변천을 겪었다. 1708년(숙종 34년)에 충담선생 이제두의 둘째 아들인 현감 이상휴가 교지에 응하여 상소를 올렸다. 그는 춘추의리에 입각한 존양대의를 역설하고 조종암의 건립전말을 아뢴 다음, 조종암 벽에 하나의 유교경전을 석각·인출하여 국왕의 열람에 이용하기를 청하였다. 그러나 여러 신하들이 그 일은 국가의 급선무가 아니라고 반대하여 드디어 기각되고 말았다.

1728년(영조 4년)에 이인좌의 난을 진압한 노론세력은 일당전제정치를 점차 확립하여 나갔다. 이러한 사이에 영조 20년(1744)) 군수 이유철이 사림에 통문을 보내 조종암에 다시 글귀를 새기기를 청하였다. 이에 영조는 친히 글을 내려 조종암에 지붕을 지어 바위를 보호케 하였다.

1784년(정조 8년)에 가평군수에 임명된 황승원은 6칸의 정사를 조종암 맞은편 개울 너머 언덕에 지어놓고 조종암이라고 명명하였다. 그리고 공무를 처리하는 여가에 정사에 나아가 휴식하며 소일하였다. 황승원과 성향이 같았던 그의 사촌 황경원은 평소 춘추대의를 자임한 인물이다. 그는 일찍이 조선인으로서 명나라 조정에 절의를 지킨 인물들의 전기를 수록한 『皇明陪

---

29 만동묘를 세울 때 권상하 문인인 채지홍은 조종암에 새겨진 선조의 어필 '만절필동' 4자를 본떠 송시열이 화양동에 새긴 의종 황제의 어필인 '非禮不動'의 아래에 새겼다. 그런 다음에 채지홍은 조종암 벽에 있는 '再造藩邦' 4자도 옮겨 새기려 하였으나 뜻을 이루지 못하고 말았다. 그런데 만동묘의 '만동'이 조종암에서 본떠간 '만절필동'에서 따왔다는 사실을 볼 때, 만동묘는 건립의도에서 뿐 아니라 명칭에서도 조종암의 영향을 강하게 받았음을 알 수 있다.

臣傳』을 지어 조종암삼현의 절의를 현창하였다. 1796년(정조 20년)에 가평 유생 성광렬·김치하 등 42인이 예조에 글을 올려 허격과 이제두 양인의 고사를 『陪臣誌』에 기재하기를 청하였다. 당시에 문한으로 유명한 여러 대신들이 임금의 명을 받들어 『배신지』를 편찬하고 있었기 때문에 이러한 상소를 올렸던 것이다. 이때 예조판서 閔鍾顯은 『배신지』의 편찬작업이 이미 끝났으므로 추보할 때에 첨가하겠다고 응답하였다.

순조대에 들어 1804년(순조 4년) 가평 유생들이 함께 모의하여 인근에서 돌을 떠다가 조종암 절벽의 남쪽 아래 평평한 곳에 조종암기실비를 세웠다. 이때 풍양조씨의 일원인 판서 조진관이 비문을 찬하고, 안동김씨의 중진인 상국 김달순이 글씨를 썼으며, 상국 서매수가 전서체 글자를 썼다.30

이상과 같이 숙종·영조·정조·순조대에 걸쳐 조종암은 만동묘나 대보단과 달리 국가의 공인이나 지원을 받지 못하고 가평의 군수나 유생 등 개인들의 관심과 지원을 받았을 뿐이었다. 그러나 조종암은 존주사상을 선양하는 유적으로서 만동묘와 대보단에 다음가는 위상을 공식적으로 부여받았다. 정조대 이서구와 성대중이 왕명을 받들어 순조대에 편찬을 완료한 『존주휘편』 권8에는 조종암 건립연혁과 기실비의 내용이 황단(대보단)과 화양동의 만동묘의 기사 아래에 병기되어 있다.31 이로써 조종암은 국가의 공인에 준하는 자격을 인정받았다. 그러나 조종암이 위격면에서 만동묘와 실제로 동등한 대우를 받은 것은 1831년에 명 태조를 제사하는 대통행묘를 조종암에 세우면서부터이다.

1831년(순조 31년)에 대보단 수직관32을 역임한 왕덕일과 그의 사촌동생 왕덕구가 조종암에서 동쪽으로 200m 정도 떨어진 작은 골짜기에 단을 쌓고 1월 4일마다 명 태조를 제사하면서 이 단을 대통행묘라고 불렀다. 이들은

---

30 숙종·영조·정조·순조대에 걸쳐 조종암의 변천사실에 대해서는 왕숙열, 「조종암고실연표」, 『조종암지』.
31 『존주휘편』, 권8, 『사대·척사관계자료집』 2, 여강출판사, 1985, 148~152쪽.
32 대보단 수직관은 모두 3인인데, 명나라 유민들이 임명되었다.

청의 시헌역을 꺼려 명나라의 영력을 고수하면서 효종이 북벌대의를 완수치 못하고 돌아간 것을 애석히 여겼던 투철한 존명론자들이었다. 당시 이들은 조종암에 묘를 세우려고 하였으나 가평군수가 대보단과 만동묘가 이미 존재한다는 이유를 들어 묘의 건립을 반대했기 때문에 할 수 없이 단을 쌓아놓고 묘라고 불렀던 것이다.

또한 왕덕일과 왕덕구는 대통행묘 밑에 하나의 단을 쌓아놓고 九義行祠라고 명명하고 거기에서 황명구의사를 제사지냈다. 황명구의사는 태학의 학생인 왕이문·왕미승·풍삼사·양복길·배삼생·왕문상·유계산, 유수인 황공, 진사인 정선갑 등을 말한다. 이들은 명나라가 멸망당한 다음 청나라 수도 심양에 억류되어 있다가 봉림대군(효종)을 따라 조선에 건너온 명나라 유민들이다. 이들은 효종이 등극한 후에 그와 함께 명나라를 부흥시킬 방도를 도모하고 협찬하였다. 그러다가 효종이 재위 10년 만에 승하하자 뜻을 이루지 못하고 모두 조선에서 사망하였다. 이후 조선에서는 이들의 절의를 기려 황명구의사라고 불렀다.

왕덕일과 왕덕구는 단 아래에 작은 건물을 지어놓고 冷泉齋라고 불렀다. 왕덕일이 종신토록 이곳에 거처하면서 명 태조의 제사를 받들었고 효종의 탄신일에는 형제가 모여 소리 내어 통곡하였다. 그리고 냉천재 옆에 민가 몇 호를 두어 제사의 공역을 담당케 하였는데 이곳을 풍천리라 불렀다. 1854년에 왕덕일이 죽자 왕덕구가 냉천재에 거주하며 제사를 주관하였다. 1858년에는 경기감사 김대근이 단하에 사는 백성들의 호역을 영구히 면제해 주었다. 이로써 대통행묘는 국가의 공식적 인정을 받았다. 왕덕구가 죽자 아들 왕숙열이 그 제사를 이어받았다. 이 해에 냉천재가 화재로 소진되고 별도로 건물을 지어 朝宗齋라 하였다.

황명구의사의 자손들이 조종암 동편 작은 골짜기에 대통행묘와 구의행사를 건립하여 명 태조와 효종 및 황명구의사를 제사함으로써 이제 조종암은 형식상 만동묘와 대보단과 동등한 위격을 지니게 되었다. 그러나 1865년(고종 2년)에 대원군의 명으로 만동묘의 제향이 중지되고 국내의 서원·사우가 훼철될 때 조종암의 제사도 정지되었다. 그러다가 1874년(고종 11년)에 이항로·임헌회·송병선 등 재야의 저명한 유생들의 끈질긴 황묘(만동묘)복설 상소와 민씨세도의 대민무마책에 따라 만동묘가 복향되었다. 이때 조종암의 향사도 다시 실시해야 한다는 논의가 있어났다. 이후 1878년(고종 15년)에 가평군수 이종영이 가평 선비들의 상소를 받고 대보리에 사는 백성들의 호역을 다시 영구히 면제함으로써 조종암의 향사는 다시금 공식적으로 인정을 받게 되었다.33

1908년에 일제통감부가 대보단과 만동묘, 선무사·무열사(임난시 명군의 구원을 추모하는 사당) 등을 철폐할 때에 대통행묘와 조종재도 철폐되었다. 그 후 1919년에 일제는 조종암이 반일사상을 부추기는 유적이라고 하여 조종암 터에서의 제사를 강제 중단시켰다.34 조종암에서의 제향은 1958년에 복향되었고, 1975년에는 조종암이 경기도 지방문화재로 지정되었다. 1977년에 옛 터에 조종재가 복원되었고, 1979년에 전면 3칸 측면 2칸의 대통묘가 복원되었다. 1980년에 묘를 세운 후에 처음으로 3황제(좌측부터 태조·신종·의종)를 정위에 배향하고, 동편에 조선의 10현(제단 쪽에서부터 김상헌, 김응하장군·홍익한학사·임경업장군·이완장군·윤집학사·오달제학사·이항로·유인석)을, 서편에는 황명구의사를 배향하고, 의종의 서거일인 음력 3월 19일에 제향을 받들고 있다.35

VI. 조종암과 화서학파와의 관계

화서학파의 창시자 이항로가 1824년 조종암을 방문하면서부터 조종암은 한말 반개화운동과 의병운동을 주도한 화서학파의 사상적 근거지 구실을 하였다. 조종암은 화서학파 유생들의 위정척사론을 뒷받침하는 성격을 지닌

---

33 왕숙열, 「조종암고실년표」, 『조종암지』 ; 김평묵, 「盤川滄海二王先生傳」, 『조종암지』.
34 조종암보존회 편, 『조종암과 구의사』, 62쪽.
35 가평문화원 편, 『가평향토사지』, 1986, 121쪽 ; 조종암보존회 편, 『조종암과 구의사』, 1988, 43~46쪽.

유적이었기 때문에 그들은 평생에 적어도 두 서너 번은 조종암을 방문하였다. 이곳에서 그들은 개화자강론과 애국계몽론이 확산되어 가는 암울한 시대상황을 개탄하며 존화양이론의 당위성을 재확인하고 그러한 사상논리에 따라 행동하기로 마음자세를 가다듬었던 것이다. 이를테면 청주의 만동묘가 홍직필·임헌회·송병선·송병순 등 집권노론계 산림들의 귀의처였다면, 조종암은 경기도의 재야 산림인 화서학파의 각별한 중시를 받았던 것이다.

이항로는 "존화양이는 천지간에 大經大法이요, 조선과 명나라 사이에는 생사골육의 은의가 있으므로 만세가 지나더라도 잊지 말고 보답해야 하는 의리가 있다"고 하였다. 나아가 청나라의 연호를 거부하고 명나라의 연호를 사용했을 정도로 대명의리론과 위정척사론의 골자인 존화양이의식에 철저했던 인물이었다.[36] 그는 18세 때인 1809년에 한성시에 합격한 후 벼슬에 대한 뜻을 포기하고 경기도 양근군 벽계리에 은거하여 후학을 양성하였다. 그러다가 명이 멸망한 지 180년이 되는 1824년 여름에 조종암이 위치한 지역의 중요성을 새롭게 인식하게 되었다.

이항로는 평소 자신과 교분이 두터운 이정관 등 양근군 일대의 명망 있는 노론계 재야 유생들과 함께 조종암을 방문하였다. 예전에 이항로는 과거응시를 위해서 혹은 쌍계사·고달사 등지에서 독서하기 위해서 집을 떠난 일은 있었다. 그러나 존명사적을 살펴볼 목적으로 집을 떠난 것은 조종암 유람이 처음이었다. 그는 자기 사상의 본거지인 조종암을 그만큼 중시하고 있었던 것이다. 조종암에서 이항로는 바위에 새겨진 글귀를 살펴보고 감탄을 금치 못했다. 또한 조종암 아래에 수십 명이 앉을 수 있는 너럭바위가 개울에 임해 있는 것을 보고 작은 정자를 짓고자 하였으나 실행에 옮기지는 못했다. 후에 조종암 맞은편 골짜기의 영등촌에 작은 별장을 짓고 이곳으로 옮겨와 거처하고자 하였지만 그 역시 뜻을 이루지 못했다.[37]

이항로는 1835년에 단양을 유람하다가 읊은 「憂歎」시에서 "사악한 주장

---

36 『화서집』, 권15, 「溪上隨錄」 2, 30b.
37 『화서집』, 부록, 권9, 연보, 계미년조.

이 횡행하고 추악한 무리가 성하여" 서양의 침략을 당할지도 모른다는 우려에서 위정척사론을 체계화하여 표출하였다.38 이 시는 국내에서 남인이 정권탈취를 위해 부심하고 있고, 국외에서 서양이 조선으로 진출하고 있던 시대상황을 우려한 것이었다.39 이어 다음해에 그는 청주 화양동을 방문하여 만동묘를 배알하고, 또「論洋敎之禍」를 저술하여 서양의 경제적·종교적 침략에 대해 강한 우려를 나타냈다.40 이는 1832년 영국선박이 조선근해에 나타나 통상을 요구함으로써, 즉 '海浪小寇'들이 원근해를 횡행함에 따라 국내가 소연했던 시대적 분위기에 자극받아 반서양의식을 체계화한 것이었다.

그런데 이항로가 1824년에 위정척사론의 기초이념인 존화양이론을 대변하고 있는 조종암을 '중요하게 생각하여' 방문했을 뿐 아니라 여기에 거처를 옮기려 하거나 정자를 지으려 했다는 사실로 미루어 볼 때, 적어도 그는 1830년대 이전에 이미 존화양이론에 입각한 위정척사론을 견지하고 있었음을 알 수 있다. 그러다가 1830년대에 들어 서양세력이 조선근해에 출몰하게 되자 서양에 대한 대항의식을 점차 체계화해 나가게 되었다. 이항로가 만동묘의 복향을 주장하면서 올린 상소문에는 그의 존명배청의식이 잘 나타나 있었다.

> 공자께서『춘추』를 지으시니 대의가 수십 건이었으나 尊周가 가장 큰 의리였으며, 주자께서『강목』을 편찬하셨을 때도 그러했습니다. 이 의리를 한 사람이라도 배우지 않는 자가 있고 하루라도 익히지 않는 날이 있으면, 三綱이 허물어져서 九法이 막히게 되고 예악이 허물어져서 이적이 돌아다닐 것입니다. 이렇게 되면 모든 사람이 어찌 금수가 되지 않겠습니까. 우리 대명의 태조 고황제는 신무한 자질로 오랑캐 원나라를 축출하여 만방의 성스런 천자가 되었고, 자손들이 계승하여 중화의 의로운 군주가 되었습니다. 우리나라의 태조대왕이 천명을 받아 나라를 세워서 동쪽 변방의 신하가 되면서부터 大明의 字小之恩과 조선의 忠貞之節이 300여 년간 변함이 없었습

---

38 권오영,「김평묵의 척사론과 연명상소」,『한국학보』55, 1989 여름호, 131쪽.
39 「우탄」시는 다음과 같다. 弊屋寬如斗 安儲萬斛憂 乾坤春寂寂 風雨夜悠悠 黑水波瀾瀾 西洋鬼魅幽 東溟猶未淺 吾東詎長休,『화서집』, 권1, 시, 35b-36a.
40 『화서집』, 부록, 권9, 연보, 병신년조.

니다. 임진왜란 때에는 신종황제께서 천하의 병력을 동원하여 우리 강토를 다시 찾아주셨으니 의리가 군신 간이라고 하나 은혜는 부자 간과 같아서 우리나라의 초목·곤충같은 미물이라도 어느 것인들 대명의 은덕을 입지 않은 것이 없었습니다. 불행히도 병자호란 때 사세에 절박하여 청에 굴복했으니 애통함을 참고 원통함을 머금는다는 뜻을 하루라도 잊을 수 없었습니다. 하물며 갑신년(1644)에 대명이 청나라 오랑캐에게 멸망당한 이래 천지가 번복되고 의관이 도치되니 참으로 사해가 공분하여 성현이 난세를 바로 잡아 한번 다스릴 시기였습니다. 그러므로 효종대왕께서 하늘이 내리신 上聖의 자질로서 내수외양의 뜻을 굳게 하시자 송시열 선생이 여러 동지들과 효종의 모의를 협찬하여 북벌 대계의 두서를 대략 정하였으나 효종이 급서하자 대계가 와해되어 대명을 추모하는 정성을 펼칠 곳이 없게 되었던 것입니다. 송우암이 별세할 때에 그 제자 권상하와 당시의 어진 대부들에게 명하여 만동묘를 창설하게 하였습니다. 왜냐하면 온 천지가 다 비린내 나는 더러운 세상이 되었어도 王春 一脈이 홀로 이곳에 지켜지고 있었기 때문이었습니다.[41]

이상과 같은 이항로의 대명의리론은 밀려드는 서양과 일본의 침략에 대해 강한 적개심을 나타냄으로써 민족적 개별성을 부각시킬 수는 있었지만, 중국과의 관계에 있어서 민족적 개별성을 부각시키지는 못하였다. 나아가 이항로는 현재에 조선이 천하에 유일한 중화라는 신념을 견지하고 있었지만, 언제든지 중국에서 다시 성인이 태어나면 중국은 다시 大中華의 위치를 회복하고 조선은 중국의 문화적 속국으로 편입될 것이라고 생각하였다. 그래서 그의 제자들도 문화적인 면에서는 청을 오랑캐라고 부르며 야만시하면서도 정작 국가 변란의 위기가 닥치거나 의병운동을 전개할 때에 다시 청에 원조를 바라는 이중적 태도를 나타냈던 것이다.

이항로의 위정척사론은 현실국가보다는 유교문화를 중시하는 측면이 있었다. 다시 말해 그는 衛國의식보다 衛道위식에 더 철저한 인물이었다. 그래서 그는 일찍이 자신의 문인들에게 "서양이 도를 어지럽히는 것은 가장 우려할 만한 일이다. 천지간에 일맥의 양기가 우리 동방에 있으니, 만약 이것마저도 무너지려 한다면 하늘의 마음이 어찌 차마 이와 같은 일을 하겠는

---

41 『화서집』, 권3, 「辭職告歸兼陳所懷疏」(1866.10.9).

가. 우리들은 참으로 마땅히 천지를 위하여 마음을 세워 이 도를 허겁지겁 밝히기를 마치 불을 끄듯이 해야 한다. 국가의 존망은 오히려 부차적인 문제이다"라고 주장하였다.[42] 이러한 사상논리는 그의 제자 김평묵·유중교·최익현·유인석 등에게 그대로 이어져 반개화 상소운동과 항일의병운동을 주도하도록 하는 정신적 원동력이 되었다.

그러나 이항로의 대명의리론과 위정척사론의 위도의식에 대해서는 그의 사후에 애국계몽론자로부터 비판이 제기되었다. 1909년 11월 28일에 『대한매일신보』 논설란에는 화서학파에서 계몽운동가로 전신한 박은식이 집필한 것으로 추정되는 논설이 실렸다. 여기에서 박은식은 일본의 유학자들과 달리 이항로가 민족문제보다는 종교문제를 더 중시했다고 비판하였다.

> 李華西는 韓國儒敎의 巨匠이요, 山崎闇齋는 日本儒家의 巨匠이니 二人의 學術·文章을 較하건대 山崎氏가 華西 門下의 一侍童에 不過할지라. 然이나 華西는 曰 今日 吾輩之責任儒敎盛衰 至於國家存亡 猶屬第二事件이라 하고, 山崎는 曰, 由來侵吾國者 雖孔子爲將 顔子爲先鋒 吾黨以讐敵視之라 하니, 嗚呼라 韓國의 强弱은 即 兩國 儒敎敎徒의 精神에 關하여서는 可判이로다.[43]

이항로는 조종암과 만동묘의 선후관계에 대해 "만동묘의 설치는 원래 조종암에서 시작되었다"고 보았다. 따라서 그는 만동묘를 방문하기 이전에 조종암을 먼저 방문하였다. 그가 자신의 사상논리를 대변하는 조종암을 방문한 이후부터 조종암은 화서학파 유생들이 반드시 찾아봐야 하는 정신적 고향이 되었다. 한말에 이항로의 문인들은 경기 좌도·강원 영서·충청 북부·황해·관서 등지에 널리 퍼져 있었는데, 이들은 조종암을 참배하는 자리에서 존화양이론의 요지와 스승 이항로의 유업을 되새겼던 것이다. 이처럼 이항로와 그의 제자들은 조종암에서 이미 망한 명나라의 은혜를 되새기

---

[42] 『화서아언』, 권12, 洋禍, 17a. 先生謂門人曰 西洋亂道 最可憂 天地間一脈陽氣 在吾東 若幷此被壞 天心豈忍如此 吾人正當爲天地立心 以明此道 汲汲如救焚 國之存亡 猶是第二事.
[43] 『대한매일신보』, 1909년 11월 28일자.

며 청나라에 대한 적개심을 확인하였다. 나아가 그들은 척화와 북벌을 위해 분투한 척화대신과 북벌론자의 정신을 기렸으며, 존화양이론으로 다시 한번 자신들의 사상을 재무장하는 기회를 갖게 되었다.

이항로의 학설을 충실히 계승한 김평묵과 유중교는 개항 전후기에 스승의 위정척사론을 심화시켰다. 이들은 조선이 일본 및 미국과 수호조약을 체결할 때에 왜양일체론에 입각하여 조약체결을 극력 반대한 것으로 유명한 인물들이다. 양인은 그들의 명망에 걸맞게 조종암과의 관계에 있어서 돈독한 바가 있었다. 스승이 사망하기 전부터 스승을 대신하여 후학을 지도한 양인과 조종암과의 관계는 1868년 이항로가 사망한 다음에 본격화되었다.

유중교는 1871년에 제자 洪在龜(1845~1898, 김평묵 사위)에게 대통행묘를 배알하고 이항로가 이전에 정자를 지으려던 곳을 찾아보게 하였다. 유중교는 명이 멸망한 지 240년이 되는 1974년에 조종암에 정자를 지으려는 생각을 품고 있었다. 그래서 그는 미리 정자의 이름을 '見心亭'이라고 지어 놓았다.44 그러나 이해에 조정은 가평의 유생들이 조종암이 있는 산을 대보산이라고 부르고, 대통행묘를 '대보단'이라고 부르는 것을 꺼려하여 가평군수로 하여금 조사케 하였다. 그 때문에 유중교의 계획은 무산되었다.45 1872년 10월에 김평묵이 제자 최운경·홍재구·洪在鶴 등을 거느리고 대통행묘에 와서 은밀히 한잔 술을 바치며 중국황제를 추모하였다.46 이듬해에는 양주에 거주하는 이항로의 제자 윤대일이 벗인 유국선과 함께 와서 술과 제문을 바치고 돌아갔다.47 1874년에는 유중교가 제자 유기일·이회식·이광규 등을 거느리고 와서 대통행묘에 배알하고 이항로가 정자를 지으려던 터를 찾아보았다. 그리고 제자 김영록과 이재성으로 하여금 이 바위 옆면에 전서체 글자로 '見心亭' 3자를 새기게 하였다.48

---

44 『성재집』, 권58, 연보, 갑술년조.
45 왕숙열, 「조종암고실연표」, 『조종암지』.
46 『중암집』, 부록, 권4, 연보, 임신년조.
47 왕숙열, 「조종암고실연표」, 『조종암지』.

이항로 사후 화서학파를 이끌고 있던 김평묵과 유중교는 1876년 5월에서 윤5월 사이에 문도들을 이끌고 가평의 龜山(龜谷)·紫泥臺 등지로 이주하였다. 조종암에서 북동쪽으로 수십 리 떨어진 곳에 玉溪洞(현재 가평군 승안리)이 있는데, 구산과 자니대(현재 용추유원지 입구)는 옥계동의 밖에 있었다. 이들은 옥계동 안의 천석을 애호하여 "이곳은 皇壇의 後庫寶藏이다"라고 말하고, 이곳에 살면서 遊息하고 自靖하는 곳으로 삼고자 하였다.49

그런데 김평묵과 유중교가 제자들을 데리고 조종암 근처로 집단 이주를 결행한 것은 병자수호조약으로 서양화한 '일본오랑캐'가 조선에 들어올 것을 통탄했기 때문이었다. 그들은 『논어』에 나오는 유림들의 세 가지 행동방식, 즉 擧義討賊(의병을 일으켜 난적을 토벌한다), 去之自靖(더러운 땅을 떠나서 자신이 지닌 도를 보존한다), 致命自盡(목숨을 바쳐 스스로 죽는다) 가운데 두 번째 방책을 택하여 가평으로의 집단이주를 결행하였다. 양인은 1876년 1월에 홍재구·유기일·유인석 등 46인의 제자들에게 병자수호조약을 반대하는 개항반대 상소운동을 전개하게 하였다. 그러나 고종정부의 조약체결의지가 강력하였고, 소두 선정문제를 둘러싸고 김평묵계와 유중교계 유생 사이에 알력이 벌어졌으며, 민씨척족 대신의 유생들에 대한 회유책이 주효했기 때문에 그들의 상소운동은 상소문 봉정시기를 놓치고 실패하고 말았다. 이에 유기일을 비롯한 강경파는 재차 상소를 올려야 한다고 하였으나 김평묵과 유중교는 자정노선을 택하여 제자들을 이끌고 가평 산중에 은거하였다.50

김평묵과 유중교가 자정의 장소로 가평을 택한 것은 다음과 같은 네 가지 이유 때문일 것이다. 첫째, 가평에는 척화사적 조종암이 있었다. 앞서 말한 것처럼 조종암이 있는 가평지역은 '조종'이라는 명칭 때문에 병자호란 후부터 척화론자들로부터 천하의 '건정지'라는 평을 받아왔다. 그래서 그들은

---

48 『성재집』, 권58, 연보, 갑술년조.
49 왕숙열, 「조종암고실연표」, 『조종암지』 ; 조종암보존회 편, 『조종암과 구의사』, 56쪽.
50 권오영, 「김평묵의 척사론과 연명상소」, 134~143쪽.

서양 및 일본의 침투에 물들지 않은 천하의 건정지로서 가평을 주목하였고, 여기에 은거하여 유교문화를 그대로 보존하려 하였다. 둘째, 그들은 스승의 유지를 받들어 이곳으로 옮겨왔다. 일찍이 이항로는 조종천 맞은편의 영등촌에 집을 지어놓고 살고자 했는데, 이는 송시열이 주자의 행적을 모방하여 화양동에 만동묘를 만들어 놓고 화양구곡에서 은거했던 전례를 본받으려는 것이었다. 이항로가 이 뜻을 이루지 못하고 죽자 그의 제자들이 스승의 유업을 기리기 위해 자정지로서 조종암을 선택한 것이었다. 셋째, 그들은 가평의 옥계동 근처에 살고있는 유인석의 본생 종증조 柳榮河51(1787~1868)의 손자 柳重植(1828~1905)과 함께 강회·향음례 활동 등을 전개함으로써 유교문화를 보존할 수 있으리라 판단하였다. 이미 이곳에서 유중식은 산림의 지위를 누리고 있었는데, 그와 협력할 경우 화서학파의 입지가 강화되리라고 보았던 것이다. 마지막으로 그들은 양근지역보다는 가평지역이 강원·황해·평안·경기도 등지에 살고 있는 화서학파들이 내왕하기에 용이한 지역으로 판단했을 것이다.

김평묵은 1876년 9월에 이르러서야 일가족과 홍재구·홍재학 등 제자들을 거느리고 자니대의 동남 쪽인 구곡에 옮겨와 살았다. 유중교는 처음에는 옥계리에 살고자 했으나 사정이 여의치 못하여 가평군 경화관에 머물다가 1877년에 자니대에 거처를 정하였다. 이때 그는 유인석·유봉석·유중악·유중룡·이재성 등을 거느리고 집단 이주하였다. 이들은 구곡에 있는 김평

---

51 춘천·가평지역에 세거하는 고흥유씨 부정공파는 19세기 전반에 두 명의 대과급제자를 배출하였다. 그들은 유중교의 조부이자 유인석의 증조(양가)로서 사헌부 장령을 역임한 유영오(1777~1868)와 세자시강원의 겸문학을 역임한 후 가평에 은거한 유영하(1787~1868)이다. 유영오는 1830년대 이래 이항로의 강학처인 벽계정사에 인접한 지역에 자제와 친지·조카들을 이끌고 집단 거주하면서 유중교·유중악·유인석 등을 이항로에게 보내 수학케 하는 한편, 이항로와 강학·향음례 등을 통해 절친한 교분을 맺었고 경제적 지원도 아끼지 않았다. 따라서 유영오야말로 한말 재야의 최대의 항일세력인 화서학파 형성에 지대한 영향을 미친 인물이라고 볼 수 있다. 유영오와 유영하는 한양에서 관직생활을 할 때 함께 거처하는 등 친밀한 관계를 유지했으며, 양인은 유인석이 가문을 이끌 인물이라고 보고 그에게 남다른 격려를 내리기도 하였다.

묵의 처소에 모두 모여 단을 쌓아놓고 향음례를 익히거나 연못에 임하여 술을 대작하기도 하였다. 아울러 매년 3월 의종의 서거일에 단 아래에 모두 모여 망배례를 행하고 정월에는 돌아가면서 몇 사람을 보내 향음례에 참여하게 하였다.52

당시 유중교는 자니대 근처의 계곡에 옥계구곡이란 이름을 붙이고 자양서사를 건립하였다. 그는 유인석에게 명 태조의 유제인 향음례를 자양서사에서 거행하게 하였다. 이로써 "조종암에서 명나라 황제의 제사를 받들고 자양서사에서 주자의 제향을 받들면 尊周宗周의 두 가지 대의가 이루어진다"고 자부했다. 이는 송시열이 만년에 은거하여 도를 강론하면서 화양동에 만동묘를 세우고 화양구곡을 창설하였던 고사를 추모한 이항로의 유지를 유중교가 계승한 것이었다.53

유중교가 개설한 자양서사는 원래 주자의 무이정사에서 유래한 것이다. 주자를 숭상하는 조선시대의 성리학자들은 자신들의 거처에 무이정사와 유사한 정사를 지어놓고 강학·은거·소요처로 삼았다. 이황의 농운정사, 송시열의 화양정사, 조식의 덕산정사, 윤증의 노강정사, 김인후의 필암정사, 기대승의 월봉정사 등이 조선 중기 이래 명성이 높았던 정사들이다. 이들 정사는 성리학자들의 정계은퇴와 은둔성향으로 인해 생겨났는데, 성리학자들은 이곳에서 강학·훈도활동을 전개하여 후진을 양성함으로써 학파를 부식하고 학설을 전파하였다. 이 점에서는 유중교가 가평에 세운 자양서사도 예외가 아니었다.

유중교는 강화도조약 이후 자정론을 택하여 일시 은거하고 있었다. 그러나 그는 자양서사에서의 강학과 향음례 활동을 통해 위정척사론을 심화함과 동시에 이를 보존하고 확산시키는 데 주력하였다. 그는 1889년 가을 천주교 세력과 비적들이 횡행하는 충북 제천군 봉양면에 이주하여 그곳에 자양서사를 재건하였다. 그는 자양서사에서의 교육을 통해 충주·제천·청풍 등지의

---

52 『성재집』, 권58, 연보, 병자년조.
53 조종암보존회 편, 『조종암과 구의사』, 56~57쪽.

유생들에게 위정척사론을 전습하였다. 주지하듯이 그에게 배운 제자들은 한말 제천지역의 의병운동을 주도해 나갔다. 이 자양서사는 명칭을 자양영당으로 바꾸어 오늘날까지 존재하고 있다.

　화서학파 유생들의 가평으로의 집단 거주는 1881년 가을 이후에 중단되었다. 김평묵의 제자 홍재구·홍재학·신섭 등은 스승의 지시에 따라 1881년에 황준헌의 『조선책략』의 내용을 비판하고 고종의 개화정책을 지적한 소위 신사척사운동을 일으켰다가 정부의 탄압으로 실패하였다. 화서학파 상소운동의 배후자라는 혐의를 받던 김평묵은 1881년에 영남 유림들의 만인소 작성운동을 격려했다는 죄목으로 1881년 8월에 전남 나주군 지도로 귀양을 떠났다.54 이후 유중교는 신병을 이기지 못하여 1882년 봄에 제자들과 함께 춘천의 가정리로 이주하여 가정서사를 개설하였다.55 하여튼 이들은 가평에 머무는 동안 조종암의 제향에 참여하였고, 구곡과 자니대에서 강회·향음례를 개최했으며, 자양서사를 개설하여 후학들을 대상으로 강학·훈도 활동을 벌였다.

　김평묵과 유중교 양인은 조종암 사적을 편찬하는 일에도 적극적이었다. 조종암 사적을 편찬하는 것은 자신들이 신봉하는 존화양이론의 논리적 정당성을 국내에 선전하는 의미를 지니고 있기 때문이었다. 1876년에 김평묵은 「구의사전」·「조종암삼현전」·「盤川滄海二王先生傳」·「風泉里展謁皇壇記」·「朝宗皇壇五噫賦」 등을 지어 본격적으로 조종암 사적을 찬양하는 작업에 돌입하였다. 유중교는 「조종암견심정준명기」·「紫陽書社設施議」·「嘉陵郡玉溪山水記」·「列皇帝御書頌」 등을 지었다. 또한 유중교는 제자 김영록으로 하여금 이항로·김평묵 등 화서학파 유생들과 왕덕일·왕덕구 등 명나라 유민들이 남긴 조종암에 대한 글들을 책으로 편찬하게 하여 『조종암지』(1878)를 간행하였다.

　한말 의병운동의 상징적 존재인 유인석은 숙부 유중교를 따라 1864년에

---

54 『중암집』, 부록, 권5, 연보, 신사년조.
55 『성재집』, 권58, 연보, 신사~임오년조.

조종암을 배알하였고, 또 1876년에 가솔을 이끌고 옥계리의 자니대로 이주하여 유중교를 시종하면서 존화양이론을 체득하였던 화서학파 제3세대의 대표적 인물이다. 그는 1878년에 조종암에 대해 다음과 같은 노래를 지었는데, 여기에는 조종암의 내력과 그의 존화양이론에 대한 믿음이 잘 나와 있다.

조종천의 노래(조종천가)

천하에 어찌 강물 이름을 지을 말이 없어서
하필이면 조종천이라고 불렀는가
장강과 황하는 중국 땅에 있는데
흐름소리가 끊어진 지 이미 삼백년이 되누나
우리 해동의 가평현에 개울이 하나 있는데
동쪽으로 흘러흘러 참으로 애닯기만 하구나
장강과 漢水를 합친 것이 바로 朝宗의 마음인데
조종천이라고 부른 것이 어찌 우연이랴
이와 같은 개울이름이 생겨난 것은
여러 현인들의 뜻을 정중하게 계승한 때문이라네
大明處士 滄海 許格과 忠潭先生 李齊杜는
의리가 높고 충성심이 굳센 인물들이네
어디로 갈까 천지를 방황하다가
이 개울에 와서 서로 만났네
효종이 써주신 '列皇'이란 큰 두 글자
돌과 마음에 새기니 마음이 정성스러워지네
그 후에 조정대신 趙鎭寬이 와서
다시 큰 비를 세우고 전말을 기록하였네
그 뒤를 따라나선 대명의 유민 盤川 王德一
대명의 수복을 바라는 마음만이 항상 간절하였네
여기에 제단을 쌓고 예에 따라 명 태조를 제향할 때
숭정의 구의사도 역시 배향했다네
대통행묘는 명칭과 의리가 지당하니
皇明의 대통은 이로써 이어질 듯
제사상에 해해년년 향내가 감도니
사방의 이름난 선비들이 공손하게 찾아드네
王盤川에게 王灘隱이라는 아들이 있는데
비분강개하고 고결함은 부친을 계승하였네
나의 선사 華西선생도 이곳을 중하게 여겨

마음을 담아 정자 이름을 見心이라 지었네
重菴과 省齋 두 노인네와 나의 족숙 유중식이
글로써 재간을 발휘하고 힘써 주선하였네
이들은 다시 왕탄은과 의기가 투합하여
죽장 짚고 슬픈 노래를 연이어 지었다네
강물도 朝宗이요 사람도 朝宗이니
朝宗의 대의는 조선이 유별나다네
남녘의 파계에는 만동묘의 제향이 있으니
하늘과 땅 사이에 의리가 모두 완전하다네
지난날에 이내 몸이 화양동에 갔을 때에
皇廟 앞에서 숙연히 해와 달을 우러러 바라보았고
오늘은 이내 몸이 朝宗川에 이르러서
뭇 별이 북극성을 싸고 돌듯 帝壇 주의를 돌고도네
이내 몸은 돌아가서 『춘추』를 읽으려니
하늘을 우러르고 땅을 굽어보고 風泉에 감동하리
조종천의 노래는 또 길게 울리니
노래소리가 대명 천지에 울려 퍼지리라.[56]

VII. 맺음말

위정척사론자들의 사상적 고향인 조종암의 의미를 몇 가지로 나누어 정리해 보면 아래와 같다.

첫째, 가평의 지방 유생과 수령이 세운 조종암은 명청교체와 병자호란 이후 조선사상계에 만연한 존명배청론을 집약해 나타내는 최초의 사적이다. 조종암이 성립되기 10년 전에 송시열이 화양동의 석벽에 '非禮不動'이란 글귀를 새긴 일이 있다. 그러나 이것은 단지 도덕수양에 관계되는 구절일 뿐이며 존명배청론을 나타내는 구절은 아니었다. 이에 비해 조종암에는 존명배청에 관계되는 핵심 어구가 석벽에 새겨져 있었다. 따라서 조종암은 조선 후기에 최초로 존명배청운동을 상징하는 사적이 되었다.

둘째, 조종암은 송시열의 제자인 권상하·민진원·민진후·김석연 등 노

---

56 『의암집』, 권1, 시, 「조종천가」(1878), 17a-18b.

론계 대신들이 세운 만동묘와 대보단의 연원이 되는 유적이다. 송시열이 제자들에게 만동묘를 세우도록 유명을 내린 기본구상은 이미 조종암삼현이 제기한 문제이기 때문이다. 당시 송시열은 조종암삼현이 그에게 제기한 立廟 건의를 찬동하면서도 이행하지 않고 있다가 사후 자신의 제자들에게 화양동에 만동묘를 세우도록 하였다. 이로써 송시열은 자기 제자들에게 만동묘가 지닌 권위를 이용하여 중앙과 지방에서 노론 일파의 영향력을 공고화하도록 하였다.

셋째, 조종암은 순조대에 이르기까지 대명의리론을 선양하는 유적 가운데 대보단과 만동묘 다음가는 위상을 점하였다. 당시 만동묘와 대보단이 국가의 공인을 받는 유적이라면, 조종암은 가평의 군수와 지방 유림들로부터 숭앙을 받는 유적이었다. 그러다가 순조 말에 위정척사론이 전국에 확산되고 황명구의사의 후손들이 명 태조를 제사하는 대통행묘를 설립함으로써 조종암은 만동묘와 대보단과 대등한 위상을 지니게 되었다.

넷째, 조종암은 위정척사파의 일파인 화서학파의 정신적 귀의처 구실을 하였다. 화서학파 유림이라면 누구나 평생에 한 두 번은 이곳을 방문하여 자기들이 사모해 마지않는 명 황제를 배알하고 숭명배청을 상징하는 척화사적을 둘러보았다. 이러한 기회를 통하여 그들은 자신들의 존재의의를 재확인하고 자신들의 사상논리인 존화양이론을 다시 강화하였다. 이로써 한말 위정척사운동, 즉 반개화 상소운동과 을미의병운동을 주도해 나갈 수 있는 동력을 충전하였다.

요컨대 조종암은 병자호란 이후 이민족 배척의식, 유교문화 중심주의, 유교적 명분론을 골자로 하는 전근대적인 주자학적 민족주의를 대변하는 유적이다. 조종암은 19세기 이래 재야유림들로 하여금 자존의식을 고취하여 서구 및 일본 제국주의 열강의 침략에 대항하도록 하는 효과를 가져왔다.

(「위정척사의 상징물 조종암」, 『태동고전연구』 11, 1995)

제2장 한말 연합의병장 유인석의 의병사상

I. 머리말

한국근대사의 진로를 좌우한 청일전쟁의 결과는 대다수 한국인들의 예상과 희망을 저버린 것이었다. 이로써 조공·책봉관계에 조응한 동아시아의 전통적 국제질서가 급속히 해체되었을 뿐더러 주자학적 민족주의가 풍미하던 한국 근대사상계의 지형 분화가 촉진되었다. 시대변화에 맞추어 한국의 양반유림들도 중국과 일본으로부터 계몽사상과 사회진화론 등 서구 근대사상을 수용하여 자신들의 현실인식과 사회사상을 수정·보완해 나갔다. 이 과정에서 한국 사회는 점차 중국중심적 세계관인 화이관에서 벗어나 근대사상에 기초한 평등주의적 국가관과 인간관을 받아들였다.

19세기 후반부터 극소수 개화파들이 추진한 근대문물 도입운동은 상당한 반발을 불러일으켰다. 외세의존적인 근대화운동이 급진적·무비판적·몰주체적 입장에서 단기간에 위로부터 강요되었기 때문에 인심이반과 국가혼란과 도덕파괴의 위기상황이 초래되었던 것이다. 따라서 그에 대해 당연한 반작용으로써 기층 민중의 전폭적 지지를 받는 위정척사파 유림들이 전국 각지에서 등장하여 자주적·주체적·민족적 입장에서 전통문화 보존운동을 펼쳐나갔다. 그 가운데 毅菴 柳麟錫(1842~1915)은 朴文一·崔益鉉·洪在龜·柳基一·宋秉璿·奇宇萬·田愚·李南珪·郭鍾錫·金福漢 등과 함께 19세기 말엽~20세기 초엽의 주자학적 민족주의 운동을 대표하는 인물이었.

북인계 명문가문 출신의 유인석은 개화기의 위정척사운동과 항일의병운동을 선도한 저명한 양반유림이다.[1] 그는 李恒老(1792~1868)·金平黙(1819~1891)·柳重敎(1832~1893) 등 개항 전후에 위정척사 상소운동을 주도한 화서학파의 중추 인사들의 문하에서 다년간 가르침을 받았다. 이로써 그는 서양 '금수'와 일본 '오랑캐'를 물리치고 중화를 높여야 한다는 尊攘論, 성리학적 가치관념과 문화체계('大道')를 현실의 조선 왕조나 국가보다 우선시하는 衛道論, 드러난 결과보다는 애초의 순수한 동기를 중시하는 동기론, 정의에 입각하여 이적과 난적들의 불의를 징치해야 한다는 의리론 등 화서학파의 주자학적 민족주의 논리를 온몸으로 체득하였다. 이런 사상논리들이 유인석의 평생에 걸친 치열한 반개화·항일 운동의 정신적 지주로 작용했음은 두말할 나위도 없는 문제이다.

유인석은 위정척사운동과 항일의병운동을 선도한 화서학파 제3세대의 대표적 인물이다. 그는 이항로—김평묵·유중교·박문일·최익현—洪在龜·柳基一·李昭應·李根元·柳重岳으로 이어지는 화서학파의 정통 도맥에 속해 있었다. 그는 화서학파의 위정척사론에 따라 1876년에 동문유림 50명과 함께 상경하여 개항반대 상소운동을 펼쳤고, 1880년대에는 스승이자 종숙인 유중교의 노선에 따라 후학들을 가르치며 자정론을 견지하였다. 아울러 1896년에는 고종 측근의 근왕파 인사들과 연대하여 제천·충주 일대에서 반개화·항일 의병운동을 이끌었고, 대한제국기에는 평안·황해도 지역과 중국의 요동·간도를 넘나들며 강학활동과 유교성현 추존활동을 펼쳤다. 그

---

1 의암 유인석의 생애와 활동 및 사상에 대해서는 김의환, 「일제의 한국침략과 초기의병운동고」, 『동국사학』 9·10, 1966 ; 이동우, 「의병장 유인석의 의병운동고」, 『성대사림』 2, 1977 ; 김도형, 「의암 유인석의 정치사상연구」, 『한국사연구』 25, 1979 ; 김세규, 「의병장 유인석의 반개화론」, 『경주사학』 1, 1982 ; 박민영, 「의암 유인석의 위정척사운동—『소의신편』을 중심으로—」, 『청계사학』 3, 1986 ; 손승철, 「의병장 유인석 사상의 역사적 의미」, 『강원의병운동사』, 강원대학교출판부, 1987 ; 권오영, 「김평묵의 척사론과 연명상소」, 『한국학보』 55, 1989년 여름 ; 정영훈, 「위정척사파의 군주제 옹호이론」, 『백산박성수교수화갑기념논총』, 1991 ; 오영섭, 「의암 유인석의 대서양인식」, 『이기백선생고희기념 한국사학논총(하)』, 일조각, 1994 ; 유한철, 『유인석 의병 연구』, 국민대학교 국사학과 박사학위논문, 1997 ; 오영섭, 『화서학파의 사상과 민족운동』, 국학자료원, 1999 ; _____, 「을미 제천의병의 참여세력 분석」, 『한국독립운동사연구』 14, 2000 ; 박민영, 「유인석의 국외항일투쟁 路程(1896-1915)」, 『한국근현대사연구』 19, 2001 ; _____, 「한말 춘천지역 의병항쟁의 역사적 의의」, 『강원문화사연구』 7, 2002.

리고 1908년 이후에는 고종의 밀지를 가지고 러시아 연해주로 망명하여 이범윤·안중근 등과 의병운동을 벌였다. 한마디로 그는 한말 의병운동의 상징적 인물이라고 말해도 과언이 아닐 정도로 일생을 항일운동과 의병운동에 바친 강고한 전통주의자였다.

유인석의 사상논리가 집약된 문헌으로는 방대한 문적이 수록된 『毅菴集』(1917)과 을미의병운동 전후의 저술을 모은 『昭義新編』(1902)을 꼽을 수 있다. 이 중 『의암집』 권51에 실려있는 『宇宙問答』(1913)[2]에는 일제의 한국병탄과 중국의 신해혁명으로 인해 國亡과 道亡의 절체절명의 위기상황에 빠졌던 1910년대 전반기 유교지식인의 시대인식과 반개화론이 잘 나타나 있다. 여기에는 동양문화를 수호하기 위해 서양문명의 배척을 강하게 주장했던 유인석의 동양문화보존책과 서양문명비판론이 집약되어 있다. 이 책은 구한말의 대표적인 주자학적 민족주의자가 주자학의 존화양이론 내지 위정척사론의 관점에서 동양문화보존 및 서양문화배척의 당위성과 정당성을 종합적·체계적으로 제시한 거의 유일한 책이다.[3] 이런 점에서 『우주문답』은 한국근대 유교사상사 및 정치사상사 연구자들의 각별한 관심을 끌고 있다.

여기서는 기왕에 발표한 「의암 유인석의 대서양인식」(1994)에서 미처 다루지 못한 유인석의 동양문화 보존논리를 『우주문답』을 중심으로 살펴보려 한다. 이를 위해 우선 『우주문답』의 저술동기를 알아본 다음, 화이관적 세계관에 입각한 중국중심의 동양평화론과 국제질서재편론을 알아보겠다. 이어 동·서양 문명의 우수성에 대한 비교를 일별하고, 서양의 사상과 제도에

---

2 이 책은 서준섭·손승철·신종원·이애희 교수에 의해 번역되어 『의암 유인석의 사상—우주문답』(종로서적, 1984)이란 제목으로 출판되었다. 아래 인용문의 쪽수는 번역본의 쪽수임.

3 『우주문답』과 성격이 비슷한 책은 申箕善의 『儒學經緯』(1887년 편찬, 1896년 간행)이다. 이 책은 온건개화파가 편찬한 『萬國政表』(1886)를 대폭 축약한 다음 근대서양의 인문지리 지식을 가미한 것인데, 『우주문답』만큼 서양의 사상과 제도를 집중적으로 논한 것은 아니다. 이 책은 간행 직후에 기독교를 비판한 일부 구절이 문제되어 서양선교사와 외국공사들로부터 호된 비판을 받았다.

대한 비판을 알아본 다음, 마지막으로 동양문명의 보위를 위한 서양문화의 부분적 수용방안을 알아보겠다. 이 글이 한말 의병운동의 상징적 존재인 유인석의 사상을 구조적으로 이해하는 데 작은 단서가 되기를 바라마지 않는다.

II. 『宇宙問答』의 저술 동기

1908년 봄에 러시아 연해주로 망명한 유인석은 크라스키노(烟秋) 일대에서 李範允·安重根 등과 함께 의병소모활동을 벌여 연해주의병의 결성에 기여하였다.4 안중근과 嚴仁燮이 거느린 연해주의병은 수백 명의 군사로 두만강을 건너 국내진공작전을 펼쳤다. 그러나 무기의 열세, 군사수의 부족, 훈련의 부실을 극복하지 못하고 아쉽게 패산하고 말았다.5 이후 유인석은 이범윤·李相卨·李南基 등과 함께 전국적 의병조직인 13도의군의 도총재에 추대되었다. 그리고 경술국치 직후에는 연해주 한인들이 일제의 한국병탄을 규탄하고자 설립한 聲明會의 회장을 맡았다.6 이처럼 유인석은 고령의 나이에도 불구하고 연해주 한인들의 민족운동을 정신적으로 후원하는 중요한 역할을 수행하였다.

1911년 가을에 유인석은 중국에서 혁명이 일어나 만주족이 물러가고 미국의 공화정이 시행될 것이라는 소식을 들었다. 이때 그는 "혁명에 참여 중

---

4 趙昌容, 「本港遊覽錄」(1908.3), 『海港日記』, 한국독립운동사연구소, 1993, 131~132쪽.
5 신용하, 「안중근의 사상과 의병운동」, 『한민족독립운동사연구』, 을유문화사, 1985 ; 박민영, 「한말 연해주 의병에 대한 고찰」, 『인하사학』 1, 1993 ; 이정은, 「최재형의 생애와 독립운동」, 『한국독립운동사연구』 10, 1996 ; 정제우, 「연해주 이범윤 의병」, 『한국독립운동사연구』 11, 1997 ; 유한철, 「연해주 13도의군의 이념과 활동」, 『한국독립운동사연구』 11, 1997 ; 반병률, 「노령 연해주 한인사회의 한인민족운동(1905~1911)」, 『한국근현대사연구』 7, 1997 ; 박환, 「구한말 러시아 연해주 최재형의병 연구」, 『한국독립운동사연구』 13, 1999 ; 오영섭, 「이범진의 정치활동과 항일민족운동」, 한국독립운동사연구소 월례발표문, 2003.10.
6 『의암집』, 권55, 「연보」, 1908~1910년. 윤병석, 「13도 의군의 편성」, 『사학연구』 36, 1983.

인 袁世凱와 같은 영웅이 하는 일은 성현과 다를 수 있으니, 다만 전두의 진행을 살펴볼 밖에 다른 도리가 없다"며 밤잠을 이루지 못하고 많은 생각을 글로 옮겨두었다.[7] 신해혁명의 추이를 예민하게 살피던 유인석은 1912년 3월에 "중국과 한국은 운명공동체이며, 혁명이 현재 可惡可好의 시점에 도달했다"고 판단하였다. 그리하여 그는 원세개와 중국정부 및 각 성의 사군자들에게 편지를 보내 '復華舊實'과 '致强自立'을 적극 권하였다.[8]

유인석은 1911년 가을 이래의 저술작업을 속개하여 1912년 동지쯤에 『우주문답』의 초고를 만들었다. 그리고 초고에다가 2~3개월간 추고작업을 가하여 1913년 2월에 『우주문답』 저술작업을 완료하였다. 여기에는 "천지고금의 진퇴굴신·성쇠강약의 이치와 천리인심·중외정제·학술시비의 득실"이 간단명료하게 쓰여져 있었다.[9] 그는 1913년 5월 제자 金起漢 등에게 『우주문답』과 『華東綱目』(1907)[10]을 중원의 원세개 일파에게 전하게 하였다. 그리고 동시에 천진에서 『우주문답』 800부를 간행하여 배포하게 했으나 중국경찰에게 압수당하고 말았다. 이어 그는 1914년 겨울 중국 동북지방 봉천성의 暖泉山에 은거할 즈음에 『우주문답』을 재간행하여 중원에 배포하였다.[11]

그러면 죽음을 바로 앞둔 말년의 유인석이 『우주문답』을 저술·간행·배포한 궁극적 동기는 무엇인가? 「연보」에 의하면, 그는 1911년 가을 중국이 공화제를 채택할 것이라는 소식을 듣고 원세개와 그의 사촌동생 袁世勳 등 원세개 그룹에게 보여주기 위해 『우주문답』을 저술하였다.[12] 이는 중국이 앞으로 어떤 정치체제를 택하느냐에 따라 중국과 한국의 운명을 좌우할 것

---

7 『의암집』, 권55, 「연보」, 1911년 가을.
8 『의암집』, 권25, 「興中華國政府」·「興中國諸省士君子」 ; 『의암집』, 권55, 「연보」, 1912년.
9 『의암집』, 권55, 「연보」, 1913년 2월.
10 『화동강목』에 대해서는 오영섭, 「화서학파와 화동강목」, 『제천의병과 전통문화』, 제천문화원, 1998.
11 『의암집』, 권55, 「연보」, 1913~1914년.
12 『의암집』, 권55, 「연보」, 1911년.

이라고 하는 현실인식에 따른 것이었다. 그 때문에 유인석은 자신이 영웅이라고 생각하는 원세개에게 군주제의 채택을 권하기 위해 『우주문답』을 집필하였다.13 즉, 그는 1885~1894년간 고종정부의 개화자강정책과 자주외교정책을 저지하고 보수적인 현상유지정책을 힘써 행하여 화서학파를 비롯한 재야유림들의 호평을 받았던 한족 출신의 원세개에게 큰 기대를 걸었다.14 따라서 유인석은 원세개만이 서양화로 치닫고 있는 중국의 사상과 제도를 동양식으로 되돌릴 수 있다는 판단에 따라 『우주문답』의 곳곳에서 그에게 공화제를 폐기하고 군주제를 실시할 것을 간곡히 당부하였다.

유인석은 1910년대까지도 성리학적 세계관과 이에 조응한 전제군주제를 지지하고 있었다. 당시 그는 조선국가의 멸망이 유교적 문화체계의 멸절을 수반하지나 않을까 노심초사하고 있었다. 이런 상황에서 연이어 들려오는 군주제의 폐기와 공화제의 실시는 성리학적 사유구조의 파기를 의미하는 혁명적인 조치나 다름없었다. 따라서 유인석은 중국이 오랑캐 통치에 대한 대안으로써 서양의 공화제를 채택한다면, 중화의 정체전통인 제왕대통이 단절되고 문화전통인 문물전장과 의발제도가 폐기될 것이며, 결국에 가서는 동양이 문화적 암흑기에 빠져들 것이라고 단정하게 되었다.15 이런 이유에서 유인석은 공화제의 도입을 극력 반대하였다.

유인석은 중국에서의 공화제 시행은 중국만의 국내문제가 아니라 한국에도 지대한 영향을 미칠 국제문제임을 간파하였다. 중국에서 공화정이 시행되면 장래 독립 이후에 들어설 신생 한국에서도 공화정의 실시가 논의되기

---

13 을사조약 이후 유인석·崔益鉉·奇宇萬·李南珪·宋秉璿 등 저명한 유림들과 李載允·慶賢秀 등 유림성향의 왕족과 관료들도 원세개와 같은 한족 출신의 중국인에게 임진왜란 때처럼 조선에 원병을 파견하여 일본을 물리쳐 달라고 간청하였다.
14 1880년대 원세개의 조선에서의 위정척사정책과 개화억제정책에 대해서는 Lew Young Ick, "Yuan Shih-kai's Residency and the Korean Enlightenment Movement, 1885-1894," *The Journal of Korean Studies* 5, 1984 ; 김원모, 「원세개의 한반도 안보책」, 『동양학』 16, 1986, 227~261쪽.
15 『의암집』, 권25, 「與中華國政府」, 45b-46a ; 『우주문답』, 7~11쪽.

마련이었다. 이것은 세습군주제 옹호론자인 유인석의 입장에서 참으로 용인하기 힘든 문제였다. 그러나 시대조류는 유인석의 의도와 다르게 흘러가고 있었다. 이미 한국에서는 1880년대에 일부 개화파가 입헌군주제를 고려하였고, 갑오경장~독립협회운동기에 민주정치체제의 도입문제가 논의되기 시작하였다. 이어 1905년 전후 일부 계몽 단체와 학회의 회원들이 중국 근대사상가 梁啓超와 일본 명치정부의 정체론을 도입하여 입헌제를 표방하였고, 국권수호 비밀단체인 신민회의 극소수 인사들이 미국식 공화제를 주장하고 나섰다.[16] 이후 민주적 정치제도의 도입운동은 1907년 전제군주제의 표상인 고종의 퇴위, 1910년 조선국가의 멸망, 1911년 신해혁명의 영향으로 급속히 확산되었다. 이로써 1910년대 초반경에 만주와 노령지역 독립운동의 정치적 지향성은 점차 공화제로 향해하고 있었다.[17] 이런 맥락에서 유인석은 한국에서의 군주제 수호를 위해 중국에서의 공화제 시행을 반대할 수밖에 없었고, 따라서 공화제를 막아내기 위한 방책으로서 『우주문답』을 저술하여 원세개에게 전달하였다.

공화제를 반대하고 군주제를 지지하는 유인석의 근본의도는 서양의 사상과 제도를 배척하고 유교성인의 대도를 보존하려는 것이었다. 유인석이 일평생 염원한 성리학적 사회구조는 성리학적 이상군주론에 기초한 전제군주제가 시행되고, 사농공상의 엄격한 위계적 신분제가 관철되며, 務本抑末의 농본정책에 입각한 자급자족경제가 운용되고, 유교적 문화체계와 가치규범이 엄격히 준수되는 것이었다. 그런데 서로 긴밀히 연관된 네 가지 측면 가운데 그가 최후까지 목숨을 바쳐가며 지키려고 애썼던 것은 유교적 문화체

---

16 1900년 전후 朴泳孝・兪吉濬 등 일본망명 정객들의 반정부운동, 애국계몽계열의 민주정체 도입운동, 양계초의 근대사상 등에 자극받은 朴殷植・申采浩・張志淵・李承熙 등 개명유림들이 화이론적 세계관을 벗어나 자연법적 평등관인 주권재민설과 천부인권설 등 서양 근대사상을 수용하였다.
17 신용하, 「19세기 한국의 근대국가형성 문제와 입헌공화국 수립운동」, 『한국근대사회사연구』, 일지사, 1987 ; 유영렬, 「한국에 있어서 근대적 정체론과 변화과정」, 『국사관논총』 103, 2003.

계와 가치규범이었다. 즉, 그가 주자학적 사회체제의 외형적 버팀목인 전제군주제보다 더욱 상위에 두었던 것은 孔子·孟子 등 중국성현의 가르침, 삼강·오륜·오상 등 유교윤리, 상투·넓은 소매 등 문화체계로 표현되는 유교의 대도였다. 이는 구한말 위정척사파 유림들의 공통된 사유양식이었으며, 유인석이 『우주문답』을 저술한 궁극적인 동기도 바로 여기에 기반을 두고 있었다.

유교의 대도를 중시한 유인석의 특유한 사상논리는 그의 제자들이 작성한 「연보」에 "『우주문답』의 요점은 중국 성현을 존숭하고, 이것을 천하 만세를 위한 대비책으로 삼으려는 것이다"고 말한 데서 분명히 드러난다.[18] 또한 유인석 자신도 『우주문답』에서 "유교의 대도는 고금을 통해 成毁가 있을 수 없으나 세상은 끊임없이 존망을 거듭한다"고 말함으로써 위의 주장을 부연하였다.[19] 일찍이 화서학파의 창시자 이항로는 프랑스군이 강화도를 침공한 병인양요가 일어났을 때에 "국가 존망의 위기는 이차적인 문제이고, 유교적 도덕과 교의의 보존이 일차적인 문제다"라고 힘주어 강조한 적이 있었다.[20] 이후 화서학파의 정통유림들은 스승의 사상을 철저히 계승하여 왕조나 국가의 존망보다도 유교적 대도의 보존을 우선시하였다. 이를테면, 그들에게는 왕조나 국가와 같은 개별 정치체제의 존망 문제보다는 중세의 성리학적 보편주의의 가치나 원리를 보호하고 유지하는 것이 무엇보다도 중요한 문제였다.[21] 유인석의 경우에도 유교적 가치규범과 문화체계의 보존을 위해서 공화제의 도입을 우선적으로 반대해야 한다는 절박한 심정에서 『우주문답』을 저술하게 되었던 것이다. 따라서 유인석의 공화제에 대한 결사반대는 유교적 대도의 보존을 위한 전제조건이었던 셈이다.

---

18 『의암집』, 권55, 「연보」, 1913년 2월. "其歸崇尊中國聖賢 以是爲天下萬世策".
19 『우주문답』, 111쪽.
20 『화서집』, 부록, 권5, 「柳重教錄」, 19a ; 『華西雅言』, 권12, 「洋禍」, 17a. 先生謂門人曰 西洋亂道最可憂 天地間一脈陽氣在吾東 若並此被壞 天心豈忍如此 吾人正當爲天地立心 以明此道 汲汲如救焚 國之存亡猶是第二事.
21 오영섭, 『화서학파의 사상과 민족운동』, 189~191쪽.

유인석의 을미의병운동에는 반침략적 동기보다 반개화적 동기가 보다 강하게 작용하고 있었다. 그는 넓은 소매와 상투를 금지하는 복제개혁과 단발령을 통하여 조선의 문화 전통과 중국 성현의 유교의례를 심하게 훼손한 친일적 개화정책을 무력을 앞세운 일제의 경복궁점령이나 을미사변보다 훨씬 강도 높게 규탄하였다.22 을미사변 이후에 그는 "국모시해는 조정에 있는 신하들의 일이지 재야에 있는 민들의 일은 아니다"고 말한 적이 있었다. 이 때문에 그는 당대인들로부터 "국모가 화를 당한 것"('國母被禍')을 계기로 거의하지 않고 단발령을 기다려 거의했다는 비판을 받기도 하였다.23 영월에서 창의의 깃발을 세운 유인석의 호좌의병은 復讎(명성왕후 시해복수)와 保形(넓은 소매와 상투 보존)을 대의명분으로 내세웠는데, 이때 양자의 명분 가운데 후자의 측면을 보다 우선시하였다.

유인석이 평생 전개한 항일운동과 의병운동의 최종목표는 실제로 존재하는 왕조나 국가의 존망보다도 비실재적인 숭모의 대상인 유교적 대도를 보존하는 것이었다. 그와 함께 개항반대 상소운동을 전개한 동문 유생들의 발언이나 상소문,24 단발령 직후에 그가 유림의 행동방안으로 제시하여 널리 알려진 處變三事(去之守舊・擧義掃淸・致命自靖),25 을미의병운동 때에 그에게 의병장에 오를 것을 적극 권유한 李春永・安承禹 등 지인과 제자들의 발언,26 군대해산 직후 자결하려는 유인석에게 "지금 선생은 대도의 책임을 맡았으니 나라와 운명을 같이해야 하는 사람들과는 경우가 다르다"는 제자 이정규의 진언 등의 근본취지는 왕조나 국가의 보존보다도 유교적 대도의

---

22 유연익・유종상 편, 『소의신편』, 권2, 중앙출판문화사, 1981, 75~76쪽.
23 유연익・유종상 편, 『소의신편』, 권2, 75~76쪽 ; 『의암집』, 권8, 「答柳恒窩」(1895. 음10), 7a-b.
24 『중암집』, 권5, 「代京畿江原兩道儒生論倭洋情迹仍請絶和疏」. 況乎 孔道滅息 化爲禽獸 又不但國家存亡之事而已…何則 爲其剝床滅貞之慘 非但國家存亡之事而已也.
25 이정규, 「종의록」, 『독립운동사자료집』 1, 독립운동사편찬위원회, 1971, 17쪽 ; 李起振, 「擧義 第二」, 『明窩集』 上.
26 이정규, 「종의록」, 『독립운동사자료집』 1, 22쪽.

보존을 중시한 것이었다.27 이런 사고방식은 1910년 한일병합 직후에 유인석이 새롭게 제기한 處義三事(保華於國·守華於身·以身殉於華)에도 그대로 반영되었다.28 이때에도 유인석은 나라에서 중화를 보존하는 것을 자기 일신에서 중화를 수호하기 위한 일종의 전제조건으로 간주하고 있었다. 따라서 원세개나 전제군주제나 대한제국 등 현실의 인물·제도·국가는 순정 도학자인 유인석에게 있어서 자신의 지상명제인 유교적 문화체계와 가치규범의 보위 임무를 담당할 일종의 매개체 내지 수단의 의미를 지니고 있었다.

"어느 시대인들 망하지 않는 국가나 왕조는 없지만 유교적 대도를 없이 해서는 안된다"는 화서학파의 모토처럼, 유인석도 국권회복과 민권확립의 문제보다는 유교문화체계의 보존을 보다 중시하였다. 따라서 유인석이 국권과 왕권을 회복하고자 전개한 항일운동의 궁극목적도 기실은 유교적 문화체계를 보존하기 위한 것이었다.29 『우주문답』에서 유인석은 조선을 멸망시킨 주범들을 강하게 비판하는 가운데 '개화자 중 망극자'들을 일본보다 더 문제시하였다. 이는 개화인들이 제왕대통·성현종교·倫常制度·衣髮重制로 표현되는 동양의 유교전통을 파괴하고, 급기야 조선 인민의 마음을 서양화로 치닫게 만든 장본인들이라고 생각했기 때문이었다.30 또한 1909~1910년간 유인석은 종친 李載允을 초빙하여 의군도총재로 삼아 대사를 주관케 하려 했는데, 그 근본 이유도 평소 이재윤이 "나라가 망하는 것은 오히려 부차적인 문제이다. 도가 없다면 어떻게 나라가 되겠는가"라는 강한 위도론을 나타냈기 때문이었다.31

---

27 이정규, 「종의록」, 『독립운동사자료집』 1, 71쪽.
28 『의암집』, 권24, 「處義三事」(1910.음8). 이때 유인석은 "나라를 되찾은 다음에야 중화를 보존할 수 있으나, 나라를 되찾더라도 중화를 보존하지 못하는 경우가 있다면, 오직 중화를 수호하고 중화에 몸을 바칠 따름이다"고 말하였다.
29 김도형, 「한국근대 재야지배 세력의 민족문제 인식과 대응」, 『역사와 현실』 1, 1989, 72~77쪽.
30 『우주문답』, 95~96쪽.
31 『의암집』, 권55, 「연보」, 1909년 12월, 1910년 5월 ; 『의암집』, 권32, 「散言」, 20b.

요컨대 유인석의 평생에 걸친 반개화 상소활동, 제천·연해주에서의 의병활동, 평안도에서의 강학활동 등은 동양문화의 보위를 위한 주자학적 민족주의운동의 성격을 지니고 있었다. 나아가 자신의 사상이 집약된 『우주문답』의 저술·간행·반포 활동도 바로 그러한 주자학적 민족주의운동의 일환이었음을 주목할 필요가 있다.

III. 중국중심의 동양평화론과 국제질서재편론

화서학파 유림들이 세계질서를 바라본 기본시각은 중국중심적 세계관인 화이관이었다. 이는 이항로·김평묵·유중교의 사상을 정통으로 계승한 유인석에게도 마찬가지였다. 1910년대 전반기에 유인석이 인식한 시대의 당면과제는 중화와 이적, 정학과 이단, 왕도와 패도를 국가관계와 인간관계에서 엄격히 구분하는 것이었다. 그는 '화이의 분별'이 혼란에 빠지면 '정학과 이단의 분별'과 '왕도와 패도의 구분'은 다시 말할 것도 없다고 전제하고, 근래 문란해진 화이관을 재정비하여 천하의 시비를 엄히 분별해야 한다고 역설하였다.32 이처럼 화이관은 유인석이 모든 자연현상과 사회현상을 설명할 때에 인식틀로 작용했을 뿐만 아니라 그의 최후의 염원인 동양문화 보존론의 사상적 기저를 이루고 있었다.

화이관은 중국이 세계의 중심이며 중국 주변의 모든 이민족이 중국에 신복해야 한다고 하는 동양중세의 지배적 사상체계이다. 이러한 화이관이 중국과 주변국 사이의 정치·외교·사상·문화 교류에 지대한 영향을 끼쳤음은 주지의 사실이다. 조선에서는 17세기에 宋時烈·俞棨 등 척화파들이 기존의 문화적 성격의 화이관을 국가관계를 규율하는 보편적 세계관으로 받아들였다. 이로 말미암아 조선건국 이래 정치적·군사적 차원의 독자적 대중국 관계는 민족적 독자성을 상실하고 사대지향적인 관계로 전환되었다.33

---

32 『의암집』, 권28, 잡저, 12a.
33 박충석, 『한국정치사상사』, 삼영사, 1982, 60~64쪽.

그러다가 이에 대한 반성이 일어나 朴趾源·洪大容·朴齊家 등 북학계 실학자들이 지리적 화이관을 점차 탈피하여 중화와 이적이 동일하다는 평등한 세계관을 주장하기에 이르렀다. 이러한 북학사상의 흐름을 계승하여 1870년대에 개화파가 형성되면서 문호개방과 대외통상을 위한 사상적 분위기가 조성되었다.

개항 후 주권국가 간의 평등외교체제를 당연시한 개화파와 달리, 화이관을 고수하는 위정척사파 유림들은 국가 간의 위계질서를 선험적으로 받아들였다. 1880년대 고종정부가 만국공법의 균세론에 따라 구상·추진한 주권국가간의 평등외교론도 그들에게는 화이관적 세계관을 확대·강화하는 하나의 수단으로 원용되었다. 이를테면, 갑신정변 및 갑오경장 직후 일본에 도주·망명한 개화파 인사를 소환·징치하라는 요구,34 갑오경장기 및 을사조약 전후기에 조약과 공법을 들먹이며 일본의 棄信背義를 규탄한 사실 등은 모두 국제공법의 근본이념인 국가 간의 평등외교론을 유교의 평화주의적 관점에서 해석한 가운데 제기된 것들이었다.35 이때 그들은 『만국공법』·『공법회통』 등 만국공법 서적에 수록된 많은 구절 중에 자기들의 구미에 맞는 범인인도·칭제·사신파견·중립·조약체결 등에 관련된 조항들만을 부조적으로 추출하여 화이관에 입각하여 받아들이고 있었다. 한마디로 1910년대에도 유인석과 같은 전통유림들에게 화이관은 그들의 사유양식과 행동방식을 규제하는 핵심적 사상논리였다.

『우주문답』에서 유인석은 국제질서를 중국(인류)-이적(청·일)-금수(서양)로 파악하던 기왕의 3단계 화이관을 동양-서양, 중국-각국 간의 2단계 화이관으로 변개하여 이해하였다. 이것은 서양의 국가와 인민을 막연

---

34 오영섭, 「갑오개혁 및 개혁주체세력에 대한 보수파 인사들의 비판적 반응」, 『국사관론총』 36, 1992.
35 오영섭, 「갑오경장~독립협회기 면암 최익현의 상소운동」, 『한국민족운동사연구』 18, 1998, 93~95쪽 ; 김세민, 「위정척사파의 만국공법 인식」, 『강원사학』 17·18, 2001, 225~235쪽 ; 오영섭, 「개항 후 만국공법 인식의 추이」, 『동방학지』 124, 2004, 485~491쪽.

하게 '서양'·'海浪賊'·'西醜'·'洋狄'·'양이'·'금수' 등으로 부르며 서양세계의 독자성을 폄하했던 자기 스승들의 주장을 수정한 것이었다.36 이처럼 유인석이 조선 후기에 크게 유행한 동양식 세계지도인 천하도에 나타난 3단계의 화이관을 확대 재편한 것은, 개항 전후 서양 각국과 세계 각국의 인문지리에 대한 지견이 점점 축적되었을 뿐만 아니라 서양과 직접 외교·통상을 펼치면서 그들의 존재를 인정할 수밖에 없었던 변화된 시대상황을 받아들인 결과였다.37 특히, 1882년 8월 고종이 반포한 척화비 제거 및 동도서기론 공인교서와 1894~1895년 청일전쟁에서의 청국의 패배는 유인석과 같은 척사론자들의 사상변화에 직접적 영향을 미쳤다.

화이관에 기반한 유인석의 국제질서관은 대체로 두 가지로 구분된다. 작게는 중국을 중심으로 동양 삼국에 국한된 전통적 화이론과 크게는 중국을 중심으로 서양 및 세계 여러 나라까지 포괄하는 확장된 화이론이 그것이다. 다시 말해 그의 화이론은 중국이 동양에서 맹주의 자리를 지키고 한국과 일본이 주변에서 중국을 받들어야 한다고 하는 중국중심의 동양평화론과 중국이 세계의 중심이 되고 세계 각국이 중국에 조공을 바치고 신복해야 한다고 하는 중국중심의 국제질서재편론이었다. 이제 유인석의 중국중심의 동양평화론과 국제질서재편론을 차례로 논급하면 아래와 같다.

먼저, 유인석의 중국중심의 동양평화론을 알아보겠다. 러일전쟁 중에 유인석은 일본이 러시아에게 패배할 것이라고 예상하면서 일본의 동양평화론을 비판하였다. 즉, 그는 "항상 동양 3국이 합심하여 외침을 함께 막아내자고 주장하던 일본이 일거에 한국을 점령하고 이어 중국을 해쳤다. 그리하여 일본의 악행이 천하에 가득하다. 그런데 일본이 군사를 만리까지 일으켜 막

---

36 유인석의 화이관에 기반한 서양지리관에 대해서는 오영섭, 「의암 유인석의 대서양인식」, 제2장, 「서양 지구과학 및 지리비판」, 1736~1744쪽.
37 위정척사파에서 계몽운동가로 전환한 이상룡도 화이론의 입장에서 서구문명을 받아들이고 있었다. 박영석, 「석주 이상용의 화이관」, 『일제하독립운동사연구』, 일조각, 1984, 89~97쪽.

강한 상대를 대적하고 있으니 이미 패배의 형세가 드러났다. 국력을 소진하고 민인을 소란하게 만드니, 나라가 가난해지고 민인이 궁해지면 반드시 내란이 생길 것이다"며 동양 평화를 저버리고 침략정책을 일삼는 일본의 패망을 예견하였다.38

1910년대 전반경에 유인석은 러일전쟁기에 유행한 황인종-백인종 전쟁설을 다시금 주장하기에 이르렀다. 이는 1910년대 전후 국내외의 민족운동가들 사이에 널리 퍼진 미일전쟁설에 일정 부분 영향을 받은 것이다. 그는 가까운 장래에 백인종·황인종 사이에 대전쟁이 일어날 것이라고 예측하고 황인종의 나라인 중국·조선·일본 등 동양 삼국은 마땅히 서로 하나가 되어 서양을 막아야 한다고 하였다.39 나아가 그는 "동양에는 중국·조선·일본 등 3국이 있을 뿐이니, 3국은 마땅히 서로 相愛·相憂·相勸·相助해야 한다. 현재 동양은 위기를 맞았는데, 이는 모두 일본이 강자로서 신의를 저버리고 동양의 재앙이 되었기 때문이다"고 하여 일본의 침략정책을 강하게 비판함과 동시에 동양 삼국의 평화를 역설하였다.40

일본이 강성해진 원인에 대해 유인석은 일본이 西法, 즉 서양의 기술과 제도와 법률을 적극 도입했기 때문이라고 보았다.41 그는 일본이 중국·조선과 달리 서법을 쉽게 수용한 것은 동양에서 주변에 위치한 일본의 지리상 형세가 서양과 닮았을 뿐더러 서양처럼 권력이 임금에게 있지 않고 아랫사람에게 있기 때문이라고 하였다.42 이어 그는 "강한 국력을 무기로 삼는 일본이 중국에 대해서는 명분 없는 군사를 일으켜 영토와 재화를 빼앗고 의화단의 난을 틈타 연합국의 앞잡이가 되었으며, 조선에 대해서는 보호를 핑계로 영토를 빼앗아 총독부를 설치하였다. 이 때문에 중국과 조선이 일본에

---

38 『의암집』, 권35, 「漆室愼談」(1904.음8), 1a.
39 『우주문답』, 20~21쪽.
40 『우주문답』, 20~21쪽 ; 김도형, 「의암 유인석의 정치사상연구」, 141쪽.
41 『우주문답』, 90쪽.
42 『우주문답』, 89쪽.

대해 깊은 울분을 품고 있다"고 하였다.[43]

강대국으로 부상한 일본의 처지가 지극히 허약하고 위태로운 상태라고 인식한 유인석은 일본에게 주변국과 평화교섭에 나설 것을 촉구하였다. 전쟁을 자주 일으키면 국채가 쌓이고 강한 러시아의 원망을 사게 되며 부강한 미국과 소원해진다고 보았기 때문이었다.[44] 나아가 이러한 추세가 계속되면 재화가 마르고 인민이 곤궁해지고 인심이 흩어지게 되며, 그렇게 되면 정부와 민당, 귀족과 백성들이 서로 다투어 국가가 파멸하는 지경에 빠질 것이라고 보았기 때문이었다. 처음에 서법으로 강성을 이룩한 일본이 결국에 가서는 서법으로 나라를 망칠 것이기 때문에 현재 일본을 위한 계책으로는 허물을 돌이켜 중국과 화평하게 지내고, 조선에 국권을 돌려주고 조선의 자강책을 도모해야 한다는 것이었다.[45]

유인석은 일본의 식민지로 전락한 조선에게 일본과 화친하고 중국을 섬길 것을 제안하였다. 즉 "조선은 自勉自强의 방책을 강구해 나가야 한다. 아울러 일본이 불공대천의 원수이기는 하지만 그들이 조선의 국권을 돌려주고 사죄하면 이를 받아들이고 좋은 관계를 맺어 나갈 것이며, 중국과는 역사적으로 불가분의 관계를 맺어왔으니 의리상·형세상 외국에 의지하기보다는 중국에 의지하는 것이 좋을 것이다"고 하였다.[46] 더욱이 중국은 인종·倫常·제도·문물·학술·國服 등이 조선과 같고 고금을 통해 기쁨과 슬픔을 함께 했던 나라이다. 따라서 국가를 경영할 때 조선은 중국에 의지함이 마땅하며 중국을 조선보다 더 사모한다고 비웃음을 사더라도 이는 동방의 선현과 선비들의 유풍이니 하등 문제삼을 것이 없다고 보았다.[47]

유인석은 천하에서 서법의 피해를 가장 많이 입은 나라가 바로 조선이라

---

43 『우주문답』, 21쪽.
44 『우주문답』, 22~23쪽.
45 『우주문답』, 22~23쪽.
46 『우주문답』, 22~23쪽.
47 『우주문답』, 98~99쪽.

는 서법망국론을 제기하였다. 그는 "조선에서는 서법을 先知外事者들이 도입하고, 개화인들이 창도하고, 이어 '개화자 중 망극자'들이 악용하면서 급기야 국권을 상실하게 되었다. 그런데 외부세계에 밝았던 자들에 의한 서법의 도입과 확산 운동은 사실 일본의 계략에 의한 것이다. 처음에 일본은 조선을 독립시킨다며 보호국으로 삼았고, 뒤이어 불법적인 합병을 단행하였다. 이는 모두 일본의 사주를 받은 개화인들이 겉으로는 서법으로 국가를 부강하게 한다고 가장하고 속으로는 개인의 사리사욕을 위한 끝없는 욕심을 채웠기 때문이다"고 보았다. 따라서 그는 "以寒治寒의 원리에 따라 서법에 병든 조선을 서법으로 치료하는 것이 옳다"며 서법의 필요성을 인정하였다. 그러면서도 그는 "서양 풍토에서 나온 서법을 전적으로 조선에 이식하면 결국은 도의를 중시하는 미풍을 잃고 공리에 급급한 서양풍속이 유행하는 폐단이 발생할 것이다"며 서법의 전면적 수용에는 반대의사를 표명하였다.[48]

유인석은 조선과 마찬가지로 서법의 피해를 겪고 있는 중국을 위해 나름의 방책을 제시하였다. 중국은 국가발전을 위해 서법을 도입해야 하겠지만, 만약 서법만을 좋아하면 마음을 빼앗기게 된다. 서법을 도입한 일본이 결국은 패망에 이를 것이기 때문에 중국이 서법을 본받는 것은 적당치 않다.[49] 현재 중국은 내란과 외침에 시달리고 있는데, 이는 중국이 지극히 쇠약한 운세를 당한 반면 서양은 지극히 강성한 운세를 만났기 때문이다.[50] 게다가 청나라의 조공국 가운데 몽고와 티베트는 이미 서양의 식민지로 전락한 베트남과 버마의 전철을 밟고 있고 조선은 일본에 병합을 당하였다. 이로 인해 중국은 그 외벽이 모두 무너져 국가의 존립이 위태로운 상황에 처하게 되었다.[51] 따라서 중국은 현재의 난국을 타개하기 위해 중국이 되는 소이를

---

[48] 『우주문답』, 22, 91~92, 96~97쪽. 유인석의 서법망국론은 달리 말해 개화망국론이라고 볼 수 있다. 그는 서법의 도입을 주도한 개화인들이 국모를 시해하고 임금을 폐하고 인륜을 무너뜨리고 법률과 기강을 문란시키고 나라를 팔아먹었기 때문에 결국 나라가 망하게 되었다고 보았다.
[49] 『우주문답』, 91~92쪽.
[50] 『우주문답』, 14쪽.

힘써 행하여 천지의 중앙에 우뚝 서야 한다. 중국은 일본에 대해서는 오랜 혐의를 풀고 화목하게 지내야 하며, 조선에 대해서는 情誼를 더욱 두텁게 하고 일본으로 하여금 조선에 나라를 돌려주도록 해야 한다는 것이 유인석의 제안이었다.52

요컨대 동양 삼국은 彼利를 我利로, 彼得을 我得으로, 彼盛을 我盛으로, 彼强을 我强으로 삼아서 전일의 잔학을 다시 행하지 말고 이해득실과 성쇠강약을 함께 강구해야 한다. 그러면 동양 삼국이 모두 利得盛强을 달성할 뿐 아니라 몽고·티베트·안남·버마 같은 나라들도 중국을 종주로 삼는 동양의 신질서가 수립될 것이다.53 이처럼 중국을 주축으로 동양이 우뚝 존립한다면, 서양은 동양을 공경하고 두려워하여 토지의 점탈이나 대전쟁을 그칠 것이다. 따라서 세계의 大宗에 위치한 중국이 천지를 융화시킨다는 것이 유인석이 주장한 중국중심적 동양평화론의 골자였다.54

다음, 중국중심의 국제질서재편론을 알아보겠다. 유인석은 중국이 세계의 중심이고 서양이 세계의 주변이라고 단언하였다. 이는 중국을 세계의 중심으로 조선·일본·안남을 세계의 주변으로 보았던 문호개방 이전의 지리적 화이관을 서양사회에까지 확장한 것이다. 즉, 그는 "대지는 하나인데, 지형의 형세는 중심과 주변, 近地와 遠地가 존재한다. 이때 풍기(인문)가 일찍 열려 오래 전에 국가를 세운 중국은 대지의 중심이고, 풍기가 늦게 열려 국가 건립과 인지 개발이 늦은 서양은 대지의 주변이다"고 말했다.55 나아가 그는 "중국은 세계의 一大宗이며 천지의 중심이다. 따라서 중국이 자신의 위치를 굳건히 지키면 세계가 안정되고 천지가 평안해지며, 중국이 혼란에 빠지면 세계가 어지러워지고 천지가 불안해진다. 따라서 중국은 자중자애하

---

51 『우주문답』, 22쪽.
52 『우주문답』, 23쪽.
53 『우주문답』, 23쪽 ; 김도형, 「의암 유인석의 정치사상연구」, 142쪽.
54 『우주문답』, 24쪽.
55 『우주문답』, 3~4, 25~26쪽.

여 자신의 위치를 지켜야 한다"고 덧붙였다.56 이런 논리는 화이관적 지리관에 따라 중국을 '화'로, 서양을 '이'로 미리 상정한 다음에 전개되는 선험적이며 비경험적인 문명관이었다.

　서양을 금수에서 이적으로 격상시켜 확대된 화이론 체계에 편입시키려면, 이전과 달리 서양적인 측면들에 대한 다소 긍정적인 인식이 요구되기 마련이었다. 이는 유인석에게 있어서 '夷'적인 측면의 수용은 만국공법적 국제질서의 인정과 서양 문물의 부분적 수용의식 등으로 나타났다. 즉, 그는 만국공법적 국제질서를 받아들여 서양 각국을 국가로 인정하였고, 또 서양의 사상과 문물 가운데 무기와 기계류 제작술의 도입, 신학교 설치와 외교전문가의 양성 등을 주장하기에 이르렀다.57 이처럼 유인석은 일평생 위정척사론을 견지하는 가운데 화이관의 사상적 기반을 침식하지 않는 범위 내에서 서양의 사상과 제도의 소폭 수용을 인정하였다.

　그러면 유인석의 중국중심의 국제질서재편론의 실상은 무엇인가? 유인석의 중국중심의 세계질서재편론은 春秋大一統論이라고 말할 수 있다. 즉, 화이관적 국제질서관에 따라 중국이 주변 각국은 물론 서양 세계까지 아울러 통치하는 것을 말한다. 그래서 그는 "세계는 어떻게 정해져야 하는가? 하나로 정해져야 한다. 하나가 어디에 있는가? 중국에 있으니, 중국이 대일통이 된 후에야 하나가 될 것이다"고 말했다. 이는 중국에 의한 천하의 통일을 염원한 것이었다.58

　유인석은 혼란에 빠진 중국이 향후 대일통을 달성하는 것은 형세상으로나 이치상으로 어려운 일이 아니라고 보았다. 즉, 그는 "현재 서양 각국처럼 세계 각국도 그 품격이 서로 다르나 하늘에서 받은 성품의 이치는 같다. 그러니 세계 각국들로 하여금 중국이 번성할 때처럼 하게 하면 그들이 중국을 흠모하여 복종할 것이다"고 하였다.59 이러한 주장은 사상적인 측면에서 단

---

56 『우주문답』, 20쪽.
57 『우주문답』, 14~15, 33, 38~39, 76, 97쪽.
58 『우주문답』, 112쪽.

군교·摩西敎·야소교·천주교·공자교·태극교 등 온갖 '잡교'를 공자의 가르침으로 통일함과 동시에,60 萬이 一을 옹립하는 서양의 공화제를 배척하고 일이 만을 통솔하는 중국의 군주제를 지지하는 논리적 당위성을 내세우기 위함이었다. 따라서 유교적 제왕이 중국을 다스리는 것은 천지개벽 이래의 항구적인 규범이며, 중국이 외국을 통제하고 일이 만을 통제하는 것은 천하에 바꿀 수 없는 이치라는 것이 유인석의 입장이었다.61

『우주문답』의 대미를 장식하는 춘추대일통론을 이론적으로 뒷받침하는 것은 인간사회의 운영원리를 숫자로 표시한 「洛書大衍局圖」이다. 여기에 나타난 유인석의 세계질서재편론은 5가 천하의 중심에 위치하고, 3(서)·4(서북)·9(북)·2(동북)·7(동)·6(남동)·1(남)·8(서남) 등 8개의 숫자가 5를 둘러싼 형상을 이루고 있었다. 이는 중국이 천하의 중심에 있고 모든 외국이 중국에 敬服하는 모양을 나타낸 것이다.62 아울러 유인석은 "대통일을 이루기 위해 중국은 옛것을 잘 행해야 한다. 이것이 중국이 되는 소이이다. 천지의 중심에서 문명을 열고, 中으로써 外를 다스리면 곧 대통일을 달성하게 된다. 그런 다음에 윤리·도덕과 예악·법도를 외국과 더불어 행한다면, 외국이라도 대통일을 이룬 중국에 경배를 드리지 않는 나라가 없을 것이다"고 설파하였다.63

IV. 동·서양 문명의 장기 비교

개항 전후에 위정척사파 유림들은 동양문명을 도덕에 기초한 정신문명으로, 서양문명을 이익에 기반한 물질문명으로 간주하였다. 성리학의 理氣二

---

59 『우주문답』, 113쪽.
60 『우주문답』, 104~110쪽.
61 『우주문답』, 86쪽 ; 정영훈, 「위정척사파의 군주제 옹호이론」, 40쪽.
62 『우주문답』, 112~117쪽.
63 『우주문답』, 114쪽.

元論과 正邪二分論에 기초한 이런 이분법적 인식은 동양과 서양의 우주관과 세계관이 분명히 반영된 지도를 설명할 때에도 그대로 적용되었다. 즉 "서양의 地球圖의 정신 골자는 貨利에 있고, 동양의 先天圖와 太極圖의 정신 골자는 彝倫(오륜)에 있다. 따라서 서양의 귀착점은 사람이 금수와 같아지는 것이지만, 동양의 지향점은 사람이 금수와 다른 점을 강조하는 것이다"고 말한 데서 분명히 드러난다.64 이때 지구도는 마테오 리치 이후 서양의 예수교선교사들이 중국에 가져온 지구구형설에 기초한 세계지도를 말하며, 선천도와 태극도는 동양의 천원지방설에 기초한 성리학적 우주관이 반영된 전통지도를 말한다.65

화서학파의 주요 인물들처럼 유인석도 동양은 정신을 추구하고 서양은 물질을 궁구한다는 이분법적 문명관을 지니고 있었다. 그는 중국은 세계의 正中의 자리에 나라를 세웠기 때문에 힘쓰는 것이 上達이며, 외국(서양)은 세계의 변두리에 나라를 세웠기 때문에 힘쓰는 것이 下達인데, 여기서 상달이란 정신적인 도리에 통달하는 것이요, 하달이란 물질적인 형기를 중시하는 것이라고 보았다. 따라서 그는 上達道理는 중국의 장기이고 下達形氣는 외국의 장기인데, 이처럼 중국과 서양의 장기가 다른 이유는 양자의 문명이 자연환경과 인간품성이 서로 다른 기반에서 나왔기 때문이라고 하였다.66 이처럼 그는 동양문명과 서양문명의 근본 차이를 정신과 물질로 구분하는 성리학적인 이분법적 문명관을 보여주었다. 이때 인간계의 운영원리를 설명하기 위해 동원된 이·기, 도심·인심, 선·악, 천리·인욕, 군자·소인, 중화·이적 등의 상반된 개념은 성리학의 正邪이분론에 기초한 것이다.67 이

---

64 『중암집』, 권36, 잡저, 「大谷問答」.
65 노정식, 「김정호 판각의 지구전후도에 관한 연구」, 『대구교대논문집』 8, 인문사회과학편, 1973. 일찍이 유인석의 스승 이항로는 "陽界(동양)와 陰界(서양)가 구분이 분명하고 풍기가 다른데, 어찌 양계 인물이 음계를 왕래하여 그 산천과 물산을 이처럼 상세히 목도했겠는가"라며 地球圖의 신뢰성에 의문을 표시하였다. 『화서집』, 권25, 잡저, 「地球圖辨」, 42a-b.
66 『우주문답』, 4쪽.

러한 문명관은 자연계와 인간사회의 운영원리를 비경험적 차원에서 우월한 것과 저열한 것으로 구분하는 데서 그치는 것이 아니라 동시에 전자에 의한 후자의 극복을 강조하고 있는 것이 특이한 점이었다.

유인석은 성리학의 체용논리를 원용하여 동서양 문명의 특성과 차이를 논급하였다. 혹자가 서양은 편리하고 긴요한 일을 힘쓰는 반면, 중국과 조선은 우원한 일만을 일삼아 외국에게 굴복을 당하고 있다고 말하였다. 그러자 유인석은 "무릇 사물에는 有用之用과 無用之用이 있는데, 전자는 體이고 후자는 用이다. 천지만물은 체가 서야 용이 행해지는 것이다. 천리에 상달한 중국 성인들은 체를 밝히고 용을 살펴서 서정과 만사가 모두 無用之用을 토대로 有用之用에 이르렀다. 그러나 서양은 이런 이치를 모르고 편리하고 긴요한 것만을 주력하여 체를 버리고 용만 힘쓰고 있다"고 비판하였다.[68] 이와 기를 상하의 관계로 파악하여 理尊氣卑論을 주장한 자기 스승들처럼 유인석도 체를 우위에 두고 용을 하위에 두는 體主用從論을 피력한 셈이다. 이때 물질적인 용은 정신적인 체에 의한 선험적인 극복의 대상이었다.

下達形氣와 有用之用에 치중한 외국의 세부 장기에 대해 유인석은 다음과 같이 평하였다. 외국(서양)은 황벽한 층이 열려 국가를 이루었기 때문에 점점 도리에 어둡고 윤상(삼강·오상)을 저버리게 되었다. 그럼에도 그들은 오직 형기의 진보만을 추구하고 있다. 그들은 좋은 음식, 사치한 옷, 웅장한 집, 예리한 무기, 기이한 재주와 기술로 서로 간에 우위를 경쟁할 뿐이다. 이것이 하달하여 외국이 되는 까닭이다.[69] 따라서 유인석은 서양문명의 물질에 대한 욕심, 좋은 병기를 앞세운 침략행위, 기기교술에 기초한 이익추구 현상 등을 비판하기에 이르렀다. 자신의 스승들처럼 유인석도 서양문명의 물질상 우수한 측면(역법·수학·의학의 외과 등)을 인정하면서도 서양과의 통상만은 결사반대하는 양태를 보였는데,[70] 이는 동양의 정신문화가 서양의

---

67 정재식, 『종교와 사회변동』, 연세대학교 출판부, 1982, 192~196쪽.
68 『우주문답』, 31~32쪽.
69 『우주문답』, 5~6쪽.

물질문명보다 훨씬 우수하고 가치 있는 것이라는 개인적인 확고한 신념 때문이었다.

유인석은 서양문명의 우수성을 일부 인정하면서도 여전히 동양문화의 우위를 주장하였다. 서양이 利方(서쪽)에 속하기 때문에 물질 방면에 저처럼 뛰어난 것이 아닐까 하는 혹자의 질문에 대해, 유인석은 서양의 우수한 물질이란 것은 1~20년에 2~30명의 손을 거쳐 이룩된 것이 아니라 수천 년 동안 수천 명이 오로지 물질을 궁구한 노력의 결과임을 인정하였다. 이는 서양의 물질문명이 나름대로 의미가 있음을 인정한 것이다. 그러면서도 유인석은 중국은 형이하에 속하는 서양식의 기이한 기술을 힘쓰지 않고 원래부터 원대한 형이상의 도리를 추구해 왔기 때문에 그러한 차이가 나게 되었음을 덧붙여 말하였다.[71] 나아가 그는 천지가 처음 열릴 때부터 문명을 이룩하여 복희·신농 이래 수많은 성왕과 주공·공자 이래 수많은 신하가 배출되어 상달도리의 이치를 널리 펼친 세계 문명의 중심국이 바로 중국이라고 주장하였다.[72]

유인석은 유교사상에 근거하여 서양문명의 경쟁논리를 비판하였다. 이는 사회진화론의 경쟁논리가 문명 간·민족 간·국가 간의 경쟁을 조장하고 당연시하던 한말의 시대조류에 대한 반작용이었다. 유인석은 패도보다 왕도를, 무치보다 문치를, 전쟁보다 예양을, 경쟁적 상업보다 정착적 농업을 중시한 성리학자였다. 따라서 그는 성리학의 평화주의와 자연주의에 의거하여 서양의 경쟁논리가 지닌 위험성과 파괴성을 지적하였다. 그에 의하면, "서양의 경쟁적 이익추구현상은 날이 갈수록 심해져서 이제는 強食弱肉하고 相殘自雄할 정도로 서로 생존을 다투며 이익을 추구하고 있다. 그 결과 전선이 공중에 가설되고, 철도가 땅에 놓이고, 배와 차가 사람을 혼란케 하여

---

70 『화서집』, 附錄, 권9, 「연보」, 「論洋敎之禍」;『화서집』, 25, 「用夏變夷說」;『우주문답』, 30~31쪽.
71 『우주문답』, 73~74쪽.
72 『우주문답』, 4~5쪽.

천·지·인이 모두 불안에 떨고 있다. 그런데도 서양인은 이것을 스스로 '能事'로 여기고 있다"고 비판하였다.73 이처럼 유인석은 서양문명의 경쟁논리가 천지와 인간을 혼란에 빠뜨리고, 급기야 인간들로 하여금 '상잔'을 경쟁시키는 지경으로 몰아넣었음을 깊이 개탄하였다.

그런데 여기서 주목할 것은 약육강식의 경쟁논리가 서양제국주의의 동양침략을 합리화하는 침략이데올로기로 기능하고 있다는 사실을 유인석이 이미 간파했다는 점이다. 그가 생물체의 진화·발전을 사회집단에 그대로 대입하여 정립한 스펜서류의 단선적 사회진화론의 약육강식·우승열패 등의 사상논리를 제대로 이해했는가의 여부는 분명치 않다. 다만 유인석은 서양 각국의 영토침탈정책의 경쟁적 속성이 날로 심해져 가는 것을 보고 유교사상에 입각하여 현재의 서양문명을 문명이 아니라 차라리 경쟁이라고 불러야 마땅하다고 하였다. 따라서 그는 "하달의 경쟁만을 일삼는 서양은 문명이 아니며 오상·오륜의 도리를 구현하는 동양만이 문명이다.……서양문명은 百技天巧를 지극히 궁구하여 서로 경쟁만을 일삼는 것이며, 그들의 궁극적 목적은 珍食·侈依·壯居·强兵을 달성하는 것이다. 그러므로 서양의 경쟁현상을 문명이라고 말한다면, 중국 요·순·우·탕 이래의 문명은 문명이 아니고 춘추전국의 전쟁시대를 문명이라고 말하는 것과 같은 것이다"고 주장하였다.74

서양문명을 문명이 아니라 경쟁이라고 단정한 유인석은 서양문명의 세부단위들에 대해서도 그러한 관점에서 신랄한 비판을 가하였다. 즉, 그는 민주정치제도(대통령제=공화제·입헌제·국회의원·양원제), 정치사상(천부인권설·평등·자유·다수결원리), 자본주의 경제(이익추구·빈익빈 부익부 현상), 사회(남여자유교제·여권신장·이익사회 활성화), 교육(신학교·평등교육·여성교육 등) 등에 경쟁논리가 관철되어 있다고 지적하였다.75 동

---

73 『우주문답』, 6쪽.
74 『우주문답』, 33~35쪽.
75 이에 대한 개략적인 설명은 김도형, 「의암 유인석의 정치사상연구」, 121~126쪽.

시에 그는 『우주문답』의 곳곳에서 서양의 경쟁추구현상을 강하게 비판하였다. 무엇보다도 그러한 현상이 군비확장과 영토전쟁을 촉발시키고 결국에 가서는 대전쟁을 부추겨 인류를 패망의 나락으로 몰아넣을 것임을 우려했기 때문이었다.[76] 따라서 그는 예리하고 견고한 병기로 많은 사람을 살상하고 있는 서양에 대해 천지가 만물을 生育하고 인간이 상호 仁愛하는 도리를 깨우쳐야 한다고 충고하였다.[77]

유인석의 사회진화론 비판은 영토침탈정책과 군비확장정책을 일삼은 동서 고금의 영웅들에 대한 비판으로 이어졌다. 당시 청소년들에게 '新學'을 가르칠 때 비스마르크와 나폴레옹과 같이 웅지를 품어야 한다는 개명지식인들의 주장에 대해, 유인석은 "이들 서양 영웅들은 서양인 가운데 괴수들이며 한낱 간사하고 포악한 용맹이나 떨치는 무리에 불과하다. 이제 그들을 흠모한다면 참다운 용맹을 배우지 못하고 간사하고 포악함만을 본받는 것이다. 종래에는 서양인들을 사모하는 노예가 되어 동양인의 본성을 서양인의 본성으로 바꿔야 하는 지경에 이를 것이다"고 개탄하였다.[78] 또한 민족주의 사가들이 중국의 諸葛亮과 조선의 李舜臣을 칭송하는 것에 대해서 그는 "이들 영웅은 조선의 훌륭한 유학자만도 못하고 고작해야 중국의 呂尙 정도의 인물들에 불과하다. 그런데 이들이 숭앙 받는 이유는 거북선이나 木牛流馬[79] 등의 제조능력과 빛나는 전쟁기술 때문이 아니라 품행이 정대하고 근신하며 충신했기 때문이다"고 하였다.[80] 이처럼 그는 한일병합 전후 민족주의 사가들이 한국민의 독립의지를 고양시키기 위해 동·서양의 영웅들을 칭

---

76 『우주문답』, 24쪽.
77 『우주문답』, 75쪽. 유인석은 경쟁논리를 뒷받침하는 서법을 동양이 채용하게 되면 이익이 없고 피해만 입을 것이라고 보았다. 서양식의 경쟁적 부국강병책이 재정의 고갈과 인민의 곤핍과 민심의 이반을 초래하여 귀족과 민족, 정부와 민당의 분쟁을 일으킨다고 보았기 때문이었다. 『우주문답』, 91쪽.
78 『우주문답』, 69쪽.
79 제갈량이 만든 군량 운반 수레.
80 『우주문답』, 69~71쪽.

송한 애국계몽론의 영웅사관을 유교적인 도덕사관에 의거하여 강하게 질타하였다.[81]

V. 서양의 사상과 제도 비판

유인석은 위정척사론에 근거하여 세습적 군주제와 귀족제, 사농공상의 차등적 신분제, 농업위주의 자급자족 경제, 오륜위주의 도덕교육 등을 수호하려고 노력하였다. 여기서는 유인석이 동양의 정치제도와 사회제도의 우수성을 내세우기 위해 서양의 근대적 사상과 제도를 어떻게 비판했는가를 알아보겠다.

먼저, 정치사상과 정치제도의 문제이다. 유인석은 전제군주제를 철저히 옹호하는 입장에서 서양근대 정치사상의 핵심논리인 평등과 자유 개념을 집중적으로 다루었다. 그는 평등과 자유가 난쟁을 불러일으키는 단서라고 말했는데,[82] 이때 성리학의 차등적 세계관과 신분관을 근본적으로 부정하는

---

[81] 『우주문답』에 나타난 유인석의 역사관은 관념적인 낙관적 순환사관이다. 보통 성리학자들은 인간사회가 一治一亂을 거듭한다고 하는 孟子의 순환론에 따라 암흑시대가 지나면 반드시 광명시대가 도래할 것이라는 낙관적 순환사관을 지니고 있었다. 구한말에 유림들은 明이 망하고 淸이 중원의 패자가 되면서부터 천하의 유일한 문명국은 조선뿐이라는 一脈陽氣論(=碩果不食論)을 주장하였다. 이는 『周易』의 剝卦上九爻에서 밑의 다섯 爻가 모두 陰이고 맨 위의 爻만이 陽인 모습이 마치 과일나무에서 큰 과일 하나가 마지막으로 떨어지지 않고 남아있는 모습을 의미하는 것이었다. 이때 유림들은 『周易』의 剝卦는 小中華에서 단절되었으나 復卦가 되면 다시 大中華로 돌아갈 것이며, 그럴 경우 小中華인 朝鮮도 이를 따라 다시 흥기할 것이라는 낙관적 믿음을 나타냈다. 그러나 1910년 일제의 한국병합과 함께 유림들이 기대하던 一脈의 陽氣마저 끊어지고 말았다. 이에 유인석은 중국 송대 유학자 邵雍의 『黃極經世書』에 나타난 순환론적 역사인식을 원용하여 현재는 '退・屈・逆'의 시대이기 때문에 國亡・道亡의 지경에 처하게 됐으나 다음에 이어지는 '未會의 始'에는 광명시대가 도래할 것이라는 지극히 낙관적인 믿음을 보였다. 유인석의 이러한 낙관적 순환사관은 서양의 진보적 역사관의 일종인 비코류의 나선형적 순환사관과 달리 역사의 진보나 발전을 상정하지 않는 단선적 역사관이었다. 『우주문답』, 3, 6, 25~29, 67, 103쪽. 한말 위정척사파의 역사관에 대해서는 금장태, 「한말 유학의 역사인식」, 『한국근대의 유교사상』, 서울대학교 출판부, 1990, 1~25쪽.

[82] 『우주문답』, 35쪽.

평등을 자유보다 훨씬 강도 높게 비판했다. 또한 그는 평등과 자유의 기반이 되는 천부인권설에 대해서도, "모든 인민의 자유·평등·주권을 인정하는 천부인권설을 신봉하게 되면 결국 사람이 되는 도리를 상실하게 된다"고 하였다.[83]

자연계에 평등과 자유가 존재하지 않는 것처럼 인간사회에도 평등과 자유가 있을 수 없다는 것이 유인석의 지론이었다. 평등에 대해, 그는 "자연계의 천지와 만물과 산하가 모두 높고 낮고 크고 작은 차이가 있는 것처럼 인간계에는 군신·부자·부부·장유·상하·존비·聖凡·智愚의 차이가 있는데, 어떻게 이들을 모두 평등하게 대우하겠는가? 현재 평등을 내세우는 서양에도 입헌하여 군주와 신민이 있고, 공화하여 대통령과 부통령이 있으며, 의원에도 상하 양원이 있으니 결국은 평등한 것은 아니다"고 보았다.[84] 자유에 대해, 그는 "천지 간의 사람과 생물은 서로 구제하는 이치가 있고, 음양과 오행은 順逆과 生剋의 이치가 있으며, 사람 사이에도 서로 사양하는 도리가 있다. 군신의 일로 말하면 신하는 임금에게 규제되고 백성은 신하에게 규제되며 임금은 백성을 두렵게 여기기 때문에 서로 자유롭지 못하다. 서양의 법에도 그 나름의 등급과 명분이 있으니 이 역시 자유가 없는 것이나 다름없다"고 하였다.[85] 이어 유인석은 자유와 평등에 대해 다음과 같이 평하였다.

> 평등을 주장하면 위계가 없어지고, 위계가 없어지면 세상이 어지러워진다. 자유를 주장하면 사양하지 않게 되고 사양하지 않게 되면 서로 다투게 된다. 오늘날 세계에서 난쟁이 일어나는 이유는 다름 아니라 평등과 자유 때문이다. 평등과 자유를 주장하면 난쟁의 마음이 일어나 난쟁의 사건을 행하게 된다. 천하가 온통 평등과 자유를 추종하여 난쟁의 마음을 일으켜 난쟁의 사건을 행하고 있다. 만약 이런 일을 그치지 않으면 인류는 장차 진멸되고 천지도 반드시 붕괴할 것이다.[86]

---

83 『우주문답』, 36쪽.
84 『우주문답』, 35~36쪽.
80 『우주문답』, 36쪽.

위의 인용문에서 유인석은 사람에게서 사양의 마음을 빼앗아가고 거리낌 없이 행동하게 만드는 천하에 유례없는 최악설이 바로 평등과 자유라고 단언하였다. 따라서 그는 서양에서와 달리 상고시대의 중국에서는 상하·대소, 귀천·賢愚를 막론하고 모두 스스로를 낮추었기 때문에 난쟁이 일어나지 않고 천하가 태평을 이루었음을 강조하였다.[87] 그는 예의와 사양의 도리로 나라를 다스리면 아무런 어려움이 없을 것이라는 공자의 치국론을 그대로 계승한 유학자였다. 따라서 그는 사양과 겸손의 도리를 무시하고 경쟁적인 난쟁만을 조장하는 단서가 바로 평등과 자유라고 비판하였다. 이를테면, 그는 평등과 자유가 제국주의세력의 침략이데올로기로 이용되는 것을 예리하게 간파하고 있었던 것이다.

유인석은 중국의 역사와 전통에 근거하여 서양의 민주정치제도를 비판해 들어갔다. 먼저, 다수결원리에 대해 유인석은 "사물의 이치는 일을 요체로 삼는다. 일로 만을 통섭하면 그 이치를 얻게 된다. 가령 만이 일의 통섭을 받지 않으면 세상이 어지러워진다. 이는 천지에 하나의 태극이 있어서 음양·오행과 남녀·만물이 거기에서 생겨나는 것과 같다"고 하였다.[88] 이를테면, 중국은 유사 이래 제왕의 나라였기 때문에 민주제를 시행해서는 안되며 군주를 두어 만민을 통섭하는 것이 천지의 정의라는 논리였다.[89] 또한 그는 지도자 교체방식으로써 세습제를 적극 옹호하였고, 귀족제 폐지 주장에 대해서도 반대의사를 분명히 하였다. 즉, "선양제를 택하면 대통령은 대단한 권력이 없음에도 불구하고 교체 때마다 반드시 다툼이 일어나 민심이 소란해지고 세상이 혼란해질 것이다. 또한 귀족은 그들의 조상이 국가와 천하에 공덕을 세운 덕분에 생겨난 것이니 그 후손이 조상의 지위를 계승하는 것은 정당하다"고 덧붙였다.[90]

---

86 『우주문답』, 36~37쪽.
87 『우주문답』, 37쪽.
81 『우주문답』, 86쪽.
89 『우주문답』, 87~88쪽.

유인석은 난쟁과 경쟁의 근본 원인으로 간주된 서양의 민주정치제도를 동양에 이식하는 것은 국가와 인민의 멸망을 초래하는 단서가 된다고 생각하였다. 먼저, 그는 "대통령제라는 제도는 서양에서도 늦게 나온 제도로서 현재 미국에서만 시행되고 있다. 미국은 각 주가 합해진 합중국이라서 시행할 수 있지만, 대일통의 역사를 가진 중국에서는 시행할 수 없다. 현재 공화제의 시행 여부가 초미의 급무인데, 황제가 없이 대총통을 둘 수 있겠는가? 대일통의 규범에 따라 중국이 외국을 통할하고 일이 만을 통섭하는 것은 천하의 정해진 이치이다"고 하였다.[91] 즉, 유사 이래 군주제를 채택한 중국이 다른 역사상황에서 나온 대통령제를 시행하는 것은 불가하다는 것이 그의 입장이었다. 이어서 그는 중국적 특수성과 유교적 평화주의에 입각하여 대통령제의 채택을 반대하였다.

> 중국이 대통령제를 시행한다면 명분이 바로 서지 않고 말이 순조롭지 못하며, 체계가 잡히지 않고 일도 이루어지지 못하여 회귀할 곳을 잃은 인민은 안정하지 못할 것이다. 게다가 대통령에 선출되기 위해 서로 경쟁하면 틈은 갈수록 벌어져 급기야 그 형세는 서로 무기를 동원하여 상대방에 대한 공격을 꾀할 것이다. 이렇게 되면 그만두려고 해도 어쩔 수 없을 것이고, 각기 외국을 끌어다 원군으로 삼을 것이다. 외국이 이를 통해서 그들의 욕심을 꾀하면 우리가 그러한 음모를 안다고 하더라도 어찌할 수 없을 것이다.[92]

즉, 유인석은 상하 명령계통의 혼란, 민심의 불안정, 대통령 선출 시의 분쟁과 외세와의 결탁 가능성 등을 우려하며 대통령제를 반대하였다. 아울러 그는 중국이 대통령제를 시행하더라도 대통령은 명령을 내리지 못하고 아랫사람에게 부림만 받을 뿐이라는 이유를 덧붙였다. 요컨대 그는 중국이 공화제를 시행하는 것은 중국과 반대되는 장기와 품격을 따르는 것이며, 그렇기

---

90 『우주문답』, 77~81쪽.
91 『우주문답』, 7쪽.
92 『우주문답』, 8쪽.

때문에 사리의 당연함을 잃는 것이라고 보았다.[93]

유인석은 공화제 반대논리와 동일한 논리로서 입헌제를 비판하였다. 즉, 그는 중국과 조선의 성왕들이 인민에게서 청취한 것은 정도이나, 입헌제가 인민에게서 청취하는 것은 정도가 아니라고 하였다. 인민에게서 청취하는 점에서는 동양과 서양이 같지만, 동양의 청취는 군주의 통치권력이 유지되는 것인 반면, 서양의 그것은 임금이 정치적 권한을 발휘하지 못하는 특징을 지니고 있다. 왜냐하면, 상하 양원이 먼저 논의·결정한 후에 임금에게 보고하면 임금은 그 가부를 취사하지 못하고 무조건 허락해야만 하기 때문이라는 것이었다.[94] 이런 방식에서는 아래에서 위로 미치는 일은 있어도 위에서 아래로 미치는 일은 없다. 따라서 임금은 명령을 내리지 못하고 시킴을 받을 뿐이며 백성의 심부름꾼에 지나지 않는다는 것이었다.[95]

이상과 같이 유인석은 군주제의 입장에서 서양의 민주적 정치사상과 정치제도를 비판했다. 이 중 다수결원리와 공화제에 대해서는 미국의 국부 조지 워싱턴의 사적을 직접 인용할 정도로 비교적 정확히 이해하고 있었다. 그러면서도 동시에 유교적 평화주의와 전제군주제 전통에 입각하여 그것들을 강하게 부정하였다. 그는 동양의 전통인 성리학과 전제군주제로 이완된 사회를 바로잡아야 한다고 하는 개인적인 신념을 가지고 있었기 때문에 평등·자유·공화제·입헌제 등 서양의 민주사상과 민주제도를 인정할 수가 없었던 것이다.

둘째, 자본주의 경제체제의 문제점이다. 화서학파는 19세기 전반 三政문란으로 인한 농촌경제의 피폐현상을 정전제·균전제와 사창제로 해결하려 하였다. 이런 입장은 이항로·김평묵·유중교를 거쳐 유인석에게 그대로 이어졌다.[96] 이때 정자·주자 이래의 성리학적 토지개혁관을 그대로 답습한

---

93 『우주문답』, 9쪽.
94 『우주문답』, 89쪽.
95 『우주문답』, 90쪽.
96 화서학파의 토지개혁론은 그들의 문집(『화서집』의 어록, 『중암집』의 「治道私議」, 『성재

화서학파의 토지개혁론은 지주의 토지소유를 혁파하여 소경영 자립농을 길러냄으로써 농민적 토지소유를 실현하고 성리학적 이상세계를 수립하는 것이었다.97 즉, 관념적인 토지개혁론보다는 실현가능한 조세제도의 개혁을 통해 농촌경제를 회복시키고 국가재정을 확보하려 했던 개화파와 달리 화서학파는 실학시대의 '貟其上 益其下'의 성리학적인 농촌경제관을 주장한 셈이었다.98

화서학파는 조선왕조의 3대 통치이념 가운데 하나인 무본억말의 농업중심의 경제정책을 지지하였다. 그들은 농업경제의 기반 위에서 근검절약을 중시하는 자급자족경제관을 지니고 있었고, 민생경제차원에서는 인민이 평등한 경제생활을 향유하는 균산정책을 지향하고 있었다. 이러한 논리에 근거하여 그들은 개항 전후 흥선대원군의 군비강화정책과 경복궁 재건사업, 민씨척족을 앞세운 고종과 명성왕후의 근대화정책의 추진과 차관도입정책 등을 강하게 비판했다. 화서학파가 고종정부의 개화정책과 재정부족을 비판할 때마다 집권층에게 강하게 촉구한 재용절약이란 용어는 농민경제의 안정을 원했던 화서학파의 경제관이 집약된 말이었다.

유인석은 이러한 농업위주의 경제관에 따라 서양 자본주의의 자본집중 폐단을 지적하였다. 『우주문답』에 수록된 자본주의 경제비판은 그 중요성에 비해 분량이 적은 편이므로 전부를 인용하기로 한다.

> 무릇 물질적인 것을 만드는 기술이 뛰어났다고 해도 어찌 반드시 백성들에게 이롭겠는가? 예를 들어 화차로 말하면 수백 만 명이 짐을 운반해 주고 얻는 이익을 한 대의 화차로 그 이익을 독점하니, 짐을 운반해 주고 얻는 이익을 잃은 자들이 어찌 빈곤해지지 않겠는가? 물질이 더욱 발전하면, 부자들은 그 이로움을 더욱 많이 얻게 되지만, 빈자들은 더욱 그 피해를 입어서 더욱 가난해질 것이다. 그러니 어찌 인민에게 이로움이 있겠는가? 오직 부자들에게만 좋을 것이다. 무릇 빈자는 더욱 곤궁해지고 부자는 더욱 즐거

집』의 「三政策」, 李寅龜의 「三政論」 등)에 산견된다.
97 지두환, 「조선후기 실학연구의 문제점과 방향」, 『태동고전연구』 3, 1987, 35~40쪽.
98 김용섭, 「갑신·갑오개혁기 개화파의 농업론」, 『동방학지』 15, 1974.

워하게 될 것이니, 빈자와 부자 간에 어찌 화목이 이루어질 수 있겠는가? 무릇 균등하게 가난한 자가 없이 화목을 이루는 사회야말로 중국이 추구하는 도이다.99

즉, 성리학적 均産경제론의 입장에서 유인석은 서양 자본주의의 출현 이후 빈익빈 부익부 현상이 날로 심해지고 인민이 점차 빈궁의 나락으로 전락해 가는 현상을 우려하였다. 개항 이전에 성리학적 균산경제관을 지닌 실학자들은 특정 물품을 매점매석하여 상업자본을 집적하고 점차 산업자본화의 길을 모색하고 있던 도고 상인들에 의한 경제력 집중의 폐단을 비판하고 이들의 해체를 강력 주장하기도 하였다. 이와 마찬가지로 유인석도 초기 자본주의의 산업재편성 과정에서 나타나는 빈부의 격차문제를 서양 자본주의의 최대 문제점으로 파악하고 있었다.

화서학파는 1880년대 이후 설치·운영되기 시작한 전선·자동차·기선 등 근대적 산업시설들에 대해 이들이 인륜과 법도를 멸절시키고 천지와 인류를 혼돈에 몰아넣고 있다고 비판하였다.100 이처럼 서양의 근대시설을 동양적인 입장에서 비판한 것은 유인석을 비롯한 위정척사파들의 공통된 인식양태였다. 다만 1910년대에 유인석은 여기서 진일보하여 근대적 산업시설들이 자급자족적인 균산경제체제의 기반을 붕괴시켜 빈익빈 부익부 현상을 가속화시킬 것이라는 점에 크게 우려를 나타냈다. 요컨대 그는 국가 지주와 평민 전호의 조화로운 관계가 기능을 발휘하는 성리학적 이상사회를 갈망하고 있었기 때문에 서양 자본주의에 의한 경제력 집중의 폐단을 좌시할 수가 없었던 것이다.

셋째, 서양사회와 서양법률에 대한 유인석의 견해이다. 서양사회에 대해, 유인석은 "현재 서양사회에는 편당이 많아서 지역·귀천·기질·이해에 따라 당을 만들고 있다. 끼리끼리 모이고 무리로 나뉘어 분주히 교제하고 있

---

99 『우주문답』, 74쪽.
100 洪在龜, 『正俗新編』, 「倭洋之當攘」.

다. 이들에게 어찌 터럭만큼도 분별을 지키려는 도리가 있겠는가? 그들이 일삼는 것은 모이고 흩어지는 것이며, 숭상하는 것은 기세를 올리고 격동하는 것이다. 급급해 하는 일은 재욕과 이권이며, 배우는 것은 공박하고 싸우는 것이다. 그래서 잠시도 편안하고 조용한 때가 없고 한시도 고요하게 쉴 때가 없다"고 비판하였다.101

유인석은 유교적 농경사회의 평화주의와 안정주의의 입장에서 서양자본주의 사회의 활기찬 모습과 분주한 경향을 지적하였다. 또한 그는 혈연·지연 등의 일차적 요소가 집단 구성의 주요 요인으로 작용한 전근대의 동양과 달리 경제적 이해와 개인적 필요, 그리고 국가의 수요에 의해 이차적으로 형성된 자본주의적 이익사회의 활성화 경향을 비판하였다. 아울러 그는 서양사회의 사교클럽이 동양 근대사회에서 구락부의 형태로 변형되어 사교활성화에 기여하고 있는 현상도 강하게 문제시하였다. 그의 주장들은 사회단체와 이익단체의 활성화가 사회의 구조적 안정에 기여하는 측면을 간과한 것임과 동시에 그러한 단체들이 빚어내는 폐단을 제대로 파악한 이중적인 성격을 지니고 있었다.

유인석은 유교윤리에 의거하여 서양윤리의 비윤리성을 지적하고 동양윤리의 회복만이 중국과 조선의 장래를 밝혀줄 첩경임을 강조하였다. 개항 전후 그의 스승들이 서양과의 교류에서 通貨(자유로운 통상무역)와 通色(남녀간의 자유교제)을 가장 우려하며 후자를 금수의 도리라고 단정한 것처럼, 유인석도 서양의 예의규범과 생활방식과 사회윤리를 인륜을 어지럽히는 도리라고 보았다. 구체적으로 그는 부자가 떨어져 사는 핵가족화 현상, 빈천자와 부귀자의 교류가 끊어진 상호부조정신의 박약, 노인봉양의 미풍이 사라진 효도사상의 결여, 죽은 이를 무시하는 제사의식의 결여, 남녀간·부부간의 거리낌없는 애정표현, 부인들의 남편학대와 이혼소송 제기, 평등주의나 청년시대 등의 서양 풍조에 심취한 젊은이들의 노인능멸현상 등을 크게 우려

---

101 『우주문답』, 55쪽.

하였다.102

서양법률에 대해, 유인석은 서양법과 중국법은 자연적·문화적 환경이 근본적으로 다른 곳에서 나온 것이기 때문에 서양법의 무분별한 도입은 불가하다고 하였다. 즉 "중국과 외국은 천지와 주야처럼 서로 다르다. 道는 하나지만, 法은 서로 다르기 마련이다. 상고의 법도 후대에 시행하기 어려운 법인데, 하물며 외국법을 어떻게 중국에 시행하겠는가"라고 하였다. 이어 그는 "서양법을 따르면 윗사람은 법률에 통제되고 아랫사람은 법률에 억압당해 자유를 얻지 못할 것이며, 오직 중간의 의원들만이 법률을 빙자하여 상하를 속박하면서 홀로 독단적 자유를 누릴 것이다. 그래서 서로 반목하고 불화하다가 결국에는 나라를 그르칠 것이다"라고 하였다.103

넷째, 서양 종교에 대한 유인석의 견해이다. 개항 전후 그의 스승들은 천주교를 邪學·邪敎·無父無君之道라고 단정하고, 천주교의 교리나 의식 중에 유교의 윤리 규범과 다른 점들을 집중 비판하였다.104 그의 스승들이 천주교 비판에 몰두했던 것과 달리 유인석은 1900년대 이래 개신교를 집중 비판하였다. 이는 개신교가 1884년 미국선교사 알렌(Horace N. Allen)의 포교와 1886년 교회설립 공인 과정을 거쳐 1887년 이후 평안도와 황해도에서 교세를 급속히 확대한 데에 연유한 것이었다.105 다시 말해 1900년 이후 몇 년간 평안도에 머물며 향약보급과 후진양성에 종사할 때에, 유인석은 평안도 인민들이 유교를 버리고 개신교로 옮겨가는 현상을 우려하며 야소교를 강하게 비판하게 되었다.

유인석은 철저히 유교적 입장에서 개신교를 비판해 들어갔다.106 그는 동양의 유교와 서양의 야소학(개신교)의 차이를 다음과 같이 말했다. 즉, 중국

---

102 『우주문답』, 39~43쪽.
103 『우주문답』, 56쪽.
104 정재식, 「유교문화 전통의 보수 이론」, 『종교와 사회변동』, 207쪽.
105 이광린, 「개화기 관서지방과 개신교」, 『한국개화사상연구』, 일조각, 1979, 239~254쪽.
106 유인석의 종교관에 대해서는 『우주문답』, 104~112쪽.

종교는 성인을 위주로 하고 서양종교는 신을 위주로 하기 때문에 분명한 차이가 있다는 질문에 대해, 그는 "서양인이 중시하는 것은 天神이고 동양 성인이 중시하는 것은 천리이다. 무릇 하늘에는 神이 있고 理가 있다. 그런데 神은 신묘하기는 하지만 형이하에 불과하고, 理는 지극히 진실하여 형이상에 속한다"고 하였다. 이는 서양종교를 형이하의 공리적 종교로, 동양종교를 형이상의 정신적 종교로 간주한 것이었다. 이어 그는 오륜을 지키고 천리를 보존하는 것이 바른 도임에도 불구하고 서양인은 천당·지옥과 滅罪·邀福만을 말하고 있다며 기독교의 천당지옥설·원죄설·사후영생설 등을 비판하였다.[107]

유인석은 중국과 조선이 야소학을 신봉하는 것은 영토와 심성을 빼앗기는 참혹한 재앙의 단서를 여는 것이라고 단언하였다. 그는 동양인이 서양을 사모하여 야소학을 배우는 것은 동양인의 성정을 잃고 서양인이 되는 것이나 마찬가지라고 보았다. 따라서 그는 야소학을 믿는 것은 아편을 흡입하는 것과 같기 때문에 서양에서도 중등인 이상은 공허하고 무용한 야소학을 믿지 않는다고 하였다.[108] 나아가 그는 현재 야소학을 믿는 부류는 공리와 시세를 따르는 교활한 무리들과 지극히 무지몽매하여 야소학의 정체를 모르는 자들뿐이라고 보았다. 따라서 그는 인민을 현혹시키는 야소학을 없애려면 중국에서 성웅이 나와 덕과 위엄을 세워 공자교를 부활시켜야 한다고 하였다.[109] 그런데 이런 발언은 1913~1914년경 중국에서 帝政 연장을 위해 공자교부활운동을 적극 지원하고 있던 원세개를 의식한 것으로 보인다.

야소학을 수용하면 결국에 가서 국가와 인류가 멸망을 당할 것이라는 유인석의 주장은 개신교가 서양 제국주의의 동양침략의 도구로 기능하고 있음을 간파한 것이다. 그렇기 때문에 그는 유교의 윤리·도덕에 입각하여 기독교의 허구성을 강하게 질타하기에 이르렀다. 그러나 동시에 그의 개신교 비

---

107 『우주문답』, 107~109쪽.
108 『우주문답』, 104쪽.
109 『우주문답』, 104~105쪽.

판은 만민평등사상을 내세우는 기독교가 인민의식의 향상에 기여한 점과 민족지사들이 기독교를 통하여 애국계몽운동을 벌이고자 기독교에 자진해서 귀의한 점을 간과한 측면이 있었다.

다섯째, 서양의 근대교육에 대한 유인석의 견해이다. 한국에서는 1880년대에 고종정부와 서양선교사들이 근대화를 추진할 인재양성을 위해 원산학사·육영공원·배재학당·이화학당 등의 관·사립 학교를 세웠다. 이어 대한제국기에 고종정부의 관립학교 설립운동을 거쳐 을사조약 후 애국계몽운동가들이 대거 사립학교를 설립하였다. 이들 학교들은 개화기 한국민의 지식개발, 애국열 고취 및 여성교육에 지대한 영향을 미쳤다. 그런데 1910년대에 유인석이 강하게 비판한 학교는 근대학교인 신학교와 여학교였다.

유인석은 서당·향교·四部학당·성균관 등 동양의 전통학교와 서양의 근대학교의 차이점을 강조하였다. 즉, 그는 조선과 중국의 교육기관은 윤리·도덕을 중시하는 도리상의 교육을 실시하는 반면, 신학교·여학교 등 서양학교는 이익과 기술 교육에 치중하는 형기상의 교육을 시키기 때문에 양자의 교육은 근본적으로 다르다고 보았다.[110] 따라서 그는 유교적 소학교육을 통해서 인민을 선으로 인도하고 이로써 천하를 선으로 통일해야 한다고 주장하였다.[111]

동양의 유교교육을 강조한 유인석은 서양교육의 우수성을 일부 인정하기도 하였다. 즉, 그는 "중국과 조선은 도리에 통달해 있고 서양은 형기에 통달해 있다. 그것은 각각의 품격에서 나온 것이다. 서양인은 그들의 품격에 따라 학교를 세우고 배울 바를 연구했기 때문에 규율의 분별과 기술의 교묘함이 있다. 인격도 그 나름대로 길러지니 그래도 주목할 점은 있다"고 하였다.[112] 이런 주장은 전국 각지에 설립된 신학교에서 일본말과 일본기술을 가르치면서부터 도의교육이 사라지고 말았다고 비판했던 을사오조약 직후의

---

110 『우주문답』, 48쪽.
111 『우주문답』, 57~63쪽.
112 『우주문답』, 49쪽.

입장을 크게 변화시킨 것이다.113 다시 말해 그는 국가의 멸망에 뒤이어 유교적 대도의 보존이 위협받는 1910년대의 위급한 상황을 반영하여 신학교도 장점이 있으면 선별하여 도입해야 한다는 채서론을 제기하게 되었다. 그리고 그 방안으로서 인재를 선발하여 외국에 보내 외교와 외국어를 공부하게 하거나 혹은 국내의 특정 장소에 신학교를 설치해 신교육을 전담시키자고 주장하였다.

서양교육의 우수성을 일부 인정했다고 하더라도 유인석이 자신의 교육관을 근본적으로 바꾼 것은 아니었다. 그는 신학교를 세우는 사람들을 애국자로 숭앙하는 당시의 풍조를 개탄하였다. 또한 신학교를 건립하기 위해 향교와 서당을 훼철하는 행위를 질타하였다. 나아가 그는 서양과 품격이 서로 다른 중국과 조선이 저들의 교육을 분별없이 모방하여 규율과 기술을 배우게 되면 마침내 인격의 파괴를 초래하게 되고 가정운영과 국가경영의 도리마저 상실할 것임을 우려하였다.114

여학교에 대해, 유인석은 남녀의 성품이 각기 다르다는 전제하에 남녀에게 각기 다른 교육을 시킬 것을 주장하였다. 즉, 그는 "만물이 천지에서 태어날 때에 乾道는 남자를 만들고 坤道는 여자를 만들었다. 하늘의 정기를 받은 남자와 땅의 정기를 받은 여자는 각기 動靜·施含·健順·內外의 차이가 있다. 따라서 남자는 밖으로 正位를 정하고 여자는 안으로 정위를 정해야 한다. 이렇게 남녀의 위치가 바르면 천지의 대의를 얻어서 사회가 평안해진다"고 하였다. 이는 남녀의 교육상·생활상 차이가 선천적인 것임을 강조한 것이었다. 이런 입장에서 그는 남녀평등론에 따라 남학교와 여학교에서 남녀를 동등하게 교육하는 것은 금수의 도리나 다름없는 짓이라고 비판하였다.115

유인석은 남녀평등교육이 빚어낸 폐단들을 거론하며 유교적 전통교육으

---

113 『의암집』, 권25, 「再告縉紳士林書」(1906.윤4), 19b.
114 『우주문답』, 49~50쪽.
115 『우주문답』, 51~52쪽.

로의 회귀를 강조하였다. 그는 "여자들이 평등과 자유를 누리며 남자와 동등하게 배우고 있다. 여자의 학식이 높아지면 자기 일신의 자유를 누리는 데서 그치지 않고 반드시 남편을 억압하고 구속하기 마련이다. 이런 폐단은 남편에서 시작하여 부모·시부모·자식에게까지 미쳐갈 것이다. 남녀평등 교육을 실시하는 서양에서는 여자가 남편을 학대하여 기강이 땅에 떨어졌고, 남편이 아내를 두려워하여 아내의 말에 순종하고 있다. 이로 인해 서양에서 아내의 지위는 하늘같이 높고 남편의 지위는 땅처럼 낮아졌다"고 보았다.116 따라서 그는 성인이나 성웅이 나와서 신학교·여학교를 모두 없애고 정도를 회복해야만 하는데, 이때 정도의 구체적인 회복방안으로는 전통학교를 통하여 오륜의 도리를 밝히는 것에 다름 아니라고 하였다.

VI. 서양문화의 부분적 수용 방안

개항 전후 척사유림들은 위정척사론과 내수외양론에 따라 서양적인 모든 것을 부정하였다. 그들은 서양의 문물과 사상과 종교 일체를 無父無君과 滅倫亂道를 부추기는 邪學·邪敎·邪術·奇技陰巧라고 몰아부쳤다. 이런 극단적인 반서양 논리는 서양문화가 동양인의 영토와 심성을 빼앗고 급기야 인종까지 멸절시키는 洋禍를 일으킬 것이라는 우려에서 나온 것이다. 따라서 그들은 병인양요·병자수호조약·신사척사운동·을미의병운동 등의 사건 때마다 고종정부와 개화파의 근대화정책을 강력히 반대하였다.

재야유림의 폐쇄적 대외인식은 1882년 8월 고종의 개화통상정책 및 만국공법 공인교서의 반포를 계기로 변하기 시작하였다. 대체로 개화기에 재야유림들은 시대상황의 변화와 청년국왕 고종의 개혁조치에 뒤따라 자신들의 세계관을 변화시켜 나가곤 하였다. 이에 따라 유림계에서는 1880년대 초반경부터 고종정부의 개화노선인 변통론적 시무론을 따르는 동도서기론자들

---

116 『우주문답』, 52~53쪽.

이 등장하게 되었다. 이때 척사유림들은 그들의 세계관인 화이관의 기본틀을 유지한 상태에서 조선 후기 이래의 인류(중화·조선)―이적(일본)―금수(서양)의 3단계 세계관을 인류―이적, 인류―외국의 2단계 세계관으로 수정·재편해 나갔다.117

유인석은 1905년 을사조약 이후에 사상과 행동면에서 중요한 변화를 보였다. 그는 을미의병기에 일본군수비대와의 전투 과정에서 근대식 서양무기의 우수성을 뼈저리게 체험하였다. 또 1900년 이후 관서지방에서의 강학활동을 통해 개신교와 신문물의 확산을 막아내고자 노력하기도 하였다. 그리고 노대국 청나라가 신흥강국 일본에 패배한 러일전쟁과 일제가 한국의 국권을 침탈한 을사조약과 고종퇴위사건을 경험하였다. 이처럼 시대상황이 재야유림들의 희망과 정반대로 흘러가는 상황 속에서 유인석은 자신의 지상명제의 성리학적 大道를 수호하기 위해 새로운 방책을 강구할 수밖에 없었다. 따라서 그러한 방책을 모색하는 과정에서 그는 서양과 일본의 장기를 부분적으로 채용하여 그들을 막아내겠다고 발상의 전환을 이루게 되었다.

우선 을사조약 이후 유인석은 만국공법과 만국공법적 국제질서에 대한 새로운 인식을 보여주었다. 일제의 황무지개척권 요구에 대한 한국민의 대대적인 반대운동이 한창 진행 중이던 1904년 8월경에 유인석은 일제가 내세운 공법과 장정은 일본의 무력과 야욕을 뒷받침하는 것이라고 주장하였다.118 그러나 을사조약 직후에 그는 각국에는 공법이 있으니 일본의 한국침략을 공법에 호소하면 일본이 책임을 피하지 못할 것이라는 변화된 인식을 보였다.119 그러다가 국권이 상실된 1910년대 전반경에 그는 "만국 세계에 공행하는 대법은 윤리가 없는 것을 勝事로 삼고, 군부를 시해하는 것을 常事

---

117 오영섭, 「개항 후 만국공법 인식의 추이」, 449~450쪽.
118 『의암집』, 권35, 「漆室慎談」, 39b-40a.
119 『의암집』, 권25, 「通告―國摺紳士林書」(1905.陰10.29), 3b. 이것은 을미사변 전후에 이미 만국공법을 거론하며 일본의 침략을 규탄한 동문의 경쟁자 崔益鉉·洪在龜의 주장보다 뒤늦은 것이었다. 『면암집』, 권4, 「請討逆復衣制疏」(1895.음6.26), 2b-3a ; 閔龍鎬 저, 이태길·민원식 역, 『국역 복재집』, 소문출판인쇄사, 1988, 164~165쪽.

로 삼고 있다"며 이전의 낙관적 공법 인식에서 벗어나 만국공법이 침략의 도구로 활용되는 것을 강하게 비판하기에 이르렀다.[120] 이로 미루어 만국공법과 만국공법적 국제질서의 무용성과 허구성에 대한 비판이 터져나오고 있던 1910년대에 유인석은 만국공법 그 자체는 비판하면서도 만국공법적 국제질서는 인정하고 있었다. 이런 변화는 거대한 학파의 수장이 학파의 명운을 구하기 위해 자신의 사상논리를 개편하는 가운데 나온 것이라는 점에서 나름대로 의미가 있었다.

다음 을사조약 이후 민족운동 과정에서 유인석은 개항 이래 상소운동 때부터 규탄해 마지않았던 개화인들과 교류관계를 맺기 시작하였다. 유인석은 국권상실의 참극을 당한 을사조약 이후에 서울과 춘천을 오가며 제자 李正奎를 통하여 일제의 대한침략의 추이와 신민회에 가담한 민족운동자들의 동태를 전해 듣고 있었다. 당시 이정규는 일제의 세력이 미치지 않는 러시아 연해주로 가서 의거를 도모하는 것이 좋겠다는 헌책을 하였을 만큼 유인석의 행동방침에 상당한 영향을 미쳤다.[121] 하여튼 1908년 봄경 유인석은 연해주로 망명하여 연해주 의병세력의 정신적 구심점으로 부상하였다. 이때 유인석은 의병운동을 활성화하고 그 효과를 극대화하기 위해 이상설·이승희·안중근 등 구국계몽운동가들과의 긴밀한 교류도 마다하지 않았다. 이 때문에 황해도에서 연해주로 망명하여 유인석의 창의를 돕고 있던 禹炳烈은 유인석이 '毁形異色'한 사람들과 지나치게 교류한다고 비판하며 유인석의 문하를 떠나기까지 하였다.[122] 이처럼 개화인들과의 잦은 접촉을 통하여 유인석은 한편으로 자신의 강고한 화이관을 일부나마 변개하는 사상적 탄력성을 보여줌과 동시에 다른 한편으로 자신을 비롯한 화서학파 유림들이 점차 위정척사론에서 동도서기론이나 문명개화론으로 전환해 나갈 수 있는 사상적 근거를 마련해 주었다.

---

120 『毅菴集』, 권32, 「散言」, 36b.
121 李正奎, 「從義錄」, 70~78쪽.
122 『의암집』, 권55, 「연보」, 경술년조.

1910년대에 유인석은 화이관의 기본틀을 유지한 가운데 서양의 우수한 측면들을 일부 수용하자는 초기적 동도서기론을 주장하였다. 자신의 궁극목표인 성리학적 대도를 담고 있는 물적 토대인 조선국가를 수호하기 위해 유인석은 적대세력인 타자의 우수성을 인정하기에 이르렀던 것이다. 이는 부국강병에 성공한 일본의 강대한 국력, 서양의 우수한 과학기술, 조선의 식민지로의 전락원인 등을 다각도로 고려한 가운데서 나온 불가피한 선택이었다. 다시 말해 1910년대 국권상실의 상황 속에서 유인석은 동양사회의 기본구조를 변개하지 않는 범위 내에서 서양과 일본의 물질적 요소를 일부 도입하여 중국과 조선의 부국강병을 도모하려 하였다. 다만 서양문명의 전폭적 도입을 주장한 문명개화론자들과 달리 그는 서양문명의 부분적·선별적 도입을 강조하였다.

동양문명과 서양문명을 無用之用(체=윤리·도덕)과 有用之用(용=물질)으로 구분하여 이해한 유인석은 전자가 후자보다 존재가치가 더 높다고 단정하고 있었다. 그러나 조선이 멸망당하고 중국이 지배력을 상실하고 외세의 기세가 점증하는 냉엄한 국제현실 속에서 유인석은 후자를 새롭게 인식하여 서양문물의 부분적 도입론을 제기하기에 이르렀다. 이때 그는 동양의 충실한 요소인 윤리나 도덕을 돈독히 실천하고 서양의 장점이 되는 기술을 취하자고 하는 동서양 장점 혼용론을 제기하였다. 그러나 동시에 그는 서양에서 취할 만한 것은 기계의 발달에 지나지 않는다며 서양 문물의 도입대상을 기계류와 그 제작술에 국한하였다.[123] 아래의 인용문에는 유인석의 변통론(時宜論)에 입각한 채서론과 기계류 도입론이 잘 나타나 있다.

> 겨울에 가죽옷을 입고 여름에 갈포옷을 입는 것은 시기에 따라 옷을 바꾸는 것이다.······옛날에 중국에서 무력을 떨치기도 하고 그치기도 하여 전쟁을 하기도 하고 쉬기도 한 것은 시의에 따른 것이었다. 그런데 오늘날과 같은 시세에는 무력을 숭상하고 군대를 중시하지 않을 수 없다. 서양의 전

---

123 『우주문답』, 33쪽.

> 쟁기술과 병기와 그 밖의 장점을 취하고, 또 그런 방식으로 계속하여 서양의 장점을 취하는 일은 실로 부득이한 일이다. 이것이 "이른바 겨울에는 가죽옷을 입고 여름에는 갈포옷을 입는다"는 것이다. 만일 시대를 따라 우리가 나라가 되는 이유를 잃고 삼강·오륜·오상의 倫常大道, 공자·맹자의 聖賢正教, 廣袖·長髮의 衣髮重制, 기타 모든 예의를 버리면, 이것은 옷을 벗고 알몸이 되는 것과 같다.……다른 계책이란 없다. 마땅히 우리 자신의 장점 되는 바를 더욱 돈독히 하고 저들에게는 하찮은 이익이라도 취하는 것, 이것이 시의를 따르는 일이다. 만약 우리의 장점을 모두 버리고 다 서양법의 이상한 것들을 따른다면, 그것이 비록 "시의를 따르는 것이다"고는 하지만, 시의를 잃어버림이 심해서, 이른바 겨울에 가죽옷을 입고 여름에 가죽옷을 입는 것처럼 되고 만다.[124]

즉 유인석은 계절의 변화에 맞추어 여름에는 갈옷을 입고 겨울에는 가죽옷을 입는 冬裘夏葛의 원리에 따라 서양문물을 부분적으로나마 수용할 것을 주장하였다. 그러나 동시에 그는 서양문물을 수용함에 있어 몰주체적이며 시류편승적인 태도를 경계하고 자신의 장점을 최대한 살려야 한다는 점을 역설하였다. 아울러 그는 "조금씩 취할 것 같으면 상호 교류에도 어긋나지 않을 것이니 싫어할 이유가 없다. 우리만 안정되는 것이 아니라 그들도 어려움이 없을 것이다"고 하여 어디까지나 서양의 사상과 제도를 점진적·선별적으로 수용할 것을 주문하였다.[125]

서양문물 가운데 유인석이 도입을 강력 주장한 것은 병기류였다. 이를테면, "서양 각국이 먼저 병기의 이로움을 얻어 세계를 제패하고 있으니, 중국과 조선이 이치로 보아 서양 병기를 써야 하는가 쓰지 말아야 하는가"라는 질문에 대해, 그는 "형세로 보아 쓰지 않을 수 없으니 쓰는 것은 어쩔 수 없다. 만약 성인이 서양 병기를 써서 저들을 대적하면 제압할 수 있을 것이다. 이미 제압한 후에는 위세가 생겨 더 이상 쓰지 않을 것이며, 저들에게도 쓰지 못하도록 명령할 것이다"고 대답하였다.[126] 이는 300여 명의 화승총부

---

124 『우주문답』, 38~39쪽.
125 『우주문답』, 83쪽.
126 『우주문답』, 75~76쪽.

대가 신식무기를 소지한 일본군수비대 6명의 연발사격을 당해내지 못했던 을미의병운동 때의 뼈저린 체험에서 우러나온 것이다.

유인석은 서양병기류의 선별적 도입을 주장하면서도 그것이 가진 위험성에 대한 우려를 금치 못하였다. 그는 "서양은 병기를 만들 때, 지극히 예리하게 만들고 그 예리함을 끝까지 추구하여 더 이상 예리할 수 없게 만든다. 그럼에도 서양은 무기가 예리하지 못할까를 걱정한다. 또 서양은 한 번에 수백 명씩 죽이면서도 사람을 더 잘 죽이지 못할까를 걱정한다. 서양은 병기를 만든 이래 살상행위만을 자행해 왔다. 천지는 생물을 낳는 것을 본령으로 삼는다. 사람은 천지의 마음을 얻어서 마음으로 삼고 있다. 따라서 만물을 낳고 만물을 사랑하는 것이 인간의 마음이다. 인간이 되어서 살인을 힘쓰는 것이 옳은가?"라고 말했다.[127] 이는 유교의 평화주의적 관점에서 양육강식·우승열패의 승자논리를 빙자하여 동류 인간들을 살상하고 있는 서양의 잔악한 침략행위를 비판한 것이다.

서양의 우수한 무기를 도입하자는 유인석의 서양병기류 도입론은 전통적인 사·농·공·상의 四民論을 재편하자는 신분제 개편론으로 이어졌다. 그는 "예전에는 백성을 네 등급으로 나누었으나 오늘날은 부득이 사·농·공·상·兵의 다섯 등급으로 나누지 않을 수 없다. 이것은 진실로 고금의 형세가 다르기 때문이다"고 말했다. 이로써 그는 전통적 四民論에다 兵을 새롭게 첨가하여 五民論을 주창하기에 이르렀다. 나아가 그는 "士와 兵으로 하여금 자신의 위치를 굳건히 지키면서 오민의 일에 종사하도록 하고, 나머지 농·공·상으로 하여금 士와 兵의 일을 알도록 하면 외세를 막을 수 있다"고 하였다. 이를테면 그는 신분 취득이 선천적인 것이 아니라 기능적 분업에 따른 후천적인 것임을 인정하였다.[128] 이는 영토침탈전쟁이 풍미하는 살벌한 시대풍조와 성리학적 대도의 보존을 위한 현실적 필요성을 적극 반영한 결과였다.

---

127 『우주문답』, 75쪽.
128 『우주문답』, 83~85쪽. 유한철, 「우주문답을 통해본 유인석의 국권회복론」, 13~15쪽.

유인석이 새롭게 제안한 오민론의 목표는 중국과 조선의 난국을 타개하고자 함이었다. 그는 나약해진 중국을 강성하게 만드는 방도로써 "안으로 선비를 숭상하여 나라의 근본을 두텁게 하고, 밖으로 병을 굳세게 하여 국위를 떨치게 하고, 그 사이에 농·공·상을 발달시켜 나라의 이용이 보탬이 되게 하는 것이다"고 주장하였다. 그러면서 동시에 그는 "선비를 가장 중하게 여기고 나머지 농·공·상·병을 잘 다스려 나가면 정치와 형벌을 비롯한 모든 일이 순조로울 것이다"는 전통적인 선비 위주의 직업관을 그대로 드러내고 있었다.[129] 이는 동양적·유교적 입장에서 서양 무기의 우수성을 선별적으로 수용하자는 제한적 채서론과 맥을 같이하고 있었다.

군기류 도입론 외에도 유인석은 유교적 문화체계와 가치규범이 온존되는 범위 내에서 서양식 교육제도와 교육자의 부분적 도입을 주장하였다. 교육문제에서 그는 전통교육제도를 철저히 옹호하는 가운데 부국강병과 자주독립에 필요한 인적자원의 양성만을 원하고 있었다. 그래서 그는 ① 인재를 선발하여 외국에 보내 신학문을 수용케 하거나 혹은 본국에다 신학교를 별도로 설치해 교육을 실시하고, ② 충신하고 재지있는 자를 선발하여 서양학문을 배우도록 하되, 외교학도의 경우에는 근신하고 명민한 자를 택하자는 주장을 하였다.[130] 즉, 그는 병든 사람은 계절의 추위와 더위에 따라 각기 '以寒治寒'·'以熱治熱'의 요법을 써야 한다고 하면서 현재 중국과 조선은 '서법' 때문에 병이 생겼으니 마땅히 서법으로 병을 고쳐야 한다는 논리를 개진하였다.

유인석의 부분적·선별적인 서양문물 도입론은 동도서기론 내지 중체서용론의 초기단계인 양무론 단계에 해당한다. 어떤 이가 "중국의 도를 체로 삼고 외국의 법으로 용을 삼는다"라고 주장하자, 유인석은 "체와 용은 본디 각기 다른 근원에서 나온 것인데, 어찌 이것과 저것을 섞어서 하나의 근원을 만들 수 있는가? 서양을 적대하기 위해 서양적인 것을 취할 뿐이니 이는 부

---

129 『우주문답』, 85~86쪽.
130 『우주문답』, 15, 50~51쪽.

득이한 일이다"라고 말하였다. 이는 體用不離論(道器不離論)의 입장에서 중체서용론을 부정한 것이다.131 그러나 그는 이미 체용불리론의 사상논리를 스스로 파기해 서양의 무기와 기계류 도입, 신식 교육기관의 설치와 교사의 유치, 유학생 파견을 통한 외교전문가 양성 등 서양의 우수한 측면의 채용을 주장하고 있었다. 이것은 그가 관념적인 차원에서 성리학적 사상논리를 견지한 것과 상관없이 이미 실질적인 측면에서 동도서기론의 초기단계로 전환해 가고 있었음을 나타내 준다. 즉 논리적·실질적 차원에서 그의 주장은 西器의 우수성을 인정하고 서기를 적극 수용할 것을 주장하면서도 여전히 무게중심을 東道에 두었던 개화기의 동도서기론과 동일한 것이었다.132

VII. 맺음말

이상에서 『우주문답』에 나타난 유인석의 동양문화 보위방안을 알아보았다. 이제 앞서 살펴본 내용 가운데 강조할 만한 사항을 요약하여 설명한 다음, 말미에 간략한 역사적 평가를 덧붙이는 것으로 결론을 대신하려 한다.

첫째, 『우주문답』은 개화기 반개화운동과 항일의병운동을 선도한 화서학파의 거장 유인석의 평생의 사유가 집약되어 있는 책이다. 중국과 조선의 유교문명을 세계문명의 본령으로 간주하는 유교적 관점에 입각한 『우주문답』에는 주자학적 민족주의자의 현실관과 세계관, 동서양 문명의 특성과 장기, 시국인식과 대처방안, 동양 3국을 위한 제언, 서구문물의 부분적 도입론, 중국중심적 동양평화론과 세계질서재편론 등이 담겨 있다. 한마디로 『우주문답』에는 한말부터 일제시기까지 유학자들이 제기한 서양문명과 서양사상에 대한 가장 체계적이며 종합적인 비판 내용이 실려 있다. 이런 점에서 『우주문답』은 문명사적 내지 사상사적으로 중요한 의미를 지니고 있다.

둘째, 죽음을 앞둔 유인석이 혼신의 힘을 다해 『우주문답』을 저술한 궁극

---

131 『우주문답』, 15쪽.
132 申箕善, 「農政新編序」, 『農政新編』, 한국인문과학원, 1990, 3~7쪽.

적인 동기는 유교의 大道를 보존하고자 함이었다. 그가 중시한 대도의 구체적인 내용은 삼강·오상·오륜 등 중국 유교성현들의 가르침과 장발·넓은 소매 등으로 표현되는 전통적 사상체계와 문화체계였다. 이러한 대도를 보위하기 위해 그는 신해혁명에 참여 중인 원세개에게 중국에서 공화제를 물리치고 전제군주제를 유지해 달라고 간곡히 당부하였다. 이는 전제군주제를 중심으로 짜여진 동양의 유교문명, 특히 유교적 문화체제와 가치규범의 보존과 계승을 위해서는 서양의 공화제를 받아들여서는 안된다는 절박한 상황판단에 따른 것이다.

  셋째, 유인석이 동양문명과 서양문명을 바라본 기본시각은 동양의 전통적인 화이관이었다. 천원지방설에 기초한 성리학적인 세계관인 화이관은 국가 간의 위계적인 상하관계를 당연시하는 중국중심적인 문명관이었다. 한일병합 전후에 유인석은 화이관적 국제질서의 문란이야말로 동양문명의 쇠약을 초래한 근본원인이라는 문제인식을 보였다. 따라서 그는 화이관적 국제질서를 재편하고 강화함으로써 중국과 조선의 당면과제를 해결할 수 있다는 확고한 믿음을 드러냈다. 이를 위해 그는 동양 삼국이 중국을 중심으로 굳게 뭉쳐 항구적인 평화를 이룩해야 한다는 동양평화론과 중국이 세계의 축이 되고 세계 각국이 중국에 경배를 드리는 중국중심의 세계질서개편론을 제기하게 되었다.

  넷째, 유인석은 도리를 중시하는 동양문명은 윤리·도덕 등 정신적인 측면에, 形氣에 치중하는 서양문명은 기계·기술 등의 물질적인 측면에 각기 장기가 있다고 보았다. 또한 이러한 장기는 문화적·역사적 환경의 차이에서 기인하는 것이므로 바꿀 수 없는 것이라고 하였다. 나아가 그는 제국주의시대에 영토침탈전쟁과 살육전쟁만을 일삼는 서양문명은 문명이 아닌 경쟁이라고 단정하고 서양의 모든 문명적인 요소나 사회현상에 경쟁논리가 관철되어 있음을 지적하였다. 이는 사회진화론에 기초한 경쟁논리가 야만적 제국주의국가의 침략의 도구임을 간파한 것이었다. 이때 유인석은 동양의 유교적 평화주의 내지 안정주의적 입장에서 서양문명의 경쟁논리를 비판해 들어갔다.

　다섯째, 유인석은 철저히 유교적인 입장에서 서양의 사상과 제도를 비판하였다. 서양적인 요소들 가운데 그가 비중 있게 거론한 것들은 평등·자유·다수결원칙·천부인권설 등 민주주의적 정치 사상과 원리, 입헌제·공화제·선거제·국회의원·각료 등 민주주의적 정치제도, 부익부 빈익빈 현상으로 대표되는 자본주의 경제제도, 이익사회의 활성화와 법률의 독점화 등 서양 사회와 법률, 핵가족화 경향과 상호부조정신의 박약 및 제사의식의 결여 등의 서양윤리, 야소교(개신교) 등 서양종교, 신학교·여학교 등 교육기관 등이었다.

　여섯째, 유인석은 서양문물에 대한 부분적 수용의식을 나타냈다. 그는 성리학적인 변통론과 시의론의 입장에서 병기류와 군사기술의 도입, 신학교의 제한적 설치, 외교전문가 양성 등을 주장하였다. 이는 열강에 의한 중국침탈과 일본에 의한 조선병합의 '天飜地覆' 현상을 타개하기 위해서는 이제까지 배척의 대상이었던 서양 문물의 도입이 불가피하다는 변화된 시대인식에 따른 것이었다. 다만 그는 어디까지나 화이관적 세계관과 유교적 문화체계와 가치규범을 변용시키지 않는 제한된 범위 내에서 서양문물의 도입을 주장하고 있었다.

　일곱째, 성리학적 대도의 보존을 자신의 목표로 삼았던 유인석은 현실적인 왕조나 국가의 흥망 문제보다는 유교적인 문명과 문화의 흥망 문제를 보다 중시하였다. 이미 망해버린 왕조나 국가를 부지하는 데 매달리기보다는 2천 년 동안 중국과 조선 사회의 운영원리로 기능한 유교문명을 자기 일신에 보존하여 그것을 후대에 전하는 것이 유인석에게 보다 시급한 과제였던 것이다. 이처럼 유교문명의 담지자 내지 계승자라는 절대적 사명감에서 쓰여진 『우주문답』의 내용을 현대적·서양적 시각에서 검토할 경우 다소 지루하고 고루한 감이 들기도 한다. 그러나 유인석의 평생의 사유가 집약된 『우주문답』에는 무한경쟁과 독점적 소유를 중시하는 현대 자본주의사회의 병폐들에 대한 선구적인 지적과 아울러 나름대로의 대안책이 제시되어 있다는 점을 주목할 필요가 있다. 이러한 점에서『우주문답』에 나타난 유인석의 서양문명 인식과 동양문화 보존논리는 시대를 뛰어넘어 현재에까지도 강한 생명력을 지니고 있다고 판단된다.

(「의암 유인석의 동양문화 보존책」,『강원문화사연구』9, 2004)

제5부
현행 교과서의 의병운동 서술방식과 한말 의병자료의 검토

제1장   현행 근현대사 교과서의 의병운동 서술방식과 그 개선점

I. 머리말

근자에 한국 근현대의 역사를 다룬 현행 제7차 근현대사 교과서를 둘러싸고 논쟁이 벌어지고 있다. 살아있는 사람들에게 생생한 기억으로 남아있는 근현대사가 오늘 우리 사회의 성격을 규정하고 있기 때문에 그러한 논쟁은 아주 당연한 것이라고 하겠다. 그러나 그러한 논쟁이 한국 근현대사에 대한 일면적 인식체계 위에서 전개되고 있다는 사실, 그리고 반정부 공세의 일환으로 시작된 일부 언론의 정치적 문제제기가 지식인 집단과 정치세력들의 당파적인 이념투쟁과 역사논쟁으로 비화된 사실은 상당한 아쉬움을 던져주고 있다. 따라서 향후에도 간헐적으로 계속 벌어질 가능성이 높은 소모성 논쟁들을 종식시키기 위해서는 자라나는 청소년들에게 근현대사를 제대로 가르치는 작업이 필요하다.

한국 근현대사 교육에서 현행 제7차 교육과정은 특별한 의미를 갖는다. 국사를 독립과목으로 정하고 근현대사를 중점 교육할 것을 명시했던 제6차 교육과정과 달리 제7차 교육과정에서 한국 근현대사가 처음 선택과목으로 독립되었기 때문이다. 물론 이러한 방침은 전근대까지 배우는 제10학년의 국사와 차별성을 꾀하면서 근현대사에 대한 교육을 강화하려는 의도가 내포된 것이었다. 그러나 이러한 방침에 대해 근현대사 과목을 택하지 않은 학생들이 고등과정에서 근현대사를 배우지 않고 졸업하게 된다는 점에서 오히려 근현대사 교육을 위축시킬 것이라는 부정적인 의견과 그동안 국정으로 획일화되었던 국사교과서에 상당한 영향을 미칠 것이라는 긍정적인 의견이 동시에 제기되기도 하였다. 하여튼 이러한 긍정-부정의 논란에도 불구하고 한국 근현대사 과목은 제11~12학년생이 배우는 심화선택 과목의 하나가 되었다.

이 논문의 목적은 1997년 12월 제7차 교육과정 고시에 따라 집필된 한국 근현대사 교과서의 의병운동 관련내용을 검토하려는 것이다. 주지하듯이 한말 의병운동은 1894년 6월 일본군의 무단적인 경복궁 강제점령부터 1910년 8월 한일병합 이후까지 벌어진 항일구국운동의 여러 방략 중에서 투쟁강도가 가장 강렬한 것이었다. 또한 자신들의 생사와 성패를 돌아보지 않고 "일본의 노예로 살기보다는 자유로운 몸으로 죽는 것이 훨씬 낫다"는 신념으로 외세에 대항한 애국세력들의 항일무장투쟁이었다. 나아가 1910년대 이후 중국과 러시아 각지에서 전개된 한국독립운동의 인적 자원을 마련해 주었을 뿐 아니라 한민족이 일제의 모진 탄압을 견뎌가며 장기간 끈질기게 독립운동을 펼칠 수 있는 정신적 원천을 제공해 주었다. 그러므로 한말 의병운동은 한국민족운동사의 원형이요, 한국독립운동사의 前史라고 평할 수 있다. 여기서는 현행 6종의 근현대사 교과서 가운데 2004년도에 일선 교육현장에서 도합 92% 정도의 채택율을 보인 금성·두산·중앙·대한 교과서 등 4종 교과서의 의병운동 서술내용을 검토대상으로 삼았다.[1]

II. 의병운동 서술방침과 서술상의 보완점

현행 근현대사 교과서는 2002년 7월 30일 교육인적자원부 교과서편찬심의회의 심의기준을 통과한 책들이다. 이들 교과서는 교육부로부터 검정을 얻어내기 위해 교육부가 발간한『고등학교 교육과정 해설④ 사회』와『사회

---

[1] 교육인적자원부 자료에 의하면, 각 교과서의 2004년도 채택부수는 다음과 같다(괄호 안은 %).

금성	두산	중앙	대한	천재	법문	합 계
175,270(55)	48,345(15)	36,974(12)	35,312(11)	18,523(6)	6,164(2)	320,588

제1장 현행 근현대사 교과서의 의병운동 서술방식과 그 개선점

과 교육과정』에 실린 집필지침을 그대로 따르고 있다. 이것은 교과서 집필 자들이 교과서의 장·절 명칭과 세부 서술항목을 선정함에 있어서, 그리고 역사적 사실에 대한 평가와 해석을 내림에 있어서 교육부의 방침을 그대로 따랐음을 의미하는 것이다. 동시에 교과서의 서술이 집필자의 창의성이나 재량의 여지가 없이 교육부가 제시한 세부지침에 맞춰 다소 기계적으로 이루어질 수밖에 없었음을 의미하는 것이다. 이로 말미암아 현행의 근현대사 교과서에는 교과서 집필자들의 재량이나 특성이 제대로 반영될 여지가 협소했다고 생각한다.

현행 근현대사 교과서에 실린 의병운동에 관한 내용도 교육부의 서술지침을 충실히 따르고 있다. 『고등학교 교육과정 해설④ 사회』에 실린 항일의병운동의 단원목표는 "항일의병투쟁의 전개과정을 정리하고 이들의 활동이 국권강탈 이후에는 무장독립군의 활동으로 이어졌음을 파악한다"고 되어 있다.[2] 이는 의병활동이 독립운동으로 이어졌다고 하는 발전적이며 계기적인 역사인식에 기초한 것이다. 이러한 목표하에 『사회과 교육과정』에는 의병운동에 대해 다음과 같은 집필지침이 담겨 있다.

(1) **동학농민운동의 전개**
    ④ 동학농민운동이 실패한 후 동학농민군의 잔여세력이 을미의병투쟁에 가담하고, 나중에는 활빈당을 결성하여 반봉건, 반침략의 민족운동을 계속하였음을 이해한다.
(3) **항일의병운동의 전개**
    ① 초기의 항일의병투쟁은 위정척사사상을 가진 보수적 유생층이 주도하고, 동학농민운동의 잔여세력과 일반 농민들이 대거 가담하였음을 이해한다.
    ② 의병투쟁의 전개과정을 을미의병, 을사·병오의병, 정미의병 단계로 파악하고, 각 단계별로 크게 활약한 대표적인 의병부대를 말할 수 있다.
    ③ 1907년에 해산된 군인들이 의병투쟁에 합류함으로써 의병의 조직과 전투력이 강화되고, 그 활동이 전국적으로 확산되면서 의병투

---

2 『고등학교 교육과정 해설 ④ 사회』, 교육인적자원부, 2001, 177쪽.

쟁의 양상은 의병전쟁으로 발전하였음을 이해한다.
④ 국권피탈을 전후한 시기에 많은 의병들이 만주와 연해주로 옮겨 갔으며, 이들 의병들이 무장 독립군으로 전환되었음을 설명할 수 있다.
⑤ 을사조약 반대투쟁의 실상을 알고, 20세기 초에 의거활동을 전개한 안중근 등 여러 의사들의 활약상을 통하여 이들의 애국애족정신을 본받으려는 태도를 가진다.[3]

위의 서술지침을 간단히 요약해 보면 다음과 같다. 첫째, 한말 의병운동을 을미의병→을사·병오의병→정미의병→독립군으로의 전환 순으로 시기 구분한 다음 각 단계별로 대표적인 의병부대를 중심으로 서술하고, 둘째, 1907년 8월 군대해산 이후 해산군인들이 의병에 합류하여 의병의 조직과 전투력이 강화되고 의병활동이 전국으로 확산됨으로써 의병운동의 성격이 의병전쟁으로 발전했음을 중시하고, 셋째, 국권피탈 후 많은 의병장들이 만주나 연해주로 망명하여 무장독립군으로 전환하였음을 설명하고, 넷째, 일반 농민과 동학농민군의 잔여세력이 을미의병에 대거 가담하여 활동하였고, 일부 의병들은 을미의병이 종식된 후에는 활빈당을 결성하여 반봉건, 반침략의 민족운동을 계속하였음을 제시하였다.

교육부의 집필지침에 따라 장·절의 명칭을 모두 동일하게 잡은 현행 근현대사 교과서에 실린 의병운동 서술내용은 제2장(근대 사회의 전개) 제3절

---

[3] 『사회과 교육과정 : 제7차 교육과정』, 대한교과서주식회사, 1998, 166~167쪽. 『고등학교 교육과정 해설 ④ 사회』에 실린 항일의병운동의 서술지침도 『사회과 교육과정』의 그것과 거의 동일하다. 3. 구국민족운동의 전개. '비록 동학농민운동은 실패하였지만 동학농민군의 잔여세력이 의병과 활빈당을 결성하여 반봉건·반침략의 투쟁을 계속하였음을 학습한다.······한편 일본의 침략을 막아내려는 항일의병운동이 을미사변과 단발령 실시에 대한 저항으로 시작된 후 러일전쟁 때에 일제침략으로 다시 불타올랐으며, 고종황제의 강제퇴위와 군대해산을 계기로 최고조에 이르러 의병전쟁으로 발전하였음을 학습한다. 그리고 안중근의거 활동 등 여러 의사들의 활약상을 파악하고 나라를 위하여 순국한 애국지사들의 정신을 되새긴다. 나아가 항일의병운동과 함께 구국민족운동의 두 줄기를 형성하는 애국계몽운동의 주체적인 전개과정을 살펴보고 신민회 활동의 중요성을 인식한다. 『고등학교 교육과정 해설 ④ 사회』, 178~179쪽.

(구국민족운동의 전개)에 들어있다. 이때 제3절은 1) 동학농민운동의 전개, 2) 대한제국과 독립협회의 활동, 3) 항일의병전쟁의 전개, 4) 애국계몽운동의 전개 순으로 쓰여져 있다. 이러한 항목설정에 따라 근현대사 교과서들은 항일의병운동의 전개양상을 1) 을미사변·단발령 후 의병운동의 태동, 2) 을사조약 전후 의병운동의 재기, 3) 평민의병장의 등장과 군대해산 이후 의병운동의 확산, 4) 13도창의군의 서울진공작전 실패 및 일제의 '남한대토벌작전'(1909), 5) 의병의 만주와 연해주 망명, 6) 의병운동의 의의 순으로 기술하고 있다. 아울러 의병활동에 대해 1894~1895년(전기)에는 '의병운동', 1904~1910(후기)에는 '의병전쟁'이란 용어를 붙이고 있다.

현행 근현대사 교과서에는 이전의 국사교과서들에 비해 풍부하고 생생한 시각 자료들이 많이 수록되어 있다. 다시 말해 격문·통문, 인물 사진, 통계표·지도, 천연색 해설 등 다양한 자료들과 신돌석·안규홍·을미의병·을사오적 등을 다룬 인물소개란과 보충설명란이 들어있다. 이는 제6차 교과서에 비해 서술분량이 1~2쪽 정도 늘어난 때문이기도 하며, 비디오 자료에 익숙한 신세대들의 취향을 고려한 때문이기도 한다. 그러나 더욱 근본적인 이유는 "사료·역사지도·연표·도표·영상자료 등의 다양한 학습자료를 활용하여 학생들이 흥미를 갖고 적극적으로 수업에 참여할 수 있도록 유도하고……특히 사료학습을 통하여 역사적 능력의 계발에 노력한다"고 규정한 『고등학교 교육과정 해설 ④ 사회』의 교수방침에 따른 것이기도 한다.[4] 하여튼 다양한 참고자료와 원사료들이 동원됨으로써 현행 교과서의 의병기술 항목이 이전의 국사교과서들보다 역사적인 분위기를 많이 풍기고 시각적인 효과도 많이 거두고 있다.

교육인적자원부의 서술지침을 충실히 반영하여 집필된 현행의 근현대사 교과서의 의병항목은 다음과 같은 몇 가지 문제점과 보완점이 있다고 생각한다.

---

4 『고등학교 교육과정 해설 ④ 사회』, 186쪽.

〈표 1〉 현행 근현대사 교과서의 단원과 제목 및 서술 내용

	소단원	소제목	서술 내용
6차	(5) 항일의병전쟁의 전개	항일의병운동의 시작 의병항전의 확대 의병전쟁의 전개 항일의병전쟁의 의의	제목 : 의병전쟁 전기 : 의병운동, 활동, 투쟁, 항전 후기 : 의병전쟁 의의 : 의병전쟁(96~99쪽)
금성	3. 항일의병전쟁의 전개	1) 의병운동이 시작되다. 2) 다시 불붙은 의병항쟁 3) 전국적으로 확대된 의병전쟁 4) 농민과 유생이 하나가 된 호남의병전쟁 5) 의사와 열사들의 항쟁	제목 : 의병전쟁 전기 : 의병운동 재기 : 의병투쟁, 의병운동 후기 : 의병전쟁 의의 : 의병항쟁(90~95쪽)
두산	3. 항일의병전쟁의 전개	1) 최초의 항일의병 2) 다시 일어난 항일의병 3) 항일의병전쟁의 격화 4) 항일의병운동의 의의	제목 : 의병전쟁 전기 : 의병운동 후기 : 의병전쟁 의의 : 의병운동(78~82쪽)
중앙	3. 항일의병전쟁의 전개	1) 초기의 항일의병투쟁 2) 을사조약에 대한 항쟁과 의병투쟁의 확대 3) 항일의병전쟁의 확산과 서울진공작전 4) 계속되는 의병전쟁 5) 항일의병전쟁의 의의	제목 : 의병전쟁 전기 : 의병투쟁, 의병활동 후기 : 의병전쟁 의의 : 의병투쟁, 의병전쟁 (90~96쪽)
대한	3. 타오르는 의병전쟁의 불길	탐구활동1. 을미의병은 왜 일어났으며, 누가 일으켰는가? 탐구활동2. 을사·병오의병의 대표적 활동은 무엇이며, 을미의병 때와 달라진 점은 무엇인가? 탐구활동3. 정미의병의 활동은 어떻게 전개되었는가?	제목 : 의병전쟁 전기 : 의병투쟁 후기 : 의병전쟁(76~80쪽)

첫째, 한말 의병운동은 재야세력만의 자발적인 항일운동이 아니라 중앙의 고종세력과 긴밀한 연계하에 조직적으로 추진된 항일운동임을 유념할 필요가 있다. 1894년 6월 일제의 경복궁 강제점령 직후 그리고 1904년 2월 한일의정서의 체결 직후부터 고종세력(고종과 그의 측근)과 재야세력(척사·혁신 유림, 전직관료, 해산군관 등)은 각기 중앙과 지방에서 거의 동시에 창의를 모색하기 시작했다. 이들은 일본군과 친일파의 구축을 목표로 내걸고 창의활동에 돌입하였다. 그들의 창의노력은 전기의병기에는 을미사변과 단발

령을 거치면서 표면화되었고, 후기의병기에는 일제의 황무지개척권 요구 반대운동과 을사조약을 거치면서 구체화되었다. 이때 중앙의 고종세력과 재야의 유력가·요호층·武勇家들은 충군애국의 대의명분에 입각하여 연대관계를 맺게 되었다. 아울러 이들은 일제의 단계적인 침략에 따라 점차 고조되고 있던 일반 인민들의 항일열기를 적극 수렴하여 의병운동으로 승화시켰다. 이처럼 한말 의병운동은 국가 멸망의 위기상황 속에서 국권과 군권과 생존권을 사수하려는 고종세력과 재야세력의 연대에 의해 이루어진 것이었다.

한말 의병운동을 재야세력만의 자발적인 항일운동으로 파악하는 역사학계의 연구경향은 현행 근현대사 교과서 집필자들이 의병참여 세력을 서술할 때에 그대로 반영되었다. 현행 근현대사 교과서 중에서 전후기 의병운동의 참여세력을 자세히 나열한 교과서는 2종이다. 금성교과서는 전기에 유생·농민군·행상·노동자·걸인 등을, 후기에 유생·농민·해산군인·노동자·소상인·지식인·승려·화적 등을 들었다. 중앙교과서는 전기에 유생·농민층·농민군 잔여세력·포수 등을, 후기에 전직관리·유생·군인·농민·어부·포수·상인 등을 들었다. 따라서 현행의 근현대사 교과서들은 크게 재야유림, 군인층, 포수, 농민층이 의병운동을 이끌어 나갔다고 주장하고 있다. 이러한 서술들은 한말 의병운동 당시 의병수가 수백 명에 달했던 연합의진의 경우 고종세력과 재야세력이 고종과 그 측근들의 밀지나 창의 권고를 매개로 연대함으로써 결성되었고, 또 고종세력과 그들의 수하들이 연합의진에 직접 가담하여 중요한 직임을 맡아 활동했던 구체적 사실들을 간과한 것이다.[5]

고종세력과 재야세력의 연대활동은 한말 의병운동에 심대한 영향을 미쳤

---

[5] 이상은 오영섭의 「을미의병운동의 정치·사회적 배경」, 『국사관논총』 65, 1995, 227~278쪽 ; 「한말 의병운동의 근왕적 성격—密旨를 중심으로—」, 『한국민족운동사연구』 15, 1997, 41~93쪽 ; 「한말 의병운동의 발발과 전개에 미친 고종황제의 역할」, 『동방학지』 128, 2004, 57~128쪽 ; 「한말의병운동에 대한 새로운 이해」, 『군사』 52, 2004, 57~91쪽의 내용을 축약한 것임.

다. 우선 전기의병운동을 대표하는 문석봉·정인희·유인석·노응규·이소응·민용호·김하락·최문환·기우만·허위 등 대표적인 의병장들이 고종세력과 연대하여 활동하였다. 이로 인해 아관파천 직후 정동파 내각이 의병해산령을 발포하자 정동파와 친분이 두터웠던 정교는 "이보다 앞서 각처 의진이 모두 密勅을 받고 일어났다"고 설파하였다.6 또한 후기의병운동을 대표하는 원용팔·정운경·이강년·고광순·김동신·심남일·안규홍·기삼연·채응언·이범윤·안중근·신돌석·유인석·유홍석·최익현·김도현·정환직·정용기·박기섭·노응규·민종식·이인영·노병대·허위·이은찬·김현준·이소영·차성충 등 대표적인 의병장들이 고종세력과 그들의 조력자들의 창의독려 및 창의후원 활동의 결과로서 일어났다. 근대사 개설서나 국사교과서에도 나오는 이들 대표적 의병장들은 향촌에 내려온 고종세력이나 그들의 밀사로부터 고종의 밀지나 혹은 밀지에 준하는 내락이나 권고를 받은 다음에 비로소 거의하였다.

둘째, 항일의병운동의 제반 배경을 이루는 국내외 정세와 정치적 변란들에 대한 간략한 부가적 설명이 필요하다. 근현대사 교과서의 의병운동 항목은 '구국민족운동의 전개' 아래에 서술되어 있기 때문에 의병운동의 전개과정과 그 의의만을 집중적으로 서술하고 있다. 그러나 전기의병운동은 청일전쟁과 삼국간섭, 일본군의 경복궁점령과 갑오·을미개혁, 고종세력의 친미친러정책과 일제의 명성왕후시해, 급진적 개혁조치인 변복령과 단발령 등과 긴밀한 연관을 지닌 사건이다. 또한 후기의병운동은 러일전쟁과 한일의정서의 체결, 일제의 황무지개척권 요구와 보안회의 항일운동, 을사조약의 체결과 통감부 설치, 고종퇴위와 군대해산 등과 불가분의 관계가 있는 사건이다. 그러나 이러한 사건들에 대한 설명들은 의병항목에서 극히 소략하게 다뤄졌으며, 대부분 제2장 제2절(개화운동과 근대적 개혁의 추진), 제2장 제4절(개항 이후의 경제와 사회), 제3장 제1절(일제식민통치와 민족의 수난)

---

6 정교,『대한계년사』상, 국사편찬위원회, 1957, 139쪽.

등 다른 장에서 자세히 설명되었다. 이로 말미암아 일본군의 단계적인 대한 침략 과정과 그에 대한 저항운동으로서의 의병운동이 전국적으로 확산되어 가던 배경 내지 원인을 입체적·종합적으로 파악하는 데 상당한 어려움을 주고 있다. 따라서 의병운동의 전개과정을 서술하는 사이사이에 의병운동에 영향을 미친 국내외 정세와 중요 사건들에 대한 추가적인 보충 설명이 요구된다.

셋째, 전후기 의병운동기를 통해 의병활동에 직접적 영향을 미친 포군에 대한 설명이 매우 미흡하다. 한말 의병운동 당시 고종세력이나 유림층의 소모에 응하여 의진에 참여한 포군들은 자신들이 지닌 전투력에 따라 대가를 받는 용병성향의 구식군대였다. 현행 근현대사 교과서에 기술된 것처럼 군대해산 후 근대식 무기를 지닌 해산군인들의 참여로 항일의병의 전력이 이전보다 강화된 점은 인정된다. 그러나 의진에 참여한 해산군인의 숫자가 그리 많은 편은 아니었고, 또한 그들이 지닌 무기는 탄약 부족으로 말미암아 시간이 지나면서 활용도가 떨어지고 있었다. 이에 반해 화승총으로 무장한 구식군인은 전기의병기에 절대적인 무력기반을 이루었고, 후기의병기에도 전투수행 과정에서 중요한 역할을 담당하였다. 그러나 이러한 포군에 대해 금성·두산·대한 등의 교과서에는 포군이란 용어가 한 번도 안나오며, 중앙교과서에만 의병참여세력을 열거하면서 전기의병기에 '포수'를 후기의병기에 '포수'와 '포군'을 언급했을 뿐이다. 다만 금성교과서는 "농민군은 화승총으로 무장하였다"고 하거나 실체가 모호한 '무장농민'이란 표현을 사용하고 있다. 따라서 의병운동의 무력기반인 포군의 역할, 무기, 전력, 지향성, 용병적 성향 등을 보다 상세히 설명할 필요가 있을 것이다.

넷째, 농민군의 잔여세력이나 일반 산포수보다 훨씬 우수한 무장력과 전투력을 지닌 해산군인에 대한 설명을 보강해야 한다. 갑오경장 이전까지 지방 각지의 관아와 군영에 소속되어 준상비군의 역할을 맡았던 구식군인들은 1895년 윤5월과 7월의 군대해산령으로 실직되었다. 그러다가 단발령 후 고종세력과 유림층의 소모에 응하여 의병운동에 참여하였다. 이때 해산군인들의 의병참여를 촉진한 주요인은 고종세력과 유림세력이 정부가 설치한 별포군보다 적어도 3~4배 이상의 높은 급료를 보장했던 사실이었을 것이다. 또한 군대해산령(1907.8)이 내리기 전인 1905년 4월에 이미 총 2만 명에 달하는 진위대 18개 대대가 8개 대대로 감축되었다. 이때 감축된 군인수는 군대해산령으로 해산된 군인수보다 훨씬 많았다. 그러나 현행의 근현대사 교과서에는 전기의병기에 중요한 역할을 수행한 해산군인에 대한 언급이 전혀 없으며, 후기의병기에는 1907년 8월 군대해산으로 해산군인이 대거 배출됨으로써 의병운동이 더욱 고양되어 갔다고 기술하고 있다. 따라서 앞으로는 전후기 의병운동기에 해산군인이 중요한 역할을 수행한 것은 일반적 현상이었음을 중시해야 한다. 나아가 후기의병기인 1905년 봄에 이미 해산군인이 대거 양산되었고, 이들이 진로를 모색하다가 1906~1907년경에 의병에 대거 투신하였고, 그리하여 그들이 의병운동의 전국화와 강렬화에 일정 부분 기여했음을 주목할 필요가 있을 것이다.

다섯째, 한말 의병세력들의 사상적 지형과 변화에 대한 설명이 미흡하다. 현행의 근현대사 교과서에서는 위정척사사상을 지닌 유림들이 전기의병을 주도했다고 하였다. 그러나 전기의병기에 참여한 유림세력들은 척사파(도학파)와 科擧派(실용파)로 갈라져 있었고, 또 의진에 참여하여 상당한 영향력을 발휘한 소수의 고종세력은 동도서기세력이었다. 따라서 전기의병의 사상적 정향을 일률적으로 척사파라고 단정하는 것은 다소 무리가 있는 해석이다. 아울러 청일전쟁에서의 청국의 패배, 대한제국기 서구사상의 유입 등으로 사상계의 자기분화가 촉진되면서 재야 유림들은 만국공법적 국제질서를 수용하게 되었다. 그리하여 러일전쟁 이전에 이미 거의 모든 유림들이 만국공법에 입각해 일본의 침략을 규탄하기에 이르렀던 점도 중요한 고려사항이다. 따라서 러일전쟁 이후 의병운동을 주도하게 되는 대표적인 의병장들의 사상적 정향이 여전히 유교사상에 기반한 동도서기론의 단계에 위치해 있었다는 점을 중시할 필요가 있을 것이다.

여섯째, 근현대사 교과서에 수록할 사진·도표·그림·지도 등의 시각 자료는 정확도와 선명도가 높은 것을 택해야 한다. 금성교과서의 단발령을 설명하는 '단발령과 사진관'은 대한제국 후반기 이후의 사진이며, '의병 신표'는 겉면의 숫자가 선명하지 못하여 식별이 어려운 상태이다. 두산교과서의 '의병의 활동지도'는 이범윤·허위·이강년 등의 창의 장소를 잘못 표기하고 있으며, '한말의 의병' 사진은 맨 왼쪽 의병의 얼굴이 반이 잘려있다. 중앙교과서의 '단발 지령과 이에 반대하는 통문'은 선명도가 떨어지고 작은 글씨가 안보일 정도로 사진 크기가 작으며, '정미의병' 사진은 맨 왼쪽 의병의 얼굴이 잘려 나갔다. 또 '의병부대의 활동' 지도에서는 이소응을 을사의병으로, 김동신을 김동식으로 잘못 표기하였다. 또 '정미의병' 사진에 "이 시기의 의병부대는 다양한 계층이 참여하였다"는 설명을 붙였으나 이는 전기이든지 후기이든지 간에 다양한 세력이 의병부대에 참여했음을 간과한 설명이다.

III. 의병운동의 시기별 기점문제와 독립군 전환 문제

한말 의병운동은 1894년 일본군의 경복궁점령 직후부터 시작되어 채응언 의병장이 피체되는 1915년 7월까지 지속되었다. 약 20여 년간 걸쳐 발단기-재기기-고양기-퇴조기(전환기)의 과정을 밟은 한말 의병운동에 대해 그 시기구분 문제를 둘러싸고 다양한 주장이 나와 있다. 이를테면, 전기(1894~1896)와 후기(1904~1915)로 크게 나누는 2시기 구분법, 전기(을미의병)-중기(을사의병)-후기(정미의병)로 나누는 3시기 구분법, 제1기(1894~1896)-제2기(1904~1907)-제3기(1907~1909)-제4기(전환기, 1909.11이후)로 나누는 4시기 구분법, 그리고 갑오·을미의병을 별도로 다루면서 1단계(1904)-2단계(1905)-3단계(1907)-4단계(1909~1914)로 나누는 5단계 구분법 등이 그것이다. 이 중 현재 가장 폭넓게 수용된 학설은 4시기 구분법이다.

현행 근현대사 교과서들은 교육부의 집필지침에 따라 을미의병-을사의병-정미의병 등 전통적인 3시기 구분법을 택하고 있다. 그런데 명확히 기술하지는 않았지만 의병세력의 독립군으로의 전환문제를 다루고 있어서 실제로는 4시기 구분법을 택하고 있는 셈이다. 아울러 다른 교과서들은 교육부의 서술지침에 따라 '을미의병'·'을사의병'·'정미의병' 등의 용어를 사용하고 있으나 금성교과서만은 학계의 최신 연구성과를 반영하여 제2~3기 의병에 대해 '을사'·'정미'라는 간지를 붙이지 않고 있다. 동시에 모든 교과서는 제3기에 의병운동이 더욱 고조된 사실을 중시하여 제2기까지를 의병운동으로, 제3기를 의병전쟁으로 파악하고 있는데, 이는 앞서 살펴본 것처럼 교육부의 서술지침을 충실히 수용한 결과이다.

그런데 한말 의병운동의 시기구분 문제를 논함에 있어 의병운동의 시발점과 재기단계의 기점을 어디로 잡을 것인가 하는 문제는 의병 참여세력의 범위를 어디까지 한정할 것인가 하는 문제와 결부되어 있다. 다시 말해 1~20명의 군사로 친일부호와 일제관리를 찾아다니며 반일성 화적활동을 전개한 이른바 假義들을 의병에 포함시킬 것인가, 나아가 그들의 지향성이 '반봉건·반침략'이었다는 일부 학자들의 주장들을 그대로 인정할 것인가, 그렇지 않으면 조선(대한제국)이나 고종에 대해 애국심과 충성심을 피력했던 의병들만을 고유한 의미의 의병으로 분류할 것인가에 따라 의병운동의 시발점과 재기단계의 기점은 달라질 수밖에 없을 것이다.

현행 근현대사 교과서에는 한말 최초의 의병장 내지 최초의 의병운동에 대한 기술이 없다. 이 문제에 대해 역사학계에서는 1894년 가을 안동에서 봉기하여 서울진격을 목표로 곤지암까지 진격했던 서상철의병을 최초의 의병으로 보는 견해가 있다.7 그러나 동학농민운동과 한말 의병운동의 지향점이 서로 달랐다는 점을 인정한다면 '僞동학군'의 칭호를 받은 대원군계 동학의병을 한말 최초의 의병으로 분류할 수는 없을 것이다.8 이는 1895년 7월 평안도 상원에서 봉기하여 황해도 장수산성까지 진출한 김원교에 대해서

---

7 김상기, 「조선말 갑오의병전쟁의 전개와 성격」, 『한국민족운동사연구』 3, 1989, 46~53쪽.
8 신영우, 「갑오농민전쟁과 영남 보수세력의 대응」, 연세대학교 사학과 박사학위논문, 1992 ; 구완회, 「제천의병에 관한 문헌자료의 검토」, 『조선사연구』 5, 1996.

제1장 현행 근현대사 교과서의 의병운동 서술방식과 그 개선점

〈표 2〉 의병운동의 단계별 기점과 독립군으로의 전환

	발단기 의병	재기기 의병	고양기 의병	전환기 의병
6차	최초의 항일의병은 일본 침략자들에 의해 자행된 을미사변과 친일내각에 의해 강행된 단발령을 계기로 전국 각지에서 일어났다.(96쪽)	을사조약을 계기로 국가의 존립이 위태로워지자, 다시 봉기한 의병들은 조약의 폐기와 친일내각의 타도를 내세우고 격렬한 무장항전을 벌였다.(97쪽)	고종황제의 강제퇴위와 군대 해산을 계기로 의병의 구국운동은 그 규모와 성격 면에서 의병전쟁으로 발전되어 갔다(1907). 이때의 의병을 정미의병이라고 한다.(97쪽)	의병전쟁은 남한대토벌작전을 계기로 크게 위축되었다. 그러나 많은 의병들은 압록강과 두만강을 건너 간도와 연해주로 옮겨가 독립군이 되어 일제에 강력한 항전을 전개하였다.(98쪽)
금성	을미사변으로 분노하던 유생과 민중들은 정부가 단발령을 공포하자 전국 곳곳에서 의병을 일으켰다. 1896년 1월 하순 이소응이 춘천에서 의병을 일으켰다.(90쪽)	의병투쟁은 1905년 을사조약을 전후하여 다시 불붙었다. 1904년 7월 교외의 군인들이 반일의병활동을 시작하였다. 양반유생들도 전국 곳곳에서 의병을 조직하였다.…1905년 8월 원주, 9월에는 단양에서 의병이 일어났다.(91쪽)	항일의병투쟁은 1907년 8월, 군대해산을 계기로 새로운 전기를 맞았다.…이에 따라 의병 부대의 전투력이 강화되어 의병항쟁은 본격적인 전쟁의 양상을 띠면서 전국으로 확산되었다.(92쪽)	대부분의 의병부대는 동포들의 뒷날을 기약하고 만주와 연해주 지방으로 건너가 그곳에 독립운동의 새로운 근거지를 마련하였다.(94쪽)
두산	최초의 항일의병은 명성왕후 시해와 단발령에 반발하여 일어난 을미의병이었다. 항일의병중에 유인석, 이소응, 허위부대의 활동이 두드러졌다.(78쪽)	을사조약이 체결되자 의병들이 다시 봉기하여 이 조약의 폐기와 친일내각의 타도를 내세우고 무장항전을 벌였다.(79쪽)	일본이 헤이그특사 파견을 구실로 고종황제를 퇴위시키고 한국 군대를 해산하자 항일의병활동은 한층 격렬하게 전개되었다.(80쪽)	많은 의병들은 압록강과 두만강을 건너 간도와 연해주로 근거지를 옮겨 독립군으로서 일제에 항전을 계속하였다.(81쪽)
중앙	일본이…명성황후를 시해하고…친일내각이 단발령을 강행하였다. 이에 전국 각지의 유생들이 중심이 되어 본격적인 항일 의병투쟁을 전개하였다.(90쪽)	을사조약의 강제 체결 이후 국가 존망의 위기 속에서 의병들은 국권회복을 위한 격렬한 무장항쟁을 전개하였다.(91~92쪽)	1907년에 고종의 강제 퇴위와 군대해산을 계기로 일어난 의병투쟁은 그 규모나 성격에서 의병전쟁으로 발전하였는데, 이시기의 의병을 정미의병이라고 한다.(92쪽)	의병부대들은 간도와 연해주로 이동하여 의병기지를 건설하고 독립군으로 전환하거나…깊은 산악지형을 이용하여 항전하였다.(94~95쪽)
대한	을미의병을 일으킨 유생들은 단발령으로 대표되는 개화정책이 서양세력과 일본을 끌어들여 우리나라의 전통 유교윤리를 파괴하는 것으로 보았다.(77쪽)	을사조약으로 나라가 큰 위기를 맞게 되자 다시 을사·병오 의병이 일어나 항일투쟁을 전개하였다.(78쪽)	일제는 고종을 강제로 퇴위시켰다. 그리고 한일 신협약을 강요하여 내정간섭을 강화하였고, 군대를 해산시켰다.…이에 따라 의병들의 국권회복투쟁도 더욱 치열하게 전개되었다.(78쪽)	많은 의병부대가 간도나 연해주로 이동하였고, 그곳에서 무장독립군으로 재편성되어 치열한 독립운동을 전개하였다.(80쪽)

도 동일하게 적용되는 문제이다. 강력한 근왕성과 반개화론을 표방한 김원교의병도 현재로서는 동학세력인지 반동학세력인지 불분명한 형편이기 때문이다. 따라서 김원교의병의 실체가 제대로 밝혀지기 이전의 현단계에서 최초의 의병장으로는 을미사변 직후인 1895년 9월 중순 유성에서 거의한 文錫鳳을 꼽을 수 있다. 투철한 충군애국론자인 문석봉은 명성왕후의 특별배려로 경복궁 오위장을 지낸 경력이 있으며, 을미사변 후 민영환·신응조·송근수·송도순 등 고관들의 정신적·경제적 지원하에 창의한 인물이다. 그는 죽을 때에 민영환이 창의를 당부하며 내려준 보검을 같이 묻어달라는 유언을 남겼을 정도로 고종세력과 인연이 깊었다.

현행 근현대사 교과서들은 발단기의 의병운동이 을미사변과 단발령에 반발하여 일어났다고 보고 있다. 이러한 해석은 역사학계의 주장을 그대로 받아들인 것이다. 이때 금성교과서는 1896년 1월 하순 춘천의 이소응이 의병을 일으킨 것을 필두로 을미의병이 봉기했다고 하였다. 그러나 을미의병은 1896년 1월 1일 한강을 건너 이천으로 내려와 창의한 金河洛 등이 일으킨 이천의병이 최초의 사례이다. 또한 두산·중앙교과서는 제1기의 대표적인 의병장으로서 각기 유인석·이소응·허위, 유인석·이소응·박준영을 거론하고 있다. 그러나 경상도에 전포된 밀지를 전달받고 뒤늦게 봉기하여 활동하다가 아관파천 후 개화정부의 권유를 받아들여 해산한 허위, 그리고 이천의병이 남한산성에서 패배한 후 일시 경기남부 의병장에 추대되었던 여주의 병장 박준영은 사실 을미의병기에 활약이 미미했던 인물들이다. 나아가 모든 교과서들은 아관파천 후 국왕의 해산권고 조칙에 따라 대부분의 의병이 자진 해산하였다고 기술하였다. 그러나 유인석·민용호·김하락·이경응 등 강력한 전투부대를 거느리고 있던 대표적 을미의병장들은 관군의 해산권유를 거부하고 끝까지 항전하였다. 아울러 기타 의병들도 소규모 부대로 각지로 몰려다니며 활동하다가 1896년 여름 관군의 진압작전에 밀려 해산하였다.

재기기의 의병운동에 대해 현행 근현대사 교과서들은 을사조약의 강제

체결로 국가가 위기 상황에 빠지자 지방 각지에서 의병들이 다시 봉기하여 치열하게 국권회복운동을 벌였다고 기술하였다. 다만 금성교과서만은 새로운 연구성과를 반영하여 을사조약 이전인 1905년 8월에 원주에서 원용팔이, 9월에 단양에서 정운경이 의병을 일으킨 사실을 거론하였다. 그러나 대한제국기 후반기부터 나타나기 시작한 화적계 假義들의 반일성 무장활동을 제쳐두더라도 이미 1904년 9월 중순경에 각기 서울과 홍천에서 창의의 통문이 나돌고 있었다. 이때 황성의병소의 대장 김모는 일제의 황무지개척권 요구와 역부징발에 반대하는 통문을 돌렸고, 홍천의병대장 홍일청은 충의세력이 모두 모여 "爲國忠誠과 爲民保安의 도를 다하자"는 통문을 띄웠다.9 아울러 한말 의병운동의 상징적 인물인 유인석도 1904년 10월경에 최익현에게 보낸 편지에서 "活國良策은 오직 거의 뿐이다"며 창의를 촉구하였다.10 이처럼 1905년 이전에 이미 의병운동의 서막이 올랐던 사실이 현행의 근현대사 교과서에는 제대로 반영되지 못했다. 아울러 을미 연합의병장들은 말할 것도 없고, 을사조약 전후에 거의한 대표적인 의병장들이 거의 모두 고종세력과 연대하여 봉기한 사실에 대한 기술이 빠져있다.

고조기의 의병운동에 대해 현행 근현대사 교과서들은 고종의 강제퇴위와 군대해산을 계기로 의병운동이 전국으로 확산되어 마침내 의병운동이 의병전쟁으로 발전했음을 중시하였다. 이는 한말 의병운동 당시 대한제국의 군인출신들이 의진에 들어가 두드러진 활약을 펼쳤음을 고려할 때 일면 타당한 해석이라고 하겠다. 그러나 그러한 해석은 다소 보완과 수정의 여지가 있다고 본다. 그것은 을사조약 전부터 고종퇴위 전까지 중앙과 지방 각지에서 높은 지명도를 지닌 수십 명의 고종세력이 재야세력과 연대하여 항일활동을 벌이기 위해 분주하게 활동했던 사실을 감안해야 하기 때문이다. 당시 고종세력은 의병운동에 절대 필요한 인적·물적 자원을 확보하느라 상당한 시일을 보내고 있었다. 그러한 사이에 1905년 4월에 감축된 지방군인의 항

---

9 『대한매일신보』, 1904년 9월 13일, 9월 16일 ; 『황성신문』, 1904년 9월 15일.
10 유인석, 『의암집』, 권6, 「與최면암」(1904. 음9).

일열기와 고종퇴위 이후에 더욱 고조된 인민들의 항일열기가 고종세력의 창의열기와 한데 맞물려 가시적인 성과로 이어졌던 것이다. 따라서 고종퇴위 이후에 해산군인들만이 대거 의병에 가담함으로써 의병운동이 확산되었다고 보는 것은 다소 단순한 해석이라고 생각한다.

전환기의 의병운동에 대해 현행 근현대사 교과서들은 한결같이 교육부의 서술지침을 그대로 반영하여 "대부분의 의병부대가 뒷날을 기약하고 만주와 연해주로 건너가 독립군으로 전환하였다"고 하였다. 의병운동 퇴조 후 연해주와 간도의 의병들이 그대로 독립군으로 전환한 것과 국내의 일부 의병들이 중국과 러시아로 건너간 것은 분명한 사실이다. 그러나 대부분의 의병부대가 해외로 건너가 독립군으로 전환했다는 주장은 지나친 과장이다. 더욱이 한일병합 이후 독립운동의 주도권은 대한제국과 고종황제를 추종하는 의병세력보다는 서구적 민주정체를 지향한 애국계몽세력에게 넘어갔고, 따라서 새롭게 충원되는 신세대 독립군들은 의병세력의 항일의식과 애국계몽세력의 민주정체관을 계승한 상태에서 독립운동에 가담하였다. 따라서 한말 의병운동의 대미를 기술할 때에 항일의병의 독립군으로의 전환을 중시하는 인적 자원의 전승문제보다는 항일의병의 구국정신이 청소년들에게 그대로 이어져 한국독립운동의 정신적 기반이 되었던 사실에 강조점을 두어야 한다고 판단한다.

IV. 평민의병장 문제와 평민층의 의병참여 동기

현행 근현대사 교과서의 의병운동 서술에서 특기할 만한 사실은 평민세력의 활동을 중시한 점이다. 다시 말해 전기의병기에 일반 농민과 동학농민군의 잔여세력이 의병에 많이 가담하였고, 후기의병기에 신돌석의 등장 이후 평민의병장의 활약이 두드러져서 의병운동이 새로운 전기를 맞게 되었다는 것이다. 그런데 이처럼 평민세력의 의병참여나 평민의병장의 등장과 역할을 주목한 대목은 교육부가 제시한 서술지침에는 들어있지 않다. 교육부

제1장 현행 근현대사 교과서의 의병운동 서술방식과 그 개선점 431

지침은 "각 단계별로 크게 활약한 대표적인 의병부대를 말할 수 있다"고 되어 있을 뿐이다. 따라서 모든 교과서들이 전기의병기에 평민세력의 의병참여를 언급하고 후기의병기에 평민의병장이 대거 등장함으로써 의병운동이 양반중심에서 평민중심으로 발전했다고 기술한 것은 교육부의 지침이 아니라 근현대사 교과서 집필자들의 개인적 사관에 입각한 것임을 알 수 있다.

현행 근현대사 교과서의 의병서술은 인민대중의 반봉건·반침략 활동이 역사발전을 선도했다고 하는 이른바 민중주의사관에 일정 부분 영향을 받았

〈표 3〉 근현대사 교과서의 평민관련 서술

	전 기	후 기
6차	이른바 을미의병은 위정척사사상을 가진 유생들이 주도하였고, 일반농민과 동학농민군의 잔여세력이 가담하였다.(90쪽)	종래의 의병장은 대체로 유생들이었는데, 이때부터는 평민출신 의병장의 활동이 두드러져서 의병운동의 새로운 양상을 보여주었다.(90쪽)
금성	초기 의병(을미의병)에는 위정척사사상을 가진 유생들이 앞장섰다. 여기에 반일·반침략을 부르짖던 일반농민과 동학농민군 참가세력이 가담하였다. 하지만 유생의병장들과 달리 일반농민들은 반봉건을 지향하고 있었기 때문에 크고 작은 갈등을 빚었다.(90쪽)	의병운동이 본격화하면서 평민의병장이 등장하였다. 평민의 병장이 이끄는 부대는 동학농민운동과 활빈당 등의 무장투쟁을 경험으로…일본군과 치열한 전투를 벌였다.…이처럼 후기 의병운동은 참여계층의 확대와 전술의 변화로 반침략 항쟁의 성격을 강하게 띠게 되었다.…의병부대의 구성도 더욱 다양해졌다. 유생과 농민, 해산군인 뿐 아니라 노동자, 소상인, 지식인, 승려, 화적 등 다양한 계층이 의병에 참여하였다. 의병장도 양반대신 평민이 다수를 차지하였다.(91쪽)
두산	을미의병은 위정척사사상을 가진 유생들이 주도했고, 일반농민과 동학농민군의 잔여세력이 이에 가담하였다.(78쪽)	평민출신 의병장인 신돌석은 일월산을 거점으로…활동을 벌였다.…이때부터 평민의병장의 활동이 두드러져서 의병운동에 새로운 양상을 보여주었다. 전술면에서도 성을 지키는 수성전에서 유격전으로 전환함으로써 의병의 수적인 열세를 보완하였다.(79쪽)
중앙	의병에 참여하였던 민중은 대부분 농민층, 동학농민군의 잔여세력, 포수들이었다. 유생들은 이들 민중이 가지고 있는 반외세 정서를 항일운동으로 규합할 수 있었다.(91쪽)	평민출신 신돌석은 의병을 일으켜…강원도와 경상도 접경지대에서 크게 활약하였다.…이 시기의 의병장들은 대부분이 유학을 숭상하던 전직관료였으나, 평민출신 의병장이 등장하였다는 점에서 의병운동이 새로운 양상을 띠었음을 보여주었다.(92쪽)
대한	을미의병은 향리나 평민이 일으킨 경우도 있지만, 주도세력은 대부분 보수적 유생층이었다.…농민들과 동학농민군의 잔여세력이 의병에 많이 참여하였음을 알 수 있다.(77쪽)	평민의병장이 이끄는 의병부대는 봉건적 신분의식이나 위정척사사상에 얽매이지 않았기 때문에 보다 단결된 힘을 가지고 국권회복투쟁을 전개할 수 있었다.…평민출신 의병장이 이끄는 의병부대를 제외한 채 양반유생 출신 의병장들이 중심이 되어 전개한 서울진공작전은 실패하였다. 이에 비해 평민출신 의병장들이 이끄는 의병부대는 주로 유격전술을 펼치며 일제에게 타격을 가하였다.(78쪽)

다. 이는 교육부 지침과 일부 근대사 연구자들의 연구경향을 무비판적으로 반영한 결과로 보인다. 50% 이상의 채택율을 기록한 금성교과서는 평민의병 중시경향이 가장 짙게 배어있는 교과서이다. 여기에는 반봉건을 지향하는 여러 평민세력이 의병에 가담하였고, 이들이 의병해산 후 활빈당을 조직하여 반침략·반봉건 활동을 벌였으며, 1905년 가을 다시 봉기한 의병운동도 이들의 주된 활동지에서 시작되었고, 의병운동이 본격화함에 따라 신돌석 같은 평민의병장이 등장하여 동학농민운동이나 활빈당 등의 무장투쟁 경험을 바탕으로 치열한 전투를 벌였으며, 그리하여 의병운동이 반침략 항쟁으로 승화되었다고 되어 있다. 이처럼 의병운동이 계기적·발전적 과정을 거쳐 양반중심에서 평민중심으로 이행했다고 서술한 것은 정도의 차이가 있기는 하지만 현행 근현대사 교과서들의 공통된 서술양태이다.

한말 의병운동 연구에서 평민대중과 평민의병장의 역할을 최초로 중시한 이들은 역시 북한의 관변사가들이다. 金慶寅은 의병장 중에는 홍범도·차도선·신돌석과 같은 평민출신도 있었으나 대부분이 유생·관료출신이었고, 의병운동이 왕정복고를 지향하고 있었다고 보았다.[11] 초창기 북한학자들의 신중한 의병해석은 남로당·해외파 학자들이 제거되고 김일성유일체제를 지지하는 학자들이 등장하면서부터 점차 평민의 역할을 더욱 중시하는 쪽으로 나아갔다. 이나영은 을사조약 이후 인민들의 정치적 각성이 제고되었고, 그 후 반일의병투쟁의 선두에는 인민출신의 의병장들이 서게 되었으며, 그리하여 반일의병투쟁의 강화발전에서 획기적인 전환을 이루게 되었다고 하였다.[12] 또한 '평민출신 신돌석'의 대중적 항일투쟁에 비중을 두었던 김광수는 의병투쟁이 평민대중의 적극적인 참가에 의하여 확대 발전되었다고 하였고,[13] 북한정권의 충실한 나팔수역을 맡았던 오길보는 1907년 이후 평민출신 의병장이 출현하여 반일의병투쟁의 주도권을 장악하게 되었다고 하였

---

11 조선력사편찬위원회 편, 『조선민족해방투쟁사』, 평양 : 김일성종합대학, 1949, 202쪽.
12 리나영, 『조선민족해방투쟁사』, 평양 : 조선로동당출판사, 1958, 192쪽.
13 김광수, 「조선 인민의 반일 의병 투쟁」, 『력사과학』, 1960년 6호, 26쪽.

다.[14] 이러한 북한학계의 의병관은 현재 남한학계의 평민중시 의병관의 원형에 해당한다고 할 수 있다.

북한학자들의 소박한 평민의병 중시경향은 재일사학자 강재언의『조선근대사연구』(일본평론사, 1970)에 실린「반일의병운동의 역사적 전개」란 논문을 통해 학문적 체계화와 이론화 과정을 거쳤다. 이후 그의 논문은 일본학계와 남한학계에 큰 영향을 미쳤다. 특히 남한에서 1970년대 후반부터 1980년대까지 그의 논문이 운동권 학생들 간에 반봉건·반침략 의식을 고취하기 위한 의식화 교재로 이용되기도 하였다. 아울러 일부 연구자들이 북한학계와 강재언의 평민적 의병관에 입각한 연구성과를 내놓게 되면서부터 평민의병의 역할을 중시하는 연구경향은 남한학계에서 시민권을 획득하게 되었다. 특히 남한의 일부 연구자들은 북한학계의 평민중시 연구경향을 통계상으로 입증하기 위해 학술적으로 의미가 떨어지는 각고의 노력을 기울이기도 하였다. 평민의병장의 진출을 입증하기 위한 노력의 결과물들은 대한·중앙 교과서 집필자들에 의해서 다소 임의대로 변개가 이루어진 상태에서 인용되고 있다.[15]

그러면 군대해산 이후에 평민출신 의병장이 대거 출현하여 의병운동의 주도권이 양반층에서 평민층으로 넘어갔다고 하는 주장은 과연 타당한 것인가. 저자는 한말 근대기에 민중의식이 점차 성장하여 민중이 역사의 전면에

---

14 오길보,「19세기말-20세기초 반일의병투쟁의 성격」,『력사과학』, 1966년 6호, 19쪽.
15 예컨대 박성수의『한국독립운동사』, 창작과 비평사, 1980, 223~224쪽에는 1908년 10월경부터 1909년까지 활동한 전국 의병장에 대한 '신분·직업별 통계표'가 실려 있다. 여기에는 조사대상자 430명 가운데 255명의 신분·직업별 통계가 나와 있다. 그런데 대한 교과서는 이 표를 인용하면서 1907년에 일어난 '정미의병장의 신분·직업별 분포'라고 명칭과 연도를 임의대로 바꾸었고, 또 통계 수치도 430명은 빼버린 채 255명만 인용하고 있다. 하여튼 255명의 신분·직업별 분포는 유생·양반(63명), 농업(49명), 사병(35명), 무직·화적(30명), 포군(13명), 광부(12명), 주사·서기(9명), 장교(7명), 상인(6명), 군수·면장(6명), 기타(19명) 등으로 되어 있다. 그러나 박성수가 인용한 일제측 자료는 의병운동이 퇴조하고 화적계의 부대장들이 크게 활동하던 때에 생산된 것이기 때문에 한말 의병장의 신분·직업을 전반적으로 파악하기에는 문제가 있는 자료이다.

등장할 준비를 하고 있었다는 주장을 당연한 사실로 받아들이는 편이다. 그러나 일제측의 자료에 수록된 '폭도 거괴'들을 통계 처리하여 도출한 평민의병장의 대거출현설은 역사적 실상과 일치하는 것이라고 생각지는 않는다. 왜냐하면 일제측 기록을 기계적으로 반영한 기왕의 연구성과들은, ① 수백명 이상의 군사를 거느린 대규모 연합의병의 의병장과 그 휘하의 의병장(중군장·선봉장·후군장·소모장·유격장 등)을 동급의 의병장으로 분류하였고, ② 연합의병장의 피체·전사로 연합의병이 해체된 후 소규모 군사로 게릴라 활동 중인 부대장을 연합의병장이나 1~200명 정도의 군사를 거느린 중급의 의병장들과 동급으로 처리하였고, ③ 고종세력과 연대하여 창의하거나 고종세력이 후원하는 연합의병장의 막하에 있다가 독립하여 소규모 부대의 부대장으로 활동하던 의병장들이 적지 않았다는 사실을 고려하지 않았고, ④ 1908년 중반 이후 국가멸망의 징후가 노골화된 극심한 혼란기에 1~20명 정도의 군사로써 의병인지 화적인지 실체가 불분명한 반봉건·반일성 토색활동을 벌인 수많은 부대장들을 모두 의병장으로 간주하였고, ⑤ 일제의 효과적인 탄압작전 이후 등장한 소규모 게릴라 부대장들은 사실 평민층의 신분상승 욕구나 반제의식의 확대의 결과로서 나타난 것이라기보다는 의병운동의 해체과정 내지는 독립군으로의 전환과정에서 나타난 필연적인 산물임을 간과했으며, ⑥ 신분과 이력이 불명하여 통계에서 다루지 못한 의병장이 너무 많으며, ⑦ 일본측이 공판조서에 명치유신 이후 자국의 기준에 따라 '평민'이나 '농민'이라고 기록했지만, 한국에서는 그들이 단순한 평민이나 농민이 아니라 주경야독하는 양반인 경우가 많았다는 점등을 간과하였기 때문이다.

　이상의 문제점들을 다각도로 고려할 때 평민의병과 평민의병장 이해에 새로운 전기를 마련할 필요가 있을 것이다. 이제 평민의병장 이해의 지평을 확대하기 위해 다음과 같은 몇 가지 중요 문제들을 차례대로 논급하려 한다. 첫째, 국망기에 대표적 평민의병장들은 그들의 신분이 평민에 속했다고 하더라도 그들이 의병장에 오르는 과정과 그들이 벌인 의병활동의 전 과정이 반드시 평민적인 것은 결코 아니었다. 차라리 평민의병장과 고종세력과의 관계를 파헤치는 것이 평민의병장의 실체를 제대로 파악하는 데 유익할 것이다. 둘째, 평민세력의 반침략세력으로서의 정통성을 강조하기 위해 평민세력과 양반세력의 갈등을 강조한 주장들은 다소 사실에서 벗어나 있다고 생각한다. 셋째, 한말 의병운동에 참여한 민중층은 포군층과 농민층으로 대별되는데 대체로 그들은 경제적인 동기에 따라 의진에 참여했다는 점이다.

첫째, 고종세력과 평민의병장이 어떤 관계를 맺고 있는가를 평민의병장으로 널리 알려진 신돌석·안규홍·홍범도·채응언 4인을 중심으로 알아보겠다.

한국근대사 개설서들은 말할 것도 없고 현행의 근현대사 교과서들은 한결같이 신돌석을 '평민출신'으로 기술하고 있다. 나아가 평민의병장 신돌석이 출현하면서부터 의병운동의 주도층이 유림층에서 평민층으로 발전했다고 주장하였다. 이처럼 신돌석이 평민출신이라거나 신돌석의 출현 이후 의병운동의 성격이 변화되었다는 주장은 북한학계의 주장을 그대로 받아들인 결과이다. 그러나 주목할 사실은 신돌석은 평민이 아니라 양반서당에서 양반들과 같이 공부했던 양반급 향리의 후손이었다는 점이다. 그의 부친은 의병군자금으로 쌀 100섬을 희사하였고 나중에 전 재산을 내놓았던 향리재력가였던 것이다.[16] 이런 사실로 미루어 신돌석과 평민의병에 대한 환상은 일정 부분 수정될 필요가 있다.

1906년 4월 신돌석이 영해에서 봉기할 때에 고종세력은 두 갈래 루트로 신돌석의 창의에 영향을 미쳤다. 하나는 고종의 정치적 분신인 궁내부대신 심상훈과 친분이 두터운 김현준이 고종에게 밀지와 군자금을 받은 다음에 경상도로 내려가 안동의 유력가 이상룡에게 거의를 상의하자 이상룡은 인근의 신돌석에게 창의를 권하였다.[17] 다른 하나는 고종의 측근인 정환직이 어전에서 밀지를 받은 후에 아들 정용기에게 거의를 당부하자 山南에서 창의

---

16 이병국, 『敬山文集』, 「挽申舜卿」.
17 이규홍, 「세심헌일기」, 을사·기유년조 ; 이준형, 「선부군유사」, 『석주유고후집』.

한 정용기는 측근을 보내 인근의 신돌석에게 창의를 촉구하였다. 이를테면 혼인 시에 양반의관을 갖추었다 하여 양반들에게 모진 수모를 당했던 신돌석의 휘하에 전현직 관리인 영해의 명문양반 가문의 자제들이 몰려든 것은 영해지역에서 신분갈등이 해소된 결과라기보다는 신돌석의 배후에 있는 고종 측근들의 영향력에 힘입은 결과였음에 틀림없다. 따라서 신돌석의 봉기는 고종세력의 구국의지와 영해지역 재야세력의 항일열기가 맞물려 나타난 결과로 보아야 한다.

일제가 호남지방 의병장 중에서 첫째가는 인물로 꼽은 안규홍은 양반가에서 품팔이를 하던 한미한 신분 출신의 평민이었다. 그는 1908년 2월 주변의 머슴꾼들을 모아 창의했는데, 그의 창의에는 보성의 유력자인 안극과 박남현이 영향을 미쳤다. 그런데 부인이 여홍민씨인 안극은 전남관찰사를 지낸 다음 고종의 청원외교를 도왔던 고종의 별입시 민영철과 절친한 사이이며, 의병장 민긍호와 죽마고우의 관계였다.[18] 그는 고종으로부터 밀지를 받은 다음에 의병장을 다수 배출한 항일단체 충의사의 회원 박남현과 함께 창의를 모색한 결과 담대한 안규홍에게 인적·물적 자원을 지원하게 되었다. 특히 안극은 평소 도적방비를 위해 양성하고 고용한 가병 100여 명을 안규홍에게 주었고, 자가의 토지까지 팔아서 안규홍의병의 군수품에 충당하였다. 이로 인해 안극은 '숨은 의병'이라는 평을 받았다고 한다.[19]

한국독립운동의 기린아 홍범도는 1907년 11월경 차도선과 함께 삼수·갑산·북청 일대를 무대로 활동한 평민의병장이다. 당시 차도선·홍범도의병은 서울에서 군인 27명을 데리고 내려가 함남 영흥에서 창의한 윤동섭의 창의에 자극받아 일어난 의병부대로 보인다.[20] 그런데 1908년 3월 12일 그들이 임강현의 대노야 앞으로 보낸 무기요청 서한의 말미에는 차도선·홍범도

---

18 안극,『晦隱集』, 권1,「행장」·「閔雲沙壽序」.
19 『전라남도사』, 전라남도사편찬위원회, 1956, 812쪽 ;『보성군향토사』, 호남문화, 1974, 59, 278~283쪽.
20 『한국독립운동사자료집 : 홍범도 편』,「리인섭의 편지」, 한국정신문화연구원, 1995, 36쪽.

의병의 근왕적 성격을 알려주는 비밀이 담겨있었다. 즉, 거기에는 "의진. 모사장 박충보·都대장 차도선·부대장 홍범도·우대장 양봉익·좌대장 태양욱" 등 의진의 직임과 임원의 성명이 나열되어 있었다.[21] 이때 의병장 차도선·홍범도보다 상위 서열에 위치한 모사장 朴忠保는 미지의 인물인데, 그 직임으로 보아 북청의병의 전략과 전술을 통괄하는 요직을 차지하고 있었다. 한말 의병운동 당시 서울의 고종세력이 수많은 문객들을 지방으로 파견하여 거의촉구 활동을 펼치게 했던 사실을 감안하면, 박충보는 서울의 고종세력이 함경도로 파견한 밀사였던 것으로 보인다.

평안도 성천의 소농출신 의병장 채응언의 사례는 고종세력과 평민의병장 간의 느슨한 연대관계를 보여준다. 일반적으로 고종세력과 연대한 의병장들의 창의양상은 대략 두 가지로 구분된다. 하나는 고종세력이나 그들의 밀사들로부터 밀지나 당부를 직접 전달받고 향촌에서 창의하는 경우이다. 다른 하나는 고종세력으로부터 밀지나 당부를 받고 창의한 연합의병장들의 소모활동에 응하여 연합의진에 투신했다가 연합의병장들이 전사·피체한 다음 그들의 권위를 승습하여 창의하는 경우이다. 이때 한말 최초의 항일의병장으로 잠정 분류되는 문석봉은 전자의 전형에 해당하는 인물이며, 한말 최후의 의병장인 채응언은 후자에 속하는 인물이다. 이를테면 채응언은 1907년 봄 고종의 밀지를 받고 창의한 유인석에게 의병장의 권위와 문부를 하사받고 의병장에 오른 徐泰順이 황해도 곡산군에서 순국한 다음에 서태순의 뒤를 이어 의병장에 올랐다. 그는 서태순이 유인석에게 받은 모든 권위를 이어받아 1909년에 의병장에 올라 활동하다가 1915년에 피체되었다.[22]

둘째, 한말 의병운동 당시 평민세력과 양반세력의 갈등문제이다. 금성교과서는 전기의병기에 "유생의병장과 달리 일반 농민들은 반봉건을 지향하고 있었기 때문에 (양자는) 크고 작은 갈등을 빚었다"고 하였다. 그리고 이

---

21 『독립운동사자료집 별집 1』, 독립운동사편찬위원회, 1974, 1083쪽 ; 『통감부문서』 5, 「청국에 거사협조 요청 서한」, 국사편찬위원회, 1999, 199쪽.
22 『독립운동사자료집 별집 1』, 224~225쪽.

러한 갈등이 양반층의 봉건성에서 기인하는 것으로 보았다. 그러나 전후기 의병운동기에 의진 내에서 자주 벌어진 갈등은 계급 간의 신분갈등 문제 때문이 아니라 의병장간에 혹은 의병지도부 간에 권력투쟁 때문에 발생한 것이다. 이따금 의병지도부가 군사들을 처형한 사례들은 신분갈등 때문이 아니라 화적출신의 군사들이 군령을 어기고 민인에 대해 침학행위를 범한 것을 징치하기 위해서였다. 금성교과서는 을미의병운동 당시 제천의 화서학파 유림들과 평민장수 김백선 간의 갈등관계와 그로 인한 유인석의 김백선처형 사건을 양반과 평민 간의 대표적인 갈등관계로 파악하고 있다. 그러나 이 사건도 양반과 평민 간에 극심한 신분갈등에서 빚어진 것이 아니라 의진 내부의 권력다툼의 와중에 일어난 사건이었다. 척사파인 유인석은 동도서기파인 고종세력을 추종하는 김백선이 병권을 장악하고 의진을 이탈할 것을 우려하였기 때문에 김백선을 전격 처형했던 것이다.

금성·대한 교과서는 13도창의군의 서울진공작전을 설명하면서 신돌석·홍범도·김수민 등 평민출신 의병장들을 신분이 낮다고 하여 제외한 것은 계급적 한계를 드러낸 것이라고 하였다. 나아가 금성교과서는 양반의병장 주도로 13도연합군이 결성되었고, 서울진공전이 실패하자 양반의병장들이 의병대열에서 점차 떠나갔다고 하였다. 그러나 13도창의군은 이인영의 관동창의군을 모태로 경기·강원·황해지역의 일부 의병부대를 규합한 연합부대였다. 그렇기 때문에 전라·경상·함경도 지역의 의병이 13도창의군에 참여하기가 힘들었다. 게다가 13도창의군에는 금성교과서의 기술과 달리 평민의병장들이 여러 명 가담하고 있었다. 그리고 경상도의 정용기와 전라도의 안규홍이 속히 군사를 몰아 상경하라 중앙의 전갈을 받았음에도 불구하고 상경하지 못했던 것처럼, 충청도의 이강년과 신돌석은 일본군수비대와 전투를 치르느라 중부지방으로의 진출이 어려웠다. 따라서 13도창의군의 지도부가 양반의병장들로 구성되어 있다거나, 의병지도부가 신돌석같은 평민의병장을 의도적으로 배제했다는 근현대사 교과서들의 주장은 사실과 다르다.

셋째, 한말 의병운동에 참여한 민중층의 의병참여 동기 문제이다. 한말 다양한 의병세력들은 외세배격이 선결과제라는 민족적 위기의식에 공감하여 연대관계를 맺었다. 이때 다양한 의병세력을 대표하는 고종세력과 유림 집단과 평민세력은 그들의 사회경제적 배경의 차이에 따라, 그리고 개인적 이해관계에 따라 각기 다른 지향성을 보였다. 즉, 충군애국을 대의명분으로 내세운 그들의 궁극적 참여 동기가 신분별·계층별로 반드시 일치하지는 않았던 것이다. 대체로 고종세력에게는 친일세력을 축출하고 전제왕권을 회복하려는 정치적 동기가, 유림층과 해산군관에게는 강렬한 의리심과 애국심에 따라 일본세력을 물리치려는 사상적 동기가, 평민층에게는 의병에 참여하여 급료를 받으려는 경제적 동기가 보다 강하게 작용하였다. 따라서 저명한 항일의병장, 일부 척사·혁신 유림, 전직 군관 등 비교적 사상성과 애국성이 투철했던 우국지사들을 제외할 경우, 상당수 의병세력들은 다소간 생존권 확보차원에서 거의활동에 동참했을 가능성이 크다.[23]

한말 의병운동 당시 평민세력의 거의 대다수를 점한 군사층과 농민층은 일정한 의식의 정향이 없이 경제적 보수에 따라 행동하는 용병적 성향을 드러냈다. 물론 고종세력과 유림의병장의 애국정신에 감화를 받았거나 혹은 일제의 대한침략에 분개해 마지않는 일부 포군이나 해산군인들이 보수에 상관없이 자발적으로 의진에 가담하여 활동한 경우도 많았다. 그러나 대체로 병사층과 농민층의 의병참여는 자발적인 것이라기보다는 의병지도부의 강제 소모와 징발에 의한 것이었으며, 그렇지 않으면 다액의 급료를 받기 위해서 자의로 의병진에 투신하는 경우가 대부분이었다. 따라서 엄밀히 말해 이른바 의병정신이란 평민병사층의 민중성이나 반제의식을 가리키는 것이라기보다는 전사·옥사한 항일의병장들과 척사·혁신유림 및 해산군관들의 충군애국론에 기반한 의리심을 가리키는 것으로 이해해야 한다.

의병운동 과정에서 평민병사층이 자신들의 무장활동의 대가로 일정한 급

---

[23] 이러한 문제인식에 처음 착목한 연구로는 오영섭,『화서학파의 보수적 민족주의 연구─그들의 위정척사론과 의병운동을 중심으로─』, 한림대학교 사학과 박사학위논문, 1997 ; 이상찬,「갑오개혁과 1896년 의병의 관계」,『역사연구』5, 역사학연구소, 1997.

료를 받았던 사실은 일반적 현상이었다. 전기의병기에 연합의진의 병사충은 개화파 정부가 의병운동 직전과 직후에 防盜를 위해 지방 요해처와 관아에 설치한 별포군들보다 적어도 3~4배 정도나 높은 급료로 받았다. 아울러 의병진 내에서 민방위부대에 해당하는 농민출신의 민군들도 별포군들과 거의 같은 급여를 받았다. 후기의병기에 병사층은 해당 의진의 자금사정에 따라 대략 한 달에 12~40냥 정도를 받았다. 이때 근대식 무기로 무장한 해산군인들은 이들보다 많은 급료를 받았을 것이다. 이와 관련해 영국기자 맥켄지(Frederick A. McKenzie)는 자신이 원주에서 만난 6명의 의병 중에 3명은 고용병인 '품팔이꾼'이었으며, 의병장은 각지의 부호가 희사한 군수전으로 병사들을 모은다고 하였다.[24]

병사 층의 급료와 군수비 마련 문제는 한말 의병운동 당시 수많은 군소부대들이 어찌하여 친일적 관군과 일본군에 대한 공격보다도 지방관아 및 친일파·요호가·벌열가에 난입하여 그들로부터 군수전을 탈취하는 데 주력했는가 하는 의문에 대한 해답을 제시해 준다. 이처럼 군자금이 있어야만 병사를 모아 의병부대를 결성할 수 있는 메커니즘이 작용하고 있었기 때문에 향촌사회에서 인적·물적 자원을 동원할 수 있는 고종세력이 의병운동에 깊숙히 영향을 미칠 수밖에 없었던 것이다. 한마디로 병사층에 들어가는 막대한 액수의 급료와 운용비를 먼저 확보해야만 의진의 운영과 활동이 원활히 유지되는 고비용체제는 한말 의병운동의 민중적 내지 반봉건적 성격문제와 불가분의 관계를 맺고 있었다.

V. 맺음말

현행 근현대사 교과서의 의병서술의 두드러진 특징은 의병운동을 한국사의 내재적 발전론과 민족주의와 민중사관에 입각하여 기술했다는 점이다.

---

[24] F. A. 맥켄지 저, 이광린 역, 『한국의 독립운동』, 일조각, 1969, 116~117쪽.

제1장 현행 근현대사 교과서의 의병운동 서술방식과 그 개선점

이러한 서술경향은 크게 보아 1969년 한우근·이기백·이우성·김용섭 등 4인이 국사교육에 대한 국사학계의 의견을 문교부에 제시하기 위해 작성한 「중고등학교 국사교육개선을 위한 기본방향」과 맥락을 같이하고 있다. 당시 「기본방향」의 내용은, ① 민족의 주체성을 살리고, ② 세계사의 시각에서 제시하고, ③ 한국사의 내재적 발전을 강조하고, ④ 인간중심으로 생동하는 역사를 서술하고, ⑤ 민중의 활동과 참여를 부각시킨다는 것이었다. 이 중에서 "세계사의 시각에서 제시한다"는 구절을 제외할 경우 의병운동 서술경향은 「기본방향」의 취지를 그대로 따르고 있는 셈이다. 그러나 현행 근현대사 교과서의 민족중심적이며 민중주의적인 역사서술은 자국민에게 민족적·국가적 자긍심을 심어주는 것이 국사교육의 본연의 사명임을 감안하더라도 사실기술과 역사해석의 두 가지 측면에서 다소 문제가 있을 수 있다는 비판에서 자유롭지 못하다고 생각한다.

현행 근현대사 교과서들은 의병운동이 평민세력의 주체적 활동에 의해 발전적·계기적인 변화를 보였다고 기술하고 있다. 교과서들은 한국사의 내재적 발전양상이 의병운동에도 그대로 나타나고 있음을 입증해 보이려 노력하고 있는 듯이 보인다. 다시 말해 교과서들은 의병운동의 주체세력이 봉건적 양반세력에서 반봉건적 평민세력으로, 의병운동의 성격이 의병운동에서 의병전쟁으로, 또 의병전쟁에서 독립운동으로 발전해 나간 점을 매우 중시하고 있다. 이러한 서술양태는 첫째 전후기 의병운동기를 대표하는 수많은 의병장들이 여전히 유교사상의 충군애국론을 신봉하던 인사들이었으며, 둘째 신돌석의 출현 이후에도 실질적으로 의병운동을 이끌어나간 의병장들은 유림세력이 대부분이었으며, 셋째 의병운동의 퇴조기에 대거 출현한 군소부대의 부대장들은 사실 항일의병장이라기보다는 화적계열 부대장에 가까운 인물들이며, 넷째 의병운동 당시 평민세력의 주축을 이룬 농민과 포군 및 일부 해산군인들은 충군애국론에 따라 의병에 참여했다기보다는 생계마련을 위한 경제적 동기에서 의병에 참여하고 있으며, 다섯째, 실제로 의병세력이 해외로 이주하여 독립군으로 전환한 사례는 그리 많은 편이 아니었다는 등의 여러 사실들을 간과하고 있다. 이상의 문제점들을 감안하면 교과서들의 의병운동 서술양상은 다소 과장된 것이거나 역사적 사실과 어긋난다는 것을 알 수 있을 것이다.

현행 근현대사 교과서의 의병서술에는 의병운동의 발발과 전개 과정에서 중요한 역할을 수행한 고종세력의 활약상에 대한 설명이 완전히 빠져있다. 그러나 40년 동안 국가를 다스리며 국가의 인적·물적 자원을 거머쥔 전제 군주와 그의 측근들이 자신들과 왕조의 명운을 위협하는 외침에 대항하여 다각도로 구국운동을 벌였을 것이라는 점은 상식에 속한다. 게다가 고종퇴위 후 서구의 계몽사상이 본격적인 영향을 미치지 전까지는 유교의 충군애국론이 한국 신민들의 사고를 지배하였다. 아울러 1908년경까지는 전제군주제의 정점에 위치한 고종이 측근의 많은 신하들을 통해 여전히 재야에 막강한 영향력을 행사하고 있었다. 이로 말미암아 1910년대 중반 이후 민족주의와 사회주의 등의 근대사상이 한민족의 민족운동의 기본이념으로 정착하기 전까지 의병운동과 복벽운동을 비롯한 한국근대 근왕적 민족운동의 여러 조류들은 고종 및 그 주변세력과 긴밀한 연계하에 추진될 수밖에 없었다. 이것은 거시적 차원에서 한국사의 두드러진 특징 중에 하나인 장구한 중앙집권적 통치체제의 역사적 경험에서 파생된 문제이다. 이런 점에서 고종세력이 국가 위망기에 다양한 항일방략을 구사하는 가운데 재야세력과 연대하여 의병운동을 조직적으로 전개한 사실은 한말 의병운동의 특질 가운데 하나임을 주목할 필요가 있다.

현행 근현대사 교과서들은 의병운동의 주도권을 평민세력에게 부여하고 있다. 교과서들은 농민세력과 동학군 잔여세력의 을미의병 참여, 을미의병에 참여한 동학군 잔여세력과 일부 농민들의 활빈당운동, 활빈당계 평민들의 을사조약 이전의 재봉기, 평민의병장 신돌석의 등장, 군대해산 후 평민의병장의 대거출현과 의병운동 선도 등에 대해 서술함으로써 평민세력의 활동에 많은 분량을 할애하였다. 이러한 서술방식은 의병운동의 양대 주도세력인 고종세력과 유림세력의 역할을 완전히 빼버리거나 혹은 부정적으로 파악한 것이다. 특히, 금성교과서는 유림세력이 평민세력과 달리 정부의 해산권유에 적극 따랐다고 기술하였다. 또한 금성교과서는 유림세력이 평민의병장을 13도창의군에서 배제했다고 잘못 기술했을 뿐만 아니라, 평민세력과 신분적으로 갈등을 일으킨 점을 크게 부각시켜 놓았다. 이처럼 유림세력의 활동을 부정일변도로 기술한 것은 한말 의병운동 당시 순국한 수많은 의병장들이 여전히 유교적 우국지사 내지는 지식인이었다는 사실을 간과한 것이다. 하여튼 현행 근현대사 교과서의 유림세력에 대한 부정적 서술내용은 유림세력의 신분적 한계성과 의병운동 주도세력으로서의 부적절성을 강조하려는 것이며, 동시에 의병운동의 정통성 내지 주도권을 유림세력이 아니라 평민세력에 부여하려는 것이다.

한말 의병운동사에서 평민세력의 역할을 중시하는 역사인식은 궁극적으로 민중(평민)을 반봉건·반침략의 주역으로 강조함으로써 의병운동사를 민중사관에 입각하여 체계화하려는 것이다. 그러나 의병운동은 민중들만의 단순한 항일무장투쟁이 아니라 사상과 지향점과 이해관계가 각기 다른 다양한 세력이 참여한 복합적인 반일운동이었음을 고려해야 한다. 다시 말해 의병운동을 서술함에 있어서, 첫째 의병진의 결성과 의병운동의 전국적 확산에 기여한 고종세력의 역할, 둘째 의병운동의 민족운동사적 순수성을 극명히 대변한 유림세력의 충애심과 의리심, 셋째 대표적인 평민의병장으로 알려진 이들의 근왕적 측면 내지는 고종세력과의 긴밀한 관계, 넷째 활빈당계 의병부대를 의병세력으로 인정할 것인가의 문제, 다섯째 평민의병장의 대거출현설을 제기한 논저에 나타난 통계상의 허구성, 여섯째 평민세력의 주된 구성원인 농민층과 포군 및 일부 해산군인들의 용병적 성향 등등 한말 의병운동사상의 여러 가지 중요한 문제들을 종합적으로 고려할 때에 민중(평민)이 의병운동을 주도해 나갔다고 보는 것은 논리적 근거가 박약한 주장임을 알 수 있을 것이다.

(「한말의 국내외 정세와 한국독립운동」, 『한국 근현대사 교과서의 독립운동사 서술과 그 방향』, 역사학회 하계심포지엄 발표문, 2006.8)

제2장 한말 의병자료의 현황과 활용 방안

I. 머리말

한말 의병운동 연구자들은 의병운동의 성격문제를 둘러싸고 뚜렷한 견해 차를 보이고 있다. 이것은 일차적으로 연구자 개개인의 입장과 방법론이 다르기 때문일 것이다. 그러나 그보다는 의병연구자들이 각기 다른 입장에 따라 작성된 의병자료를 철저히 검토하지 않고 그대로 인용하고 있기 때문으로 보인다. 그러므로 의병자료에 대한 엄밀한 검토작업은 한말 의병운동을 제대로 연구하기 위한 선결 과제라고 하지 않을 수 없다.

이제까지 한말 의병운동 관련자료에 대한 전반적이며 체계적인 검토작업은 아직 이루어진 적이 없다. 그 이유로는 현존 의병자료의 종류와 분량이 다양하고 방대하기 때문이며, 또 각기 성격이 다른 자료를 개괄하는 것이 대단히 까다로운 작업이기 때문일 것이다. 이런 이유들로 말미암아 한말 의병자료를 종합적으로 검토한 연구가 아직까지 나오지 않고 있다. 그리고 이러한 연구상의 공백은 다시 의병연구자 간에 의견통일을 가로막는 커다란 장애물로 작용하고 있다.

여기에는 한말 의병자료의 현황과 과제의 문제를 짚어보려 한다.[1] 이를

---

[1] 지금까지 한말 의병자료를 집중적으로 다룬 저서 내지 연구논문으로는, 규장각에 소장된 관변측 자료를 해제한 김순덕·윤대원·이상찬·홍순권 공저의 『한말의병 관계문헌 해제집』(민음사, 1993), 1905년 이후 호남의병에 관련된 한국측 자료를 검토한 홍영기의 「구한말 호남의병에 관한 한국측 자료의 검토」(『수촌박영석교수갑기념 한민족독립운동사논총』, 1992), 그리고 한말 제천의병에 관련된 자료를 검토한 구완회의 「제천의병에 관한 문헌자료의 검토」(『조선사연구』 5, 1996) 등이 있다. 이 외에도 개별 의병자료에 대한 자료해제는 매거할 수 없을 만큼 많지만, 여기서는 일단 생략하기로 한다.

위해 먼저 의병자료를 개괄한 다음, 그런 자료들의 특징 내지 성격을 간략히 살펴보고, 마지막으로 의병자료의 활용방안과 향후과제에 대한 관견을 제시해 보려 한다. 한말 의병자료가 매우 방대한 분량이라서 본고에서 미처 다루지 못한 중요 자료가 적지 않을 것으로 생각된다. 이 점은 차후의 연구에서 보완하도록 하겠다.

II. 의병측 자료

의병측 자료는 관변측 자료 및 일본측 자료와 함께 한말 의병운동을 연구할 때 가장 기본적인 자료이다. 따라서 의병연구자들은 아측 자료인 의병측 자료를 먼저 철저히 검토한 다음, 적측 자료인 관변측 자료와 일본측 자료를 검토해 나가야 한다. 이렇게 해야만 의병운동에 대한 민족적·애국적 시각을 견지하는 가운데 균형 잡힌 한말의병사를 기술할 수 있을 것이다.

형태상으로 보아 의병측 자료는 문집류, 창의록류, 격문·상소문류, 고문서류 등으로 구분된다. 문집류는 의병에 관여한 특정 인사의 시문을 모은 것이며, 창의록류는 의병활동을 연월일 순으로 적어나간 진중일기이며, 격문·상소문류는 거의의 정당성을 조야에 공포한 문건이며, 고문서류는 의병활동에 관계된 기타 문서를 총괄하는 말이다. 이 중 창의록류와 격문·상소문류와 고문서류는 통상적으로 문집류에 포함되기 때문에 문집류를 중심으로 논의를 전개하는 것이 마땅할 것이다. 그러나 1950년대 이후 의병장의 후손·제자 및 지인들이 창의록과 기타 遺文을 급히 수합하여 출간한 서책은 일단 전통적인 문집류와 구분하는 것이 좋지 않을까 한다. 왜냐하면 전통적인 문집류에서는 일부 문건을 의도적으로 빼는 경우는 있어도 윤색·가필하는 사례는 드물기 때문이다. 그러므로 여기서는 편의상 해방 이전에 나온 것만을 문집류로 간주하고 해방 이후에 나온 것은 창의록류로 처리하였다.

의병측 자료를 작성자별로 구분하면, 특정 지역을 무대로 활동한 의병장이 남긴 자료, 그들과 함께 의병활동을 전개한 인사들이 작성한 기록, 그리고 그들의 동지·친우·자손·제자들이 의병장이 남긴 초고를 토대로 다시 엮은 자료 등으로 구분할 수 있다. 이 중 세 번째 경우가 압도적이다. 의병측 자료를 다시 작성 시기별로 구분하면, 의병활동 당시 경술국치 전후, 일제강점기, 해방 직후, 1960년대 이후 등으로 구분된다. 이 가운데 사료적 가치가 가장 높은 것은 의병활동 중에 그리고 의병활동 직후에 집필된 것이다. 그러나 현재 남아있는 의병자료, 특히 창의록류의 상당 부분은 1950년대 이후에 엮어진 것이다.

의병측 자료의 기록·편집자는 각 시기별로 각기 다르다. 대체로 일제 초기 이전에 쓰인 자료는 의병활동에 직접 관여했던 인사가 작성한 것이지만, 일제 중기 이후에 나온 자료는 동지·자손·제자들이 작성한 것이다. 그런데 한 가지 유의할 점은 이렇게 시기별로 집필주체가 달라짐에 따라 특정 의병장의 활동이 윤색·가필되거나 심한 경우 왜곡될 수 있는 위험성을 안게 된다는 사실이다. 즉, 1950년대 이후에 출간된 의병자료를 현재 남아있는 일제 이전의 초고와 대조해 보면 전자가 후자의 내용을 부주의하게 혹은 의도적으로 훼손한 경우를 많이 찾아볼 수 있다는 것이다. 그러므로 의병연구자들은 이러한 점을 고려하여 이용에 착오가 없도록 유의해야 한다.[2]

---

[2] 지금까지 창의록류와 기타 의병자료 가운데 의병자료집의 형태로 묶어 출간된 것은 다음과 같다. 가장 먼저 나온 것은 독립운동사편찬위원회에서 1971년에 편역한 『독립운동사자료집: 의병항쟁사자료집』(전3권)이다. 여기에는 제1권에 「종의록」·「창의견문록」·「육의사열전」(이정규)·「운강선생창의일록」·「안공하사실기대략」·「하사안공을미창의사실」·「의암유선생서행대략」·「황강동유록기」·「(金河洛)진중일기」 등이, 제2권에는 「벽산선생창의전말」·「면암선생창의전말」·「둔헌문답기」·「대마도일기·返柩日記」·「왕산허위선생거의사실대략」·「홍양기사」·「의사이용규전」·「(전해산)진중일기」·「정재이석용·호남창의록」·「접전일기」·「호남의병장열전」·「의소일기」 등이, 제3권에는 『송사집』·「금성정의록(병편)」·「마도일기」·「신암집 초」·「유의사전」·「만수졸사」·「소은창의록」·「삼의사행장」·「신문암창의사실」·「담산실기」·「산남의진사」·「신장군실기」·「고암집 초」·「한국의 비극」·「헤이그밀사공한」·「폭도사편집자료」·「조선폭도토벌지」 등이 수록되어 있다. 이상의 자료 중에서 창의록류는 한말 의병운동 시 의병측 입장과 활동을 구명하는 데 가장 기본적인 자료이지만, 원래의 제목이 아니라 편집자가

이제 의병측 자료를 편의상 화서학파 관련자료, 전라도지역의 의병자료, 경상도지역의 의병자료, 충청도지역의 의병자료, 기타 의병자료 등으로 구분하여 논의를 전개하고자 한다. 여기에서 특정 학파의 의병자료를 일정 지역의 의병자료보다 비중 있게 다루는 것은 한국 의병운동사상 화서학파가 끼친 막대한 역할과 영향을 감안한 결과이다.

먼저 한말 위정척사운동과 항일의병운동을 주도한 화서학파 관련자료를 살펴보겠다. 화서학파는 개항 무렵에 경기도·강원 영서·황해도·평안도 등지에 세력을 확대하였고, 1900년 이후에 전라도지역에까지 영향력을 미침으로써 한국근대 최대의 유교적 민족주의세력을 이루었던 재야세력이다. 李恒老―金平黙·朴文一·柳重教·崔益鉉―柳麟錫·洪在龜·李昭應·李根元·高錫魯―朴長浩·林炳瓚―(朴殷植)·(金九)로 이어지는 화서학파 인사들은 단발령 후부터 경술국치 직후까지 국내의 제천·홍천·춘천·평산·해주·태인, 국외의 연해주·만주 등지에서 '復讎保形'·'國權回復'·'復國扶華'를 내걸고 거의하였다. 실로 20년간에 걸친 화서학파의 의병운동은 한국근대 반일의병항전을 대변했다고 말해도 과언이 아닐 만큼 장기간 치열하게 전개되었다.[3]

화서학파 관련자료는 의병측 자료 가운데 가장 많은 분량을 차지하고 있다. 전기의병기의 자료는 유인석의 을미 제천의병에 관한 것이 대부분이며,

---

임의로 붙인 제목이 있기 때문에 인용할 때 유의해야 한다. 다음 독립기념관 한국독립운동사연구소가 1989년에 편찬·출간한 『한말의병자료집』에는 「춘수당일기」·「집의당유고」·「고광순소문」·「의사삼융원공을사창의유적」·「신의관창의가」·「정미년창의가」 등이 실려있고, 박성수·손승철이 엮은 『한국독립운동사자료집: 의병편』(한국정신문화연구원, 1993)에는 「산거만록」·「일기」·「노정약기」·「해주부관찰사서리해주부참서관김효익보고」·「오하일기」·「거의일기」·「진지록」·「의재실기」·「국사거의실기」·「수파집」·「화은문집」·「열은행장」·「심중실기」·「속오작대도」·「의암문하동문록」·「창의시파록」·「의포도안」·「창의록정미의요」 등이 수록되어 있다. 이하 창의록류를 비롯한 의병측 자료에 대한 설명에서 구체적인 출처를 밝히지 않은 것은 모두 상기 자료집에 들어있는 자료들이다.

3 화서학파에 사상과 활동에 관해서는 오영섭, 『화서학파의 보수적 민족주의 연구―그들의 위정척사론과 의병운동을 중심으로―』, 한림대학교 사학과 박사학위논문, 1997.2.

후기의병기의 자료는 최익현의 태인의병에 관한 것이 대부분이다. 이러한 차이는 전기의병기에 최익현이 거의를 시도했다가 여의치 않자 자정론으로 돌아섰기 때문이며, 후기의병기에 유인석과 그의 제자들이 주로 황해·평안도지역 및 만주·연해주 등지에서 활약했기 때문일 것이다.

화서학파의 의병운동을 파악하는 데 도움이 되는 문집류로는, 이항로의『華西集 附:華西雅言』(학고방, 1989), 김평묵의『重菴集』(우종사, 1975)과『重菴別集』(우종사, 1975), 유중교의『省齋集』, 유인석의『毅菴集』(경인문화사, 1973), 이소응의『習齋集』, 유중악의『恒窩集』, 최익현의『勉菴集』(여강출판사, 1989), 朱容奎의『立菴集』, 李根元의『錦溪集』, 柳基一의『龍西稿』, 李晉應의『直軒先生遺稿』·『直軒李先生遺稿』, 柳弘錫의『畏堂集』(강원일보사, 1983), 徐相烈의『敬菴集』, 李起振의『明窩集』, 鄭雲慶의『松雲集』, 朴貞洙의『晦堂集』, 李正奎의『恒齋集』(내제문화연구회, 1997), 姜順熙의『恥齋集』, 林炳瓚의『義兵抗爭實記』(한국인문과학원, 1986) 등이 있다. 이들 문집 중에서 이항로의 「語錄」·「華西雅言」, 김평묵의 상소문과 「治道私議」, 유인석의 연보·서한4·『宇宙問答』5·『道冒編』, 이소응의 「斥和擧義事實大略」,6 최익현의 상소문과 「茝薇淵源錄」, 이기진의 「擧義終始錄」, 이정규의 「從義錄」·「義兵情事」, 임병찬의 「管見」7·「丙午倡義日記」 등은 참고할 만한 자료들이다. 이 외에도 연보에는 화서학파 인사들의 동정이, 서간·상소문에는 거의이념 및 거의전후의 동정이, 잡저에는 구체적인 거의사실 및 의

---

4 유인석의 후기의병기 서한을 주로 분석한 연구로는 유한철,『유인석 의병 연구』, 국민대학교 국사학과 박사학위논문, 1997.2.
5 『우주문답』을 집중 분석한 연구로는 김도형, 「의암 유인석의 정치사상연구」,『한국사연구』25, 1977; 정영훈, 「위정척사파의 군주제 옹호이론—유인석의『우주문답』을 중심으로—」,『백산박성수교수화갑기념 사학논총』, 1991; 오영섭, 「의암 유인석의 대서양인식」,『이기백선생고희기념 한국사학논총』하, 일조각, 1994.
6 이 자료를 주로 인용한 연구로는 오영섭, 「춘천지역의 을미의병운동」,『북한강 유역의 유학사상』, 한림대학교 아시아문화연구소, 1998.
7 「管見」을 분석한 연구로는 이상찬, 「대한독립의군부에 대하여」,『이재룡박사환력기념 한국사학논총』, 1990.

병활동이 잘 나타나 있다. 한마디로 화서학파 인사들의 문집에는 춘추대의론와 존화양이론에 따라 의병을 일으켰던 그들의 거의이념이 집약되어 나타나 있다.

이 외에도 화서학파 관련자료 가운데는 간과할 수 없는 중요한 자료들이 많이 있다. 먼저 金華植·白三圭 등이 1902년에 편찬한 『昭義新編』8을 들 수 있다. 내외편 각 4권으로 이루어진 『소의신편』은 제천의병이 패배한 다음 중국으로 건너간 유인석과 그의 제자들이 자신들의 거병사유와 개화파처단, 압록강을 건너 서간도로 들어간 정당성을 내외에 알리기 위해 자신들의 글 중에서 중요한 구절을 떼내어 엮은 것이다. 이 책은 엄밀히 말해 원자료로서의 가치가 떨어지는 편이지만, 유인석 및 그 제자들의 을미의병 활동과 성리학적 衛道論이 잘 나타나 있다는 점에서 유익한 편이다. 아울러 여기에 수록된 元容正의 「卜隱」은 화서학파의 을미의병운동이 민씨척족을 비롯한 고종세력과의 연합하에 이루어진 것임을 입증하는 좋은 자료이다.

강원대학교 박물관에 소장된 5,000여 점의 [화서학파고문서]9는 그간 의병연구자들이 거의 주목하지 못했던 자료이다. 이 문서는 단발령 후 의병운동에 투신한 화서학파의 유중교계 인사들의 사상과 활동을 파악하는 데 중요한 자료이다. 여기에는 서한·제문·한시·상소문·일기·강록·가승·잡록·책문·수문록·조문록·품목·강의초 등등 다양한 문서들이 포함되어 있다. 특히, 「對敵戰況文」 같은 서한은 아관파천 후 제천의병의 전세를 솔직하게 기술한 자료이다.

제천의병의 종사로 참여한 李冑承·李肇承 가문에 소장된 고문서를 편역한 『호서의병사적』10에는 격문·제문·효유문·일기·한시·서간 등 다양

---

8 국사편찬위원회 편,『소의신편』, 1975 ; 유연익·유종상 편,『소의신편』, 중앙출판문화사, 1981.『소의신편』을 주로 이용한 연구로는 박민영,「의암 유인석의 위정척사운동」,『청계사학』 3, 1986.
9 오영섭,「화서학파 고문서 해제」,『박물관지』 창간호, 강원대학교박물관, 1994.
10 이구영 편역,『호서의병사적』, 수서원, 1993 ;『호서의병사적』, 증보판, 제천군문화원, 1994.

한 문서들이 포함되어 있다. 이 중「西行日記」는 제천성에서 패배한 유인석을 따라 청국에 갔다가 온갖 신고를 겪고 귀국한 이조승의 일기이다. 여기에는 제천의병의 곤경상과 고종세력과 유인석의병 간의 긴밀한 관계가 여실히 나타나 있다.

이 외에도 화서학파의 대표적 인사들이 수십 년간에 걸쳐 완성한 책으로서 그들의 역사인식이 집약되어 있는 『宋元華東史合編綱目』(우종사, 1976),[11] 다수의 의병운동가를 지어 의병의 사기를 드높인 여성의병 尹熙順의 의병가사집,[12] 유인석 제자들의 명단을 적어놓은 「毅菴門下同門錄」, 1905년 제천의병의 인적 기반을 구명하는 데 도움이 되는 「제천향약」(『제천향교지』, 1979), 을미 제천의병의 軍師를 맡은 서상렬의 서한을 모은 「春睡堂日記」, 제천의병의 정신적 고향인 자양영당의 건립·운영과 관련된 「朱夫子紫陽影堂助役記」·「紫陽影堂營建記」·「影堂有司錄」(紫陽影堂 소장), 유중교의 제자인 高錫魯에게 민족사상을 전수받은 김구와 함께 만주와 서북지방을 유력하며 거의를 모색했던 金亨鎭의 「路程略記」,[13] 김구의 일인타살사건과 창의활동을 기록한 「海州府觀察使署理海州府參書官金孝益報告」 등도 눈여겨 볼 만한 자료들이다.

다음은 화서학파의 인사들의 의병활동을 기록한 창의록류이다. 먼저, 유인석의 제천의병은 을미의병운동을 대표하는 의진답게 한말 의병부대 가운데 단일 의병부대로서는 가장 많은 자료를 남겼다. 먼저 이정규의 「종의록」은 단발령 후부터 1908년까지 유인석의 의병운동을 간략하게 기술한 것이다. 여기에는 단발령 직후 화서학파의 동향, 의진내부의 갈등양상, 제천의병과 중앙세력과의 연대관계에 관한 기사가 실려 있다. 이정규의 「창의견문록」

---

11 오영섭, 「화서학파와 화동강목」, 벽진이씨대종회 편, 『화서 이항로선생 연구』, 1996.
12 정재호, 「최초의 의병가사고」, 고려대학교 『어문논집』 22, 1981 ; 박한설 편, 『외당선생삼세록』, 강원일보사, 1983 ; 『외당선생삼세록』, 증보판, 1995.
13 김구·김형진의 의병활동에 대해서는 도진순, 「1895~96년 김구의 聯中 의병활동과 치하포사건」, 『한국사론』 38, 서울대학교 인문대학 국사학과, 1997.

은 격문·포고문·서한 등 의병문건을 모아놓은 것으로서 제천의병의 거의 이념이 잘 나타나 있다. 특히, 국왕의 밀지가 수록되어 있어 홍미를 더해준다. 이정규의 「육의사열전」은 의병활동 중에 전사한 서상렬·주용규·이춘영·이범직·안승우·홍사구 등의 일대기를 수록한 것인데, 여기에는 제천의병 핵심인물들의 가문배경과 거의논리가 담겨 있다. 제천지역 의병운동사를 체계적으로 기술하려 노력했던 박정수의 「안공하사실기대략」과 「하사안공을미창의사실」은 유인석의 중군장인 안승우의 활동을 월일순으로 기술한 것이다. 여기에는 거의단계에서부터 제천성 함락까지 제천의병의 활동상이 세세하게 나타나 있는데, 제천의병의 활동상을 이해할 때 가장 도움이 되는 자료이다. 원용정의 「의암유선생서행대략」은 제천성에서 패한 유인석의진의 서북행을 기술한 것인데, 제천성 함락 후부터 渡江 직전까지 유인석의병의 활동 및 이동경로가 나타나 있다. 제천의병의 司客을 맡은 張忠植의 「山居漫錄」·「洌隱行狀」과 그의 아들인 張益煥의 「일기」는 거의단계에서부터 제천성함락 후 서북행에 오르기 직전까지 유인석의병의 활동상을 기술한 것으로서 제천의병의 결성과정에 대한 설명이 상세한 편이다.

다음은 화서학파의 후기의병에 관계된 자료이다. 박정수가 작성한 「義士三戒元公乙巳倡義遺蹟」은 원용팔의 유문과 그를 기리는 동지들의 글을 모은 것이다.14 특히, 여기에 실린 '元公三戒堂乙巳擧義始末'은 원용팔의병에 관한 기본지식을 제공해 준다. 원용팔과 같이 거의하였던 정운경에 대해서는 창의록이 남아있지 않고 『松雲集』과 「黃崗同遊錄記」에서 단편적인 면모를 확인할 수 있을 뿐이다.

朴貞洙의 「운강선생창의일록」15은 李康秊의 을미년 및 정미년의 창의활동을 기술한 것이다. 근래에 이 자료의 초본인 「창의사실기」가 발굴되어 「일록」과 비교·검토되었다. 그 결과 「일록」은 과장이 심하고 논란의 여지가

---

14 원용팔의 의병활동에 대해서는 권영배, 「구한말 원용팔의 의병항쟁」, 『우송조동걸선생정년기념논총』, 1998.
15 운강이강년선생기념사업회 편, 『운강이강년선생창의록』, 1986.

있는 부분을 의도적으로 삭제한 자료임이 밝혀졌다.16 다만 「일록」에는 「창의사실기」에 없는 고종세력에 대한 서술이 실려 있어 나름대로 사료적 가치가 있다. 이강년을 도와 의병활동에 종사한 權用佾의 자전적 기록인 「丁未倭亂倡義錄」17에는 고종의 밀지문제가 자세한 편인데, 내용상 「日錄」과 차이가 없으며 설화성이 많이 가미된 특징이 있다. 이강년의 부하인 申泰植의 「신의관창의가」·「정미년창의가」는 이강년의병부대의 진중일기의 형태를 지닌 자료로서 여타 이강년의병에 관한 자료에 비해 인명과 전투상황 등에 대한 설명이 소상한 편이다. 이강년의진의 조직·편제·대오·行進法 등을 수록한 「束五作隊圖」는 이강년의진은 물론 한말 의병의 조직과 편제를 파악하는 데 상당히 유익한 자료로 알려져 있다.

「勉菴先生倡義顚末」은 을사조약 후 태인의 武城書院에서 거의한 최익현의 창의사실을 그의 제자 崔濟學이 기록한 것으로써 최익현의 의병활동에 대한 기본자료이다.18 여기에는 거의 전에 각지에 발송한 창의통문과 일본정부의 죄목을 나열한 「문죄서」를 비롯하여 최익현과 林炳瓚의 거의모색과정, 동참을 약속한 인사들의 명단을 적은 '同盟錄', 담양 용추사에서 선비 50인과 천하사를 논하던 상황, 최익현과 고종의 밀지와의 관계, 순창전투 패배 후 서울로 압송되는 과정 등이 실려 있다. 「창의일기」(『의병항쟁일기』 수록)는 동학토벌로 이름 높은 임병찬과 최익현의 거의활동을 기록한 것이다. 여기에는 의진결성과정, 최익현과 제자들의 거사논의, 각지에 발송한 통문·경고문·성명서 등이 수록되어 있다. 「遯軒問答記」는 임병찬이 순창에서 최익현과 함께 체포되어 서울의 일본군사령부에 끌려와 취조관과 문답한 내용을 적어놓은 것이다. 대일의병항전의 정당성에 대한 임병찬의 확고한

---

16 구완회, 「이강년 관련문헌에 대한 비판적 검토」, 『제천의병100돌기념학술논문집』, 세명대학교 인문과학연구소, 1996.
17 권용일, 「정미왜란창의록―權淸隱履歷誌―」, 『창작과비평』 1997 겨울호.
18 최익현의 의병활동에 대해서는 홍영기, 「한말 태인의병의 활동과 영향」, 『전남사학』 11, 1998.

입장을 분명하게 볼 수 있는 자료이다. 「華隱文集」은 최익현의진에 참여하여 활동하다가 순창에서 최익현과 함께 체포된 梁在海의 의병활동기로서 여타 최익현 자료에서는 보이지 않는 그의 일대기를 살피는 데 도움이 된다.

이 외에 화서학파 유생들과 협력하여 의병활동을 전개한 인사들의 자료로는 우선 『復齋集』19이 있다. 여기에는 민용호의 의병활동을 사상적으로 후원한 洪在龜의 상소문과 격문을 비롯하여 閔龍鎬가 여주에서 강릉으로 이동하여 거의하는 과정, 관군에게 패한 후 渡江入滿 경위, 袁世凱에게 원병을 요청한 사실, 商務社의 平北都公事員 재직생활 등을 기록한 「關東倡義錄」・「西征日記」・「江北日記」 등이 실려 있다. 「倡義錄丁未義邀」는 1907년 申箕善에게 밀지를 전해 받고 황해도 평산으로 옮겨가 李鎭龍・禹炳烈 등 유인석의 제자들과 함께 의병을 일으켰던 朴箕燮의 활동상을 담은 문건이다.

최익현의 사상적 영향을 받은 것으로 알려진 노응규의 『愼菴集』(국편 소장)과 그의 항일투쟁활동을 기록한 「倡義將愼菴盧應圭先生 抗日鬪爭略傳」(국편 소장)에는 단발령 후 진주에서 거의하여 진주성을 점령하고 부산진격전까지 계획하였던 을미의병장 노응규의 거의논리와 반개화론 및 시국인식이 나타나 있다.20 근자에 발굴된 「이경응의병실기」는 이소응과 이진응에 이어 을미 춘천의병장에 오른 이경응이 남긴 자료로서 을미 춘천의병의 결성과정・거의이념・군사활동 등에 대해 상세한 편이다. 천도교계 역사가인 차상찬의 회견기 및 역사평론은 자료가 거의 남아있지 않은 을미 춘천의병을 이해하는 데 도움이 되는 글이다.21

다음은 호남의병 관련자료를 살펴보겠다. 전기의병기에 호남지역의 나주・장성 등지에서 의병활동이 있었지만 두드러진 것은 아니었다. 그러나

---

19 민용호 저, 이태길・민원식 역, 『(국역) 복재집』, 소문출판인쇄사, 1988. 『복재집』 중의 『관동창의록』은 1984년에 국사편찬위원회에서 정서하여 활자본으로 출간되었다.
20 노응규의 의병활동에 대해서는 박민영, 「신암 노응규의 진주의병 항전」, 『백산박성수교수화갑기념논총』, 1991.
21 차상찬, 「이태왕아관파천사건 : 병신이월대정변기」, 『별건곤』, 제4권 제2호, 1929.2 ; 「내가 난리 치러 본 이야기」, 『혜성』, 제1권 제8호, 1931.11.

후기의병기, 특히 1907년 이후에 호남 각지에서 대거 의병이 봉기하여 전국에서 가장 치열한 항전을 전개하였다. 이에 따라 호남지역 의병자료는 대부분 후기의병에 관련된 자료이다. 특히, 현존하는 창의록은 호남지역의 후기의병에 관련된 것이 가장 많다.

먼저 전기의병기의 자료를 살펴보면 다음과 같다. 奇宇萬과 함께 거의하였던 李炳壽의 「錦城正義錄 丙編」에는 유인석의진으로부터 밀지를 전해받은 후 뒤늦게 봉기한 기우만의진의 통문과 창의문은 물론 장성·나주 등지의 의병의 동향에 대한 설명이 자세하다. 단발령 후 기우만·奇三衍 등과 함께 거의하여 활동하였던 高光洵의「상소문」은 고종의 해산조칙에 반대하는 재야 의병장의 의병해산 반대이유와 반개화론이 실려 있다.

다음 후기의병기의 자료를 살펴보면 다음과 같다. 「梧下日記」는 전북지방에서 의병항전을 펼쳤던 李圭弘부대의 부장인 朴駬桓의 활동을 기술한 문건인데, 여기에는 1907년 봄 거의 후 益山·礪山·高山 등지에서 전개한 투쟁상황이 나타나 있다. 「창의일기」[22]는 李錫庸이 1907년 8월부터 2년간 진중에서 손수 지은 창의록이다. 여기에는 의병봉기과정, 전북 각지에서의 유격전, 奇宇萬·林炳瓚 등과의 시국토의, 귀순권유를 거부하는 논박문 등이 실려 있다.

『金東臣文集』(金基和 소장)은 '전라남북도 폭도의 선구자'로 알려진 김동신의 창의사실에 관련된 자료를 후손들이 모은 것이다. 여기에는 의병모의과정, 거의활동, 투옥생활, 석방 후 귀향생활 등이 수록되어 있는데 구체적인 내용면에서 약간의 문제가 있는 자료로 알려지고 있다. 「奇參衍實記」(국편 소장)는 1896년 및 1907년에 장성에서 봉기한 기삼연의 유문과 행적을 모은 것이다. 여기에는 상소문·격문·전령문 등을 비롯하여 호남의병장 14인의 열전이 수록되어 있다.[23]「竹峰靑峰事蹟」은 1907년에 거의한 金準과

---

22 한국정신문화연구원 편,『한국독립운동사자료집 : 이석용 편』, 1995 ; 이석용 저, 김동주 역,『호남창의록』, 정재이석용의병장기념사업회, 1998.
23 기삼연의 의병활동 및 그의 문적에 대해서는 기호원 편,『성재기삼연선생전 부 : 호남창

金聿 형제의 창의록이다. 「義齋實記」는 정미의병 시 나주·장성·영광·무장 등지에서 활동한 鄭錫冕의 창의록이다. 여기에는 鄭錫冕의 의병활동은 물론 軍用品圖와 湖南倡義士印이 도면으로 수록되어 있다. 「菊史擧義實記」는 鄭熙冕이 1906년 3월 奇三衍의진에 참여하여 1907년 8월 14일 체포된 다음 10월 21일 재판을 받을 때까지 그의 의병활동과 투옥생활을 기록한 것이다.

「蒙菴倡義事實」은 高光洵과 함께 거의했다가 연곡사에서 고광순이 사망한 다음 잔여 군사를 거느리고 활동하다가 일군에게 피체되어 피살된 申德淳의 거의활동을 적은 것이다. 「義所日記」는 1907년 8월 거의하여 영광·함평·담양·구례 등 전남 각지에서 활동한 金容球의 창의록이다. 「杏史實紀」는 1907년 4월 거의한 梁會一의 창의관련 기록과 시문을 그의 계씨인 梁會龍이 1950년에 편찬한 것인데, 창의활동, 격문·경고문, 의진지도부의 약전 등이 담겨 있다. 「臨戰日錄」은 양회일을 도와 거의하였던 李白來의 활동상과 양회일의진 관련문건을 수록하고 있는데, 이 자료의 신빙성에 대해서는 회의적인 주장이 제기되고 있는 형편이다.

「擧義日記」는 1908년 2월 호남의병장 奇參衍이 체포된 다음 沈守澤·安圭洪·羅聖化·吳仁洙 등이 의군을 조직하여 항전한 과정을 기록한 일기로서 의병이 준수해야 할 엄격한 규율이 열거되어 있는 것이 특징이다. 「盡至錄」은 1908년 3월 이후 綾州·長興·羅州·寶城·海南 등지에서 의병활동을 벌인 沈守澤의 시문집이다. 여기에는 '接戰日記'라는 제목이 붙은 일기체의 전투내역서, 격문·통고문·고시문, 閔景植·閔丙漢·李正來·閔衡植 등의 이름이 하단에 적힌 고종의 密詔 등이 수록되어 있다. 「澹山實記」는 1908년 2월 寶城에서 거의하여 전남지역을 주무대로 활약하며 日軍과 개화 관리를 괴롭혔던 평민의병장 安圭洪의 생애와 거의활동에 관련된 '殉義事實'·'傳'·'家狀'·'事行略' 등의 문건과 그의 부장들의 창의활동과 순국사

의제장렬전』, 한국문화사, 1990.

정을 기록한 전기를 모은 것이다.

「全海山陣中日記」는 1908년 8월에 봉기하여 전남 각지에서 항일유격활동을 전개하여 명성이 자자하였던 全垂鏞의 창의일기이다. 여기에는 沈守澤・鄭元執・金準 등 전남의병장들과의 모의, 일본군과의 교전, 의병의 규율확립, 친일부호배의 처결 등에 관한 사실이 적혀있다. 고광순 의병장의 문집인 『녹천유고』는 1974년에 편찬된 것이다. 여기에는 상소문・서한・격문・제문・행장・묘갈명 등이 수록되어 있다. 특히 행장에는 고광순이 고종의 애통조를 받고 '총리호남의병대장'에 임명되었다는 기록이 실려있다.[24] 『성재기삼연선생전 : 附호남창의제장열전』은 호남의병장 기삼연의 문적과 그가 지은 호남의병장들에 대한 열전을 번역하여 수록한 것이다.[25]

「호남의병장열전」은 기삼연이 의병활동 중에 작성한 상소문・통고문 등의 문적과 호남의병장 11인의 전기가 수록되어 있다. 高光烈의 「三義士行狀」은 호남의병장 고광순・高濟亮・李大克 등 3인의 행장을 모은 것이다. 「鼓巖集」의 '義士傳'은 최익현과 전우로부터 사상적 영향을 받은 黃炳中이 자기의 중숙인 黃珣模와 종제인 黃炳學의 창의사실을 적은 것이다. 『鳳樓・鳳南日記』(국편, 1979)는 전남 장성에 세거하였던 邊相轍・邊萬基・邊昇基 3인의 일기를 모은 것인데, 전남지역 의병동향의 이해에 일정한 도움을 준다. 『義重泰山』은 호남의병장 김태원과 김율의 의병활동에 관계되는 자료들을 모은 것이다. 이 책은 김태원과 김율에 대한 현존하는 일제측・한국측 문헌을 두루 수합하고 있어서 그들의 활동을 소상히 이해하는 데 도움이 된다.[26] 특히 「죽봉청봉사적」은 처음 공개된 것이다.[27]

---

24 고광순, 『녹천유고』, 1974.
25 기호원 편, 『성재기삼연선생전』, 성재기삼연선생기념사업회, 1990.
26 홍영기 편저, 『義重泰山』, 죽봉김태원의병장기념사업회, 1998.
27 이외에 호남의병에 관련된 문집으로는 기우만의 『송사집』과 『송사선생문집습유』, 이병수의 『겸산유고』, 오준선의 『후석유고』, 고광순의 『녹천유고』, 조희제의 『염재야록』, 정석진의 『난파유고』 등이 있다. 여기에는 호남의병의 사상과 의병장의 전기가 수록되어 있지만, 대체로 창의록류에 비해 자료적 비중이 떨어지는 편이다.

다음은 경상도지역의 의병운동에 관련된 자료이다. 먼저, 문집류를 들어 보면, 金道鉉의 『碧山先生文集』, 李承熙의 『韓溪遺稿』, 李晚燾의 『響山日記』, 郭鍾錫의 『俛宇集』, 金道和의 『拓菴集』, 李起燦의 『止山集』·『止山遺稿』, 呂中龍의 『南隱集』, 李相龍의 『石洲遺稿』·『石洲遺稿後集』, 李炳華의 『小坡遺稿』, 呂彩龍의 『二隱集』, 李炳九의 『樵云遺稿』 등을 들 수 있다. 이들 자료는 경북지역 유생의병장의 사상과 활동과 인맥을 이해하는 데 도움이 된다. 특히 여중룡의 『남은집』과 이상룡의 『석주유고』에는 경상도의 지방 유림들과 중앙의 고종세력이 연합하여 의병운동을 전개했음을 입증하는 중요한 대목들이 들어 있다.

창의록류를 들어보면 다음과 같다. 「碧山先生倡義顚末」은 경북 英陽 유생 金道鉉의 을미의병항쟁을 기록한 것이다. 여기에는 김도현이 안동의병장 權世淵·金道和와 都正 柳止鎬 등을 두루 방문하며 창의를 모색하던 상황, 유시현 등의 의병참여과정, 안동의진을 구성했던 인사들의 면면, 김하락의 경북에서의 활동, 김도현의 민용호 방문사실 등 경북지역의 을미의병운동이 소상하게 나타나 있다.28 「甲午丙申日記」29는 단발령 후 趙東鎬·許蔿·李起燦·李起夏·梁濟安 등과 함께 경북 서북부의 金山에서 거의하여 관군에 대항하다가 패배한 여중룡의 창의록이다. 梁濟安의 「梁碧濤公濟安實記」는 전기의병기의 金山義陣과 후기의병기의 山南義陣에 가담해 활동하였고 의병활동 후 국채보상운동과 光復會에 가담하여 활약한 梁濟安의 창의사실을 기록한 것이다. 「甲午丙申日記」·「碧濤梁濟安實記」는 경북 서북부지역의 을미의병운동을 연구할 때 도움이 되는 자료들이다.

「旺山許蔿先生擧義事實大略」30은 許蔿가 전후기 의병운동에 참여하여 활

---

28 김도현이 후기의병기에 밀칙을 받고 거의한 점에 대해서는 국사편찬위원회에 소장된 「賜布衣臣金道鉉」(도서번호, 024-151) 참조.
29 여중룡, 「갑오병신일기」, 『민족문화논총』 8, 영남대학교 민족문화연구소, 1987. 단발령 후 경북 서북지역의 의병활동에 대해서는 권대웅, 「금산의진고」, 『윤병석교수화갑기념 한국근대사논총』, 1990.
30 한국학문헌연구소 편, 『(국역) 허위전집』, 아세아문화사, 1985.

동하였던 사실을 족손 許馥이 적은 것이다. 여기에는 1896년 3월 金泉에서의 거의과정, 패전 후 조칙을 받고 해산한 경위, 1907년 가을 재봉기하여 서울진격전을 전개한 사실, 일본 헌병에게 체포·압송되어 순사할 때까지의 과정 등이 소상하게 실려 있다. 「巢隱倡義錄」은 전후기 의병기에 경상도에서 활동한 權仁奎가 전기의병기에 예안통문에 답한 글과 강릉의병장 민용호에 보낸 서한 등 6편의 글을 싣고 있다. 「義砲都案」은 을미의병 당시 영덕지방의 의병장 申乭石, 안동지방의 의병장 柳時淵과 함께 동해안의 영해지방에서 활동하였던 李壽岳의진의 명단이다. 을미의병 당시 동해안지역의 의병활동을 밝히는 데 도움이 된다. 「柳義士傳」은 전기의병기에 안동의 權世淵의 선봉장을 맡았고, 후기의병기에 영해의 申乭石과 함께 모의하였던 柳時淵의 거의활동을 기술한 것이다.

최근에 탈초·번역·출간된 「을미의병일기」와 「赤猿日記」는 단발령 후 경상도 북부에서 벌어진 의병운동을 기술한 자료들이다.[31] 이 중 전자는 李兢淵이 1895년 11월부터 1896년 10월까지 안동지역에서 결성되어 활동한 의병부대에 직접 참여하여 보고 들은 구체적인 사실들을 기술하고 있다. 후자는 1896년 1월부터 4월까지 청송지역 의병부대에 참여한 김숭진·심의식·오세로·서효격 등이 차례로 그 부대의 결성과정과 구성원 및 활동상을 기술한 진중일기이다. 이들 자료는 경상도 북부의 을미의병의 전반적인 양상을 파악할 때 크게 도움이 되며, 또한 을미의병운동 당시 포군들의 용병적 성향 파악에 도움이 된다.

「山南義陣史」는 고종으로부터 '擧義' 2자가 쓰여진 밀지를 받고 거의하여 경북지역을 주무대로 활약하였던 鄭煥直·鄭鏞基 부자의 활약상을 기록한 것이다.[32] 「山南倡義誌」[33]는 상기 「산남의진사」의 하권인데, 여기에는

---

31 金喜坤·權大雄 편, 『韓末義兵日記: 乙未義兵日記·赤猿日記』, 국가보훈처, 2003.
32 산남의진에 가담한 의병장 및 의병의 약전에 대해서는 『산남의진유사』, 대구: 한국언론사, 1970을 참고할 것.
33 「산남의진지」, 『한국독립운동사연구』 4, 한국독립운동사연구소, 1990.

정환직·정용기 부자를 비롯한 의병장들의 약전이 수록되어 있다. 「申將軍實記」는 寧海의병장으로 위명을 떨쳤던 신돌석에 대한 문헌으로서 신돌석의 인품 및 가정사정, 경상·강원도의 산악지대를 전전하며 왜병과 싸웠던 신돌석의 활약상이 적혀있다.34 현재 신돌석의 행적에 관련된 의병측 문헌으로서 『신돌석 : 백년만의 귀향』 말미의 부록으로 실린 「義兵大將申公遺事」·「申義將傳」 등도 유익한 편이다.35

「洗心軒日記」는 안동의 명망가 이상룡과 절친한 사이인 李圭洪이 1870년경부터 1915년까지 자신의 활동상을 기술한 문서이다. 여기에는 경상도지역 후기의병운동에 대한 기왕의 연구성과를 크게 보완하고 수정할 만한 귀중한 사실들이 많이 담겨 있다. 그러한 사실들로는 이규홍이 이상룡과 연대하여 경상좌도의 신돌석의진과 경상우도의 차성충의진을 봉기시키기 위해 많은 노력을 기울였고, 심상훈의 측근인 金顯峻이 1905년 8월 대궐에서 고종의 밀지를 받은 다음에 경상도와 충청도 지방에서 수년간 머물며 그곳의 명망가를 상대로 창의를 독려하였고, 이상룡이 김현준의 독려와 이규홍의 권고로 의병운동을 측면 지원하였으며, 이규홍·이상룡·김현준·김상태·차성충·이강년 등이 후기의병기에 긴밀한 연락망을 구성하고 있었음을 알 수 있다.36

다음 충청도지역의 의병자료를 살펴보겠다. 먼저 문집류로는 문석봉의 『義山遺稿』, 李偰의 『復菴集』(연안이씨충정공파종중, 1990), 金福漢의 『志山集』(경인문화사, 1990), 林翰周의 『醒軒集』, 李南珪의 『修堂集』(성균관대 대동문화연구원, 1972), 宋秉璿의 『淵齋集』 등이 있다. 이들 문집은 충청지역 의병장들의 사상과 인맥을 이해하는 데 도움이 되는 자료들이다. 이 가운데

---

34 신돌석의 의병활동에 대해서는 김정미, 「한말 경상도 영해지방의 의병항쟁」, 『대구사학』 42, 1991.
35 김희곤, 『신돌석 : 백년만의 귀향』, 푸른역사, 2001.
36 「세심헌일기」를 전폭적으로 인용한 연구로는 김정미, 「석주 이상룡의 독립운동과 사상」, 경북대학교 사학과 박사학위논문, 2002 ; 오영섭, 「한말 의병운동의 발발과 전개에 미친 고종황제의 역할」, 『동방학지』 128, 2004.

평생을 의병운동과 독립운동에 헌신한 이설과 김복한의 문집은 충청지역의 항일운동의 특성을 잘 나타내 준다.

창의록류의 문건을 살펴보면 아래와 같다.「家狀」은 을미사변 후 유성에서 거의한 문석봉의 의병활동을 아들 文永井이 기록한 것이다. 여기에는 한말 최초의 의병장으로 잠정 분류되는 문석봉이 국모의 원수를 갚기 위해 閔泳煥・申應朝 등 중앙 고위관료의 후원을 받아 의병활동을 펼친 사실이 잘 나타나 있다.37 安昌植・安秉瓚 부자의 '艮湖日記'와 '規堂日記'를 모아놓은 「乙丙錄」은 홍주지역의 을미의병운동에 관한 기록으로서 홍주의병의 거의배경과 동기, 金福漢 등을 구하려다 피체된 경위, 供辭・判決宣告書 등이 실려 있다.「乙丙錄」은 사건 중심으로 기록된「洪陽記事」의 내용을 보충하는 데 도움이 된다. 洪健이 지은 것으로 추정되는「乙坎日記」는 을미 홍주의병의 거의과정과 의병활동, 의병봉기를 주도한 金福漢・李偰・宋秉稷 등의 同苦錄과 世系, 상소문・격문 등이 실려있다.

「洪陽紀事」는 홍주지역의 전・후기 의병운동기에 직접 의병에 가담한 林翰周가 기록한 것이다. 여기에는 단발령 후 이설・김복한 등의 거의활동, 관찰사 李勝宇의 배반으로 인한 패배, 이른바 洪州七義士의 압송・취조, 을사조약 후 김복한・이설의 항일운동, 閔宗植의 거의와 패배, 李南珪부자의 피살상황 등이 수록되어 있다.「義士李容珪傳」은 의병장 민종식의 처남이자 홍주의병의 참모직을 맡은 李容珪의 생애와 활동에 관한 기록이다. 여기에는 후기의병기 홍주의병의 거의과정, 홍주성전투상황, 패배 후 재기과정 등이 잘 나타나 있다. 이 자료는「洪陽紀事」와 함께 한말 홍주의병 연구에 가장 기본적인 자료이다. 민종식의 홍주의병에 가담한 文奭煥의「일기」38는 홍주성전투 패배 후 일군에 체포된 다음 심문받은 내용을 기록한 것이다. 여기에서 일본측은 민종식이 고종의 밀칙을 받았는가의 여부를 집중적으로 추궁하였다.「馬島日記」는 민종식의 홍주의병에 참여했다가 중심인물 9인

---

37 오영섭,「을미의병운동의 정치・사회적 배경」,『국사관논총』65, 1995.
38 문석환,「문석환대마도억류시일기」, 독립기념관 소장, 자료번호 자2437.

과 함께 대마도로 끌려갔던 柳濬根의 일기로서 홍주의병의 거의전말과 대마도에서의 구금생활 등이 실려 있다. 「晚修拙辭」는 이남규가 아들 및 친지들에게 보낸 16통의 서한을 모은 것으로서 그의 충군애국사상이 잘 나타나 있다.

『홍주의병실록』은 한말 충청우도의 중심지인 홍주지역에서 일어난 두 차례의 의병운동 관련 자료들을 편집·번역·출간한 것이다. 여기에는 홍주지역의 전기의병운동과 후기의병운동의 전개과정을 간단히 개관한 다음 관련 자료 중에 중요한 것들을 골라 첨부하였고, 말미에 후기의병운동 주도자들의 약전을 수록한 원자료들이 실려 있다. 여기에 수록된 자료들은 기왕에 출간된 의병관련 자료들과 겹치는 부분이 있기는 하지만, 그럼에도 한말 의병운동사에서 가장 치열한 전투를 치렀던 후기 홍주의병에 관계되는 자료들을 총망라하고 있다는 점에서 유익한 편이다.[39]

다음은 함경도 및 연해주의병에 관계된 의병측 자료들이다. 먼저 『일기』[40]는 1908년 함경도 경성지역에서 관북의진을 결성하여 활동하다가 이범윤·최재형의 연해주의병과 합세하여 국내진격전을 펼쳤던 金鼎奎의 일기이다. 여기에는 1908년 함경도지역의 경성의병의 활동, 연해주의병과의 연합작전 실패 후 의병지도부의 渡江北上 과정, 망명 후의 활동상, 북간도·연해주 일대에서의 항일독립운동 등이 소상하게 기록되어 있다. 『安應七歷史』[41]는 안중근이 여순감옥에서 자신의 일대기를 기록한 것인데, 그의 망명·거의과정, 연해주 및 함북지역에서의 대일항전활동, 패주과정, 斷指血盟 경위 등의 사실이 소상하게 나타나 있다.[42]

---

39 宋容縡 편저, 『洪州義兵實錄』, 홍주의병유족회, 1986.
40 김정규, 『용연김정규일기』, 전3권, 한국독립운동사연구소, 1994. 이 자료를 주로 이용한 연구로는 박민영, 『구한말 서북변경 지역의 의병 연구』, 한국학중앙연구원 박사학위논문, 1996.2.
41 이 책은 『안중근의사자서전』이라는 제목으로 안중근의사숭모회에서 1979년에 번역·출간되었다.
42 한편 안중근에 의병활동과 이토 히로부미 포살사건에 대해서는 안중근의사의 공판기록

「홍범도의 일지」[43]는 홍범도가 만년에 구술한 자전적 일지인데, 여기에는 그가 1904년 러일전쟁 후 거의하여 함북의 삼수·갑산·장진·함흥지역을 무대로 친일파를 처단하고 일군과 교전하는 등의 의병활동을 벌인 사실이 실려있다. 趙昌容의 「海港日記」[44]와 張志淵의 「海港日記」[45]는 1908년 1월 연해주의 계몽주의자 崔鳳俊의 초청을 받고 함께 블라디보스톡에 가서 활동했던 실상을 기록한 일기들이다. 여기에는 연해주를 무대로 활약한 의병세력과 계몽세력의 활약상과 그들의 알력상이 잘 나타나 있다. 특히 전자에는 柳麟錫·李範允·安重根 등이 마패를 가지고 대한제국의 칙사를 칭하며 의병소모활동을 벌이다가 계몽주의자들에게 붙잡혀 곤욕을 치른 사실이 나타나 있다.

다음 기타 의병자료는 다음과 같다. 먼저, 「(金河洛)陣中日記」는 단발령 직후 동지들과 함께 利川으로 내려가 거의하였던 김하락의 창의록이다. 여기에는 포군모집과정, 이천의병의 남한산성 점령과정, 일본군과 관군에 대항한 남한산성 수성전, 이천의병의 패배 후 제천의병 및 안동의병과의 연합작전, 동해안지역에서의 항전 등이 적혀있다.[46] 「集義堂遺稿」는 을미년과 정미년에 의병활동을 벌였던 金泰元의 유고인데, 여기에는 그가 단발령 후 이천에서 거의하여 남한산성·제천·단양 등지에서 활동하였던 사실과 1896년 狼川(화천)에서 서상렬과 함께 활동하였던 사실이 적혀있다.

『驪驪隨筆』[47]은 대한제국 말기부터 8·15광복 때까지 일제와 투쟁한 애

과 『주한일본공사관기록』에 수록된 안중근 관련 내용을 국사편찬위원회에서 번역·수록한 『한국독립운동사 자료』 6-7(1968)이 참고된다.

43 한국정신문화연구원 편, 『한국독립운동사자료집 : 홍범도 편』, 1995. 「홍범도의 일지」에 대해서는 장세윤, 「홍범도 일지를 통해 본 홍범도의 항일무장투쟁」, 『한국독립운동사연구』 5, 1991.

44 조창용, 『백농실기』, 한국독립운동사연구소, 1993. 조동걸, 「백농의 해항일기」, 『한국학논총』 15, 국민대학교 한국학연구소, 1992.

45 장지연, 『장지연전서』 8, 단국대학교 동양학연구소, 1986.

46 김하락의 을미의병활동에 대해서는 유한철, 「김하락의진의 의병운동」, 『한국독립운동사연구』 3, 1989.

국지사들의 사적을 수록한 것이다. 이 책은 宋相燾가 일제 치하에서 전국 각지의 애국·순국지사들의 유가족 및 친지를 직접 방문하여 수집한 자료 및 당시의 신문과 기타 자료를 토대로 엮은 일종의 항일독립투사열전이다. 여기에는 위정척사운동·의병운동·독립운동, 기타 항일독립운동에 관계된 많은 인사들의 약전이 실려 있다. 이 책에는 柳麟錫·崔益鉉·閔肯鎬·李康秊·李殷瓚·梁漢奎·李錫庸·金伯善·金慶達 등 다수의 한말의병장과 약간의 포군들에 대한 약전이 실려 있는데, 그 내용은 대체로 소략한 편이다. 다만 그들의 가문배경, 인적 사항, 고종세력과의 관계 등에 관한 설명은 참고할 만하다.

「睦衡信義兵資料」는 대한제국의 군인으로서 1907년 춘천의병에 가담했던 睦衡信이 해방 직전 죽을 때에 기억을 더듬어 남긴 자료이다. 여기에는 의친왕이 위난지경에 빠진 왕조를 구하기 위해 1906년 말경 북한산성에 문관 3인, 군관 105인, 민간인 120명을 비밀리에 모아놓고 의병봉기를 결의하는 한편 군관들로 하여금 지방 각지로 내려가 거의하도록 권했다는 내용이 수록되어 있다.[48] 이것은 중앙세력과 재야세력이 연합하여 조직적으로 의병 활동을 전개했음을 입증하는 좋은 자료이다.

『友堂李會榮略傳』(을유문화사, 1985)은 평생을 계몽운동과 독립운동에 헌신한 우당 이회영의 일대기를 적은 것이다. 여기에는 이회영이 3·1운동 후 무정부주의자로 변신하기 이전에 고종과 긴밀한 연계하에 항일활동을 벌인 사실이 수록되어 있다. 특히, 중앙세력의 최고지도자인 고종이 의병운동에 막대한 영향을 끼쳤음이 잘 나타나 있다.

---

47 송상도, 『기로수필』, 국사편찬위원회, 1971.
48 이에 대해서는 박민일, 「목형신의 관병·의병생활 개인일지」, 『강원문화연구』 13, 1994.

III. 반의병측 자료

1. 관변측 자료

관변측 자료는 갑오경장 후부터 대한제국 멸망 시까지 갑오개화파 정부와 대한제국 정부의 각 기관과 지방 관찰부·군현 및 정부 관료들이 남긴 자료를 총칭하는 말이다.[49] 이 자료들은 대부분 규장각도서관에 소장되어 있고, 한문과 국한문으로 쓰여져 있다. 여기에는 국왕의 施政을 연월일 순으로 기록한 연대기 자료, 국왕이 결재·반포한 법령집, 각부 대신의 품의서, 국가의 공보, 각부 대신이 지방정부에 하달한 훈령문·공포문·지시문, 정부 각 부처간의 왕복문서, 지방 관찰부와 군현에서 중앙에 올린 보고서 등이 망라되어 있다. 실로 수백 책에 이르는 방대한 분량의 대한제국측 자료 중에서 의병기사는 극히 일부분을 차지하고 있다. 따라서 문서의 전체 분량에 비해 의병기사가 그리 많은 편은 아니다. 그러나 여기에 나오는 의병기사는 날짜·인명·지명·의병의 행적 등 구체적인 사실기술면에서 의병측 자료나 일본측 자료에 비해 사료적 정확도가 높은 편이다.[50]

---

[49] 대한제국측 자료는 거의 대부분 1907년 이전에 작성된 것이다. 그 이유는, 1907년에 고종퇴위와 군대해산이 단행되고 뒤이어 한일신협약(정미칠조약)에 따른 차관정치가 실시됨에 따라 대한제국이 실질적으로 정부기능을 상실하였기 때문으로 보인다. 이와 반대로 1907년 이후부터 반의병측 자료는 일본측 자료가 대부분을 차지하고 있다. 이는 1907년 이후의 의병진압문제는 사실상 대한제국정부의 수중을 떠나 일제에 넘어갔음을 의미하는 것이다.

[50] 규장각에 소장된 조선왕조측 자료는 의병측 자료나 일제측 자료에 못지않게 중요한 자료임에도 불구하고 그간 연구자들에 의해 주목을 받지 못했다. 현재 이 자료를 이용한 연구로는 후기의병을 연구한 홍순권의 『한말 호남지역 의병운동 연구』(서울대학교출판부, 1994), 전기의병을 연구한 이상찬의 『1896년 의병운동의 정치적 성격』(서울대학교 국사학과 박사학위논문, 1996.8)과 오영섭의 『화서학파의 보수적 민족주의 연구―그들의 위정척사론과 의병운동을 중심으로―』(한림대학교 사학과 박사학위논문, 1997.2) 등이 있을 뿐이다.

현재 규장각도서관에 소장된 정부측 자료 가운데 의병연구자들이 참고할 만한 가치가 있는 자료를 들면 다음과 같다. 이들 자료에 대해서는 한말의병 관련문건을 의정부·경무국·법부·외부·탁지부 등 작성 부처순으로 간략하게 정리한 해제집이 이미 나와 있다.[51] 여기서 해제집에 수록된 자료를 편의상 내용별로 다시 분류할 경우, 보고서류, 훈령·지시문류, 조회문류, 기타 자료 등으로 구분할 수 있다.

규장각 소장 조선왕조측 자료 가운데 가장 많은 분량을 차지하는 것은 중앙의 하급관청이 상급관청에게, 지방 관찰사·군수가 중앙정부에 올린 보고서류이다. 이들 보고서는 『各觀察府來去案』(규17990, 3책)·『경무청래문』(규17780, 3책)·『군부거래문』(규17786, 7책)·『各官廳公文原』(奎17990, 3책)·『내각각도래보』(규17982의 4, 1책)·『각도각군보고서』(규18020, 2책)·『각도부군보고서』(규17996, 5책)·『함경남북도래거안』(규18019, 3책)·『각지소요실상보고』(규26177, 1책)·『사법품보』(규17278, 128책)·『사법품보』(규17279, 52책)·『첩보』(규17277의 10, 2책)·『경무청래거문』(규17804, 7책)·『내각각도래문』(규17982의 4, 1책)·『경상북도래거안』(규17980, 7책)·『德源港報牒』(규17866의 1, 6책)·『평안남북도래거안』(규17988, 10책)·『황해도래거안』(규17986, 3책)·『공문편안』(규18154, 99책)·『보고서철』(규17995, 6책)·『지령급보고』(규18018, 18책)·『강원도래거안』(규17985, 2책)·『경기도래거안』(규17981, 3책)·『인천항안』(규17863의 2, 10책)·『충청남북도래거안』(규17989, 2책) 등이다.

보고서류에는 의병의 출몰상황, 의병장의 행적, 의병토벌·체포상황, 군수전 및 군수미 피탈현황, 의병의 민간에 대한 토색 및 침학행위, 의병의 일본인 및 개화관리 처형, 의병에게 피탈당한 공전 처리현황, 의병의 귀순상황, 의병재판기록, 의병에 대한 민심의 동향, 의병의 형명부와 공초, 의병잔당 및 여당에 대한 조사 등등 실로 다양한 내용들이 포함되어 있다. 이 가운데 『內閣各道來報』는 1908년 2~3월간에 전국 각지에 파견된 선유위원들이

---

51 김순덕·윤대원·이상찬·홍순권, 『한말의병 관계문헌 해제집』, 민음사, 1993.

민심동향과 의병의 출몰상황 및 선유활동의 결과를 보고한 것이다. 또 1894년 7월부터 시작하여 1906년 12월까지 작성된 『司法稟報』52와 1894년부터 1901년까지 작성된 『公文編案』은 각지 관찰사·군수·재판소판사·참서관 등이 중앙정부에 올린 지방정형에 관한 종합보고서이다. 그런데 전자는 해당 지역에서 발생한 살인·방화·掘冢 등 형사사건과 의병·화적 등 반정부 사건을 빠짐없이 보고한 것이며, 후자는 의병이 지방정부에 끼친 다양한 경제적인 손실과 그에 대한 처리책은 물론 의병방비를 위한 별포군의 양성과 해산에 대해 보고한 것이다. 이 두 자료는 조선왕조측의 의병자료 가운데 분량도 많을 뿐 아니라 의병에 관한 가장 풍부하고도 다양한 내용을 담고 있기 때문에 의병연구자라면 반드시 일독할 필요가 있는 자료들이다.

다음은 각 부처 간에 의병문제를 둘러싸고 주고받은 조회문을 모은 것이다. 이들 조회문은 지방의 보고서를 토대로 작성된 것인데, 여기에는 『統監府來去案』(규17850, 12책)·『통감부래문』(규17849, 11책)·『각부통첩』(규17824의 2-6, 5책)·『회의표제원본』(규17743, 8책)·『탁지부거래안』(규17766, 8책)·『照牒起案』(규17277의 15, 2책)·『내부거래안』(규17768, 4책)·『조회』(규17823, 8책)·『조회』(규17754, 4책)·『군부거래문』(규17803, 4책)·『내부래거문』(규17994, 17책)·『탁지부각군원등공문래거문』(규17877, 24책)·『의정부래거안』(규17793, 11책) 등이 포함된다. 『회의표제원본』·『탁지부거래안』은 의병이 끼친 피해에 대한 구체적인 실상과 그에 대한 보상을 요청하는 탁지부의 문서이며, 『통감부거래안』과 『통감부래문』은 일제 통감부와 대한제국 내각 사이에 의병진압·토벌군파견요청·토벌군파견통보·일본인보호조치·민심동요방지책 등에 관해 교환한 조회문을 모은 것이다. 특히 『통감부래거안』과 『통감부래문』에는 총126명의 의병에 대한 재판결과가 실려있는데, 이 중 19명만 내란죄를 적용받고 나머지는 주로 강도·살인·방화·모살범 등으로 명시되어 있다. 여기에는 의병의 활동을 구국투쟁으로 보지않

---

52 아세아문화사 편, 『사법품보』, 제1~10권, 1988~1990. 원래 총 20책으로 영인될 예정이었는데, 현재 1904년까지의 기사를 수록한 10책만이 출간되었다.

고 폭도로 인식한 일본측의 침략적 속성이 잘 나타나 있다. 이 자료는 의병들의 주소·전직업·나이 등을 파악할 때 크게 도움이 된다.53

다음은 중앙정부의 훈령과 지시문 등이다. 여기에는 『고시』(규18039, 1책)·『驛訓旨』(규17897, 7책)·『驛訓旨』(규17898의 1, 8책)·『지령존안』(규17750, 2책)·『起案』(규17277의 1, 33책)·『起案』(규17277의 2, 42책)·『起案』(규17277의 9, 4책)·『훈령편안』(규17876, 12책) 등이 포함되어 있다. 이중 『역훈지』는 의병으로 인해 피해를 입은 지방의 역마·역토·역토도전에 대한 구체적인 복구대책을 지시한 문서이며, 『기안』은 법부대신이 각지에게 활동하고 의병에 대한 동향을 보고받고 그 지역 지방관들에게 의병진압을 지시한 문서이다.

기타 자료로는 경기도 및 충청남북도의 지방 군민들이 의병의 경제적 침탈을 중앙정부에 호소하여 대책을 요구한 『경기도각군소장』(규19148, 25책)·『충청남북도각군소장』(규19150, 17책), 김구의 의병활동과 연관된 인사들에 대한 심문집인 『중범공초』(규17289, 9책), 의병활동으로 인해 체포·투옥된 인사들의 가족들이 관청에 무죄를 청원하는 호소문을 수록한 『訴狀』(규17281, 45책), 김구의 의병활동과 일본인타살사건이 실려 있는 『訴狀』(규18001, 9책), 일진회장 李容九가 촌민들로 하여금 의병방위대책을 강구하게 할 것을 총리대신에게 청한 『청원서』(규17848, 7책) 등이 있다.

이상에서 살펴본 『한말의병 관계문헌 해제집』에 이미 소개·수록된 자료 외에도 규장각도서관에는 한말 의병운동을 연구함에 있어 참고될 만한 자료가 다수 소장되어 있다. 그중 의병에 참여했거나 그들에게 동정적인 인사들과 전현직 관료들의 상소문을 모아놓은 『상소원본』(규17229, 9책)·『상소존안』(규17232의 1, 7책)·『상소존안』(규17232의 2, 3책)54 등이 있다. 여기

---

53 『통감부거래안』에 대한 설명은 홍영기, 「구한말 호남의병에 관한 한국측 자료의 검토」, 112쪽.
54 『상소존안』을 분석한 연구로는 오영섭, 「갑오개혁 및 개혁주체세력에 대한 보수파 관료·유생들의 비판적 반응—그들의 상소문을 중심으로—」, 『국사관논총』 36, 1992.

에는 의병·유생 및 보수관료들의 시국인식과 반개화론이 잘 나타나 있다. 선유사의 보고서인 『전라남북도선유일기』(규17263, 1책)는 상기 『내각각도래보』와 동일한 성격의 문서로서 의병에 대한 정부측의 대응책을 이해하는 데 도움이 되는 자료이다. 대한제국 외부가 편찬한 『日案』(규19572, 전78책)55에는 대한제국 외부대신과 일본공사 간에 의병진압·민심동요방지·일인피해보상·피해재판배상·의병장 송환·일본군파견통보 등의 문제로 주고받은 의병관련 조회문이 수록되어 있다. 이 자료에는 을사조약 이전 대한제국정부가 애국세력에 대해 비교적 온건한 입장을 지녔음을 드러내 주는 조회문이 실려 있는데, 1905년 3월경 배일상소를 올렸던 최익현·허위·김학진 등의 즉각 송환·석방을 요구한 조회문 등이 그것이다. 『해주재판소형명부』(규21235, 4책)는 김구의 을미의병운동에 관계되는 인사들에 관한 심문기록이다. 『議奏』(규17705, 69책)56는 총리대신이 국왕에게 상주하여 고종의 재가를 받은 결재사항을 모은 것인데, 여기에는 관리임면·제도정비·조세감면 및 변경·동학군 및 화적 대책·보부상 대책 등 다양한 내용이 포함되어 있으며, 전기의병기의 정치·경제·사회상을 이해하는 데 도움이 된다. 또 규장각도서관에는 여러 종류의 주본류가 소장되어 있는데,57 이들 문서는 1896년부터 1907년 혹은 1909년경까지 작성된 것으로서 문서의 성격은 『議奏』와 동일한 편이다.

  규장각에 소장된 궁장토·역둔토 관련자료도 의병자료로 활용할 만한 가치가 있는 자료들이다. 궁장토와 역둔토는 전국 각지에 산재하는데, 만약 의병이 자주 일어난 지역에 궁장토와 역둔토가 있다면, 그 땅의 소유주와 관리인이 누구인가를 밝히는 작업은 의미 있는 일이다. 왜냐하면 궁장토와 역둔

---

55 『구한국외교문서』,「日案」제1-7권, 고려대학교 아세아문제연구소, 1965~1970에 영인·수록되어 있다.
56 『議奏』, 전5권, 서울대학교규장각, 1995.
57 『奏本』(규17276, 49책)·『奏本』(규17703, 165책)·『奏本案』(규17998, 6책)·『奏本存案』(규17704, 83책)·『奏本奏下存案』(규18150, 4책) 등이다.

토에 소속된 인민들이 그들의 상전들에 의해 가장 먼저 의병에 동원될 가능성이 높기 때문이다. 이는 한말 의병운동의 근왕적 성격을 구명하는 작업과 긴밀한 연관을 지니고 있다. 이 외에 규장각에 소장된 단편적인 의병자료는 상당수 존재하지만 여기서는 생략하기로 한다.

다음, 조선왕조측의 공식적인 사서인 『승정원일기』·『일성록』·『고종실록』 등은 고종대의 통치사를 연구하는 데는 필수적인 자료이지만, 의병자료로서의 비중은 그다지 높은 편이 아니다. 다만, 여기에 수록된 정부측의 의병에 대한 효유(선유)책이나 의병진압 후 정부의 수습책 등에 관련된 내용들은 참고할 만하다.58 조선왕조측의 정부기관지로서 1894년부터 1910년까지 만들어진 『관보』59는 사료적 신빙성이 높은 자료이다. 『관보』의 '사법'조에는 재판내용과 형량·유배지·유배자 명단 등이 실려있어서 정부의 의병에 대한 처리실태를 알려준다. 아울러 『관보』에는 국왕의 의병해산조칙, 내각의 훈령, 의병을 진압한 관군의 성명과 직위 등이 실려있다. 또 1907년부터 1910년까지 발행된 『統監府公報』60는 대한제국의 통치권을 빼앗은 일제의 공식적인 기관지라는 의미를 지니고 있으며, 『官報』와 같은 성격을 지닌 자료이다. 『한말근대법령자료집』61과 『통감부법령자료집』62은 관보·조칙·법률·율령·칙령·의정존안·의주·주본·편년록·통감부공보·(일본)관보·통감부법령제요 등에 실린 법령류 중에 역사적으로 의미 있는 것을 연대순으로 간추려 엮은 것이다. 이 책은 대한제국기의 정치상·사회상을 엿볼 수 있는 자료들로서 의병에 관련된 내용도 일부 들어있다. 이 책은 규장각도서관에 소장된 원사료에 비해 자료적 가치가 떨어지는 편이지만, 현대 활자로 옮겨놓아 이용하기에 편리하다는 장점이 있다.

---

58 조선정부의 의병운동 수습책에 대해서는 이구용, 「한말의병에 대한 정부측의 수습책」, 강원대학교 『연구논문집』 9, 1975.
59 아세아문화사 편, 『관보』, 전22권, 1973~1974.
60 아세아문화사 편, 『통감부공보』, 전2권, 1974.
61 송병기·박한설·박용옥 편, 『한말근대법령자료집』, 전9권, 대한민국국회도서관, 1970.
62 송병기 편, 『통감부법령자료집』, 전3권, 대한민국국회도서관, 1972.

한편 정부관료가 작성한 의병관계 자료로는 「披燹記草」와 「奉使日記」가 있다. 「피선기초」는 을미 제천의병을 진압·효유하는 임무를 맡았던 개화 군수 鄭英源의 일지이다. 현재까지 한말 의병을 직접 토벌한 조선의 관료 내지 무관이 남긴 일지는 아직 발견되지 않고 있다. 이러한 점에서 「피선기초」는 자료적 가치가 높은 편이다. 특히 여기에는 제천의병을 주도한 화서학파 유생들의 기록에서는 전혀 보이지 않는 제천의병의 이면상이 여실히 나타나 있다. 이 자료는 제천의병에 대단히 불리한 자료이지만, 균형 있는 의병사를 기술하기 위해서는 반드시 검토해야 할 가치가 있는 자료이다.[63]
「봉사일기」는 1896년 3월 남로선유사에 임명된 申箕善이 5월 13일까지 목천·청주·홍주·전주·제천 등지에서 의병을 선유한 과정을 일지형태로 기술한 것이다. 후기의병기에 중앙관료들이 작성한 선유활동보고서는 규장각에 소장되어 있지만, 전기의병기에 중앙관료가 의병선유일지를 남긴 것은 이 자료가 유일한 편이다.[64]

2. 일제측 자료

한말 의병운동 연구자에게 일제측 자료는 의병측 자료에 못지않게 중요한 자료이다. 일제측 자료는 기록의 분량·다양성·정확성·중요성 면에서 여타 자료와 비교할 수 없을 만큼 사료적 가치가 높은 편이다. 나아가 한말 의병운동이 가장 치열하였던 1907년 이후 시기에 관련된 의병측 자료 및 관변측 자료가 그다지 많지 않은 상황에서 일제측 자료는 의병자료로서 사료적 희귀성을 인정받고 있다. 따라서 한말 의병운동을 제대로 연구하기 위해서는 다른 어느 기록보다도 일제측 자료를 철저히 검토할 필요가 있다.
일본측 자료는 의병운동 중에 작성되었거나 의병운동이 종식된 직후인 일제 초기에 작성된 것이다. 의병측 자료가 일제통치 이전에 작성된 것이라

---

63 아단문화기획 자료실 소장본.
64 신기선, 『신기선전집』 하, 아세아문화사, 1981.

고 하더라도 1950년대 이후에 다시 가필·윤색·왜곡과정을 거쳐 편찬된 것이 많았던 반면, 일제측 자료는 대부분 의병운동 중이나 의병운동이 종식된 직후에 작성된 다음 훼손되지 않고 그대로 공개된 자료라는 점에서 자료적 신빙도가 높은 편이다.

일본측 자료는 의병측 자료와 달리 작성주체가 다양한 편이다. 즉, 일본공사관 소속 요원, 일본영사관 소속의 요원들과 취조관, 일제헌병대와 보병여단을 포함한 조선주차군의 장교, 각 도 경찰서장, 통감부 재판관, 신문기자, 조선인 밀정 등 다양한 집단들이 작성한 것이다. 이들 자료에는 공사관요원의 비밀보고, 지방에 포진한 각 도 경찰서장과 조선주차군의 보고, 밀정을 파견하여 얻은 정보, 의병을 토벌한 다음 노획한 의병문건, 체포된 의병에 대한 심문·재판기록, 조선 현지 사정을 보도한 신문기사, 이상의 기록을 토대로 작성된 종합보고서 등이 담겨있다. 일제측 자료에는 의병에 대해 민족적 편견에 사로잡힌 부정적인 인식이 담겨있으며, 또 한국사정 및 의병실정에 대한 무지에서 비롯된 부정확한 기술이 다수 포함되어 있다. 그러나 사실을 고의적으로 왜곡한 경우는 거의 없었다는 점에서 적측 자료치고는 비교적 신빙성이 높다고 평할 만하다.

일제측 자료를 형태별로 보면, 공사관기록·외교문서 등 외교문서류, 조선주차군·헌병대·일제 경찰의 보고서·토벌지류, 각도 재판소의 공초·판결문류, 일제치하에서 편찬된 식민통치서류, 신문류, 기타 자료 등으로 구분된다. 이들 기록은 전후기 의병에 관련된 자료가 모두 포함되어 있는『주한일본공사관기록』·『통감부문서』·『일본외교문서』및 신문류를 제외하면, 대부분 후기의병에 관련된 것이다.

먼저 외교문서류를 살펴보면 다음과 같다.『주한일본공사관기록』와『통감부문서』[65]는 1894년부터 1910년까지 17년간 주한일본공사관과 일제통감부

---

[65]『주한일보공사관기록』은 1988년부터 1994년까지 총 40권으로 국사편찬위원회에서 영인되었으며, 또 1998년부터 2000년까지 총 28권(색인집 2권)으로 편역·탈초본이 출판되었다.『통감부문서』는 1998년부터 2000년까지 총 11권(색인집 1권)으로 탈초본이 나왔다.

에서 기록한 비밀문서로서 일본의 대한침략정책, 對열강대책, 구미 열강의 반응, 한국민의 대응 등을 상세히 수록하고 있다. 여기에는 일본공사관과 일본정부 간에 그리고 일본과 구미열강 간에 주고받은 전보 및 문서, 일본공사관과 한국 각지에 배치된 조선주차군 및 헌병대의 보고 및 전보, 한국 외부 및 지방정부로부터 수발한 문서 등이 수록되어 있다. 그 가운데 한국의병에 대한 일본정부의 입장과 진압작전의 전개과정, 고종의 국권수호운동, 궁중의 애국세력과 재야 의병세력과의 연계관계, 조선주차군 및 헌병대측의 의병동향 보고 및 진압상황 보고, 의병으로 인한 일본인의 인적·물적 피해실태와 배상문제 등등 의병운동과 관련된 많은 내용들이 담겨있다. 특히, 여기에는 고종을 비롯한 대한제국의 궁중내 고종세력의 배일활동, 중앙의 고종세력과 재야의 의병세력 간의 내응관계 등을 다룬 기사가 다른 자료에 비해 풍부하게 실려 있다. 이 자료는 그간 극소수 의병연구자를 제외한 대부분의 의병연구자들이 주목하지 않았던 자료로서 한말 의병운동의 정치적 성격 내지 근왕적 성격을 파악하는 데 있어 가장 중요한 자료이다.

『일본외교문서』[66]는 명치유신 이후 근대일본의 대외정책에 관련된 정치·외교·군사·무역 등의 전반적인 사항을 집대성한 외교문서철이다. 여기에는 일본의 자국문제 뿐만 아니라 침략대상국인 한국의 국내문제가 광범위하게 수록되어 있다. 1894년의 사건을 수록한 제27권부터 1910년까지의 사건을 수록한 제43권까지의 내용 중에 한국문제가 집중적으로 실려 있다. 이 자료에 실린 한국 관련기사는 대부분 일본정부가 주한일본공사관에 훈령한 내용과 주한일본공사관측이 본국정부에 보고한 것이 주종을 이루고 있는데, 그중 의병운동을 비롯한 반일운동에 관련된 보고와 대책이 상당 부분을 차지하고 있다. 특히, 반일운동에 관련된 보고서의 경우, 드물기는 하지만 의병측으로부터 노획한 제1급의 원문서가 첨부된 경우가 있기 때문에 반드시 참고할 필요가 있다.

---

66 일본외무성 편, 『일본외교문서』, 동경 : 일본국제연합협회, 1936~.

다음은 일제 군경이 작성한 보고서·토벌지류이다. 일본측 자료 가운데 가장 대표적인 자료인 동시에 1907년 이후 의병운동을 연구함에 있어 가장 중요한 자료는 내부 경무국에서 편찬한 『暴徒ニ關スル編冊』(이하 『편책』, 총50책)이다.67 1907년 8월부터 1910년 12월까지의 문서가 수록된 『편책』 은 각지에 배치된 일본 경찰과 조선주차군의 요원들이 의병활동에 관해 내부 경무국장 마쯔이 시게루(松井茂)에게 올린 보고서와 전보를 도별·연대 순으로 모아 편찬한 서류철이다. 이 외에도 『편책』에는 경찰의 각종 통계자료, 조선주차군 및 통감부 관리들의 군대출동과 의병진압에 관한 통보문, 각 도 관찰사와 군수의 의병정형 보고 등이 수록되어 있다. 『편책』에 수록된 일본 군경의 보고서에는 의병의 출몰상황, 의병의 화력과 무기구입, 의병 진압상황, 전투결과, 의병장의 동정과 이력, 관내의 민심동향, 격문·포고문· 서한 등 의병문건, 의병취조서, 일본 군경의 출동상황, 의병에 의한 피해조사, 의병세력과 고종세력과의 관계 등등 실로 다양한 내용이 포함되어 있다. 이 자료에 실린 의병장의 동정과 이력은 대부분 밀정의 정보와 풍문에 의거한 것이기 때문에 부정확한 경우가 많다. 게다가 이 자료에는 의병운동에 대한 부정적인 인식이 나타나 있으며 의병의 자세한 활동상을 반영하는 서술은 극히 적은 편이다. 그럼에도 이 자료는 의병운동 당시에 작성된 일제측의 보고서이며, 군대해산 후 전국 각지에서 치열하게 전개된 의병활동에 관한 가장 방대한 문건이며, 나아가 일제측 자료의 전형을 보여준다는 점에서 주목할 만한 자료이다.

1910년 내부 경무국에서 편찬한 자료로서 현재 국가기록원에 보관되어 있는 『暴徒史編輯資料』68는 제주도를 제외한 전국 13도의 관찰사가 일제의 한국 의병에 대한 이른바 남한대토벌작전이 진행되던 1908년 9월부터 1909

---

67 현재 국가기록원에 소장되어 있으며, 1979년부터 1990년까지 『한국독립운동사 자료 (8~19): 의병편(I~XII)』이라는 제하에 국사편찬위원회에서 총 12권으로 편역되어 출간되었다.
68 『한국독립운동사자료집: 의병항쟁사자료집』의 제3권에 번역·수록되어 있다.

년 11월 사이에 내부대신 朴齊純·宋秉畯, 내부 경무국장 마쯔이 시게루 등에게 올린 의병운동에 관한 종합보고서이다. 여기에는 의병봉기의 원인, 주요 의병장의 성명·경력 및 활동, 의병의 성쇠 개황 및 출몰상황, 주요 전투 및 전과 등이 소략하게 기록되어 있다. 여기에 수록된 의병장의 경력 및 활동에 대한 설명은 의병측 자료의 부족한 점을 보충해 주기도 하지만, 왕왕 사실과 다른 경우도 있기 때문에 인용할 때 주의해야 한다. 1908년 경북관찰사 朴重陽이 마쯔이에게 올린 동일한 명칭의『폭도사편집자료』는 상기 자료의 경상도 항목을 집필하는 데 저본으로 사용된 자료로 보인다. 이 자료는 1934년 경상북도 경찰부에서 편찬되었다.

『조선폭도토벌지』[69]는 1906년부터 1911년까지 조선주차군의 의병토벌상황을 조선주차군사령부가 1914년에 엮어 발간한 의병토벌 종합보고서이다. 여기에는 의병봉기의 기원 및 경과의 개요, 1906년 閔宗植·崔益鉉·申乭石 등 이른바 중기의병에 대한 토벌, 1907년 고종의 강제퇴위와 군대해산으로 인한 서울 진위대와 지방 분견대의 항일봉기에 대한 토벌, 1907년 8월부터 1911년까지의 의병토벌 상황 등을 간략하게 수록하였다. 특히, 여기에는 의병 토벌에 동원된 부대의 명칭 및 병력, 주요 전투의 일자, 전투 지점, 의병 수, 의병의 피해, 기타 사항 등을 수록한 각 도별 의병토벌 현황표가 수록되어 있어서 조선주차군과 의병 간의 주요전투 및 전투결과를 이해하는 데 도움을 주고 있다.

『韓國暴徒蜂起の件』은 모두 3건인데 1907년 7월부터 1910년 8월까지 조선주차군사령관이 일본의 외무대신 및 참모총장 등에게 보고한 것을 일본외무성에서 연월일 순으로 엮은 자료이다.[70] 여기에는 한국 각지 및 연해주 등지에서 의병과 일본군 간에 벌어진 주요 전투의 상황과 결과가 자세히 기록되어 있다. 이 외에 의병장의 동향, 격문·포고문 등 의병문건, 청국 관헌

---

69 김정명 편,『조선독립운동Ⅰ: 민족주의운동편』(동경 : 원서방, 1967)에 원문의 전문이 수록되어 있다.
70 이 자료는『독립운동사자료집 별집 1 : 의병항쟁재판기록』에 번역·첨부되어 있다.

의 조회문, 의병정형에 대한 별지 보고 등이 수록되어 있다.
　『한말의병자료』는 일본에 산재한 한말 의병자료들을 수합하여 편집·번역한 것이다. 이 책은 일본외무성 외교사료관, 방위청 방위연구소, 국립공문서관 등지에서 수합한 사료들 가운데 일부를 선별하여 발간한 것이다. 여기에는 1896년 1월부터 1910년 8월까지 한말 의병운동에 관련된 다양한 자료들이 담겨 있다. 제1~2권에는 1896년간 경성주재 일본공사, 경성·부산·인천·원산 영사 등의 현지 의병운동 상황보고가 수록되어 있다. 제3~4권에는 1895년 평안도 상원의병의 봉기부터 1906년 홍주의병의 봉기까지의 의병자료가 수록되어 있는데, 이 중 홍주의병과 고종 측근들과의 내응문제를 소상히 다룬 사료들이 실려 있어서 주목을 요하고 있다. 제5~6권에는 1908년 이후부터 1910년 8월까지 전국 각지와 연해주 등지의 의병운동에 관한 자료들이 실려 있다. 이 책의 사료들은 기왕에 국사편찬위원회가 출간한 『주한일본공사관기록』과 『한국독립운동사 자료』에 수록된 사료와 겹치는 부분이 있지만, 전기의병기 전국 각지의 의병 진압상황, 후기의병기 민종식과 고종 측근들과의 관계 등 새로운 내용이 적지 않게 들어 있다.[71]
　『전남폭도사』[72]는 전라남도 경무과가 1913년에 작성한 갑종 비밀문서로서 일종의 의병토벌일지의 성격을 지닌 자료이다. 여기에는 조선주차군·헌병대·경찰 등 일본 군경의 의병진압상황이 제1기(1906~1907년)·제2기(1908년)·제3기(1909년)로 나뉘어 연월일 순으로 기록되어 있다. 여기에는 최익현의 의병활동이 종식된 다음 전남 각지에서 활약한 의병들의 봉기양상·활동상황·전투결과·진압상황·귀순자 명부 등이 수록되어 있다.
　『地方情況ニ關スル綴』(규장각소장, 도서번호, 규20743)는 을사조약 후 일제통감부의 및 지방 관찰부의 재정고문으로 임명된 일본인 관리들이 일제통감부의 메가타 슈타로(目賀田種太郎) 재정고문에게 올린 보고서를 통감부의 재정고문본부가 편찬한 것이다. 여기에는 각지의 의병동향 및 체포현황,

---

71 『韓末義兵資料』 I-VI, 독립기념관 한국독립운동사연구소, 2001~2003.
72 1977년 박일룡에 의해 『비록 한말전남의병전투사』란 제하에 번역·출간되었다.

의병의 세금탈취사건 등이 수록되어 있다.

다음은 공초·판결문류이다. 『독립운동사자료집 별집 1: 의병항쟁재판기록』(독립운동사편찬위원회, 1974)은 중앙과 지방의 각급 재판소에 소장된 선고서·판결문 등에 나타난 의병항쟁 관련 재판기사를 모아 번역·출간한 것이다. 여기에는 1,500여 건, 3,000여 명의 한말 의병에 대한 조선정부측 및 일본측의 개별적인 직접 심문내용이 수록되어 있다. 다만, 여기에는 일제시대 평양복심법원의 관할 아래에 있었던 평안도·황해도·함경도 지방법원의 판결문들은 분단 사정으로 빠져있고, 또 6·25전쟁으로 소실된 남한의 진주지방법원의 판결문과 소관처가 불명인 광주지방법원의 판결문이 빠져 있으며, 번역·수록된 의병의 재판기록에 대한 구체적인 전거가 나와 있지 않다. 이러한 점이 이용시에 불편을 주고 있지만, 그럼에도 현존하는 의병의 신상과 활동상을 모은 자료집으로서는 가장 방대한 편이다.

『일본영사관 판결원본』·『판결원본철』[73] 등은 국가기록원에 소장된 재판 기록이다. 전자는 1887년부터 1902년 사이에 벌어진 각종 민형사 사건에 대해 제1심 법원인 경성지방법원 검사국이 판결한 선고서이며, 후자는 대배심인 평리원으로부터 인계받은 의병운동 관련자에 대한 사건을 경성공소원이 1908년에 판결한 내용이다. 이 자료에 수록된 의병관련기사는 거의 대부분이 상기 『의병항쟁재판기록』에 수록되어 있다.

다음은 경술국치 후 일제총독부가 식민통치를 위해 작성한 자료이다. 먼저, 『顧問警察小誌』는 1910년 내부 경무국 보안과장 이와이 케이타로(岩井敬太郎)이 편찬한 것으로서 한국 경무고문부의 연혁과 시설과 운영 등을 개괄한 다음 일제 경찰의 업무대상에 관해 수록한 자료이다. 이 자료는 일제 경찰의 전신인 고문경찰의 진상을 밝혀 후래의 집무자에게 도움이 되도록 하기 위해 집필한 것이다. 이 자료의 제1편 제5장에는 「소위 의병」이란 제하에 閔宗植·崔益鉉 등 이른바 중기의병장의 활동이 자세히 실려 있다.

---

[73] 이 두 자료의 일부 내용은 1995년 총무처 정부기록보존소에서 『국권회복판결문집』이란 제목으로 영인·출간되었다.

『江原道狀況梗槪』는 1913년 춘천헌병대본부가 강원도를 통치·관할하는 데 필요한 제반 사항을 개괄적으로 수록·편찬한 강원도에 관한 인문지리서의 성격을 지닌 자료이다. 여기에는 의병봉기의 원인, 원주진위대의 봉기, 의병출몰과 교전양상, 의병진압부대 배치상황, 의병장의 내력과 행동, 의병의 귀순, 인민의 피해상황, 경술국치 후의 의병출몰상황 등 강원도의병에 대한 사실이 개괄적으로 실려있다. 특히 1907년 춘천지역의 후기의병장들의 내력과 활동에 대한 설명이 자세히 수록되어 있다.

『朝鮮の保護及倂合』[74]은 조선총독부가 1918년에 각종의 공문서를 동원하여 편찬한 자료로서 대한제국을 처음에는 보호국으로 나중에는 병합국으로 삼아 나갔던 과정을 기술한 것이다. 여기에는 민종식의 홍주의병과 최익현의 태인의병 등 이른바 중기의병에 관한 사실이 많이 실려있다.

『고등경찰요사』는 일제 고등경찰의 교양서로 이용하기 위해 1934년에 경북 경찰부가 편찬한 자료이다. 여기에는 1906년부터 1910년까지 경북지역의 의병봉기 원인과 경과, 주요 의병장의 활동 등이 수록되어 있다. 의병에 대해서는 전체 9쪽에 불과한 대단히 소략한 내용을 담고 있다.

한편『동경조일신문』·『동경일일신문』·『대판매일신문』·『대판조일신문』·『시사신보』등 일본 신문에는 의병의 활동상과 일군과의 전투결과 등이 사건식으로 소략하게 기술되어 있다. 대부분의 기사가 일본공사관 및 군경의 보고와 지방으로부터의 전문에 의거하여 작성된 것이다. 이 때문에 정확성이 떨어지는 경우가 있기는 하지만, 한말 의병운동기에 각지 의병의 활동상을 재구성하는 데 큰 도움을 주는 자료이다.

기타 자료는 다음과 같다. 먼저『自衛團ニ關スル編冊』(국편 소장, 2책)[75]은 반일의병운동이 격화된 1907년 11월경부터 1908년 2월 사이에 전국 각지에 조직되어 일본 군경의 지휘·감독하에 의병을 진압하는 역할을 맡았던

---

74 『朝鮮の保護及倂合』, 아세아문화사, 1984.
75 이 자료를 집중적으로 분석한 연구는 홍영기,「1907~8년 일제의 자위단 조직과 한국인의 대응」,『한국근현대사연구』3, 1995.

자위단에 관한 자료이다. 이 자료는 자위단 지부가 내부 경무국장 마쯔이 시게루에게 보고한 것을 1908년에 편찬한 것인데, 여기에는 전국의 面・坊・社마다 자위단이 설치되는 과정과 자위단의 반의병 활동이 자세하게 나타나 있다.

『한말의병전쟁자료집 : 폭도격문』은 후기의병운동기에 봉기한 의병들과 관군측 및 일제측이 전국 각지에 발포한 문건들을 모아놓은 책이다. 여기에는 격고문・고시문・서한・통고문・애통조・상주문・광고문・훈령 등 다양한 문건들이 포함되어 있다. 이 책은 총 5집으로 구성되어 있는데, 제1~3집은 일본경찰학교 도서관 소장본이며, 제4집은 규장각도서관 소장본이며, 제5집은 일본 쯔쿠바대학 도서관 소장본이다. 문건의 발포시기는 을사조약 후 민경식・민병한 등이 최익현에게 전달한 고종의 애통조부터 李殷瓚・李錫庸・崔翰龍・權澤・尹仁淳・文慶秀・延起雨・徐丙熙 등 의병장들이 1909년 가을경까지 발포한 문건들이 포함되어 있다. 이들 문건들이 한문 원문과 함께 일문이 번역 첨부되어 있는 것으로 미루어 일제측이 의병토벌을 위한 정보자료로 이용하기 위해 편집한 것으로 판단된다.[76]

『남한폭도대토벌기념사진첩』[77]은 일본측이 삼남의병을 진압한 다음 전승을 축하하기 위해 찍은 기념사진첩이다. 특히 여기에는 남한대토벌작전 후 체포된 安圭洪・沈南一・梁鎭汝 등 16명의 호남의병장들이 가슴에 포로번호를 달고 찍은 사진 등이 수록되어 있다.

IV. 제3자측 자료

제3자측 자료는 한국 재야사가들의 연대기 자료, 계몽주의자들이 발간한 신문류, 구미측 자료 등으로 구분할 수 있다. 이들 자료는 분량이 많은 편은

---

76 한국정신문화연구원・한민족문화연구소 편, 『한말의병전쟁자료집 : 폭도격문』, 도서출판 선인, 2000.
77 김의환, 「남한폭도대토벌기념사진첩」, 『민족문화논총』 8, 1987.

아니지만, 의병측 자료와 일제측 자료에서 확인할 수 없는 부분을 일부나마 보충해 준다는 의미에서 나름대로 유익한 편이다.

먼저 연대기 자료를 들면 다음과 같다. 『매천야록』은 전남 구례지방의 유림이자 재야사가인 황현이 기록한 연대기 사서이다. 이 책의 의병기사는 『대한매일신보』·『관보』·전문 등에 의거하여 쓰여진 것인데, 다른 재야사가의 기록에 비해 의병에 대해 자세한 내용을 담고 있다. 특히 1908년 1월부터 시작된 '의보'란에는 피아간의 교전날짜와 교전지역 등이 자세히 기록되어 있다. 여기에는 의병의 행패보다는 반일투쟁과 친일세력의 제거를 보다 적극적으로 평가한 황현의 긍정적인 의병관이 잘 나타나 있다. 특히, 이 책에서 황현은 규율을 엄정히 지키고 투쟁역량이 높은 의병장과 그 부대를 높이 평가한 반면, 전투력이 없이 명분만 내세우는 유생의병군에 대해서는 매우 비판적인 입장을 보였다.78

『대한계년사』는 친미개화파 관료들과 친분이 두터웠던 정교가 기록한 연대기 사서이다. 여기에 실린 의병기사는 『매천야록』에 비해 소략한 편이지만, '의병'·'의거'라는 표현에서 알 수 있듯이 의병운동에 대한 호의적인 태도가 나타나 있다. 여기에는 전기의병에 대해서는 거의사실이 간단히 나와 있을 뿐이며, 후기의병에 대해서는 민종식·최익현·허위·연기우 등 의병장의 활동이 주로 나타나 있다. 의병측과 일본측의 손실을 자세히 기술한 점, 의병장이 봉기 전에 밀칙을 수령한 사실을 자세하게 수록한 점 등은 주목할 만하다.

『속음청사』는 갑오경장에 참여하였던 온건개화파 관료 김윤식의 일기체 사서이다. 여기에서 김윤식은 관변측 및 일본측 자료에 나타난 부정적인 의병관과 완전히 동일한 입장을 보였다. 그가 의병을 '의병'으로, 의병장을 '의병장'으로 기록한 적도 있었지만, 그러한 경우에도 "의병은 화적과 다름없다"는 설명을 부기하였을 정도였다. 다만 전기의병기에는 춘천의병과 이천

---

78 홍영기, 「구한말 호남의병에 관한 한국측 자료의 검토」, 109~111쪽.

의병에 대한 설명이, 후기의병기에는 자신의 유배지였던 전라도지역의 崔益鉉·林炳瓚·奇宇萬·白樂九 등 유생의병장에 대한 설명이 자세히 나와 있다.

『백범일지』[79]는 항일투사 김구가 자신의 일대기를 기술한 자서전이다. 김구는 동학사상과 위정척사사상을 흡수한 다음 을미사변 전후에 의병운동에 투신하였다. 단발령 후 그는 일본인타살사건으로 인천감옥에 투옥되었다가 그곳에서 한역서양서를 읽고 동도서기론자로 전향하였다. 이후 그는 다시 계몽주의자로 변신하여 교육활동 및 신민회활동에 종사하다가 105인사건에 연루되어 재차 투옥되었다. 당시 옥중에서 김구는 체포·투옥된 의병들의 언행에 실망한 끝에 의병봉기의 목적, 의병의 무지와 작폐, 의병세력의 전략 부재 및 국가관의 부재 등에 대한 비판적인 인식을 토로하였다. 한마디로 『백범일지』에는 계몽주의자의 비판적인 대의병관이 여실히 나타나 있다.

다음은 신문류이다. 한말 신문은 의병을 비판적으로 평가하였다. 그러한 사실은 신문의 논설에 자세하게 나타나 있다. 이것은 신문을 만든 인사들이 의병운동을 부정적으로 바라보는 계몽운동가들이기 때문이었다. 당시 국내외의 일부 신문은 사설에서 의병활동의 애국성을 소폭 인정하였고, 또 '잡보'란·'의병소식'란 등에서 지역별 의병활동을 비교적 간략히 사건식으로 취급하였다. 그러나 어디까지나 그것은 교육과 식산의 진흥을 목표로 삼는 실력양성운동에 할애한 지면에 비하면 부차적인 비중을 지닌 것이었다.

먼저, 『독립신문』은 국내 신문으로서는 유일하게 을미의병활동을 보도하였다. 이 신문의 논설 및 '잡보'란에는 『독립신문』의 논조에 영향을 미쳤던 갑신개화파 서재필을 비롯하여 국왕의 근시와 친미친러 성향의 정동파 인사들의 비판적 의병관이 잘 나타나 있다. 『독립신문』은 의병에 대해 '의병'이라는 호칭을 사용하기도 하였지만, 대체로 의병을 '비도', 의병장을 '비도장두'·'비도괴수'·'의병괴수' 등으로 불렀고, 의병의 잔당이 각지를 횡행하며

---

79 윤병석 직해, 「백범일지」, 집문당, 1995.

작폐를 일삼는 것을 문제시하였고, 나아가 그들의 조속한 해산·귀가를 촉구하였다. 특히, 여기에는 아관파천 후 정부의 선유책을 따르지 않고 계속 취산을 거듭하고 있던 춘천의병·함흥의병·강릉의병의 활동상이 소략하게나마 실려있다.

다음, 의병에 대한 부정적인 논설을 누차 게재하였던 『황성신문』은 '잡보'에서 각지 의병의 활동을 간략하게 다루었다. 『황성신문』은 의병에 대해서 1907년 9월 이전에는 대체로 '비도'·'의병'·'의도' 등의 표현을 혼용하는 양상을 보였다. 그러다가 1907년 9월말 의병기사를 전적으로 보도하는 '지방소식일통'이라는 고정란을 설치하면서부터 '의도'라는 표현을 일관되게 사용하였다. 이어 따라 의병에 대한 기사도 전에 비해 증가하였다. 다만 『황성신문』은 의병활동이 점차 가라앉던 1908년 6월 24일부터 '지방소식일통'란에서 다시 의병을 '폭도'라고 칭하기 시작하였다. 『황성신문』의 의병기사는 특정 지역에서의 의병출몰 및 피체상황, 피아간 전투 및 피해상황 등을 간단하게 기술한 것이 특징이다.

『대한매일신보』(이하 『신보』)는 다른 신문처럼 논설에서 실력양성론에 입각하여 의병운동을 비판적으로 인식하였다.[80] 『신보』는 '잡보'란에서 의병활동을 다루다가 1907년 8월 중순경부터 '지방통신'·'지방소식'·'지방정형'·'지방경보'·'처처의병'·'의병소식' 등의 고정란을 두어 의병활동을 기술하였다. 『신보』는 의병에 대해서 일관되게 '의병'이라고 표현했는데, 이는 한말 국내의 신문 가운데 의병에 대해 가장 호의적인 태도를 나타낸 것이었다. 『신보』에는 의병의 출몰현황, 일본군 시설파괴, 친일파 처단, 일군과의 교전, 피아간의 피해현황, 피체된 의병장의 근황 등등 다양한 사실이 실려있다. 따라서 논설의 비판적 논조와 상관없이 『황성신문』과 함께 각지 의병의 활동상을 파악하는 데 일정한 도움을 주고 있다.

천도교 기관지인 『만세보』는 한말의 신문 가운데 초기 몇 개월간의 논설

---

80 이만형, 「구한말 애국계몽운동의 대의병관」, 『해군사관학교논문집』 18, 1983.

과 잡보에서 의병활동을 가장 비판적으로 다루었다. 『만세보』는 논설에서 최익현·민종식 등의 의병활동을 무지와 몽매에서 나온 무책임한 행위라고 단정짓고, 그들을 "국가의 죄인이다"라고 규정하였다.[81] 『만세보』의 '잡보' 란에 실린 의병활동은 대단히 소략한 편인데, 의병에 대해서 '의비'·'소위 의병'·'假義' 등의 폄하적 표현을 주로 사용하였다. 이것은 『만세보』 간행자들이 문명개화론자였다는 사실 외에도 동학세력을 '비도'로 규정하여 탄압했을 뿐 아니라 천도교세력을 친일세력인 일진회와 동일시하여 극력 배척하였던 유생세력에 대한 그들의 반감이 크게 작용한 결과로 보인다. 다만 『만세보』는 다른 신문과 달리 의병항쟁에 암중으로 영향을 미친 고종세력들의 동정에 대해 각별한 관심을 표명한 점이 이채롭다.

한편 국내에서 발간된 『제국신문』·『경향신문』, 국외에서 발간된 『공립신보』·『신한민보』·『히죠신문』·『대동공보』 등도 사설에서 의병활동을 부정적으로 인식하였다. 또 이들 자료의 '잡보'·'내보'·'의병소식'·'본국소식'란에 실린 의병활동의 내용도 상기 자료의 그것과 별반 차이가 없었다. 다만 국외 신문은 그 지역적 특성으로 인해 국내 신문에 비해 항일의식을 직접적으로 토로한 점이 돋보인다. 특히, 『히죠신문』에는 다른 자료에 비해 의병소식이 자세하게 나타나 있으며, 또 『공립신보』 1907년 8월 16일자에는 고종퇴위와 군대해산에 대항하여 한국군이 선봉에 서고 인민이 후원하여 일본과 독립전쟁을 벌여야 한다는 대일독립전쟁론이 실려있는 점이 주목할 만하다.

다음, 구미측 자료는 여타 자료에 비해 질양면에서 가치가 떨어지는 편이지만, 몇 가지 자료는 반드시 참고할 만한 가치가 있다. 먼저, 『한국의 비극』 (*Tragedy of Korea*)[82]은 1904년 이후 두 차례 한국에 파견되어 취재활동을 벌였던 런던 *Daily Mail*지의 극동특파원 맥켄지(F. A. McKenzie)가 지은 책

---

81 『만세보』, 논설, 1906년 6월 29일자.
82 F. A. McKenzie, *The Tragedy of Korea*, New York : E. P. Dutton & Co., 1908 ; 이광린 역, 『한국의 독립운동』, 일조각, 1969.

으로서 그의 호의적인 대한제국관 및 일본제국주의의 침략상에 대한 비판의 식이 잘 나와 있다. 당시 맥켄지는 영국공사관 및 일본정부의 충고를 무시하고 서양인으로서는 유일하게 利川·楊根·忠州·堤川·原州 등 의병활동지역을 직접 방문·답사하였다. 이 책의 제8~9장 「의병을 찾아서」와 「의병과 함께」는 짧은 글이지만, 해산군인의 의병참여, 의병의 전투력, 고종세력의 의병지원, 병사층의 성격, 일본토벌군의 잔학행위 등등 한말 의병운동의 실상과 성격을 파악하는 데 대단히 유익한 내용들이 실려있다.

『뮈텔 주교 일기』[83]는 한말 서구 열강의 종교침략의 첨병구실을 수행한 프랑스선교사 뮈텔(Gustave Charles Marie Mutel, 閔德孝)의 일기이다. 여기에는 뮈텔이 한국의 고관들과 긴밀한 관계를 맺고 있었음을 입증하는 기사가 다수 실려 있다. 이 중 의병측과 내응한 고종세력의 동정에 관한 기사가 있어서 한말 의병운동의 근왕적 성격을 파악하는 데 다소 도움이 된다. 아울러 을미사변 후부터 아관파천 전까지 고종세력이 전개한 대외청원활동의 구체상을 파악할 수 있는 점이 이채롭다.

현재 러시아측 자료로는 근자에 국사편찬위원회가 발굴·소개한 러시아 국립극동역사문서보관소에 소장된 연해주의병 관련자료를 들 수 있다.[84] 여기에는 이범윤·최재형의 의병활동, 의병세력의 분열·대립상, 러시아지방정부의 의병대책, 韓滿국경지대의 민정동향, 연해주 한인사회의 동향, 권업회의 규약과 활동 등에 관한 문건들이 실려 있다. 『러시아 국립문서보관소 소장 한국 관련 문서 요약집』에는 1884년경부터 1925년경까지 주한러시아공사관과 러시아정부의 대한정책, 주한러시아 공사관이 수집한 정보 보고 등이 담겨있다. 여기에는 고종의 대외청원활동과 대러시아정책, 한국 정치세력들의 동향 등이 잘 나타나 있다. 따라서 의병운동의 근왕적 성격을 파악하는 데 도움이 되는 자료이다.[85] 『러시아국립극동역사문서보관소 한인 관

---

83 천주교명동교회 편, 『뮈텔 주교 일기』, I-Ⅲ, 한국교회사연구소, 1986·1993.
84 국사편찬위원회 편, 『한국독립운동사 자료 34 : 러시아篇 I』, 1997.
85 박종효 편역, 『러시아 국립문서보관소 소장 한국 관련 문서 요약집』, 한국국제교류재단,

련 자료 해제집』은 1860년대부터 1910년대 중반까지 재러한인의 동향과 러시아의 한인대책 등을 수록한 자료집이다. 여기에는 재러한인들의 구체적 생활상, 홍범도·유인석·이상설·안정근 등의 민족운동자에 대한 정보가 담겨있다.86 이들 자료집은 한말 연해주의병의 활약과 연해주의병의 독립군으로의 전환, 1910년대 재러한인사회 면모를 파악하는 데 다소나마 도움이 되는 자료들이다.

V. 의병자료의 특징과 성격

한말 의병운동 관련자료는 매우 다양하고 방대하기 때문에 거기에서 일정한 특징을 잡아내는 것은 어려운 작업이다. 따라서 여기서는 의병자료의 특징 내지 성격을 나름대로 간략히 짚어보는 선에서 그치고자 한다.

먼저 의병측 자료에 나타난 특징을 살펴보겠다. 첫째, 의병참여자들의 충군애국사상이 여실히 나타나 있다. 의병은 국가멸망기에 의로써 봉기하여 생사를 돌아보지 않고 국가와 영토와 민족을 지키기 위해 일제에 대항한 전사들이다. 그런데 이들에 관한 기록을 남긴 사람들은 유교적인 윤리의식을 신봉하는 전통적인 지식인들이었다. 그러므로 그들이 의병활동을 충애사상에 입각하여 기술하는 것은 어쩌면 당연한 결과일 것이다. 이러한 점에서 한말 의병운동을 민족적인 애정과 자긍심을 가지고 연구함에 있어 의병측 자료는 어떠한 자료보다 기본적인 자료인 셈이다.

둘째, 거의동기·거의이념·거의과정·부대이동·전투활동 등 의병측의 입장과 처지가 자세히 나타나 있다. 이것은 의병장은 물론 그 막하의 모사장·참모장·종사 등이 거의단계부터 해체단계까지 자신들의 의병활동을 일기식으로 기술하였기 때문일 것이다. 바로 이 점이 반의병측 자료에서 확인할 수 없는 의병측 자료만이 지니고 있는 장점이다.

2002.
86 『러시아국립극동역사문서보관소 한인 관련 자료 해제집』, 고려학술문화재단, 2004.

셋째, 의병지도부 위주로 기술되어 있다. 현전하는 창의록류는 모두 의병장·중군장·참모장의 활약을 기술한 것인데, 의병장 및 의병지도부와 친분이 있는 한문에 능한 유교지식인이 기술한 것이 대부분이다. 따라서 여기에는 의병장과 그를 보좌한 의병지도부에 대한 설명이 자세히 실릴 수밖에 없는 자료상의 문제점을 내포하기 마련이다. 역으로 이것은 병사층을 구성하고 있는 평민들에 대한 양반유생층의 관심이 상대적으로 저조했음을 입증하는 것이다. 다시 말하면 의병측 자료는 양반유생층의 이해관계를 대변하는 입장에서 쓰여진 것이기 때문에 의병운동의 무력기반을 이루는 평민병사층에 대해 기술이 상대적으로 적을 수밖에 없었던 것이다. 이 점에서 현존하는 의병측 자료는 지도부 중심의 의병운동사인 셈이다.

넷째, 날짜·인명·전과 등이 반의병측 자료의 그것보다 부정확한 편이다. 또 자신들의 입장과 행동을 무의식적으로 혹은 다소 의도적으로 과장·미화한 사례가 보인다. 게다가 후대에 자손과 제자들이 원문을 옮겨 쓰거나 편찬하는 과정에서 약간의 과장·미화·윤색·첨삭을 가하기도 하였다. 이러한 문제는 특정 의진에 관련된 창의록을 구체적으로 분석한 연구논문에서 이미 충분히 밝혀진 사실이다.[87] 그런데 이러한 문제가 발생하는 이유는, 의병활동이 종식된 후 의병장이 기억을 더듬어 창의록을 작성했기 때문이거나, 그의 제자와 후손들이 의병자료를 옮겨적거나 편찬하는 과정에서 자신들의 입장을 의병측 자료에 반영시키거나, 시대의 변천에 따른 사상논리의 변모상이 의병자료에 투영되기 때문일 것이다. 그러나 어떤 경우이든지 간에 의병측 자료는 기본적으로 자신들의 또는 선대의 의병활동을 선양하기 위해서 집필된 것이기 때문에 자료의 신빙성에 대한 논란이 이는 것은 피할 수 없는 문제인 것 같다. 따라서 의병연구자는 의병측 자료를 이용할 때 여

---

[87] 이러한 문제는 후기의병기 호남지역의 쌍산의소 관련자료인 「행사실기」와 「임전일록」을 비교·분석한 연구와 제천의 이강년의진 관련자료인 「운강선생창의일록」와 「창의사실기」를 비료·검토한 연구를 통해 확인할 수 있다. 홍영기, 「구한말 雙山義所에 대한 몇 가지 문제」, 『윤병석교수화갑기념 한국근대사논총』, 1990 ; 구완회, 「이강년 관련문헌에 대한 비판적 검토」, 1996.

타 의병자료는 물론 관변측 기록 및 일본측 기록과 철저히 대조·검토한 다음에 이용해야 할 것이다.

다음, 반의병측 자료의 특징을 살펴보겠다. 먼저 관변측 자료의 특징을 알아본 다음, 이어 일제측 자료의 특징을 알아보겠다.

첫째, 1907년 이전에 작성된 자료가 거의 대부분이다. 즉, 전기의병과 1905년 전후에 봉기한 이른바 중기의병에 대한 자료가 풍부한 편이다. 이는 의병측 자료와 일본측 자료의 부족한 점을 메꾸기에 충분한 정도의 분량이다. 특히, 의병의 사회경제적 지향성, 대한제국 정부의 의병진압 내지 효유책, 전기의병기 춘천지역에서 활약한 李昭應·成益鉉의 활약상, 북한지역에서 활약한 金昌洙(金九)·崔文煥 등의 활약상, 중기의병기의 元容八·鄭雲慶·閔宗植·崔益鉉·申乭石·鄭鏞基 등의 활약상, 의병에 참여한 평민들의 구체적 활동상 등을 구명하는 데 유익한 자료들이 많이 들어있다.

둘째, 날짜·인명·지명·戰果·의병직업·의병신분·정부대책 등의 기술면에서 의병측 자료나 일제측 자료에 비해 사료적 신빙성이 높은 편이다. 이는 의병을 직접 심문한 다음 공초를 작성한 관리가 한국인이며, 또 관리들이 직접 민간에 파견되어 탐문조사를 벌인 끝에 조서를 작성하였기 때문으로 보인다.

셋째, 한말 의병운동의 사회경제적 지향성에 대한 중요한 단서를 제공해 준다. 관변측 자료에 나타난 기사만을 가지고 말한다면, 한말 의병운동은 친일파와 일제에 대한 한국 민중의 생존권확보운동이었다고 말해도 좋을 만큼 평민의병의 사회경제활동에 관련된 자료들이 풍부하게 담겨있다. 이와 아울러 중앙정부가 의병측의 경제투쟁으로 인한 물적 피해를 만회하고 복구하기 위해 각별한 관심을 기울였음을 알려주는 자료들도 많이 들어있다.

넷째, 의병운동을 반민족적인 시각에서 바라보았다. 의병을 '비도'·'폭도'·'난도'·'난당'·'적당'으로, 의병활동을 '匪擾'·'소요'로, 체포된 의병을 '내란범'·'폭동범'·'강도범'·'살인범'으로, 의병장을 '거괴'·'적괴'·'수괴' 등으로 불렀다. 이는 일제측의 시각과 동일한 것으로써 관변측 자료의 높은 사료적 신빙도를 희석시키는 부정적 측면이 아닐 수 없다.

다섯째, 연구자가 필요로 하는 의병기사를 쉽게 확인하는 데 어려움이 따른다. 문서 한 건이 수십 책으로 이루어진 관변자료에서 의병기사는 다양한 기사와 함께 실려있다. 따라서 의병기사를 확인·검토하기 위해서는 특정 자료를 전부 훑어야 하는 수고로움을 들여야 한다.

여섯째, 의병의 거의동기·거의과정·거의논리 등 의병측의 입장을 알려주는 자료가 보이지 않는다. 이는 조선왕조(대한제국)측이 의병운동을 내란행위로 간주하여 탄압대상으로 삼았기 때문으로 보인다. 대신 관변측 자료에는 의병측 자료에 부족한 보고서류·판결문류·공초류·조회문류 등이 풍부하게 들어있다.

다음은 일본측 자료에 나타난 특징을 알아보겠다. 첫째, 1907년 8월 이후의 의병자료 중 가장 방대하고 중요한 문헌이다. 1907년 7월 고종의 강제퇴위, 한일신협약의 체결, 일본군 보병 제12여단의 파한, 군대해산 등으로 대한제국은 사실상 주권국가로서의 기능을 상실하였다. 따라서 의병토벌작전은 대한제국 군대를 대신하여 일본헌병수비대와 조선주차군 등 일본 군경이 전담하게 되었다. 이후 일본은 대한침략의 최대 걸림돌인 의병을 효과적으로 진압하기 위한 침략적 동기에서 의병진압에 대한 상세한 기록을 남겼다. 이에 반해 한말 의병전쟁이 가장 격렬하였던 1907년 8월 이후 한국의 많은 평민의병장들은 거의활동에 대한 기록을 남기지 못했다. 따라서 일제가 남긴 기록은 비록 적측의 것이기는 하지만 의병전쟁의 실상과 성격을 파악할 때 많은 도움을 주고 있다.

둘째, 의병의 동향, 전투상황 및 전과 등에 관한 사실기술 면에서 비교적 믿을 만하다. 당시 일제는 수시로 밀정을 파견하여 한국 의병의 동정파악에 주력하였고, 체포·투항·귀순한 의병을 심문·재판하는 과정에서 많은 사실을 캐냈으며, 또 근대식 군사훈련을 받은 정규군을 한국 각지에 보내 상세한 진압보고서를 작성하여 올리게 하였다. 이러한 여러 이유 때문에 일제측 자료에는 의병측 자료에서 확인할 수 없는 의병운동에 관한 개별적인 많은 사실들은 물론 평민들의 거의동기와 활동양상이 잘 나타나 있다. 특히, 의병 문건을 전혀 남기지 못한 군소 의병장들의 활동이 비교적 소상하게 기록되어 있는 점이 특이하다.

　셋째, 고종세력과 의병과의 연대관계를 추적하는 데 심혈을 기울였다. 이는 의병측이 자신들의 거의의 자발성과 순수성을 강조하기 위해 그리고 국왕의 일신을 보호하기 위해 고종세력과 자신들과의 관련사실을 의도적으로 은폐 내지 호도하려 했던 것과 분명히 대비되는 점이다. 그들이 고종세력과 의병과의 관계를 철저하게 캐내려고 했던 것은, 한편으로 그것을 기화로 국왕과 그의 총신을 거세하고 괴뢰정부를 수립함으로써 대한침략을 완결지으려 하였기 때문이지만, 다른 한편으로 그러한 연대관계가 한말 의병운동의 전국화·조직화·연합화·강렬화·지속화를 가능케 하는 연결고리임을 제대로 간파하고 있었기 때문이었다. 그러므로 일본측 자료에서 중앙세력과 의병 간의 연대관계를 자세히 다룬 사실을 단순히 의병운동의 순수성을 말살하려는 일본측의 불순한 의도가 내포된 침략적인 서술행위로 간주하여 치지도외하는 자세는 한말 의병운동의 본질 파악에 아무런 도움이 되지 못한다.

　넷째, 관변측 자료와 마찬가지로 의병운동을 부정일변도로 파악하였다. 기본적으로 일본은 자국의 대한침략을 저지하려는 의병세력을 공존할 수 없는 적으로 간주하고 있었다. 따라서 일본의 의병운동에 대한 인식은 관변측 자료의 그것과 동일한 편이었다. 그렇기 때문에 일제측 자료에는 의병의 입장을 대변하는 거의배경·거의동기·거의과정에 대한 설명이 미흡하기 그지없다. 이 점에서 일제측 자료는 일본제국주의의 침략적 속성을 충실히 반영하고 있다. 요컨대 그들은 의병운동을 항일민족운동이 아니라 개인적·집단적 차원의 반사회적 내지 반정부적 비도행위로 간주함으로써 의병운동의 반제민족운동으로서의 긍정적 측면을 희석시키려 하였던 것이다.

　다섯째, 의병장의 동정·이력·성명·字號·신분·사회경제적 배경 등에 대한 부정확한 기사가 자주 눈에 보인다. 예컨대, 의병장의 동정을 제대로 파악하지 못했거나 의병장의 신분을 일률적으로 평민이라고 기술하는 등의 오류가 그것이다. 이러한 오류는 1908년 이후 체포된 의병장을 심문·조사하면서부터 점차 줄어들고 있지만, 그럼에도 일제가 동원한 밀정이 올린 정보는 사실성이 떨어지는 경우가 적지 않았다. 따라서 한말 의병운동을 연구함에 있어 일제측 자료가 의병측 자료와 함께 가장 기본적인 자료임은 부인할 수 없는 사실이지만, 그러한 오류들이 의병운동의 성격 파악에 악영향을 미칠 수도 있다는 점을 충분히 고려해야 할 것이다.

다음은 제3자측 자료에 나타난 특징을 알아보겠다. 제3자측 자료 가운데 구미측 자료는 분량이 극히 적은 편이다. 구미의 외교관·선교사 중 일부 인사들은 자국의 공식 입장과 달리 개인적·인도적인 차원에서 의병에 대해 호의적인 태도를 보인 것은 사실이다. 그러나 대체로 러시아를 제외한 구미측은 그들의 국가이익과 아무런 관련이 없는 한국의 의병운동에 무관심한 편이었다. 따라서 그들의 자료에서 일정한 특징을 지적하기는 힘들지 않을까 한다. 여기서는 신문류와 기타 연대기 자료에 나타난 특징만을 일별하고자 한다.

연대기 자료와 신문류에 보이는 긍정적인 측면을 살펴보면 다음과 같다. 첫째, 연대기 자료에는 의병활동에 대한 비교적 객관적인 인식이 담겨 있다. 연대기 자료는 집필자의 사회경제적 배경에 따라 내용면에서 판이한 차이를 보이고 있지만, 의병측 자료와 일제측 자료에서처럼 의병운동을 무조건적으로 찬양하거나 매도하는 자세에서 벗어나 의병운동을 냉정하게 파악하려고 노력한 점이 돋보인다. 둘째, 신문류에 실린 의병의 대일항전기사는 국민의 항일의지를 촉발시키는 데 일정한 영향을 미쳤다. 풍문과 전문으로만 떠도는 의병에 대한 소식을 직접 신문을 통해 확인함으로써 한국의 재야지식인들은 의병의 항일운동에 공감을 표하는 한편 강한 민족적 자긍심을 느꼈을 것이다. 셋째, 신문류에 실린 의병소식은 양이 많은 편은 아니지만, 의병측 기록과 일제측 기록의 부족한 점을 보충하는 역할을 한다. 신문류에는 각지에서 벌어진 의병활동의 구체적 양상이 시간순·지역순으로 실려있는데, 이러한 소식들은 각지 의병의 활약상을 거의단계부터 해체단계까지의 전과정을 재구성할 때 일정한 도움을 준다.

다음, 연대기 자료와 신문류에 내포된 부정적인 측면을 살펴보면 다음과 같다. 첫째, 연대기 자료와 신문류에는 의병의 거의배경·거의과정·거의동기에 대한 설명이 미흡하다. 의병활동이 사건식으로 간략히 기술되어 있는 경우가 보통이다. 이것은 그 자료들을 집필한 인사들이 의병운동에 가담한 경험이 없을 뿐더러 심지어 의병운동을 부정적으로 바라본 계몽주의자가 대부분이기 때문이었다. 둘째, 연대기 자료와 신문류에 실린 의병소식에 오류가 보이기도 한다. 이는 전문 내지 풍문에 의거하여 의병활동을 기술했기 때문으로 보인다. 셋째, 신문류에는 무장투쟁보다는 계몽운동을 중시했던 계몽주의자의 비판적 의병관이 그대로 나타나 있다.

VI. 맺음말 : 의병자료의 활용 방안

기왕의 방법론을 뛰어넘는 새로운 방법론을 정립하는 것은 참으로 힘든 일이다. 그럼에도 모든 의병연구자는 새로운 방법론에 입각한 참신한 연구성과를 내놓기 위해 부단히 연마해야 한다. 그러나 그러한 새로운 방법론은 의병사료에 보이는 개별적인 사실과 연구자가 임의로 설정한 가설 사이에 끊임없이 반복된 대화를 통해 도출된 것이어야 한다. 그런 과정을 거쳐 생산된 것만이 연구방법론으로서의 생명력을 획득할 수 있을 것이다. 이를 위해서는 먼저 이미 공개된 자료를 장기간에 걸쳐 면밀하게 비교·검토·분석함과 동시에, 새로운 자료를 적극적으로 발굴하려는 자세가 필요하다. 양자의 작업 가운데 어느 한쪽을 경시해서는 새로운 의병사를 기술하는 데 어려움이 따를 것이다. 이러한 관점에서 보면, 한말 의병자료와 관련된 향후 과제는 기왕에 알려진 의병운동 관련자료를 어떻게 적절히 활용할 것인가, 나아가 묻혀 있거나 흩어져 있는 중요 자료를 어떻게 발굴할 것인가 하는 두 가지 문제로 귀착된다. 여기서는 결론에 대신하여 의병자료의 활용방안과 향후과제에 관련된 몇 가지 문제를 간략히 지적하는 선에서 그치려 한다.

첫째, 지극히 원론적인 말이지만, 기왕에 알려진 의병자료에 대한 면밀한 비교·검토 및 분석 작업이 필요하다. 이미 소개되고 공간된 의병자료만 하더라도 전문연구자가 장기간을 투입해야만 모두 독파할 수 있을 만큼 방대한 분량이다. 그러므로 의병연구자들은 새로운 자료의 발굴에 많은 정력을 쏟기보다는 이미 알려진 자료들에 대한 적절한 활용책을 강구하는 방향에 연구역량을 집중하는 것이 좋을 것이다. 바꾸어 말하면, 의병자료를 빠짐없이 찾아서 참고하겠다는 면밀한 연구자세도 물론 의미 있는 일이지만, 그보다는 의병측 자료인『독립운동사자료집 : 의병항쟁사자료집』과 일제측 자료인『暴徒ニ關スル編册』등 한말 의병운동의 성격과 본질을 파악하는데 결정적으로 중요한 특정 자료를 여러 번 반복 숙독하고 양자의 내용을 비교·검토·분석하는 것이 훨씬 더 유의미한 작업이라고 생각한다. 이러한 과정에서 얻은 자기 나름의 결론을 다른 많은 의병자료를 통해 대조하고 확인함으로써 기왕의 전통적인 의병관을 탈피한 자기류의 독특한 한말의병관을 수립할 수 있을 것이다.

둘째, 이미 알려진 의병자료 외에도, 방대한 한국근대사 관련자료를 의병자료로 활용하기 위해서 연구시각을 넓혀야 한다. 환언하면, 의병운동 연구의 지평 확대를 위해 기왕에 지녀왔던 전통적인 의병관을 고집해서는 안된다는 말이다. 그동안 의병연구자들은 "한말 의병운동은 재야세력의 자발적인 반일민족운동이다"라는 패러다임을 금과옥조로 삼아왔다. 이러한 시각이 잘못된 것은 물론 아니지만, 다만 그것은 한말 의병운동의 일면적인 측면만을 반영할 뿐이라고 생각한다. 그에 대한 대안으로서 저자는 "한말 의병운동은 중앙의 고종세력과 재야의 민중세력이 연계하여 조직적으로 전개한 반일민족운동이다" "의병운동의 대외항전적 측면과 성격을 구명하는 것도 중요하지만, 앞으로는 의병운동의 정치적·경제적·사회적·문화적 측면 내지 지향성을 구명함으로써 연구시각을 확대할 필요가 있다"라는 제안을 내놓았다.[88] 이 제안이 수용된다면, 그간 간과된 많은 한국근대사 관련자료들이 새로이 의병자료로 편입될 수 있을 것이다. 아울러 기왕의 의병자료를 그러한 관점에 따라 다시 면밀히 검토해 나간다면, 그동안 의미 없이 넘겨버렸거나 혹은 의도적으로 사상해 버린 단편적인 많은 대목들이 새롭게 역사적 사실로 떠오를 것이다. 요컨대 전통적인 의병운동관에서 벗어나는 경우 한말 의병운동 관련자료의 범위는 대폭 확대되기 마련이다.

셋째, 의병자료를 인용할 때에 학문적 엄밀성과 객관성을 유지할 필요가 있다. 그동안 의병연구자들은 1907년 이전의 의병운동 연구에서는 의병측 자료를, 1907년 이후의 의병운동 연구에서는 신문류와 일제측 자료를 주로 인용하였다. 그러나 어떠한 경우이든지 의병자료를 시종일관 객관적으로 비교・검토・분석하려는 냉철한 자세가 약간은 부족하지 않았나 싶다. 현재 알려진 의병자료에는 의병측에게 불리하다고 판단되는 대목들이 적지 않게 들어있는데, 이러한 구절들은 의병운동의 성격과 특성을 구명하는 데 있어 간과할 수 없는 중요한 대목들이다. 이러한 실정임에도 불구하고 기왕의 의병운동 연구에는 그러한 대목들이 대체로 간과되거나 무시되는 경우가 많았다. 게다가 의병측과 이해관계가 없던 제3자측의 자료인 재야사가와 구미측의 자료를 적극적으로 활용하려는 자세도 충분치 못했던 것 같다. 그러므로 앞으로는 아측 자료인 의병측 자료에 나타난 민족적・애국적인 시각은 그대로 견지하되, 적측 자료인 정부측 자료 및 일본측 자료, 제3자측의 자료인 재야사가의 자료 및 구미측 자료에 나타난 의병기사를 종합적으로 검토하여 의병운동사를 엄정한 입장에서 기술해야 할 것이다.

넷째, 대한제국정부가 편찬한 관변자료를 적극적으로 활용할 필요가 있다. 관변자료는 국립중앙도서관・규장각도서관・장서각도서관・국가기록원・국사편찬위원회 등의 국가기관에 소장되어 있는데, 그동안 극소수 연구자를 제외한 대부분의 연구자들이 별로 주목하지 않았다. 그러나 관변자료야말로 기왕의 의병운동사 연구의 공백을 일부나마 메꿔줄 수 있는 귀중한

---

88 오영섭, 「한말 의병운동의 근왕적 성격-밀지를 중심으로-」, 『한국민족운동사연구』 15, 1998.

자료라고 판단된다. 예컨대, 의병운동의 사회경제적 배경, 특정 지역을 무대로 활동한 의병장의 행적, 의병운동에 가담했던 평민들의 성명과 활동상, 관군 및 일본측의 구체적인 피해실태, 의병을 빙자한 '假義'들의 재산침탈행위, 의병운동에 참여한 민중들의 경제적 지향, 한말 의병의 무력기반인 포군의 배경과 동향, 의병운동이 치열했던 지역의 토지소유관계를 나타내 주는 宮庄土 관련자료 등은 의병운동의 경제적·사회적 지향 등의 문제를 구명하는 데 있어 간과할 수 없는 자료들이다.

다섯째, 국립중앙도서관과 규장각도서관 및 의병후손들이 소장하고 있는 족보류를 적극 활용해야 한다. 그간 의병측 자료 가운데 창의록류나 문집류는 비중 있게 다루어진 반면, 족보류는 특정 의병장의 생몰과 가문배경을 설명할 때 잠시 인용되었을 뿐이다. 그러나 족보류는 의병장의 사회적 배경, 의병지도부의 인적 구성, 의병장과 중앙세력과의 관계 등의 문제를 구명하기 위해서 반드시 필요한 자료이다. 특히, 족보류는 의병장의 신분에 대한 일본측의 부정확한 기사를 수정 내지 보완할 수 있는 자료이다. 이러한 중요성에도 불구하고 족보류는 대규모 연합의병장의 막하에서 군소의병장으로 활약한 수많은 평민의병장들의 가문배경과 사회신분을 캐내는 데 일정한 한계를 지닌 자료라는 단점이 있다.

여섯째, 지방사 관련자료를 적극적으로 활용해야 한다. 그동안 의병연구자들은 의병측 자료와 일본측 자료를 중심으로 특정 의병장의 활약상과 그들의 거의이념을 천착하는 데 주력해 왔다. 그러나 앞으로는 의병장 및 평민의병의 활동에 관련된 지방사 자료를 적극적으로 이용할 필요가 있다. 중앙에서 편찬된 관찬읍지와 재야지식인들이 편찬한 사찬읍지와 기타 지방자료는 의병운동의 지역적 특성, 의병의 이동경로와 활동영역, 지명과 인명 등에 대한 사항이 자세히 실려 있기 때문이다.

일곱째, 의병관련 답사기와 면담기, 민담·설화·민요 등의 구술사 자료도 적극 채록해야 한다.[89] 대체로 의병후손들은 자신들의 현재의 경험과 희망 사항을 과거사실에 투영함으로써 의병운동의 실상을 파악할 때 혼동을 주기도 한다. 그럼에도 그들의 증언은 의병운동에 직접 참여한 의병들의 행적과 애국정신, 의병운동을 경험한 일반 민중의 항일의식과 시대인식을 알려준다는 점에서 유익한 자료들이다.

여덟째, 한말 의병운동 연구의 기본자료인 창의록을 계속 발굴해야 한다. 많은 의병장들이 거의 도중, 거의 직후, 그리고 일제시기에 자기들의 의병활동을 일기체 형식으로 기술해 놓았다. 대체로 한말에 의병운동을 기술한 이들은 과거사를 있는 그대로 기술함으로써 현재와 미래에 감계를 내려줄 수 있다고 하는 유교적인 춘추사관을 지니고 있었다. 따라서 그들은 개화파와 애국계몽파 인사들에 비해 자신들의 행적과 전과를 정리하여 후세에 남기는 작업에 열중하였다. 나아가 그들은 의병운동 당시에 관청과 부호들에게 탈취하여 사용한 公貨와 양곡에 대한 사후 추궁을 피하기 위해 창의록을 자세히 기술하였다. 이처럼 의병관련자들이 여러 이유에서 창의록을 활발히 기술했음에도 불구하고 현재 전해지는 창의록류는 그리 많은 편이 아니다. 그 이유는 의병활동 중에 분실·소실되거나, 의병활동 후에 혹은 일제침략기에 피탈되거나, 일제의 수색을 우려하여 태우거나, 6·25전쟁 중에 인멸되었기 때문으로 보인다. 그러나 근자에도 심심찮게 발굴·소개되는 것으로 보아 앞으로 광범위한 자료조사가 진행된다면 창의록류는 계속 발굴될 것으로 보인다. 특히, 의병활동이 활발했던 지역에 세거하고 있는 의병후손들과 다량의 고서가 소장된 정부기관과 대학도서관에 대한 체계적인 자료조사가 이루어지면 이용가능한 창의록류의 수가 더욱 늘어날 것이다.

아홉째, 북한에 있는 의병자료를 적극적으로 발굴해야 한다. 한말 의병운동 당시 북한지역에서 의병운동이 활발했음을 알려주는 단편적인 자료는 많이 남아있다. 그러나 북한지역에서 활동한 의병들의 활약상을 직접적으로 다룬 창의록류나 문집류는 아직 발굴되지 않고 있다. 이로 인해 북한지역의

---

89 답사기와 면담기에 대해서는 이태룡, 『의병찾아 가는 길 (Ⅰ)·(Ⅱ)』, 도서출판 다물, 1992, 1995 ; 윤병석, 『한국독립운동의 해외사적 탐방기, 지식산업사, 1994 ; 조동걸, 『독립군의 길따라 대륙을 가다』, 지식산업사, 1995.

의병운동에 대한 전문적인 연구는 드문 편이다.[90] 앞으로 자료발굴이 활발히 이루어지면, 황해·평안도지역에서 활약한 유인석을 비롯한 화서학파 인사들의 활약상은 물론 함경도지역의 의병활동에 일정한 영향을 미친 반일친러 성향의 이용익세력의 활약상이 밝혀질 것이다.[91]

열째, 국내외에 있는 외국측의 의병자료를 적극적으로 발굴해야 한다.[92] 한말 의병운동 연구에 긴요한 자료임에도 불구하고 현재 의병연구자들이 접근하지 못하고 있는 외국측 자료는 적지 않다. 먼저 일본측 자료로는 일본 외무성 외교사료관과 방위청 방위연구소에 소장된 외무성문서와 육해군문서 및 헌병대문서를 들 수 있다. 이들 사료관과 연구소는 비교적 상세한 의병토벌기록과 '폭도' 진압 시에 노획한 1급의 원문서를 다량 소장하고 있는 것으로 알려져 있으나 현재 일부만을 공개하고 있을 뿐이다. 이 외에 일본 정부지도층 및 공사관 요원들의 회고록과 그들이 수집한 문서, 의병토벌에 동원된 장교와 병사들의 토벌기(진압기)와 회고록, 일본 각 신문의 한국 의병기사, 국가기록원에 소장된 각종 刑籍簿와 민형사 재판의 판결문[93] 등

---

90 북한지역의 의병운동에 대해서는 정제우, 「한말 황해도지역 의병의 항전」, 『한국독립운동사연구』 7, 1993 ; 정제우, 「이진룡 의병장의 항일무장투쟁」, 『한국독립운동사연구』 8, 1994 ; 박민영, 『구한말 서북 변경지역의 의병 연구』, 제3장 참조.
91 북한의 의병운동 연구를 대표하는 『조선근대반일의병운동사』(평양 : 과학백과사전종합출판사, 1988)의 집필자들이 이용한 자료는 남한연구자들이 이용한 자료와 대동소이하다. 다만 『의암유선생실기』·『소차유취』·『조선경찰관순직사』(1931)·「갑진일기」(태인의병 관련기록)·『광경비수』(광주경찰서장보고, 1908)·『비도상황월보』(1908)·『함경남도지』(1930)·『1908~1909년 헌병대기밀보고』·『남한대토벌실지보고』(1909)·『조선최근사』(1912) 등의 서책은 남한 연구자들이 이용하지 못한 자료들이다.
92 이러한 작업은 기본적으로 의병자료에 국한된 문제가 아니라 한국 근현대사 관련자료 전반에 관련된 문제이다. 해외에 있는 한국 근현대사 관련자료를 발굴·소개·활용하는 문제는 이미 많은 연구자들에 의해 거론되었다. 이에 대해서는 鄭在貞·村井章介·駱寶善·金基奭의 논문(『국사관논총』 73, 1997에 수록됨)과 李完範(『한국근현대사연구』 7, 1997)의 논문과 박환의 저서(『재소한인민족운동사연구』, 국학자료원, 1998)를 참고할 것. 앞으로 의병연구자들은 해외에 산재한 한국 근현대사 관련자료를 국가적인 차원에서 체계적으로 수집·반입할 때 의병자료도 체계적으로 수집·반입될 수 있도록 가칭 [해외소재 의병자료 목록집]을 작성해 두는 것도 필요하지 않을까 한다.

이 있다. 이와 관련하여 근자에 국사편찬위원회에서 마이크로필름으로 영인하여 국내로 반입된 『조선헌병대역사』・『경성헌병대역사』는 일본헌병대의 의병진압활동을 알려주는 귀중한 자료가 될 것으로 보인다.[94] 다음, 앞으로 소개・도입되면 한말 의병운동연구에 상당한 영향을 미칠 것으로 여겨지는 러시아측 자료는 러시아공사관기록, 공사관요원 및 군사교관들의 보고서와 회고록, 러시아정부에 보낸 고종과 친러파 대신들의 비밀문건, 극동역사문서보관소를 비롯하여 문서보관소에 소장된 의병자료 등이 있다. 다음, 중국측 자료로는 고종과 정부대신 및 의병장들이 청국의 실력자 袁世凱에게 보낸 비밀문건, 경술국치 전후 만주에서 활동한 의병장들에 관한 청국 지방정부의 한인동향 보고서, 또 청국관헌에게 압수당한 의병장 소유의 문건 등이 있다. 미국측 자료로는 공사관기록과 영사관기록을 비롯하여 공사관요원들의 보고서 및 회고록, 고종과 긴밀한 사이였던 헐버트(Homer B. Hulbert)의 문서, 국내에 파견된 개신교선교사들이 교단에 보낸 정례보고서 등이 있다. 이 외에도 천주교선교사들의 정례보고서, 한국교회사연구소에 소장된 뮈텔주교 수집문서, 구미측 여행객과 신문기자들이 작성한 의병운동기 등이 있다. 앞으로 이러한 자료들이 순차적으로 발굴・공개되면 기왕의 의병운동연구의 공백을 메울 수 있을 것으로 기대된다.

(「남북한 민족운동사 관련자료의 현황과 과제-한말 의병운동 관련자료를 중심으로-」, 『한국민족운동사연구』 20, 1998)

---

93 근자에 국가기록원 자료 가운데 일부가 출간되었다. 총무처 정부기록보존소 편, 『국권회복운동관결문집』, 1995.
94 이에 대해서는 이상일, 「자료소개 : 『조선헌병대역사』」, 『한국민족운동사연구』 18, 1998.

참고문헌

◆ 1차 자료

1. 일반 자료

『경무청래거문』, 제7책, 규장각도서, 규17804
慶尙北道警察部 편, 『高等警察要史』, 1934
고려대 아세아문제연구소 편, 『구한국외교문서 : 日案』, 제3~7권, 1967~1970
『顧問警察小誌』, 내부 경무국, 1911
『國朝人物考』, 제1~3권, 서울대학교도서관, 1963
국사편찬위원회 편, 『韓國獨立運動史』 I, 국사편찬위원회, 1968
_____ 편, 『高宗時代史』, 제1-6권, 국사편찬위원회, 1967~1972
_____ 편, 『東學亂記錄』, 상·하, 국사편찬위원회, 1971
_____ 편, 『日帝侵略下 韓國三十六年史』, 제1-2권, 국사편찬위원회, 1966~1970
_____ 편, 『高宗實錄』, 상·중·하, 탐구당, 1986
_____ 편, 『한민족독립운동사자료집 5~6 : 대동단사건 I-II』, 1988
_____ 편, 『駐韓日本公使館記錄』, 제5-28권, 국사편찬위원회, 1990~2000
_____ 편, 『統監府文書』, 제1-11권, 국사편찬위원회, 1998~2000
_____ 편, 『한국독립운동사 자료 34 : 러시아편 I』, 국사편찬위원회, 1997
_____ 편, 『要視察韓國人擧動』 제1-3권, 국사편찬위원회, 2002
菊池謙讓, 『朝鮮王國』, 東京: 民友社, 1986
奎章閣圖書館 편, 『議奏』, 서울대학교규장각, 1994
_____ 편, 『公文編案 要約』, 1~2, 서울대학교규장각, 1999
金基奭, 『高宗황제의 주권수호 외교』, 서울대학교 韓國敎育史庫, 1994
金世漢, 『三一學校六十年史』, 1968
김영록, 『朝宗巖誌』, 규장각도서, 규4653-1
金泳河, 『壽春誌』, 1954

金允植,『續陰晴史』, 상·하, 국사편찬위원회, 1960
金鼎奎,『龍淵金鼎奎日記』, 1~3, 독립기념관 한국독립운동사연구소, 1994
金正明 편,『韓國獨立運動 1 : 民族主義運動篇』, 東京: 原書房, 1967
김택영 저, 조남권 역,『韓史綮』, 태학사, 2001
동학농민전쟁사료대계 편찬위원회 편,『東學農民戰爭史料大系』 1~6, 驪江出版社, 1994
『東學書』,「나인영사건」, 규장각도서, 규17295
『러시아 국립극동문서보관소 한인 관련자료 해제집』, 고려학술문화재단, 2004
『명동천주교회200년사 자료집 제1집 : 서울교구연보(Ⅱ)』, 명동천주교회, 1987
박성수 주해,『渚上日月』, 상·하, 서울신문사, 1993
박은식 저, 남만성 역,『한국독립운동지혈사』, 상·하, 서문당, 1975
朴鍾涍 편역,『러시아 國立文書保管所 所藏 韓國關聯 文書 要約集』, 한국국제교류재단, 2002
법 부 편,『司法稟報』, 1-10, 아세아문화사, 1988~1990
『寶城郡鄕土史』, 湖南文化, 1974
『不逞團關係雜件 : 在西比利亞』, 일본외무성 외교사료관 소장본
宋炳基 등편,『韓末近代法令資料集』, 1~9, 대한민국국회도서관, 1970
_____ 편,『統監府法令資料集』, 1~3, 대한민국국회도서관, 1972
宋相燾,『騎驢隨筆』, 국사편찬위원회, 1971
[沈相薰 倡義檄文], 한국교회사연구소 소장본, 문서번호 1985-41
유인석 저, 서준섭·손승철·신종원·이애희 공역,『毅菴 柳麟錫의 思想 : 宇宙問答』, 종로서적출판주식회사, 1984
유자후,『이준선생전』, 동방문화사, 1947
尹孝定,『韓末秘史』, 敎文社, 1995
이규갑,「한성임시정부수립의 전말」,『신동아』, 1969.4
李圭洪,「洗心軒日記」, 필사본
李晩燾,『響山日記』, 국사편찬위원회, 1985
『이범진의 생애와 항일독립운동』, 외교통상부, 2003
이사벨라 비숍 저, 이인화 역,『한국과 그 이웃나라들』, 도서출판 살림, 1994
일본외무성 편,『日本外交文書(한국편)』, 서울: 태동문화사, 1981
[長潭講錄], 강원대학교 박물관 소장본

張志淵,「海港日記」,『張志淵全書』8, 단국대학교출판부, 1986
『齋藤實文書 : 민족운동 1』,「朝鮮獨立運動の淵源」, 고려서림, 1990.
전라남도사편찬위원회 편,『全羅南道史』, 1956
鄭 喬,『大韓季年史』, 상・하, 국사편찬위원회, 1971
정교 저, 조광 편,『대한계년사』, 1~10, 소명출판, 2004
조선총독부 편,『朝鮮の保護と併合』, 아세아문화사, 1984
趙昌容,『白農實記』, 독립기념관 한국독립운동사연구소, 1993
中山泰昌 편,『신문집성 : 명치편년사』, 권9, 동경: 재정경제학회, 1936
車相瓚,「李太王俄館播遷事件 : 丙申二月大政變記」,『別乾坤』, 제4권 제2호, 1929.2
_____,「내가 亂離 치러 본 이야기」,『彗星』, 제1권 제8호, 1931.11
_____,「壬午軍亂 回想記」,『三千里』, 제8권 제12호, 1936.12
총무처 정부기록보존소 편,『東學關聯判決文集』, 1994
_____ 편,『국권회복운동판결문집』, 1995
춘천헌병대본부 편,『江原道狀況梗槪』, 1913
충북학연구소 편,『영동 애국지사 이건석 자료집』, 충청북도, 2004
『親日反民族行爲者名單』, 광복회, 2002
풍영섭,『조종암문헌록』, 경문사, 1973
_____,『조종암문헌록 속집』, 보경문화사, 1982
_____,『조종암문헌록』, 경문사, 1982
한국교회사연구소 편역,『뮈텔 주교 일기』Ⅰ, 한국교회사연구소, 1986
한상일 역,『서울에 남겨둔 꿈』, 건국대학교 출판부, 1993
鄕 暗,「半島 天地를 흔들린 閔氏一家의 今昔」,『別乾坤』, 제8권 제5호, 1933.5
황 현 저, 김준 역,『梅泉野錄』, 교문사, 1994
황 현 저, 김종익 옮김,『오하기문』, 역사비평사, 1994
洪在龜,『正俗新編』, 필사본

2. 신문・잡지류

『독립신문』/『매일신문』/『제국신문』/『皇城新聞』/『대한매일신보』/『萬歲報』/『해조신문』/『대동공보』/『신한민보』/『漢城新報』/『時事叢報』/『每日申報』/『大阪毎日新聞』/『大阪朝日新聞』/『東京朝日新聞』/『三千里』

3. 문집류

高光洵,『鹿川遺稿』/ 高錫魯,『後凋集』/ 奇宇萬,『松沙集』·『松沙先生文集拾遺』/ 金平黙,『重菴集』/ 文錫鳳,『義山遺稿』/ 閔龍鎬,『復齋集』/ 徐相烈,『敬菴集』/ 林炳瓚,『遜軒遺稿』/ 朴殷植,『朴殷植全書』/ 徐相烈,『敬庵集』/ 申箕善,『申箕善全集』/ 安 極,『晦隱集』/ 呂重龍,『南隱先生遺集』/ 柳弘錫,『畏堂先生三世錄』/ 柳麟錫,『毅菴集』/ 柳重岳,『恒窩集』/ 柳重教,『省齋集』/ 柳弘錫,『畏堂先生三世錄』/ 李康秊,『國譯 雲康 李康秊全集』/ 李起振,『明窩集』/ 李南珪,『修堂集』/ 李炳壽,『謙山遺稿』/ 李相龍,『石洲遺稿』·『石洲遺稿後集』/李昭應,『習齋集』/ 李正奎,『恒齋集』/ 李恒老,『華西集』/ 張志淵,『張志淵全書』/ 鄭雲慶,『松雲集』/ 鄭寅普,『薝園鄭寅普全集』/ 崔益鉉,『勉菴集』/ 許蔿,『國譯 許蔿全集』

4. 의병문건·창의록류

국사편찬위원회 편,『昭義新編』, 1975
_____ 편,『韓國獨立運動史 資料: 義兵篇』, 제8~19권
權用佾,「丁未倭亂倡義錄―權淸隱履歷誌―」,『創作과批評』, 1977년 겨울호
奇浩元 편,『省齋奇三衍先生傳, 附: 湖南倡義諸將列傳』, 한국문화사, 1990
金祥起 편,『韓末義兵資料』, I-VI, 독립기념관 한국독립운동사연구소, 2002
김순덕 등편,『한말 의병관계 문헌해제집』, 민음사, 1991
김희곤·권대웅 편,『韓末義兵日記』, 국가보훈처, 2003
독립운동사편찬위원회 편역,『독립운동사자료집: 의병항쟁사자료집』, 제1~3권, 1971
독립운동사편찬위원회 편,『독립운동사자료집 별집: 의병항쟁재판기록』1, 1974
뒤바보(桂奉瑀),「義兵傳」,『(상해판) 독립신문』, 1920
睦衡信,「睦衡信 義兵資料」,『江原文化研究』13, 강원대학교 강원문화연구소, 1994
朴成壽·孫承喆 편,『한국독립운동사자료집: 의병편』, 한국정신문화연구원, 1993
朴一龍,『秘錄 韓末全南義兵鬪爭史』, 1977
『산남의진유사』, 문협출판사, 1970
宋容縡 편,『洪州義兵實錄』, 홍주의병유족회, 1986
呂中龍,「甲午丙申日記」,『민족문화논총』8, 영남대학교 민족문화연구소, 1987
오영교 등편,『원주독립운동사자료집』, 1~3, 혜안, 2004
유연익·유종상 편,『昭義新編』, 중앙출판문화사, 1981

李康秊, 『雲崗李康秊先生倡義錄』, 운강이강년선생기념사업회, 1986
李景應, 『李景應義兵實記』, 필사본
李九榮 편역, 『湖西義兵事蹟』, 수서원, 1993
_____ 편역, 『湖西義兵事蹟』, 증보판, 제천군문화원, 1994
鄭英源, 「披襞記草」, 아단문화기획 자료실 소장본
한국독립운동사연구소 편, 「山南義陣誌」, 『한국독립운동사연구』 4, 독립기념관 한국독립운동사연구소, 1990
_____ 편, 『韓末義兵資料集』, 독립기념관 한국독립운동사연구소, 1992
韓國言論社 편, 『山南義陣遺事』, 대구: 문협출판사, 1970
한국정신문화연구원 편, 『韓國獨立運動史資料集: 李錫庸篇』, 1995
_____ 편, 『韓國獨立運動史資料集: 洪範道篇』, 1995
_____ 편, 『한말의병전쟁자료집: 폭도격문』, 도서출판 선인, 2000
홍영기 편저, 『義重泰山』, 죽봉김태원의병장기념사업회, 1998

5. 족보류

『慶州李氏菊堂公派基幹世譜』, 1978
『慶州李氏大宗譜』, 권23, 菊堂公派編, 乙之一, 1987
『大邱徐氏族譜』, 권1, 丙編, 典籤公派, 1979
『丹陽禹氏禮安公派世譜』, 권2, 1988
『德水李氏世譜』, 禮編 下, 春塘公派, 1931
『德水李氏世譜』, 春塘公派, 1982
『선원속보: 밀성군파』, 1939
『선원속보: 선조자손록』, 1902
『新昌孟氏大同譜』, 護軍公派, 1989
『驪興閔氏族譜』, 三房派, 1889
『驪興閔氏世系譜』, 권4, 三房派, 1973
『延安李氏館洞派譜』, 1982
『迎日鄭氏文淸公派世譜』, 1984
『原州元氏族譜』, 권2, 1987
『의성김씨대동보: 매은공파』, 1993
『全州李氏慶昌君派譜』, 1986

『全州李氏德泉君派譜』, 권1, 1983
『全州李氏密城君派世譜』, 권1, 1983
『靑松沈氏大同譜』, 권3, 溫陽公派, 1958
『靑松沈氏大同世譜』, 권1, 溫陽公派, 1972
『平昌李氏世譜』, 권3, 翼平公派, 1984

6. 자서전·전기
김 구 저, 도진순 주해, 『백범일지』, 돌베개, 1997
안중근, 『安重根義士自敍傳』, 안중근의사숭모회, 1979
柳子厚, 『李儁先生傳』, 동방문화사, 1947
이승만 저, 이정식 역주, 「청년 이승만 자서전」, 『新東亞』, 1965년 9월호
李恩淑, 『民族運動家 아내의 手記』, 정음사, 1975
李應俊, 『回顧九十年』, 汕耘紀念事業會, 1982
李丁奎·李觀稙, 『友堂李會榮略傳』, 을유문화사, 1985
李正熙, 『이버님 秋汀 李甲』, 인물연구소, 1981
주요한, 『秋汀 李甲』, 大成文化社, 1964
車相瓚, 「閔肯鎬의 略史」, 『朝鮮四千年秘史』, 賢明書林, 1979

◆ 2차 자료

1. 연구서
權九熏, 『大韓帝國期 日本軍의 侵略과 民族의 抵抗』, 건국대학교 사학과 박사학위
    논문, 2000
權寧培, 『檄文類를 통해 본 舊韓末 義兵抗爭의 性格』, 경북대학교 사학과 박사학
    위논문, 1996
권오영, 『조선후기 유림의 사상과 활동』, 돌베개, 2003
구완회, 『韓末의 堤川義兵』, 집문당, 1997
_____, 『한말 제천의병 연구』, 선인, 2005
국방부 전사편찬위원회 편, 『義兵抗爭史』, 1984
금오공대 선주문화연구소 편, 『왕산 허위의 사상과 구국의병항쟁』, 1995
금장태, 『儒學近百年』, 박영사, 1984

金祥起, 『韓末義兵研究』, 일조각, 1997
金順德, 『京畿地方 義兵運動 研究(1904-1911)』, 한양대학교 사학과 박사학위논문, 2003
金義煥, 『韓國近代史研究論集』, 成進文化社, 1972
____, 『義兵運動史』, 박영사, 1974
____, 『抗日義兵列傳』, 정음사, 1975
金貞美, 『石洲 李相龍의 獨立運動과 思想』, 경북대학교 사학과 박사학위논문, 2002
김창수, 『한국근대 민족의식 연구』, 동화출판공사, 1987
김희곤, 『신돌석 : 백년만의 귀향』, 푸른역사, 2001
朴敏泳, 『大韓帝國期 義兵研究』, 한울, 1998
朴成壽, 『獨立運動史研究』, 창작과비평사, 1980
朴忠錫, 『韓國政治思想史』, 三英社, 1982
朴熙虎, 『舊韓末 韓半島 中立化論 硏究』, 동국대학교 사학과 박사학위논문, 1997
서진교, 『대한제국기 고종의 황제권 강화정책 연구』, 서강대학교 사학과 박사학위논문, 1998
申福龍, 『大同團實記』, 養英閣, 1982
申榮祐, 『甲午農民戰爭과 嶺南 保守勢力의 對應』, 연세대학교 사학과 박사학위논문, 1992
愼鏞廈, 『獨立協會硏究』, 일조각, 1976
延甲洙, 『大院君 執權期 富國强兵政策 硏究』, 서울대학교 출판부, 2001
오길보, 『조선근대반일의병운동사』, 평양 : 과학백과사전종합출판사, 1988
吳瑛燮, 『華西學派의 保守的 民族主義 硏究―그들의 衛正斥邪論과 義兵運動을 중심으로―』, 한림대학교 사학과 박사학위논문, 1997
____, 『華西學派의 思想과 民族運動』, 국학자료원, 1999
柳永益, 『甲午更張 硏究』, 일조각, 1990
____, 『東學農民蜂起와 甲午更張』, 일조각, 1998
尹炳奭, 『李相卨傳』, 일조각, 1984
____, 『한말 의병장 열전』, 독립기념관 한국독립운동사연구소, 1991
柳漢喆, 『柳麟錫 義兵 硏究』, 국민대학교 국사학과 박사학위논문, 1997
이기동, 『비극의 군인들』, 일조각, 1982
李相燦, 『1896年 義兵運動의 政治的 性格』, 서울대학교 국사학과 박사학위논문,

1996
李瑄根, 『韓國獨立運動史』, 尙文院, 1956
_____, 『韓國史: 最近世篇』, 을유문화사, 1961
李恩淑, 『1905~10년 洪州 義兵運動 硏究』, 숙명여자대학교 사학과 박사학위논문, 2004
李眞榮, 『東學農民戰爭과 全羅道 泰仁縣의 在地士族』, 전북대학교 사학과 박사학위논문, 1996
이태룡, 『의병찾아 가는 길』 I · II, 도서출판 다물, 1992 · 1995
李泰鎭, 『고종시대의 재조명』, 태학사, 2000
_____ 편, 『日本의 大韓帝國 强占』, 까치, 1995
李勳燮·黃善民, 『褓負商硏究』, 한국전통상학회, 1990
鄭濟愚, 『舊韓末 義兵將 李康秊 硏究』, 인하대학교 사학과 박사학위논문, 1992
趙東杰, 『한말의병전쟁』, 독립기념관 한국독립운동사연구소, 1989
_____, 『독립군의 길따라 대륙을 가다』, 지식산업사, 1994
최문형 등 공저, 『명성황후시해사건』, 민음사, 1992
玄光浩, 『大韓帝國의 對外政策』, 신서원, 2002
洪淳權, 『韓末 湖南地域 義兵運動史 硏究』, 서울대학교 출판부, 1994
洪英基, 『大韓帝國時代 湖南義兵 硏究』, 서강대학교 사학과 박사학위논문, 1992
_____, 『대한제국기 호남의병 연구』, 일조각, 2004
F. A. 맥켄지 저, 李光麟 역, 『韓國의 獨立運動』, 일조각, 1969
F. H. 해링튼 저, 이광린 역, 『개화기의 한미관계』, 일조각, 1973

2. 연구논문
姜吉遠, 「韓末 湖南義兵將 靜齋 李錫庸의 抗日鬪爭」, 『圓光史學』 2, 1982
_____, 「海山 全垂鏞의 抗日鬪爭」, 『歷史學報』 101, 1984
_____, 「한말의 의병항쟁—전남지역을 중심으로—」, 『전남사학』 4, 1990
_____, 「朝鮮總督府 圖書之印 暴徒檄文 分析」, 『한국민족운동사연구』 22, 1999
_____, 「遜軒 林炳瓚의 生涯와 反日鬪爭」, 『全北史學』 28, 2005
姜相圭, 「高宗의 對外觀에 관한 硏究」, 서울대학교 외교학과 석사학위논문, 1994
姜周鎭, 「허위의 정치적 경륜」, 『나라사랑』 27, 1977
姜聖祚, 「桂庭 閔泳煥 硏究」, 『關東史學』 2, 1984

강창일, 「전봉준 회견기 및 취조기록」, 『사회와 사상』 창간호, 1988
具玩會, 「가흥전투와 김백선」, 『奈堤文化』 7, 1995
_____, 「堤川義兵에 관한 文獻資料의 檢討」, 『조선사연구』 5, 1996
_____, 「堤川 乙未義兵의 經濟的 基盤과 守城將 體制」, 『제천을미의병100돌기념 학술논문집』, 백산출판사, 1996
_____, 「韓末의 '堤川義陣(堤川義兵)'과 密旨」, 『奈堤文化』 11, 1999
_____, 「정미의병기 의병부대의 연합과 갈등—이강년의 호좌의진을 중심으로—」, 『제천의병의 이념적 기반과 전개』, 이회, 2002
_____, 「한말 을미의병기 張忠植의 생애와 의병활동」, 『조선사연구』 13, 2004
권구훈, 「韓末義兵의 參與階層과 그 動向—後期義兵의 性格變化와 關聯하여—」, 『한국독립운동사연구』 5, 1991
權大雄, 「金山義陣考」, 『윤병석교수화갑기념 한국근대사논총』, 1990
_____, 「乙未義兵期 慶北 北部地域의 醴泉會盟」, 『민족문화논총』 14, 1993
_____, 「韓末 在京 嶺南儒林의 救國運動」, 『日帝의 韓國侵略과 嶺南地方의 反日 運動』, 대구: 한국근대사연구회, 1995
_____, 「1896년 靑松義陣의 조직과 활동」, 『한국근현대사연구』 9, 1998
_____, 「을미의병기 의병부내 내부의 갈등요인」, 『국사관논총』 90, 2000
權寧培, 「山南義陣(1906-1908)의 組織과 活動」, 『歷史敎育論集』 16, 1991
_____, 「韓末 義將 李淸魯와 宜寧義兵의 金海戰鬪」, 『조선사연구』 3, 1994
_____, 「舊韓末 元容八의 義兵抗爭」, 『于松趙東杰先生停年紀念論叢』, 나남, 1997
_____, 「遺文을 통해 본 碧山 金道鉉의 義兵抗爭」, 『역사교육논집』 23·24합집, 1999
權五榮, 「金平黙의 斥邪論과 聯名上疏」, 『韓國學報』 55, 1989년 여름
琴章泰, 「韓末 儒學의 歷史認識」, 『韓國近代의 儒敎思想』, 서울대학교 출판부, 1990
김강수, 「한말 의병장 벽산 김도현의 의병활동」, 『북악사론』 2, 1990
金基奭, 「光武帝의 主權 守護 外交, 1905~1907—乙巳條約 無效宣言을 中心으로—」, 李泰鎭 편, 『日本의 大韓帝國 强占』, 까치, 1995
金度亨, 「毅菴 柳麟錫의 政治思想研究」, 『韓國史研究』 25, 1979
_____, 「韓末 義兵戰爭의 民衆的 性格」, 『한국민족주의론』 Ⅲ, 창작과비평사, 1985
_____, 「한국근대 재야지배 세력의 민족문제 인식과 대응」, 『역사와 현실』 1, 1989

金度勳, 「韓末 李殷瓚의 聯合義兵運動과 倡義元帥部의 活動」, 『北岳史論』 5, 1998
金三雄, 「서대문감옥에서 순국한 의병장」, 『서대문형무소 근현대사』, 나남출판사, 2000
金祥起, 「朝鮮末 甲午義兵戰爭의 展開와 性格」, 『한국민족운동사연구』 3, 1989
_____, 「1895-1896년 堤川義兵의 思想的 淵源과 展開」, 『白山朴成壽教授華甲紀念論叢』, 1991
_____, 「舊韓末 文錫鳳의 儒城義兵」, 『歷史學報』 134·135합집, 1992
_____, 「甲午乙未義兵의 參與層과 擧義 理念」, 『仁荷史學』 3, 1995
_____, 「甲午更張과 甲午·乙未義兵」, 『國史觀論叢』 65, 1995
金世圭, 「義兵將 柳麟錫의 反開化論」, 『慶州史學』 1, 1982
김세민, 「衛正斥邪派의 萬國公法 認識」, 『江原史學』 17·18합집, 2001
김순덕, 「경기지방 의병의 조직과 활동(1907-1911)」, 『역사연구』 1, 구로역사연구소, 1992
_____, 「경기의병의 현실인식과 지향」, 『역사연구』 13, 역사학연구소, 2003
金源模, 「袁世凱의 韓半島 安保策」, 『東洋學』 16, 1986
金容燮, 「甲申·甲午改革期 開化派의 農業論」, 『東方學志』 15, 1974
金義煥, 「日帝의 朝鮮侵略과 初期義兵運動考」, 『東國史學』 9·10합집, 1966
_____, 「南韓暴徒大討伐紀念寫眞帖」, 『民族文化論叢』 8, 1987
_____, 「유생 의진의 대일항전」, 『한일연구』 12, 한국일본문제연구학회, 2001
김정미, 「한말 경상도 영해지방의 의병전쟁」, 『大邱史學』 42, 1991
김한식, 「경기지역 초기 의병항쟁의 전개」, 『기전문화연구』 5, 1974
金鎬城, 「韓末 義兵運動의 參與階層」, 『韓末 義兵運動史 研究』, 고려원, 1987
_____, 「韓末 義兵運動과 農民」, 『水邨朴永錫教授華甲紀念 韓民族獨立運動史論叢』, 탐구당, 1992
노대환, 「閔泳翊의 삶과 활동」, 『韓國思想史學』 18, 2002
盧禎埴, 「金正浩 板刻의 地球前後圖에 관한 연구」, 『대구교대논문집』 8, 1973
도진순, 「1895~96년 金九의 聯中 義兵活動과 치하포사건」, 『한국사론』 38, 서울대학교 국사학과, 1997
閔德植, 「閔肯鎬 義兵將에 관한 一考察」, 『아시아문화』 12, 한림대학교 아시아문화연구소, 1996
朴敏泳, 「毅菴 柳麟錫의 衛正斥邪運動―『昭義新編』을 중심으로―」, 『淸溪史學』 3,

　　　　　1986
_____,「閔龍鎬의 江陵義兵 抗戰에 대한 연구」,『한국민족운동사연구』5, 1991
_____,「愼菴 盧應奎의 晉州義兵抗戰」,『白山朴成壽교수화갑기념논총』, 1991
_____,「韓末 沿海州 義兵에 대한 考察」,『仁荷史學』1, 1993
_____,「雲崗 李康秊의 생애와 사상」,『한국근현대사연구』12, 2000
_____,「柳麟錫의 국외항일투쟁 路程(1896-1915)」,『한국근현대사연구』19, 2001
朴敏一,「睦衡信의 官兵・義兵生活 個人日誌」,『江原文化研究』13, 강원대학교 강원문화연구소, 1994
朴成壽,「舊韓末 義兵精神과 儒敎的 愛國思想」,『大東文化研究』6・7합집, 1969
_____,「義兵戰爭：身分構成」,『獨立運動史研究』, 창작과비평사, 1980
_____,「1907年의 義兵戰爭」,『軍史』2, 국방부 군사편찬연구소, 1981
朴永錫,「石州 李相龍의 華夷觀」,『日帝下獨立運動史研究』, 일조각, 1984
박　환,「李會榮과 그의 民族運動」,『滿洲韓人民族運動史研究』, 일조각, 1991
_____,「舊韓末 러시아 沿海州 崔才亨義兵 研究」,『한국독립운동사연구』13, 1999
박　현,「韓末・日帝下 한국인 자본가의 銀行 설립과 경영—韓一銀行의 사례를 중심으로—」, 연세대학교 경제학과 석사학위논문, 2001
방선주,「서광범과 이범진」,『최영희선생화갑기념한국사학논총』, 탐구당, 1987
潘炳律,「露領 沿海州 한인사회의 한인민족운동(1905-1911)」,『한국근현대사연구』7, 1997
배용일,「山南義陣考」,『한국민족운동사연구』5, 1991
서영희,「러일전쟁기 대한제국 집권세력의 시국대응」,『역사와 현실』25, 1997
_____,「1894~1904년의 정치체제 변동과 궁내부」,『한국사론』23, 1990
_____,「명성왕후 재평가」,『역사비평』60, 2002
서진교,「1898년 도약소의 결성과 활동」,『진단학보』73, 1992
孫承喆,「北學의 中華的 世界觀 克復—그 전개과정 이해를 위한 서설」,『강원대논문집』15, 1981
_____,「義兵將 柳麟錫 思想의 歷史的 意味」,『江原義兵運動史』, 강원대학교 출판부, 1987
송하경,「간재의 생애와 사상」,『간재사상연구논총』1, 1994
申圭秀,「韓末 民族運動의 一研究」,『圓佛敎史學』10・11합집, 1989
신석호,「한말 의병의 개황」,『사총』1, 1955

愼鏞廈,「구한말 輔安會의 창립과 민족운동」,『한국 사회운동의 기반과 새 경향』, 문학과지성사, 1984
_____,「安重根의 思想과 義兵運動」,『韓民族獨立運動史研究』, 乙酉文化社, 1985
_____,「洪範道 義兵部隊의 抗日武裝鬪爭」,『한국민족운동사연구』 1, 1986
_____,「19세기 韓國의 近代國家形成 문제와 立憲共和國 수립운동」,『韓國近代 社會史研究』, 일지사, 1987
_____,「全國 '十三道倡義大陣所'의 聯合義兵運動」,『한국독립운동사연구』 1, 1987
_____,「韓末 義兵運動의 起點에 대한 新考察」,『韓國近代 民族運動史研究』, 일조각, 1988
연갑수,「개항기 권력집단의 정세인식과 동향」,『1894년 농민전쟁연구』 3, 역사비평사 1993
오갑균,「화양동 사적에 대한 조사보고」,『역사교육』 11·12합집, 1969
오길보,「1896년 제천반일의병의 활동에 대하여」,『력사과학』, 1985
吳瑛燮,「갑오개혁 및 개혁주도세력에 대한 보수파 인사들의 비판적 반응」,『국사관논총』 36, 1992
_____,「毅菴 柳麟錫의 對西洋認識」,『이기백선생고희기념 한국사학논총(하)』, 일조각, 1994
_____,「春川離宮攷」,『아시아문화』 12, 한림대 아시아문화연구소, 1996
_____,「華西學派와 華東綱目」,『堤川義兵과 傳統文化』, 제천문화원, 1998
_____,「춘천지역의 을미의병운동」,『북한강유역의 유학사상』, 한림대 아시아문화연구소, 1998
_____,「갑오경장~독립협회기 면암 최익현의 상소운동」,『한국민족운동사연구』 18, 1998
_____,「갑오경장 중 고종의 왕권회복운동」,『한국민족운동사연구』 24, 2000
_____,「을미 제천의병의 참여세력 분석」,『한국독립운동사연구』 14, 2000
_____,「을미의병의 결성과정과 군사활동」,『군사』 43, 2001
_____,「유교의 항일민족운동」,『일제하 경기도지역 종교계의 민족문화운동』, 경기문화재단, 2001
_____,「한말 춘천지역 의병항쟁의 역사적 의의」,『강원문화사연구』 7, 2002
_____,「대종교 창시 이전 나인영의 민족운동」,『한국민족운동사연구』 39, 2004
_____,「을미사변 이전 이범진의 정치활동」,『한국독립운동사연구』 25, 2005

_____, 「1896년 남한산성 연합의병」, 『용인향토사연구』 7, 2006
_____, 「고종과 춘생문사건」, 『향토서울』 68, 2006
유봉학, 「18·9세기 대명의리론과 대청의식의 추이」, 『한신대 논문집』 5, 1988
유영렬, 「한국에 있어서 근대적 정체론의 변화과정」, 『국사관논총』 103, 2003
柳永益, 「全琫準 擧義論―甲午農民蜂起에 대한 通說 批判―」, 『李基白先生古稀紀念韓國史學論叢』 하, 일조각, 1994.
_____, 「大院君과 淸日戰爭」, 『東學農民蜂起와 甲午更張』, 일조각, 1998
柳漢喆, 「金河洛義陣의 義兵活動」, 『한국독립운동사연구』 3, 1989
_____, 「洪州義兵陣(1906)의 組織과 活動」, 『한국독립운동사연구』 4, 1990
_____, 「1896~1900년간 柳麟錫의 西行 渡滿과 그 性格」, 『擇窩許善道선생정년기념 한국사학논총』, 1992
_____, 「中期義兵時期(1904~1907) 柳麟錫의 時局對策論」, 『한국독립운동사연구』 7, 1993
_____, 「『宇宙問答』을 통해 본 柳麟錫의 국권회복론」, 『오세창교수화갑기념 한국근대사논총』, 1995
_____, 「沿海州 13道義軍의 理念과 活動」, 『한국독립운동사연구』 11, 1997
尹炳奭, 「황무지개척권 요구에 대하여」, 『역사학보』 22, 1964
_____, 「義兵의 蜂起」, 『한국사』 19, 국사편찬위원회, 1976
_____, 「13道 義軍의 編成」, 『史學研究』 36, 1983
李光麟, 「開化期 關西地方과 改新敎」, 『韓國開化思想研究』, 일조각, 1979
李求鎔, 「韓末 義兵에 대한 政府側의 收拾策」, 『강원대 논문집』 9, 1975
_____, 「강원도 지방의 의병항쟁」, 『강원의병운동사』, 강원대학교 출판부, 1981
_____, 「雲崗 李康秊의 抗日義兵鬪爭」, 『江原史學』 7, 1991
李東宇, 「義兵將 柳麟錫의 義兵運動考」, 『成大士林』 2, 1977
_____, 「乙未年 忠淸地域의 義兵地方 硏究」, 『國史館論叢』 28, 1991
_____, 「乙未 義兵蜂起의 歷史的 背景」, 『史學研究』 49, 1995
이만형, 「舊韓末 愛國啓蒙運動의 對義兵觀」, 『해군사관학교논문집』 18, 1983
李美貞, 「平民義兵將 安圭洪의 義兵活動研究」, 고려대학교 교육대학원 석사학위논문, 1986
李培鎔, 「開港期 明成皇后 閔氏의 政治的 役割」, 『國史館論叢』 66, 1995
李相佰, 「東學黨과 大院君」, 『歷史學報』 17·18합집, 1962

李相燦, 「大韓獨立義軍府에 대하여」, 『이재룡박사환력기념 한국사학논총』, 1990
_____, 「1896년 의병과 명성황후 지지세력의 동향」, 『韓國文化』 20, 서울대학교 한국문화연구소, 1997
_____, 「1896년 의병장 閔龍鎬의 實體」, 『奎章閣』 20, 1997
_____, 「갑오개혁과 1896년 의병의 관계」, 『역사연구』 5, 역사학연구소, 1997
이이화, 「의병의 대외인식」, 『한민족독립운동사』 1, 국사편찬위원회, 1987
이정은, 「최재형의 생애와 독립운동」, 『한국독립운동사연구』 10, 1996
이태진, 「고종시대사 흐름의 재조명」, 『고종시대의 재조명』, 태학사, 2000
이현종, 「아관파천」, 『한러관계100년사』, 한국사연구협의회, 1984
張世胤, 「洪範道 日誌를 통해 본 홍범도의 항일무장투쟁」, 『한국독립운동사연구』 5, 1991
전용우, 「화양서원과 만동묘에 대한 일연구」, 『호서사학』 18, 1990
鄭達雄, 「韓末 義兵將 李麟榮 硏究―十三道聯合義兵抗戰을 中心으로―」, 고려대학교 교육대학원 석사학위논문, 1973
鄭榮薰, 「衛正斥邪派의 君主制 擁護理論」, 『白山朴成壽敎授華甲紀念論叢』, 1991
정옥자, 「대보단 창설에 관한 연구」, 『변태섭박사화갑기념논총』, 삼영사, 1985
鄭載植, 「유교문화 전통의 보수이론」, 『宗敎와 社會變動』, 연세대학교 출판부, 1982
鄭在鎬, 「最初의 義兵歌詞考」, 『고려대 語文論集』 22, 1981
鄭濟愚, 「韓末 黃海道地域 義兵의 抗戰」, 『한국독립운동사연구』 7, 1993
_____, 「李鎭龍 義兵將의 抗日武裝鬪爭」, 『한국독립운동사연구』 8, 1994
_____, 「沿海州 李範允 義兵」, 『한국독립운동사연구』 11, 1997
趙東杰, 「安重根 義士 재판기록상의 인물 金斗星考」, 『춘천교대 논문집』 7, 1969
_____, 「獨立運動의 韓國民族主義上의 位置(上)」, 『한국민족운동사연구』 1, 1986
_____, 「白農의 海港日記」, 『韓國學論叢』 15, 국민대학교 한국학연구소, 1992
趙容萬, 「日帝下의 우리 新文化運動」, 『日帝下의 文化運動史』, 玄音社, 1969
池斗煥, 「朝鮮後期 實學硏究의 問題點과 方向」, 『泰東古典硏究』 3, 1987
崔槿黙, 「勉菴 崔益鉉의 義兵運動」, 『百濟硏究』 14, 1983
崔起榮, 「憲政硏究會의 設立과 立憲君主制의 展開」, 『韓國近代啓蒙運動硏究』, 일조각, 1997
崔炳贊, 「乙未事變과 忠懇公供招」, 『奈堤文化』 3, 1991
崔永禧, 「乙巳條約締結을 前後한 韓國民의 抗日鬪爭」, 『史叢』 12·13합집, 1968

_____, 「駐韓日本公使館記錄 收錄 韓末官人의 經歷一般」, 『史學研究』 21, 1969
_____, 「韓日議定書에 관하여」, 『격동의 한국근대사』, 한림대 아시아문화연구소, 2001
韓圭茂, 「鄭淳萬傳」, 『韓國基督敎史研究』 22, 1988
_____, 「尙洞靑年會에 대한 연구, 1897-1914」, 『歷史學報』 126, 1990
한철호, 「閔氏戚族政權期(1885~1894) 內務府의 組織과 機能」, 『한국사연구』 90, 1995
홍경만, 「춘생문사건」, 『이재룡박사환력기념한국사학논총』, 한울, 1990
洪性讚, 「韓末・日帝下의 地主制 研究―寶城 梁氏家의 地主經營과 그 變動―」, 『東方學志』 114, 2001
洪英基, 「舊韓末 金東臣 義兵에 대한 一考察」, 『韓國學報』 57, 1989년 가을호
_____, 「舊韓末 雙山義所에 대한 몇 가지 問題」, 『尹炳奭교수화갑기념 한국근대사논총』, 1990
_____, 「舊韓末 湖南義兵에 관한 韓國側 資料의 檢討」, 『水邨朴永錫교수화갑기념 한국독립운동사논총』, 탐구당, 1992
_____, 「1896년 羅州義兵의 結成과 活動」, 『李基白先生古稀紀念 韓國史學論叢』 하, 일조각, 1994
_____, 「1907~8년 日帝의 自衛團 조직과 한국인의 대응」, 『한국근현대사연구』 3, 1995
_____, 「한말 泰仁義兵의 활동과 영향」, 『전남사학』 11, 1998
洪淳權, 「한말 호남지역 의병운동의 參加層과 사회적 기반」, 『역사연구』 1, 1992
_____, 「의병운동의 구성원리와 이념 : 참가층의 사회적 기반」, 『韓末 湖南地域 義兵運動史 研究』 1, 서울대학교 출판부, 1994
_____, 「韓末 義兵들의 義兵活動과 政治意識」, 『韓國 近現代의 民族問題와 新國家建設』, 지식산업사, 1997
_____, 「韓末 湖南地域 義兵運動의 社會・經濟的 背景」, 『호남문화연구』 28, 전남대학교 호남문화연구소, 1998
洪淳玉, 「義兵 李康秊 部隊 戰鬪考」, 『軍史』 5, 1982
姜在彦, 「反日義兵運動の歷史的展開」, 『韓國近代史研究』, 동경: 일본평론사, 1970
糟谷憲一, 「初期義兵運動について」, 『朝鮮史研究會論文集』 14, 1997
_____, 「민씨정권 중추부의 특질」, 『東北亞』 7, 동북아문화연구원, 1998

_____, 「閔氏政權上層部の構成に關する考察」,『朝鮮史研究會論文集』27, 1990

Michael Finch, *Min Yong-hwan : A Political Biography*, University of Hawaii Press, 2002

Lew Young Ick, "Korean-Japanese Politics behind the Kabo-Ŭlmi Reform Movement, 1894 to 1896," *The Journal of Korean Studies* 3, 1981

_____, "Yüan Shih-k'ai's Residency and the Korean Enlightenment Movement, 1885-1894," *The Journal of Korean Studies* 5, 1984

찾아보기

(ㄱ)

假밀지사건 106
가정서사(柯亭書舍) 139, 337
가평 138, 139, 358
간도 430
갑산 47, 436, 463
갑신정변 264, 285, 376
갑오개화파 266
갑오경장 26, 29, 68, 69, 82, 105, 118, 132, 163, 165, 178, 223, 376
갑오변란 30, 119
강두흠(姜斗欽) 186
강릉 95, 155, 156, 157, 158, 234, 454
강릉의병 51
강무경(姜武景) 39, 80
강석호(姜錫鎬) 26, 27, 40, 70, 96, 173, 176, 177, 180, 191, 192, 196, 215, 242, 243, 284
강순희(姜順熙) 449
강영기(姜泳璂) 203
강원도 83, 316, 478
강창희(姜昌熙) 27, 173, 196
강학활동 338, 375, 402
강홍대(康洪大) 169, 173
강화도 58, 372
강화도조약 359
개신교 397, 398, 402, 410
개혁당사건 225

개화당(개화파) 264, 265, 376
개화자강(통상)정책 222, 370, 401
건의소청(建議疏廳) 267
경복궁점령(경복궁 강제점령) 17, 117, 118, 123, 227, 265, 300, 373, 416, 420
경성(京城) 476
경성감옥 324
경성의병(鏡城義兵) 462
경술국치 24, 26, 29, 30, 68, 76, 79, 96, 100, 169, 177
경운궁 170
계몽운동 24, 55, 215, 238, 258, 280
고광렬(高光烈) 457
고광순(高光洵) 29, 84, 96, 97, 192, 193, 194, 244, 422, 455, 456, 457
고무라 주타로(小村壽太郎) 125
고석로(高錫魯) 86, 448, 451
고영근(高永根) 132
고정주(高鼎柱) 231, 273
고종(이재황) 69, 70, 72, 79, 88, 91, 92, 117, 126, 135, 136, 146, 154, 160, 169, 177, 179, 215, 222, 223, 263, 300, 394, 484
고종망명운동 209, 226
고종세력 21, 22, 24, 25, 28, 29, 31, 32, 33, 35, 36, 40, 42, 50, 54, 58, 59, 68, 73, 74, 75, 88, 91, 104, 108, 111, 129, 131, 145,

160, 162, 165, 172, 183, 187, 214, 260, 273, 420, 423, 435, 437, 442
고종퇴위　17, 30, 166, 177, 205, 259, 422, 429
고종퇴위 반대운동　248
고종파천운동(황제파천운동)　39, 41, 42, 43, 79, 94, 120, 129, 180, 238, 257, 294, 295
고종폐립음모　265
고흥유씨 부학공파　135, 262
공자교(孔子敎)　382
공자교부활운동　398
공진회(共進會)　168
공화제(공화정)　268, 368, 369, 370, 371, 372, 383, 387, 392, 393, 409
곽종석(郭鍾錫)　99, 176, 231, 273, 365, 458
곽한일(郭漢一)　102, 194, 244
관동창의군　307, 310, 312, 313, 314, 315, 318, 321, 326, 438
관동창의대장　299, 312
관립학교 설립운동　399
관북의진　462
광무개혁　71, 165
광주(廣州)　125, 133, 303
교육입국론　247
교하(交河)　252
구연영(具然英)　141
구의행사(九義行祠)　350
구철조(具哲祖)　205
국권수호운동(국권회복운동)　17, 27, 102, 171, 180, 251, 257, 294, 473
국권수호방략　177

국권수호외교　38, 39, 42, 80, 82, 225, 246, 257, 295
국민대연설회　205
국왕파천전략　21, 81, 82, 119, 122, 123, 128, 130, 149, 162, 238, 257, 294, 295
군국기무처　131, 223
군대해산　17, 26, 30, 43, 71, 166, 177, 205, 326, 373, 418, 419, 422, 424, 475, 488
군주중심의 절대황제체제　258, 271
궁금숙청(宮禁肅淸)　168, 169, 170, 171, 253, 269
궁금숙청운동　168
궁금숙청조사위원회　170
궁내부(宮內府)　25, 69, 93, 120, 167, 168, 178, 179, 185, 189, 215, 224, 278
궁내부 중심의 측근정치　178, 215
궁장토(宮庄土)　469, 494
궁중(宮中)　73, 74, 167, 206, 242, 473
궁중파　172
권동수(權東壽)　121
권봉수(權鳳洙)　186
권상하(權尙夏)　336, 345, 346, 347, 362
권세연(權世淵)　459
권업회(勸業會)　484
권용일(權用佾)　290, 292, 453
권응선　237
권인규(權仁奎)　459
권중희(權重熙)　309
궐리사(闕里祠)　193, 244
균세론(均勢論)　38, 39, 77, 80, 376
균세외교(균세외교론)　38, 56, 280

균세정책(균세외교정책)　38, 43, 78, 215
균전제　393
기삼연(奇參衍)　29, 84, 194, 244, 422, 455, 456, 457
기우만(奇宇萬)　29, 35, 83, 126, 140, 189, 192, 194, 244, 422, 365, 455, 481
기우만의진　277
기쿠치 겐조(菊池謙讓)　137
길영수(吉永洙)　40
김경달(金慶達)　464
김경인(金慶寅)　432
김구(金九, 김창수)　86, 448, 451, 468, 469, 481, 487
김기한(金起漢)　369
김낙규(金洛圭)　190
김달순(金達淳)　349
김달하(金達河)　181, 203
김도일(金道一)　178
김도현(金道鉉)　29, 84, 88, 96, 173, 197, 422, 458
김도화(金道和)　96, 458
김동신(金東臣)　29, 97, 98, 109, 191, 192, 422, 425, 455
김동필(金東弼)　185, 254
김두성(金斗星)　48, 181, 185, 203, 212, 214
김명성(金明成)　318
김백선(金伯善)　94, 150, 152, 154, 164, 258, 438, 464
김병시(金炳始)　25, 70, 89, 94, 130, 131, 132, 161
김병화(金炳和)　309
김복한(金福漢)　33, 85, 365, 461
김상태(金尙台)　190, 191, 460

김상헌(金尙憲)　336
김석항(金錫恒)　196
김세기(金世基)　137
김세영(金世榮)　313
김세진(金世鎭)　274
김수민(金守民)　438
김수증(金壽增)　336
김승민(金升旼)　26, 98, 169, 170, 173, 176, 177, 193, 196, 197, 205, 215, 284
김연식(金璉植)　99, 173, 184
김영록(金永祿)　356
김영진(金永振)　169
김옥균(金玉均)　264
김완준(金完駿)　204
김용구(金容球)　456
김운락(金雲洛)　179
김원교　426
김윤식(金允植)　249, 480
김율(金律)　457
김인수(金仁洙)　202
김인식(金寅植)　254
김재성(金在聖)　102
김재성(金在性)　107
김재순(金在淳)　102
김재풍(金在豊)　120
김정규(金鼎奎)　462
김정희(金正喜)　221
김제현(金齊鉉)　101, 181, 201
김종한(金宗漢)　203, 267
김준(金準)　455, 457
김태영(金泰泳)　103
김태원(金泰元)　141, 143, 457, 463
김평묵(金平黙)　157, 337, 356, 357, 360, 366, 375, 393, 448, 449
김필준(金弼濬)　190

김하락(金河洛)　29, 35, 83, 95, 109, 125, 126, 133, 141, 142, 161, 162, 301, 302, 422, 428, 458
김하락의병(김하락의진)　141, 142, 144, 227, 274, 277
김학진(金鶴鎭)　206, 469
김현준(金顯峻)　29, 41, 45, 48, 49, 179, 181, 189, 190, 191, 195, 196, 198, 214, 261, 422, 435, 460
김형진(金亨鎭)　451
김홍륙(金鴻陸)　173, 178
김홍륙독차사건　168, 178
김홍집(金弘集)　280
김홍집내각　122, 123, 124
김화식(金華植)　450
김훈(金壎)　323
김흥균(金興均)　264
김흥락(金興洛)　190

(ㄴ)

나경수(羅璟洙)　140
나성화(羅聖化)　456
나수연(羅壽淵)　267
나인영(羅寅永)　99, 174, 198, 241, 252
나주　454, 456
나주의병　140
남궁억(南宮檍)　267
남만리(南萬里)　119
남세창(南世昌)　237
남인(南人)　353
남한대토벌작전　184, 238, 474, 479
남한산성　125, 141, 463
내무부(內務府)　222
내수외양론　401

내탕금　58, 209, 223, 240, 249, 251
노론(노론세력)　346, 348
노병대(盧炳大)　29, 34, 84, 86, 88, 96, 173, 175, 181, 196
노응규(盧應奎)　29, 51, 83, 84, 95, 109, 125, 141, 152, 159, 160, 161, 162, 182, 189, 199, 301, 422, 422, 454
노응규의진　110, 274, 277
놀켄남작　202
니콜라이황제　127

(ㄷ)

다물단　249
다이(William M. Dye)　119, 121, 122
단군교　382
단발령　26, 30, 95, 117, 118, 123, 125, 131, 133, 137, 138, 153, 227, 259, 278, 301, 373, 419, 420, 422, 428, 463
단양　262, 339, 429, 463
단양전투　276
대명의리론　331, 339, 342, 352, 354, 355
대보단(大報壇)　221, 332, 344, 346, 347, 349
대외개방정책　222
대외청원외교　46, 211
대외청원활동(대회청원운동)　21, 27, 93, 119, 129, 171, 180, 246, 254, 272
대원군계 동학의병　426
대원군파　91, 92
대통행묘(大統行廟)　348, 349, 356, 363
대한보안회(보안회)　185, 269, 422

대한제국　25, 38, 78, 80, 167, 168, 169, 187, 189, 199, 214, 224, 238, 251, 268, 307, 325, 374, 419, 430, 463, 488
대한청년애국회사건　225
대한협동회　185
덕수궁　101
도약소(都約所)　267
도체찰사(都體察使)　243, 290
독립협회　168, 179, 224, 267, 270, 292, 419
돈의학교(敦義學校)　249
동도서기론　224, 231, 325, 326, 377, 403, 404, 407, 408
동도서기론자　401, 481
동도서기세력　163, 275, 301, 424
동도서기적 개혁노선(개혁론)　146, 258, 266, 271
동도서기적 정치노선　25, 69, 71
동도서기정책　72, 167, 258
동림서옥(東林書屋)　156, 234
동양문화 보존론　375
동양평화론　30, 325, 377, 409
동학농민군　65, 71, 92, 93, 147, 265, 418, 430
동학농민운동　22, 36, 79, 91, 117, 419, 432
동학사상　481
뒤바보(桂奉瑀)　19

(ㄹ)

러시아　17, 36, 40, 41, 65, 77, 79, 121, 126, 224, 379, 416, 430, 490
러일전쟁　40, 71, 81, 82, 166, 168, 169, 171, 177, 187, 200, 215, 225, 257, 280, 294, 307, 377, 402, 422, 424, 463
로관파천전략(露館播遷戰略)　78
로바노프(Aleksei B. Lobanov)외상　127

(ㅁ)

마관조약(馬關條約)　306, 320, 322
마루야마 시게토시(丸山重俊)　171, 269
마서교(摩西敎)　382
마전전투(麻田戰鬪)　192, 243, 314, 315
마쯔이 시게루(松井茂)　474, 475, 479
마테오 리치　384
마패　96, 101, 105, 170, 196, 199, 202, 204, 242, 256, 463
만국공법(萬國公法)　30, 38, 39, 77, 80, 146, 185, 258, 273, 280, 313, 376, 402, 403
만국공법 공인교서　401
만국공법적 국제질서　382, 402, 403, 424
만동묘(萬東廟)　332, 336, 344, 346, 347, 349, 352, 353, 355, 359
만민공동회　268
만절필동(萬折必東)　335, 336
만주　77, 418, 419, 448
맥켄지(Frederick A. McKenzie)　52, 68, 440, 483, 484
맹영재(孟英在)　134
메가타 슈타로(目賀田種太郞)　476
명범석(明範錫)　101, 182, 211
명성왕후　25, 70, 91, 92, 117, 130, 135, 136, 137, 147, 156, 157, 221, 222, 223, 224, 225, 229, 252, 256, 271, 300, 394, 428

명성왕후 시해(명성왕후 시해사건) 24, 119, 122, 162, 225, 301, 422
명성왕후 추숭사업 225
목형신(睦衡信) 76, 199, 464
무성서원(武城書院) 193, 453
문객(門客) 180, 292, 311
문경 285, 321
문명개화론(문명개화론자) 403, 404
문석봉(文錫鳳) 29, 48, 79, 94, 130, 131, 133, 137, 151, 230, 237, 422, 428, 437, 461
문석환(文奭煥) 461
문영정(文永井) 130, 461
문태수(文泰洙) 319
뮈텔(Gustave Charles Marie Mutel, 閔德孝) 93, 119, 126, 133, 134, 147, 231, 484, 497
미우라 고로(三浦梧樓) 126, 134
미일전쟁설 378
민강(閔橿) 103
민겸호(閔謙鎬) 222
민경식(閔景植) 26, 35, 70, 88, 90, 97, 98, 173, 174, 175, 176, 177, 191, 193, 196, 215, 225, 240, 241, 456, 479
민경혁(閔景爀) 156, 157, 235
민경호(閔京鎬) 197
민광훈(閔光勳) 221
민규호(閔奎鎬) 222
민긍호(閔肯鎬) 46, 182, 207, 240, 256, 309, 317, 319, 436, 464
민긍호부대 315, 316
민단조합 101, 102, 325
민달용(閔達鏞) 151, 157, 228, 233, 235
민동식(閔東植) 158

민두호(閔斗鎬) 136, 213, 236, 246
민명혁(閔命爀) 233
민병석(閔丙奭) 169, 222, 225, 232
민병성(閔丙星) 25, 70, 155, 156, 157, 158, 224, 228, 234, 235
민병승(閔丙昇) 107
민병승(閔丙承) 176, 198, 228, 232, 240
민병태(閔丙台) 235
민병한(閔丙漢) 26, 27, 35, 70, 88, 90, 97, 173, 176, 193, 196, 225, 240, 270, 456, 479
민봉식(閔鳳植) 205, 240
민상호(閔商鎬) 120, 121, 122, 225
민승천(閔承天) 144
민승호(閔升鎬) 222
민시중(閔蓍重) 221
민씨척족(여흥민씨척족) 46, 70, 88, 94, 96, 131, 132, 136, 137, 138, 146, 148, 149, 151, 152, 156, 157, 158, 161, 198, 221, 222, 223, 224, 225, 226, 229, 232, 233, 255, 318, 394
민씨척족계 의병 235
민영규(閔泳奎) 205, 222, 225, 240
민영기(閔泳綺) 25, 70, 94, 125, 137, 145, 146, 148, 149, 153, 156, 161, 162, 174, 179, 187, 224, 228, 232, 261, 267, 274, 277
민영달(閔泳達) 26, 91, 92, 132, 146, 173, 176, 209, 222, 225, 240, 252, 253, 265, 284
민영대(閔泳大) 237, 337
민영돈(閔泳敦) 225
민영린(閔泳璘) 225
민영목(閔泳穆) 151, 222, 233

민영문(閔泳文)　237
민영상(閔泳商)　222, 241
민영소(閔泳韶)　34, 85, 91, 92, 146, 222, 225, 265
민영숙(閔泳肅)　151, 233
민영위(閔泳緯)　222, 232, 264
민영익(閔泳翊)　222, 264
민영일(閔泳一)　151, 233
민영준(閔泳駿, 閔泳徽)　25, 131, 135, 136, 137, 138, 173, 174, 176, 181, 182, 198, 203, 212, 222, 224, 225, 228, 234, 236, 237, 240, 241
민영직(閔泳稷)　151, 233
민영찬　225
민영철(閔泳喆)　26, 27, 46, 47, 49, 173, 180, 182, 211, 215, 225, 240, 253, 436
민영환(閔泳煥)　25, 71, 91, 130, 132, 146, 151, 161, 168, 175, 185, 224, 225, 228, 237, 253, 265, 428, 461
민용호(閔龍鎬)　29, 51, 83, 95, 109, 125, 126, 141, 152, 154, 157, 158, 161, 162, 173, 228, 256, 301, 422, 428, 454, 458, 459
민용호의병　110, 227, 228, 229, 235
민유중(閔維重)　221, 240, 241
민응식(閔應植)　26, 91, 92, 146, 175, 198, 222, 228, 232, 238, 252, 265
민의식(閔義植)　25, 145, 152, 154, 233, 235, 256, 274
민정식(閔正植)　151, 233
민정중(閔鼎重)　221, 228, 235, 240
민족주의적 연구경향　18, 20, 23, 214

민종묵(閔種黙)　222, 225
민종식(閔宗植)　26, 29, 39, 58, 70, 80, 85, 96, 97, 98, 105, 173, 176, 191, 192, 193, 222, 241, 422, 461, 475, 476, 477, 480, 483, 487
민종호(閔宗鎬)　233
민중의병장　43
민중사관　431, 440
민중주의적 연구경향　18, 20, 23
민진원(閔鎭遠)　221, 336, 347, 362
민진장(閔鎭長)　221
민진주(閔鎭周)　221
민진호(閔瑨鎬)　156
민진후(閔鎭厚)　221, 336, 347, 362
민충식(閔忠植)　235
민치구(閔致久)　263
민치록(閔致祿)　221
민치문(閔致文)　151, 233
민치상(閔致庠)　222
민치우(閔致禹)　156
민치헌(閔致憲)　25, 225, 228, 231, 273, 274
민태호(閔台鎬)　221, 222
민항식(閔恒植)　157, 158, 228, 235
민형식(閔炯植)　26, 27, 91, 98, 146, 174, 192, 196, 222, 225, 232, 241, 265, 284
민형식(閔亨植)　98, 151, 193, 233
민형식(閔衡植)　26, 35, 70, 90, 98, 174, 193, 198, 203, 225, 241, 456
민후식(閔厚植)　233
밀사　42, 57, 67, 87, 104, 216, 301
밀지(애통조)　29, 32, 33, 42, 45, 48, 49, 66, 72, 77, 78, 83, 84, 85,

97, 100, 101, 104, 105, 106, 108, 110, 125, 139, 142, 149, 160, 195, 196, 199, 216, 232, 242, 256, 318, 277, 291, 294, 298, 302, 310, 317, 428, 455, 460

(ㅂ)

박경종(朴慶鍾)　191
박기섭(朴箕燮, 朴正彬)　29, 84, 96, 101, 109, 174, 182, 182, 211, 422
박기섭(朴基燮)　454
박남현(朴南鉉)　46, 49, 182, 186, 436
박노천(朴魯天)　100, 105, 182, 200
박대하(朴大夏)　254
박문일(朴文一)　337, 365, 366, 448
박봉양(朴鳳陽)　194, 244
박선명(朴善明)　182, 201, 240
박양래(朴樑來)　182, 188, 197
박양섭(朴陽燮)　212
박영효(朴泳孝)　107, 145, 264, 265
박은식(朴殷植)　19, 161, 355, 448
박장호(朴長浩)　448
박정수(朴貞洙)　449, 452
박제가(朴齊家)　376
박제순(朴齊純)　198, 252, 475
박중양(朴重陽)　475
박지원(朴趾源)　376
박창선(朴昌善)　169
박충보(朴忠保)　48, 49, 182, 213, 437
방인관(方仁寬)　309, 319
방춘식(方春植)　142, 143
배양산(培陽山)　288, 291
배재학당　399
백낙구(白樂九)　194, 244, 481

백삼규(白三圭)　450
백해명(白海明)　339, 340, 341
베베르(Karl I. Waeber)　39, 119, 120, 121, 126, 127
벽계정사(檗溪精舍)　337
변복령　30, 259, 422
별입시(別入侍)　25, 26, 27, 28, 31, 40, 48, 69, 96, 97, 135, 167, 168, 170, 177, 178, 179, 180, 181, 187, 191, 193, 194, 204, 215, 242, 282, 310, 436
별포군　51, 52
병인양요　104, 372, 401
병자수호조약　139, 357, 401
병자호란　104, 331, 339, 341, 345, 357, 362
보부상　186, 267
보성(寶城)　246
복벽운동　22, 24, 101, 442
복수소청　267
복제개혁　117, 123, 373
부국강병정책　222
부산　78, 125, 476
북간도　202
북경　249
북벌대의　350
북청(北靑)　436
북학사상　376
북한산성　74, 199
블라디보스톡(浦潮)　37, 73, 80, 121, 201, 202, 204, 421, 463
비서원　167

(ㅅ)

사창제　393
사회진화론　365, 386, 387, 388, 409

찾아보기 · 523

산남의진(山南義陣)　195, 458
삼국간섭(三國干涉)　118, 121, 224, 266, 295, 422
삼방파(三房派)　221, 241, 256
삼산(三山)　192, 243
삼산전투　314, 315
삼수　47, 436, 463
삼흥학교(三興學校)　249
상동교회(尙洞敎會)　251
상동청년학원　251
상동청년회　251
상무사(商務社)　454
상원의병　476
상해(上海)　73
서간도　86, 252, 450
서법(西法)　378, 379, 380
서법망국론　380
서북학회　247, 249
서상렬(徐相烈)　35, 95, 148, 233, 338, 449, 451, 452, 463
서상철(徐相徹)　83, 426
서우학회　247
서울진공작전(서울진격작전)　41, 81, 208, 259, 297, 300, 305, 312, 314, 315, 316, 318, 325, 438
서울탈환작전(도성탈환전)　82, 320, 326
서재필(徐載弼)　481
서정순(徐正淳)　270
서태순(徐泰順)　49, 437
선산　194
선혜청　222
성기운(成岐運)　99, 189
성동격서전략(聲東擊西戰略)　37, 39, 41, 56, 78, 79, 82, 94, 135, 165

성리학의 체용논리　385
성리학적 균산경제론　395
성리학적 대도(大道)　402, 410
성명회(聲明會)　368, 253
성명회(聲明會) 선언　204, 253
성익현(成益鉉)　138, 237, 487
성재구(成載九)　86, 175
세심헌일기(洗心軒日記)　287
소의신편(昭義新編)　450
송규헌(宋奎憲)　168
송근수(宋近洙)　70, 79, 94, 130, 131, 132, 133, 134, 159, 161, 230, 428
송도순(宋道淳)　132, 134, 161, 230, 428
송병선(宋秉璿)　159, 182, 351, 352, 365, 460
송병준(宋秉畯)　475
송병직(宋秉稷)　461
송상도(宋相燾)　464
송수만(宋秀萬)　173
송시열(宋時烈)　131, 150, 331, 336, 341, 345, 346, 362, 362, 375
송정섭(宋廷燮)　92, 106
송형순(宋炯淳)　234
숙종　346, 347, 348, 349
순조　349
순창　97, 244, 454
숭명반청론(숭명배청론)　331, 339
스페에르(Alexis de Speyer)　120, 126, 127
시종무관장　253, 268, 288
시종원　167
신기선(申箕善)　26, 27, 70, 71, 101, 140, 168, 169, 174, 176, 182, 198, 454, 471

신덕순(申德淳) 456
신돌석(申乭石) 19, 29, 44, 49, 109,
　　　　　175, 181, 191, 195, 196, 212,
　　　　　319, 419, 422, 430, 432, 435,
　　　　　438, 441, 442, 459, 460, 475,
　　　　　487
신돌석의진 45, 195
신민회 371
신사(紳士)소청 185
신사척사운동 360, 401
신(申)상궁 26, 196
신섭(申檝) 360
신응조(申應朝) 70, 79, 94, 130, 132,
　　　　　133, 161, 230, 428
신응희(申應熙) 141, 143
신정희(申正熙) 130
신종 331, 333, 344, 346
신종균(申宗均) 101, 182, 211
신지수(申芝秀) 304, 338
신태식(申泰植) 453
신학교 399, 400, 407, 410
신해혁명 369, 371, 409
신흥무관학교 209
심광세(沈光世) 262
심남일(沈南一) 29, 39, 52, 80, 84, 96,
　　　　　98, 194, 422, 479
심득현(沈得賢) 262
심상진(沈相震) 269
심상훈(沈相薰) 25, 27, 37, 41, 70,
　　　　　79, 88, 91, 92, 95, 125, 126,
　　　　　129, 134, 137, 139, 146, 147,
　　　　　148, 152, 161, 162, 164, 171,
　　　　　172, 176, 177, 180, 187, 188,
　　　　　198, 215, 223, 231, 261, 263,
　　　　　269, 270, 274, 290, 294, 303,
　　　　　435

심상희(沈相禧) 129, 143, 162, 173,
　　　　　303
심상희부대(심상희의병) 235, 303,
　　　　　304
심수택(沈守澤) 456, 457
심영섭(沈瑛燮) 147, 278
심응택(沈應澤) 262, 263
심의겸(沈義謙) 261
심의현(沈宜絢) 262, 263
심이섭(沈理燮) 145, 147, 149, 152,
　　　　　153, 274, 278
심장섭(沈璋燮) 278
씰(John M. B. Sill) 121
13도의군도총재 297
13도창의군 42, 207, 246, 300, 317,
　　　　　319, 321, 326, 368, 438, 443
13도창의대장 207, 297, 299, 302,
　　　　　312, 314, 317, 319, 324
13도창의대진소 305, 310, 314, 315,
　　　　　317, 320, 322, 325

(ㅇ)

아관파천 25, 30, 40, 69, 70, 80, 81,
　　　　　82, 119, 122, 127, 128, 141,
　　　　　144, 149, 201, 450, 482, 484,
안경수(安駉壽) 120, 267
안규홍(安圭洪) 29, 39, 44, 46, 49,
　　　　　80, 84, 173, 182, 211, 419,
　　　　　422, 435, 436, 438, 456, 479
안규홍의병 46, 47, 240, 246, 436
안극(安極) 46, 47, 49, 173, 182, 240,
　　　　　436
안동 197, 288, 426, 460
안병찬(安秉瓚) 461
안승우(安承禹) 95, 147, 150, 234,
　　　　　338, 373, 452

안정근(安定根)　485
안중근(安重根)　29, 84, 96, 100, 101, 181, 201, 203, 204, 212, 368, 403, 422, 462, 463
안중근가문　256
안창식(安昌植)　461
안창호(安昌浩)　203
안호형(安鎬瀅)　209
알렌(Horace N. Allen)　119, 120, 121, 397
애국계몽운동　17, 26, 177, 180, 419
야소교　382, 397
야소학　398
양계초(梁啓超)　371
양근(楊根)　146, 149, 484
양무론　407
양봉익(梁鳳翊)　213, 437
양재해(梁在海)　454
양제안(梁濟安)　458
양주(楊州)　207, 309, 315
양진여(梁鎭汝)　479
양한규(梁漢奎)　194, 464
양회일(梁會一)　456
어윤중(魚允中)　120, 264
언더우드(Horace G. Underwood)　119, 121
엄상궁(嚴尙宮, 엄비)　25, 26, 70, 128, 179
엄인섭(嚴仁燮)　202, 203, 368
여국안(呂國安)　304
여주　126, 129, 137, 138, 146, 148, 155, 158, 186, 232, 234, 252, 303, 307, 326, 454
여중룡(呂中龍)　186, 197, 198, 458
역둔토　469
연기우(延起雨)　208, 479, 480
연합의병장　82, 91, 184, 205, 302, 429, 434, 437, 494
연해주　77, 79, 100, 101, 173, 175, 201, 204, 253, 297, 310, 367, 368, 375, 403, 418, 419, 430, 448, 463, 475, 476
연해주의병　202, 462, 484, 485
염재보(廉在輔)　47
영세중립화정책　77
영월　79, 188, 198
영조　348, 349
영해　45, 195
예천　187, 189, 288
오규영(吳奎泳)　237
오기호(吳基鎬)　99, 174, 198, 241, 252
오길보　432
오달제(吳達濟)　340
오도창의소(五道倡義所)　231, 273
오민론(五民論)　406, 407
오성학교　247
오영조(吳永祚)　181, 185
오인수(吳仁洙)　456
오장경(吳長慶)　264
오조유(吳兆有)　265
오주일(吳周一)　47, 182
오주혁(吳周赫)　181, 185
오쿠마 시게노부(大隈重信)　185
옥계구곡　359
왕권강화정책　72, 224
왕권회복(수호)운동　25, 70, 118, 147, 223, 265, 294
왕덕구(王德九)　349, 350
왕덕일(王德一)　344, 349, 350
왜양일체관(왜양일체론)　82, 356
외교청원활동(청원운동)　238, 257,

294, 327
우병렬(禹炳烈)   212, 403, 454
우에노 센이치(上野專一)   125
우주문답(宇宙問答)   367, 369, 372, 388, 408
운현궁   236
원규상(元奎常)   304
원산학사   399
원산항   125, 236
원세개(袁世凱)   136, 235, 265, 305, 369, 370, 374, 398, 409, 454, 497
원세훈(袁世勳)   369
원용상(元用常)   26, 27, 174, 187, 261, 282
원용정(元容正)   450, 452
원용팔(元容八)   29, 37, 84, 96, 187, 285, 338, 422, 429, 452, 487
원용팔의병   174, 282
원우상(元禹常)   26, 174, 187, 261, 282
원유상(元有常)   174
원주(原州)   52, 134, 137, 156, 187, 198, 206, 234, 262, 303, 307, 326, 429, 440, 484
원주진위대   478
원주창의소통문   275
위도론(衛道論, 위도의식)   354, 374, 450
위정척사론   161, 301, 334, 351, 352, 353, 354, 355, 356, 359, 360, 363, 366, 367, 389, 401, 403
위정척사사상   30, 232, 337, 424, 481
위정척사세력   163, 224, 275, 301
위정척사파(위정척사론자)   257, 333, 334, 338, 363, 372, 376, 383,

395
윌슨 대통령   103
유기일(柳基一)   356, 357, 365, 366, 449
유기환(兪箕煥)   148
유길준(兪吉濬)   280
유도석(柳道奭)   231, 273
유병기(劉秉淇)   48, 182, 214
유봉석(柳鳳錫)   358
유성(儒城)   428, 461
유시연(柳時淵)   459
유영하(柳榮河)   358
유인석(柳麟錫)   29, 34, 35, 37, 49, 52, 70, 83, 85, 94, 95, 96, 99, 101, 104, 105, 109, 126, 135, 145, 161, 173, 176, 183, 187, 200, 202, 232, 262, 297, 301, 302, 303, 337, 357, 358, 366, 373, 378, 384, 386, 402, 422, 428, 429, 437, 449, 451, 452, 463, 485
유인석의병(유인석의진)   110, 143, 227, 228, 229, 231, 235, 236, 274, 277
유인혁(柳麟赫)   182, 183, 204
유종환(兪宗煥)   107, 193
유중교(柳重教)   135, 139, 337, 337, 338, 356, 357, 359, 365, 366, 375, 393, 448, 449, 451
유중룡(柳重龍)   358
유중식(柳重植)   358
유중악(柳重岳)   337, 358, 366, 449
유진태(兪鎭泰)   209
유태석(柳台錫)   201
유한정(柳漢鼎)   196
유홍석(柳弘錫)   29, 49, 135, 182,

240, 262
유홍석의병   212
육군 부장(陸軍副章)   74, 268
육영공원   399
윤갑병(尹甲炳)   84, 92, 106
윤규석(尹奎奭)   267
윤동섭(尹東涉)   47, 436
윤병(尹秉)   130
윤상희(尹相羲)   147, 231
윤용선(尹容善)   168
윤웅렬(尹雄烈)   169
윤인순(尹仁淳)   58, 208, 479
윤정구(尹貞求)   140
윤택영(尹澤榮)   99, 169
윤희순(尹熙順)   451
을미사변   26, 30, 94, 123, 124, 130, 134, 141, 153, 161, 227, 259, 271, 272, 301, 373, 419, 420, 428, 484
을미의병운동   25, 40, 69, 70, 78, 81, 84, 91, 100, 110, 118, 136, 151, 184, 300, 302, 307, 401, 469
을사오적 암살거사(암살사건)   209, 254, 269
을사조약   17, 24, 30, 33, 45, 71, 73, 81, 84, 86, 88, 96, 166, 170, 177, 183, 184, 192, 193, 200, 240, 259, 286, 324, 326, 402, 429, 479
의병운동(의병전쟁)   24, 38, 55, 78, 165, 215, 238, 258, 442,
의열투쟁   25, 238, 280
의정부   224
의종   331, 333, 342, 344, 345, 346, 347

이갑(李甲)   247
이강(李堈)   26, 70, 74, 76, 103, 174, 176, 199
이강년(李康秊)   29, 37, 88, 96, 102, 181, 186, 188, 190, 198, 199, 212, 285, 286, 290, 300, 302, 306, 309, 319, 338, 422, 438, 453, 460, 464
이건명(李健命)   132, 253
이건영(李建永)   92
이경기(李敬器)   233
이경석(李景奭)   340
이경응(李景應)   124, 135, 138, 139, 237, 428, 454
이경직(李耕稙)   91
이교영(李喬永)   209
이구채(李求埰)   182, 304, 306, 307, 308, 309, 310, 317, 326
이규갑(李奎甲)   204
이규준(李圭駿)   249
이규찬(李圭贊)   169
이규풍(李奎豊)   182, 204
이규홍(李奎泓)   119
이규홍(李圭洪)   41, 45, 190, 198, 460
이근배(李根培)   267
이근영(李根永)   25, 70, 145, 152, 153, 274
이근원(李根元)   150, 366, 448, 449
이근택(李根澤)   41
이긍연(李兢淵)   459
이기(李沂)   185
이기영(李冀永)   86, 175
이기진(李起振)   449
이기찬(李起燦)   458
이기하(李起夏)   186
이나영   432

이남규(李南珪)   33, 85, 365, 460, 462
이남기(李南基)   368
이노우에 가오루(井上馨)   92, 121, 126
이달하(李達河)   103, 251
이도재(李道宰)   157
이도철(李道徹)   119, 120
이도표(李道杓)   182
이동근(李東根)   213
이동재(李東宰)   148
이동하(李東下)   102
이동휘(李東輝)   203
이마니시 류(今西龍)   334
이만도(李晩燾)   83, 84, 458
이만응(李晩應)   237
이명상(李明翔)   102
이명익(李明翊)   178
이문구(李文求)   197
이문화(李文和)   196
이민굉(李敏宏)   120, 122
이민화(李敏和)   26, 27, 151, 174, 196, 233
이백래(李白來)   456
이범석(李範錫)   182, 183, 186, 204
이범윤(李範允)   25, 29, 58, 100, 101, 122, 201, 203, 368, 422, 425, 462, 484
이범직(李範稷)   304, 452
이범진(李範晉)   25, 27, 37, 39, 40, 70, 78, 95, 100, 119, 120, 121, 122, 123, 126, 127, 128, 129, 135, 138, 140, 141, 152, 154, 161, 162, 173, 176, 177, 180, 202, 204, 215, 236, 284, 301
이병선(李炳善)   94, 145, 148, 149, 152, 153, 155, 274, 279
이병수(李炳壽)   140, 455
이병채(李秉埰)   234
이봉래(李鳳來)   26, 70, 98, 174, 176, 180, 191, 193, 196, 215, 284
이분법적 문명관   384
이상룡(李相龍, 李相羲)   41, 45, 49, 181, 186, 190, 191, 195, 198, 288, 435, 458, 460
이상설(李相卨)   175, 368, 403, 485
이상천(李相天)   26, 70, 98, 173, 174, 176, 177, 184
이석용(李錫庸)   34, 86, 98, 194, 455, 464, 479
이설(李偰)   460, 461
이세직(李世稙)   178
이세진(李世鎭)   25, 70, 95, 147, 161, 230, 231, 273
이소영(李紹榮)   26, 29, 174, 310, 422
이소응(李昭應)   29, 35, 83, 95, 109, 124, 136, 138, 139, 140, 161, 162, 174, 201, 237, 301, 302, 337, 366, 422, 425, 428, 449, 454, 487
이소응의병(이소응의진)   227, 229, 236, 274, 277
이순구(李舜九)   190
이순신(李舜臣)   388
이승만(李承晩)   175, 248
이승수(李承壽)   140
이승순(李承純)   263
이승업(李承業)   267
이승우(李勝宇)   461
이승재(李昇宰)   181, 185
이승휘(李承徽)   145, 152, 153, 274
이승희(李承熙)   403, 458

이식(李侙)　102, 192
이완용(李完用)　25, 95, 70, 107, 119,
　　　120, 122, 161, 162, 267, 301
이용구(李容九)　468
이용규(李容圭)　101, 201
이용규(李容珪)　103, 192, 461
이용복(李容復)　169
이용원(李容元)　26, 86, 175, 176, 181
이용익(李容翊)　27, 41, 176, 178,
　　　179, 180
이용직(李容直)　26, 70, 94, 131, 175
이용직(李容稙)　34, 132, 140, 161,
　　　176
이용채(李容彩)　254
이용태(李容泰)　26, 70, 99, 169, 175,
　　　198, 215, 228, 252, 284
이용호(李容鎬)　84, 92, 106
이위종(李瑋鍾)　202, 203
이유인(李裕寅)　26, 70, 99, 174, 175,
　　　176, 187, 189, 215, 284
이유태(李裕泰)　189
이윤용(李允用)　25, 70, 95, 119, 120,
　　　122, 144, 154, 161, 162, 301
이은영(李殷榮)　102, 325
이은찬(李殷瓚)　29, 58, 96, 182, 306,
　　　307, 308, 309, 310, 311, 317,
　　　320, 326, 422, 464, 479
이인순(李寅淳)　102
이인영(李麟榮)　29, 96, 109, 182,
　　　183, 206, 239, 297, 298, 300,
　　　307, 310, 312, 317, 318, 321,
　　　324, 422
이인영(李寅榮)　27, 180
이인영문답조서　298, 327
이인영의진(이인영부대)　207, 309,
　　　327

이재곤(李載崑)　140
이재극(李載克)　168
이재량(李載亮)　140
이재면(李載冕)　272
이재순(李載純)　41, 91, 119, 120,
　　　137, 139, 146, 174, 178, 187,
　　　223, 263, 265, 278
이재신(李載信)　151, 233
이재완(李載完)　139
이재윤(李載允)　263, 374
이재통(李載統)　139
이정규(李正奎)　100, 105, 148, 403,
　　　449, 451, 452
이정규(李丁奎)　34
이정래(李正來)　27, 35, 90, 97, 98,
　　　175, 193, 456
이정직(李廷稷)　138
이제두(李齊杜)　339, 340, 345, 348,
　　　349
이제재(李堤宰)　102
이조승(李肇承)　276, 450, 451
이종건(李鍾健)　268
이종윤(李淙潤)　267
이주(李俯)　138
이준(李儁)　185, 254
이준용(李埈鎔)　70, 71, 92
이중우(李重愚)　88, 173, 196
이중하(李重夏)　175
이진룡(李鎭龍)　52, 212, 454
이진응(李晉應)　124, 135, 138, 139,
　　　237, 337, 449, 454
이진호(李軫鎬)　120
이채연(李采淵)　122
이천(利川)　95, 125, 133, 143, 176,
　　　463, 484
이천수창의소　142

이천의병   428, 463, 480
이주승(李冑承)   148, 450
이춘영(李春永)   25, 94, 143, 145, 150,
         153, 154, 162, 233, 261, 274,
         373, 452
이충구(李忠求)   120
이토 히로부미   73, 108, 170, 185,
         196, 269, 324
이필희(李弼熙)   125, 276, 338
이하영(李夏榮)   120
이학균(李學均)   27, 99, 176, 180
이학상(李鶴相)   140
이한구(李韓久)   195
이항로(李恒老)   139, 337, 344, 351,
         352, 355, 356, 365, 366, 372,
         375, 393, 448, 449
이현상(李顯商)   298
이홍래(李鴻來)   254
이화학당   399
이회영(李會榮)   26, 34, 86, 175, 209,
         239, 252, 464
익산(益山)   455
인아거일정책   135, 224
인조반정   262, 331
인천   125, 476
인현왕후   221
일본   36, 79, 377, 378, 379, 380
일영동맹   73
일제통감부(통감부)   320, 322, 351,
         422, 472, 476
일진회   65, 282, 483
일진회 성토운동   202
임건수(林建洙)   231, 273
임병찬(林炳瓚)   88, 102, 181, 212,
         448, 449, 453, 455, 481
임오군란   136, 223, 264, 292

임진왜란   30, 104, 117
임창모(林昌模)   39, 80
임최수(林㝡洙)   119, 120, 272, 278
임한주(林翰周)   33, 85, 460
임헌회(任憲晦)   351, 352
입헌제(입헌군주제)   121, 371, 387,
         393

(ㅈ)

자양서사(紫陽書舍)   338, 359, 360
자양영당   360, 451
자정론(自靖論)   449
자주외교정책   223, 370
장기렴(張基濂)   149, 154, 304, 326
장박(張博)   120
장봉환(張鳳煥)   189
장성(長城)   454, 456
장승원(張承遠)   99, 189, 206
장익환(張益煥)   452
장준원(張駿遠)   178
장지연(張志淵)   463
장충식(張忠植)   452
장호원   238, 264
전기의병운동   22, 34, 65, 231, 462
전덕기(全德基)   251
전덕원(全德元)   188
전라도   83, 316
전석영(全錫永)   157
전시중립화정책   77, 169
전용규(田瑢圭)   102, 103
전우(田愚)   365
전제군주제   69, 71, 118, 204, 249,
         370, 371, 374, 389, 409, 442
전제적 황제체제   176
전주이씨 경창군파   138, 139
전주이씨 효령대군   285

찾아보기 ■ 531

전해산(全海山, 全垂鏞) 52, 98, 194, 457
전협(全協) 103
정교(鄭喬) 29, 83, 94, 124, 230, 301, 422, 480
정낙용(鄭洛溶) 178
정동파 70, 71, 78, 79, 83, 95, 122, 162, 224, 266, 278, 301, 422, 481
정동파내각 224
정동현(鄭東鉉) 299
정묘호란 331
정미칠조약(정미조약) 17, 166, 307, 324
정봉준(鄭鳳俊) 309, 319
정사이분론(正邪二分論) 384
정산(定山) 192, 243
정석면(鄭錫冕) 456
정순기(鄭純基) 195
정순만(鄭淳萬) 182, 183, 204
정언조(鄭彦朝) 145, 152, 153, 155, 274, 279
정영원(鄭英源) 471
정용기(鄭鏞基) 29, 45, 49, 84, 175, 194, 195, 422, 435, 459, 487
정용대(鄭用大) 58, 208
정운경(鄭雲慶) 29, 37, 84, 96, 187, 188, 422, 429, 449, 452, 487
정원집(鄭元執) 457
정인보(鄭寅普) 209
정인석(鄭寅奭) 205
정인회(鄭寅會) 124, 137, 237
정인희(鄭寅羲) 29, 95, 161, 231, 422
정재규(鄭載圭) 193, 194, 244
정전제 393
정조 349
정치적 구국운동 294
정한용(鄭漢鎔) 83, 84, 159, 160
정한용의진 110
정환직(鄭煥直) 26, 27, 29, 45, 49, 52, 70, 85, 88, 96, 99, 175, 176, 177, 180, 191, 284, 422, 435, 459
정회규(鄭會圭) 190
정훈모(鄭薰謨) 184
제7차 교육과정 415, 416
제물포 127
제일은행권 유통반대운동 173
제천(堤川) 37, 41, 79, 95, 126, 129, 137, 147, 149, 154, 172, 188, 200, 201, 262, 266, 274, 295, 303, 326, 366, 375, 448, 463, 471, 484
제천성 전투 304
제천의병 52, 94, 145, 146, 149, 152, 260, 305, 326, 448
조남두(趙南斗) 26, 98, 175
조남승(趙南升) 26, 175, 176, 196, 215
조동희(趙東熙) 148, 264
조미수호통상조약 131
조병규(趙秉奎) 274
조병세(趙秉世) 168
조병식(趙秉式) 179
조선 273, 378, 379, 380, 407
조선독립의군부 88, 102, 103, 325
조선민족대동단 103, 251
조선은행 266, 267
조선주차군 472, 473, 475, 476, 488
조선중립화운동 21
조선중립화정책 27, 57, 180
조선책략(朝鮮策略) 360

조성학(趙性學) 141, 143
조정구(趙鼎九) 175
조종암(朝宗巖) 332, 333, 342, 347,
 348, 349, 355, 357, 358, 361
조종암삼현(朝宗巖三賢) 339, 344,
 345, 347, 363
조지 워싱턴 393
조진관(趙鎭寬) 349
조창용(趙昌容) 101, 463
존명반청론(존명배청론) 342, 362
존주사상 349
존화양이론 283, 331, 352, 353, 356,
 360, 361, 367, 450
주석면(朱錫冕) 26, 27, 48, 98, 175,
 213
주용규(朱容奎) 338, 449, 452
주자학적 민족주의 221, 285, 363,
 365, 366, 375
주자학적 사유구조 257, 294
주자학적 사회체제 163, 280
중국 17, 40, 65, 120, 354, 377, 378,
 379, 380, 381, 407, 416, 430
중국중심의 국제질서재편론 377, 381
중국중심의 동양평화론 367, 377,
 381, 408
중국중심적 세계관 365, 375
중군장 150, 151, 153, 309
중체서용론 407, 408
중추원 73, 74, 167, 224
지구도(地球圖) 384
지용기(池龍起) 212
지평 149, 304, 307, 315
지홍민(池弘敏) 182
지홍일(池洪一) 58
지홍일부대 208
진명섭(陳明燮) 218, 307, 318

진주 84, 95, 159, 160
진주의병 51

(ㅊ)

차관도입정책 394
차관정치(次官政治) 307
차도선(車道善) 47, 48, 182, 213,
 432, 436, 437
차상찬(車相瓚) 124, 454
차성충(車晟忠) 29, 84, 181, 190,
 191, 198, 212, 422, 460
차성충의진 460
참모중장 203
참정대신 268, 269
채광묵(蔡光黙) 179
채상준(蔡相俊) 309
채서론 404
채응언(蔡應彦) 29, 44, 48, 49, 84,
 101, 200, 297, 422, 425, 435,
 437
처변삼사(處變三事) 373, 374
척화파 375
천부인권설 390, 410
천원지방설 384, 409
천주교 382, 397
천하도(天下圖) 377
청국 36, 65, 79
청송심씨 온양공파 188, 231, 261,
 262
청송의병 51, 53
청원외교 42, 57, 101, 165, 216, 258,
 280,
청원외교활동(청원운동) 26, 177
청일전쟁 117, 137, 257, 276, 294,
 365, 377, 422
최동식(崔東植) 185

최만순(崔萬淳)　237
최문여(崔文汝)　84
최문환(崔文煥)　29, 35, 83, 126, 422, 487
최문환의진　277
최병주(崔秉周)　26, 27, 169, 175, 204
최익현(崔益鉉)　29, 35, 47, 52, 70, 84, 85, 86, 89, 96, 97, 98, 102, 159, 168, 182, 187, 191, 193, 194, 197, 199, 286, 337, 366, 422, 429, 449, 453, 454, 457, 469, 475, 477, 478, 479, 480, 483
최익현의병　175
최익환(崔益煥)　103
최재형(崔才亨)　202, 203, 462, 484
최제학(崔濟學)　453
최한룡(崔翰龍)　479
춘생문사건　25, 70, 94, 119, 120, 121, 122, 129, 133, 139, 152, 161, 162, 230, 272, 278
춘천　40, 41, 77, 95, 123, 125, 136, 137, 138, 162, 176, 186, 200, 236, 246, 315, 428, 448
춘천유수부　136, 237
춘천의병　40, 74, 76, 78, 124, 137, 141, 197, 480,
춘천진어영　138, 237
춘추대의론　450
춘추대일통론　382, 383
춘추사관　495
충군애국　322, 324, 439
충군애국론(충군애국사상)　23, 30, 161, 283, 297, 439, 441, 442, 462
충의사(忠義社)　185, 186, 188, 253, 436
충주(忠州)　79 149, 188, 262, 264, 366, 484
충훈부　179
친군영　222
친러정책　121
친러파　78 135, 236
친위대　122
친일개화파　162, 163, 223, 224, 271, 273, 280, 300
7대신 탄핵상소　267

(ㅋ, ㅌ)

크라스키노(煙秋)　202, 203, 204, 205, 368
태극교　382
태극도(太極圖)　384
태극학회　247
태양욱(太陽郁)　437
태인(泰仁)　98
태인의병　196, 449, 478
통리교섭통상사무아문　222
통리군국사무아문　222
통리기무아문　222
통위영　222

(ㅍ)

파리장서운동　22
파천운동　21, 38, 55, 57, 78, 165, 216, 280
페테르부르크　37, 79, 202
평민　44, 46, 434, 436
평민세력　77, 430, 431, 432, 435, 437, 439, 441, 442
평민의병　434, 487
평민의병장　20, 43, 44, 195, 419,

430, 431, 432, 433, 435, 436, 437, 443, 443, 488
평민의병장의 대거출현설 434
평민주의적 연구경향 214, 433
평산 101, 200, 212, 448
평안도 유약소 197
평양감영 222
폐비조칙 265
포군 19, 21, 31, 50, 52, 53, 87, 146, 156, 163, 309, 423
暴徒=關スル編册 474
풍양조씨 회양공파 135
프랑스 77, 266, 272, 273

(ㅎ)

하세가와 호시미치(長谷川好道) 170
한국보호국화정책 280, 283
한규설(韓圭卨) 26, 27, 174, 175, 176, 182, 186, 187, 188, 209, 215, 252, 263, 284
한남수(韓南洙) 100, 105, 183, 200
한일병합 17, 101, 165, 166, 249, 374, 416
한일의정서 24, 26, 30, 166, 177, 180, 185, 206, 238, 280, 420, 422
함흥 463
해산군관 31, 32, 51, 59, 91, 257, 294, 420, 439
해산군인 18, 21, 31, 50, 51, 145, 214, 418, 423, 424, 484
향음례 338, 359
허격(許格) 339, 340, 341, 345, 347, 349
허위(許蔿) 26, 27, 35, 52, 83, 88, 96, 126, 173, 174, 176, 177, 180, 182, 184, 185, 186, 188, 194, 198, 198, 206, 302, 317, 321, 422, 425, 428, 469, 480
허위부대 315
헐버트(Homer B. Hulbert) 497
헤이그 171
헤이그밀사 248
헤이그특사사건 209
현상건(玄尙健) 27, 41, 99, 176, 180
현흥택(玄興澤) 120, 121, 122, 178
호남의병 241
호좌의병 277, 279, 293, 373
홍건(洪健) 461
홍계훈(洪啓薰) 95, 134, 152
홍대석(洪大錫) 152
홍대용(洪大容) 376
홍범도(洪範道) 44, 47, 49, 182, 213, 432, 435, 436, 437, 438, 463, 485
홍병진(洪秉晉) 25, 70, 95, 119, 134, 145, 152, 153, 154, 161, 261, 274
홍사구(洪思九) 452
홍순형(洪淳馨) 264
홍영식(洪英植) 264
홍익한(洪翼漢) 340
홍일청(洪一淸) 186, 429
홍재구(洪在龜) 157, 235, 356, 357, 360, 365, 366, 448, 454
홍재기(洪在綺) 188
홍재봉(洪在鳳) 27, 98, 176, 196
홍재학(洪在鶴) 356, 360
홍종우(洪鍾宇) 178
홍주 123, 471
홍주성 96, 192

홍주성전투   192, 314
홍주의병   85, 196, 197, 461, 476, 478
홍증식(洪增植)   209
홍직필(洪直弼)   352
홍천   186, 200, 315, 429, 448
홍필주(洪弼周)   185
화서학파   94, 99, 100, 139, 145, 146, 147, 148, 153, 164, 187, 188, 193, 200, 231, 233, 237, 258, 279, 285, 351, 355, 372, 393, 438, 448, 451
화양구곡   359
화양동   336, 345, 347, 348, 353, 359, 362
화양서원   221, 347
화음동정사   336
화이관(화이론)   365, 375, 376, 377, 382, 402, 403, 409
화이관적 국제질서   409
화이관적 지리관   382
활빈당   216, 258, 418, 432
황강이(黃江伊)   138, 237

황국협회   186, 268
황권강화정책   225
황명구의사(皇明九義士)   350
황묘(만동묘)복설상소   351
황무지개척권 요구 반대운동   24, 71, 72, 95, 181, 183, 184, 185, 186, 206, 214, 238, 254, 259, 268, 280, 402, 421, 422, 429
황성의병소   429
황인종-백인종 전쟁설   378
황준헌(黃遵憲)   360
황현(黃玹)   480
효종   340, 350, 350
후기의병운동   30, 34, 65, 79, 422, 462
훔치교   101, 103
휘문학교   247
흥선대원군(대원군)   70, 71, 131, 221, 230, 235, 256, 263, 264, 336, 350, 394
흥학대조(興學大詔)   74
흥화학교   247